EDITH STEIN

SER FINITO E SER ETERNO

O GEN | Grupo Editorial Nacional – maior plataforma editorial brasileira no segmento científico, técnico e profissional – publica conteúdos nas áreas de ciências humanas, exatas, jurídicas, da saúde e sociais aplicadas, além de prover serviços direcionados à educação continuada e à preparação para concursos.

As editoras que integram o GEN, das mais respeitadas no mercado editorial, construíram catálogos inigualáveis, com obras decisivas para a formação acadêmica e o aperfeiçoamento de várias gerações de profissionais e estudantes, tendo se tornado sinônimo de qualidade e seriedade.

A missão do GEN e dos núcleos de conteúdo que o compõem é prover a melhor informação científica e distribuí-la de maneira flexível e conveniente, a preços justos, gerando benefícios e servindo a autores, docentes, livreiros, funcionários, colaboradores e acionistas.

Nosso comportamento ético incondicional e nossa responsabilidade social e ambiental são reforçados pela natureza educacional de nossa atividade e dão sustentabilidade ao crescimento contínuo e à rentabilidade do grupo.

EDITH STEIN
(Santa Teresa Benedita da Cruz)

SER FINITO E SER ETERNO

Coleção Clássicos da Filosofia

Coordenação **João Ricardo Moderno**
Presidente da Academia Brasileira de Filosofia
Docteur d'État em Filosofia – Letras e Ciências Humanas pela
Université de Paris I – Panthéon – Sorbonne

Tradução **Zaíra Célia Crepaldi**

- A autora deste livro e a editora empenharam seus melhores esforços para assegurar que as informações e os procedimentos apresentados no texto estejam em acordo com os padrões aceitos à época da publicação. Entretanto, tendo em conta a evolução das ciências, as atualizações legislativas, as mudanças regulamentares governamentais e o constante fluxo de novas informações sobre os temas que constam do livro, recomendamos enfaticamente que os leitores consultem sempre outras fontes fidedignas, de modo a se certificarem de que as informações contidas no texto estão corretas e de que não houve alterações nas recomendações ou na legislação regulamentadora.
- A autora e a editora se empenharam para citar adequadamente e dar o devido crédito a todos os detentores de direitos autorais de qualquer material utilizado neste livro, dispondo-se a possíveis acertos posteriores caso, inadvertida e involuntariamente, a identificação de algum deles tenha sido omitida.
- Atendimento ao cliente: (11) 5080-0751 | faleconosco@grupogen.com.br
- Direitos exclusivos para a língua portuguesa
  Copyright © 2019 by
  FORENSE UNIVERSITÁRIA um selo da **EDITORA FORENSE LTDA.**
  Uma editora integrante do GEN | Grupo Editorial Nacional
- Travessa do Ouvidor, 11
  Rio de Janeiro – RJ – 20040-040
  www.grupogen.com.br
- Introdução das *Obras Completas de Edith Stein*, vol. III, *Escritos Filosóficos*, por Francisco Javier Sancho Fermín. Cortesia do **Grupo Editorial Fonte**, por seu selo **Monte Carmelo**.
- Reservados todos os direitos. É proibida a duplicação ou reprodução deste volume, no todo ou em parte, em quaisquer formas ou por quaisquer meios (eletrônico, mecânico, gravação, fotocópia, distribuição pela Internet ou outros), sem permissão, por escrito, da Editora Forense Ltda.
- Designer de capa: Rejane Megale Figueiredo
- Imagem de capa: ©Picture Alliance/Other Images
- Editoração Eletrônica: Design Monnerat

CIP-BRASIL. CATALOGAÇÃO NA PUBLICAÇÃO
SINDICATO NACIONAL DOS EDITORES DE LIVROS, RJ

S833s

Stein, Edith, 1891-1942
Ser finito e ser eterno / Edith Stein ; coordenação João Ricardo Moderno ; tradução Zaíra Célia Crepaldi. – 1. ed. – [Reimpr.]. – Rio de Janeiro: Forense Universitária, 2022.
; 23 cm. (Clássicos da filosofia ; 4)

Tradução de: Ser finito y ser eterno
Inclui bibliografia
ISBN 978-85-309-8050-4

1. Filosofia e religião. 2. Teologia. 3. Filosofia. I. Moderno, João Ricardo. II. Crepaldi, Zaíra Célia. III. Título. IV. Série.

18-52495
CDD: 210
CDU: 2-1

Vanessa Mafra Xavier Salgado - Bibliotecária - CRB-7/6644

A edição em língua portuguesa falada no Brasil foi traduzida do espanhol da coleção *Obras Completas de Edith Stein*, vol. III, *Escritos Filosóficos, Etapa de Pensamento Cristão*: 1921-1936. Grupo Editorial Fonte, 2008 (Monte Carmelo). A edição espanhola utilizou fundamentalmente os manuscritos e textos originais de Edith Stein que se acham principalmente no arquivo das Carmelitas Descalças de Colônia, e também utilizou as coleções alemãs, ESW II, VI, XV, XVIII e ESGA 10, 11/12.

Sumário

Introdução
Edith Stein: Uma Intelectual Católica...............**3**

  1 Contexto Histórico e Biográfico........................3
  2 Filosofia Cristã..17
  3 Centralidade da Pessoa Humana.....................20

I Introdução: A Questão do Ser **25**

§ 1 Introdução Preliminar à Doutrina sobre
    Ato e Potência em Santo Tomás de Aquino.....27
§ 2 A Questão do Ser ao Longo do Tempo 29
§ 3 Dificuldades da Expressão Linguística 34
§ 4 Sentido e Possibilidade de uma
    "Filosofia Cristã"...39

II Ato e Potência Enquanto Modos de Ser **57**

§ 1 Exposição Segundo *De Ente et Essentia*...........59
§ 2 O Fato de o Próprio Ser como Ponto
    de Partida para a Investigação.......................62
§ 3 O Próprio Ser como Atual e Potencial.
    Temporalidade..65
§ 4 Unidades de Vivências e Seu Modo de
    Ser. Devir e Ser...71
§ 5 Estrutura e Condições de Ser da
    Unidade de Vivência 73
§ 6 O "Eu Puro" e Seus Modos de Ser.................75
§ 7 O Ser do Eu e o Ser Eterno...........................81

III Ser Essencial e Ser Real **89**

§ 1 Temporalidade, Finitude, Infinidade,
    Eternidade..91
§ 2 Essência (εἶδος) e Ser Essencial......................92

Sumário vii

§ 3 Essencialidade, Conceito e Essência 98

§ 4 A Essência e Seu Objeto; Essência, "O *Quid* Completo e o *Quid* Essencial"; Mudança e Transformação da Essência 103

§ 5 Essência Individual e Essência Geral 105

§ 6 Ser Verdadeiro e Ser Essencial 111

§ 7 Essência e Núcleo da Essência; Essencialidade e Quididade (μορφή) 114

§ 8 Ato e Potência – Ser Essencial 119

§ 9 O Ser Essencial e o Ser Real das Coisas 124

§ 10 Os Universais 126

§ 11 Defesa Diante de Falsas Interpretações do "Ser Essencial" 132

§ 12 Ser Essencial e Ser Eterno 134

IV Essência – *Essentia*, οὐσία – Substância, Forma e Matéria **149**

§ 1 "Essência", "Ser" e "Ente" conforme *De ente et essentia*. Diferentes Conceitos de "Ser" e de "Objeto" (Estados de Coisas, Privações e Negações, "Objetos" em Sentido Mais Restrito) 151

§ 2 Tentativa de uma Explicação do Conceito οὐσία 155

§ 3 Forma e Matéria 181

§ 4 Resumo da Discussão sobre o Conceito de forma 246

§ 5 Conclusão das Investigações sobre Forma, Matéria e οὐσία 290

V O Ente como Tal (Os Transcendentais) **299**

§ 1 Retrospectiva e Perspectiva .. 301

§ 2 Forma e Conteúdo 303

§ 3 "Algo", Categorias e "Ente" 306

§ 4 Os Transcendentais (Resumo Introdutório) 308

§ 5 O Ente como Tal (*ens, res*) ... 309

§ 6 O Ente como Um (*Unum*) 313

§ 7 O Ente como Algo (*Aliquid*) 313

§ 8 Tentativa de uma Concepção Formal do Verdadeiro, Bom e Belo 315

§ 9 Os Binômios de Conceitos: "Conteúdo – Formal", "Concernente ao Pensamento – Objetivo" 317

§ 10 Tentativa de uma Compreensão Mais Profunda da Verdade (Verdade Lógica, Ontológica, Transcendental) 318

§ 11 Verdade do Juízo 322

§ 12 Verdade Artística 324

§ 13 Verdade Divina 329

§ 14 Verdade Transcendental, Ser Divino e Ser Criado 331

§ 15 Bondade Divina e Bondade Criada 332

§ 16 Relação entre Verdade e Bondade 335

viii Sumário

§ 17 Ser, Bem e Valor 337

§ 18 "Sentido Pleno" do Bom
e Verdadeiro 340

§ 19 Beleza como Determinação
Transcendental 341

VI O Sentido do Ser **347**

§ 1 Componente Comum do
Sentido de Todo Ser Finito e
Diversos Modos de Ser (Ser
Essencial, Existência, Ser Real
e em Pensamento) 349

§ 2 As Determinações
Transcendentais e o "Sentido
Pleno" do Ser 355

§ 3 Unidade do Ser e Pluralidade
do Ente – Ser Próprio do
Ente Singular 356

§ 4 O Ser Primeiro e a
Analogia Entis 358

**VII Imagem da Trindade
na Criação** **377**

§ 1 Pessoa e Hipóstase 379

§ 2 Pessoa e Espírito 384

§ 3 O Ser-Pessoa do Homem 387

§ 4 Esclarecimento Ulterior do
Conceito de Espírito: Espírito
Enquanto Ser e Vida
(Ideia e Força) 400

§ 5 Os Espíritos Puros
Criados 402

§ 6 Sentido e Plenitude, Forma e
Matéria, Contraste e Relação de
Imagem entre o Criador
e a Criação 435

§ 7 A Imagem da Trindade
nas Coisas Corpóreas
Inanimadas 439

§ 8 A Imagem da Trindade nos
Seres Vivos Impessoais 442

§ 9 A Imagem de Deus no
Homem 445

§10 Diferença da Imagem de
Deus nas Criaturas Racionais
(Anjos e Homens) e no
Resto da Criação 479

§11 Diferença da Imagem de
Deus nos Anjos e nos
Homens 482

**VIII Sentido e Fundamento
do Ser Individual** **485**

§ 1 Coisa Individual,
Individualidade e Unidade
(Ser Individual e Ser Uno) 487

§ 2 Confrontação com a Doutrina
Tomista sobre o Fundamento
do Ser Individual 490

§ 3 Reflexões sobre o Sentido
do Ser Individual Humano
Fundado na Base de Sua
Relação com o Ser Divino 519

Apêndices **543**

Apêndice I
O Castelo Interior 545

Apêndice II
A Filosofia Existencial
de Martin Heidegger 573

Prólogo

Este livro foi escrito por uma principiante para principiantes. A autora, já com idade em que outros poderiam pretender o título de professor, foi obrigada a começar seu caminho de novo. Formada na escola de Edmund Husserl,[1] havia escrito uma série de trabalhos segundo o método fenomenológico. Esses tratados apareceram no Anuário de Husserl, e assim ficou conhecido seu nome em uma época em que havia deixado seus trabalhos filosóficos e quando já não pensava em uma atividade pública. Havia encontrado o caminho a Cristo e a sua Igreja e estava ocupada em vivenciar suas consequências práticas. Como professora em um instituto de formação das meninas dominicanas de Espira,[2] teve a oportunidade de adaptar-se prontamente ao autêntico mundo católico. Assim, rapidamente despertou nela o desejo de conhecer os princípios conceituais desse mundo. Era natural começar pelas obras de santo Tomás de Aquino. A tradução das *Quaestiones disputatae de veritate* permitiu à autora voltar aos seus trabalhos filosóficos.

Santo Tomás encontrou nela uma aluna com muito respeito e de boa vontade, mas ela não podia fazer de seu intelecto uma *tabula rasa*, pois este já estava marcado com um forte estigma, que não se podia negar. O encontro dos dois mundos filosóficos exigia uma confrontação. A primeira expressão desse anseio foi a modesta colaboração na *Homenagem* escrita a Husserl, "A fenomenologia de Husserl e a filosofia de santo Tomás",[3] que ela escreveu quando ainda traba-

---

[1] Edmund Husserl (1859-1938).
[2] Instituto de Santa Magdalena, dominicanas de Espira, onde Edith ensinou e viveu de abril de 1923 até março de 1931.
[3] *Festschrift, Edmund Husserl zum 70. Geburtstag gewidmet* [Homenagem dedicada a E. Husserl no 70º aniversário de seu nascimento], Halle, Niemeyer, 1929, pp. 315 e seguintes.

x Prólogo

lhava nas "Investigações sobre a verdade".[4] Quando terminou a tradução e já estava em versão impressa, voltou-se de novo à tentativa de confrontação, dessa vez sobre uma base objetiva mais extensa. No transcurso do ano de 1931, surgiu um rascunho mais amplo. O assunto central constituía-se na explicação dos conceitos "ato" e "potência"; segundo esses dois conceitos devia também ser denominado todo o trabalho.[5] Uma elaboração mais profunda – já que reconhecia como necessária – não se pôde levar a cabo por causa de outro trabalho profissional diferente deste.

Quando a autora foi admitida na ordem das Carmelitas Descalças, depois de terminar seu ano de noviciado, recebeu de seus superiores a incumbência de preparar seu antigo rascunho para imprimi-lo. O resultado foi uma versão completamente nova; foram incluídas umas quantas páginas (o princípio da primeira parte) da versão anterior.

Conservou-se o ponto de partida, ou seja, a doutrina tomista do ato e da potência, mas somente como ponto de partida. Focou-se a obra na *questão sobre o ser*. O confronto entre o pensamento tomista e o fenomenológico é o resultado da análise objetiva dessa questão. E já que essas duas preocupações – a busca do sentido do ser e o esforço de incorporar o pensamento medieval com o vivo pensamento contemporâneo – não só constituem sua preocupação pessoal, mas dominam a vida filosófica e são sentidas por muitos filósofos como uma necessidade própria, por isso a autora considera possível que sua tentativa possa ser útil aos demais, por mais insuficiente que seja. Ela está muito consciente dessa insuficiência. Ela é novata em escolástica, não pode pretender mais que progressivamente de maneira fragmentária assimilar os conhecimentos que lhe fazem falta. Por isso não podia pensar em dar uma descrição histórica das questões tratadas. O referir-se às soluções que se apresentam não constitui mais que um ponto de partida para uma discussão objetiva. E tal procedimento poderia resultar não somente no caminho para uma maior clareza objetiva – nenhum sistema de pensamento humano alcançará jamais um ponto de perfeição tal que não se pode sentir necessidade de mais clareza –, mas também pode ser o caminho para uma troca de opiniões com os antigos pensadores e o enten-

---

[4] *Des hl. Thomas von Aquino Untersuchungen* über *die Wahrheit*, Breslau, Borgmeyer, t. 1, 1931; t. II, 1932; índice, 1934.
[5] Refere-se a seu trabalho "Ato e potência", que Edith escreveu em 1931 como trabalho que serviu para conseguir uma cadeira universitária.

dimento de que, apesar do tempo e das barreiras constituídas pelas nações e as escolas, há algo que é a todos comum, a todos que buscam lealmente a verdade. Se essa tentativa contribui em algo para despertar o ânimo em relação a esses pensamentos filosóficos e teológicos, então não foi em vão a intenção.

Talvez alguém se pergunte qual é a relação deste livro com a *Analogia entis* do P. Erich Przywara, S. J.[6] Trata-se, aqui e acolá, do mesmo assunto, e o P. E. Przywara frisou em seu prólogo que as primeiras tentativas da autora por uma confrontação entre Tomás e Husserl foram de muita importância para ele. A primeira versão da sua obra e a versão definitiva da *Analogia entis* foram escritas quase simultaneamente, mas ela pôde examinar os primeiros esboços da *Analogia entis*, e inclusive, durante os anos de 1925 a 1931, desfrutou de um vivo intercâmbio de ideias com o P. E. Przywara. Esse intercâmbio, seguramente, teve uma influência determinante sobre o delineamento dos dois autores. (Para ela, além disso, significou uma forte motivação para retornar aos seus trabalhos filosóficos.) Objetivamente, o primeiro volume de *Analogia entis* é um exame preliminar metódico e crítico das questões que foram consideradas no presente livro e que o P. E. Przywara reservou para seu segundo volume (consciência – ser – mundo).[7] Efetivamente existe certa interferência de assuntos, já que por uma parte a analogia é considerada como a lei fundamental que domina todo ente e, portanto, também deve determinar o método, e por outra parte a investigação objetiva do ente conduz pelo sentido do ser ao descobrimento dessa mesma lei fundamental. As investigações empreendidas aqui não abrangem a problemática em toda a extensão, tal como foi desenvolvida em *Analogia entis I*.

A consciência está tratada como um caminho de acesso ao ente e como um gênero particular do ser, mas a relação recíproca da consciência e do mundo objetivo não foi colocada como fundamento de maneira sistemática, e não são investigadas as configurações da consciência que correspondem à estrutura do mundo objetivo.[8]

Igualmente, a dimensão do que está no pensamento só é considerada como um gênero particular do ente, e a relação recíproca do ente e de sua

---

[6] P. E. Przywara, S. J., *Analogia entis. Metaphysik, I, Prinzip.* Munique, Kösel-Pustet, 1932.
[7] Cf. *Analogia entis I, prefácio, p. IX.*
[8] Elas constituem o campo de investigação que E. Husserl designou como objeto da fenomenologia transcendental.

concepção conceitual é mencionada somente de forma ocasional, mas não tratada com exaustão como assunto próprio. Trata-se de uma autolimitação consciente: o que se pretende aqui é esboçar uma doutrina do ser, e não um sistema filosófico. *O fato de que* seja examinada em si mesma a doutrina do ser supõe, certamente, uma compreensão de sua relação com a doutrina das formas constitutivas da consciência e da lógica, que só poderia estar suficientemente fundada em uma teoria completa do conhecimento e da ciência.

Em caso de se comparar o procedimento utilizado neste livro com o exigido na *Analogia entis I*, então o pensamento "histórico interno" certamente cede o passo aos esforços em favor da "verdade supra-histórica".[9] Porém, no que P. E. Przywara designa como descrição do "pensar da criatura"[10] encontra-se uma justificativa do caminho que escolheu a autora: uma diversidade de espírito condiciona também uma diversidade do método científico e da complementação recíproca das contribuições, em que diversos espíritos, segundo seu talento unilateral, podem atuar, o que resulta no progresso do caminho para a "verdade supra-histórica". A essas unilateralidades naturalmente condicionadas pertence o fato de que *um* pensador é o caminho indicado para encontrar o acesso às "coisas" pela compreensão conceitual, que outros espíritos já deram – sua força é o "entender" e o descobrir a ligação histórica; *outro* se sente chamado por seu espírito particular à direta busca objetiva e consegue a compreensão de obras espirituais de outros com a ajuda de elementos que ele mesmo adquire por seu trabalho –; esses espíritos (como grandes professores ou ajudantes) condicionam a "história originária", quer dizer, o acontecimento atrás do qual vai toda história espiritual. A segunda modalidade do espírito é a dos nascidos fenomenológicos. Em referência a isso há que esperar o segundo volume da *Analogia entis*, quando aparecer, que contribuirá por sua "historicidade intrínseca" como um complemento essencial às investigações do presente livro, de modo que já o completa o primeiro volume em certas questões.

Uma concordância fundamental encontra-se na concepção da relação entre o criador e a criatura, e também da relação entre a filosofia e a teologia; no que se refere ao segundo ponto, contudo, haverá ocasião de fazer

---

[9] Ver a este respeito a *Analogia entis*, p. 25.
[10] *Op. cit.*, p. 24.

algumas anotações mais adiante.[11] Comum a esses dois livros há uma posição com respeito a Aristóteles e Platão, que não reconhece uma alternativa entre os dois, mas que trata de encontrar uma solução capaz de justificá-los, e algo parecido a respeito de santo Agostinho e santo Tomás.

Talvez, perante certos resultados deste livro, surgirá a pergunta de por que a autora não se apoiou em Platão,[12] Agostinho[13] e Duns Scoto[14] em lugar de Aristóteles[15] e santo Tomás.[16] A resposta a essa pergunta é que ela efetivamente tomou como ponto de partida santo Tomás e Aristóteles. Se a investigação objetiva conduziu a certas metas que talvez ela quisesse alcançar de uma maneira mais rápida e mais fácil partindo do outro ponto, contudo, essa não é a razão para se afastar posteriormente do caminho que seguiu. De fato, pode acontecer que precisamente os obstáculos e as dificuldades que a autora foi obrigada a superar neste caminho possam ser úteis a outros.

Finalmente, devemos ainda dizer uma palavra com respeito ao vínculo que existe entre esta obra e as tentativas mais importantes, relacionadas em nossa época, para fundar a metafísica: a filosofia existencial de *Martin Heidegger*[17] e a tese oposta, a *doutrina do ser*, tal como conhecemos nas obras de *Hedwig Conrad-Martius*.[18] No tempo em que a autora era assistente de Husserl em Friburgo,[19] Heidegger se aproximou da fenomenologia. Isso levou-a a conhecer pessoalmente Heidegger e a ter sua primeira troca objetiva de opiniões, mas essa relação principiante foi logo interrompida pela diversidade do curso de suas vidas. A autora conheceu a obra de Heidegger *Ser e Tempo* pouco depois da sua edição,[20] ficou com uma forte impressão, mas nesse momento não pôde dedicar-se a uma confrontação objetiva.

Algumas lembranças que se referem a essa primeira ocupação com a grande obra de Heidegger ocasionalmente surgiram durante o trabalho de

---

[11] Ver o capítulo I, § 4.

[12] Platão (428/427-347 a.C.).

[13] Santo Agostinho (354-430).

[14] Beato Duns Scoto, nascido na Escócia em 1265, morreu em Colônia em 1308. Franciscano, estudou teologia em Paris e Oxford. Professor de teologia, ele lecionou em Cambridge, Oxford e Paris. Suas obras exerceram uma grande influência ao longo da história.

[15] Aristóteles (384-321 a.C.).

[16] Tomás de Aquino (1225-1274).

[17] Martin Heidegger (1889-1976).

[18] Hedwig Conrad-Martius (1888-1966).

[19] Foi nos anos de 1916-1918.

[20] *Sein und Zeit, de M. Heidegger, editado em 1927.*

xiv · Prólogo

elaboração da presente obra. Então, somente quando o livro ficou terminado, houve a necessidade de confrontar essas duas tentativas tão diferentes que concernem ao sentido do ser. Assim foi criado o apêndice sobre a filosofia existencial de Heidegger.[21]

De Hedwig Conrad-Martius a autora recebeu muito, pois elas viveram juntas durante certo tempo, já distante, mas esse encontro foi decisivo para ambas, e a autora recebeu sugestões orientadoras. Então, não é de se estranhar que neste livro em muitas partes se note a influência das obras de Hedwig Conrad-Martius.[22]

A todos os que contribuíram para o resultado desta obra, expresso meu reconhecimento do fundo de meu coração.

A AUTORA

Colônia-Lindenthal,[23] 1º de setembro de 1936.

---

[21] Ver neste livro como Apêndice II, "A Filosofia Existencial de Martin Heidegger".

[22] Na impressão original de Edith, há 21 linhas contínuas que aparecem marcadas; nestas linhas a autora agradecia as pessoas que a haviam ajudado. Este era o texto: "O fato de que o trabalho foi realizado se deve à amável providência de nossos superiores: à querida reverenda Madre da nossa casa e ao nosso anterior e presente P. Provincial, Rdo P. Teodoro de San Francisco de Assis, O.C.D., e Rdo. P. Heribert de Santa Maria. Com respeito aos empréstimos de livros tive que me servir da disponibilidade e paciência de fiéis amigos fora da Ordem. Agradeço a bondade do Reverendíssimo arquiabade de Beuron, dr. Rafael Walzer, O.S.B. por emprestar-me por um bom tempo alguns livros da biblioteca da abadia de Beuron. Igualmente, o senhor pastor Diefenbach (Colônia-San Pantaléon) emprestou-me livros durante tempo indeterminado. P. Sigisbald Jassen, O.P., apoiou-me com amáveis indicações. Estou especialmente agradecida ao meu querido Alexander Koyré (Paris) e ao senhor professor Alois Dempf (Bonn), cujos julgamentos me incentivaram o trabalho."

[23] Aqui aparece "Lindenthal" *com h. O h* foi com toda certeza escrito pela amiga datilógrafa, pois Edith, neste ano e no seguinte, nunca escrevia este nome com h, ao contrário do restante dos membros da comunidade do Carmelo de Colônia.

Nota da Editora

A Editora Forense Universitária se prontificou a fazer a tradução da obra-chave de Edith Stein, *Ser Finito e Ser Eterno*, como parte da coleção de livros filosóficos traduzidos indicados pela Academia Brasileira de Filosofia, dirigida pelo Prof. João Ricardo Moderno, atual presidente da instituição.

A tradução foi feita a partir dos originais em espanhol do Grupo Editorial Fonte – Monte Carmelo (Madri, Espanha, 2008), extraído de um compêndio maior que envolvia outros escritos de Edith Stein sob o título *Obras Completas, III, Escritos Filosóficos, Etapa de Pensamento Cristão: 1921-1936*. Nesta tradução nossos leitores encontrarão apenas a tradução de *Ser Finito e Ser Eterno*.

Extrema galanteria foi o ato do Editorial Monte Carmelo ao nos permitir agregar ao nosso título a excelente Introdução do sacerdote Francisco Xavier Sancho Fermín, da Ordem dos Carmelitas Descalços (O.C.D.).

Há alguns livros de Edith Stein traduzidos e muitas obras sobre suas teorias e sobre sua vida, mas ainda não encontramos uma tradução individual de *Ser Finito e Ser Eterno*, por isso queremos trazer ao leitor brasileiro o prazer do conhecimento desta escritora fantástica que se converteu ao Catolicismo e encontrou a sua razão de viver nos estudos teológicos que empreendeu enquanto professora e conferencista, antes que o regime Nacional-Socialista a proibisse de ministrar aulas, em virtude de ter nascido em uma família judia.

Em 1933, Edith Stein já havia se tornado Teresa Benedita da Cruz e se internou em um Carmelo (convento carmelita) na cidade de Colônia, na Alemanha. Em 1938, Edith se transferiu para o Carmelo de Echt, na Holanda.

Com a invasão alemã do território holandês em maio de 1940, as vidas de Edith e de sua irmã Rosa, que também aderiu ao Catolicismo, tornaram-se ainda mais perigosas, pois ambas jamais deixaram de declarar sua origem.

Os bispos holandeses resistiram, por meio de homilias, a qualquer aproximação com o regime Nacional-Socialista. Em reação, os nacional-socialistas impuseram que todos os judeus em território alemão se identificassem com uma cruz amarela, inclusive os que haviam se convertido a outras religiões.

Em agosto de 1942, Edith e Rosa foram levadas a dois campos de concentração na Holanda, onde encontraram amigas judias e católicas também aprisionadas pelo regime Nacional-Socialista. Posteriormente, foram enviadas a Auschwitz, campo de concentração na Polônia, um dos maiores da Segunda Guerra (1939-1945), onde Edith e muitas outras mulheres judias e católicas foram levadas a "tomar banho" com ácido cianídrico, quando Edith veio a falecer com apenas 51 anos de idade.

Em 1962 iniciou-se seu processo de beatificação na Santa Igreja Católica Apostólica Romana. Em 1987, na mesma cidade de Colônia que havia visto sua primeira adesão ao Carmelo, na Catedral de Colônia, o papa João Paulo II (1920-2005) assegurou a sua beatificação com essas palavras: "Uma filha de Israel, que durante as perseguições dos nazistas permaneceu unida na fé e no amor ao Senhor Crucificado, Jesus Cristo, como católica, e ao seu povo, como judia."

Edith Stein foi canonizada pelo próprio papa João Paulo II, em 11 de outubro de 1998, na Basílica de São Pedro, no Vaticano, como uma escritora católica, nascida no judaísmo, monja, mártir e beata, Teresa Benedita da Cruz, da Ordem dos Carmelitas Descalços. Posteriormente, foi proclamada pela própria Igreja como copadroeira da Europa no dia 1º de outubro de 1999.

Rio de Janeiro, agosto de 2018.

Francisco Bilac Pinto Filho
Editor

Introdução

Edith Stein:
Uma Intelectual Católica[1]

A jornada humana, intelectual e espiritual de Edith Stein, que envolve os escritos da fase filosófico-cristã, é extremamente rica e complexa. A razão principal é que engloba um período de vida que se entrecruza com os diversos aspectos que, de uma maneira ou outra, já foram apresentados nos outros volumes das *Obras completas*, publicadas pela Editorial Monte Carmelo. O período de tempo que aqui vamos destacar segue de 1921 até 1936, ano em que finaliza sua obra mais conhecida: *Ser finito e ser eterno*.

Assim, o objetivo a que nos propomos nestas páginas introdutórias é de trazer o contexto histórico e biográfico em torno desses escritos, em especial *Ser finito e ser eterno*, para depois apresentar de forma resumida algumas questões doutrinárias que surgem fortemente no desenvolvimento de tais escritos, sobretudo naqueles mais amplos e completos.

1

Contexto Histórico e Biográfico

1.1. Decisão pela Igreja Católica

É sabido que Edith Stein decide pelo catolicismo depois do encontro com Teresa de Jesus, no verão de 1921. Apesar das incertezas sobre esse momento de

---

[1] A presente nota foi gratuitamente cedida pela Editorial Monte Carmelo na coleção de Edith Stein traduzida para o espanhol sob o título: *Obras completas. Vol. III: Escritos filosóficos. Etapa de Pensamiento Cristiano*. Burgos-Madri-Vitoria, 2007.

4 Introdução

sua trajetória, a base de apoio não é tal como transmite a irmã Teresa Renata Posselt na primeira biografia sobre Edith,[2] mas como a própria Edith Stein aponta em seu escrito "Como cheguei ao Carmelo de Colônia". Nesse momento, ela mesma nos afirma: "Há quase doze anos, o Carmelo era meu objetivo. Desde que no verão de 1921 veio parar em minhas mãos a 'Vida' da nossa Santa Irmã Teresa e esta pôs fim à minha longa busca pela verdadeira fé."[3]

Justamente o primeiro dos escritos que aqui se apresentam e que possivelmente devem ser datados por volta de 1921 demonstra-nos, claramente, que Edith Stein, já no momento em que lia Teresa de Jesus, estava preocupada com o tema da religião e da fé. O fato é que 1921 é um ano decisivo na trajetória da filósofa, porque se supõe uma mudança em todos os níveis: preocupações intelectuais e existenciais, novas opções de vida e fé, preparação para uma mudança de residência e de atividade.

Quando finalmente, no dia 1º de janeiro de 1922, ela foi batizada na Igreja de Bad-Bergzabern, sua vida já estava destinada a seguir um rumo diferente. A buscadora da Verdade dará lugar agora à contempladora e serva da Verdade. Vamos ver nestas páginas como o rumo tomado é o que realmente representa os escritos que são agrupados nessa obra.

Na certidão de batismo, ficou registrado seu novo nome: Edith Teresa Hedwig. O nome de Teresa já antecipa o que será seu anseio mais profundo, o de entrar para o convento, e sua profunda sintonia com a mística espanhola. E o nome de Hedwig, sua amiga e madrinha de batismo, reflete seu espírito "ecumênico", de abertura e respeito às outras denominações cristãs, já que Hedwig era protestante.[4] No dia 2 de fevereiro do mesmo ano, recebe o sacramento da confirmação na capela do palácio episcopal de Espira pelo bispo Ludwig Sebastián.

---

[2] Tornou-se um tema entre os biógrafos teresianos a afirmação que transcreve a irmã Renata, apresentando o evento do encontro de Edith com Teresa como algo acidental que a levou a ler a "Vida" de Teresa em uma noite, concluindo que "essa é a verdade" e tomando a decisão da conversão. Em um estudo crítico dessa etapa de vida de Edith o que se demonstra é que o encontro com Teresa leva-a a concluir uma longa fase de busca, decidindo viver pela fé, que já havia encontrado na Igreja Católica alguns anos antes.

[3] Em Edith Stein, *Obras completas. Vol. I: Escritos autobiográficos e cartas*, Ed. Monte Carmelo-Editorial de Espiritualidad-El Carmen, Burgos-Madri-Vitoria, 2002. (abrev. OC I), p. 500.

[4] Cf. A.I. Müller-A.Neyer, *Edith Stein: vida de uma mulher extraordinária*, Monte Carmelo, Burgos, 2001, pp. 144 ss. (abrev. Müller-Neyer).

Seu futuro, naquele momento, apresentava-se incerto. Regressa a Breslau e comunica a notícia a sua família sobre sua conversão. Haverá muita incompreensão, dada a ideia que até então se tinha dos católicos, e por parte de sua mãe uma dor muito grande.[5] Isso a convence de que, então, não pode persistir em seu desejo de ser carmelita. Como também não tem a situação favorável para seguir adiante com sua "academia de fenomenologia", curso que ela ministrava em sua casa. Embora durante aquele ano ainda que passe longas temporadas em Bergzabern, a casa materna será um ponto de referência, onde ela sempre é recebida com muito carinho.

Durante as temporadas de permanência em Bergzabern, além de viver em um ambiente que favorece seu crescimento espiritual, colabora com sua amiga Hedwig na tradução de uma obra de seu companheiro e filósofo francês, Alexander Koyré, sobre Descartes e a Escolástica.[6] Além disso, graças ao vigário que a batizou, o decano Breitling, entra em contato com aquele que será posteriormente seu confessor e companheiro espiritual, o cônego Schwing, homem de excelente formação teológica e filosófica. Esse homem descobre com exatidão que Edith Stein pode e tem muito que contribuir ao catolicismo alemão emergente. Para ajudá-la, ele consegue um emprego para ela como professora em um centro de treinamento das dominicanas de Santa Magdalena, em Espira. Ali ela poderá viver em um ambiente propício à sua fé e desenvolver suas excelentes capacidades intelectuais.

Não obstante, a primeira sensação que se percebe quando se tem em mente toda a produção filosófica de Edith Stein é que a partir de sua entrada ao catolicismo ela parece estagnar-se em sua dedicação exclusiva à filosofia e seus anseios por seguir investigando. É quase certo que a conversão provocou inicialmente nela esse equívoco de abandonar a atividade filosófica que havia pesquisado durante os anos que precederam a sua conversão: "Durante certo período, cheguei a pensar que ter uma vida religiosa significaria deixar de lado toda a vida terrena e viver com o pensamento único e exclusivo nos temas divinos. Mas, pouco a pouco, compreendi que nesse mundo exigem-nos outra coisa..."[7] Certamente isso não significou

---

[5] É algo que testemunham tanto nas biografias como a própria Edith descreve em "Como cheguei ao Carmelo de Colônia", em *Da vida de uma família judia – Autobiografia e outros escritos*, nas OC I.
[6] Publicado na *Edith Stein Gesamtausgabe*, vol. 25, com o título: Alexander Koyré, *Descartes und die Scholastik*.
[7] Carta a Calista Kopf de 12 de fevereiro de 1928, em OC I, p. 809.

6 Introdução

um abandono total da sua atividade intelectual, pois, além das aulas que ministrou em Espira, dedicou parte de seu tempo à pesquisa da teologia. Desde o início de sua conversão, foi orientada para a leitura de santo Tomás, embora não tenha se dedicado totalmente ainda. Pode-se dizer que em 1926 já possuía um profundo conhecimento da teologia cristã, que é a base indispensável para, mais tarde, enfrentar uma série de estudos de elevada qualidade científica, que reúne a formação fenomenológica com os seus novos interesses pela filosofia cristã.

1.2. O Catolicismo Alemão da Primeira Metade do Século XX

Se realmente queremos entender a obra de Edith Stein no âmbito mais vasto da filosofia católica do século XX, antes teremos de entender, mesmo que sumariamente, a realidade em que está inserida e comprometida a partir de 1922, ou seja, a do catolicismo alemão. Somente desde esse ponto de início se pode compreender a orientação que Edith Stein dará a seus trabalhos de caráter filosófico, assim como as numerosas traduções às quais ela dedica boa parte de seu tempo. E com isso também se explica a aparente interrupção em suas investigações fenomenológicas.

Edith Stein tem a ousadia de se embrenhar em um movimento que desde alguns anos estava lutando por se fazer presente em todos os âmbitos da vida social. A vida dos católicos na Alemanha não era fácil desde a Reforma, mas no século XIX foi devastadora em vários sentidos. No entanto, a semente de muitos católicos comprometidos com sua fé vai construir um futuro de esperança que dará bons frutos depois da Primeira Guerra Mundial. E Edith Stein contribuirá em diversos pontos de vista para o crescimento de uma nova espiritualidade.

Com essas palavras, "nova primavera do catolicismo alemão", Wilhelm Spael designa o período compreendido entre 1890 e 1918.[8] É uma época em que o catolicismo dá uma reviravolta total em sua forma de exis-

---

[8] *Das Katholische Deustschland im 20. Jahrhundërt, Seine Pionier- und Krisenzeiten* "1890-1945", Echer Verlag, Würzburg, 1964. Esta e outras designações parecidas encontramos em autores como K. Nowak, *Geschichte des Christentums in Deutschland Religiosen. Politik und Gesellschaft von Ende der Aufklärung bis zur Mitte des 20, Jahrhunderts*, C.H. Beck, Munique, 1995.

tir. Até aquele momento os católicos tinham que suportar, durante o século XIX, muitos ataques que gradualmente os levaram a se recolherem para si mesmos e se agruparem em guetos.

Conrad Gröber, um representante comprometido do catolicismo romano, pintou um quadro sombrio do tempo da "luta cultural" em Messkirch, uma situação que pode se estender a todas as regiões nas quais os católicos alemães conviviam entre outras acusações: "Sabemos por própria e amarga experiência quanta felicidade juvenil se destruiu naqueles tempos rudes, quando os filhos mais ricos dos velhos católicos não aceitavam os filhos mais pobres dos católicos, davam apelidos a seus sacerdotes e a eles mesmos, espancavam-nos e os submergiam no bebedouro para rebatizá-los. Infelizmente também sabemos por experiência como os professores simpatizantes ao velho catolicismo separavam as ovelhas dos cabritos, chamavam de "peste negra" os alunos católicos e passavam claramente o sentimento de que não se podia seguir impunemente pelas trilhas romanas. Todos esses católicos, sem exceção, eram os perdedores e tinham que se aderir aos velhos católicos se quisessem receber um cargo definitivo em Messkirch. E muito mais tarde se tornou evidente que somente mediante a mudança de religião se podia conseguir um emprego na cidade."[9]

Certamente nem toda a culpa dessa situação deve-se lançar ao ambiente. Os próprios católicos, especialmente a hierarquia, não souberam encarar nem os ataques, nem as mudanças acontecidas na sociedade e cultura. A mentalidade conservadora pesava muito no momento de tomar iniciativas, que em diversas ocasiões foram sufocadas pelos mesmos católicos.

A condição de minoria católica na Alemanha (no império prussiano eram 20 milhões de protestantes em relação a 8 milhões de católicos) contribuiu também para o isolamento. No contexto político o grupo católico chegou a ser um fator cada vez mais influente na vida nacional, especialmente a partir da República de Weimar (1919).

A situação cultural do catolicismo alemão por volta de 1900 é muito menos satisfatória. O fato de que os católicos havia muito pertenciam a classes sociais economicamente mais fracas não é o suficiente para explicar o fenômeno: há um retrocesso a partir da metade do século, enquanto o nível social dos católicos tende a melhorar. As tendências para um retorno

---

[9] Citado por R. Safranski, *Um professor da Alemanha: Martin Heidegger e seu tempo*, Barcelona, 1997.

8 Introdução

ao tomismo e o olhar desconfiado das novas correntes de pensamento serão um freio de peso. No final do século XIX parece se iniciar certa evolução, cuja principal figura foi a fundação da revista *Hochland*, criada por K. Muth em 1903, que logo se converteu em ponto de encontro dos jovens católicos que estavam cientes da necessidade de sair do gueto e romper com a tradição barroca e romântica para adotar uma atitude positiva perante a cultura moderna.

No campo social o progresso foi muito mais rápido. Em meados do século XIX começou a surgir um número surpreendente de associações de grande dinamismo, cada uma das quais respondendo a uma determinada necessidade: associações puramente religiosas, como as congregações marianas, associações para espalhar bons livros ou informações de boa qualidade, associações para ajudar as missões ou os emigrantes (*Raphael-verein*) e católicos espalhados por regiões protestantes (*Bonifatiusverein*), conferências de são Vicente de Paula e outras associações de assistência, coordenadas pela diocese a partir de 1897 graças à *Deutsche Caritasver-band* (*Caritas* alemão), associações de estudantes ou de artistas católicos e especialmente associações que reuniam os aprendizes, agricultores e trabalhadores para defender seus interesses profissionais e ao mesmo tempo prestavam apoio moral e religioso. Muitos desses "*Vereine*" (grupos ou associações) eram incentivados e inclusive dirigidos por leigos a quem os padres deixavam ampla iniciativa.

Foi na Alemanha onde surgiu o movimento social católico mais realista, que se declarou partidário de limitar a liberdade econômica por meio de uma legislação social. Essa tendência encontrou sua primeira expressão oficial na encíclica de Leão XIII. Esse caráter social do catolicismo alemão, que se recusa a se fortificar em obras de pura caridade, como se costumava fazer na França, é que lhe permitirá manter uma profunda simpatia junto às classes populares e encontrar nelas certo apoio quando, durante o *Kulturkampf,* tem que enfrentar a burguesia radical. Até 1870, os católicos alemães se preocupavam com a promoção dos artesãos e da organização dos agricultores. Eles queriam "levar a igreja ao povo para que povo se aproxime da Igreja", de acordo com o slogan lançado em 1848. Aos poucos se foi prestando mais atenção ao problema do operário diretamente. Multiplicaram-se as associações, sobretudo nas regiões industriais da Renânia, que não somente buscavam salvar as almas e aliviar as misérias, como ocorreu durante muito tempo, mas também tratavam de organizar a profissão e proporcionar à ação operária uma base sólida para modificar o regime de trabalho.

Entre os movimentos ou associações que terão importante repercussão social, poderíamos mencionar os seguintes:

- Em 1890, Ludwig Windthorst fundou a "Associação popular para a Alemanha católica" (*Volksverein für das katholische Deutschland*). O objetivo dessa associação é unir todos os católicos alemães com a finalidade de fazer pressão contra os problemas sociais, políticos e econômicos. Sob o ponto de vista dos católicos, eles querem ter um meio para abordar os diversos problemas. Essa associação difunde-se rapidamente pela Alemanha, e em 1892, quando se celebra o *Katholikentag* em Maguncia, estava com 120.000 associados
- Alguns anos antes, em 1880, foi fundada a Associação para o bem do trabalhador, criando-se uma série de instituições de caridade (*Verband Arbeiterwohl*), por Franz Brandts, em Mönchen-gladbach, cidade que vai se tornar um centro de referência dos trabalhadores católicos. Seu principal objetivo era promover as relações entre trabalhadores e empregadores de um ponto de vista cristão. Foi muito elogiada na época por Leão XIII[10]
- Também em 1890, Lorenz Huber fundou em Munique uma associação de trabalhadores no centro da cidade (*Katholische Arbeiterverein, München-Innere Stadt*)
- Em 1899 o dr. Pieper fundou o *Westdeutsche Arbeiterzeitung* (jornal dos trabalhadores da Alemanha Ocidental), como a "folha" do movimento de trabalhadores cristãos. O primeiro diretor foi Johannes Giesberts. Seu objetivo é fortalecer a união e a comunicação entre os trabalhadores católicos, e a informação sobre os problemas dos mesmos
- Joseph Drammer (Bonn, 1851) fundou a sociedade de associações juvenis (*Verband der Jünglins-vereine*) de Colônia em 1895, e para toda a Alemanha em 1896. No primeiro ano de sua fundação a nível nacional tem 40.000 membros inscritos, e em 1921 terá mais de 340.000
- Em um momento em que as mulheres começam a se emancipar não podia faltar uma associação para se unirem e reiterarem seus propósitos. Sua fundadora foi Elizabeth Gnauck-Kühne, em 18 de novem-

---

[10] Cf. Fliche-Martin, *História da Igreja*, vol. XXV (1), pp. 288 ss.

bro de 1903 em Colônia. Ela converteu-se ao catolicismo, no qual vê apoiados e bem acolhidos seus desejos. Antes de sua conversão pertencia à igreja protestante, na qual tentou fundar uma associação com as mesmas características em 1896 na cidade de Ehrfucht, mas não a aceitaram. O nome da instituição era Associação de mulheres católicas alemãs (*Katholischer Deutscher Freuenbund*). Durante a primeira metade do século XX desempenhou um papel fundamental na defesa dos direitos das mulheres, sempre sob o lema de sua fundadora: dignidade igualitária, mas não a mesma qualidade. Essa ideia soube concentrar em uma teologia feminina católica as reivindicações infundadas de muitos grupos feministas. Mulheres como Hedwig Dransfeld e Gerta Krabbel foram diretoras desse movimento, ao qual também pertencia Edith Stein

- Outras associações que surgiram ou se uniram às já mencionadas são as de professoras (1885), de professores (1889), de empregadas e auxiliares (1893), e os sindicatos cristãos, primeiro o dos mineiros (1894), e em seguida os dos estudantes e trabalhadores.

Esse panorama do catolicismo alemão do início do século XX, embora breve, ajuda-nos a compreender que Edith Stein chega à Igreja Católica em um momento de especial dinamismo. Sua formação intelectual e sua capacidade ajudaram a que essa tendência se desenvolvesse com muito mais vitalidade, principalmente do ponto de vista do diálogo com a cultura moderna e da renovação espiritual, colaborando tanto com os movimentos femininos quanto com a renovação litúrgica e o fortalecimento do misticismo.

De acordo com o panorama cultural católico pode-se reconhecer que Edith Stein foi um grande impulso no encontro com a cultura e no diálogo com a fé.

1.3. Primeiros Contatos com o Mundo Intelectual Católico

Edith Stein chega a Espira para desempenhar seu trabalho como professora na Páscoa de 1923. O colégio de santa Madalena não era uma simples escola, uma vez que suas instalações abrigavam diversos centros educativos: escola católica, instituto de bacharelado, escola técnica, escola de magistério, seminário e internato. Edith Stein entrou como professora de dedicação exclusiva a partir de 17 de abril, e sua permanência lá se prolongou até 1931. Isso significa que boa parte dos escritos aqui apresentados foram redigidos paralelamente com sua atividade docente.

Sua abertura eclesial lhe permitiu associar-se a grupos católicos como a União Católica de Professoras da Baviera. Também era membro da Associação de Jovens Professoras, na qual quase sempre tinha alguma conferência. Tais conferências em muitas ocasiões explanavam sobre assuntos teológicos e espirituais.[11]

Simultaneamente à sua atividade escolar, descobrimos uma mulher submersa em muitas outras atividades, principalmente relacionadas com sua formação filosófica. De fato, descobre-se como a atividade científica vai aumentando com o passar dos anos: desde a publicação de diversos artigos, a tradução das *Cartas e Diários* de Newman, até a grande façanha de começar a traduzir a grande obra filosófica de santo Tomás de Aquino, *Quaestiones disputatae de veritate*. Nessa empreitada desempenhará um papel importante o jesuíta Erich Przywara, com quem manterá um contato proveitoso a partir de 1925.[12]

Esse novo empreendimento de retorno à atividade científica, tal como podemos assinalar, vai reiniciar-se realmente em 1925. Nesse ano, o P. Przywara foi a Espira encontrar-se com ela por indicação de outro fenomenológo, Dietrich von Hildebrand, com a finalidade de lhe encomendar a tradução alemã das cartas e do diário do cardeal John Henry Newman (1801-1890), obra que aparece publicada em 1928.

No entanto, o que realmente irá abrir definitivamente seus olhos para a atividade científica como apostolado será o encontro profundo com o pensamento e as obras de santo Tomás de Aquino. É a tradução do *De veritate* de santo Tomás o que a impulsiona a se absorver no pensamento tomista e retomar o mundo da filosofia moderna, com especial atenção para a fenomenologia. O resultado será uma tradução atualizada da obra do Doutor Angélico, como é chamado santo Tomás, em linguagem filosófica moderna.

Exatamente um dos grandes desafios do catolicismo alemão consistia no restabelecimento do diálogo entre fé e cultura, entre cristianismo e pensamento moderno. Nessa perspectiva é que se pode valorizar corretamente

---

[11] Cf. Müller-Neyer, p. 160 seg.
[12] Cf. Müller-Neyer, p. 169.

12 Introdução

toda a atividade científica steiniana desses anos. Sua preocupação e seu desejo é traçar pontes, superar o abismo existente entre cultura moderna e pensamento cristão; edificar bases sólidas para um encontro e um diálogo proveitoso. Dessa forma, os artigos que preparou nessa época fazem registro de uma maneira explícita desse desejo ou necessidade de travar um diálogo. O exemplo mais evidente é o artigo que prepara na ocasião do septuagésimo aniversário de Husserl e que aparece publicado no Anuário de fenomenologia: *A fenomenologia de Husserl e a filosofia de santo Tomás de Aquino. Para uma confrontação.*

Com o passar do tempo, essa imersão na ciência vai acarretar outra série de exigências para Edith Stein. Gradativamente ela se verá introduzida na realidade do catolicismo público alemão, e participará ativamente de seus movimentos de mudança. Entrará em contato com muitos dos grandes intelectuais católicos do momento. Além de manter a correspondência e a relação com grandes amigos e companheiros do círculo fenomenológico (Conrad-Martius, Husserl, Kauffmann, Ingarden, Adelgundis Jaegerschmidt, Heidegger...), com os quais estabelece, às vezes, um vínculo de união, mantendo a informação, trocando escritos, ajudando a revisar os trabalhos dos outros etc.; também se abre a novas amizades do mundo católico, destacando-se nomes como o já mencionado Erich Przywara, Martin Grabmann (que apresentará sua tradução de santo Tomás), Gerda Walter, Alois Mager, Odo Casel, Peter Wust, Rafael Walzer, Gertrud von le Fort, Pius Parsch, Heinrich Finke, Martín Honecker... Personagens, em sua grande maioria, que exerceram uma grande influência na vida cultural alemã, especialmente no setor católico.

Ela mesma será solicitada a dar conferências por todo o território alemão,[13] o que aumentará consideravelmente o número de seus conhecidos. A partir de 1926, mas sobretudo a partir de 1928, Edith Stein inicia sua atividade como conferencista, que a levará a viajar por toda a Alemanha e regiões de outros países de língua alemã, especialmente Suíça e Áustria.[14]

---

[13] Um desenvolvimento detalhado de suas conferências, dos lugares e ambientes onde as pratica excede em demasia o objetivo deste trabalho. Um bom acompanhamento de tudo isso, bem detalhado, pode-se ver na introdução que preparamos para o livro Edith Stein *Obras completas. Vol. IV: Escritos pedagógicos e antropológicos*, Burgos-Madri-Vitoria, 2003.
[14] Cf. *Ibid.*

1.4. Dedicação Plena à Investigação Filosófica

Com o passar dos anos, essas atividades exigiam mais dedicação e tempo. Em 1931 terá que tomar uma decisão de abandonar as aulas em Espira para dedicar-se totalmente ao novo trabalho que tem nas mãos: "Na quinta-feira de Santa Magdalena me despedi. Santo Tomás já não se satisfaz com as horas livres, ele quer minha dedicação a ele o tempo inteiro."[15] Seu último dia de aula em Espira foi em 26 de março de 1931.

No entanto, não deixa a escola simplesmente para se dedicar à tradução de santo Tomás e às conferências. Em sua mente guarda o desejo de ingressar em uma cátedra universitária. Antes, esse desejo se frustrou simplesmente por sua condição de ser mulher. Para aderir à cátedra necessitava apresentar um trabalho de habilitação, e assim se retira para se concentrar nesse trabalho, na cidade de Freiburg, no convento de santa Lioba, situado nos arredores da cidade, ao pé da Selva Negra. O resultado disso será o manuscrito intitulado *Ato e potência*, o qual foi publicado pela primeira vez em 1998.

Contudo, em razão da conjuntura econômica e política que começava a vivenciar a Alemanha no início da década de 1930, todas as possibilidades de chegar a uma cátedra fracassaram, apesar de ter tentado em Freiburg[16] e em Breslau.[17] Em 1932, começa uma nova fase na vida de Edith Stein, quando é chamada para ser professora de pedagogia e antropologia em Münster. Nesse momento, estava esperando a possibilidade de ter acesso a uma cátedra universitária, ou de que lhe fosse designada a cátedra de psicologia na Academia de Pedagogia de Spandau (perto de Berlim).[18] Esta última, que poderia contribuir para seu sustento, fracassa por diversas causas. No Instituto Alemão de Pedagogia científica, na cidade de Münster, iniciará sua atividade a partir da primavera de 1932.[19]

Cabe salientar, mesmo que seja brevemente, o papel importante que sua formação humana e espiritual vai desempenhar na abadia beneditina de Beuron, na qual também participará de encontros com grandes intelectuais

---

[15] Carta a Calista Kopf, 28-3-1931.
[16] Cf. Carta a A. Jaegerschmidt, 26 de janeiro de 1931.
[17] Cf. Carta a Adelgundis Jaegerschmidt, 28 de junho de 1931.
[18] Cf. Carta a Heinrich Finke, 6 de maio de 1931.
[19] Cf. Cartas a Ingarden de 29 de novembro de 1931, 9 de março de 1932 e 29 de abril de 1932.

14 Introdução

católicos do momento. Tem-se conhecimento de que em certas ocasiões personagens como Heidegger, Romano Guardini e Max Scheler encontravam ali um lugar de retiro e vivência da liturgia.[20] Orientada pelo jesuíta P. Erich Przywara, Edith Stein dirigiu-se, na Semana Santa de 1928, à abadia beneditina de Beuron, para viver em silêncio aquela data e encontrar quem seria, a partir desse momento, seu diretor espiritual: o abade P. Rafael Walzer. Dessa forma, a partir da Páscoa de 1928, suas visitas a Beuron serão constantes.

A abadia beneditina de Beuron era um ponto de ebulição litúrgica, artística e espiritual. Era também a abadia principal da assim chamada "Congregação de Beuron", à qual pertencia, entre outros, o mosteiro de Maria Laach, conhecido por seu papel importante na promoção do movimento litúrgico. E é o que vai distingui-la nesses anos junto com a abadia associada de Maria Laach.

A essa abadia pertenciam alguns monges muito conhecidos no âmbito da espiritualidade e da mística: Anselm Stolz e Alois Mager. À abadia associada de Maria Laach, por onde também passou Edith Stein, estava Odo Casel. Possivelmente, nossa autora encontrou-se com ele, pois entre seus escritos encontramos umas folhas nas quais a filósofa transcreve alguns textos manuscritos de Casel.[21]

É o P. Rafael um dos personagens principais que encoraja continuamente a Stein para colocar seu grande talento a serviço da sociedade. Por isso, muitas vezes é quem freia seus desejos de entrar em um convento.

1.5. No Congresso Tomista de Juvisy

Durante seu primeiro ano em Münster, é convidada a participar do Congresso Internacional tomista que se realiza no dia 12 de setembro em Juvisy, uma região perto de Paris. Da Alemanha participaram outros grandes pensadores, alguns deles já conhecidos por Edith Stein: Daniel Feuling, Alois Mager, Fritz Joachim von Rintelen, Bernhard Rosenmöller e Gottlieb Söhngen. O encontro tinha como tema "a fenomenologia e suas relações com

---

[20] Cf. Müller-Neyer, p. 180 e seg.
[21] Ainda sem publicar, encontram-se no Arquivo de Edith Stein no convento das carmelitas de Colônia.

Introdução 15

o tomismo".[22] Nesse encontro também terá a oportunidade de conhecer Jacques Maritain e sua esposa, com os quais iniciará uma boa amizade.[23] Aproveitará ainda a ocasião para passar uns dias em Paris e visitar seu amigo filósofo Alexandre Koyré. Por meio dele, conhecerá o filósofo judeu Meyersohn.

É nesse período que Edith Stein estava mais ocupada e solicitada, quando realmente havia conquistado uma posição reconhecida nos círculos intelectuais católicos, que o governo nacional socialista decreta, em 1933, a lei que proíbe aos judeus ocupar cargos públicos. Edith aceita, sem traumas, renunciar a seu emprego.[24] Mas agora se apresenta um novo desafio para sua vida, que encontrará justamente na realização de seu desejo de ser carmelita. Seu epistolário, junto com um sucinto escrito, "Como cheguei ao convento de Colônia", é testemunho autêntico de sua busca e de seu estado anímico, sempre baseado em uma consciência realista de suas possibilidades.

1.6. Escritora de Filosofia no Convento

Embora na tradição do convento teresiano feminino não se favorecesse a possibilidade de que uma freira dedicasse boa parte de seu tempo a escrever, com Edith Stein, desde o início, fez-se uma considerável exceção. Durante a etapa inicial de formação (postulado), ela havia continuado escrevendo de vez em quando algumas coisas, embora fossem próprias do ambiente em que se havia integrado. Antes de sua entrada, foi avisada da impossibilidade de seguir adiante com sua atividade científica no convento. Ela conscientemente renunciou a isso.

No entanto, Edith Stein continuou realizando pequenos trabalhos escritos durante os primeiros meses de sua permanência no convento.[25] Mas,

---

[22] As discussões foram publicadas pelas Edições du Cerf em 1932 com o título *La Phénoménologie*.

[23] O resultado dessa amizade serão as cartas que mais tarde, já a partir do convento, Edith Stein encaminhará. Uma primeira publicação das mesmas, junto a uma breve introdução, foi lançada com o título *Lettres d'Édith Stein aux Maritain*, em "Cahiers Jacques Maritain", 25 de dezembro de 1992, p. 31-44.

[24] Cf. Carta a Hedwig Conrad-Martius, 5 de abril de 1933.

[25] Cf. a introdução em OC V.

16 Introdução

precisamente, vai reiniciar o trabalho filosófico somente a partir de seu primeiro ministério, em 1935. Depois de seu voto, no mês de maio, o Provincial do Convento das Carmelitas Descalças alemão, o P. Theodor Rauch, fez sua visita regular à comunidade. Nesse momento, pediu à irmã Teresa Benedita que preparasse o manuscrito de *Ato e Potência* para sua publicação. Certamente, trata-se de uma medida excepcional, já que não era nada comum que uma carmelita descalça se dedicasse às atividades científicas. Para isso recebeu as correspondentes permissões e dispensas.

Edith Stein havia trazido a obra ao convento em grande parte elaborada e tinha o título *Ato e Potência*. Esse escrito, no entanto, foi quase totalmente recriado. A dedicação à contemplação e à vida interior a levaram a incluir novas problemáticas, mais profundas e teológicas, que surgiam da meditação e reflexão profunda dos diversos assuntos que escreve. O resultado foi *Ser finito e ser eterno*, concluído em 1936.

A complexidade do estudo que Edith Stein se propõe a realizar e que vai representar em seu resultado final a somatória de seu pensamento, ou seja, a expressão da trajetória intelectual de sua vida, irá mantê-la muito ocupada. É claro que não vai ser nada fácil para ela conciliar esse estudo com o horário do convento. Diariamente se dedicará a esse estudo, em média seis horas, que serão constantemente interrompidas. Essa situação a obrigou a solicitar ao Provincial que a dispensa se ampliasse ao meio-dia de recreação, pois para um trabalho com essas características precisava de mais tempo ininterrupto. O Provincial lhe responde em 10 de setembro de 1935 que, em consideração à comunidade, não pode conceder mais dispensas.[26]

Essa obra, tal como se detalha mais adiante, completou-se com dois apêndices: um dedicado ao "Castelo interior" de santa Teresa, e outro, à filosofia existencial de Martin Heidegger.

A filósofa continuará trabalhando com consciência até 1942, ano de sua morte na câmara de gás de Auschwitz-Birkenau. Contudo, a maioria de seus trabalhos a partir de então vai-se concentrar em questões mais relacionadas com a mística e a espiritualidade do Carmelo, embora a filósofa e fenomenóloga se deixe vislumbrar em suas principais obras.[27]

---

[26] Essa carta foi publicada em OC I, p. 1516.
[27] Cf. OC V.

2

Filosofia Cristã

Não seria demasiado atrevido nem exagerado definir o conjunto de quase todos os escritos desse período dentro do contexto que poderíamos designar de "filosofia cristã". Basicamente, é uma expressão que Edith Stein usa e justifica em seus escritos subsequentes à sua conversão, embora a cite pontualmente em sua obra *Ser finito e ser eterno*. É claro que Edith Stein não é uma teóloga no sentido exato da palavra, mas discute questões teológicas de todo tipo. Sua visão da vida e da ciência, a partir de sua conversão a Cristo, repercute significativamente em seu modo e maneira de expor as questões fundamentais que afetam a pessoa humana. Filosofia e teologia, assim como experiência, integram-se nela em uma unidade que resulta muito difícil de separar. E é uma unidade claramente intencionada, sempre com o objetivo que marcou sua vida: a busca pela verdade.

Quando Edith Stein apresenta a possibilidade de uma filosofia cristã, o que pretende é, acima de tudo, fundamentar suas investigações, legitimando a continuidade entre filosofia e teologia. Sobre isso é importante sublinhar seu conceito de metafísica. Ela o exprimiu em uma carta de 13 de novembro de 1932, destinada à sua amiga e filósofa Hedwig Conrad-Martius: "Eu tenho outra ideia da metafísica: como compreensão de toda a realidade incluindo a verdade revelada, portanto, estabelecida na filosofia e na teologia."[28] É imprescindível ter pontuado esse conceito para poder compreender o desenvolvimento de sua filosofia, entendida como filosofia cristã, em suas obras não estritamente fenomenológicas.

Em sua obra *Ser finito e ser eterno* expõe-se pontualmente a questão: é possível falar de uma filosofia cristã? Em que sentido? Edith Stein percebe que a primeira grande dificuldade é apresentada pelo diferente uso da linguagem entre a filosofia medieval e a moderna, contudo mais diretamente no modo distinto de compreender a relação saber-crer, e filosofia-teologia. Portanto, não é surpreendente que a filosofia moderna encontre mais dificuldades para aceitar e compreender semelhante relação. De acordo com

---

[28] Em OC I, p. 992.

o contexto sociocultural em que se acha Edith Stein, considera como um encargo urgente o de expor um possível trabalho em comum, ao menos até alcançar certos objetivos. Recorrendo a santo Tomás, ela caminha convencida de que isso é mesmo possível, o que nos abre uma perspectiva de trabalho em comum na busca da verdade. Dessa forma afirma em *Ser finito e ser eterno*: "Existem dois caminhos que conduzem à verdade, e enquanto a razão natural não pode alcançar a verdade suprema e mais elevada, pode-se, no entanto, alcançar um grau a partir do qual é possível excluir certos erros e demonstrar a harmonia entre a verdade comprovada pela razão e a verdade da fé." Essa afirmação vai ajudar a filósofa a justificar os dois objetivos a que se propõe alcançar fundamentando uma filosofia cristã: 1. A possibilidade de encontro entre filosofia cristã clássica e filosofia moderna; 2. A necessidade de realizar esse caminho até o final, construindo ou realizando uma "filosofia cristã".

Seu discurso sobre o assunto persiste, além de esclarecer o sentido de ciência: "Na verdade da proposição acha-se o ser verdadeiro, ou seja, fundado em si mesmo e que dá substância à proposição. O ser verdadeiro é o objetivo a que aspira toda ciência. Isso se subentende em toda ciência, não somente para a ciência humana como empresa para adquirir o direito de saber correto, e com isso também proposições verdadeiras, e como expressão perceptível de todos os esforços desse gênero, mas até a própria ciência como uma ideia." É assim que se pode entender o trabalho da filosofia como "esclarecer os fundamentos de todas as ciências". Mais ainda, "a filosofia não se satisfaz com um esclarecimento provisório, mas sua meta é chegar à *última* compreensão: quer o *logon didonai* (dar conta) até os últimos fundamentos que se podem alcançar [...]. A investigação sobre o ser ou o ente como tal é trabalho de [...] Metafísica".

Esclarecidos os conceitos de ciência e filosofia, pergunta-se pelo sentido de uma filosofia cristã. Se a filosofia define-se como a investigação do ser, do ente, então esta não pode ficar no campo do simplesmente natural; se realmente quer chegar à compreensão última, "a fé e a teologia fornecem informações que só a razão jamais alcançaria, da mesma maneira a relação em que se acha todo ente com o primeiro ente. A razão converter-se-ia em irracional se se obstinasse em permanecer nas coisas que ela não pode descobrir por sua própria luz e em fechar os olhos diante de uma luz superior que se faz ver". Nesse sentido, Edith Stein compartilha a orientação marcada por Jacques Maritain.

Assim, Edith Stein estende seu discurso recorrendo à seguinte formulação: se a busca da verdade é o objetivo da filosofia como tal, esse caminho chega a um ponto que não se pode ultrapassar, uma vez que a razão por si própria não é capaz de alcançar o objetivo final: "O filósofo que não quer ser infiel ao seu intento de compreender o ente até suas últimas justificações vê-se obrigado, por sua fé, a propagar suas reflexões além do que lhe é compreensível naturalmente" "Usar, ou tomar como 'hipóteses' de trabalho, sem nunca renunciar à razão, as verdades reveladas para assim prosseguir nessa busca da verdade, não implica renunciar à metodologia filosófica". "Assim, o filósofo deve procurar uma visão intelectual correta como garantia significativa de seu próprio método, como também deve amar a verdade [...] a demonstração por uma autoridade máxima esclarecida divinamente e que não pode errar [...] Levar em consideração a verdade revelada pode também contribuir para que o filósofo descubra novos trabalhos que lhe tiverem escapado se não os tivesse conhecido". Enfim, Edith Stein está convencida da possibilidade de levar adiante uma filosofia cristã, que não pode se confundir com a teologia, sendo que o filósofo "quando faz uma aquisição da teologia, ocupa-se da verdade revelada como verdade".

Razão e fé ajudam-se mutuamente nesse processo para compreender a verdade última, que é objetivo da filosofia. Certamente, ainda quando a razão filosófica acompanhada da fé possa alcançar um resultado satisfatório, nunca chegará a uma compreensão do mistério em sua plenitude. A fé caracteriza-se por ser uma "luz obscura", e essa marca, enquanto é fé, não se apaga. Mas, a fé como dom e virtude sobrenatural é um conhecimento superior, já que é compreensão da verdade única. "Por isso a fé está mais perto da sabedoria divina do que toda ciência filosófica ou ainda teológica." Uma filosofia cristã, além de pretender alcançar e compreender essa verdade última, também tem outra missão para cumprir: "Uma filosofia cristã considerará como seu mais nobre trabalho preparar o caminho da fé. Por essa razão, santo Tomás colocava tanto empenho em construir uma filosofia pura estabelecida na razão natural: porque somente dessa maneira constrói-se um trajeto do caminho comum com os incrédulos; se eles aceitam caminhar conosco esse trajeto do caminho, porventura se deixarão guiar mais longe do que teriam pensado inicialmente."

3
Centralidade da Pessoa Humana

Esse é um assunto habitual na maior parte dos escritos steinianos. Sempre, ainda que em diversas perspectivas, sua preocupação continua sendo a compreensão do ser humano em todas as suas dimensões. Na realidade ela não muda a fonte de sua conversão, mas se vê enriquecida e orientada para uma maior capacidade de compreensão.

O ser finito, a pessoa humana, ocupa um lugar de especial atenção em seus escritos de filosofia cristã; basta examinar *Ser finito e ser eterno*, para constatar essa centralidade. Os aspectos ou questões aparecem aqui em uma maravilhosa síntese de pensamento que reúne tudo que a autora foi investigando e percebendo ao longo de sua vida.

A unidade do ser humano é, por exemplo, uma questão que aparece sublinhada com clareza: toda compreensão exata do homem parte da compreensão de seu ser unitário. Não se trata de uma alma que vive em um corpo, mas uma unidade de corpo, alma e espírito. Somente a partir da unidade pode-se alcançar a compreensão correta de cada um dos "estratos ou componentes" do ser humano. Esses elementos constitutivos são os que definem a natureza do homem, um ser que ao mesmo tempo é espiritual e material, que se encontra como ponto de união entre as dimensões. Por isso concluirá em *Ser finito*, que a pessoa unificada *é* uma "pessoa espiritual que está numa livre posição perante seu corpo, como também perante sua alma".

Sobre a unidade do homem já se expressa em seu primeiro trabalho, sua tese de doutorado, que analisava a "empatia" como um ato da pessoa. A essa unidade, perceptível no plano existencial-fenomenológico, acrescentam-se outros elementos de caráter teológico que lhe confirmam. A unidade manifesta-se como algo "essencial" ao ser humano, como o elemento que ajuda a compreender depois o específico de cada "componente". "À essência do homem como tal pertence a dupla natureza a seguir: ser uma pessoa espiritual e ser formado corporalmente. Como espírito, forma parte do mesmo gênero de ente que todos os espíritos originados. Como formada orgânica-corporal-psiquicamente, forma parte do gênero dos seres existentes. Entretanto, desde que o ser espiritual e o ser orgânico-material-psíquico não se apresentam nela separados e sobrepostos, mas como *uno*, é por conseguinte mais justo – me parece – falar de um gênero específico." E sua obra *Ser finito* expande a compreensão dessa unidade ao contexto teológico e cristológico-eclesial, com argumentos que partem da compreensão do *Logos* criador, da redenção em Cristo e da unidade eclesial como Corpo de Cristo.

Nessa mesma dinâmica, adentra na compreensão da dimensão do ser humano como corpo, alma e espírito. O humano mais que corpo (*Körper*) define-se como corporeidade, ou seja, como um corpo que vive como experiência da unidade pessoal (*Leib*). Por isso sua vida não se restringe meramente ao instinto ou às reações sensoriais, mas também se experimenta e vive como fundamento de sua vida espiritual. Esse conceito envolve uma revalorização da corporeidade ou do corpo vivo para a vida espiritual, que no humano não pode ser dado sem essa dimensão. Por isso, o corpo é para o ser humano fonte e expressão de sua vida espiritual. A vida física e sensível do homem está formada de uma maneira pessoal e se converte em uma parte de pessoa. No entanto, não deixa jamais de ser um fundo obscuro. O trabalho da espiritualidade livre consiste em iluminá-lo mais e mais, e desenvolvê-lo de uma maneira mais pessoal durante toda a vida.

O humano não é um ser que tem uma alma, mas que, observado em sua unidade estrutural, é alma. A dimensão da alma desempenha um papel primordial na constituição da pessoa: porque a pessoa configura-se a partir de dentro, a partir da forma interior ou alma vital que é a fonte de sua vida. A alma "é criada diretamente pela mão de Deus", mas não como um ser em si, senão ligada a um corpo que lhe dá forma: "por isso a *alma humana* não somente é uma intermediária entre o espírito e a matéria, mas é também uma *criatura espiritual*, não só um feitio ou formação do espírito, mas também um espírito formado. Contudo, de nenhuma maneira deixa de ser um intermediário e uma passagem; porque como forma do corpo, insere-se no espaço da mesma maneira que as formas inferiores, porque sua própria espiritualidade leva em si as impressões de sua ligação com a matéria; enfim, porque é um fundamento escondido, do qual ascende a vida espiritual." O ser "forma do corpo" caracteriza seu papel dentro da unidade do humano, que consiste principalmente em "completar-lhe de sentido e de vida", favorecendo o desenvolvimento de sua vida espiritual.

Esse desenvolvimento consiste especialmente em que a alma conquiste o conhecimento e tome posse de seu ser, que alcance seu "centro" mais profundo onde encontre o lugar de sua liberdade e de sua união com Deus, onde se sinta em sua própria casa: "*No interior é onde a essência da alma vai para dentro*. Quando o *eu* vive – no profundo de seu ser, onde ele está totalmente em sua casa e a ela pertence –, descobre desde então algo do sentido de seu ser, experimenta sua força concentrada nesse ponto antes de sua repartição em forças individuais. E se vive dessa interioridade, então se vive uma vida *plena* e alcança o cume de seu ser. Os elementos recebidos do exterior e que entram até aqui permanecem não somente posse a título de recordações, mas se transformam 'em carne e sangue'. Assim, pode converter-se nela numa fonte dinâmica libertadora de vida."

O espírito ou a dimensão espiritual é própria e exclusiva dos seres pessoais. Por isso, no humano, é elemento constitutivo e preeminente, tanto de seu ser unitário quanto de sua dimensão anímica. O que diferencia a alma do humano do resto das criaturas é sua dimensão espiritual. O espírito no humano é o que o faz capaz de sair de si, de se manifestar. É ao mesmo tempo seu "sentido e vida".

Vinculado a essa compreensão do ser humano aparece o discurso sobre o "eu", que sempre esteve presente em outros escritos de Edith Stein. O assunto do "eu" é fundamental na compreensão de sua doutrina antropológica. Na realidade, em sua obra *Ser finito e ser eterno* apresenta-nos a seguinte definição de pessoa: "o eu consciente e livre". E é assim que, o "eu" consiste para Edith Stein na "atitude de vida" que qualifica o caminho da pessoa. Efetivamente, em seu escrito sobre o "Castelo interior", criado como Apêndice I de *Ser finito*, afirma: "O Eu aparece como um 'ponto' móvel dentro do 'espaço' da alma: lá onde quer que ocorra, ali se acende a luz da consciência e se ilumina um determinado entorno: tanto no interior da alma como no mundo exterior objetivo para o qual o Eu está direcionado. Apesar de sua flexibilidade, o Eu está sempre ligado àquele ponto central estático da alma no qual se sente em sua própria casa. Em direção a esse ponto se sentirá sempre chamado (novamente trata-se de um tópico que temos que levar em consideração além do que nos diz sobre o "Castelo interior"), não só é convocado lá às mais altas graças místicas da união espiritual com Deus, mas que desde aqui pode tomar as últimas decisões a que é chamado o homem como pessoa livre".[29] Daí que insista também na dimensão do conhecimento, da liberdade e da individualidade.

Sobre o assunto da individualidade, Edith dedicou muitas de suas melhores páginas e reflexões em grande parte de seus escritos, e é um assunto habitual ao longo de todas as suas obras. No contexto de *Ser finito* volta

---

[29] Em OC V, p. 105.

a expor a questão à qual submete a compreensão global do ser humano: "Quando tratamos do ser pessoal do homem, conduzimos com frequência outra questão que já encontramos em outros contextos e que devemos esclarecer agora, se queremos entender a essência do homem, seu lugar na ordem do mundo criado e sua relação com o ser divino; trata-se da questão do 'ser individual' (da individualidade) do homem." Isso não significa esquecer a dimensão relacional, mas o oposto: nela explica-se e desenvolve em plenitude.

Diversos assuntos aparecem desenvolvidos nos escritos *Ser finito e ser eterno* e em outros desse período, e tantas outras questões ficam abertas a estudos posteriores, que irão elucidar os pontos fortes do pensamento steiniano. É um desafio que propomos aos leitores e estudiosos de seu pensamento.

Francisco Javier Sancho Fermín, O.C.D.
Ávila, 14 de setembro de 2007, Festa da Exaltação da Cruz.

I

Introdução: A Questão do Ser

§ 1

Introdução Preliminar à Doutrina sobre Ato e Potência em Santo Tomás de Aquino

Tomamos como via de acesso uma descrição provisória da doutrina sobre *Ato e potência* em santo Tomás de Aquino. Seria um intento atrevido separar da totalidade de um sistema somente um par de conceitos particulares com o fim de aprofundar-lhes. Porque o *organon*[1] do filosofar é *um* e cada conceito particular, que se pode deduzir, está tão ligado aos demais, que um se esclarece com o outro e nenhum pode ser explicado fora de todo o conjunto. Contudo, há um fato essencial que é inerente a todo trabalho filosófico humano: a verdade é *uma,* mas pode separar-se para nós em muitas verdades que devemos conquistar passo a passo; temos que nos aprofundar em um ponto para que possamos conhecer maiores valores, mas quando se abre um horizonte mais vasto, então percebemos em nosso ponto de partida uma nova profundidade.

A contraposição entre potência (possibilidade, faculdade, poder) e ato (eficácia, realidade, ação) está relacionada com as questões fundamentais em torno do ser. A explicação desses conceitos nos leva imediatamente ao coração da filosofia tomista.[2]

---

[1] O *organon* ("instrumento, método") é suposto ser originariamente uma coleção, devida a sábios bizantinos, de seis escritos de Aristóteles, que nos apresenta o saber humano sistemática e metodicamente e divide-o em diferentes campos.

[2] G[allus] Manser, O.P. (*Das Wesen des Thomismus,* en: *Divus Thomas,* 1924, p. 10), considera que a doutrina do ato e potência constitui "a essência mais íntima do tomismo", e um grande livro, *Das Wesen des Thomismus* ("A essência do tomismo") (Friburgo – Suíça, 1935) está construído totalmente sobre este pensamento.

A primeira pergunta que propõe santo Tomás nas *Questiones disputatae de potentia* é a seguinte: *Deus possui potência?*[3] E na resposta descobre-se um significado duplo de potência e ato. Todo o sistema de conceitos fundamentais está dividido por uma linha radical que – começando pelo ser – divide cada conceito em dois, de maneira que cada conceito de uma e outra parte mostra um rosto diferente: *nada se pode dizer em idêntico sentido de Deus e das criaturas.* Se apesar disso podem-se empregar as mesmas expressões para Deus e as criaturas, isso se deve ao fato de que esses termos *não* são *unívocos nem* tampouco simplesmente *equívocos,* mas possuem entre si uma relação *de concordância,* de analogia, pelo que se poderia dar a linha de separação o nome de *analogia entis,* com o que se designa a relação entre Deus e a criatura.

A respeito de Deus pode-se e deve-se falar de potência, mas essa potência não está em contraposição com o ato. Convém estabelecer uma distribuição entre a potência passiva, e a potência de Deus é ativa. De igual maneira, o ato de Deus não é um ato no mesmo sentido que o da criatura. O ato da criatura – segundo um dos significados do termo, que intimamente estão relacionados – quer dizer ação, atividade, que começa, termina e pressupõe uma potência passiva como seu fundamento de ser.

A obra de Deus não tem nem princípio nem fim; subsiste durante toda a eternidade; é a imutabilidade mesma de seu ser. Não existe nada nele que não seja ato: é *actus purus.* Por isso, o ato de Deus não pressupõe nenhuma potência prévia como fundamento de ser; não tem necessidade de nenhuma faculdade passiva que exija ser colocada em movimento, ativada de fora. Entretanto, tampouco a potência ativa, que se lhe atribui, subsiste junto ou fora do ato: seu "poder", sua potência são intrínsecos ao próprio ato. E, se em relação ao mundo exterior – na criação e na conservação e organização do mundo criado – Deus não realiza tudo o que poderia realizar e para o que tem poder, se aqui poder e realizar diferem aparentemente, em realidade a potência não tem mais potência frente ao ato, não há uma potência não atualizada; porque a autolimitação da potência em seu efeito para o exterior é em si mesma ato e é aplicação do poder. A potência de Deus é uma, seu ato é somente *um,* e no ato a potência está inteiramente atualizada.

---

[3] *Questiones disputatae de potentia,* q. I, a. l.

Introdução: A Questão do Ser   29

§ 2

A Questão do Ser ao Longo do Tempo

Quem ignora o pensamento escolástico poderia ter a impressão de estar à frente de uma discussão teológica, uma vez que se trata do *Criador* e da *criatura*. As explicações posteriores mostrarão que essas expressões têm um sentido estritamente filosófico, ainda que se os haja descoberto pela primeira vez aqueles que, pela revelação, conheceram Deus como criador. Com sua doutrina de ato e potência, santo Tomás se encontra inteiramente no terreno da filosofia aristotélica. A elaboração aristotélica sobre a oposição entre ato e potência significou um progresso imenso no tratamento da questão que havia dominado o pensamento grego desde seus inícios: a questão sobre o *ser primeiro* e sobre o *ser verdadeiro*.

Καὶ δή, καὶ τὸ πάλαι τε καὶ νῦν καὶ αἰεὶ ζητούμενον καὶ αἰεὶ ἀπορούμενον, τί τὸ ὄν, τοῦτό ἐστι, τίς ἡ οὐσία. (Este assunto, exposto desde a Antiguidade até nossos dias, permaneceu sempre sem solução: *o que é o ente?* É dizer, que é a οὐσία?).[4,5]

Essa proposição – apresentada aqui somente provisoriamente, sem tentar aprofundar seu significado – pode ser considerada como *leitmotiv* da *Metafísica* de Aristóteles, essa obra interessante, na qual o esforço secular do espírito grego encontrou sua expressão compendiada sobre a "pergunta sempre sem resposta". Não é a finalidade deste trabalho, menos ainda é minha tarefa, mostrar como se formou o todo, que se habituou designar com o "sistema filosófico" de Aristóteles. Certamente, isso se desenvolveu dessa questão como de uma semente com força gerativa. E facilmente se

---

[4] Cf. Aristóteles, *Metafísica*, Z, 1, 1028 b, [Aristóteles, *Metafísica*, Madri, 1994, p. 281]. Ver a parte consagrada aos "sofistas" de Platão (244 a); é a parte que M. Heidegger colocou no princípio de *Sein und Zeit* [*Ser e Tempo*] (p. 1): "... certamente, no entanto, faz tempo que conheceis o que quereis dizer quando usais a expressão 'ente', contudo antes creíamos entendê-lo, mas agora nos vemos em apuros."
[5] Falaremos prontamente da dificuldade de encontrar em outro idioma uma expressão adequada para a palavra "οὐσία".

30 Capítulo 1

concebe o insistente desejo dos dedicados à filosofia[6] nos sucessivos séculos de explicar Aristóteles, se se considera que no centro de seu pensamento se encontrava o tema que parecia determinado a ser a eterna perplexidade (isto é, ἀπορία) da filosofia.

Santo Tomás enfrentou o problema do ser tal como se encontrava na doutrina de Aristóteles. Sua concepção da filosofia como uma ciência elaborada unicamente pela razão natural permitiu-lhe esse ponto de conexão. Por outro lado, na era cristã, por meio da colaboração da filosofia e da teologia, a filosofia se achava frente a fatos e tarefas que na época pré-cristã nem se haviam suspeitado: Aristóteles ignorava a existência de uma criação, de um homem-Deus que reunia *duas naturezas em uma só pessoa,* de uma divindade trinitária e de *uma natureza em três pessoas.* A doutrina do ser, tal como ele havia desenvolvido não era suficiente para dar razão a essas verdades de fé. Já em Boecio,[7] santo Tomás encontrou pontos de contato para desenvolver a doutrina aristotélica do ser, e Avicena[8] ofereceu-lhe um melhor apoio (do qual veio muito bem pelo menos a consideração da criação como impulso). Santo Tomás seguiu resoluta e reflexivamente tanto os caminhos do pensador árabe como do filósofo grego; e avançou seguro entre seus erros e os de seu adversário Averroes,[9] "examinando tudo e ficando com o melhor"[10] de ambos os autores.

---

[6] Alberto Magno, que sente sobre seus próprios ombros o pesado fardo da ἀπορούμενα, disse no final de *De causis et processu universitatis* não haver escrito de forma espontânea esse tratado, mas que lhe foi "arrancado" pelo incessante desejo de seus "companheiros" de conseguir uma explicação de Aristóteles. Quando fala dos *socii,* certamente trata-se dos jovens irmãos dominicanos, que escutavam suas lições; cf. a edição de Roland-Gosselin, *De ente et essentia,* Kain-Bélgica, Le Saulchoir, 1926, p. 179.

[7] Boecio (Anicio Manlio Torquato Severino), natural de Roma (c. 480), morreu perto de Milão (524), filósofo e homem de Estado; tem obras de filosofia e teologia, traduziu para o latim Platão, Aristóteles etc. Sua obra principal, escreveu-a no cárcere: *Consolatio philosophiae.* Boecio foi considerado o último romano e o primeiro escolástico, fazendo ponte entre a Antiguidade e a Idade Média.

[8] Avicena (Buchara, 980 - Hamadan, 1037), médico e filósofo, escreveu muitas obras de filosofia e de medicina, mas também de ciências naturais, física e química, astronomia, música, moral etc.

[9] Averroes (Córdoba, 1126 - Marraquexe, 1198), filósofo, teólogo, jurista e médico hispano-árabe. Tem importantes obras, entre as que se podem destacar seus comentários a Aristóteles, pelos quais se converteu no representante de aristotelismo no mundo mulçumano. Santo Tomás de Aquino refere-se, muitas vezes, no sentido crítico, a esses comentários.

[10] Refere-se a I Tes. 5, 21.

Introdução: A Questão do Ser 31

O opúsculo *De ente et essentia*, escrito pelo jovem bacharel Tomás, em Paris, a pedido de seus "irmãos e companheiros",[11] mostra o apego mais estreito à metafísica de Aristóteles. Já o título[12] recorda-nos manifestamente a proposição que designei como o *leitmotiv* da metafísica: porque *ens* é ὄν e *essentia* equivale a οὐσία. Trata-se de um *compêndio da doutrina do ser* de santo Tomás, a que permaneceu fiel em suas linhas fundamentais, e que ainda continuou trabalhando nele infatigavelmente até que poucos meses antes de sua morte interrompeu seu trabalho da *Summa*, porque Deus lhe revelou coisas diante das quais o que antes havia escrito lhe pareceu de pouca importância. Já nessa obra de sua juventude deu um passo mais decisivo, mais à frente de Aristóteles: dentro do *ente* (*ens*) faz-se uma distinção entre o *ser* (*esse*) e a essência (*essentia*). Por meio dessa distinção concebe-se o *ser enquanto tal* – separadamente *do que é* – e, portanto, de tal forma que abrange finito e infinito, mas, ao mesmo tempo, o abismo que separa este daquele. A partir daí abriu-se um caminho que permite compreender toda a *diversidade do ente*.

Se pudermos considerar o problema do ser como dominante tanto no pensamento grego quanto no pensamento da Idade Média; no entanto, fazemo-lo com a diferença de que os gregos conceberam esse problema baseado nos dados naturais do mundo criado, sendo que para os pensadores cristãos (e de certa forma também para os pensadores judeus e mulçumanos) ampliava-se mediante o mundo sobrenatural dos fatos revelados; assim constatamos que o pensamento moderno, desprendido da tradição, está caracterizado pelo fato de poder considerar central o problema do conhecimento em lugar do problema do ser, e faltavam de novo os laços com a fé e a teologia. Certamente, seria possível mostrar que a filosofia moderna buscava, também, essencialmente o ser verdadeiro; prestou também serviços valiosos ao problema do ser e, ao retornar o pensamento inicial, alcança os princípios da filosofia grega e indica a direção necessária em relação ao conhecimento. A separação total da filosofia moderna da verdade revelada teve consequências de ainda maior peso. A "filosofia moderna" já não via na verdade revelada uma norma para examinar seus resultados.

---

[11] Cf. Roland-Gosselin, *op. cit.*, p. XV e seg.
[12] Nem todos os manuscritos concordam quanto ao título da obra, mas na maioria das vezes se encontra este título, e terá que se aceitar que este título vem do próprio santo.

32   Capítulo 1

Tampouco aceitava as tarefas que lhe estabelecia a teologia, porque queria resolver as dificuldades por seus próprios meios. Considerava seu dever limitar-se à "luz natural" da razão, e, além disso, não ultrapassar o mundo da experiência natural. Queria ser uma ciência autônoma em toda a significação do termo. Isso a levou em grande medida a ser uma ciência ateia. E produziu-se a divisão da filosofia em dois grupos que caminhavam separadamente, falavam línguas diferentes e não se preocupavam em se compreender mutuamente: a filosofia "moderna" e a filosofia escolástica católica, que se considerava a si mesma como a *philosophia perennis*,[13] mas que diante dos olhos das pessoas que lhe eram estranhas não era mais que a doutrina privada das faculdades católicas, dos seminários e dos colégios religiosos.

A *philosophia perennis* ficou como um sistema rígido de conceitos que se transmitem de uma geração a outra como propriedade inanimada. Entretanto, a corrente da vida havia tomado outro curso. Os últimos decênios foram conduzidos a uma troca de situação que surgiu de várias partes. Consideremos em primeiro lugar a parte católica. Para compreender o que aconteceu, é importante ter em conta que a "filosofia católica" (e a "ciência católica" em geral) não são sinônimos da filosofia dos católicos. A vida intelectual católica se fez dependendo, em grande parte, da vida intelectual "moderna", e havia perdido a conexão com seu passado. A segunda metade do século XIX produziu um verdadeiro renascimento, um novo nascimento ao pesquisar em melhores fontes. Não é surpreendente que foram necessários os decretos de Leão XIII[14] e de Pio XI[15] para reviver os estudos tomistas. Por conseguinte, primeiro foi necessário as edições dos textos, depois descobrir em bibliotecas uma abundante documentação ainda não impressa, completamente desconhecida e manuscrita, e para empreender nesses últimos anos um imenso trabalho de tradução a respeito desse assunto? Trata-se de tarefas que se empreenderam e que em parte foram impul-

---

[13] *Philosophia perennis*, expressão acunhada por A. Steuco (1540): buscava o primeiro princípio de todo o saber, segundo a verdade universal válida, que se encontra nos povos de todos os tempos, isto é, a concordância da sabedoria dos antigos povos com o ensinamento cristão, partindo da revelação e da filosofia.

[14] *Aeterni Patris*, de 4-8-1879, sobre a filosofia cristã; mostra-se a necessidade de voltar à filosofia de santo Tomás. A esse documento seguiu a criação e de uma Academia de santo Tomás em Roma; documento e movimentos que deram origem ao florescimento do neotomismo.

[15] *Studiorum ducem* (29-6-1923), pelo motivo do 6º centenário da canonização de santo Tomás de Aquino.

Introdução: A Questão do Ser 33

sionadas de maneira assombrosa, mas não chegaram ao fim. Entretanto, a busca já realizada chegou ao conhecimento de um mundo esquecido – rico, dinâmico, cheio de brotos vivos e fecundos. As florescentes ciências modernas do espírito, nascidas também no final do século XIX, nos princípios do século XX, contribuiram de uma maneira essencial para o êxito desse empreendimento. Hoje sabemos que o "tomismo" não nasceu do pensamento de seu professor como um sistema já concluído. Consideramo-lo como uma viva criação do espírito, cuja formação e crescimento podemos seguir de perto. Apresenta-se a nós para que interiormente o assimilemos e produza em nós uma vida nova. Sabemos que os grandes pensadores cristãos da Idade Média fizeram as mesmas perguntas que a nós também nos interessa, e que têm muito a dizer, muito que nos pode ser útil.

Mas, aqui temos outro aspecto do assunto: quase ao mesmo tempo que despertou a "filosofia Cristã"[16] de seu sonho legendário, a "filosofia moderna" descobria que era impossível continuar pelo caminho seguido havia quase três séculos. Para sair da vinculação com o materialismo, tratou primeiro de buscar sua salvação voltando a Kant, mas esse retorno não bastava.[17] O neokantismo, de tendência diferente, foi substituído por correntes de pensamento orientadas de novo em direção ao *ente*, que devolveram a honra ao antigo nome menosprezado da *ontologia* (doutrina do ser). Primeiro, apareceu como filosofia da *essência* (a fenomenologia de Husserl e Scheler);[18] depois, como seus antípodas, formaram a filosofia da existência de Heidegger e a doutrina do ser de Hedwig Conrad-Martius.[19] A renascida filosofia da Idade Média e a nova filosofia do século XX podem unir-se em *um* canal da *philosophia perennis*? Ainda falam linguagens diferentes, e primeiramente será necessário encontrar uma linguagem em que se possam compreender mutuamente.

---

[16] Esta denominação foi muito controvertida ainda nos meios católicos; particularmente na França durante esses últimos anos. Uma excelente perspectiva geral nos dá *De la philosophie chrétienne* (Kain – Bélgica, 1933), o relatório da segunda "Jornada dos Estudos da Sociedade Tomista", que teve lugar em Juvisy, em 11 de setembro de 1933.
[17] Immanuel Kant (1724-1804).
[18] Max Scheler (1874-1928).
[19] Hedwig Conrad-Martius (1888-1966).

§ 3

Dificuldades da Expressão Linguística

Foi comentado aqui um ponto que para o filósofo do nosso tempo é uma verdadeira cruz. Vivemos em meio a uma confusão babilônica de línguas. Apenas podemos empregar uma expressão sem temer que o interlocutor entenda outra coisa muito diferente do que foi dito. A maior parte dos "termos técnicos" ficou carregada de diversos aspectos ao longo da história.

Nas breves reflexões preliminares buscou-se, com toda a intenção, que santo Tomás falasse com sua própria linguagem e não traduzi os nomes de "potência" e "ato". Não é minha intenção deter-me nessa questão. Há alguns anos, na Alemanha, esforçam-se para dar à filosofia sua própria linguagem – alemã. Os escritos dos grandes místicos da baixa Idade Média alemã constituem um valioso fundamento.

Nesse sentido, a edição alemã de José Bernhart[20] da *Summa theologica* de santo Tomás representa uma intenção ousada. A tradução da Suma feita pela Associação da Academia Católica[21] é um ensaio do mesmo gênero sob uma forma muito mais moderada. No entanto, esses intentos manifestam, ao mesmo tempo, os perigos de criar uma versão alemã. Quem tentou realizar traduções de línguas estrangeiras sabe que existe uma grande quantidade de termos intraduzíveis – ainda que, de outra forma, a possibilidade vá além daquilo com o que frequentemente nos conformamos –; quem refletiu sobre o que são *a língua* e *as linguagens* sabe, também, que isso não pode ser de outra maneira. As linguagens se desenvolvem segundo o espírito dos povos, como resultado e a expressão de sua vida, e a diversidade e particularidade dos povos devem refletir-se neles. Os gregos, um povo filosófico, criaram também uma linguagem filosófica. Mas, de onde podiam os romanos tomar uma linguagem filosófica? Tomaram sua filosofia nas universidades gregas, de seus hóspedes ou seus escravos gregos, e estavam indo bem quando sabiam ler e escrever em grego. Mas, no momento em que começaram a criar uma literatura romana,

---

[20] Leipzig, Editorial Alfred Kröner, 1934.
[21] Desde 1933 aparece a edição alemã da obra de santo Tomás no editorial Anton Pustet, em Salzburgo (até agora apareceram os tomos I, II, V, VI, XXV, XXVII e XXIX).

tiveram problemas para dar à sua língua o que faltava. A esse respeito Sêneca escreve a Lucílio:[22]

> Condenarás muito mais as carências da língua romana quando experimentares que há uma sílaba que não posso traduzir. Tu te perguntarás qual é: ὄν (o ente). Pareço-te estranho. Pareceria natural traduzir esse termo por *'quod est'* (o que é). No entanto, vejo uma diferença notável entre os dois: vejo-me obrigado a utilizar uma expressão composta em vez de uma só palavra (*verbum pro vocabulo*); se, apesar de tudo, não se pode fazer de outra maneira, escreverei: *quod est*.

A Sêneca não ocorreu cunhar a expressão: *ens* (ente).[23] (Boecio já a utiliza: ainda que, no entanto, quase sempre empregue *quod est*). O termo *ens* seria para ele demasiado bárbaro. Inclusive a palavra *essentia* (essência) não lhe parecia digna de um homem de bom gosto.[24] Sêneca se lamenta primeiro da pobreza da língua latina e depois prossegue:

> "Para que esta longa introdução?", tu te perguntas. "Qual é sua finalidade?" Não o quero esconder de ti; quisera que escutasses a palavra *essentia* com um ouvido indulgente, se é possível; de outro modo pronunciá-la-ei também diante ouvidos que não o são? O que se *deve dizer em vez de* οὐσία, que significa a coisa necessária, a natureza que contém em si o fundamento de tudo? Peço-lhe que me permitas empregar essa palavra. Enquanto isso tratarei tanto de usar o menos possível esse direito que me concedes: talvez me contente com tua autorização.

Não vemos como em um claro espelho as dificuldades que também nós devemos vencer? Certamente, não podemos lamentar a pobreza da língua alemã. Nesse ponto temos, em relação ao grego, uma vantagem sobre os romanos. Nossa dificuldade em relação à língua latina é jus-

---

[22] Edição Hense-Teubner, [Leipzig], 1914, 18. Carta, citada por Roland-Gosselin, *op. cit.* p. 8 e 9. [Lucio Anneo Seneca (4 a. C.-65), filósofo, filho de Lucio Anneo Seneca, o retórico, escreveu numerosas obras filosóficas e morais].

[23] Cópia fiel de ὄν, derivado de *esse* (ser), mas, a expressão é pouco usual.

[24] O alemão dos séculos XIII-XIV traduzia melhor a relação *esse-essentia* = ser-ente; então, aparece *wesen*, ainda como verbo junto a *sîn* (*sein*: ser).

tamente o inverso: em princípio não teria sentido traduzir literalmente extensas expressões palavra por palavra em alemão. Acerta-se sempre somente em um aspecto do assunto; no entanto, em outras muitas conexões se chegará a sentidos muito duvidosos. O que fazer? Naturalmente, devemos servir-nos da riqueza da nossa língua e, enquanto seja necessário e possível, utilizar distintas expressões em diferentes lugares, a fim de que correspondam aos diversos contextos ou nexos do sentido.[25] Contudo, esse procedimento implica também algum perigo. Uma boa tradução não será possível senão para aquele que não somente domina as línguas que traduz – sua língua materna e a língua estrangeira –, mas que também está familiarizado com as ideias da obra, com o pensamento de seu autor, e que vive em estreito contato com os assuntos concretos de que trata.

Que tradutor poderia crer-se capaz de acumular todas essas condições? A fim de evitar o perigo de apresentar as próprias ideias em lugar do pensamento real do autor, ver-se-á obrigado a recorrer, em muitos casos, à expressão latina.[26]

Esse procedimento é necessário também porque apesar da extrema riqueza da língua alemã, no entanto, esta não possui termos completamente equivalentes para *alguns* conceitos. Mas existe outra razão mais importante pela qual me parece impossível renunciar aos termos técnicos latinos. O *laconismo* do latim não significa simplesmente *pobreza*, senão também sua *força*. Se o *grego*, com a liberdade e facilidade de sua possibilidade expressiva, é a *língua do movimento vivo do pensamento*, o *latim*, por sua vez, por sua estrutura severa e sua seca brevidade, está adaptado à formação de *expressões exatas para resultados conclusivos*. A diversidade de significados expressa por uma palavra latina não é arbitrária, mas ordenada e racionalmente coerente quanto ao sentido. Se nos desfazemos simplesmente da terminologia latina, descuidamos dessas sínteses racionais para conexões objetivas das ideias e para a ordenação do ente. Renunciamos ao maduro resultado de um trabalho intelectual secular e do espírito de um povo, que

---

[25] Para ver o necessário que é a diversidade para a tradução de algumas expressões, temos exemplos em que o dicionário latim-alemão correspondente à obra *Des hl. Thomas van Aquino Untersuchungen über dis Wahrheit* (*Quaestiones disputatae de veritate*), Breslau, Borgmeyer, 1934. Ver, por exemplo, *ratio* ou *intellectus*.

[26] Em minha intenção de tradução, agreguei em semelhantes expressões o texto latino entre parênteses.

estava destinado por sua peculiaridade – como cada espírito do povo – a dar à humanidade uma contribuição especial. Quem se atreveria a substituir com rapidez o fruto desse trabalho por outro modo de expressão?[27]

É, pois, necessário fazer uma coisa sem deixar de fazer a outra. No que concerne à tradução alemã: buscar expressões próprias as mais adequadas possíveis, mas conservar a estrutura fundamental da linguagem escolástica recebida, tomando-a como norma e voltando-se a ela sempre que corramos o risco de dar um sentido falso ou de unilateralidade. (Também há que mencionar que um significado *global,* a que se adapta a uma parte do significado, possui uma cor que facilmente se perde quando fica isolado.)

Essas considerações poderiam parecer-nos suficientes por si só, se se tratasse de relações entra a língua alemã e a latina. Mas sabemos que a terminologia latina se formou conforme a grega e conhecemos as dificuldades que surgiram nessa acomodação. Se queremos compreender bem o sentido das expressões latinas e traduzi-las corretamente por palavras alemãs, a melhor solução será voltar ao texto grego original. A filosofia grega foi utilizada pela escolástica na mesma medida em que o latim se serviu do grego.[28]

Um exemplo muito claro para o que foi dito são precisamente os termos *potência* e *ato* com os quais se começou essa explicação. A palavra "ato" abraça o sentido dos termos gregos ἐνέργεια, ἔργον, ἐντελέχεια. (Poderíamos acrescentar outros termos gregos, mas no caso presente uma enumeração exaustiva não é necessária e nem conveniente.)

Ἐνέργεια (energia) significa *o ser real* em contraposição ao possível: δύναμις. A figura de Hermes existe em potência na madeira, em que pode ser esculpida, mas não é real até que fique esculpida; o pensamento científico está em potência em quem possui a faculdade de pensar, ainda que não pense efetivamente; se faz real em sua atualização. Assim ἐνέργεια significa eficiência operante. A possibilidade ou capacidade (δύναμις–potência) tem como fim τέλος, a realidade. Assim, por exemplo, a capacidade de pensar tem como fim o pensar. Quando a atuação da possibilidade é uma *obra* se lhe chama também ἔργον. Esse termo engloba tanto o ser que fica compreendido

---

[27] Cf. o ensaio de A. Dempf e W. Moock, "*Um den deutschen Thomas*", em *Hochland*, novembro de 1934, pp. 175 e seg.

[28] Isso não quer dizer que seja impossível encontrar o acesso ao mundo espiritual da Idade Média sem o estudo das fontes manuscritas na língua original. Falo daqueles que pretendem proporcionar a outros um caminho que eles mesmos devem descobrir primeiro.

dentro do que realiza a ação – como o pensamento no pensador – como também os resultados do obrar que têm uma existência própria: por exemplo, a casa que existe graças à atividade do arquiteto. Em primeiro caso está completamente claro que ἐνέργεια e ἔργον (eficiência e obra) formam somente uma coisa. E uma vez que a possibilidade alcançou seu objetivo no ser real, a este também se lhe chama igualmente ἐντελέχεια (enteléquia), termo que poderíamos traduzir como a realização do ser.[29]

Ainda não é este o lugar para a discussão objetiva de todos esses conceitos. Apenas quis-se mostrar como os textos gregos podem ajudar a descobrir a diversidade de sentidos de uma expressão latina para encontrar as palavras apropriadas para traduzi-la. Realidade, eficiência, obra, atividade, plenitude do ser, com efeito, não nos faltam as possibilidades de expressão. Mas o exemplo mostra também quão preocupante seria empregar *uma* só dessas expressões *cada vez* que apareça a palavra latina *actus*. Quem, por exemplo, procede da filosofia moderna e está acostumado a entender pela palavra "ato" a ação espiritual livremente realizada; estaria exposto aos piores mal-entendidos se quisesse aplicar por princípio onde quisesse, nas obras da escolástica, esse significado da palavra ato.

No curso das investigações seguintes, trataremos de proceder segundo os princípios que desenvolvemos. Nas ocasiões em que os processos especulativos escolásticos constituírem o ponto de partida, serão apresentados com os termos escolásticos. No entanto, a fim de assegurarmos ter compreendido seu sentido real e não ficarmos simplesmente sem palavras, buscaremos expressões próprias que correspondam às respectivas conexões de sentido contextual. Em relação a isso ser-nos-á de utilidade a busca das origens *históricas* dos conceitos escolásticos, mais ainda das origens *reais*, que se nos revelaram somente quando abordamos a antiga questão sempre expressa de novo e jamais inteiramente resolvida do ente e da própria οὐσία. Com isso queremos pensar de forma viva junto com os antigos mestres, e não só com eles, mas também com os que, à sua maneira, voltam a se ocupar do tema na época atual.

Este último recurso está justificado objetivamente pelo fato de que os filósofos nos quais a questão do ser se fez manifesta de novo por uma necessidade interna – e não guiados por uma tradição escolástica – vivem muito

---

[29] Ver a esse respeito Aristóteles, *Metafísica*, Θ, 1047/50 [Aristóteles, *Metafísica*, Madri, 1994, p. 369-387] e, mais adiante, cap. IV, 4, 1.

perto da Antiguidade e podem nos ajudar a compreender os impulsos originários dos antigos mestres. Esse caminho se impõe especialmente à autora, visto que a escola de Edmund Husserl é sua pátria filosófica e a linguagem dos fenomenólogos, sua língua filosófica materna. Deve tratar de encontrar a via que conduz desse ponto de partida à grande catedral da escolástica. Ela crê conhecer a meta tanto quanto é necessário para se deixar guiar por ela no caminho.

§ 4

Sentido e Possibilidade de uma "Filosofia Cristã"

Mas, segundo parece, para que haja um entendimento entre a filosofia da Idade Média e a dos tempos modernos, existe uma dificuldade muito maior que a diversidade da linguagem: as atitudes diferentes frente à relação entre saber e crer, entre filosofia e teologia.

Os filósofos e os teólogos católicos tampouco estão de acordo entre si sobre a possibilidade de falar de uma "filosofia cristã".[30] Então, seja que se

---

[30] Durante as Jornadas de Estudos de Juvisy (12-9-1933) deu-se um triplo sentido à expressão "filosofia cristã" (Cf. *De la philosophie chrétienne*, p. 115 e seg.):

1) Os mesmos padres da Igreja tinham designado o cristianismo como sua "filosofia", porque viam nele a realização das aspirações dos filósofos gregos e porque a doutrina da fé servia-se de conceitos filosóficos. Nesse sentido a "filosofia cristã" não é diferente da teologia. (Os padres se distinguem com respeito à relação com a filosofia pagã: uns a reconhecem como etapa preliminar da filosofia cristã, outros a reprovam totalmente.)

2) Tanto antigamente como agora existiram tentativas de construir uma filosofia utilizando não somente a razão natural, mas também a fé como fonte de conhecimento. Os que não veem na filosofia mais que uma disciplina puramente natural – é o ponto de vista tomista – não concedem a essa filosofia cristã, como tampouco à designada no ponto 1, o direito de se chamar "filosofia": a partir do momento em que o filósofo começa a se servir da verdade revelada como tal, "deixa de ser formalmente um filósofo e se transforma em um teólogo" (P. Daniel Feuling, O.S.B., no congresso de Juvisy, *op. cit.*, p. 125).

3) Emprega-se este termo para designar a filosofia da Idade Média desenvolvida sob a influência indiscutível do cristianismo. Nesse sentido aplicaram a encíclica *Aeterni Patris* (1879), Étienne Gilson, em seus "Cursos sobre o espírito da filosofia medieval" (*L'Esprit de la philosophie médiévale*, Paris, 1931/1932); de acordo com ele também Jacques Maritain, cujas explicações foram conectadas às nossas reflexões. Segundo isto, a filosofia tomista é também "filosofia cristã", apesar de querer ser uma ciência natural com limites muito precisos em relação à teologia e de que justamente os tomistas mais estritos declaram incompatíveis os conceitos "filosofia" e "cristã". Ver P. Mandonnet, *De la philosophie chrétienne*, p. 62 e seg.; ver também P. Daniel Feuling, O. S. B., *op. cit.*, p. 125.

considere a filosofia como uma ciência puramente natural – a saber, uma ciência cujas únicas fontes de conhecimento são a experiência natural e a razão – ou ainda que se lhe conceda o direito de se inspirar na revelação, sem sombra de dúvida, a filosofia dos grandes doutores da Igreja da Idade Média se desenvolveu "à sombra" da doutrina da fé. Na verdade revelada viu a medida de toda a verdade; esforçou-se assiduamente para resolver as tarefas que lhe impunham as doutrinas da fé; teria confiança nessa fé como em uma força que dá ao intelecto humano uma maior segurança em seu trabalho natural.

Em todos esses pontos a filosofia "moderna" se separou dela? Existe uma possibilidade comum de trabalho com direções tão diferentes? Precisamente santo Tomás afirmou de maneira decisiva essa possibilidade. Já o fato de sua relação com Aristóteles e os árabes prova que acreditava em uma filosofia baseada somente na razão natural, sem se apoiar na verdade revelada. Isso se conclui também claramente de seu *Summa contra gentiles*, que comumente se conhece como *Summa filosofica*. Nessa obra fala em relação aos pagãos e aos muçulmanos, com os quais não se possui o fundamento comum da Escritura (como é o caso dos judeus no Antigo Testamento e dos hereges no Novo Testamento), o que torna necessário "recorrer à razão natural, com a qual todos devem consentir".[31] Existem dois caminhos que conduzem à verdade,[32] e ainda que a razão natural não possa chegar até a verdade suprema e mais elevada, pode, no entanto, alcançar um grau, desde que lhe seja possível excluir certos erros e demonstrar a harmonia entre a verdade provada pela razão e a verdade da fé.

Se existe, pois, segundo a convicção de santo Tomás, um caminho e um campo de trabalho comum para todos os que procuram a verdade, é evidente também que para ele a ciência natural e a fé, a filosofia e a teologia não estão separadas umas das outras como se não houvesse nada em comum entre elas. Sua intenção na *Summa filosófica* é precisamente *provar a verdade da fé católica e refutar os erros opostos*.

Quase todas as páginas de seus escritos testemunham que para ele a verdade da fé é a medida de toda verdade: as simples palavras *sed haec sunt contra fidem* são para ele suficiente refutação da autoridade filosófica, por muito alta que seja.

---

[31] *Summa contra gentiles*, 1, 2.
[32] Cf. *op. cit.* 1, 3.

Em sua apresentação da solução tomista,[33] Jacques Maritain[34] indica que é importante, no que concerne à questão do sentido e da possibilidade de uma "filosofia cristã", distinguir entre "natureza" e "estado" ou situação da filosofia. Segundo sua natureza, a filosofia é completamente independente da fé e da teologia. Mas a natureza se realiza sempre sob condições históricas concretas.

Dessa forma, em consideração à sua realização, seria permitido falar de um *estado cristão da filosofia*. Com o fim de esclarecer o que se entende por "natureza da filosofia" – isto é, "o que é em si mesma"[35] – indica, que "segundo santo Tomás, as substâncias são especificadas absolutamente e por si mesmas em sua essência particular e característica, mesmo que seus poderes de operação sejam especificados pelos atos correspondentes: em relação à essência das substâncias", e estas, por sua vez, pelos objetos correlativos aos atos. Caso se desenvolva em nós essa forma e organização dinâmica do espírito que se chama filosofia, esta será – como toda atividade de conhecimento, de investigação e de juízo – essencialmente relativa a um objeto, ao qual se adapta o entendimento e protege sua especificação exclusivamente por esse objeto. Portanto, a filosofia se especifica unicamente em função do objeto. O objeto, ao que ela se inclina basicamente em sua própria essência (de nenhuma maneira o sujeito em que reside) é o que determina sua natureza.[36] Gostaríamos de ir, ainda, mais além deste trabalho de esclarecimento.[37] A filosofia é aqui entendida como uma "expressão e [...] configuração do espírito", como uma maneira de "conhecer, de investigar e de julgar"; portanto, relacionada com o objeto real e caracterizada segundo sua natureza "não por outra coisa senão por esse objeto real".

Evidenciar o espírito significa uma fixação em uma determinada direção, em uma determinada possibilidade de atividade (a formação da "po-

---

[33] *"Von der Christlichen Philosophie"*, t. I desta coleção, tradução do francês, introdução de Balduin Schwarz, Salzburgo, 1935.

[34] Jacques Maritain (Paris, 1882 - Toulouse, 1973), filósofo, um dos representantes mais significativos do neotomismo e do movimento católico de renovação na França. Converteu-se do protestantismo ao catolicismo em 1906; em 1914 foi professor no Instituto Católico de Paris; em 1940 emigrou para o Canadá, onde residiu até 1944. De 1945 a 1948 foi embaixador francês junto à Santa Sé. Depois de 1948 assumiu uma cátedra em Princeton. Depois da morte de sua mulher, ingressou na comunidade dos Irmãos de Jesus.

[35] *Ibid.*, p. 56.

[36] *Ibid.*, p. 58 e seg.

[37] Aqui é inevitável anunciar já certas coisas que não serão discutidas senão no curso das investigações posteriores.

tência" em "hábito"). Mas, quando se fala de "conhecer, investigar, julgar", pensa-se menos em uma atitude espiritual permanente que no "ato" correspondente, na atuação viva.

Pela filosofia pode-se entender estes dois significados: o vivo filosofar e a atitude permanente do espírito. (O filósofo é filósofo ainda nos momentos em que não filosofa.) Também, há um terceiro significado – e eu diria inclusive que este terceiro significado é o que mais vale – *a filosofia como uma ciência* (no sentido de *habitus* e de ato). A linguagem teológica utiliza a palavra "ciência" no sentido de saber da ciência como dom do Espírito Santo. A lógica e a teoria das ciências modernas, pelo contrário, entendem por ciência uma formação de ideias que têm uma existência independente dos espíritos pensantes individuais, uma construção bem edificada e ordenada segundo certas leis: uma construção de conceitos, de juízos e de argumentos. O que faz de uma ciência um todo que possui uma unidade interna e coerente, o que a delimita em relação com as demais ciências, é sua relação com um determinado campo de objetos, e sua limitação marcada por esse campo, que prescreve as regras que devem ser seguidas. Se a ciência se deve entender como uma formação ou estrutura que não depende de um individual espírito pensante e que está ligada a ele, pressupõe, no entanto, o enfrentamento de um ente e espíritos com capacidade intelectual, e ainda espíritos formados de tal maneira que podem conhecer progressivamente. Se entendermos a ciência nessa significação, a palavra continuará tendo um duplo sentido que corresponde à diferença entre "natureza" e "estado" ou situação. Dessa maneira pode-se entender todo fato histórico que apresenta, por exemplo, as matemáticas em seu estado atual. A esse respeito as palavras de *Husserl* têm grande valor:

> A ciência só tem consistência objetiva em sua literatura, somente sob a forma de obras escritas ela tem existência própria, ainda que significativa para o homem e suas atividades intelectuais;[38] nessa forma, a ciência reproduz-se por meio de milênios e sobrevive aos indivíduos, gerações e nações. Representa assim a soma instituições externas que, do mesmo

---

[38] O que aqui se falou a propósito das obras escritas deve-se estender a toda obra em que o trabalho científico encontrou uma manifestação tangível: por exemplo, desenhos e toda classe de representações plásticas de resultados científicos; além dos "aparelhos" que servem de meios auxiliares na busca da verdade, mas que, ao mesmo tempo, devem considerar-se já como resultados do pensar científico.

> modo como apareceu a partir de atos de saber de muitos indivíduos sin-
> gulares, pode novamente também transitar em atos semelhantes de inu-
> meráveis indivíduos...[39]

Um pouco antes, Husserl havia falado: "A ciência se refere ao saber, como diz seu nome." Um pouco mais adiante escreve: "Agora, na ciência possuímos a verdade." A ciência em cada uma de suas situações é a expressão de tudo o que o espírito humano realizou na busca da verdade: se condensa assim em formações ou estruturas que se desprendem do espírito investigador e que agora possuem uma existência própria.

O que cai sob a inteligência é a *expressão* de um *significado*, que quer ser entendido. A ciência, em sua correspondente situação, é sempre fragmentária; tem erros, desvios e deformações da verdade a que está sujeito o espírito humano no curso de seus esforços.

Disso é necessário distinguir a ciência tal como é segundo sua natureza, ou (como preferimos dizer) *a ciência enquanto ideia*. Podemos pensar que um campo temático estivesse inteiramente explorado (ainda sabendo bem que o espírito humano, em seu trabalho terreno, jamais chegará a alcançá-lo por completo), que tudo o que pode ser enunciado sobre ele se nos apresenta sob a forma de proposições verdadeiras, e que todas essas proposições se encontrassem dentro do contexto racional requerido por ele e formassem a unidade de uma "teoria fechada". Essa seria uma ciência em uma perfeição ideal, "sem mancha nem ruga".[40]

Segundo a experiência que temos da construção ou formação histórica, tal ciência não existirá jamais: é o modelo ao qual tratamos de nos aproximar por meio de todas as nossas investigações e esforços. Mas, convém perguntar-se até que ponto tem sentido tal modelo: se fosse dado um terreno suscetível de ser "esgotado", se fosse aplicável a todos os terrenos ou somente para os articulados determinadamente.

Para esclarecer essa questão, é necessário refletir brevemente (de novo nos antecipamos à nossa discussão posterior) sobre o que podemos entender pela "verdade" que possuímos no saber. Eu sei que em nosso horto florescem atualmente cerejeiras. A proposição: "As cerejeiras florescem..." é verdadeira. As cerejeiras florescem "em verdade". A proposição como

---

[39] Edmund Husserl, *Logische Untersunchungen*, 12, Halle, 1913, p. 12. [*Investigações lógicas, I*, Madri, 1999, p. 41.]
[40] Ef 5, 27.

construção linguística é a expressão de um significado que eu abarco em meu saber; constrói-se a partir de uma série de expressões compreensivas.

O fato de que eu abarquei esse significado *sabendo-o* (e não somente como uma opinião); isso quer dizer que a proposição não é somente a expressão de um significado compreensível, mas que é "verdadeira" ou que algo lhe corresponde "em verdade". "Verdadeiro" não significa completamente o mesmo nessas duas modalidades expressas, mas ambos os significados se encontram em relação íntima. Quando se fala de "verdades" – segundo o uso da língua –, fala-se de "proposições verdadeiras". É uma expressão pouco exata. A proposição não é uma verdade (*veritas*), senão algo verdadeiro (*verum*). Sua *verdade* (em sentido estrito) consiste em *estar em conformidade com um ente* ou que lhe corresponde que existe independentemente dele.

Na verdade, da proposição acha-se o *ser verdadeiro*, ou seja, o fundado em si mesmo e que dá fundamento à proposição. O ser verdadeiro é o objetivo ao qual tende toda ciência. Isso se pressupõe em toda ciência, não somente na ciência humana enquanto tarefa para adquirir um saber correto, e com isso também proposições verdadeiras, e enquanto expressão tangível de todos os esforços desse gênero, senão até a própria ciência enquanto ideia.

A *proposição* trata com um *objeto* do qual enuncia alguma coisa e que nós chamamos o "objeto da proposição". No entanto, o que a proposição, segundo seu verdadeiro objetivo, "coloca" ou afirma, não é esse objeto (em nosso exemplo, "as cerejeiras") nem tampouco o que ela enuncia sobre o objeto ("florescem"), senão o completo "estado de coisas" ("as cerejeiras florescem..."). As proposições são a expressão de estados de coisas existentes e neles radicam seu fundamento de ser.

Por sua parte, os estados de coisas não estão fundados em si mesmos, mas têm seu ser nos "objetos" (em um sentido particular da palavra). A cada objeto pertence uma área de estados de coisas, na qual se articulam sua estrutura interna e as relações nas quais se encontra em virtude de sua posição em relação com o ente. Além disso, a cada estado de coisas pertence um conjunto de proposições, no qual pode encontrar sua expressão. (O fato de existir uma diversidade de possibilidades de expressão para o mesmo estado de coisas se deve à riqueza de significado de cada elemento desse estado de coisas.)

Os estados de coisas com sua estrutura estão relacionados com o conhecimento possível de espírito que vão pouco a pouco adiante. No entanto, isso não se deve entender no sentido de que esses estados sejam gerados pelo espírito conhecedor, mas sim que eles lhe prescrevem a regra a seguir.

Nos estados de coisas as proposições já estão fundadas enquanto possibilidades de expressão, e dessa maneira existem antes que um espírito humano as tenha pensado e antes de terem sido formadas na "matéria" de uma linguagem humana, em sons ou em signos de escrita.

Por "ciência como ideia", que subjaz a toda ciência humana, é necessário entender como a "pura" (ainda assim como sem corpo) expressão de todos os estados de coisas nos quais o ente se desdobra segundo sua própria ordem. Agora, surge a questão sobre se "todos os estados de coisas" que puderam corresponder ao ente, e já o âmbito de estados de coisas, correspondentes a um só objeto, devem pensar-se como um todo concluído, que poderiam exaurir seu objeto. Aqui podemos deixar mencionado como se pode relacionar nos estados de coisas que são tratados pelas ciências "exatas". De toda maneira deve-se negar no que concerne ao mundo real em sua plenitude, que é inesgotável para um conhecimento analítico. E se isso é assim, então toda "ciência da realidade" (enquanto ciência da realidade total) é já segundo sua ideia algo que jamais chegará ao seu fim.

A existência de uma diversidade de ciências está fundada sobre a divisão do ente em uma série de âmbitos de objetos unidos entre si e delimitados um do outro segundo gêneros e espécies. A questão agora é saber qual é o campo da filosofia. Maritain disse: "Qualquer que seja a ideia que se tenha da filosofia, se não se tem o campo filosófico como acessível por si mesmo às forças naturais do espírito humano somente, não se define a filosofia, nega-se."[41]

Deve-se compreender essas palavras admitindo a separação clara entre a filosofia e a teologia, tal como a apresenta santo Tomás no princípio da *Summa theologica*: "As ciências filosóficas [...] permanecem no âmbito da razão humana" e, pelo contrário, a teologia "repousa na revelação divina".[42] Evidentemente, aqui se entende por filosofia toda ciência natural. Essa posição corresponde aos procedimentos científicos da Idade Média, que ainda não estabeleciam uma divisão clara entre os campos particulares das ciências do mundo.

No entanto, isso não corresponde à compreensão de nosso tempo que tem de contar com uma série de "disciplinas" totalmente separadas umas das outras – completamente diferentes segundo o objeto e seu método, e que atribua à filosofia uma posição particular frente a todas as "ciências parti-

---

[41] *Op. cit.*, p. 60.
[42] *Summa theologica*, I, q. 1, a. 1, corp.

46 Capítulo 1

culares". Enquanto isso, por exemplo, a matemática e a história podem trabalhar sem se preocupar uma com a outra (e trabalham assim, com efeito); a filosofia se vê obrigada a considerar tanto a matemática quanto a história.

E se o matemático médio e o historiador médio prosseguem seu caminho dentro de sua ciência, sem dar importância à filosofia, à matemática ou à história, sempre chegará um momento em que a ciência particular tenha a necessidade de voltar a suas bases filosóficas a fim de ver clara sua própria tarefa. Nenhuma ciência pode proceder arbitrariamente; seu método está prescrito pela natureza de seu campo concreto. Por isso, na origem das ciências há, na maioria das vezes, espíritos criadores que se esforçam seriamente por estabelecer seus conceitos fundamentais (pensemos em Galileu[43] e Newton[44] ou também em Schiller[45] e Leopold von Ranke[46] para definir o sentido da história).

Uma vez estabelecido o procedimento (o "método"), então é possível aprender e exercitá-lo como uma tarefa. No entanto, é inegável que existem "ciências" que tenham desenvolvido seu trabalho como uma ousada viagem de exploração em um caminho desconhecido, em uma terra desconhecida, sem uma prévia elucidação suficiente. Cedo ou tarde, virá para elas um tempo de perplexidade, em que não saberão aonde ir. Então, não haverá outra salvação senão a reflexão de seus próprios fundamentos e o exame do método empregado até então e de seus resultados obtidos em relação com os princípios básicos. Assim, a grande mudança em que se acha a psicologia desde o princípio do século XX era inevitável em razão do surpreendente salto mortal com o qual a psicologia do século XIX saltou sobre a noção

---

[43] Galileo Galilei, matemático, astrônomo e filósofo, nasceu em 15 de fevereiro de 1564, em Pisa, e morreu em 8 de janeiro de 1642, em Arcetri (Florença). Com seus descobrimentos astronômicos questionou o sistema geocêntrico do Universo e por isso entrou em conflito com o Magistério Eclesiástico.

[44] Isaac Newton (Woolsthorpe, 1643 - Kensington, 1727); matemático, físico e filósofo. Entre suas obras filosóficas destaca-se *Naturalis philosophiae principia mathematica* (1687).

[45] Friedrich von Schiller (Marbach, 1757 - Weimar, 1805). Poeta do romantismo e pensador. Entre suas obras literárias destacam-se: *Amor e engano, Don Carlos, Maria Stuart, Guilherme Tell*. Foi professor de filosofia em Jena; esforçou-se por unir ética e estética, propondo a figura da "alma bela" (*die schöne Seele*) em sua obra *Da graça e da dignidade*. Edith reconhecerá em sua autobiografia: "As poesias filosóficas de Schiller me ofereceram uma compreensão do mundo que me agradava" (cf. *Autobiografia*, II, 3.4, OC I, p. 285).

[46] Leopold von Ranke (Wiehe, 1795 - Berlim, 1886), historiador, teve sua cátedra em Berlim durante quase meio século, de 1825 até 1871; defendeu o criticismo das fontes da história. Escreveu muitíssimo. Entre outras coisas, sobre o papado nos séculos XVI e XVII e sobre a história da Alemanha na época da reforma; também sobre a história da França e da Inglaterra.

de alma.[47] O trabalho da filosofia consiste em esclarecer os fundamentos de todas as ciências.[48]

Deve-se examinar o que as ciências particulares recebem do pensamento pré-científico como dados conhecidos e naturais. Quando o cientista de um ramo particular realiza esse trabalho – o matemático que reflete sobre a natureza do número, o historiador que pensa no sentido da história –, atua como filósofo. A partir daí poderemos compreender por que santo Tomás designa a filosofia (ou "sabedoria" no sentido de um grau anterior do dom sobrenatural do espírito) como *perfectum opus rationis*.[49]

A filosofia não se contenta com um esclarecimento provisório, mas sua meta é chegar à clareza *última*: quer o λόγον διδόναι (dar conta) até os últimos fundamentos que se possam alcançar. E, se o mundo da experiência graças à plenitude que oferece aos sentidos e ao entendimento estimula o desejo natural de saber, e se nos sugere "pontos de vista" para explorar em tal ou qual direção, seu fim é chegar até o último elemento compreensível, até o *próprio ser*, até *a estrutura do ente como tal*, e até *a divisão essencial do ente segundo gêneros e espécies*, para a partir daí chegar à colocação objetiva de questões e de métodos de investigação.[50]

A investigação sobre o ser ou o ente como tais é a tarefa do que Aristóteles, em sua *Metafísica*, designa como a "filosofia primeira", e que mais

---

[47] Cf. o Apêndice I desta obra sobre o "Castelo interior".

[48] Isso não significa que existe somente em razão das outras ciências, mas que todas as demais ciências estão enraizadas nela se realmente são ciências autênticas.

[49] *Summa theologica*, II/II, q. 45, a. 2; Maritain, *op. cit.*, p. 60.

[50] A esse respeito ver a definição de filosofia proposta por P. Daniel Feuling em Juvisy: "*La philosophie est la connaissance par la pure raison naturelle des êtres et de l'être dans les causes suprêmes et dans les raisons dernières – en tant que le donné phenomenal (φαινόμενον) permet à la pure raison naturelle l'accès à la saisie et à l'intelligence de l'être (νούμενον, nouméne) des êtres, soit dans le mode de l'évidence, soit de la probabilité, soit de l'opinion, selon les conditions particulières du cas concret.*" – "A filosofia é o conhecimento pela pura razão natural do ente e do ser nas causas supremas e nas últimas razões — enquanto o dado fenomenal (φαινόμενον) permite à razão natural o acesso à compreensão e à inteligência do ser (νούμενον) do ente, seja no modo da evidência, seja da probabilidade, seja da opinião, segundo as condições particulares do caso concreto" (*op. cit.*, p. 126). "Conhecimento do ente e do ser nas causas supremas e nas últimas razões", isso corresponde à definição dada no texto. A limitação à razão natural, quando se considera como definitiva e inalienável – assim o propõe P. Daniel Feuling – implica já a decisão de uma relação da filosofia com a fé e a teologia: ou seja, que propriamente não se pode introduzir verdades reveladas na estrutura da filosofia. Isso significa a negativa de tudo o que se falou, em segundo lugar, na nota sobre o sentido da expressão "filosofia cristã" (*op. cit.*, p. 622). Uma discussão sobre a necessidade da ação da aparição exigiria uma investigação mais exaustiva sobre o que há a entender a esse respeito, como adequada nesse lugar.

48 Capítulo 1

tarde foi chamada "metafísica".[51] Incumbe aos diferentes setores da filosofia, que são a base das ciências particulares, tratar os diferentes gêneros fundamentais do ente. Assim se estabelece de novo a relação entre a filosofia
e as ciências particulares: se um dia o trabalho da filosofia se encontrasse
terminado e se todas as ciências particulares fossem construídas sobre os
princípios por ela fundados, então essas ciências seriam verdadeiramente
filosóficas e nós nos encontraríamos frente à unidade da ciência que corresponderia à unidade do ente.

No entanto, essa é uma situação ideal, a que tende a ciência humana,
sem poder jamais alcançá-la. Enquanto estamos *"in via"*, a filosofia e as ciências particulares terão que seguir direções diferentes de investigação. Não
obstante, estão chamadas a se colocar sempre novas tarefas, e a se fecundar,
aprofundar e promover reciprocamente por meio de seus resultados. Mas,
quando estejamos *"in patria"* o "fragmentário"[52] da sabedoria terrena e da
ciência será substituído pelo "perfeito" da sabedoria divina, que nos fará
ver com uma só olhada o que a inteligência humana havia tratado de acumular no curso de seus esforços milenares.

Esclarecido o que entendemos por filosofia, podemos continuar nos
perguntando sobre o que pode significar o "estado cristão" da filosofia.
Maritain faz valer diferentes interpretações possíveis dessa expressão. Por
meio da graça o espírito do homem é purificado e fortalecido, está menos
exposto a erros que no estado de queda, mesmo que não esteja ainda totalmente seguro[53] deles no que concerne à filosofia enquanto atitude do
espírito (*habitus*) e enquanto atividade do espírito (*ato*). Mas a doutrina
da fé enriquece também a filosofia ao lhe dar conceitos que de fato lhes
eram estranhos antes de chegar a beber dessa fonte, embora por si mesma
tivesse conseguido descobri-los, por exemplo, o conceito de criação. Isso
diz respeito à filosofia enquanto ciência: o que nos foi transmitido como
filosofia da época cristã contém os materiais que procedem do mundo do
pensamento cristão. Além disso, o próprio mundo visto pelos olhos da fé
adquiriu um novo significado.

---

[51] Sobre o conceito de metafísica, cf. o apêndice sobre a filosofia existencial de Heidegger.
[52] 1Cor. 13, 10.
[53] A graça não livra o sábio cristão da necessidade de uma formação científica profunda até
onde pode alcançá-la, assim como não o livra dos deveres profissionais naturais. Quem,
confiando equivocadamente na assistência da graça, pensar dispensar-se disso, ficaria naturalmente muito atrás do investigador no cristão profundo e consciente.

"Como dom foi oferecido [...] um mundo, obra do 'Verbo', da segunda pessoa divina, no qual tudo fala do espírito *infinito* a *espíritos finitos* que se sabem espíritos."[54] Mas, daí vem à filosofia, em seu "estado cristão", uma nova perspectiva de sua própria natureza: o que Maritain, com Gabriel Marcel,[55] designa como um "escândalo" para a razão: o "fato de que a validade do patrimônio revelado está mais para lá de toda a experiência, suscetível de se constituir nas bases puramente humanas...".[56]

O filósofo que não quer chegar a ser infiel à sua finalidade de compreender o ente até suas últimas causas se vê obrigado por sua fé a estender suas reflexões mais além do que lhe é acessível naturalmente. Existe ente, que é inacessível à experiência natural e à razão, mas que nos é conhecido pela revelação, e que propõe novas tarefas ao espírito, que o aceita. "Se a filosofia se informa do sensível nas ciências da natureza, como não se informaria ela do divino na fé e na teologia? 'Os fatos da religião ou os dogmas definidos' são minhas experiências..., dizia Malebranche;[57] (depois de havê-los reconhecido válidos) eu faço de meu espírito o mesmo uso que os que estudam a física."[58]

O que a razão natural consegue como o "primeiro ente", a fé e a teologia dão informações, às quais a razão sozinha não chegaria jamais, e da mesma maneira a relação em que se acha todo ente com o primeiro ente. A razão se converteria em irracionalidade se se obstinasse em permanecer nas coisas que ela não pode descobrir por sua própria luz e em fechar os olhos diante de uma luz superior que o faz ver. Porque convém acentuar aqui isto: o que a revelação nos comunica não é simplesmente algo incompreensível, senão um significado compreensível que não pode ser percebido nem provado por fatos naturais. Não pode ser "compreendido" (isto é, não pode ser exaurido conceitualmente), já que isso é algo incomensurável e inesgotável que cada vez nos faz conhecer de si mesmo o que quer; mas em

---

[54] Jacques Maritain, *op. cit.*, p. 73.

[55] Gabriel Marcel (Paris, 1889 - Paris, 1973) filósofo e dramaturgo, representante do existencialismo cristão na França; converteu-se ao catolicismo em 1929; entre suas numerosas obras pode-se citar: *Journal méthaphysique* (1914-1923), Paris, 1927; *Le monde cassé*, Paris, 1933; *Être et avoir* (1919-1933), Paris, 1935; *De refus à l'invocation*, Paris, 1940; *Homo viator*, Paris, 1944; *Le mystère de l'être*, 2 t., Paris, 1951; *Le déclin de la sagesse*, Paris, 1953 etc.

[56] Jacques Maritain, *op. cit.*, p. 74.

[57] Nicolas Malebranche (Paris, 1638 - Paris, 1715), filósofo católico; entre suas obras poderíamos lembrar: *De la recherche de la vérité*, Paris, 1674; *Méditations chrétiennes*, Colônia, 1683; *Entretiens sur la Méthaphysique et sur la Religion*, Roterdã, 1688 etc.

[58] Jacques Maritain, *op. cit.*, p. 72 e seg.

si mesmo é transparente e para nós o é na medida em que nós recebemos a luz, e é fundamento para um novo entendimento dos fatos naturais que, precisamente, se revelam como fatos que não são *unicamente* naturais. É o que Maritain explicou a propósito do edificar humano: a necessidade de aceitá-lo tal como é realmente, em razão da queda e da redenção; por isso a moral não se pode construir completamente como uma filosofia *pura*, senão somente em dependência da teologia, isto é, completando com a teologia suas próprias verdades fundamentais; esta posição me parece válida – com algumas transformações e ampliações para todo ente e para toda a filosofia. As verdades fundamentais de nossa fé – a criação, a queda, a redenção e a plenitude – mostram todo ente em uma luz, segundo a qual parece impossível que a filosofia pura, isto é, uma filosofia adquirida pela simples razão natural, possa chegar à perfeição por si mesma, ou seja, terminar um *perfectum opus rationis*. Necessita o complemento a partir da fé sempre sem que chegue a ser teologia. Se a tarefa da teologia é constatar os fatos da revelação enquanto tais e elaborar seu próprio sentido e conexão, incumbe à filosofia colocar harmonia entre aquilo que ela elaborou com os seus próprios meios e aquilo que lhe vem oferecido pela fé e pela teologia, no sentido de se obter um conhecimento intelectivo do ser, baseado em seus últimos fundamentos. Colocar-se de acordo significa em primeiro lugar um ato puramente negativo, quer dizer, que a verdade revelada é para o filósofo crente uma medida à qual deve subordinar seu próprio juízo: renúncia a um pretenso descobrimento quando reconhece o mesmo ou foi advertido pela sentença da Igreja que é incompatível com a doutrina da fé.

O filósofo, assim como deve procurar uma visão intelectual clara como garantia suprema de seu próprio método, assim também deve desejar por amor a verdade – dada a possibilidade inegável de erro em todo conhecimento humano –, a verificação por uma autoridade suprema esclarecida sobrenaturalmente e que não está sujeita ao erro. Certamente, somente poderá submeter-se a ela na medida em que seja crente. Inclusive ao incrédulo parecerá evidente que o crente deve submeter-se a ela não somente enquanto crente, mas também enquanto filósofo.

O ter em conta a verdade revelada pode também consistir em que o filósofo descubra novas tarefas que se lhe tivessem escapado se não a tivesse conhecido. O padre A. R. Motte, O. P., destacou, em sua conferência em Juvisy, que a doutrina da fé sobre Deus e a criação suscitou na filosofia a distinção entre essência e existência, que a doutrina da Santíssima Trindade

Introdução: A Questão do Ser 51

e da Encarnação conduziu à separação entre natureza e pessoa, e que a doutrina da Sagrada Eucaristia conduziu a uma aguda elaboração conceitual entre a substância e o acidente.[59]

O encontro com um ente até então desconhecido mostra ao ente e ao ser como tal sob um novo aspecto. A revelação fala uma linguagem acessível à inteligência humana natural e oferece o material para uma formação de conceitos puramente filosófica, que pode fazer total abstração dos fatos da revelação e cujo resultado vem a ser um patrimônio comum para toda a filosofia posterior (por exemplo, os conceitos de "pessoa" e "substância").

Esses dois aspectos de considerar as verdades da fé mostram à filosofia a situação da filosofia em cada época – como conjunto histórico – em dependência da fé e da teologia enquanto condições externas de sua realização. Desembocam na "filosofia cristã" no sentido de que o tomismo[60] pode denominar-se assim, mas não uma filosofia cristã que acolhesse a verdade revelada como tal em seu conteúdo.

Se, pelo contrário, no decorrer da busca do ente, a filosofia se encontrar diante de questões impossíveis de resolver por seus próprios meios (por exemplo, a questão da origem da alma humana), e se logo se apropria das respostas encontradas na doutrina da fé para chegar assim a um conhecimento mais amplo do ente, encontramo-nos diante de uma filosofia cristã que utiliza a fé como fonte de conhecimento. Já não é uma filosofia "pura" nem "autônoma". No entanto, não me parece justificado considerá-la agora como teologia. Quando em uma obra histórica sobre a vida intelectual do século XX se fala da transformação da física moderna pela influência da teoria da relatividade de Einstein,[61] o historiador está obrigado a consultar o especialista de ciências naturais. No entanto, pelo fato de englobar em sua obra a contribuição adquirida das ciências físicas, sua obra não será de nenhuma maneira uma obra de ciências naturais. O decisivo é a intenção de fundo.

A relação entre filosofia e a teologia não é exatamente a mesma, já que o historiador não se preocupa com a veracidade ou com a falsidade da teo-

---

[59] Ver *De la philosophie chrétienne*, p. 100.

[60] Ver a nota 38 deste capítulo.

[61] O princípio da relatividade foi formulado pela primeira vez por Albert Einstein (Ulm, 1879 - Princeton, 1955) em 1905. Em 1953, pouco antes de sua morte, saiu à luz a quarta edição de sua famosa obra *The Meaning of Relativity* (O significado de relatividade), cuja primeira edição teve lugar em Calcutá em 1920. Anteriormente, em 1916, apareceu sua famosa memória em alemão, *Die Grundlage der allegemeine Relativitätstheorie* (O fundamento geral da teoria da relatividade), e publicou mais livros nos anos seguintes.

ria de Einstein, mas somente com sua influência histórica. O filósofo, ao contrário, quando faz uma aquisição da teologia, trata da verdade revelada enquanto *verdade*. Eis aqui o fator comum: nos dois casos uma ciência ajuda a outra para progredir na sua própria esfera e, apoiando-se sobre esse meio auxiliar, continua trabalhando em seu próprio campo.

Certamente, a filosofia para o que estabelece com a ajuda da fé não pode pretender aquela clarividência que é a característica de seus próprios e autônomos resultados (enquanto se trata de um conhecimento filosófico autêntico). Tudo o que provém de uma ótica de conjunto das verdades da fé e do conhecimento filosófico leva a marca da dupla fonte de conhecimento, e a fé é uma "luz obscura".[62] Dá-nos a entender algo, mas somente para indicar-nos algo que nos continua sendo incompreensível. Já que o fundo último de todo ente é insondável, por isso tudo o que se considera sob esse ângulo cai sob a "luz obscura" da fé e do mistério, e tudo o que é compreensível recebe um cenário incompreensível.

O R. P. Przywara chamou a isso *reductio ad mysterium*. Estamos igualmente de acordo com ele, como se vê por nossas últimas exposições, quando diz que a filosofia se completa "por meio da teologia, mas não como teologia".[63] No entanto, não consegui ver claramente como se realiza para ele a união entre "a teologia e a filosofia dentro da metafísica".[64]

---

[62] São João da Cruz, no capítulo quinto do segundo livro, menciona a Pseudo-Dionísio (que por isso São Dionísio e outros místicos teólogos chamam a esta contemplação infusa *raio de treva*", parágrafo 3) e depois no parágrafo 5 diz João: "porque aqui se as mostram todas ao olho esta divina e obscura luz".

[63] Analogia entis, 1, 45.

[64] Cf. p. 45. "Metafísica" significa, segundo o R. P. Przywara (p. 3), o "ir ao escondido" dos "cenários" e da *physis* enquanto do "modo se ser", em que descansa uma essência do ser sendo e atuando em si. É a aristotélica "primeira filosofia" a que se ocupa do ser enquanto tal, mas, não das espécies separadas por seu conteúdo. Assim como já o indicamos antes (§ 2), e como o mostraremos mais tarde (cap. 5) explicitamente, no centro se encontra a questão do ente no sentido próprio (*la ousia*); o R. P. Przywara parece pensar nesse aspecto quando explica a physis. Se se penetrar no fundo desse ser próprio tanto como o permite a inteligência natural, esta "primeira filosofia é metafísica filosófica". Se se aceitar a teologia como ajuda, então resulta o que R. P. Przywara designa "metafísica teológica". A dificuldade de separar a filosofia e a teologia foi sublinhada na importante passagem de uma carta de R. P. Roland-Gosselin, O. P. (*De la philosophie chrétienne*, p. 153-154): "Não só a filosofia mas também a teologia está fundada, 'sob a influência da fé sobre a razão'. Teologia e filosofia cristã surgiram ao mesmo tempo como uma formação histórica e principalmente devido às necessidades da teologia, sem se preocupar muito até que ponto as distinções e precisões conceituais, exigidas pela teologia, eram suscetíveis de serem aceitas e justificadas por um método estritamente filosófico. Em muitos pontos, talvez, a delimitação exata das fronteiras esteja ainda por se fazer."

A "primazia formal" da teologia[65] deve ser reconhecida no sentido de que a última palavra sobre a verdade seja de proposições teológicas ou filosóficas; corresponde à teologia em sua mais alta significação enquanto ela é a palavra de Deus interpretada pelo magistério da Igreja. Mas, precisamente porque a filosofia (e não a teologia) é o que tem necessidade de um complemento de conteúdo, incumbe a ela estabelecer a unidade de uma doutrina que englobe a totalidade. Assim, em nosso parecer, a "filosofia cristã" não é somente o nome para designar uma atitude espiritual do filósofo cristão, nem só a designação do conjunto de doutrinas dos pensadores cristãos, mas significa, além disso, o ideal de um *perfectum opus rationis* que conseguiria abraçar em uma unidade o conjunto do que nos oferecem a razão natural e a revelação.

Os esforços para esse fim se condensaram nas *summas* da Idade Média:[66] essas grandes sínteses eram a forma exterior adequada de uma investigação que tratava de abraçar a totalidade. No entanto, a realização desse ideal – no sentido de que estivera compreendido todo ente em sua unidade e plenitude – se afasta por princípio de toda ciência humana; já a realidade finita é algo conceitualmente inesgotável, com maior razão o é o ser infinito de Deus. A filosofia pura enquanto ciência do ente e do ser em seus últimos fundamentos, qualquer que seja o alcance da razão natural do homem, é essencialmente algo incompleto inclusive na perfeição mais completa que se possa imaginar. Em primeiro lugar está aberta à teologia e por isso pode ser completada, no entanto tampouco a teologia é um sistema fechado e tampouco pode ficar concluído. Desenvolve-se historicamente como uma progressiva assimilação e penetração do patrimônio da revelação transmitido. Mas, além disso, é necessário considerar que a revelação abarca a plenitude infinita e a verdade divina. Deus se comunica ao espírito humano na medida e na forma que dita sua sabedoria.

A Ele corresponde ampliar a medida. A Ele corresponde apresentar a revelação sob uma forma própria ao modo de pensar humano: a saber, como conhecimento progressivo passo a passo, sob a forma de conceitos e de juízos; o elevar o homem mais além de seu modo de pensar natural para um

---

[65] *Analogia entis*, I, 58.

[66] São *sumas teológicas* quando colocam os resultados da *filosofia* a serviço da teologia e filosóficas quando estendem seus esforços para compreender o ente à luz dos fatos da revelação.

modo de conhecer completamente diferente, para uma participação na visão divina, que abraça tudo com um só olhar.[67]

A mais alta realização atingível para um espírito criado – certamente não por suas próprias forças – é a "visão beatífica", que Deus lhe dá enquanto se une a Ele: o ser adquire a participação do conhecimento divino vivendo a vida divina. A maior proximidade com esse fim supremo durante a vida terrena é a visão mística. Mas existe também um grau anterior no qual não é necessária essa suprema graça, quer dizer, a *fé* autêntica e viva.

Segundo a doutrina da Igreja, "a fé é uma virtude sobrenatural pela qual, inspirados e ajudados pela graça divina, consideramos como verdadeiro o que Deus revela e que nos ensinou por meio da Igreja, não por causa da intrínseca verdade objetiva que conhecemos pela luz da razão natural, mas em razão da autoridade de Deus que revela e não pode ser enganado nem pode enganar-nos".[68] A linguagem teológica designa como fé não somente a virtude (*fides, qua creditur*), mas, também, o que cremos, a verdade revelada (*fides, quae creditur*), enfim, o exercício vivo da virtude, *o fato de* crer (*credere*) ou "o ato da fé". É esse crer vital o que nós contemplamos agora.

Disso resultam diversos aspectos: ao aceitar as verdades da fé, apoiados na autoridade de Deus, *as estimamos como verdadeiras* e precisamente assim *tributamos fé a Deus* (*credere Deo*). Contudo, não podemos tributar a Deus essa fé sem *crer em Deus* (*credere Deum*), isso quer dizer, sem crer que Deus *existe* e que é *Deus*: a essência suprema e perfeitamente verdadeira que nós designamos com o termo "Deus". Aceitar as verdades da fé significa, pois, aceitar a Deus, porque Deus é o próprio objeto da fé da qual tratam as verdades da fé. Mas aceitar a Deus significa, também, voltar-se para Deus na fé, ou *crer* em Deus (*credere in Deum*), no sentido de ir em direção a Ele.[69]

Assim, a fé é um agarrar-se em Deus. Mas esse agarrar pressupõe um ser agarrado: não podemos crer sem a graça. E a graça é a participação na

---

[67] Empregou-se o nome de "visão" (*visio*), porque o ver é para nós o modo mais penetrante e mais convincente do conhecer. No entanto, é necessário dar-nos conta de que de nenhuma maneira se trata de algo semelhante a nosso ver, de uma compreensão de fora, a distância. Trata-se de um saber inteiramente uno com o que se sabe, comparável sobretudo com a maneira como conhecemos nossa própria vida.

[68] *Catechismus catholicus* (Roma, 1933). *Pro adultis*, q. 515, p. 242.

[69] Ver Tomás de Aquino, *De vetitate*, q. 14, 1. 7 ad. 7. (*Untersuchungen über die Wahrheit* [*Investigações sobre a verdade*], t. II, p. 28.)

vida divina. Se nos abrimos à graça aceitando a fé, temos "o começo da vida eterna em nós".[70]

Aceitando a fé segundo o testemunho de Deus, adquirimos conhecimentos sem compreendê-los; não podemos aceitar as verdades da fé como evidentes, como verdades necessárias da razão ou como fatos da percepção dos sentidos: não podemos, tampouco, deduzi-las de verdades imediatamente evidentes segundo as leis lógicas.

É o motivo pelo qual a fé se chama "luz escura". E é preciso acrescentar que enquanto *credere Deum* e *credere in Deum* trata ela sempre de superar tudo o que é verdade expressa, quer dizer, a verdade formulada por Deus à maneira do conhecimento humano expressa em conceitos e em juízos, em palavras e em frases. A fé quer de Deus mais que verdades particulares, ela quer a Deus mesmo, que é *a* verdade, o Deus inteiro; capta sem ver "ainda que seja noite".[71] É a profunda escuridão da fé frente à claridade eterna para a qual se dirige. Nosso santo padre São João da Cruz fala dessa dupla obscuridade, quando escreve "[...] o ir adiante do entendimento é ir-se mais profundamente em fé, e assim ir-se escurecendo mais, porque a fé é treva para o entendimento".[72] No entanto, é um ir adiante: um sair-se de todo conhecimento particular conseguido por conceitos para entrar na simples apreensão da verdade única. Por isso, a fé está mais perto da sabedoria divina que toda ciência filosófica ou ainda teológica. Mas, ciente de que o caminhar em obscuridade se nos faz difícil, por isso todo raio de luz que cai em nossa noite como um precursor da claridade futura é um socorro inestimável para não nos perder, e ainda a pequena luz da razão natural pode dar-nos serviços valiosos.

Uma "filosofia cristã" considerará como sua mais nobre tarefa preparar o caminho da fé. Por essa razão, santo Tomás colocava tanto empenho em construir uma filosofia pura fundada na razão natural: porque somente dessa maneira se dá um trajeto do caminho comum com os incrédulos; se eles aceitam caminhar conosco esse trajeto do caminho, talvez se deixassem guiar mais longe do que teriam pensado no começo.

---

[70] *Ibid.*, q. 14, a. 2, corp. (p. 9).
[71] São João da Cruz, *Der Urquell* [A fonte] (Gedichte des heiligen Johannes vom Kreuz [Poemas de São João da Cruz], Munique, 1924, p. 17 e seg.).
[72] *Lebendige Liebesflamme* [Chama de amor viva], III, Munique, 1924, p. 170. [Chama 3, 48].

Do ponto de vista da "filosofia cristã" não existe, pois, nenhum inconveniente para um trabalho comum. Pode ela estar na escola dos gregos e dos modernos para desenvolver segundo o princípio: "examinar tudo e conservar o melhor."[73] Por outro lado, pode colocar à disposição o que ela mesma pode dar, deixando aos outros o exame e a seleção. Para o incrédulo não há motivos objetivos de desconfiança em relação aos resultados de seu procedimento natural, visto que são medidos nas maiores verdades da razão e ainda na verdade da fé. Ele é, pois, livre de empregar o marco da razão com todo rigor e recusar tudo o que não lhe seja suficiente. Ainda mais, dele depende seguir o caminho conosco tomando igualmente conhecimento dos resultados adquiridos por meio da revelação. Não aceitará as verdades da fé empregadas como "proposições" (*tesis*), diversamente do que faz o crente, senão somente como hipóteses.

No entanto, há de novo, por parte dos dois lados, uma medida comum para ver se as consequências tiradas correspondem ou não às verdades da razão. O incrédulo poderá tranquilamente esperar para ver se é capaz de chegar à visão comum que para o filósofo crente é a consequência da razão natural e da revelação, e para ver se pode adquirir assim conhecimento mais profundo e mais amplo do ente. Se não tem prejuízos, como deve ser o filósofo segundo sua convicção, certamente não retrocederá diante dessa experiência.

---

[73] Faz referência a I Tes 5, 21.

II

Ato e Potência Enquanto Modos de Ser

§ 1

Exposição Segundo *De Ente et Essentia*

A *doutrina do ato e potência* era como o pórtico de
um grande edifício que de longe se vê em toda sua
altura. Esse primeiro olhar de longe nos fez já compreender, provisoriamente, a necessidade de analisar
mediante esse par de conceitos todo o campo do ente.
Mas, ao mesmo tempo, se examinarmos brevemente
esses termos do ponto de vista linguístico, resulta que
não são de todo claros e nos parecem revestidos de
uma diversidade de significados. Vamos agora elucidar essa diversidade e explorar seu contexto interno.

A primeira introdução à doutrina do ato e potência se encontra nas obras de Aquinate, principalmente a
obra onde tratou de modo particular dessas questões: a
obra *Quaestiones disputatae de potentia*. Esse tratado é
uma obra redigida, segundo as investigações de Martin
Grabmann,[1] entre 1265 e 1267, quase ao mesmo tempo que o autor se empenhava na redação da primeira
parte da *Summa theologica*, sobre Deus. O que apenas
se menciona na *Summa*, destinada a se converter em
um manual ou compêndio da teologia, encontra-se aqui
tratado a fundo e extensamente. Por isso é compreensível que a posição do problema nas *Quaestiones disputatae de potentia* seja, sobretudo, *teológica*, o que não
exclui a possibilidade de tirar dele muitos ensinamentos
puramente filosóficos, como o sabem todos os que conhecem as obras de santo Tomás.

Entretanto, não é sempre fácil separar as noções
teológicas das filosóficas transcendentais. Por isso,
quem não está familiarizado com a doutrina de san-

---

[1] Grabmann, *Die Werke des hl. Thomas von Aquino. Eine lite-
rarhistorische Untersuchung und Einfürrung*, Munique, 1931, p.
275 e seg.

60   Capítulo II

to Tomás não distingue as questões filosóficas em razão de sua interseção com os problemas teológicos, e resulta difícil livrar-se do receio de que se encontra em terreno proibido para o filósofo. Assim, para se orientar racionalmente para o tema que nos interessa, seria melhor não seguir agora o pensamento exposto naquela obra, mas voltar à obra da juventude que já mencionamos, em que santo Tomás aparece integralmente como discípulo "do filósofo", ou seja, o opúsculo *De ente et essentia*.[2] Certamente aqui encontramos somente um primeiro esboço, um germe da doutrina que depois cresceria até se fazer uma grande árvore. Precisamente, esse tratado nos ajudará a chegar a uma compreensão da origem dessa doutrina.

Nesse pequeno compêndio de uma doutrina do ser, Tomás considera a totalidade do ente como um campo ordenado por graus. Distingue três principais graus:

1. *Substâncias ou coisas compostas* (compostas *de matéria e de forma*) são o mundo dos corpos, que encerra as coisas "inanimadas" e todos os seres viventes, incluindo o homem.
2. *Espirituais ou simples*: aqui Aristóteles pensava nos espíritos, pelos quais, segundo sua concepção, têm movimento os astros. Os pensadores da Idade Média os consideravam anjos. Tomás de Aquino os denomina "simples", sendo que os considera como "formas puras". (A questão de se alguma coisa material era necessária ou não para a constituição dos "espíritos puros" era muito discutida em seu tempo.)
3. *O primeiro ente*: Deus. Todos concordavam em que o primeiro ente, a causa de todos os demais, é o ser absolutamente simples, puro. Ao não admitir – como santo Tomás – uma composição de matéria e de forma para os espíritos criados, era necessário buscar outro meio para distingui-los do primeiro ente. A esse respeito, Tomás chega à separação de *forma* e *ser* para os espíritos criados. (Neles "forma" equivale a "essência" – *essentia*.)

> Fica claro, portanto, que a *inteligência* é forma e ser, e que recebe o ser do ente primeiro, o qual é só ser, e este é a causa primeira, que é Deus.

---

[2] Nós utilizamos o texto apresentado na obra, já citada frequentemente, de Roland-Gosselin (p. I-48) em uma cuidadosa edição crítica. A ela se referem as páginas aqui indicadas. [Mas as citações castelhanas dessa obra de santo Tomás utilizamos da edição da BAC: *Opúsculos y cuestiones selectas*, edição bilíngue, I, Filosofia (1).]

> Então, tudo aquilo que recebe algo do outro está em potência em relação a ele; e o que recebeu nele é seu ato. Portanto, é necessário que a mesma equivalência ou forma que é a inteligência esteja em *potência* em relação ao ser que recebe de Deus; e que o ser esteja recebendo como *ato*.[3] E assim acontece a potência e o ato nas inteligências, mas não acontece a matéria e a forma [...]. E porque, como se disse, a equivalência da inteligência é a mesma inteligência, por isso mesmo, sua equivalência ou essência é justamente *isso que ela é, e seu ser recebido de Deus é algo* pelo qual subsiste na natureza...
>
> E porque nas inteligências se coloca a potência e o ato, não é difícil encontrar a pluralidade das inteligências;[4] coisa que seria impossível se não desse alguma potência [...]. Faz-se, portanto, distinção entre elas, conforme *o grau da potência e do ato*; de modo que a inteligência superior, que está mais próxima do primeiro, tem *mais de ato e menos de potência,* e assim nas demais.

Essa pequena passagem mostra claramente como na doutrina do ser de santo Tomás os conceitos de "ato" e de "potência" estão estreitamente ligados a uma série de outros conceitos fundamentais de Aristóteles: forma, matéria, substância (o que "subsiste") etc. Portanto, será necessário ocuparmo-nos igualmente desses conceitos. Mas, apoiar-se neles agora seria querer explicar aqui o desconhecido com o desconhecido. Assim, pois, somente mostramos provisoriamente a passagem citada para servir de compreensão dos termos "ato" e "potência", sem explicar os outros conceitos fundamentais.

No que se refere aos espíritos puros, *o que eles* são é distinto de seu ser, e seu ser é designado como seu *ato*. Isso concorda com a concepção do *primeiro ente* que foi chamado também *ser puro e ato puro.* Por outro lado, dissemos que o que recebe o ser está *em potência* em relação com o ser que recebe.

Assim, pois, se tomarmos o sentido literal de "potência" (o δύναμις), que significa "poder" ou "capacidade", assim o *in potentia esse* é um estar "em capacidade" ou "em possibilidade", ou seja, "um poder-ser". O que "pode ser" não possui em si mesmo o poder de passar a sê-lo, como já o dissemos. Por outro lado, seu "poder ser" tem uma significação mais profunda que não há nada que o impeça de chegar a ser. No entanto, em "estar em possibilidade" existe um ser em um duplo sentido: primeiro, uma disposição ou um

---

[3] As palavras em itálico são da autora.
[4] Em contraposição ao primeiro ser que é Uno.

62   Capítulo II

estar orientado ao ser que é designado como ato. Mas de imediato, já certo *modo de ser*. Porque "ser possível" não significa simplesmente "não ser". Se isso não fosse assim, que o ser possível mesmo não fosse já certo modo de ser, então não teria sentido falar de "graus" da "potencialidade". Se se admitisse sempre *um único* significado de "ser", e se ato e ser simplesmente coincidissem, seria igualmente impossível dizer que existe alguma coisa que seja mais ou menos ato e se encontra mais perto ou mais longe do primeiro ser.

Assim nós chegamos a distinguir *graus do ser,* e a compreender *ato e potência como modos do ser. A passagem* do potencial ao ato, ou melhor, como podemos dizê-lo agora, *do ser possível ao ser real*, é uma passagem de um modo do ser a outro, e precisamente de um modo inferior a um modo superior. Mas também, no interior do ser possível e do ser real há ainda mais graus. Somente assim é compreensível o discurso de um "ato puro", e parece evidente que o ato puro deve designar o ser *supremo*. Segundo nossas considerações precedentes, o sentido dos termos "ato" e "potência" não foi esgotado. No entanto, provisoriamente permaneceremos no significado que obtivemos.

O que não conseguimos até o presente é certa compreensão *das palavras*. Vamos considerá-las agora com um sentido preciso, bem definido. Porém, já temos uma compreensão suficiente do que se trata? O cego ao escutar falar de vermelho, azul e verde, não percebe mais que palavras desprovidas de sentido para ele; sabe que se referem a diferentes *cores*, mas não *conhece* as cores. Conhecemos agora mais a respeito de ato e de potência do que o cego conhece a respeito das cores? Provavelmente um pouco mais. A diferença entre possibilidade e realidade é clara. Certamente, os matizes mais sutis apresentam para nós algumas dificuldades; e de toda maneira nos encontramos ainda afastados do que se entende por ato e potência enquanto graus ou modos do ser. *Há um caminho para nos aproximarmos mais desta questão?*

§ 2

O Fato de o Próprio Ser como Ponto de Partida para a Investigação

Ao que não está familiarizado com o pensamento medieval, os diversos objetos apresentados por santo Tomás em sua investigação sobre o ser lhe podem parecer distantes e fora de alcance: Deus e os anjos. O que nós sa-

Ato e Potência Enquanto Modos de Ser **63**

bemos deles e onde poderíamos saber? "[...] os querubins e os serafins [...] acreditamos que estão ausentes, segundo a palavra que nos anuncia ou nos fala de certas potências celestes."[5] Mas, há algo que nos está próximo de outra maneira, e tão próximo que não pode nos escapar.

Cada vez que o espírito humano, em sua busca da verdade, partiu de um ponto indubitável, encontrou-se com este fato inevitavelmente próximo: *o fato do próprio ser*. "[...] de tudo o que sabemos, que conhecemos da mesma maneira que sabemos que vivemos? Nesse saber não tememos ser enganados por nenhuma aparência da verdade, visto que seja seguro que inclusive aquele que se engana, vive." Nesse ponto estamos isentos de toda ilusão dos sentidos.

> [...] porque isso não se vê com olhos da carne. Conhecemos por uma ciência muito íntima nosso viver, e nisto não pode um acadêmico contestar: 'talvez durmas e o ignoras' [...] Tudo o que está certo da ciência de sua vida não diz: 'sei que estou desperto', mas: 'sei que vivo'. Ora durma, ora esteja desperto, vive.[6]

Descartes, ao tratar em suas *Meditationes de prima philosophia* de construir de novo uma filosofia como ciência de solvência sobre uma base incontestável e segura, começou com a famosa *dúvida universal*. Repudiou tudo aquilo do que se pode duvidar, enquanto submetido ao engano. Ficou-lhe como resíduo do que não podia duvidar *o próprio fato de duvidar*, e depois, de uma maneira mais geral, o mesmo fato de *pensar*, e no pensar o ser: *cogito, sum*.

De uma maneira semelhante, Edmund *Husserl*, em seus esforços de fundar o método fenomenológico, exigiu a suspensão de juízo (ἐποχή) diante de tudo o que aceitamos simplesmente com uma fé ingênua, em "atitude natural", enquanto homens que vivem no mundo de nossa experiência: diante da existência global do mundo natural e diante da validade da ciência existente.[7]

---

[5] Augustinus, *De Trinitate*, X, 3 [?].
[6] Augustinus, *De Trinitate*, XV, 12. (P. E. Przywara, S. J., *Augustinus*, Hegner, Leipzig, 1934, p. 120) [*Obras de San Agustín, Tomo V: Tratado sobre la Santísima Trinidad*, Madri, 1948, p. 875-877]
[7] Ver *Ideen zu einer reinen Phänomenologie und phänomenologischen Philosophie* (Niemeyer, Halle, 1913) p. 48 e seg.; e *Méditations cartésiennes* (Collin, Paris, 1931) p. 16 e seg.; a obra é uma tradução das conferências feitas por Husserl em Paris em 1929.

Fica como campo de investigação a *consciência* no sentido da *vida-do-eu*: eu posso deixar indeciso o fato de se a *coisa* percebida por meus sentidos realmente existe ou não – mas a *percepção*, enquanto tal, não se pode apagar. Posso duvidar de que a conclusão feita por mim seja correta – mas o pensamento que resulta das conclusões é um fato incontestável; da mesma maneira, é inegável tudo o que eu desejo e quero, os meus sonhos e minhas esperanças, minhas alegrias e minhas tristezas, em uma palavra, tudo aquilo em que *eu vivo e sou,* o que se dá como o ser, consciente de si mesmo. Porque onde se queira – na "vida" de Agostinho, no "eu penso" de Descartes, no "ser consciente" ou no "vivenciar" de Husserl –, onde se quiser se encontra um "eu sou". Isso não está inventado ou deduzido como a fórmula "cogito ergo sum" parece indicar, mas achamos de modo imediato: pensando, sentindo, querendo ou de qualquer modo movido pelo espírito sou eu, e sou consciente desse ser.

Essa certeza do próprio ser é, em certo sentido, o *conhecimento mais originário*; *não* o primeiro *temporalmente,* porque a "atitude natural" do homem está antes de tudo dirigida ao mundo exterior, e necessita muito tempo para se encontrar a si mesmo; *não* é tampouco no sentido de um *princípio*, do qual se poderiam deduzir logicamente todas as outras verdades ou segundo o qual se poderiam deduzir, como um padrão, todas as demais verdades, mas no sentido do que me está mais perto, é inseparável de mim e constitui um ponto de partida do qual é impossível ir mais atrás.

Essa certeza de ser é uma certeza "não refletida", isto é, encontra-se antes de todo pensamento que se dirige para trás, com o qual o espírito sai da atitude originária de sua vida orientada até os objetos a fim de se considerar a si mesmo. No entanto, quando no curso de tal retorno o espírito se submerge no simples fato de seu ser, este lhe sugere uma tripla pergunta: que é o ser do qual estou consciente? Que é o eu que está consciente de seu ser? Que é o movimento espiritual no qual me encontro, e no que estou consciente de mim e do movimento?

Quando me volto até o ser, este manifesta, tal como é em si mesmo, uma dupla face: do ser e do não ser.[8] O "eu sou" não resiste ao olhar.

---

[8] H. Conrad-Martius analisou com grande afinco em seu tratado *"Dir Zeit"* (Philosoph. Anzeiger II, 2 e 4, 1927-1928) a fragilidade do ser temporal e sua relação com o ser eterno.

O "em que eu sou"[9] é sempre outro; e como o ser e o movimento espiritual não estão separados, visto que eu estou ali, o ser também é sempre diferente; o ser de "antes" passou e cedeu seu lugar ao ser de "agora". O ser, do que sou consciente enquanto é meu próprio ser, é separável da temporalidade. Enquanto ser "atual", ou seja, enquanto ser presente, efetivo, concreto, é um "agora" entre um "não mais" e um "ainda não". Mas, nessa divisão de ser e não ser de caráter impreciso, se divide em ser e em não ser, se nos revela *a ideia do ser puro*, que não contém nada de não ser, no que não existe nenhum já "não mais" e nenhum "ainda-não"; não é temporal, mas *eterno*.

Assim, o ser eterno e o ser temporal, o imutável e o mutável, bem como o não ser são ideias que o espírito descobre em si mesmo; não foram tomadas de outra parte. Uma filosofia, que parte do conhecimento natural, tem aqui um ponto de partida legítimo.[10] Também a *analogia entis*, considerada como a relação entre o ser temporal e o ser eterno, se manifesta já nesse ponto de partida. Desde o momento em que é, o "ser atual" é algo parecido com um modo de ser sem mais, ao ser pleno que não conhece mudanças no tempo. Mas, visto que é somente para um momento, tampouco é nesse momento pleno ser; sua fragilidade se encontra já no ser momentâneo; este mesmo só é "análogo" do ser eterno, o qual é imutável e por essa razão é o ser pleno em cada instante; isto é, o ser temporal é uma "imagem" que tem semelhança com o arquétipo, mas que oferece mais dessemelhança.[11]

§ 3

O Próprio Ser como Atual e Potencial. Temporalidade

Não temos que nos preocupar aqui com a questão de saber se da relação entre o ser temporal e o ser eterno devemos deduzir uma relação de

---

[9] Husserl o chama "ato", mas, sendo assim que partimos do conceito escolástico do ato e que buscamos seus fundamentos objetivos, ignorando por outra parte em que relação recíproca se encontram o conceito fenomenológico e o conceito escolástico, é preferível evitar no momento esta expressão e empregar em seu lugar a do "movimento espiritual".

[10] Neste lugar deixamos de lado a questão sobre se é o único possível.

[11] "... *inter creatorem et creaturam non protest tanta similitudo notari, quin inter eos maior sit dissimilitudo notanda*" (IV Concílio de Letrão, 1215, Dz, 432 [806]).

origem entre os dois ou se tal relação já foi dada imediatamente, como a relação entre os nomes de "criador" e "criatura".[12]

Trata-se em primeiro lugar de esgotar o fato no ponto de partida. Com a ideia do ser e do não ser, descobrimos ao mesmo tempo a de *atualidade*. O ser que se nos mostrou era *presente-real*; por isso também podemos dizer (porque o ser, que consideramos é a vida-do-eu): ser *plenamente* vivo.

No entanto, com isso o fato ainda não fica completamente descrito. O que era, mas já não é, o que será, mas não é ainda, não é simplesmente nada. O ser passado e o ser futuro não significa simplesmente não ser. Isso não quer dizer unicamente que o passado e o futuro possuem um ser conforme conhecimento na memória e na expectativa, *um esse in intellectu (sive in memoria). O ser presente-real* do próprio momento não é *pensante* como subsistente só para si mesmo, do mesmo modo que não se pode imaginar o ponto fora da linha e o próprio momento sem uma duração temporal. {E, se o consideramos no modo da consciência, se *dá* como uma coisa que, saindo da escuridão, passa um raio de luz, para depois afundar-se na escuridão; ou como a crista de uma onda que pertence a uma corrente; todas essas imagens descrevem um ser que é permanente, mas que não é atual ao longo de toda sua duração. Como compreendê-lo? No que eu sou agora, há algo que eu não sou atual, mas que o será no futuro. O que eu sou agora no estado de atualidade, o era já antes, mas sem seriedade no estado de atualidade. Meu ser presente contém a *possibilidade* de um ser atual futuro e pressupõe uma possibilidade em meu ser precedente. Meu ser presente é atual e potencial, real e possível ao mesmo tempo, e na medida em que é real, é a realização de uma possibilidade que já existia antes. A atualidade e a potencialidade estão contidas como modos de ser no simples fato de ser e devem ser deduzidas dele.

A potencialidade que pode passar a ser atualidade, cuja finalidade, de fato, é passar a ser atualidade, não é não ser. É algo entre ser e não ser, ou melhor, ser e não ser simultaneamente. A alegria que acaba de me invadir, mas que está declinando, já não pode ser chamada plenamente viva, mas, por outro lado, não desapareceu e nem foi esquecida, não é como se não tivesse existido jamais. Está ali, mas de uma maneira debilitada de ser em comparação com sua plena vitalidade. Assim, há diferentes graus: o que está no presente, mas que não está plenamente-vivo; e o que antes foi plena-

---

[12] Ver capítulo III, § 2 e seg.

mente vivo, mas que já não o é, enquanto de novo do presente modo de ser possa passar ao modo de ser de plena vida. Enfim, o que será plenamente vivo no futuro, sempre e quando possua, na duração temporal anterior, o modo de ser preparatório ao desenvolvimento futuro.}[13]

É necessário assinalar que os modos de ser suscetíveis de serem transformados, nos quais eu "ainda" sou o que era antes, e nos quais sou "já" o que serei no futuro, pertencem ambos a meu ser *presente*: meu ser passado e meu ser futuro, *como tal*, são completamente nulos: eu *sou agora*, não antes, nem mais tarde.

Somente pelo fato de que em lembrança e em expectativa conservo espiritualmente meu passado e meu futuro dentro de certo âmbito, não rigidamente delimitado, cresce em mim a *imagem* de um passado e de um futuro repletos de um ser permanente, ou seja, de uma *extensão de existência*, enquanto de fato meu ser se encontra como sobre um fio da navalha.

Hedwig Conrad-Martius expressou com grande precisão a diferença entre a extensão fenomenológica de existência e de fato a atualidade concreta.[14] Dentro do tempo não há dimensão em que alguma coisa existente pudesse submergir de maneira que o existente "esteja ainda contido de algum modo" e, da mesma maneira, não existe dimensão que deixe sair de si mesma o que, contendo-o já anteriormente, deva chegar a existir e que realmente chegue a existir. O passado e o futuro não oferecem em verdade o que parecem ser e não se apresentam como aparecem a partir da perspectiva fenomenológica.[15] Aqui se revela todo o mistério do *tempo* e do *ser temporal* como tal. O momento presente é impossível sem um passado e sem um futuro, mas o passado e o futuro não estão fixos, não são reci-

---

[13] Estes parágrafos que colocamos entre {...} foram expostos em texto pelos editores alemães sem dar nenhuma explicação; no entanto, nas provas definitivas para publicar, que foram corrigidas por Edith Stein, eles não existem, ainda que os achemos no texto autógrafo de Edith. Suponho que os editores alemães não levaram em consideração esta página (folha escrita à máquina), ou seja, a impressão não foi efetivada, já que se trata de uma folha datilografada e corrigida por Edith (isto é, texto preparado para publicar); possivelmente os editores alemães pensaram que também a Edith escapou esse erro de impressão; tudo isso parece muito possível; ainda que, por outro lado, não esteja claro o assunto, razão pela qual nós também passamos tais parágrafos em texto com os mencionados sinais e com esta nota esclarecedora.

[14] Ver *"Die Zeit"*, em: *Philosophischer Anzeiger, Jahrgang II*, 1927/1928, caderno 2, p. 170 e seg.; caderno 4, p. 387. H. Conrad-Martius limita o significado da expressão "atualidade" ao "contato existencial" pontual e, portanto, não fala de atualidade em relação ao ser eterno.

[15] *Ibid.*, p. 172 e seg.

pientes nos quais se poderia conservar alguma coisa e retirá-la depois: não escondem nenhum ser permanente. A peculiaridade do ser permanente não se pode entender a partir do tempo, mas ao contrário, o tempo se entende a partir da atualidade concreta. O "lugar ôntico do nascimento do tempo" se encontra "na presença plenamente atual"; com efeito, "a existência atual [...] é um simples contato com o ser em um ponto",[16] uma coisa dada e ao mesmo tempo "enquanto coisa dada, é tirada", uma "suspensão entre não ser e ser".[17]

O que nos parece um ser permanente é um *passar continuado* do lugar de contato. É o "movimento originário existencial" o que cria o tempo como seu "espaço". No "ponto de contato existencial" *há* tempo. E precisamente enquanto "presente".[18] "O tempo é *simplesmente* o presente que passa pelo ponto de contato existencial." O passado e o futuro não estão pressupostos pelo presente, mas estão constituídos "com o presente e em relação com ele", em virtude do surgir do nada e do afundar-se no nada, que pertence ao movimento originário como "dimensões formais vazias".[19]

O movimento originário é o "movimento para dentro do ser, e em oposição ao nada"; para o interior de si mesmo (para o que se estabelece), saindo do nada. *Nesse* sentido, ser é um "devir e assim continua sempre, não se converterá jamais em um ser (em repouso)". Esse ser tem a necessidade do tempo. A "posição", que sempre deve renovar-se, coloca necessariamente uma dimensão formal na qual ela *encontra* sempre um lugar; implica atualidade ou presença em sentido expressivo: como o lugar ou o posto do ato de posição que se está realizando.[20]

> O presente está 'ali' onde se realiza o ato ôntico originário. Esse lugar não pode ser mais que um ponto, jamais uma extensão [...] O presente faz continuamente incursão no nada [...] A atualidade está [...] avançada como deve fazê-lo constitutivamente. Mas isso quer dizer que chegou agora a um novo lugar e que o antigo já não é válido. A dimensão do tempo, *com* efeito, não é nada *fora* dessa progressão da atualidade.[21]

---

[16] *Ibid.*, p. 154 e seg.
[17] *Ibid.*, p. 157.
[18] *Ibid.*, p. 166.
[19] *Ibid.*, p. 167.
[20] *Ibid.*, p. 346.
[21] *Ibid.*, p. 348.

Ato e Potência Enquanto Modos de Ser   69

Seu ponto cardeal fixo é o *presente que acontece*. O tempo é incapaz de criar uma possessão da existência, uma extensão do presente, "uma vez que a posição temporal é a forma de existência do existente, que não existe essencialmente senão somente de fato; porque o que existe somente de fato não pode, por princípio [...] chegar por si mesmo a uma posição do ser em si definitiva nem a uma verdadeira possessão da existência."[22]

Essas afirmações fundamentais nos levam mais além do que se quer tratar aqui, a saber, o contraste de atualidade e potencialidade em nossa vida do eu. Esta se nos revelou como algo temporal, ou seja, como uma atualidade concreta, que continuamente emerge à luz de modo sempre novo.

Mas essa própria atualidade não é pura: em meu presente concreto existe, ao mesmo tempo, o atual e o potencial; eu não sou tudo o que sou no presente da mesma maneira. A fim de esclarecer o que se deve entender por "atualidade pura", devemos comparar um ente, no qual coexistem potencialidade e atualidade na forma exposta, a outro ente, em que esta oposição foi eliminada; com isso antecipamos de novo o que nos mostrarão posteriores investigações.[23]

O que *faz* um homem é a realização do que *pode*; e o que ele pode é a expressão *do que ele é*: no fato de que suas faculdades se atualizem em seu fazer, sua essência chega ao máximo *desenvolvimento do ser*. O que aqui se nos mostra separadamente é uno em Deus. Assim como todo seu poder de fato está realizado, assim toda sua essência é eterna, imutável no nível mais elevado do ser, seu *ser* é sua *essência*: Deus é "o que é"; este é o nome com o qual se designou Ele mesmo,[24] e este nome, conforme Agostinho, expressa da melhor forma o que Ele é.[25] À unidade perfeita do ser divino se contrapõe o estado de fragilidade e cisão do ser criado. Mas, apesar do abismo entre os dois, existe, contudo, algo em comum que nos permite falar de *ser* nos dois casos.

Tudo o que existe é, enquanto existe, algo de acordo com o modo do ser divino. Mas todo ser, à exceção do ser divino, está misturado com algo de

---

[22] *Ibid.*, p. 349.
[23] É necessário destacar aqui uma vez mais que nesta exposição empregamos o termo "atualidade" em um sentido diferente do de H. Conrad-Martius nas aqui apresentadas explicações. Para nós, atualidade significa o cimo do ser como tal. Por isso podemos *também*, e até de *maneira excelente,* falar da atualidade em Deus, enquanto para H. Conrad-Martius o "acontecer" determina o conceito de atualidade.
[24] Ex 3, 14.
[25] *De Trinitate*, I, 1.

não ser. E isso tem suas consequências em tudo *o que é*. Deus é o *actus purus*. O ser ilimitado é o ser puramente atual. Quanto maior é a "participação de ser" de uma criatura, maior é também sua atualidade. Sempre que um ser é; é atual, mas não o é plenamente. Do que é pode ser mais ou menos atual, e o que é atual pode sê-lo em maior ou menor grau. Portanto, há diferenças de atualidade de acordo com sua extensão e seu grau. O que existe sem ser atual é potencial; e a potencialidade reveste traços diferentes de acordo o grau e a extensão. Tal é a *potencialidade* das criaturas. A atualidade e a potencialidade assim entendidas são *modos de ser*: atualidade pura do ser divino, modos de ser das criaturas representam misturas com graus de atualidade e potencialidade diferentes (o que quer dizer ao mesmo tempo misturas de ser e de não ser). Potencialidade pura se designa como um modo de ser da matéria pura; portanto, como esta última mesma de fato não existe. Para Deus, a potencialidade, tomada nesse sentido, não existe. *In potentia esse, in actu esse*: são modos de ser das coisas finitas. Deus está necessariamente *in actu*.

Acabamos de falar do *ser atual* e do *ser potencial* (presente-real e possível, plenamente vivo e debilitado), além de *atualidade* e de *potencialidade* (realidade e possibilidade). Também na doutrina de Tomás de Aquino se falava de *in actu esse*, *in potentia esse*, *actualitas* e *potentialitas*. Por acaso esses pares de conceitos são entre si plenamente equivalentes a "ato" e "potência"? Tomás diz que o que recebe o ser está "em potência" em relação com o ser que recebe, mas considera o próprio ser com o *ato* (no entanto, o "ser" era considerado em um excelente sentido do ser real ou acabado). Pelo contrário, "potência", no sentido estrito, não é "ser possível", mas "possibilidade de ser" ou orientação para o ser real.

O *que é* realmente ou o que pode chegar a ser está *in actu* ou *in potentia*, atual ou potencial. Ser atual e ser potencial, ser real e ser possível expressam, pois, *os modos de ser de algo* que se assume neles. Ato e potência são nomes para modos de ser em si, e independentemente do que eles implicam. Por isso podemos dizer: *ser em perfeição ou ser real*[26] *e grau preliminar para o ser*.

A distinção de modos de ser poderia agora estar clara. Mas, com respeito aos modos de ser, é necessária ainda mais explicação refletindo o que se implica nas suas diferentes formas.

---

[26] Aqui é necessário ter em conta que o ser pleno é somente o ato *puro*; dentro do *ser real*, há ainda diferentes graus (ver § 6, neste capítulo).

§ 4

Unidades de Vivências e Seu Modo de Ser. Devir e Ser

Meu pensar, o refletir sobre a questão do ser, está agora em meu presente e real. Por isso, não começou neste momento, esse fato já "dura" há muito, e durará ainda mais até que seja substituído por outra atividade intelectual ou interrompido por uma repentina "impressão externa". Durante todo o tempo de sua duração, forma um todo que se constrói no tempo. A psicologia moderna e a fenomenologia chamam a esse modo um "ato" de pensamento, e a escolástica faz uso também desse termo; no entanto, já que esse significado é diferente daquele que se trata de elucidar agora, preferimos designá-lo por algum outro nome. A expressão "movimento espiritual", usada anteriormente, não seria muito adequada em relação ao pensamento, já que estamos habituados a entender por "movimento" algo espontâneo e não um fazer livre.

Escolhemos, então, a expressão "unidade de vivência",[27] e por ela entenderemos, em geral, um todo que se constrói na vida consciente do eu em uma duração e que "enche" esta última. Aqui não importa se se trata de um fazer livre ou de um acontecimento espontâneo, e qual seja, em geral, o conteúdo da vivência.

O pensar, em que eu agora vivo, é uma unidade de vivência diferente de há algumas horas sobre o mesmo objeto. A "presente" unidade de vivência começou há alguns minutos, a "passada" foi interrompida e, enquanto isso entra pelo meio toda uma série de unidades de vivências. A "presente" se distingue da "passada" como "atual". Contudo, examinando-a mais de perto, resulta que esta chamada unidade "atual" não é atual como um todo. Estritamente falando, plenamente viva somente se se realiza neste momento, mas o agora é um momento indivisível, o que o enche "cai" imediatamente depois "no passado", e cada novo agora fica cheio de uma nova vida.

No entanto, aqui nos encontramos com uma grande dificuldade. Se o ser temporal passa sempre e imediatamente ao não ser, se no passado nada

---

[27] É uma expressão usual na fenomenologia. Com respeito à "vivência" não se deve entender – como em algumas conexões na linguagem costumeira – algo especial, importante ou significativo, algo que impacta a alma em sua profundidade, mas simplesmente uma unidade de tempo que nasce na vida do eu.

pode "estar e permanecer", para que falar de unidades de duração? Como pode surgir uma unidade que supera o momento? A vida do eu nos parece ser uma vida que vai continuamente do passado para o futuro; em que continuamente o potencial se faz atual e o que é atual volta a cair na potencialidade, ou melhor, o que não é ainda plenamente vivo alcança grande vitalidade, e a vida cheia se converte na "vida vivida". O plenamente vivo é o "presente", o "vivido" é "passado", o que ainda não é vivo é "futuro".

Podemos falar agora de uma unidade de duração que – enquanto *ente* – parte do passado, atravessa o momento presente e se estende até o futuro para encher assim um "período"? Isso é impossível se nos limitarmos ao que falamos do ser temporal. Contudo, admitimos sempre tais unidades de duração e até entendemos por "presente" não somente o momento central, e por "passado" o que o precede e continua dentro de uma permanente unidade de vivência, mas chamamos inteiras unidades de duração – uma reflexão, um temor ou uma alegria – presentes, passadas ou futuras.

Assim se designa como passada uma unidade de vivências que como um todo é "transposta em passado" e não se constrói mais em um processo vivo, como futura uma unidade que não alcançou ainda o apogeu do presente; mas, como presente, uma unidade que não é ainda inteiramente viva em toda sua extensão, mas que se encontra no estado de devir e que em qualquer momento chega ao apogeu da vitalidade. Explicado isso, sabemos já que não pode "ser" algo nem no passado nem no futuro. Nesses dois casos, não "há" mais que lugares vazios, que já foram recorridos ou que serão recorridos. Toda "plenitude" não pertence mais que ao momento presente. No entanto, essas expressões enganosas da linguagem possuem um fundamento objetivo.

Contudo, existe algo como alegria, temor etc., e precisamente são unidades que devem construir-se no curso de um movimento e necessitam, além disso, de tempo. Esse movimento é minha vida ou meu ser vivo. O que se constrói aqui eu o englobo cada vez a partir do momento presente no qual estou vivo; nada disso "está" no passado.

Tudo o que existe ainda, do que eu era, está em mim e comigo no momento presente. Mas, onde estão essas unidades, senão no tempo? Em poucas palavras, como temos de considerá-las? Logo falaremos disso. Provisoriamente retenhamos isto: meu ser é um movimento permanente, um ser fugaz e, no sentido mais estrito, *passageiro*; a mais clara contraposição ao ser *eterno, imutavelmente presente*. Compreende-se que os antigos pensadores gregos se preocuparam tanto com essa contraposição e que lhes fora impossível dar o mesmo nome a essas duas classes opostas de seres. Assim, Heráclito[28] comparou o *ser verdadeiro* com um fluir contínuo, ou melhor, unicamente como ser real um de*vir*, enquanto Parmênides[29] admitia para o ser verdadeiro somente o eterno-imutável e considerava o mundo do devir como o mundo da aparência. *Devir e ser*: não se rompe também para nós a unidade do ente com o reconhecimento dessa contraposição? Contudo, esse abismo aberto não deve turvar nosso olhar quando se dirige para a totalidade que conhecemos sob o nome de *analogia entis* (concordância do ser com todo ente, mas concordância à qual corresponde uma maior não concordância). O devir não pode ser separado do ser, isto é, do autêntico e *verdadeiro ser*, do ser em pleno sentido da palavra. O mesmo não pode ser o autêntico e verdadeiro ser, visto que, segundo seu significado, é um *trânsito ao ser*. Mas enquanto tal não pode ser determinado por outra coisa além do ser. Se se quisesse negar a possibilidade de um ser diferente de devir, então se teria que negar também a possibilidade do devir, e se chegaria a nada. Assim, o constante devir e o passar contínuo, tal como o experimentamos em nós, mostra constantemente que vai mais além de si mesmo. Tende para o ser (isso somente é, naturalmente, uma descrição metafórica), mas só chega a ele por momentos. Desse modo, nosso "ser", que é um contínuo devir e passar, e que se apresenta sempre como algo em caminho para o ser verdadeiro, nos revela a *ideia do ser verdadeiro*, do *ato puro*, perfeito e eternamente imutável. Ainda não queremos nos perguntar se ao mesmo tempo resvalamos no ser verdadeiro enquanto *realidade* e nos damos conta de nossa relação real com ele?

§ 5

Estrutura e Condições de Ser da Unidade de Vivência

Prossigamos examinando as unidades de duração que se designam como "presentes", isto é, em estado de devir vivo. Porque uma parte delas alcança

---

[28] Heráclito de Éfeso (c. 544-483 a.C.), filósofo grego; somente ficaram fragmentos de suas obras *Sobre a natureza.*

[29] Parmênides, filósofo grego, natural de Elea (c. 540-480 a.C.), colocou no centro de sua filosofia o conceito de uma não tornada e imperecível substância, o conceito de "ente"; toda mudança é somente subjetiva. Conservou-se sua obra poética *Sobre a natureza.*

constantemente o apogeu do ser, apesar de que não seja mais que por um instante, o todo toma parte no ser e se apresenta como presente-real, como "algo atual". O que tem esse caráter do presente-real e não o perde, assim que está terminado e "retrocede para o passado" enquanto um "todo" – isto é, como algo que *era*, mas já não é mais, e não pode ser tido ante os olhos –, deve-se distingui-lo desse caráter, de seu modo de ser. Nós o chamamos o *conteúdo da vivência*.

O conteúdo determina essencialmente – mas, não com exclusão – a *unidade* do caráter ou formação. A alegria provocada por uma boa notícia representa tal unidade. Pressupõe a percepção compreendida da mensagem e o conhecimento de sua simpatia; mas esse conhecimento não pertence à unidade da alegria enquanto tal. É possível que eu saiba da notícia algum tempo antes de começar a me alegrar. Ou não teria captado seu significado no princípio, ou então, ao me dar conta de sua simpatia, estava de tal maneira preocupado com outras coisas que não podia alegrar-me. A vivência do conteúdo "alegria" está condicionada por dois fatores: pelo "objeto" e pelo "eu". O objeto – neste caso o conteúdo da notícia[30] – não pertence como "parte" da alegria enquanto o conteúdo de vivência, mas, sim, pertence à *direção* para o objeto formar parte dela (a "intenção", segundo a linguagem dos fenomenólogos); o caráter particular da alegria, em razão de seu objeto, pertence à sua consistência e é "intencional", isto é, como algo "dado a indicar por ela" pertence também o objeto a ela. O todo da unidade de vivência, que é "esta alegria", termina quando já não me alegro ou quando "uma nova" alegria em mim é provocada por outro motivo. Também o "eu" participa, de diferentes maneiras, da unidade de vivência. Se eu digo: "reconheço bem que isso é uma coisa alegre, mas não estou em condições de alegrar-me", então, o eu não pode ser separado nem do "reconhecimento" vivido nem do experimentado "não-estar-em-condições de". Eu não posso experimentar nada sem que o "eu" esteja presente enquanto participante da experiência. Mas, que classe de "eu" é este? Se eu trato de buscar a razão pela qual eu não posso alegrar-me, talvez me seja possível constatar que uma grande preocupação me domina demasiadamente até o ponto de não deixar lugar à alegria.

---

[30] Suponho que a alegria se refere ao que se me comunica e não ao fato da comunicação, o que em si seria também possível.

Também é possível que eu sinta sutilmente minha incapacidade, sem poder indicar a razão dela. No entanto, estou convencido de que a causa "depende de mim", o fato de que tem um motivo "em mim", que não posso descobrir. Então, existe "em mim" certa coisa – e até várias – que não me é desconhecida. Nesse sentido, o eu não pertence ao conteúdo de vivência; está mais além da vivência, em modo similar, ainda que não de todo idêntico como o objeto a que se orienta a vivência. Husserl designa, por sua vez, o objeto e o "eu psíquico" como *transcendentes*.[31]

§ 6

O "Eu Puro" e Seus Modos de Ser

Por contraposição a esse eu invisível atrás da vivência imediatamente consciente chama ele ao imediatamente consciente na vivência "eu puro". Provisoriamente, não se tratará mais que deste, enquanto nos limitaremos ao campo do imediatamente consciente, do que nos seja próximo e do qual nos podemos separar.[32]

Husserl, ao referir-se a esse consciente imediato, diz que não tem nenhum conteúdo e que não se pode descrevê-lo: é um "eu puro e nada mais".[33] Isso quer dizer que se trata do eu presente que vive em cada "eu percebo", "eu penso", "eu concluo", "eu me alegro", "eu desejo" etc., e desta ou outra maneira especial está orientado para o percebido, pensado, desejado etc. Aqui, podemos deixar aberta a questão sobre se a "pureza" do eu puro realmente teria que entender que em si – quanto ao conteúdo – não seja algo articulado de um ou outro modo, e que por isso se distingue dos demais unicamente pela diferença do número.

Em primeiro lugar, importa ver que o eu vive em cada vivência e que não se pode eliminar dela. É inseparável do conteúdo vivencial, mas propriamente não deve ser considerado como uma "parte" desse conteúdo.

---

[31] Este é um uso do termo diferente do uso tradicional, segundo o qual *transcendente* é o que supera nossa experiência. No sentido de Husserl, os objetos da experiência são transcendentes, à exceção do imanente, isto é, o pertencente ao componente da própria consciência.
[32] Os fenomenólogos o chamam a "esfera iminente".
[33] E. Husserl, *Ideen zu einer Phänomenologischen Philosophie*, Halle, 1913, p. 160.

Seria mais justo dizer que cada vivência lhe pertence; o eu é o que vive em cada vivência; a corrente na qual se vão formando sempre novas unidades de vivência é *sua vida*.

Mas isso significa mais que o fato de que todos os *conteúdos* de vivência lhe pertencem. O eu vive e a vida constitui seu ser. Vive agora na alegria, pouco depois viverá na aflição, e mais tarde novamente em uma reflexão (geralmente vive simultaneamente em diversos conteúdos de vivência); a alegria se desvanece, a aflição passa, o pensar cessa: mas o eu não passa e não termina, mas está vivo em cada agora. Com isso não queremos dizer que lhe corresponde uma vida "eterna".[34] Não necessitamos perguntar-nos se existiu desde sempre e se será para sempre. Somente deve ficar indicado que não começa e não acontece como as unidades de vivência, mas que é algo *vivo* e que sua vida se preenche com diferentes conteúdos.

Novamente isso não significa que sua vida seja um continente preparado que se encha lentamente de conteúdos – de fato, ele mesmo brota de novo a cada instante. Mas significa *que seu ser é em cada momento presente-real, atual*. Assim será algo menos enigmático o que dos conteúdos vivenciais conseguiu ser real, ainda que não o resvalem mais que durante um instante em um só ponto. Verdadeiramente, não se trata de seu ser, em si são incapazes de ter um ser real, mas participam somente do ser do eu em cuja vida penetram. O eu está, portanto, em relação com aquilo a que deve o ser, com aquilo do que e no que ascende ao ser, *um ente em sentido eminente*: nesse caso não no sentido de "apogeu do ser" em relação a seus "graus preliminares", mas no sentido de relação do que sustenta e do que é sustentado.

No entanto, antes de aprofundar mais essa diferença muito importante entre o que sustenta e o sustentado, convém esclarecer a relação entre o eu com o apogeu do ser e seus graus preliminares (isto é, em relação a ato e a potência). Segundo tudo o que já constatamos, parece que o eu deveria sempre ser atual, como se não pudesse jamais ser potencial. Por potencialidade não entendemos uma só possibilidade lógica da passagem do não ser ao ser, mas, melhor, um grau preliminar do ser, que é já um modo de ser. A possibilidade de sair do nada e entrar na existência também é válida para o eu.[35]

---

[34] "Eterno" não no sentido autêntico do ser puro que se acha acima do tempo, mas no sentido vulgar da não finitude temporal.

[35] Voltaremos a escrever sobre este tema.

Mas parece impossível que o eu exista sem ser vivo, como uma alegria passada que possui um "ser-não vivo". Se o eu não vive, não existe; e tampouco é um eu, mas um nada. Em si é vazio e se encontra cheio pelos conteúdos vivenciais; mas esses recebem dele a vida. No entanto, parece como se se pudesse e se devesse falar de diferentes graus de vitalidade do eu. Para compreendê-lo, é necessário examinar ainda mais atentamente a vida específica do eu. Já que cada conteúdo recebe a vida do eu e este em todas as vivências, por isso é compreensível que as unidades de vivência – ainda sempre fechadas em si mesmas e separadas umas das outras por causa de seus diferentes conteúdos – não se alinhem como os elos de uma corrente, um ao lado do outro, mas que se está autorizado a utilizar a expressão de Husserl: *fluxo de vivência*. O eu sempre vivo passa de um conteúdo a outro, de uma vivência a outra e assim sua vida é *uma* vida que flui. Mas, partindo do eu, também se deve compreender que o que "já não está vivo", o "passado", não está afundado simplesmente no nada, mas continua de outra maneira modificada e que o "ainda não vivo", o "futuro", existe já de certa maneira antes de chegar a ser vivo.

O eu não libera imediatamente o que experimentou, mas o retém durante certo tempo;[36] de igual maneira, tende ao que vai vir e trata de submetê-lo. E inclusive, o que não retém firmemente pelo momento, fica de certa maneira a seu alcance. Não é necessário aqui examinar a questão de saber se alguma coisa pode ser inteiramente esquecida a ponto de não poder "surgir" ou "voltar à memória". É certo que alguns acontecimentos muito distantes, nos quais não penso há algum tempo, podem "fazer-se presentes" em minha memória; por exemplo, a alegria que sentíamos quando crianças assim que nossa mãe voltava de viagem. A representação pode suceder de maneiras muito distintas. Uma possibilidade é que eu saiba somente *o fato de que* fui feliz e a maneira como eu me alegrava antes. Eu vivo agora sabendo que fui feliz em outro tempo, e o fato de ter-me alegrado antes se converte no objeto de meu conhecimento. Mas a alegria de que só eu tenho

---

[36] Husserl emprega os termos "retenção" e "protensão" para designar o que vem do passado ou do futuro dessa maneira "ainda" ou "já" no presente. (Ver seus cursos "*Vorlesungen zur Phänomenologie des innern Zeitbewutseins*", em: *Jahrbuch für Philosophie und phänomenologische Forschung*, IX, 1928, cujos rascunhos foram revisados pela autora em 1917 e 1918 para sua publicação.) Nesses nomes destaca que passado e futuro são "retidos" pelo presente agora. Não deve interpretar mal a imagem da "corrente" como se "estivesse" atrás de mim e diante de mim como algo a que posso chegar, seja retrocedendo ou avançando.

conhecimento não é uma alegria viva, tampouco uma alegria "representada vivamente"; o eu não vive nela. Também, é possível que eu me "retraia" neste momento, que eu o viva "por assim dizer" em espera do reencontro, que logo eu viva uma vez mais ponto a ponto a alegria do reencontro. Mas, nesse caso, o que há agora "vivo", realmente presente? Atualmente, eu refaço o que se fez antes. É semelhante ao vivenciar empático que experimenta atualmente *outra* pessoa a meu lado. Enquanto a alegria de outro ou a alegria de antes é unicamente re-vivenciada, esse voltar a vivenciar só é minha vida presente, mas a alegria não é plenamente viva; é "minha alegria anterior" ou a alegria que me é estranha, da mesma forma que a apresentação do que já passou fica para trás e não possui toda a vitalidade de minha alegria presente.

O que acontece com o eu nesse caso? Ao me colocar no passado, vivo o agora ou o instante passado? Meu eu presente vive na alegria passada? Ou melhor, a alegria passada pertence a outro eu, um eu passado, que nesse caso seria um eu não atual? Em primeiro lugar, no que se refere ao momento temporal: o eu, ao que parece, vive ao mesmo tempo o "agora" e o "antes". Então, por que eu me transfiro *do* momento presente ao momento passado, sem deixar o presente. Antes, pois, "transporto-me" *ao* momento passado e lá vivo. No entanto, o que significa isso se considerarmos que nada pode ser real no passado? Eu *sou* real só agora e não posso voltar ao lugar onde antes era real. Mas eu espiritualmente tomei a posição relativa ao que uma vez era real "ali" e a distância do presente (distância não rigorosamente limitada nem medida), e tenho a liberdade de repetir agora o que era antes, naturalmente só enquanto está em mim em uma maneira mudada, que chamamos *"potencial"*. Na verdade, é impossível viver ao mesmo tempo agora e naquele momento; o passado fica no passado. Somente posso repetir agora *o que* realmente existiu antes, sabendo que é a repetição de uma coisa que pertence ao passado. O então – ou seja, o agora de outro momento – não volta a ser por esse fato um agora presente. Fica separado de acordo a consciência pela experimentada re-transposição, dito de outra maneira, pela busca do passado, pelo contraste vivido entre a situação de um conjunto do presente e do passado, e pelo lapso entre o antes e o agora.[37]

---

[37] Temos em conta que não se trata de propriamente de uma "*llenura*" ("plenitude"), mesmo que o passado não "está" onde estava antes.

Eu não volto a sentir uma alegria passada como uma alegria presente, porquanto somente a *revivo*. É possível que meu eu presente se encontre no lugar do eu passado e em seu lugar reviva sua vida. Eu sei bem que "então" vivia de outra maneira a alegria de "agora", em que revivo, mas aí não há um duplo eu. Não obstante, pode suceder que na representação meu eu de então se me apresente como um estranho e que viva sua alegria como uma alegria estranha. Meu eu, o eu vivo de agora está junto ao eu de então, o qual agora já não está vivo. Eu somente sei que ele – ou melhor, eu – estava vivo então.

Nesse caso, encontramo-nos diante de um eu potencial e estamos obrigados a dizer que o eu existe duplamente, uma vez enquanto atual e outra vez enquanto potencial? Isso não corresponderia aos fatos. O "eu passado" é somente uma "imagem" de meu ser eu mesmo, tal como eu era em outro tempo vivo, e a imagem do eu não é um eu.

Enfim, existe ainda a possibilidade de que a alegria passada "reviva" em mim, que volte a ser alegria real, como no caso em que a participação em uma alegria alheia possa transformar-se em alegria real própria. Precisamente porque na "representação" encontra-se essa possibilidade de passar a um presente vivo, o passado é "potencial" em mim em sentido próprio, seu ser é um grau preliminar em relação a um renovado presente vivo, ao que pode sempre passar de novo.

Portanto, o eu é sempre atual, é sempre vivo, presente e real. Assim, pertence-lhe todo o fluir de vivência, tudo o que se encontra "por trás dele" e "na frente dele", onde alguma vez tinha estado vivo ou onde estará vivo. Precisamente a este todo chamamos "sua vida". E este todo, enquanto todo, não é atual; somente o que está vivo em cada "agora" é presente realidade. Portanto, a vitalidade do eu não abrange tudo o que é seu; é sempre vivo na medida em que existe, mas *sua vitalidade não é a do ato puro* que abrange seu ser inteiro; é temporal e progride de um momento a outro.

A isso se deve agregar ainda a condição restritiva seguinte: *enquanto existe*. Vimos: o eu pode ao mesmo tempo "voltar para trás" e alcançar com um olhar o fluir de sua vida passada ou pode fazer reviver aquilo. Então sempre se trata de sua vida anterior, que a retoma. Mas, funcionando assim, não é livre de maneira ilimitada. Encontra na corrente lacunas que não pode completar. Não encontra nada que ele pudesse representar e em certos lapsos vazios não se encontra nem a si mesmo. Às vezes, trata-se de "lacunas de memória", outros podem possivelmente lhe ajudar indicando algo de sua vida em tal época passada, e talvez ele se lembrará também de muitos fatos que havia esquecido. Mas, ainda há outra coisa digna de considerar-se: dormir sem sonhos, um desvanecimento... O eu *existia* durante esse tempo ou experimentou uma interrupção de seu ser? Além disso, a corrente de vivência para o eu-que-a-vive não se dá nem em forma limitada nem em forma ilimitada.

Quando olha para seu passado e vai retrocedendo cada vez mais, chega um momento em que já não pode distinguir nada definido; "desaparece" tudo? Por acaso essa nebulosidade continua sempre? Isso mesmo não chega a nenhum começo. Alguns podem dar-lhe testemunho do começo de seu ser corporal. O eu teve igualmente um começo de seu ser? Sua experiência imediata não lhe dá nenhuma resposta sobre esse ponto, assim como tampouco sobre seu possível fim. Em diferentes pontos de seu ser se abre um vazio? Vem do nada? Vai para o nada? O abismo do nada pode abrir-se debaixo de seus pés a qualquer momento? Quão débil nos parece de repente o ser do eu, do qual dissemos há um momento que era o ente por excelência[38] e, inclusive, duplamente excelente: enquanto *sempre vivo* frente ao que já não é vivo ou ao que não o é ainda, e enquanto *suporta* frente ao que é suportado, que lhe deve o apogeu da vida.

Não se pode duvidar dessa dupla distinção e, contudo, nela também se manifestam a impotência e a debilidade do "ente por excelência". Está sempre vivo em si, mas não pode conservar constantemente vivo aquilo de que necessita para viver: sua vida tem necessidade de conteúdos; sem conteúdos está vazia e não é nada. Ele dá a vida aos conteúdos, mas, cada vez, só por um instante, para de novo se afundar em seguida. Permanecem "seus" – no modificado modo de ser do já não vivo – mas não como esfera de domínio ilimitado.

Por outro lado, de onde lhe vêm os conteúdos sem os quais não é nada? Um ruído "penetra em mim", é algo que vem "de fora", não brota do eu; o que se refere ao eu é somente "o fato de ser impactado" ou "de perceber". Uma alegria "surge em mim", provém "de dentro", ainda que represente geralmente a resposta a algo que vem do exterior. Que significa, no entanto, este "de dentro"? A alegria provém do eu "puro"? Se, com Husserl, entendemos por eu somente o que vive em cada "eu penso", "eu sei", "eu quero" etc., que é consciente de si mesmo enquanto pensa, sabe e quer, então é necessário dizer que a alegria provém de uma profundidade de mais

---

[38] Ver § 7, neste capítulo.

além que se abre em curso da vivência consciente da alegria, sem chegar a ser transparente.

Assim, a vida consciente do eu depende, por seus conteúdos, de um duplo "mais além",[39] de um "mundo exterior" e de um "mundo interior" que se manifestam na vida consciente do eu, nessa esfera de ser que é inseparável do eu.[40] Pois bem, o que acontece com a própria vida, daquela que se tinha dito que se dá aos conteúdos mediante o eu? O eu é uma fonte de vida? Visto que a vida é o *ser* do eu, isso significaria, ao mesmo tempo, que teria seu ser *por si mesmo*. Mas, obviamente, isso não está de acordo com as características particulares que constatamos nesse ser, a saber: o mistério de sua origem e seu fim, as lacunas não completadas por seu próprio passado, a impossibilidade de chamar aquilo que pertence a esse ser (conteúdos) à existência por próprio poder, e mantê-lo ali, e antes de tudo como *é* o próprio eu e como vivencia seu próprio ser.

Encontra-se como uma coisa viva, como ser presente, e ao mesmo tempo como provindo de um passado e se prolongando até um futuro: *o próprio eu e seu ser estão inevitavelmente ali; é um "ser intrépido na existência".*[41] Mas isso é a maior contraposição frente ao domínio e à autocompreensão de um *ser que é a partir de si mesmo*.

O ser do eu é algo que vive de momento em momento. E não pode "parar", sendo que foge "incontrolável". Assim não chega jamais verdadeiramente a se possuir a si mesmo. Por isso estamos obrigados a designar o ser do eu, esse presente continuamente cambiante, como uma coisa *recebida*. É colocado *na existência* e ali é mantido de um instante a outro. Dessa maneira se dá a possibilidade de um começo e um fim e também da interrupção de seu ser.

§ 7

O Ser do Eu e o Ser Eterno

Então, de onde vem esse ser recebido? De acordo com o que estabelecemos até agora, a propósito da vida do eu, parece oferecerem-se diversas possi-

---

[39] "Transcendental" no sentido que lhe dá Husserl.
[40] "Imanência" no sentido que lhe dá Husserl.
[41] M. Heidegger, *Sein und Zeit*, Halle, 1927, p. 179.

bilidades. Ou melhor, o eu recebe sua vida e seus conteúdos de vivências dos "mundos de mais além", e que se manifestam por suas vivências, do mundo exterior ou do interior, ou dos dois ao mesmo tempo; ou melhor, o eu deve seu ser imediatamente ao ser puro, eternamente imutável, dono de si mesmo, e inteligível por si mesmo e em si. A segunda possibilidade não exclui a primeira. Se o eu estivesse imediatamente apelando ao ser puro e permanecesse neste, sua vida poderia depender do mundo exterior ou do mundo interior (dos dois ou de um só). Pelo contrário, o fato de receber o ser independentemente do ser eterno não é impensável, visto que não há nada fora deste que possa estar realmente em posse do ser. Todo o finito é uma coisa colocada-no-ser e conservada no ser; por essa razão, incapaz de dar e de conservar o ser por si mesmo. No entanto, podemos somente prosseguir nosso estudo sobre a relação entre o eu e os mundos do mais além quando tivermos eliminado a limitação do estudo ao campo do ser a que pertencemos imediatamente e inseparavelmente. Podemos dizer desde agora, dentro desses limites prescritos, algo sobre a relação com o ser puro?

Meu ser, tal como eu o encontro e tal como eu me encontro nele, é um ser nulo. Eu não existo por mim mesmo e por mim mesmo nada sou, encontro-me a cada instante diante do nada e tenho que receber o dom do ser, momento após momento. E, no entanto, esse ser vão ou nulo é *ser* e por isso atinjo a cada instante a plenitude do ser. Dissemos antes[42] que o devir e o passar, tal como os encontramos em nós, revelam-nos a *ideia* do ser verdadeiro, do ser eterno e imutável. As unidades vivenciadas cujo ser é um devir e um passar têm necessidade do eu para chegar a ser. Mas o ser que recebem por meio do eu não é eterno e imutável; é mais tão somente esse devir e esse passar com certo nível de ser no momento da passagem do devir ao desaparecer. O eu parece estar mais perto do ser puro, visto que não chega somente por *um* só momento ao apogeu do ser, mas é conservado no ser em *cada* instante: certamente, não enquanto o ser sem mudança, mas enquanto possui um conteúdo de vida continuamente mutável.

O eu pode chegar à ideia do ser eterno não somente partindo do devir e do cessar de seus conteúdos de vivências, mas também partindo da particularidade de seu ser que se prolonga de um instante a outro; retrocede com horror diante do nada e não exige somente uma continuação sem fim de seu ser, mas também uma posse plena do ser: de um ser que poderia abraçar

---

[42] Ver § 3, neste capítulo.

todo seu conteúdo em um presente sem mudança, em vez de ver constantemente desaparecer o que acaba de chegar à vida. Assim se chega *à ideia da plenitude*, apagando de seu próprio ser aquilo de que ele tem consciência como de uma insuficiência.

Então, o eu experimenta também em si mesmo *graus de aproximação à plenitude do ser*. Sua "presença", o que preenche seu agora, não tem sempre a mesma extensão. Isso pode depender do fato de que em diferentes momentos se lhe oferecem um mais ou um menos em conteúdos. Mas ele mesmo tem em diversos momentos uma maior ou menor extensão. Algo análogo aparece em relação ao que se obstina ainda do passado e futuro. Às diferenças de extensão se agregam diferenças na *força de vitalidade* da vida do presente; diferenças mais ou menos *intensas do ser*. O eu, ao superar em pensamento todos os graus que lhe são acessíveis, e ao chegar à fronteira-limite do que pode imaginar, chega à ideia de um ser compreensivo e supremo na intensidade.

Aqui, é evidente o que acabamos de considerar há um instante,[43] que a atualidade contínua do eu admite uma gradação. Perante o ser perfeito, perante o "ato puro", o ser "atual" do eu aparece como uma imagem infinitamente distante e débil, mas, nessa distância apresenta ainda graus; e desses "graus preliminares" do ser, que chamamos "potencialidade", não parece conveniente incluí-lo na potencialidade em razão de suas gradações e em razão da possibilidade de uma passagem de graus inferiores a graus superiores. Resumindo, convém falar de uma conexão entre atualidade e potencialidade.[44] Essa "conexão" seria, no entanto, diferente da que encontramos nas unidades de vivências.

Se designarmos o *ser real como ato*,[45] então se opõem ao ato puro enquanto ser perfeito, imutável e eterno, ao ser que envolve toda plenitude com a maior vitalidade imaginável, os *atos finitos* enquanto imagens infinitamente débeis e que trazem consigo graus diversos; a eles por sua vez, correspondem-lhes *como graus preliminares* as diferentes *potências*: o *ato finito*, no entanto, no campo que estamos considerando nesse momento é em primeiro lugar e propriamente dito o *ser do eu*, e as unidades de vivências participam somente pelo eu.

---

[43] Ver § 6, neste capítulo.
[44] Assim, Tomás distingue os espíritos superiores dos espíritos inferiores pelo fato de que uns têm mais atualidade e menos potencialidade em si que os demais.
[45] Ver § 6, neste capítulo.

A ideia do ato puro ou do ser eterno, uma vez compreendido pelo eu, se converte para ele na *medida* de seu próprio ser. Mas, como ele chega a ver ali também a *fonte* ou o autor de seu próprio ser? A futilidade e a fugacidade de seu próprio ser se lhe manifestam ao eu quando se apodera de seu próprio ser *refletindo* e quando trata de chegar ao fundamento. Alcança-o antes de toda consideração e análises retrospectivas de sua vida pela *angústia* que acompanha ao longo da vida o homem não equilibrado sob diferentes disfarces, como o medo diante disso ou aquilo, mas, ao final das contas, a angústia que experimenta à frente de seu próprio não ser "o coloca à frente do nada".[46]

Seguramente, a angústia não é o sentimento dominante da vida. Chega a sê-lo em certos casos, que consideramos como doentios, mas, normalmente, caminhamos com uma grande segurança, como se nosso ser fosse uma posse segura. Essa conduta pode explicar-se pelo fato de que nos detemos com um olhar totalmente superficial; esse olhar, que em um tempo "fixo" nos dá a ilusão de ser "permanente e durável" e, a consequência de nossos "cuidados" pela vida, esconde o aspecto de sua nulidade. Mas, em geral e simplesmente, a segurança do ser não deve ser considerada como o resultado de tal ilusão e autoilusão.

A análise racional retrospectiva de nosso ser mostra que existem poucas razões para que tal segurança se encontre nele *mesmo* e como, de fato, este está exposto ao nada. Essa segurança do ser está aprovada como objetivamente sem fundamento e, portanto, como "racional"? A atitude razoável frente a vida "uma liberdade para a morte, apaixonada [...] segura de si mesma e angustiante?".[47] De nenhuma maneira. Porque, ao fato inegável de que meu ser é fugaz e se prolonga de um momento a outro e se encontra exposto à possibilidade do não ser corresponde outro fato, também inegável, de que eu, apesar dessa fugacidade, *sou e sou conservado no ser* de um instante a outro; enfim, em meu ser fugaz, eu abraço um ser duradouro.

Eu sou sustentado, e esse apoio me dá tranquilidade e segurança; certamente não é a confiança segura de si mesma do homem que, com sua própria força, se mantém de pé sobre um solo firme, mas a segurança doce e feliz da criança que repousa sobre um braço forte, ou seja, uma segurança que, objetivamente, não é menos razoável. Em contrapartida, a criança que

---

[46] M. Heidegger, *Sein und Zeit*, p. 184 e ss.; ver o apêndice II.
[47] *Ibid.*, p. 226.

vivesse constantemente na angústia de que sua mãe lhe pudesse deixar cair seria "razoável"?

Em meu ser eu me encontro, então, com outro ser que não é o meu, mas é o apoio e o fundamento de meu ser que não possui em si mesmo nem apoio nem fundamento. Posso chegar por duas vias a esse fundamento que encontro dentro de mim mesmo a fim de conhecer o *ser eterno*. "A primeira é a da fé: Deus se revela como "o ente", como "criador" e "conservador", e se o Salvador disse "Aquele que crê no filho tem a vida eterna",[48] estas são respostas claras à questão enigmática que interessa a meu próprio ser. E se Deus me disse pela boca do profeta que me é mais fiel que meu pai e minha mãe que Ele é o próprio amor,[49] reconheço quão "razoável" é minha confiança no braço que me sustenta, e como toda angústia de cair no nada é insensata, enquanto eu não me desprenda por mim mesmo do braço protetor.

O caminho da fé não é o do conhecimento filosófico. É a resposta desde outro mundo à questão que ele propõe. A filosofia tem também um caminho próprio: o caminho do pensamento convincente; esse caminho é pelas *provas de Deus*. O fundamento e o autor de meu ser, como de todo ser finito, pode ser, afinal de contas, unicamente um ser que não é um ser recebido, como todo ser humano: este ser deve existir *por si mesmo*; é um ser que não pode – como tudo que tem um começo – deixar de ser, mas é necessário.[50] Já que seu ser não foi recebido, não há em seu ente uma separação possível entre *o que ele é* (e o que poderia ser ou não ser) e o ser, mas é necessário que seja o *próprio ser*.[51] Esse ser, que é por si mesmo e necessário, sem começo e causa de tudo o que começa, deve ser *uno*; porque se fosse pluralidade, seria preciso estabelecer uma distinção para diferenciar um ser do outro e que o faz como *tal* e o que tem de comum com os outros. Mas tal distinção não existe no primeiro ser.[52]

É possível também que meu ser fugaz tenha um "apoio" em alguma coisa finita. Mas um finito não poderia ser o apoio nem o fundamento último. Toda coisa temporal *enquanto tal* é fugaz, e ela mesma tem neces-

---

[48] Jn 3, 36.
[49] Entre outros textos poderiam servir esta ideia os seguintes: Gn 24, 27; Ex 34, 6; Dt 32, 4; Is 25, 1; 49, 7; 1 Jn 4, 16 etc.
[50] Ver a terceira das cinco provas tomistas da existência de Deus. (*Summa theologica*, I, q. 2, q.3).
[51] *Ibid.*, I, q. 3, a. 4.
[52] *Ibid.*, I, q. 11, a. 4.

sidade de um apoio eterno.[53] Se eu estou ligado a outro ser finito com meu ser, então eu estou conservado no ser *com* ele. A segurança de ser que eu sinto em meu ser fugaz indica uma ancoragem *imediata* nesse apoio e esse fundamento último de meu ser (apesar de apoios indiretos possíveis). Isso significa seguramente uma percepção muito obscura que apenas é possível chamar "conhecimento". Santo Agostinho, que buscou o caminho de Deus sobretudo a partir do ser interior, e que indicou em frases sempre novas o transcender de nosso ser mais além de si mesmo para o ser verdadeiro, expressa, ao mesmo tempo e de muitas maneiras, nossa impotência para captar o inacessível.

> Talvez alguém pense que, ainda nesta existência mortal, pode ocorrer a um homem que, [...] chegue a possuir a luz serena da verdade imutável e que afasta completamente a alma do hábito dessa vida, adere-se a ela em forma constante e infalível. Esse tal não entende nem o que é o que busca, nem quem ele busca...[54] [...] Quando, sendo semelhante, comeces a aproximar e a perceber perfeitamente a Deus, tanto quanto em ti cresça a caridade, visto que Deus é caridade, perceberás algo do que dizias e não dizias. Pois, antes que percebesses, pensavas que conhecias perfeitamente a Deus; mas, começas a percebê-lo, e adverte que ou podes expressar o que percebes.[55]

Esse sentimento obscuro nos faz segurar ao inacessível como inevitável próximo, aquele no qual "vivemos, nos movemos e somos",[56] mas inacessível. O pensamento argumentativo estabelece conceitos claros, mas estes não podem segurar ao inacessível: mais ainda, situam-no nessa distância, que é própria de tudo o que é conceitual. O caminho da fé nos dá mais que o do conhecimento filosófico; ele nos conduz ao Deus pessoal e próximo, ao afetuoso e ao misericordioso, e nos dá uma certeza que não se encontra em nenhuma parte no conhecimento natural. No entanto, também o caminho

---

[53] H. Conrad-Martius formulou a prova de Deus neste sentido: "*Se* há existência temporal [...] *então* há necessariamente existência eterna", mas sem "ter o ânimo real para dar este passo racional" ("*Die Zeit*", p. 371 e seg.).
[54] *De consensu Evang.* IV, 10, 20 (Przywara, *loc. cit.*, p. 207 e seg). [San Augustín, *Obras completas*. XXIX. *Escritos bíblicos*, Madri, 1992, p. 663].
[55] Sal 99, 5s. (ver Przywara, *loc. cit.*, p. 201.) [San Augustín, *Obras*. XXI. Enarraciones sobre los *Salmos*, Madri, 1966, p 593.]
[56] Hch 17, 28.

da fé é um caminho *obscuro*. Deus baixa o tom de sua linguagem à medida do homem, a fim de tornar acessível o inacessível.

> Porque, também, naquela missão que deu a seu servo Moisés quando lhe disse: Eu sou o que sou; e: Dirás aos filhos de Israel: 'O que É me enviou a vós, porque era difícil o próprio ser compreender a mente humana e foi enviado um homem aos homens, mas que, não pelo homem [...]. Por isso disse: Vai e diga aos filhos de Israel: 'O Deus de Abraão, o Deus de Isaac, o Deus de Jacob me enviou a vós, este é meu nome eternamente'. [...] 'O que disse: Eu sou o que sou, é verdade, mas, tu não o compreendes; no entanto, o que disse: Eu sou o Deus de Abraão, o Deus de Isaac, o Deus de Jacob, também é verdadeiro e o entendes? Pois o que disse: *Eu sou o que sou* se refere a mim; e o que disse: (Eu sou) o Deus de Abraão, O Deus de Isaac, o Deus de Jacob, pertence a ti.[57]

---

[57] Augustinos, *In Ps*. 134, 6 (Przywara, *loc. cit.*, p. 203 e s). [A referência bíblica corresponde a Ex 3, 14-15.] [San Augustín, *Obras*. XXII. *Enarraciones sobre los Salmos*, Madri, 1967, p. 490-491.]

III

Ser Essencial e Ser Real

§ 1

Temporalidade, Finitude, Infinidade, Eternidade

Com a contraposição existente entre o ser atual e o ser potencial – compreendido como o grau do ser e caminho preliminar para o alto – foram-nos reveladas outras diferenças do ser. Ao mesmo tempo o que é simultaneamente atual e potencial (nesse sentido) tem necessidade de tempo para passar do um ao outro. O ser atual-e-potencial é um ser *temporal*. O ser temporal é movimento da existência: é um irradiar de atualidade contínua e perpétua. O ente, que é temporal, não *possui* seu ser, mas *lhe é dado* cada vez. Assim se apresenta a possibilidade de um princípio e de um fim no tempo. Dessa forma, fica definido *um* dos significados de *finito*, o que o ser não possui, mas tem necessidade do tempo para chegar a ser, portanto, seria o finito. Se fosse realmente conservado sem fim no ser, não seria ainda *infinito* no autêntico sentido da palavra. É verdadeiramente infinito o que não *pode* acabar, sendo que não recebeu o ser como dom, mas está *em posse do ser*, é *dono do ser*, e em verdade é o *próprio ser*. Chamamo-lo de *ser eterno*. Não tem necessidade do tempo, mas é também o dono do tempo. O ser temporal é finito. O ser eterno é infinito. Mas o finito significa mais que a temporalidade, e a eternidade significa mais que a impossibilidade de um fim no tempo. O que é finito tem a necessidade do tempo para chegar a ser *o que é*. É algo *objetivamente limitado*: aquilo que foi colocado no ser vem a ser *algo* colocado no ser: como algo que não é nada, mas que tampouco é *tudo*. E aqui está o outro sentido de finito: *ser algo e não ser tudo*. De acordo com esse sentido, a *eternidade* enquanto plena posse do ser significa *não ser nada*, isto é, *ser tudo*.

Se a temporalidade como tal está ligada ao finito como a limitação material, isso não significa que o que está limitado materialmente deve ser também limitado temporalmente. Para esclarecer a relação entre a temporalidade e o finito, considera-se urgente *o que é* (a parte do ser) e nos orientarmos desde o princípio no campo ao qual limitamos provisoriamente nossa busca. Voltamos dessa maneira à questão que já surgiu sem ser resolvida: as "unidades de vivências" apareciam como algo que se constrói no fluxo do ser espontâneo e temporal do eu, que chega a ser, consequentemente, um "todo", e como tal se conserva, ainda que não tenha a possibilidade de "estar" e "permanecer" no tempo. Essas estranhas relações necessitam ser explicadas com mais detalhes.

§ 2
Essência (εἶδος) e Ser Essencial

Partindo desde o início do fato simples do ser, no princípio distinguimos o movimento espiritual no qual me faço consciente de meu ser, o eu e o próprio ser. Considerando o ser do eu, deve-se distinguir ainda do ser de seu movimento espiritual ou da unidade de vivência: o ser vivo-e-real do eu, renovado de um momento a outro por fontes escondidas, distingue-se do ser da unidade de vivência que brota de sua vida, que é um devir e um desaparecer, uma ascensão para o apogeu do ser vivo-e-real, seguido imediatamente de uma descida.

Mas, dessa maneira, a unidade de experiência não está ainda suficientemente caracterizada. É necessário distinguir do devir e do desaparecer *o que* chega a ser e passa e que, depois de ter chegado a ser, existe ainda em certo modo, apesar de seu *passado*. Constatou-se que a unidade de uma vivência e sua delimitação com respeito a outros são condicionadas (não somente, mas sim em essência) por seu *conteúdo*: a alegria pelo êxito de um trabalho é uma coisa diferente do trabalho: os dois podem suceder-se temporalmente um depois outro, mas, ainda que eu trabalhe e me alegre ao mesmo tempo do êxito, alegria e trabalho se distinguem um do outro.

Minha alegria – esta alegria que eu sinto agora – surge e passa: *a alegria* como tal não surge e não passa. Aqui convém ainda fazer várias distinções. Posso tomar minha alegria exatamente como a vivo, isto é, como o pleno *quid* de minha experiência, para o que é necessário que seja uma alegria devida ao êxito de um trabalho, que seja uma alegria cordial, agradecida etc. Ou melhor, posso considerar *a alegria como tal*. Não lhe importa *no que* me alegro, que *classe* de alegria é, se é de longa ou curta duração, se é *minha* ou a de outros. Aqui tocamos em uma das elaborações ou formações estudadas por Platão em suas "*Ideias*" (ἰδέα, εἶδος): o "belo em si", pelo qual todas as coisas belas são belas; o "justo em si", pelo qual todas as ações justas são justas etc. Aristóteles negou o ser autônomo das "ideias"; tratou, com esforços sempre renovados, de provar sua impossibilidade; no entanto, ao interpretar de forma diferente seu modo de ser e suas relações com as coisas, tomou-as igualmente em consideração sob o nome de εἶδος (arquétipo) ou μορφή (forma).[1] Para essas elaborações, não queremos utilizar o nome, muito discutido e polivalente, de "ideia", mas a expressão fenomenológica de essencialidade.[2] Há muitas experiências de alegria: são diferentes em virtude do eu que as experimenta, por seu objeto, por sua determinação temporal e duração e, ainda, por outros fatores.

A essencialidade da alegria é uma. Esta não é nem a minha nem a tua. Não é agora ou mais tarde, não dura muito ou pouco. Não tem ser no espaço nem no tempo. Mas não importam o lugar e o tempo nos quais se experimenta a alegria, a essencialidade alegria se *realiza*. Por ela, todas as experiências alegres se determinam como *o* que são. A ela devem seu nome. Que significa o "se realiza"? Se em nenhuma parte do mundo se experimentasse a alegria, não existiria antão a essencialidade "alegria"? Não "existe" à maneira da alegria vivida. Mas não haveria alegria vivida se não houvesse antes a essencialidade-alegria. Ela é o que torna possível toda alegria vivida. O "antes" não significa que ela preceda no tempo. Certamente, não se encontra no tempo. Por isso, tampouco é potencial no sentido em que é a alegria ainda não plenamente vivida. O ser da essencialidade não é um degrau preliminar inferior ao ser real. Hering[3] escreve a respeito dessa questão:

> "pensemos [...] em algo que em si é absolutamente livre de uma relação com as coisas, algo que 'é o que é', independentemente da existência ou da

---

[1] Veremos que existe uma diferença real entre εἶδος e μορφή (ver o capítulo IV, § 8, e § 19, 2).

[2] Sobre as questões que com isso se intercalam, contamos com dois trabalhos fenomenológicos muito notáveis: Jean Hering, *Bemerkungen über das Wesen, die Wesenheit, und die Idee* (Husserl Jahrbuch für Philosophie und phanomenologische Forschung, IV, p. 195 e seg.), e R. Ingarden, *Essentiale Fragen (Husserls Jahrbuch...*, VII, p. 125 e seg.; apareceu também em tiragem à parte). O trabalho de Hering é o fundamental. Ingarden se refere a isso para a questão da essência e da essencialidade; para o que é a doutrina da ideia, que em Hering foi ainda pouco tratada, ele faz o seu próprio caminho.

[3] Johannes Hering (1891-1966), filósofo e teólogo alsaciano, conhecido por seu nome em francês, Jean Hering. Foi aluno de Husserl. Seus estudos sobre ontologia fenomenológica foram considerados um tanto provocadores. Quando a Alsácia voltou a ser francesa, Hering se converteu em um dos melhores intérpretes da fenomenologia ante os intelectuais franceses. Foi professor do Novo Testamento na faculdade de teologia protestante da Universidade de Estrasburgo. Morreu em Estrasburgo em 1966. Podemos citar aqui seu longo artigo no Anuário de Husserl: *Bemerkungen über das Wesen, di Wesenheit und die Idee* ["Anotações sobre a essência, à essencialidade e a ideia"] *Jahrbuch für Philosophie und phänomenologische Forschung*, vol. IV, Halle, 1921, p. 495-543, e o livro *Phénoménologie et la philosophie religieuse, étude sur la théorie de la connaissance religieuse* (1926).

94 Capítulo III

> inexistência dos mundos reais e ideais dos objetos. Podemos imaginá-los também sem o mundo. Não têm necessidade [...] de um *portador,* mas [...] que são *autônomos* e descansam sobre si mesmos."[4] "A essencialidade pertence a uma esfera completamente diferente dos objetos. No entanto, entra em relação com eles. Dizemos que existem objetos que *participam dela* e vice-versa – não é de todo correto –, que a essencialidade poderia realizar-se nas coisas."[5] Se não houvesse essencialidades, não haveria tampouco objetos. Estes são as últimas *condições da disponibilidade dos objetos* e das próprias essências. A essência ou o (εἶδος) [...] não encontra sua existência – como os objetos – por participação (μέθεξις) de algo fora dela, que lhe prestaria sua *essência,* assim como ela dá ao objeto, mas se prescreve a si mesma, por assim dizer, sua essência. As condições de sua possibilidade não se encontram fora dela, mas plena e inteiramente em *si* mesma. Ela, e só ela, é uma πρώτη οὐσία.[6]

Uma parte do que acaba de se dizer, e principalmente a última frase, está além da finalidade do autor. Quando o escreveu, Hering pretendia unicamente definir a relação entre as essencialidades e os objetos *finitos.* Não creio que tenha pensado em uma confrontação entre a essencialidade e "o primeiro ente", no sentido em que essa expressão foi utilizada em nosso contexto e que era usual em Aristóteles e na escolástica.

Esclarecer a relação entre este e aquele "primeiro ente" era certamente a preocupação dos platônicos cristãos,[7] que se viam diante da tarefa de coordenar a ideia do Deus de sua fé e a doutrina das ideias de Platão. Então, isso unicamente se pode explicar em conexão com a relação do "Criador" com as "ideias", como a relação das "ideias" com o "mundo". Não é o

---

[4] Ver *op. cit.,* p. 510.
[5] Hering considera o termo "realizar" como um recurso em um caso de necessidade (p. 510, nota 2). A expressão platônica "participar" não é tampouco para ele mais que um recurso em um caso de necessidade.
[6] Fica claro que a expressão aristotélica πρώτη οὐσία não está utilizada em sentido aristotélico. Ao contrário, é empregada com o significado que Aristóteles rejeitou com clareza. Todo o tratado, apesar do livre recurso do texto da "*Metafísica*", não pode ser considerado como um intento de interpretação de Aristóteles. É um ensaio a respeito das questões tratadas por Platão e por Aristóteles, totalmente pessoal e, em alguns pontos, um estudo que contribui para esclarecimentos.
[7] Entre os que se poderia citar santo Agostinho, Pseudo-Dionísio, são Buenaventura, Mestre Eckhart, Nicolau de Cusa etc.

momento de abordar aqui essa questão.[8] Nosso método nos determina a esclarecer em primeiro lugar o ser, enquanto se possa, como é possível a vida do eu no interior do campo do ser imediatamente próximo e inseparável de nós. Nesse campo nos encontramos com um ente diminuído à corrente da vida do eu e pressuposto para ela: isto é, sobre as essencialidades da vivência. Em relação com as unidades de vivências que chegam a ser e que passam, elas são, de fato, um "primeiro ente". A vida-do-eu seria um caos inexplicável no qual nada poderia distinguir-se se as essencialidades não se "realizassem" nele. Daqui se deriva a unidade e a diversidade, a estruturação e a ordem, o significado e a inteligibilidade do próprio eu. Sentido e *inteligibilidade*: com efeito, encontramo-nos aqui na fonte primeira do sentido e da inteligibilidade. "Sentido" – λόγος –: que significa esta palavra? Não podemos nem explicá-lo, já que é o fundamento último de todo dizer e de todo explicar. O fato de que as palavras tenham um sentido se encontra na base de toda linguagem. O descobrimento de um último fundamento compreensível em si mesmo, depois de uma sequência de perguntas e justificações, é a mesma premissa de toda explicação e de toda justificação.

O último fundamento é o sentido compreensível em si e por si. *Sentido e compreensão vão de mãos dadas.* Sentido significa o que pode ser compreendido, e compreender significa captar-o-sentido. *Compreender* (*intelligere*) *o inteligível* (*intelligibile*) é o próprio ser do *espírito*, pelo que recebeu o nome de *intelecto* (*intellectus*).

Procedendo lógica ou racionalmente, ele busca os "contextos do sentido". A "ratio"[9] (procedimento lógico) é derivar um sentido do outro ou reduzir um sentido do outro. O intelecto repousa no último elemento que já não pode ser deduzido nem induzido. Hering disse a propósito das essencialidades autênticas que só elas são o único *"capaz de fazer-se perfeitamente compreensível por si mesmo"*, e que "só seu conhecimento nos faz capazes não só de estabelecer tudo o que existe, mas de compreendê-lo."[10] As essencialidades representam uma diversidade rica de conteúdo. Há essen-

---

[8] Ver o § 11 deste capítulo.

[9] É um dos significados desta palavra rica em sentidos. Pode-se delimitar *"ratio"* e *"intellectus"*, de tal maneira que "ratio" é a faculdade que se *move* em conexões de motivações ou de causas; o *"intellectus"* é o *intelecto que repousa* na compreensão do sentido último.

[10] Ver *op. cit.*, p. 522. Por trás da integridade do compreender colocamos um símbolo de interrogação. Com esse fundo de toda compreensão nos encontramos melhor ante um último fato que nos obriga a nos deter diante de um mistério insondável. (Ver capítulo III, § 10 e capítulo IV, § 19, 7.)

cialidades deduzidas que se superam a essencialidades mais simples e que podem fazer-se compreensíveis por meio destas (por exemplo, "agridoce"). Mas as últimas essencialidades simples já não podem ser deduzidas umas das outras. Na esfera da consciência, os nomes dos diferentes conteúdos de vivências indicam tais essências simples: por exemplo, tristeza, alegria, dor, prazer, mas também consciência, experiência, eu. As essencialidades não devem ser confundidas, e isso é óbvio, com as coisas reais, chamadas segundo elas. A essencialidade eu não é um eu vivo, e a essencialidade alegria não é uma alegria vivida. O perigo de interpretar essencialidade como "conceito" é talvez ainda mais grave.[11]

Isso seria um grande mal-entendido. Os conceitos, nós os "formamos" enquanto destacamos as "características" de um objeto. Temos certa liberdade para formá-los: as essencialidades, nós não as formamos, mas as encontramos. Nisso não temos nenhuma liberdade: depende de nós buscarmos, mas não encontrar. E as últimas essencialidades, já que são simples, não podemos deixar nada de nenhuma maneira. Por isso não podem ser "definidas" como conceitos. As palavras empregadas para nos conduzir a eles têm assim – como dizia Max Scheler – unicamente o significado de um indicador: vê tu mesmo e compreenderás o que quero dizer. "Eu", "vida", "alegria", quem poderia compreender o que significam essas palavras sem havê-las experimentado por si mesmo? Mas, ao experimentá-las, não se conhece somente *seu* eu, *sua* vida e *sua* alegria, mas se compreende também o que sou eu, vida, alegria, *em geral*. E somente porque o compreende, pode conhecer e compreender *seu* eu, *sua* vida e *sua* alegria enquanto *eu, vida e alegria*. Assim despertam novas perguntas.[12] No entanto, devemos esforçar-nos por seguir o fio condutor que nos trouxe até aqui.

---

[11] Gredt, *Elementa philosophiae Aristotelico-Thomisticae*, Friburgo-en-Bresgau, 1929, I, p. 12, enumera entre os diferentes nomes para conceito (*conceptus*) também *ideia em relação a* εἴδω e parece com isso equiparar conceito e εἶδος (essencialidade). Mas isso depende do fato de que "conceito" na lógica tradicional é admitido em um sentido mais amplo que se admite aqui continuamente: assim, distinguem-se *diversos "conceitos do conceito"*, entre eles: diante de todo o conceito "subjetivo" (*pelo que* compreendemos) e o "objetivo" (*o que* concebemos). Não se deve tampouco equiparar simplesmente o que ali se chama "ideia" com "essencialidade".
[12] Por exemplo, a questão dos "universais", que foi tão vivamente discutida na Idade Média; mas seu tratamento pressupõe explicações muito mais extensas do que as que até agora estão à nossa disposição. (Ver o § 10 desse capítulo.)

As essencialidades-de-vivências não são vivências, são pressuposições das unidades de vivência. De que espécie é seu ser? Não é um devir e um passar como o das vivências; tampouco é uma vitalidade novamente recebida de um instante ao outro como o do eu. É um ser *sem mudança e sem tempo*.

É, portanto, o *ser eterno* do primeiro ente? De fato, Platão descreve o ser de suas "ideias" com as mesmas expressões que mais tarde foram empregadas pelos filósofos cristãos para a descrição do ser divino; e Aristóteles tampouco chegou a separar com clareza o ser divino e o dos seres imutáveis (a respeito disso, não pensava certamente nas ideias, mas nas essências espirituais). Os pensadores cristãos foram os primeiros a se esforçarem por separar os dois gêneros do ser e fundamentar suas relações recíprocas. Efetivamente, há uma grande diferença entre o primeiro ser, no que vemos o autor de todo outro ser, e o ser das essencialidades.

O primeiro ser é o ser *perfeito*. E isso não significa só o ser sem mudança que não chega a ser nem passa, mas o infinito que encerra em si toda a *plenitude* e a *vitalidade*. O ser das essências não é perfeito dessa maneira. A vantagem sobre as reais unidades de vivências consiste no fato de que, não estando subordinado ao tempo, persiste e descansa no mesmo cume. No entanto, não está "vivo", mas se nos mostra como morto e rígido, se se considera cada unidade de sentido como limitada e como existente para si. Eis aqui a objeção formulada já contra a doutrina das ideias de Platão. De que maneira se efetua sua "realização" e sua "participação"? Quem as "coloca em movimento"? O fato de que uma alegria real nasça em mim não depende da essencialidade alegria, e o fato de que *eu* viva não provém da essencialidade eu. Tocamos aqui na conexão entre *realidade* e *eficácia,* que – segundo o que pretendemos – nos oferecerá um novo sentido da palavra "ato". O ser das essencialidades limitadas e separadas é ser *ineficaz* e, por isso, também *irreal*. No entanto, o primeiro ente é o eficaz-originário e o real originário. O ser da essencialidade não é tampouco potencial, "se entendemos sob isto um grau preliminar do ser verdadeiro". Ao não estar tudo simplesmente perfeito, sendo que não contém em si toda a plenitude do ser, é, no entanto, perfeito à sua maneira, já que não é suscetível de ser elevado por acima de si mesmo, nem de ser diminuído. Trata-se da condição da possibilidade do ser real e de seus graus preliminares, do atual e do potencial. A "realização" da essencialidade não significa que *ela* chegue a ser real, mas *algo* que lhe corresponde. A possibilidade do ser real está edificada em seu ser. Por isso, não é nem sequer possível chamar não ser a seu ser irreal. O que é condição do ser para outro deve ter um ser ele mesmo. Efetivamente, já pelo fato de ser *algo*, é necessário também que *seja*.

Somente o que não é *nada, não é*. Mas de que classe é esse ser? Em contraposição ao ser real, chamá-lo-emos essencial, contentando-nos provisoriamente com caracterizá-lo por esse contraste. A fim de compreendê-lo em seu gênero específico, convém delimitar acima de tudo as essencialidades em relação com outra coisa, que esteja em conexão com elas, mas que não lhes é de nenhuma maneira idêntica.

§ 3

Essencialidade, Conceito e Essência

Dissemos que as essencialidades não se deixam definir. Nada me pode fazer compreender o que é a alegria se eu mesmo não tiver experimentado alegria. Mas, depois de ter experimentado a alegria, compreendo também o que é a "alegria em geral". No entanto, não encontramos entre os manuais de psicologia definições de alegria? E santo Tomás, não nos deu uma "doutrina das paixões" cuidadosamente elaborada com as definições, conceitos precisos, divisões e subdivisões bem-ordenadas?[13]

A alegria é ali considerada como uma "paixão"[14] que depende da "faculdade do desejo". Por seu *objeto*, distinguimos a alegria que se refere a um bem da tristeza que se refere a um mal. Corresponde, além disso, a certo grau no *movimento apetitivo*:

> O desfrutar [...] está em primeiro lugar em certa relação com aquele que aspira na medida em que este se adapta ou se conforma a ele; daí brota a paixão do amor, que não é outra coisa senão uma formação da aspiração por meio do próprio objeto da aspiração; por isso, o amor é chamado união de amante com o amado. No entanto, o que, de certa maneira, está unido assim continua sendo desejado [...] a fim de que a união se efetue

---

[13] Ver, por exemplo, *De veritate*, q. 26, a. 4-5 (*Untersuchungen über die Wahrheit*, II, p. 379 e seg.).

[14] = Estado da alma. Sobre o conceito de "paixão", ver o dicionário alemão-latino: correspondente a "*Untersuchungen über die Wahrheit*" (p. 39) e as passagens ali indicadas.

realmente; de maneira que o amante possa gozar do amado; e assim nasce a paixão do desejo: mas, quando efetivamente se realiza, então gera alegria. Assim, o primeiro momento do movimento do desejo é o amor, o segundo, o desejo, o último, a alegria [...].[15]

A alegria, no sentido mais estrito (*laetitia*), está delimitada por uma série de estados de ânimo que lhe são próximos:

> [...] uns indicam um grau elevado de alegria; esta intensidade se deve a uma disposição interior (*dispositio*), e desde então é a alegria, que significa um alargamento interior do coração; se chama *laetitia* como *latitia*; seja pelo fato de que a intensidade da alegria interior (*gaudium*) se exteriorize pelos sinais, então é a exultação (*exultatio*); diz-se 'exultação', ao passo que indica que o contento salta de alguma maneira ao exterior (*exterius exilit*); este salto-ao-exterior se nota por uma mudança de expressão na face; em que – por resultado de sua estreita relação com a imaginação – se revelam primeiro os sinais do estado de alma, e então é hilaridade (*hilaritas*); ou então, quando por causa da intensa alegria, se vê alguém levado a falar e fazer, então é a alegria (*iucunditas*).[16]

Todas essas constatações são certamente exatas, claras e explicativas: atribuem à alegria seu lugar na vida da alma, e nos ensinam a distingui-la do que é próximo ou oposto: mostram as condições necessárias para que ela se manifeste; os fenômenos que a acompanham e suas consequências; e proporcionam assim um fundamento precioso para sua justa avaliação e aplicação prática. Mas essas considerações são válidas com respeito à *essencialidade* alegria? Não, sem dúvida. A essencialidade alegria não é um estado anímico, não tem graus, não se manifesta de nenhuma maneira por fenômenos corporais e não impulsiona de nenhuma maneira a falar ou fazer. Poderia alguém, inclusive, perguntar se é correto que se relaciona com um bem e se orienta em geral a um objeto. Também a isso se deve dar uma resposta negativa. Essa afirmação valeria para *toda* alegria, mas não para a essencialidade alegria. Isso não é o que faz com que a alegria seja *alegria*. Por isso, a precisa definição conceitual que resume as deduções de santo Tomás não é a definição de essencialidade. Não pode sê-lo simplesmente

---

[15] *De veritate*, q. 26, a. 4 (*"Untersuchungen über die Wahrheit"*, II, p. 380).
[16] *Ibid.*, p. 383.

porque para a compreensão de todas essas deduções pressupõe-se que se saiba o que é alegria.

Então, o que define o conceito? Não a essencialidade, nem tampouco cada alegria vivida, quando menos não só. Cada alegria se refere a algo bom, cada uma delas tem um determinado "grau" e busca uma expressão. Mas *esta* alegria se refere a este bem específico, e aquela àquele bem. Uma possui um grau superior, e a outra, um grau inferior. O conceito abrange o que é comum a *toda* alegria (ao passo que a formação do conceito aspira a abranger tudo o que é alegria; efetivamente, em si, os conceitos podem ser menos gerais e ainda estar limitados a uma coisa individual). Em vista de um fim preciso, pode bastar o "extrair" somente alguns sinais característicos que nos permitem delimitar tudo o que é alegria, frente aos demais. No entanto, quando se quer responder à pergunta "Que é a alegria?" – e não se quer contentar-se com uma resposta exata qualquer (por exemplo: "uma vivência" ou "[...] um estado de ânimo"), mas se quer dar uma informação objetiva e completa, a "definição da essência" –, então, o conceito deverá conter tudo o que pertence à *essência da alegria*. Fazendo-o assim, *a essência* designa algo que não coincide nem com a essencialidade nem com o conceito.

Hering[17] estabeleceu o "princípio fundamental da essência": *Todo objeto* (qualquer que seja sua maneira de ser) *possui uma só essência que, enquanto sua essência, representa a plenitude da particularidade que o constitui.* Também vale o contrário – e isso enuncia uma coisa nova: *cada essência é, por sua essência, a essência de algo*; ou seja, *essência disto e não daquilo outro.*"[18] A essência é, pois, a *"especificidade* que constitui o objeto",[19] "o conjunto de seus atributos essenciais".[20] Hering a designa também como *ser assim (sosein* – ποῖον εἶναι).[21] O fato de ser a essência de *algo*, especificidade de um objeto, a caracteriza como algo *dependente*. É pelo que está determinado o *quid do objeto* (τὸ τί ἦν εἶναι). Por isso um objeto-sem-essência é impensável. Não seria de nenhuma maneira um objeto, mas somente uma forma vazia como tal.

---

[17] Jean Hering (1891-1966), cf. nota 3 neste capítulo.
[18] Ver Hering, *op. cit.*, p. 497.
[19] Ver Hering, op. cit., p. 496.
[20] Ver Husserl, *Ideen*, § 2, p. 9.
[21] Deste é necessário distinguir o ποῖον (a índole); o ser marrom deste cavalo é algo diferente de sua cor marrom.

Dentro do marco de nossas primeiras investigações, a saber, na esfera da vida-do-eu, evitamos até agora o falar de "objetos". Neste momento, superamos esse marco, já nos é possível proceder assim. Encontramos nesta esfera "essências" e "essencialidades", agora já é evidente que isso se apresenta não somente nesse campo, como também no campo de tudo o que existe.

Em um sentido, pode-se tomar por "*objeto*"[22] o que se encontra *contra* ou *em frente* do espírito que conhece. Então, o objeto é sinônimo de *algo* em geral; tudo o que não é *nada*, e que por essa razão pode *ser conhecido* e do que se pode *enunciar* algo.[23] Nesse sentido, há objetos "independentes" e "dependentes". Assim entendido, "vivência", "alegria", "essências" e "essencialidades" são também objetos.

No que se refere ao *objeto*, pode-se pensar também na posição de estar à frente e especialmente em estar separado de outra coisa, na *independência* e na *autossubsistência*. Então, não é objeto tudo o que é algo, mas somente o que subsiste por si mesmo, um ser em si.[24] Nesse sentido, as "coisas" e as "pessoas" são objetos, e de certo modo também os são os números e os conceitos;[25] no entanto, as qualidades e as vivências não o são, nem tampouco a essência.

Se no "princípio fundamental da essência" se disse que cada objeto tem uma essência, não se fazia referência somente aos objetos no sentido restrito da palavra. As qualidades e as vivências têm também uma essência e, seguramente, é necessário falar da essência da essência. Cada coisa tem *sua* essência. Trata-se de uma coisa particular (*individuum*) – este homem ou *esta minha* alegria –, então, sua essência também é *um individuum*. "Dois objetos (individuais) completamente iguais têm duas essências absolutamente iguais, mas não uma essência idêntica; de duas flores iguais, de dois triângulos congruentes, cada um tem precisamente *sua* própria essência."[26] Pertence à essência desse homem estar facilmente em cólera e se reconciliar de novo facilmente, amar a música e amar os contatos humanos. Não faz

---

[22] Na filosofia moderna, "objeto": como o que "está em frente" do "sujeito" cognoscente. A escolástica também conhece essa palavra nessa acepção. Além disso, talvez pudessem dizer: no primeiro significado, o objeto é para ela "*subjectum*", "suporte" ou "portador" em um sentido diferente. (Ver as observações feitas mais acima e Gredt, [*op. cit.*], II, p. 135.)

[23] "*Subjectum logicum.*"

[24] "*Substantia subsistens*", "*Hypóstasis*". Nesse sentido não forma parte do objeto a relação com um "sujeito" cognoscente, contida no primeiro significado.

[25] Mas não no sentido restrito dos nomes citados na nota 24 deste capítulo.

[26] Hering, *op. cit.*, p. 498.

102 Capítulo III

parte de sua essência atravessar a rua nesse momento e ser surpreendido pela chuva. Podemos e devemos falar também da essência *do* homem. Faz parte da essência do homem ter um corpo e uma alma, estar dotado de razão e de liberdade. Não faz parte de sua essência ter a pele branca e os olhos azuis, ter nascido em uma grande cidade, participar de uma guerra ou morrer de uma enfermidade contagiosa.

A essência não compreende, pois, tudo o que pode ser enunciado de um objeto. Há "qualidades essenciais" e "não essenciais": ao *quid* e ao *como* do objeto se agrega seu devir: seu *destino*, ou seja, seu fazer e padecer (ποιεῖν καὶ πάσχειν),[27] sua relação com os outros, sua determinação espacial e temporal.[28] Somente o que responde às perguntas: "*o que* é o objeto?" e "como é ele?" faz parte da essência (e não inteira, mas só parcialmente). Por outro lado, nem tudo o que *não* pertence à essência é "casual", mas alguns estão fundamentados na essência. (O sentido de casual se define como o que "não está fundamentado na essência".) Não pertenceria à essência de Napoleão empreender a campanha da Rússia, mas isso está fundamentado em sua essência. Entre os fatores fundamentados na essência há alguns (mas, por outro lado, nem todos) que resultam dela necessariamente.

Assim, esse empreendimento de Napoleão está traçado em sua essência como *possível;* por isso *é compreensível*, mas não podemos designá-lo consequência necessária de sua essência. É possível que Napoleão tenha decidido de outra maneira.[29] Ao contrário, da essência do quadrado se segue necessariamente que sua superfície seja maior que aquela de um triângulo equilátero, cujos lados medem o mesmo que dos quadrados. É impossível que o seja de outra maneira. Esse caráter se desprende de sua essência, mas não lhe *pertence,* já que à sua essência não pertence totalmente nenhuma relação com outro objeto. Não obstante, pertence à sua essência ter quatro lados iguais.

Eis aí alguns enunciados, algo significativos e insuficientes a propósito da essência, mas bastam para diferenciar a essência, o conceito e a essencialidade. O *conceito se forma* para determinar o objeto. *A essência* se encontra no objeto, está completamente subtraída de nosso arbítrio. A essência

---

[27] Hering, *op. cit.*, p. 499.

[28] Correspondendo aos variados *modos de predicação*, que Aristóteles recolheu sob o nome de *categorias*.

[29] Não é certamente demasiado atrevido adiantar a proposição seguinte: deduz-se da essência *do* homem o que nenhuma ação pode ser deduzida da essência de *um* homem como necessária.

pertence ao objeto, o conceito é uma formação separada que se "relaciona" com ele e a ele "faz referência".[30] *A formação do conceito tem como pressuposto a compreensão da essência,* e dela extrai.

A essência é igualmente diferente da *essencialidade,* de modo que pertence ao objeto, ao passo que a essencialidade é uma coisa independente com relação ao objeto. Falamos da "essencialidade alegria", mas também da "essência da alegria". A essência indica uma estrutura das características essenciais, que se destacam dela e que ela capta conceitualmente. A essência é aquilo *que* se pode compreender e *pelo qual* o objeto se faz compreensível e determinável.

§ 4

A Essência e Seu Objeto; Essência, "O *Quid* Completo e o *Quid* Essencial"; Mudança e Transformação da Essência

Para poder enunciar alguma coisa a propósito do *modo de ser* da essência, é necessário observarmos ainda mais a relação entre a essência e o objeto, do qual é essência. Podemos falar da essência *desta* minha alegria e, ao mesmo tempo, da essência da alegria. São objetos diferentes e essências diferentes. "Esta alegria minha" é minha vivência atual, algo único, estabelecido no tempo e limitado, que pertence a mim e a ninguém mais. Quando a alegria passou e quando eu me "lembro" dela de novo, essa representação não é o mesmo que minha vivência atual, mas é uma vivência nova, ainda que seu conteúdo seja comum a ambas. Precisamente esse conteúdo comum é o *quid* completo dessa minha alegria, ao passo que o "ser presente" e o "ser passado" são seus modos de ser; essa consideração pressupõe que nada da experiência atualmente vivida se perdeu e que pode reviver o passado, momento por momento, em minha memória; o que, naturalmente, é um caso limite ideal. A esse *quid* completo pertence a alegria causada pela mensagem que se acaba de receber, seu grau de vivacidade e duração. Não faz parte dele o fato de ouvir simultaneamente um ruído da rua; não faz parte tampouco (mas, sim é consequência) minha capacidade de trabalhar como antes a "causa da

---

[30] Daí o termo *"intentio"* utilizado para o conceito.

alegria". Diante de tudo, pertence-lhe que isso seja *alegria,* uma realização da essencialidade alegria. Por acaso o *"quid* completo" coincide com a essência desta alegria minha? Não saberíamos dizê-lo. Aqui é necessário fazer melhor uma dupla distinção: 1. Em caso de concebermos *essência* como ποῖον εἶναι ou τί εἶναι, então, não é o *quid, mas* a *"quididade"* (ou seja, *ser assim*) ou a determinação do quid. 2. Pertence à *plena* quididade (na que pensamos se encontra incluído todo ποῖον εἶναι) a *intensidade* da alegria. Mas a alegria pode crescer, pode chegar a ser mais forte, mais rica e mais profunda e, no entanto, ainda é "esta alegria minha", é a mesma que antes, é *diferente,* mas não outra. A *plena* quididade é outra, mas a essência não o é. À essência do objeto pertence tudo isso, e só o que deve ser conservado para que permaneça ainda "este objeto". Naturalmente esta alegria minha já não existe quando eu não sinto *alegria.* Se eu comunico a notícia a outra pessoa e se esta se enche da mesma alegria, essa é diferente da minha. Pertence, então, igualmente à essência desta alegria a de quem a experimenta. E – como o dissemos antes – a alegria não continua sendo a mesma, mas se trata da alegria já causada pelo mesmo *objeto.* A diferença entre a plena quididade e a essência existe somente ali onde um objeto, cujo ser "se estende por certa duração" – quer dizer que tem necessidade do tempo para chegar constantemente ao ser –, ficou submetido a mudanças durante essa duração. Isso é válido para todos os objetos cujo ser representa um "devir e um passar". Aqui pertencem – já estabelecemos – todas as unidades de vivência, mas também o mundo inteiro das coisas sensíveis, a *natureza.* Não vale para os números, para as formações geométricas puras, para as cores puras e para os sons puros, para tudo o que é chamado objeto "ideal", em contraposição com os objetos "reais". Neles coincidem a quididade e a essência. No mundo do devir e do passar, é necessário, no entanto, distinguir uma consistência mutável para tudo o que é objeto. A consistência fixa é o que podemos designar pelo *quid* essencial. Com isso, não dizemos que a própria essência está subtraída de toda mudança. Em um homem, consideramos o caráter como elemento permanente e fixo, sobre o qual temos que nos basear e que nos dá o código para compreender seu aparecer e comportar-se cambiantes. Mas também pode ocorrer que um código, depois de ter durado durante um longo tempo, de repente deixa de funcionar. O homem nos parece "como mudado". De nenhuma maneira fica dito que nos enganamos sobre ele até o momento. Pode haver "mudado" realmente e assim que descobrimos o novo código, estamos de novo em grau de compreendê-lo. O homem é ainda o mesmo, mas essa essência "mudou", ou é outra? Eis aqui o problema. De fato, as duas soluções me parecem possíveis. Falaremos de "mudança" da essência quando os traços da imagem do tal homem mudam um depois do outro e quando assim se constitui pouco a pouco uma imagem geral diferente, como é o caso da evolução de uma criança que chega à adolescência e de um adolescente que chega a adulto. No entanto, nessa imagem geral transformada permanece ainda o aspecto fundamental do precedente. Um caso assim pode apresentar-se nas "conversões" repentinas, quando "Saulo se transforma em Paulo".[31] O zelador da lei de Moisés é ainda reconhecível no "Jesus Cristo acorrentado",[32] que se consome inteiramente no serviço do evangelho, ainda que a dureza desapiedada do combatente haja dado lugar a uma bondade demasiada e ainda que o rigor da fidelidade à lei haja cedido a uma docilidade que se deixa guiar pelo suave sopro do Espírito Santo. Mas também são possíveis os casos contrários, nos quais é impossível estabelecer algo permanente no curso da mudança. Então, convém dizer que a essência é "outra", e que "mudou". Se, apesar disso, se pode dizer que o homem é ainda "o mesmo", isso se desprende da distinção que deve estabelecer-se entre a essência e seu "suporte", ao qual podem voltar o primeiro *quid* essencial e, em seguida, o segundo.[33] Onde a essência não muda, mas chegou a ser "outra", não falaremos de "modificação", mas de "mutação" e de "transformação" (mutação da essência, transformação do objeto).

As mudanças e as mutações da essência não sucedem naturalmente senão em objetos suscetíveis de mudar. Os números, as cores puras e os sons puros possuem sempre a mesma essência imutável.

§ 5

Essência Individual e Essência Geral

Essas diferenças entre o *quid* e a essência nos indicam que o respectivo modo de ser não será uniforme. Mas, antes de examinar essa questão, é bom examinar, ao lado da essência das coisas individuais, o que há de "ge-

---

[31] Cf. Hch 9; 13, 9.26; 14; 22 etc.
[32] Ef 3, 1.
[33] A questão do "suporte" deverá ser tratada depois detalhadamente.

ral" realizado por elas. Já se disse: a essência "desta alegria minha" é diferente da essência *da* alegria. Pertence à essência *da* alegria que seja uma *alegria* (por isso a essencialidade alegria lhe está incorporada), que seja uma alegria causada por um objeto ou a consequência de um objeto (mas, sem estar fixada sobre o tal ou qual objeto), ou que esta alegria seja a vivência de um ser espiritual[34] (mas não a minha nem a de outro indivíduo determinado). Aqui, poderíamos também citar as definições de santo Tomás a propósito da alegria. A essência *da* alegria está realizada nesta alegria minha e em cada vivência individual de alegria e *unicamente* em cada vivência. Pois, o que significa a expressão "a alegria"? Ao lado das vivências individuais de alegria, não existe uma "alegria geral" que tenha seu lugar no mundo real como uma coisa individual – nesse caso em relação com a experiência de um determinado ser anímico.[35] No entanto, é possível enunciar a respeito "da alegria" proposições que não se referem a uma experiência individual da alegria. "A alegria aumenta a força vital." "A alegria pode ser profunda ou superficial." A alegria individual *ou* é profunda *ou* superficial; ou seja, eu posso ter dúvidas de se é de tal ou qual maneira, mas, em si mesma está certo como é. A alegria é "profunda ou superficial"; não há determinação para ela que indique que ela é tal ou qual. Até é possível dizer, de um ponto de vista linguístico: "A alegria pode ser profunda e superficial." Afirmar isso de uma alegria individual seria um contrassenso. Mas há uma relação entre as proposições que concernem à "alegria geral" e as que concernem à "alegria individual". Já que a alegria pode ser "profunda e superficial", existe a possibilidade para a alegria individual de ser *ou* profunda *ou* superficial. Se *a* alegria como tal fosse profunda, então não caberia nenhuma outra possibilidade para a alegria individual. Por isso, todas as vezes que se disse algo a respeito da alegria, se disse igualmente algo a respeito da alegria individual. Então, a expressão "a alegria" compreende "tudo o que é alegria"? Em alguns contextos, de fato, uma pode substituir a outra, como por exemplo: "Tudo o que é alegria aumenta a força vital." Nessa outra proposição "a alegria é profunda ou superficial" não é o mesmo. Poder-se-ia transformá-la talvez ao dizer: "De tudo o que é alegria, uma parte é superfi-

---

[34] O duplo sentido de "essência", que sobrevém por esse uso da palavra, certamente não é perigoso: "ser vivo", "ser dotado de alma" não é "essência" na acepção aqui questionada, mas são objetos a cuja essência corresponde ter vida ou alma.

[35] É a sempre repetida objeção de Aristóteles contra a doutrina das ideias de Platão.

cial e outra é profunda." As formações linguísticas e suas possibilidades de transformação são para nós um indicador das relações existentes no campo do ente em questão. De qualquer forma, a *alegria* é um *nome* que indica tudo o que é alegria, toda vivência real e possível de alegria. Em diferentes contextos, esse nome pode designar uma vivência individual de alegria (quando eu digo: "a alegria me devolveu a saúde", eu não considero "a alegria geral", mas uma alegria muito mutável; *nela* considero, no entanto, especialmente que se trata de alegria); ou melhor, posso resumir todas as experiências de alegria possíveis e reais; posso considerar igualmente uma coisa mais vasta que extrapole a experiência particular vivida, mas que, no entanto, não abrange *tudo* o que é alegria. (Por exemplo: "em sua vida a alegria era maior que a dor", ou seja, a alegria de toda uma vida humana.)

Se dizemos: somente a coisa particular é real, o "geral" é "só um nome", com isso o assunto não foi liquidado. Pois então, surge a seguinte pergunta: o que é um nome? Não é somente uma sequência de sons, mas é uma sequência de sons (ou de "sinais") com seu sentido ou sua significação. A palavra *indica* um objeto, mas sempre com um sentido determinado ou em uma significação determinada. O mesmo objeto pode ser designado sob significados muito diferentes. "Bonaparte", "o imperador dos franceses", "o vencedor de Iena", "o prisioneiro de Santa Helena": o objeto é ele mesmo, mas o sentido é diferente. Enquanto à mesma sequência de sons, diversos significados são igualmente possíveis e, por conseguinte, pode tratar-se de diferentes objetos. Quando escuto a palavra latina "ora", posso tomá-la como expressão de "rosto" ou igualmente no sentido de "litoral", e ainda como o imperativo: "reza". Somente mediante o contexto poderei saber a que se refere o som.

Igualmente, o nome "a alegria" teria significados diferentes e se referiria a diversos objetos no decorrer dos exemplos que acabamos de examinar. No entanto, não se tratava simplesmente de uma dualidade ou de uma pluralidade de sentidos (*aequivocatio*), mas encontrava-se nas diferentes significações da mesma expressão um núcleo comum de sentidos. O mesmo nome pode designar, uma vez, a alegria precisa individual, outra vez, tudo o que é alegria, já que em ambos os casos fazemos referência à "alegria" e onde quer que tenhamos reconhecido a "mesma coisa". Os objetos não são tampouco os mesmos, e podemos assimilar sua diversidade com expressões mais precisas, dizendo, em um caso, "esta alegria minha", e, no outro, "tudo o que é alegria". (Podem existir igualmente línguas capazes de expressar tais diferenças trocando somente a *forma* da palavra, por exemplo, por meio de diversas terminações.) Assim, pois, o que continua sendo comum às diferentes expressões é a expressão de um conjunto de sentidos que indica algo comum que se toma dos próprios objetos. Qual é, portanto, o comum no nome "alegria"? Impõe-se-nos a ideia de que poderia ser a essencialidade alegria. Dissemos antes que as essencialidades representam o último sentido e que constituem o que é propriamente compreensível. Assim, devem ser elas quem dê às palavras seu último sentido. Efetivamente, o que é o último fundamento de toda compreensibilidade é igualmente o que torna possível a compreensão da língua e a compreensão pela língua. *O que os nomes expressam em último termo são precisamente essencialidades.* Mas se não quiséssemos expressar falando outra coisa, então nossa língua não consistiria mais que em *nomes próprios.* Efetivamente, na vida normal, não falamos senão muito raramente de essencialidades. Os objetos e especialmente as coisas compreensíveis constituem nossa vida diária e são nosso assunto de conversação.

Somente o pensador incansável descobre a existência de essencialidades, e isso em caminhos consideravelmente separados da vida cotidiana; então, à custa de um grande esforço dá-se a entender aos demais. E, no entanto, também aquele que se dedica à prática seria incapaz de falar das coisas que capta se não houvesse essencialidades. Quando se repreende o próximo por ser "egoísta", com isso pensa-se que o outro não considera mais que seu "ego" de maneira exagerada. Mas, quem reflete no fato de que a palavra "afã" significa em realidade "enfermidade" e na ideia de vício expressada por esse nome?

Quando se fala da festa de Corpus, alguém pensa que "Corpus Christi" significa "o corpo de Cristo"? Assim, nossa língua e toda linguagem humana está repleta de expressões que designam uma coisa precisa, têm um significado geralmente compreensível, mas essa significação não é a *originária* e não fica *propriamente expressa* na palavra. Somente a pessoa familiarizada com a história da língua conhece os significados originários e próprios. "Originariamente" e "expresso propriamente" não significam o mesmo.

Que as palavras não possuam agora seu significado se deve ao processo histórico, à mudança de significação em suas diferentes formas. Mas também as palavras em seu sentido originário contêm geralmente um significado maior que o que propriamente expressam. Nomeamos as coisas *individuais* por nomes *gerais* e nomeamos *muitas* coisas com *um* só nome.

Nenhuma língua é rica o bastante para designar cada coisa com um *nome próprio*. E ainda quando designamos uma coisa com um *nome próprio*, este será *pobre* em relação à plenitude do objeto significado por ele e que trata de explicá-lo *com* sua plenitude. Os godos chamavam a seu rei com o nome de *Dietrich (thiuda-reiks)*; com esse nome era designado como *soberano do povo*. Aqui podemos pensar no primeiro homem que levou esse nome: podemos supor que o nome ainda era compreendido em seu sentido originário e que era utilizado unicamente para ele: mas, ao chamá-lo assim, pensava-se em todo o homem e não somente naquele em sua posição de rei, nem em seus traços característicos que havia chegado a essa posição, mas em toda sua essência. E eis aqui o sentido do nosso exame linguístico: queremos dizer que nossas palavras *não são nomes de essência* e menos ainda a expressão do *quid* completo. Designam um todo que encerra em si uma diversidade de traços essenciais e de traços não essenciais por meio de um só traço, às vezes, de muitos, ou, no pior dos casos, por meio de traços essenciais e amiúde também de "sinais" característicos não essenciais. O nome significa para todos nós o todo e, na maior parte dos casos, já não temos uma consciência exata de seu significado. Nossa linguagem é imperfeita porque nosso conhecimento da essência é muito imperfeito.[36]

Nossos nomes simples não podem expressar mais que uma coisa simples. No entanto, *simples são somente as últimas essencialidades*, temos um conhecimento delas e nos servimos delas quando conhecemos as coisas e as designamos; ambas seriam possíveis sem elas. Sabemos que o ser das essencialidades é diferente do ser no âmbito do devir e do passar. As essencialidades não são nada "reais", mas o real não seria nem real nem possível se não houvesse essencialidades. Porque possui uma essência, o real *participa das essencialidades. Cada* quid *essencial está formado de traços essenciais* (desconsiderando o caso limite da essência absolutamente simples, que não pode ser mais que única e na qual coincidem *quid* e a essencialidade). Então, *os traços essenciais estão formados segundo as essencialidades*. Não podemos dizer que os traços essenciais *sejam* essencialidades, porque não há mais que *uma* essencialidade em cada caso. No entanto, os traços essen-

---

[36] A fé nos ensina que o homem em estado de inocência conhecia todas as coisas em sua essência e estava na situação de poder designá-las por seu próprio nome. "[...] o homem deu um nome a cada um dos seres viventes" (Gn 2, 19). Junto com a inocência e o conhecimento paradisíacos se perdeu também a língua do paraíso.

ciais formados segundo elas podem ser múltiplos. A essencialidade "verme-lhidão" está formada de acordo a cor vermelha de todos os objetos verme-lhos.[37] Mas, a cor vermelha enquanto qualidade de uma coisa quando se dá todas as vezes que há coisas vermelhas. Em certas coisas, mas não sempre, o ser-vermelho faz parte de sua essência, por exemplo, na "rosa vermelha". Naturalmente, com isso, não fica expressa a evidência de que a rosa ver-melha seja vermelha. Com isso queremos dizer que o ser-vermelho significa muito mais para a rosa vermelha que para outros objetos vermelhos (por exemplo, para um avental vermelho que se pinta de vermelho, porque so-brava um pouco de tinta vermelha). O ser-vermelho não faz parte da rosa em geral, mas de um determinado "tipo" de rosa (não explicaremos agora o que é um "tipo"); não se concebe sem a determinada imagem de essência, enquanto o ser-vermelho das rosas azuis (que estiveram "na moda" há al-guns anos) era, em seu aspecto geral, algo estranho e não natural.

Devemos tratar de explicar com maior exatidão a diferença entre a es-sência geral e a "essência individual". "Esta alegria minha" é "uma alegria" e é "uma vivência". São diferentes graus de generalidade e de individualida-de. Existe a essência desta alegria minha, a essência da alegria e a essência da vivência. O *quid* e a essência desta alegria minha constituem algo único. Tais fatores se encontram *realmente* nesta alegria, e são ali o "essencial". O essencial da alegria está realizado onde quer que a alegria seja vivida, ou seja, em cada alegria individual, "encontra-se" em cada ser particular, e por isso se lhe chama "geral". Opõe-se ao *individual* quando se entende por individual o *"incomunicável"*,[38] porque a essência geral é precisamente o comunicável que pode realizar-se em uma pluralidade de coisas particu-lares. Se já a essência da coisa individual é *dependente*, sendo que pode ser *realizada unicamente em outro* (ou seja, em *seu* objeto), assim a essência

---

[37] Não é possível tratar em nosso contexto a *doutrina das ideias de Platão* segundo sua figura histórica. Mas todas as questões discutidas nesta parte entram objetivamente nesse campo. A grande dificuldade para Platão, e ainda para Aristóteles, era encontrar-se frente ao campo inteiro do "ser ideal" sem poder encontrar-se à vontade naturalmente na variedade desse campo. Na tentativa de captar as "ideias", esses filósofos usaram já "essências", "essencialidades" e também "objetos ideais". Resumir tudo isso *em um* conceito sem contradição resultou ser algo impossível. O começo de uma doutrina da essência fenomenológica, tal como a vemos realizada nos trabalhos de Husserl e de seus discípulos, me parece abrir o caminho para compreender, apreciar com justiça e valorizar a obra de Platão e a *Metafísica* de Aristóteles.

[38] Ver Tomás de Aquino, *Summa theologica*, III, q. 77, a. 2; *De potentia*, q. 9, a. 1.

geral é duplamente dependente, porque para ser real tem necessidade tanto de seres individuais como de seus objetos. No entanto, a essência geral é *uma*, ainda que "apareça" muitas vezes. É *a mesma*, realizada ou realizável aqui e acolá, e em todos os seres individuais pertencentes a ela; enquanto o ser individual não é real nem possível mais que em um – em *seu* – objeto. Pode haver "semelhante", mas não pode "aparecer muitas vezes".

§ 6

Ser Verdadeiro e Ser Essencial

O discurso de "poder-chegar-a-ser-realmente", dito de outra maneira, o problema das coisas particulares, reais e possíveis nos leva para a questão do *ser real* e possível (atual e potencial). *O que* é adquiriu agora para nós muitos sentidos. Em primeiro lugar, podemos entender o objeto com seu *quid* completo, com seu ser-assim essencial e não essencial; depois, o *quid* completo tomado em si ou também o que é o objeto segundo sua essência individual e geral. Com esse propósito, é necessário considerar ainda diferentes graus de generalidade: a essência da alegria, a essência do movimento do ânimo e a essência da vivência. Agora queremos desconectar a questão do "objeto" como tal, e considerar somente seu *quid* nos diferentes significados possíveis com relação ao ser.

Partindo da vivência: "esta alegria minha", devemos examinar toda a duração de sua ascensão ao ser a fim de captar seu *quid* completo. Este *quid* não é nenhuma coisa rígida ou fixa, mas uma coisa que flui e muda constantemente durante esse tempo. Chega a ser e passa, e seu ser não é simplesmente atual nem potencial, mas, a cada instante, é a vez potencial e atual, a cada instante, uma parte dele alcança o apogeu do ser.[39] *A essência e o quid essencial desta alegria minha são reais como um todo a cada instante de sua duração*. (Vê-se assim com clareza a diferença entre o *quid* completo e o *quid* essencial.) Isso guarda seu pleno valor quando a essência permanece sem mudança durante toda a duração (no nosso caso: enquanto a alegria permaneça "a mesma").

---

[39] Ver § 8 deste capítulo, em que se mostra que é possível falar ainda de outro ser do *quid*.

Nesse caso, é necessário fazer a pergunta: que ser pertence à essência antes do começo da alegria e depois de seu transcurso? Seguramente, a essência desta alegria minha é *realizada* somente enquanto essa alegria é real.[40] Antes, não há ser no "mundo real", nesse caso, na realidade da vivência de um eu. No entanto, não podemos dizer que não existe antes. Podemos captar melhor seu *quid* independentemente de sua realização em seu objeto, e assim deve pertencer igualmente ao *quid* um modo de ser, segundo nosso enunciado de que tudo o que *é algo*, também é.

Não é o mesmo modo do ser que o *quid* possui enquanto real em seu objeto. Visto que por este seu ser e que antecede o ser de seu objeto, e pelo realizado *quid*-esse (= essência) desse objeto, o "ser real" se faz possível, pode-se designar como *possíveis* o *quid* e a própria essência, assim como o fez santo Tomás.

Mas isso indica mais que a possibilidade lógica pela qual pode fazer-se real em um objeto e também mais que o grau preliminar para ser real, que designamos por potência. Falamos da "possibilidade da essência". No entanto, não é a possibilidade da essência propriamente dita, mas a possibilidade de sua realização fundada na essência. A essência compreende em si um *ser próprio*, seu *ser essencial*, que não deve compreender-se unicamente como um caminho que leva à realidade, como a seu fim. Certamente, é um grau preliminar, visto que o ser real não pode ser alcançado senão a partir dele; além disso, porque a essência é algo dependente e com necessidade de ser completada, porque lhe corresponde a possibilidade de passar à realidade do objeto. Mas não se deve designá-lo como um grau preliminar menor, porque, em certo sentido, o objeto se faz real pela essência e não vice-versa";[41] é no real o *fundamentalmente* real. Daí compreendermos que o nome *ato* foi transpassado do ser real àquilo pelo qual algo real é verdadeiramente real.

Empregamos há um momento a expressão *ser essencial* para o ser das essencialidades. Assim, esse nome se impõe aqui para o ser incluído na essência, será necessário examinar se aqui e acolá é empregado no mesmo sentido. De fato, parece-me que na relação especial entre a essência e as

---

[40] Poder-se-ia pensar que unicamente o *quid* e não a essência (como ser-*quid*) permite uma realização. No entanto, também quididade se faz real em primeiro lugar com o objeto.

[41] Antecipando posteriores conexões, poder-se-ia usar para uma maior clareza a comparação do corpo vivo e alma. A alma chega a ser *no* corpo vivo, mas o corpo vivo consegue o ser por meio dela e não vice-versa.

essencialidades, seus modos de ser estão estreitamente ligados. Quanto às essencialidades, na medida em que as conhecemos até agora, o ser essencial é o único ser. Pelo contrário, quanto às essências, além disso, o ser-real é possível em seus objetos e sua relação com os objetos cujo *quid* elas determinam se encontra já em seu ser pré-real. Esse duplo ser corresponde à posição mediadora das essências entre as essencialidades e o "mundo real".

O mundo do ser essencial[42] dever ser considerado como composto em graus. Ali, o simples e a imagem "originária" no mais alto grau são as *essencialidades*. Segundo elas, são "reproduzidos" os traços característicos das formações compostas que chamamos "*quid* da essência". (Poderíamos empregar igualmente o termo *quididade*, visto que não há forma plural de "*quid*"; o termo não é, entretanto, completamente exato porque o – dade (-*heit*) indica melhor o *ser do quid*. Por isso, o dito termo não nos servirá mais que como um último recurso.[43]) As essências e as quididades mostram uma gradação que vai de uma maior ou menor generalidade. Estaríamos tentados a considerar as quididades individuais como o grau mais baixo. Pode-se incluir nesse campo, também, o *quid* completo das coisas, como também a ele corresponde um duplo ser: o ser dos objetos descrito há um momento, que é um devir e passar, e um ser separado deste enquanto é um *quid* puro subtraído da mudança das coisas que chegam a ser e que passam.[44] As elaborações de diversos graus se separam umas das outras segun-

---

[42] Podemos considerá-lo certamente como aquilo, aonde se dirigia o "reino das Ideias" de Platão. Ainda seria preciso investigar sobre o que a escolástica designa como *intelligibile* – como o inteligível, acessível ao espírito cognoscente.

[43] O mesmo vale naturalmente, também, para a expressão "essencialidade". Para o uso de "quididade" em Tomás de Aquino, ver p. 702.

[44] *Husserl* fala nas "Ideen" [Ideias] (p. 8 e seg.) da possibilidade de destacar seu *quid* de uma coisa individual da experiência pela *visão da essência* ou pela ideação. Essa intuição particular, diferente de toda experiência, toma seu conteúdo no fato da experiência sem realizar a partilha de experiência (a apreensão da coisa como algo *real*); e o expõe como algo que também em outro lugar, fora de contexto, no que foi experimentado, pudesse ser realizado. Para Husserl a *generalidade* pertence, portanto, *à essência como tal*, independentemente dos graus de generalidade dentro do âmbito da essência, aos que faz referência. A possibilidade de tal concepção repousa evidentemente sobre a dupla "essência" da essência que nos foi imposta. Ela toma em consideração somente uma face, o "ser essencial", e corta o laço que une à essência não inerente exteriormente, mas pertencente interiormente à realidade. Desde esse corte feito ao princípio da separação entre o fato e a essência se nos permite compreender que Husserl chegou à interpretação idealista da realidade, enquanto seus colaboradores e discípulos (Max *Scheler*, Alexander *Pfänder*, Adolf *Reinach*, Hedwig *Conrad-Martius*, Jean *Hering* e outros), apoiando-se no sentido pleno da essência, se consolidavam cada vez mais em sua concepção realista.

do seu ser essencial, e estão relacionadas somente mediante uma maneira de sistema de sua subordinação, ordenação e de sua coordenação.

Entretanto, segundo seu ser verdadeiro, as essências e as quididades de grau superior são com seu *quid* completo *nas* essências, subordinadas a elas, e finalmente nas essências individuais e nos correspondentes objetos menos universais.

Nas essências individuais que não mudam no período da duração de sua realização, encontramos uma diferenciação entre o ser essencial e o ser real. Trata-se de examinar ainda o caso, indicado como possível, das essências variáveis. Um homem que conhecemos desde adolescente se fez adulto. Encontramos que sua essência mudou. De que maneira é isso compatível com o estabelecimento de que a essência e a quididade – em contraposição com o *quid* completo – são reais no período de toda a duração de sua realização? Como solução mais simples parece-nos falar de duas essências que se realizam no homem uma depois da outra.

De fato, segundo o ser essencial, teremos que distinguir o que foi antes da mudança do que foi *depois*. Mas, *além disso,* precisamos pressupor um terceiro caso, que compreende e fundamenta os dois primeiros, assim como a passagem de um a outro, porque essa passagem é *essencialmente possível.* Será necessário dizer que a essência que compreende e fundamenta[45] os dois é real em todo o instante no período de toda a duração de sua vida, enquanto as essências particulares o são somente durante o período parcial da duração que lhes corresponde.

§ 7

Essência e Núcleo da Essência; Essencialidade e Quididade (μορφή)

A fim de compreender de uma maneira mais profunda as essências e as quididades, é necessário considerar agora sua estrutura interna. Acabamos de ver uma diferença entre o que "fundamenta" e o que é "fundamentado".

---

[45] Ainda a encontraremos mais tarde sob o nome de "forma da essência". (Ver o capítulo IV, § 7, 8 e 19.)

Além disso, constatamos que as essências estão compostas de traços essenciais. Entretanto, não queremos somente conhecer seus traços individuais, mas buscamos uma *conexão interna* entre elas que nos faça *compreensível* a essência. Enquanto ignoramos essa conexão, "falta-nos a chave para nos mostrar a plenitude da essência como uma construção coerente".[46] "Trata-se [...] de tornar compreensível por que justamente esses traços podem apresentar-se e suposta a presença de uma parte delas, deviam aparecer ligados com um todo segundo uma pertença intrínseca regulada." Buscamos um "núcleo mais ou menos simples de traços fundamentais [...] cuja existência permite compreender a existência das outras fibras da essência de acordo as leis, *a priori*, que nos guiam melhor instintivamente". "Então, não se pode de nenhuma maneira afirmar que tal núcleo de essência ou, em geral, uma estrutura coerente e compreensível segundo uma necessidade interna, seja inerente a toda essência."[47]

No que concerne à especialidade de essência de um homem, a existência de um núcleo essencial é muito clara. Aqui, acima de tudo, buscamos uma consistência fundamental a partir da qual todo o resto se fará compreensível. Deve-se dizer o mesmo com respeito à configuração espiritual e histórica; por exemplo, na política de Federico o Grande ou em uma poesia nos esforçamos por encontrar a chave para o entendimento da estrutura essencial. Tal busca será insensata e vã em muitos outros casos. Somente uma exaustiva doutrina das essências estendida aos diferentes âmbitos[48] poderá informar-nos dos casos nos quais podemos encontrar "essências com núcleo" e sobre os casos em que a busca de um núcleo ficará sem êxito. Aqui, em primeiro lugar, é somente compreender a estrutura da essência como tal.

Hering designa a essência como o ποῖον εἶναι (ser assim). Então, ποῖον (ser-assim) deve ser tomado em um sentido mais amplo que abrange também o τί, o *que é* a coisa.[49] Da essência dessa coisa fazem parte não somente seu ser-vermelho, seu ser-brando, seu ser-cheiroso etc., mas também seu ser-uma-rosa ou seu ser-tolo, que responde à pergunta: *O que é?* Assim, o τί εἶναι nos parece expressar o ser, mas mais imediatamente, já que o considera em sua unidade e em sua totalidade, do que os traços particulares que

---

[46] Hering, *op. cit.*, p. 503.
[47] *Loc. cit.*, p. 503.
[48] O que Husserl chama "ontologia material" (*Ideen*, p. 19 e seg.) Algumas indicações a esse respeito se encontram no capítulo seguinte.
[49] Ver Hering, *op. cit.*, p. 505 e seg.

pertencem à essência. De outra maneira os traços particulares são indispensáveis ao conhecimento, τί e ποῖον, τί εἶναι e ποῖον εἶναι estão em conexão, e o descobrimento dessa conexão deve revelar-nos a estrutura da essência como tal.

Pertencem à rosa, que é uma coisa corpórea, o ter forma, tamanho, cor e outras qualidades. *Esta* rosa tem sua forma, sua cor, seu tamanho etc. Dizemos a rosa é vermelha; "vermelha" pertence a seu ποῖον. Logo, também podemos dizer: a cor da rosa é o vermelho (ou também: *um* vermelho, porque vermelho não é ainda uma última precisão). Para a cor o vermelho não indica seu ποῖον, mas aquilo como o *que* ela se define mais precisamente, portanto, algo pertencente a seu τί. O vermelho é uma cor, e a cor é uma propriedade da coisa. Pode-se considerar o que a cor possui de específico em relação à forma, ao tamanho etc. E se lhe pode contemplar do ponto de vista de sua característica como vermelho ou azul etc. O que faz dessa cor uma cor é o que nela corresponde à essencialidade "cor". E, assim, nessa cor que é o vermelho, o que a faz vermelho corresponde à essencialidade "vermelhidão". "Cor" e "vermelhidão" são essencialidades simples.

Mas "vermelhidão" já é algo composto: não é somente vermelho, mas, ao mesmo tempo, "uma cor". Participa das duas essencialidades da "vermelhidão" e da "cor". Comentamos: o que faz de vermelho o vermelho *corresponde* à essencialidade "vermelhidão". Não *é* a própria essencialidade, mas algo *no* vermelho; outra coisa neste vermelho precisamente, e outra coisa nesse outro vermelho.

Hering o designa *quididade*, ou também como μορφή, "o que 'faz' do objeto o que é".[50] Para a μορφή é válido também o que dizíamos da essência; *segundo seu próprio sentido* a essência é μορφή em certa coisa, isto é, em certa coisa muito concreta. Ela é sua μορφή. A cor da rosa tem uma μορφή em si mesma, que faz dela o vermelho, e por isso ela participa da essencialidade "vermelhidão". A μορφή da cor não é imediatamente a μορφή da rosa, mas *mediatamente* participa de sua estrutura; por isso Hering a chama como a μορφή *imediata* da cor e a μορφή *mediata* da rosa; por con-

---

[50] Ver *op. cit.*, p. 509. A expressão μορφή (forma) está compreendida aqui em um sentido mais amplo que em Aristóteles: a quem sob μορφή deve entender somente a forma interna de uma *coisa*, isto é, de um ente independente e real. Ver a esse respeito as investigações do capítulo seguinte.

seguinte, a rosa e sua cor são chamadas os suportes *indiretos* e *imediatos* da μορφή. A rosa considerada como um todo tem sua própria μορφή.

Não se pode estabelecer esta lei: "As *morfés* de uma parte são partes das *morfés* do todo".[51] (A *morfé* "equilateralidade" não é uma parte da *morfé* "triangularidade".) Entretanto, há uma fusão de *morfés* em uma *morfé* inteira, por exemplo: de "vermelhidão" e "cor"[52] na cor da rosa que é vermelho. Ao contrário, ser-cavalo deste cavalo e seu "ser-animal-doméstico", que ambos determinam seu τί εἶναι, permanecem sem fundir-se. Em geral vale o que segue:

> cada μ[53] necessita ser suplementada por seu suporte. Então, se a necessidade do complemento de diferentes μ (μ1, μ2, μ3...) se satisfaz pelo próprio objeto A, essas μ *juntamente* com A formam um todo. As μ singulares são indiretamente ligadas por A e podem ficar relativamente independentes umas das outras. Com isso, nenhuma conexão das μ entre elas tem sido criada para constituir uma unidade fundada.[54]

> É necessário, pois, que existam relações especiais entre μ1 e μ2, se queremos esperar uma conexão entre elas formando unidade fundada.

Tal é a conexão entre μ1 (cor) e μ2 (vermelhidão) em uma cor determinada.

> O fato de que μ2 não possa aparecer sem μ1 em um suporte não é casual, mas fundado na essência de μ1 e μ2. Além disso, é certo que esse fundamento em μ2 não é indireto, isto é, nesse caso as duas *morfés* estão ligadas somente por meio do suporte, ao que seria prescrito por μ2, e levar, ao mesmo tempo, μ1 em si. Certamente é esse também o caso, mas unicamente porque μ2 deve entrar em conexão direta com μ1 como única forma capaz de aparecer em um objeto.[55]

> Essa fusão das duas *morfés* é tão íntima que não temos somente à nossa frente uma mera *conexão de duas quididades*; isto é, a "coloração" e

---

[51] *Op. cit.*, p. 515.
[52] Não confundir com as essencialidades designadas com o mesmo nome.
[53] μορφή.
[54] *Op. cit.*, p. 516 e seg.
[55] *Op. cit.*, p. 517 e seg.

118 Capítulo III

> a "vermelhidão", mas uma (nova) *quididade,* a 'vermelhidão' [quididade da vermelhidão] ou, mais corretamente, 'cor-vermelhidão' [quididade de ser cor vermelha], certamente está caracterizada em si não como simples, mas como algo suscetível de mostrar diferentes componentes que condicionem sua complexidade. A essa necessidade de ser suplementada de μ2 por μ1 gostaríamos de designar como *imediata.*[56]

A necessidade de serem suplementadas e a fusão das *morfés* nos indicam uma diferença importante: a diferença entre as essencialidades deduzidas ou compostas e as essencialidades simples ou originárias e, por outro lado, as *morfés* deduzidas e as *morfés* originais.

Então, junto à fusão das *morfés* que devem ser suplementadas em uma nova *morfé* composta, também é possível uma conexão de *morfés*, que não têm imediatamente necessidade de serem suplementadas. Dessa maneira, ao contemplar "a quididade que faz de um cavalo aquilo que é no sentido zoológico", encontramos:

> que os múltiplos traços singulares enumerados pelo zoólogo formam somente um feixe mais ou menos compacto de diferentes elementos, mas não um *novum* de uma qualidade própria. Aqui nos encontramos sem dúvida diante de um conglomerado de *morfés*, ou melhor, diante de um complexo de *morfés*, mas não uma completa ou talvez simples *morfé*. Por isso falamos de uma *morfé* não *autêntica.*[57]

Agora compreendemos a diferença entre *essência com e sem núcleo:*

> As quididades que se manifestam no objeto lhe prescrevem seu ser-assim, sua essência. Nos casos em que a consistência de *morfés* nas que aparece com seu suporte se fundem em uma nova autêntica *morfé* de conjunto que, como *morfé* e como esta *morfé*, não pode ser arbitrariamente aumentada nem diminuída em sua consistência, então a essência do objeto também adquire o caráter de uma unidade fechada, o fato de captá-la está caracterizado por um ato novo de conhecimento com respeito àquele que capta a multiplicidade dos traços singulares da essência como um grupo.[58]

---

[56] *Op. cit.,* p. 518.
[57] *Op. cit.,* p. 522.
[58] *Op. cit.,* p. 521 e seg.

O discurso sobre *o núcleo da essência* pode ser compreendido de diferentes maneiras:

> 1) Se o assim de um objeto é uma quididade complexa e autêntica, então os traços singulares do ser-assim constatados em primeira instância sem relação com sua conexão se coordenam formando uma estrutura orgânica, no momento em que se logrou perceber essa *morfé*, e o ser assim-total condicionado por ela. Este último tem um papel comparável ao de um núcleo. (É evidente que aqui a essência total é designada como núcleo.)

> 2) A imagem do núcleo se aplica melhor nos casos dos contextos de fusão existentes entre as partes do objeto; então, como resultado da conquista de consciência das quididades, ou melhor, das essencialidades, animadas por uma ou mais dessas partes e em razão de sua necessidade indireta de serem suplementadas por outras, torna-se possível compreender a existência das outras partes consideradas como encarnações das μορφαί ou das εἴδη[59] fundidas. Então, a parte da essência correspondente às partes nomeadas primeiro desempenha ao mesmo tempo o papel de núcleo da essência.[60]

§ 8

Ato e Potência – Ser Essencial

O emprego livre das expressões de Platão e de Aristóteles nas explicações de Hering nos obriga a confrontar a tentativa de fundamentar uma doutrina da essência – como o fazemos agora – com princípios do mesmo gênero da *philosophia perennis*. No entanto, antes de empreender essa confrontação, será necessário primeiro esclarecer o que elaboramos agora como o *ser essencial*, em sua relação com o ato e com a potência no sentido definido até este momento.

Apoiando-nos no emprego da palavra encontrada em Tomás de Aquino, admitimos provisoriamente um duplo sentido de *ato*: o de *ser perfeito*

---

[59] = Essencialidades.
[60] *Op. cit.*, p. 523 e seg.

(realizado totalmente somente no *ser puro*) e o de ser real, que admite graus segundo a proximidade ou o distanciamento do ser perfeito. Por *potência* – colocada à parte a potência divina, considerada desde o princípio de nosso estudo e que significa o *poder* sobre o ser – entendemos o *grau preliminar do ser real*, que também mostra gradações. Não está desligada do ser real, pensável como somente possível ser: no caso do ser finito, encontramos, efetivamente, que é ao mesmo tempo real e possível a todo instante. Assim, devemos falar de potencialidade igualmente a propósito do ser real, já que inclui como possível uma ascensão sempre nova da possibilidade para a realidade e uma elevação para uma plenitude maior de ser. Encontramos a confrontação na esfera do *devir* e do *passar;* este deve ser compreendido com uma passagem contínua do ser possível ao ser real e do ser real ao ser possível: sobre a base dessa passagem de não ser ao ser, que pressupõe a "possibilidade" em outro sentido.

Então, no *ser essencial* – no ser das essencialidades e no ser das essências e das quididades consideradas aqui como separadas de sua realização – encontramos um ser que não é *chegar a ser nem passar* e que se encontra em *contraposição com o ser real*. A palavra *realidade* tem aqui o mesmo sentido que no caso em que consideramos o ser real como atual em contraposição ao ser possível (potencial)? No campo da vida-do-eu do qual partimos, o ser *atual* significava o *ser presente-vivo*, e o ser *potencial* significava o ser-que-*não-é-ainda* ou que *já não-é-vivo*. Essa interpretação dependia da particularidade desse campo. Entretanto, se a realidade não deve ser limitada a esse campo – na linguagem da vida cotidiana, tem-se o costume de pensar em relação ao "mundo real", ao mundo "exterior", mais que ao mundo "interior", isto é, ao exterior como um mundo "côisico" – então a palavra realidade deverá possuir outro sentido que o de vitalidade. Voltaremos depois a comentar sobre a existência e a natureza de um laço interno entre este e aquele.

De fato, já encontramos tal acepção de realidade; em nossa Introdução consideramos como primeiro significado de *ato* o de *obrar*; com isso, a atualidade ou a realidade foi concebida como uma *eficiência*. O laço entre esse sentido e o do plenamente existente se manifesta de imediato: a alegria que ainda não está viva não me incitará a obrar, nem tampouco se exteriorizará mediante "exaltações" em voz alta. Igualmente nos outros campos: a luz que ainda não está acesa não brilhará, nem uma corda que não está vibrando ressoará. Em todos esses casos, é evidente que eficiência não coincide necessariamente com realidade: parece pertencer-lhe, mas está fundada em algo mais profundo que sua repercussão.

Isso que está mais profundo é o que designamos também como o *ser perfeito*. No entanto, somente o ser puro, o ser eterno – como o dissemos – é totalmente perfeito. Mas também, no caso de ser finito tem sentido falar de plenitude: é a *medida máxima* de ser que corresponde cada vez ao ente. Nesse alto, o ser brilha igualmente em eficácia; sai de si mesmo e é ao mesmo tempo sua "revelação". Antes de chegar a essa altura, o apogeu, o correspondente *preliminar grau do ser*, a *potência*, inclui somente *a possibilidade de obrar*, que foi designada como *faculdade*. A vitalidade presente é o apogeu de ser da vivência. O que nela propriamente vive e é, é o eu. O que no mundo côisico corresponde às unidades de vivências é o estado das coisas ou sucessos, por exemplo, os sons possíveis ou reais de uma corda.[61] O som alcança o apogeu do ser, que corresponde à sua vitalidade presente, digamos, à alegria, quando "se faz notar". Mas o que – nele – se "faz sonoro" propriamente e que revela um grau determinado de seu ser é a corda ou – mais precisamente – o violino, do qual é parte a corda, *um grau* de seu ser, porque o ser-sonoro não é simplesmente o ser da corda. O ser da corda não se esgota no fato de ressoar. Por isso, pode ser potencialmente sonoro e, em outro aspecto, pode fazer alcançar o "apogeu", assim que pode ser chamado *real*.

Se tomarmos agora o termo *atualidade* como *realidade* e realidade no sentido de *plenitude do ser* que se "repercute" e que se revela em eficiência, então é necessário perguntar-se, ainda, se com o ser real e com suas passagens preliminares (o ser atual e o ser potencial) se considerou todo o ser ou se se pode e se deve, ainda, falar de ser em outro sentido; mais ainda, em que consiste, então, o comum como ser, aqui e acolá?

No *ser essencial,* cremos ter descoberto um ser que *não* é uma *passagem* preliminar do ser real, mas que, de certa forma, *não é um ser eficaz*. No tocante à essencialidade não há uma passagem preliminar a partir da qual sobe para o ser.

Mas não é eficaz: a essencialidade "alegria" não vivifica. A essencialidade "luz" não brilha. A essencialidade "som" não ressoa. O que fica então do sentido de ser? O "ser em apogeu", o "ser em plenitude" em sua

---

[61] Aqui é necessário distinguir os sons *puros* (os "objetos ideais"), que não são nem sons de violino nem de flauta.

essência; a expressão grega tão difícil de traduzir τὸ τί ἦν εἶναι, (ser o que era) me parece encontrar aqui um puro cumprimento.[62] O que é essencial é inumeravelmente o que *era*. Dizendo com mais precisão: a diferença entre presente, passado e futuro está aqui abolida. O que é essencial não entra na existência; é não como uma coisa arrancada do nada, de momento em momento, não é temporal. Mas, já que é independente do tempo, *existe* a todo instante. *O ser da essencialidade e da quididade é repousar em si mesmo*. Por isso, em alemão, o melhor e mais breve termo para expressar isso será "atuar como essência".[63] Aqui a união estreita entre ser e essência está ainda indicada de maneira mais expressiva que pelos termos latinos *essentia-esse*.

Por um lado, o devir e o passar, e, por outro, "atuar como essência", apresentam-se um frente ao outro como o ser em movimento e o ser em repouso. Ambos são seres. Mas, se um precede objetivamente o outro, é o caso do "atuar como essência". Efetivamente, assim como o movimento tende ao repouso, assim todo devir tem como objetivo um atuar como essência. Para que *algo* possa ser e possa *ser* algo, é necessário *essência* e um atuar como essência. A proximidade da essência e do ser explica as grandes dificuldades para separar essência e ser, o ente e o ser ou dentro do ente, enquanto este não era real. Igualmente é compreensível – o que parece paradoxal – como às vezes o próprio ser, às vezes a essência, sejam considerados como *atos*. Desejoso de limitar de uma maneira clara e nítida o primeiro ente (Deus) com relação a todo outro ente, santo Tomás separou nas formas "puras" essência e esse; designou o ser como ato e chamou potencial a essência ou o *quid* em relação com o ser que recebe; dito isso, devemos perguntar agora em que sentido se deve entender esse ser, agregado à quididade. Caracterizamos o atuar como essência, como um repousar da essencialidade ou da quididade em si mesma, como contraposição ao devir e ao passar, e esse fato parece excluir o trânsito da essencialidade ou da quididade do não ser ao ser, tal como aparece na expressão "recepção do ser". Podemos certamente falar de um receber o ser quando pensamos na "realização da essência", mas o ser essencial não parece admitir nenhum começo, e a quididade não parece aceitar uma separação desse seu ser essencial. Há

---

[62] Em Aristóteles, essa expressão certamente é empregada para a *essência* real e não se aplica ao ser *essencial*. A propósito do significado textual de τὸ τί ἦν εἶναι, ver p. 745 e seg.
[63] Cf. nota 7, capítulo II.

contradição com o pensamento de santo Tomás quando este escreve: "Assim como se confere o ser (*esse*) à quididade, não somente o ser é criado, mas a quididade; já que antes de ter o ser não é nada, mas, por conseguinte, na inteligência do Criador, na qual não existe a criatura, mas a essência criadora."[64] (*Quidditas creari dicitur: quia antequam esse habeat, nihil est nisi forte in intellectu creantis, ubi non est criatura, sed creatrix essentia.*)[65]

Se tratarmos de esclarecer o sentido dessa proposição, e refletirmos no que santo Tomás entende por "quididade", então obteremos melhor uma confirmação da interpretação desenvolvida aqui. A *quididade* é aquilo *para o que* uma coisa é formada, é *o que* ela é, "uma parte de um todo composto".[66] Foi chamada igualmente "forma". A partir daí, Tomás diferencia a "ideia" no sentido do que acaba de nomear na citação precedente: "essencialidade criadora"; efetivamente, "este termo, *ideia* parece significar uma forma separada daquilo de que ela é a forma". "É aquilo *segundo o que* está formado, é a forma exemplar à imagem da qual certa coisa está formada."

Essas formas exemplares, segundo a interpretação agostiniana da doutrina das ideias de Platão, utilizadas aqui por Tomás, tem seu ser no espírito divino. Delas se distinguem as "formas criadas", que têm seu ser nas coisas. Pelas formas criadas devemos evidentemente compreender as essências "realizadas" nas coisas. O ser que elas recebem é o ser *real* que possuem nas coisas. O "foi criado" é uma interpretação mais concreta do que devemos entender por "recepção do ser". Mas, se quisermos que tenha sentido a expressão "receber o ser", então *o que* recebe o ser tem de ter um modo de ser, que já o tinha antes da recepção do ser real. Tomás poderia admiti-lo unicamente no sentido em que concede um ser às ideias originárias: como ser no espírito divino. Nesse sentido, no entanto, deveria ele aceitá-lo. Porque ainda aceitando que a imagem fica atrás da imagem originária e que o *quid* da coisa não coincide com a ideia criadora como a seu conteúdo, assim, pois, é impensável que o Criador não conheceu de antemão a imagem tal como é, como existente, por trás do arquétipo originário.

---

[64] Edith, ao traduzir aqui *essentia* como "*Wessenheit*" (essencialidade) faz o seguinte comentário: "'Essencialidade' não está tomada aqui em contraposição a 'essência', assim como se elaborou antes. '*Essentia*' pode significar ambas as coisas."

[65] *De potentia*, q. 3, a. 5 ad 2. [Clemente Fernández, *Os filósofos medievais. Seleção de textos*. II, Madri, 1980, p. 464.]

[66] *De veritate*, q. 3, a. 1, corp. (*Untersuchungen über die Wahrheit I, 93.*)

124 Capítulo III

Assim, é evidente, de qualquer modo, que o ser essencial é diferente e independente do ser das coisas. As seguintes questões referem-se agora à sua relação com o ser real das coisas e sua relação com o ser eterno do primeiro ente. Com esse objetivo, será necessário examinar o significado da expressão "no espírito divino"; portanto, se essa expressão *encontra* o sentido do ser essencial e se o *esgota*.

§ 9

O Ser Essencial e o Ser Real das Coisas

No estudo da relação entre o ser essencial e o ser real côisico, é necessário considerar que o ente, ao qual é próprio o ser essencial, está discordante; essencialidades, quididades e ainda alguns outros aspectos que somente citamos em nossa exposição sem discuti-los detalhadamente. Se considerarmos essência e atuar como essência[67] em estreita relação de pertença, e se tomarmos o termo "essência" para designar todo ente, ao que corresponde o ser essencial, então, "essência" não está considerada no sentido estrito, como o delimitamos há um momento em relação à "essencialidade" e à "quididade", mas sim em um significado mais amplo. A fim de ver claramente na relação entre o ser essencial e o ser real, uma vez mais temos que fazer distinções.

O *quid de essência* "alegria de uma criança" "existiu" segundo seu ser essencial antes de todo tempo, antes da existência do mundo, das crianças no mundo e da alegria das crianças. Quando, pela primeira vez, uma criança no mundo experimentou alegria, nesse mesmo momento *a essência e o quid* "alegria de uma criança" eram reais. Quando a criança regozijou-se e sobressaltou-se "de alegria", assim era alegria *em virtude de sua essência,* a que operava e se revelava desta forma. A alegria é real e eficaz *pela sua essência,* a essência é real e *eficaz na alegria,* na alegria *dessa criança* como um *único.* O *quid* de essência "alegria de uma criança", considerado segundo seu ser essencial, é *uma,* qualquer que seja o número de vezes de sua realização. Entretanto, há tantas correspondentes essências reais e quididades

---

[67] Cf. nota 7, capítulo II.

quantas crianças que se alegrem. E a relação entre *um* quid "essencial" e as *muitas* essências reais e quididades reais se expressa de maneira adequada quando dizemos: *a mesma coisa é real aqui e acolá e onde se queira,* onde exista a alegria de uma criança.

O fato de que isso possa produzir-se simultaneamente em diferentes lugares e em épocas distintas traz dificuldades só para aquele que não pode conseguir prescindir de considerar o ente ligado ao espaço e tempo como somente o ente. Da mesma maneira em que eu sou capaz de me transportar agora "em meu espírito" a outro lugar e estar de volta aqui e lá ao mesmo tempo, segundo meu ser espiritual (ainda que esteja somente aqui com meu corpo real), assim o mesmo o *"quid* essencial" pode ser realizado aqui e acolá em forma simultânea. Certamente, é necessário, em todo caso, *um algo* aqui e outro *algo* acolá onde seja realizado.[68]

Se o *quid* e a essência se fazem reais e eficazes em cada coisa e isso é pelo que eles são reais e eficazes, seria preciso atribuir-lhes também o *fazer-se* real em cada coisa, isto é, a *passagem do ser essencial ao ser real*? Dessa maneira, o ser essencial estaria dotado de uma eficiência e seria um ser real em pleno sentido da palavra. Porque por ser real (= atual), entendemos "o ser em plenitude que se exterioriza e se revela na eficácia".[69] Concedemos a plenitude de ser às essencialidades e às quididades no sentido de repousarem em si mesmas. Contudo, se disso resultasse que a quididade passasse dela própria ao ser em coisas singulares, então o ser essencial alcançaria o sentido pleno de "ser real". Efetivamente, a realidade das quididades seria superior à das coisas singulares, porque essas precederiam como causa originária que produz a realidade das coisas singulares: em relação com as coisas singulares não seriam somente πρῶται οὐσίαι, mas verdadeiramente *creatrices essentiae*. Mas, se consideramos as quididades tal como encontramos – como o *quid* puro das essências reais – então, não podemos encontrar nelas tal realidade superior nem uma eficácia autônoma. Pelo contrário, em relação com as coisas reais e suas essências reais, parecem como formações singulares pálidas e débeis, de tal modo que estamos mais inclinados a designá-las mais como objetos irreais que como objetos originariamente reais.

---

[68] Com isso consideramos a questão da *individualidade*. Mas neste momento nossa investigação não deve ir nessa direção.
[69] Ver § 10 neste capítulo.

§ 10

Os Universais

O que chamamos "quididade", "*quid* de essência" ou "*quid* essencial" se encontra englobado, de todas as maneiras, no que a escolástica entende por *universal*. Segundo o sentido originário da palavra, esse termo significa *unum versus alia seu unum respiciens alia*:[70] um frente ao outro, ou um em relação com outro. E, visto que um pode estar em relação diferente com o outro, isto é, em uma relação de expressão, de representação, de causa ou de ser, assim se distinguem *quatro sentidos* diferentes do "universal": palavras universais, conceitos universais, causa universal (Deus), naturezas universais. A discussão com respeito à verdadeira interpretação dos universais é quase tão antiga quanto a filosofia. Desde a época dos pré-socráticos, houve, em todo tempo, *nominalistas*, que não queriam admitir mais que uma universalidade dos nomes, e consideravam as coisas singulares como pelo que designava o nome; os *conceitualistas*, que apesar de reconhecerem uma *universalidade de conceitos*, não viam nos conceitos mais que formações do espírito às quais nada corresponderia na realidade; enfim, os realistas, convencidos de que havia em realidade uma *natureza* correspondente ao nome e ao conceito universais. No entanto, o realismo se divide em diferentes correntes. A escola tomista qualificou de "realismo exagerado" a concepção segundo a qual o universal existe como universal da parte das coisas. O *platonismo* (no sentido que lhe deu a escolástica, invocando a Aristóteles) está incluído nessa doutrina; efetivamente, atribui ao universal uma existência fora do espírito e fora das coisas.

Pelo contrário, Duns Scoto ensina a presença de um ser do universal das coisas. Seu próprio ponto de vista, apoiado basicamente na autoridade de *Aristóteles*, de *Boecio*,[71] de *santo Anselmo*[72] e de *santo Tomás*, é chamado pelos tomistas *realismo moderado*. Essa corrente distingue entre a *matéria* ou o que está contido no conceito universal, isto é, a natureza, e a

---

[70] Gredt, *Elementa Philosophiae Aristotelico-Thomisticae*, I, p. 96.
[71] Boecio, cf. nota 7, capítulo I.
[72] Santo Anselmo de Canterbury (Aosta, 1033/34 - Canterbury, 1109). Doutor da Igreja. Foi abade beneditino em Bec (1078), depois arcebispo de Canterbury. Tem inúmeras obras filosóficas e teológicas. Na teologia tentava conseguir uma fundamentação racional dos dogmas no sentido daquela frase: "*Credo, ut intelligam.*"

forma, a universalidade. À matéria atribuem um ser na coisa particular, mas à forma somente lhe atribuem um ser no espírito.[73]

Tratemos de encontrar em uma dessas concepções uma explicação do que denominamos como *"quid* essencial" e de seu ser essencial. É muito evidente que não pensávamos unicamente em um nome, mas em algo côisico. Poder-se-ia, certamente, tratar de explicar como "conceito" o *"quid* essencial" diferente do *"quid* real".[74] Efetivamente, o conceito, como algo pensável, é algo irreal; de certo modo, também se pode dizer dele que está "realizado" aqui e acolá na medida em que toda uma série de coisas particulares lhe pode corresponder. Possui, enfim, certa independência em relação com o pensamento no qual ele é pensado: *o mesmo* conceito pode ser pensado por muitos homens, mas reveste certa palidez e certa falta de vida em comparação com o ser real, do qual também falamos em relação ao ser essencial. Quando se quer captar o conceito separadamente da palavra que o expressa e do objeto designado por ele, desvanece-se facilmente diante dos olhos.[75]

Não obstante, é impossível considerar como conceitos o *quid* e a essência não atualizados ou o *quid* e a essência fazendo abstração de sua realização. Porque os conceitos são *formados,* são "produtos do pensamento" e deixam espaço a certa arbitrariedade. As essências e as quididades, entretanto – assim como o estabelecemos há um momento, a propósito das essencialidades –, *achamo-las;* são, então, subtraídas de nossa vontade arbitrária. Pfänder[76] disse que quanto constitui o *conteúdo* do conceito de um objeto é o fato de indicar um *objeto* determinado, "não são, portanto, os objetos nem algo dos objetos os que formam o conteúdo do conceito".[77]

---

[73] Gredt, *op. cit.,* I, p. 97.

[74] Aqui "conceito" deve ser entendido no sentido de conceito *formal,* isto é, como formação do pensamento, como era o caso já nos contextos precedentes e igualmente nas exposições de Gredt que acabam de ser apresentadas.

[75] A particularidade dos *pensamentos* como próprio âmbito, objetivo da lógica e dos conceitos como elementos do pensamento, são expostas de uma maneira muito clara, viva e convincente em *"Logik"* de Alexander *Pfänder (Jahrbuch für Philosophie und phänomelogische Forschung,* IV, Halle, 1921), especialmente na introdução (p. 139 e seg.) e na II parte (p. 271 e seg.).

[76] Alexander Pfänder (1870-1941).

[77] *Op. cit.,* p. 275.

128 Capítulo III

Pela "essência" e pelo *"quid"* consideramos algo que encontramos nos objetos, mesmo se fazemos abstração de seu ser-real nos objetos. Certamente não podemos subscrever inteiramente a proposição de Pfänder sobre o conteúdo do conceito que acabamos de citar. Em breve falaremos mais sobre esse assunto.

Guardemos isto: o *"quid"* essencial não é nem um simples nome nem um simples conceito. É algo côisico (*aliquid a parte rei*). Essa afirmação se insere na concepção do "realismo moderado"? Podemos estabelecer a distinção da "matéria" e da "forma".[78] A "matéria" é o *"quid"* do ser, independentemente de seu ser real ou essencial. Estamos de acordo com o realismo moderado, enquanto admite um ser nas coisas particulares.

Que acontece, então, no que concerne à "forma" da universalidade, a que não conviria mais que um "ser no espírito"? Devemos procurar mais ainda o que significa este estar no espírito. A esse respeito santo Tomás escreve:[79]

> O universal pode ser entendido em duplo sentido: relaciona-se primeiro com a natureza a que o intelecto atribui o significado ou o ser intencional de universalidade (*intentionem universalitatis*) [...]. Depois, o universal pode entender-se enquanto é universal e enquanto a mencionada natureza comporta o ser intencional da universalidade, isto é, é considerado como 'ser vivo' ou 'homem' como um na pluralidade. Nesse sentido, os platônicos afirmaram que o "ser vivente" e o homem em sua universalidade eram substâncias. Neste capítulo se encontra a resposta de Aristóteles a essa afirmação: ele mostra que o 'ser vivo em geral' ou o 'homem em geral' (*animal commune, homo communis*)[80] não são uma substância

---

[78] Deve-se destacar que "matéria" e "forma" estão empregadas aqui em um sentido diferente do que têm na filosofia da natureza, em que significam a "substância" e a "forma essencial" das coisas da natureza.

[79] *In Met.*, L. 7, lect. 13.

[80] Em referência à diferença entre *universale e commune*: "*commune* é algo que de alguma maneira corresponde a vários objetos: *universale*, no entanto, é aquilo que é comum a vários objetos, enquanto lhes está identificado e que se fez *múltiplo neles* (*multiplicatum in illis*): *commune* não precisa, entretanto, se o que é possuído por uma pluralidade (*communicatur cum pluribus*) é o mesmo segundo o número ou não; no entanto, *universale* precisa disso, pois não é jamais o mesmo segundo o número em várias coisas. Assim, a natureza divina é *comum* (*communis*) às três pessoas, mas não se comporta perante elas como o universal (*universale*) se comporta perante os objetos que lhe são subordinados (*inferiora*); assim, a moradia é um espaço comum a vários homens, mas de nenhuma maneira é um universal" (Gredt, *op. cit.*, I, p. 96).

no mundo real (*in rerum natura*). Mas essa generalidade (*communitas*) recebe a forma do ser vivo ou do homem enquanto está no espírito que considera uma forma como comum a muitos objetos, ao liberá-la de tudo o que condiciona à individualização (*ab omnibus individuantibus*).

> [...] Pois o intelecto conhece certamente as coisas na medida em que ele lhes é semelhante com respeito à *species intelligibilis*[81] [...], mas a *species* não tem necessidade de estar no espírito da mesma maneira que no objeto conhecido; porque tudo o que está ali no objeto existe à maneira do próprio objeto em quem se encontra. E assim, da natureza do intelecto, que é diferente da natureza do objeto conhecido, segue-se necessariamente que o modo de conhecimento segundo o qual o intelecto conhece é algo diferente do modo de ser no qual a coisa existe. *Deve certamente estar na coisa o mesmo que o intelecto conhece, mas não da mesma maneira.*[82]

A última proposição, principalmente, é importante para nós. Tomás fala de "o próprio" que está na coisa e que é conhecido pelo intelecto. O "ser conhecido" coincide para ele com o "estar no espírito" (estar no intelecto – "*intellectus*"). O que é o objeto é um inteligível, isto é, algo que pode entrar no intelecto; *quando* ele é conhecido, então se converte em *actu intelligibile* (objeto real de conhecimento).[83]

Essa *mesma* coisa é suscetível de um duplo modo de ser acrescentado:[84] então, o estar no objeto (o ser real se o objeto é real) e do ser no espírito. Precisamente isso que pode ser de diferentes maneiras e que se lhe pode captar fazendo abstração de seus diferentes modos de ser me parece ser o que chamamos até agora o "*quid* essencial". Se está "no espírito" ou no "conhecimento real", isso não quer dizer que seja uma peça constitutiva do espírito cognoscente ou do conhecer real como unidade da vivência. De acordo a proposição fundamental tão frequente em santo Tomás: "o co-

---

[81] Deixamos de novo a expressão *species intelligibilis* sem traduzir, até que a ocasião se apresente para esclarecê-la objetivamente de tal maneira que seja possível uma tradução sem equívoco. Somente como indicação provisória, a propósito do que nos referimos nesta citação, podemos colocar em seu lugar "forma de conhecimento".

[82] *In Met.*, L. 1, lect. 10 [?].

[83] O que aqui "é realizado" não é o objeto, mas o conhecimento.

[84] "Acrescentar" deve ser sublinhado, sendo que prontamente deve ser mostrado que isso tem seu próprio modo de ser, independentemente dos modos de ser possíveis que se adicionem.

nhecido está no que conhece à maneira do cognoscente", o que é um pouco equívoco. O espírito cognoscente é um ser real individual. O conhecido como tal não chega jamais a sê-lo pelo fato de ser-conhecido. Chega a ser somente algo captado pelo espírito, algo que lhe pertence.

O espírito o abrange e o possui, mas sempre como algo mais além dele.[85] O conhecido é meu em um sentido completamente diferente que o conhecer. *Meu* conhecer é único e exclusivamente meu: não pode ser ao mesmo tempo o conhecer de outra pessoa. Mas o que eu conheço, isto é, não somente o objeto do conhecimento, mas também o conhecido tal como é conhecido, por exemplo, de determinada maneira conceitual, pode ser igualmente conhecido por outros. Eu não retiro de ninguém (poder) conhecê-lo. O "estar no espírito" ou o "ser abrangido pelo espírito" se agrega ao que é abrangido no conhecimento, da mesma maneira que o ser real se acrescenta ao que se faz real. "*Ser-real*" e "ser conhecido" são modos de ser diferentes do que se realiza "*in rerum natura*"; "*in intellectu*" vem a ser um "*actu intelligibile*", do *mesmo* "*quid de essência*". De fato, o que abrange o espírito é o mesmo que o que encontra na essência real como seu *quid*. Com relação à sua "realização" e à sua "espiritualização", guarda uma específica integridade e intocabilidade. É o que é, pouco importa que seja realizado ou não, ou que seja conhecido ou não. E é precisamente esse ser, indiferente em relação à sua "realização" e à sua "espiritualização", o que chamamos seu ser *próprio*, seu ser *essencial*. Certamente é necessário ter presente que à "espiritualização" pertence ainda outra coisa mais que o "abranger com o espírito"; o pensar "tende" ao objeto por meio do conceito com o que trata de captar seu *quid*. O conceito idealmente realizado coincidiria perfeitamente com o *quid* de essência sem ser idêntico e ele. O conceito que o homem singular forma tende a esse conceito ideal (no caso de observar seu conceito de essência e não a qualquer "clara definição"); mas fica mais ou menos inadequado: por anormalidade, talvez por falsidade. Cada homem tem seu "mundo conceitual" que pode coincidir não somente com o mundo real, mas também com o "mundo dos conceitos ideais" e com os mundos conceituais de outros.

Sendo que encontramos o *mesmo quid* de essência em uma multidão de casos particulares, podemos dar-lhe o *significado da universalidade*; por

---

[85] Mais adiante (capítulo VII, §4) mostraremos, porém, que qualquer coisa do todo que é envolvida espiritualmente pode entrar no espírito para formá-lo.

isso, é possível o prescindir das condições de sua individualização, que pertence a esse significado e que se chama *abstração*. Em si, o *quid* de essência não é nem "universal" nem "individual". Na esfera do ser essencial não tem nenhum semelhante: isto tem em comum com o indivíduo. Mas é "mediato" e permite individualizações – isto o diferencia do indivíduo no sentido pleno da palavra e da possibilidade de atribuir-lhe a "universalidade".

As últimas observações deixam claro que a concepção desenvolvida aqui supera algo o "realismo moderado", mas que não deve ser chamado "realismo platônico" (segundo a interpretação tradicional do platonismo).[86] Ao "*quid* essencial" não atribuímos o ser à maneira das coisas reais, não os consideramos como indivíduos ou como "substâncias" (no sentido da palavra que será explicado depois, e que até aqui evitamos cuidadosamente). Nossa concepção se aproxima mais, talvez, da de Duns Scoto.

No âmbito do que tratamos de elaborar como "ser essencial" perante o ser real, de um lado, e ao "ser no espírito", de outro lado (sob as diferentes formas possíveis do ser-conhecido, do ser-pensado etc.), *as essencialidades são os elementos*, dos quais *as quididades* se constroem como *formações compostas*; estas constituem, por sua vez, entram no *quid* completo das coisas como um núcleo de consistência. As essencialidades entram em relação com o mundo real somente por meio das quididades e da essência. As quididades e as essências se fazem reais nas coisas enquanto são consistências firmes, o *quid* completo se faz real enquanto sua consistência fluente. Examinaremos mais de perto todo esse campo, partindo da "atitude natural", que está dirigida ao mundo das coisas reais, assim a ganhamos – por meio da "desconexão" do ser real –, como o *quid* das coisas ou como *seu sentido côisico*. Se em uma observação retrospectiva partimos do que o espírito abrange captando, pensando, conhecendo e compreendendo, então nos encontramos com o mesmo como conteúdo de nossa "consciência", dirigida para os objetos ou como *significado espiritual*.[87] No caso de se começar por analisar a expressão linguística, então encontramos nesta o *sentido linguístico*.[88]

---

[86] Nunca consegui persuadir-me de que Platão pretendera realmente o que Aristóteles combate na *Metafísica*, referente à doutrina das ideias.

[87] Husserl formulou nas "*Ideen*" a expressão "sentido noemático".

[88] Este último caminho é o percorrido por Husserl na sua obra *Logische Untersunchungen*, e o primeiro e segundo caminhos os percorreu na sua obra "*Ideen*".

§ 11

Defesa Diante de Falsas Interpretações do "Ser Essencial"

Diante das falsas interpretações persistentes, como as mostrou a doutrina fenomenológica da essência de acordo com as muitas opiniões – também as mostrou a escolástica –, conviria estabelecer expressamente o que se entende e o que *não* se entende com essa doutrina da essência, conforme a desenvolvemos aqui. No que foi dito, manifestou-se que nada temporal, nada de cujo ser é um devir e um passar de um instante a outro, é possível sem um fundamento fora do tempo, isto é, sem uma "figura" que ordene o processo de cada fato temporal e que, portanto, se faça real no tempo. Assim, partimos do fato temporal que encontramos como nosso próprio ser e sob as formas intemporais, compreendemos o conteúdo significativo de nossa vivência vivida. Por isso deve-se deduzir de nossas constatações – mesmo que não sigamos aqui esta linha – que nenhum *conhecer* temporal nem nenhum conhecer do real e temporal é possível sem que, ao mesmo tempo, seja conhecimento de um sentido não temporal; somente assim seria possível como o conhecer em geral. *Não* se diz que os homens éramos capazes de conhecimento de um sentido intemporal, independentemente de sua realização temporal e de dados sensíveis. Para tratar essa questão, deveríamos investigar o que se entende por dado sensível em geral e o que com isso poderia entender-se onde não se trata de uma percepção das coisas exteriores, mas da consciência pertencente a nosso próprio ser. No entanto, a questão não foi abordada ainda em nossas reflexões e, sobre isso não se antecipou nada. Se entendemos por "conhecimento da essência" a captação de um sentido intemporal, como condição da possibilidade de todo conhecer, então não se diz que esse conhecimento da essência seja possível para as criaturas que conhecem no tempo, como somos os homens (nosso conhecimento pertence certamente a nosso ser temporal), que seja possível separadamente do conhecimento do temporal. Assim, pois, de nenhuma maneira concedemos ao homem um conhecimento ao modo do conhecimento divino.

Tampouco se afirma que os homens sejamos capazes de conhecer por natureza puros seres espirituais de maneira imediata (Deus ou os anjos), isto é, sem nos servirmos da experiência do temporal-real. Do que dissemos somente podemos concluir o seguinte: se falamos de "Deus" ou dos "anjos", e se ligamos a esses nomes um sentido, então o sentido é algo intemporal. Com o nome *referimo-nos* a algo, eles *significam* algo; nomes diferentes significam coisas diferentes. E se se trata de "autênticas" unidades de sentido e não de produtos arbitrários de um "pensar" que se diverte,[89] então são igualmente algo que encontramos já existente, que descobrimos o que nos foi dado e que nos dá leis para reger nossa formação dos conceitos e dos nomes. Onde e de que maneira o "encontramos já existente"? Isso é outra questão. De qualquer forma, não se trata de algo que não é nem temporal-realmente nem "simplesmente pensado". É o que designamos como "ente essencial".

Mesmo que tenhamos primeiramente diferenciado no interior do próprio ser o fluxo temporal da vida e das unidades de sentido que o formam, é válido, no entanto, para todo ser temporal, isto é, para todo o mundo de nossa experiência interior e exterior. O que queremos dizer quando falamos de "coisas" é algo que surge e passa, mas encarnando em seu devir e em seu passar um sentido intemporal.

Se distinguimos, então, igualmente, no mundo de nossa experiência um *"quid"* fluente e uma "estrutura essencial" que domina esse fluxo, se consideramos nossa "experiência" como "condicionada e animada" pelo conhecimento da essência, com isso não dizemos que conhecemos as coisas como são "em si" e independentes de nossa experiência, e que as captamos "até seu fundo". No entanto, ainda que também tivéssemos que estabelecer que não podemos captar as coisas de outra maneira mais que pelas "aparições" (ou fenômenos), que não estão determinados pelas próprias coisas, mas pelas leis de nosso conhecer, assim o "dar-se da aparição" e a coordenação entre o espírito cognoscente e o mundo conhecido (a "relação sujeito-objeto") seria de novo algo que está submetido às leis da essência e não pode ser captado de outra maneira. A possibilidade de "aparecer" às criaturas que têm nossa condição espiritual não pode ser compreendida mais que a partir da essência das coisas e da "essência" de nosso espírito.

Tudo o que se falou acerca disso repousa na premissa de um conhecimento da essência em nosso sentido. Assim, de nenhuma maneira se exclui que não tenhamos um acesso imediato à essência de Deus e dos anjos, à

---

[89] Se e até que ponto é possível e se algo assim deve ser ainda examinado. (Ver o capítulo VI, § 1.)

das coisas e, talvez, inclusive a nossa própria essência (também o sentido mediato e imediato teria que se explicar ainda), e que nosso conhecimento de essência não possa jamais ser completo, mas sempre somente "fragmentário". Entretanto, não se trata agora desses assuntos, isto é, do modo e competência do nosso conhecimento e de seu objeto natural. Enunciamos a questão do *ser* e nos encontramos a contraposição entre o ser temporal-real e o ser essencial. Mas, eis que aqui surge uma dificuldade.

§ 12

Ser Essencial e Ser Eterno

Observemos o caminho percorrido. Partimos do fato inegável de nosso próprio ser. Este se manifestou como um ser fugaz que passa de um instante a outro e, por conseguinte, impensável sem outro ser fundado em si mesmo e criador, dono de todo ser, que é o próprio ser. Além disso, encontramos algo que surge em nosso ser mutável, o que nós, quando apareceu ou cresceu, podemos abranger e reter como um todo, como uma formação delimitada. Apesar de surgir no fluxo do tempo, aparece agora como desligado desse fluxo, como intemporal. O fluxo temporal, a vivência, da qual surge a unidade *em mim* e *para mim*, se encontra sob leis que decidem seu curso e que, por sua vez, já não são fluentes nem fugazes, mas algo estável e fixo. Trata-se de uma diversidade de unidades de sentido distintas por seu conteúdo e delimitadas reciprocamente. O "mundo real" com sua diversidade de formações que chegam a ser e passam, e o mundo do ser que flui, sempre, ao mesmo tempo real e possível, estão fundados nesse "reino do sentido" e possuem em si o fundamento de sua possibilidade.[90] As "unidades de sentido" são finitas enquanto são "algo e não tudo". Mas não têm nenhuma possibilidade de começar ou de terminar no tempo. Encontramo-nos diante de algo que não é temporal, mas que tampouco é eterno no sentido do ser que o compreende todo? Era prematuro o dilema *aut-aut*, que manifestou Hedwig Conrad-Martius como resultado principal de suas investigações sobre o tempo:

---

[90] Aqui se deve pensar no duplo sentido de possibilidade: 1) Possibilidade essencial que torna possível o ser real com seus passos preliminares. 2) Esses próprios passos preliminares.

> Ou um ente existe em uma comensurabilidade essencial com o nada, e, então, é, *eo ipso*, uma pessoa eterna, ou, então, existe em oposição de fato frente ao nada; e, então, – tomado em si mesmo onticamente! – entregue *eo ipso* à tensão constitutiva entre ser e não ser e, com isso, à existência concreta de contato, finito no sentido específico?[91]

A "comensurabilidade com o nada" significa que todo "abismo possível do nada" está "ocupado *eo ipso* pelo ser eterno". "Mas isso indica a soberania imediata do ser sobre todo não ser possível. O criar é a expressão natural dessa soberania em sua eficácia de fato."[92]

O ser "fugaz" não está em posse do ente que *é* fugaz: este deve sem cessar ser-lhe dado sempre de novo. No entanto, só o que possui verdadeiramente o ser e que é seu senhor, pode dá-lo. Ser senhor só pode ser uma *pessoa*. Mas essa pessoa não seria dona do ser. Se alguma coisa se subtraísse a seu poder de ser, a saber, se estivesse independente de seu ser ou não ser. Assim, o ser das unidades de sentido tampouco pode existir independente de Deus. Cai com isso sob o fluxo do tempo? Isso também não é possível.

O "sentido" se mostrou como a lei que repousa em si mesma e que domina esse fluxo. Mas as unidades de sentido existem realmente "em si"? O ser que lhes atribuímos é *seu* ser? Se uma unidade de experiência se torna real em mim, então eu sou o que se dá com o ser, e essa unidade se torna real pelo ser que me foi dado. No entanto, não é o sentido que o forma, o que me dá meu ser, mas com o ser se me dá esse sentido e por seu meio sou formado.

O que me dá o ser e enche juntamente com ele esse ser com sentido não deve ser somente o dono do ser, mas também do sentido: o ser eterno possui a plenitude do sentido, e não pode "tomar" senão de si mesmo o sentido, com o que cada criatura fica completa quando é chamada à existência. Assim, o ser das essencialidades e das quididades não deve ser pensado independentemente do ser eterno. É o próprio ser eterno quem configura as formas eternas em si mesmo, não em um devir temporal, e segundo elas cria o mundo no tempo e com o tempo.

Essa palavra tem uma ressonância misteriosa e, no entanto, nos é familiar: Ἐν ἀρχῇ ἦν ὁ Λόγος, assim responde a sabedoria eterna à pergunta enig-

---

[91] *Die Zeit*, p. 373.
[92] *Op. cit.*, p. 372.

136   Capítulo III

mática do filósofo. Os teólogos traduzem: "No princípio existia o *Verbo*";[93] por esse termo entendem o *Verbo Eterno*, a segunda pessoa do Deus Trino. Mas nós não violentamos essas palavras de são João se, conforme as considerações que nos conduziram até aqui, tratamos de dizer com Fausto: "No princípio era o sentido." Tem-se o costume de comparar a palavra eterna com a "palavra interior" do discurso humano, e de comparar, sobretudo, o Verbo feito homem com a palavra "exterior" e falada.[94]

Nós agregamos, ainda, o que diz a sabedoria eterna pela boca do apóstolo Paulo: αὐτός ἐστιν πρὸ πάντων, καὶ τὰ πάντα ἐν αὐτῷ συνέστηκεν, "Ele existe antes de todas as coisas, e todas têm nEle consistência".[95]

Evidentemente, esses dois textos da Escritura nos transportam para além do que nos indicou o intelecto em sua busca. Mas, talvez, o sentido filosófico do Logos, no que penetramos, pode ajudar-nos a compreender o sentido teológico do Logos e, por outro lado, a verdade revelada pode ajudar-nos também nas dificuldades filosóficas.[96] Trataremos primeiro de explicar o sentido dessas duas passagens da Escritura. Com o termo *sentido*, o evangelho de João designa uma pessoa divina, portanto não *irreal*, mas *o mais real* que há. Acrescenta também, imediatamente: πάντα δι' αὐτοῦ ἐγένετο. "Por Ele foram feitas todas as coisas."[97] Disso resulta pelo significado similar o texto de são Paulo que citamos antes que atribui "consistência e a coerência" às coisas "no Logos".[98] Assim, devemos compreender pelo Λόγος divino um *ser real*, isto é, o *ser divino* segundo a doutrina da Trindade. Que seja chamado *sentido* se explica pelo fato de que é a essência divina *como entendido*, ou seja, como *conteúdo do conhecimento divino*, como seu "sentido espiritual". Também pode ser chamado *Verbo*, visto que é o conteúdo do que Deus fala; o conteúdo da revelação, portanto o sentido linguístico e mais originariamente: porque o Pai se expressa aí e o Verbo se gerou de sua palavra. Entretanto, esse sentido é real e é impossível

---

[93] Jo 1, 1.
[94] Ver Tomás de Aquino, *De veritate*, q. 4, a. 1 ad 5/6. (*Untersuchungen über die Wahrheit* I, p. 115 e seg.)
[95] Col. 1, 17.
[96] Segundo os princípios de santo Anselmo: "*Fides querens intellectum*" e "*Credo, ut intelligam*". Ver a esse respeito também a introdução de Alexandre Koyré em sua edição latina e francesa do "*Proslogion*" de Anselmo sob o título: "*Fides quaerens intellectum*" (Paris, 1930).
[97] "Tudo" –"todas as coisas" significa tudo o que foi criado. [cf. 1 Jn 1, 3.]
[98] Assim tratei de traduzir συνέστηκεν "constante".

separar seu ser essencial de seu ser real, visto que o ser eterno é essencialmente real e como ser *primeiro* é o autor de todo ser. Que o ser essencial não teve começo se desprende de seu ser essencial e do sentido como tais. Mas podemos compreendê-lo igualmente partindo do *espírito divino*. O ser real (atual) do espírito é *vida* e *entender vivo*. Deus como "ato puro" é vitalidade imutável. No entanto, não é possível vida espiritual, não é possível sem um conteúdo, sem um "sentido espiritual". E esse sentido tem de ser ao mesmo tempo eterno e imutável como o próprio espírito divino. É possível separar, ainda que seja em pensamento, o ser essencial do λόγος de seu ser real, como é possível fazê-lo no caso da essência finita? A Trindade como tal parece indicar semelhante separação. O Filho é designado como coeterno (*coaeternus*) com o Pai,[99] mas como "*gerado pelo Pai*"; o que significa que Ele *recebe* seu ser eterno do Pai. A *essência divina* é uma e, por essa razão, não pode ser designada como gerada. O que é *gerado* é a *segunda pessoa*, e o ser que recebe não pode ser o ser essencial da essência divina, mas somente seu *ser-real* em uma segunda pessoa. Visto que a pessoa do Filho e seu ser real são algo novo em relação com a pessoa do Pai, pode-se dizer também dela que recebe o ser. Mas, a essência não recebe seu ser essencial. A própria expressão ἐν ἀρχῇ ἦν ὁ Λόγος admite tal interpretação se pensamos no significado que possui o ἀρχῇ na filosofia grega. Certamente, esse termo não significa o "começo" como "princípio do tempo", mas "o primeiro ente", o ente originário. Assim, o sentido da frase misteriosa vem a ser: no primeiro ente estava o Logos (o "sentido" ou "a essência divina") – no Pai estava o Filho –, o sentido do real originário.[100] A "geração" significa a colocação da essência na nova realidade pessoal do Filho, que é, no entanto, a posição ao exterior da realidade originária do Pai.[101]

As expressões metafóricas empregadas para explicitar as relações entre as pessoas divinas quase ressoam como se houvesse que aceitar uma separação não somente no pensamento, mas também uma separação real entre o ser essencial e o ser real. (De fato, não pode admitir-se, visto que nos dois

---

[99] Ver o Símbolo de santo Atanásio. [Esta confissão de fé, atribuída a santo Atanásio, é texto original latino, que começa com "*Quicumque vult salvus esse*"..., e hoje em dia se nega sua autoria a Atanásio (cf. H. Denzinger – P. Hünermann, *O Magistério da Igreja. Enrchiridion symbolorum*..., Barcelona, 1999, p. 81).]

[100] A mesma interpretação se encontra em J. Dillersberger, *Das Wort vom Logos* [A palavra do Logos], Salzburgo, 1935, p. 35, com textos de Agostinho e de Orígenes.

[101] A essência divina não é um "universal", mas um "comum". (Ver neste capítulo.)

casos se trata do ser eterno.) De outra maneira, a transmissão do primeiro ente, como *do* ente cuja *essência é o ser*, não parece admitir uma separação nem sequer na ordem do pensamento. Era a inseparabilidade entre a essência e o ser real, pela qual Tomás separou o primeiro ente de todo outro ente.

Tudo o que é finito *recebe* seu ser (segundo nossas concepções atuais é necessário dizer: seu ser *real*) como algo que se acrescenta à sua essência. Expressa-se assim uma separação real entre a essência e o ser real. O ser essencial nos parecia separável da quididade, não realmente, mas sim na ordem do pensamento.

Entretanto, se o primeiro ente tem o ser por essência, então, é impossível também pensá-lo sem o ser. Nada ficaria se se anulasse o ser – nenhum *quid* ao modo do qual se pudesse pensar como o não ente. *Quid*, essência e ser não se podem aqui distinguir. Caso fosse possível segurar esse pensamento com toda clareza, assim teríamos o fundamento para uma "prova ontológica de Deus", ainda mais profunda e mais evidente que o pensamento do *ens quo nihil majus cogitari possit*, isto é, do ser mais perfeito que se pudesse pensar e que constitui o ponto de partida de santo Anselmo.[102] Certamente, não se poderia chamá-la uma "prova" propriamente dita. Se se diz: o ser de Deus é sua essência; Deus é impensável sem o ser; Deus é *necessário*... Assim, não encontramos nisso uma *conclusão* propriamente dita, mas somente uma transformação do pensamento originário.

A retidão dessa transformação tampouco foi recusada por santo Tomás, que, como se sabe, refutou a prova ontológica de Anselmo.[103] Admite que a proposição: "existe um Deus" é evidente *em si*, visto que Deus é seu próprio ser.

> Mas, visto que não sabemos em que consiste Deus, para nós não é evidente [o que se compreende por si],[104] mas que necessitamos demonstrá-lo por meio daquilo que é mais evidente para nós e menos por sua natureza, isto é, pelos efeitos.[105]

---

[102] *Proslogion*, cap. II (na edição de Koyré, p. 12).

[103] *Summa theologica*, I, q. 2, a. 1 ad 2.

[104] Este inciso se adiciona à tradução apresentada por Edith, e dá a seguinte explicação: "É assim como a edição alemã da Suma da Associação Acadêmica Católica. (Viena-Colonia, 1933 ss), traduz o *per se notum*" (t. I. p. 38).

[105] *Summa theologica*, I, q. 2, a. 1, corp. [Santo Tomás de Aquino, *Suma de Teologia*, I, *Parte I*, Madri, 1988 (BAC maior, 31) p. 108-109.]

Sem dúvida não é evidente para nós pensar em Deus como "o ente", nem tampouco como "aquele cuja essência é o ser". É o caminho das provas da existência de Deus a partir dos efeitos, sobre os quais Tomás desenvolve seu pensamento. Quando se compreendeu esse pensamento, a necessidade do ser divino se segue inevitavelmente.[106] Mas podemos realmente *compreender* este pensamento? "*Si comprehendis, non est Deus*" (Se tu compreendes não é Deus), disse Agostinho. E, "... como poderá o mortal compreender Deus, se, ainda que tente, não é capaz de compreender seu próprio pensamento?[107] Então, se dizemos: o ser de Deus é sua essência, certamente podemos atribuir certo sentido a essa afirmação. Mas não chegamos a nenhuma "visão plena" disso que queremos dizer.[108] Não podemos compreender uma essência que não é outra coisa senão o próprio ser. Ainda continuamos com isso, porque nosso espírito tende para mais além de todo o finito para algo que compreende em si todo o finito – e por meio do próprio finito é induzido a tender – para algo que compreende em si todo o finito sem se esgotar nele. Nenhum finito pode satisfazê-lo, nem mesmo a totalidade do finito. Mas o que poderia preenchê-lo ultrapassa suas próprias capacidades. Subtrai-se à sua visão. A fé nos promete a visão futura na luz da glória. Todas as vezes que tratamos na terra de captar o infinito, recebemos somente uma parábola finita, isto é, um finito no qual divergem o *quid*, a essência e o ser real.

O destino singular da prova ontológica de Deus nos parece repousar sobre esse paradoxo próprio do espírito humano, a tensão entre a finitude e o infinito: assim encontrará sempre seus novos defensores e seus adversários.[109] Quem penetrou até o pensamento do ser divino – do primeiro ser, do ser eterno, do ser infinito, do "ato puro" – não pode subtrair-se à necessidade do ser que aí se encerra. No entanto, quando trata de captar o ser divino como se trata habitualmente de captar uma coisa pelo caminho do

---

[106] Por isso a "refutação" tradicional da prova ontológica baseada em santo Tomás (I, q. 2, a. 1 ad 2), dizendo que é uma "passagem infundada da ordem lógica ao ontológico" (Ed. Da Suma da Associação Acadêmica Católica, I, 466, nota 3), não é convincente. Trata-se da passagem da essência ao ser, e se essa passagem é inadmissível em todos os seres finitos, não se pode tirar nenhuma conclusão a propósito do ser infinito, visto que precisamente a diferença entre essência e ser o distingue de todo finito de uma maneira fundamental.
[107] *De Trinitade*, V, 1, 2 (Przywara, Augustinus, p. 231). [*Obras de santo Agostinho*, Tomo V: *Tratado sobre a Santíssima Trindade*, Madri, 1948 (BAC, 39), p. 395.]
[108] A relação entre a intenção e a realização foi tratada amplamente por E. Husserl na sexta investigação de seus *Logische Untersuchungen* (na segunda edição, livro terceiro).
[109] Ver A. Koyré, *op. cit.*, p. V.

conhecimento, encontra-se que com que este se distancia e já não aparece como um fundamento suficiente para construir uma prova. Ao crente, que está seguro na fé de seu Deus, parece de tal maneira impossível o pensar em Deus como inexistente que se lança com confiança a convencer ainda o *"insipiens"*[110] da existência de Deus. O pensador que se conserva no conhecimento natural retrocede cada vez mais diante o salto que transporia o abismo. Mas as provas de Deus *a posteriori*, as conclusões que partem dos efeitos criados para ascender a uma causa não criada, tiveram melhor destino? Quantos incrédulos encontraram a fé graças às provas tomistas? Estas últimas também são um salto por cima do abismo: o crente o transpõe facilmente, o incrédulo se detém diante dele.

Mas voltemos ao nosso assunto: sem dúvida a identificação do ser divino e da essência divina expressa sua inseparabilidade no pensamento, e, portanto, ao mesmo tempo, a inseparabilidade do ser essencial e do ser real em Deus: *ser essencial de Deus é o ser real e, de fato, o ser mais real: é o ato puro.* Mas, visto que Deus não é compreensível para nós nem como ser nem como essência,[111] e posto que nos aproximamos sempre dele somente por meio de imagens finitas nas quais ser e essência estão separados, assim este aproximar-se leva a cabo, às vezes, do lado da essência e, às vezes, do lado do ser; e por isso, falamos como de uma coisa separada que em si não é separável.

Então, como é compatível essa inseparabilidade com o separável que parecia sugerir-nos a doutrina da Trindade? Podemos separar as pessoas e seus diferentes ser-pessoa da essência divina, se a essência e o ser são inseparáveis? Não vejo outra solução senão considerar o *próprio ser em três pessoas como essencial.* Naturalmente, a separabilidade da essência e do ser, do ser essencial e do ser real, não chega a ser no Logos mais que uma simples expressão de linguagem sob forma de parábolas. Mas como podemos falar de outra maneira senão em parábolas, quando se trata do maior de todos os mistérios da fé?

Essas expressões parabólicas nos conduzem agora à relação que existe entre o Logos divino e o "sentido" das essências finitas. Constatamos que o nome "Logos", utilizado para a segunda pessoa divina, expressava a essên-

---

[110] "Insensato" na linguagem da Sagrada Escritura significa ímpio. Ver Anselmo, *Proslogion*, cap. III-IV.
[111] Visto que em Deus o *"quid"* e a "essência" não se distinguem, podemos falar de essência em relação a Ele, ao passo que nos seria necessário empregar "quididade" em relação aos seres finitos.

cia divina como conhecida e englobada pelo espírito divino. São parábolas extraídas da faculdade humana de conhecer e de nomear as coisas finitas. Atribuímos ao Logos na divindade o lugar correspondente ao "sentido" como conteúdo objetivo das coisas, e, ao mesmo tempo, como conteúdo de nosso conhecimento e de nossa linguagem no terreno do que podemos captar. Trata-se da analogia, a concordância[112] e a não concordância entre o Λόγος e o λόγος, entre a Palavra Eterna e a palavra humana. No entanto, nas citações da Escritura que mencionamos não se afirma somente uma comparação que nos faz capazes de "contemplar com a inteligência a essência invisível de Deus [...] pelo que foi criado",[113] mas confirma-se que as coisas criadas foram feitas *pelo Logos* e que possuem *nele coerência e consistência*. O que se quer dizer se explica, também, pela forma em que se costumava ler na Idade Média o texto de João 1, 3-4.

Agora lemos: "[...] *sine ipso factum est nihil, quod factum est*": "... sem o (Logos) não se fez nada do que foi feito." Em outro tempo se dizia: "*quod factum est, in ipso vita erat*": "O que foi feito era vida Nele." Dessa maneira, parece dizer-se que as coisas criadas possuem seu ser no Logos divino, isto é, seu ser real. Na passagem assim interpretada pela escritura, está prefigurada manifesta a concepção "agostiniana" das ideias como "essencialidades criadoras no espírito divino".

O que *não* devemos entender pelo ser das coisas no Logos está expresso em uma decisão do magistério da Igreja:[114] as coisas criadas não estão em Deus como as partes no todo, e o ser real das coisas não é o ser divino, mas seu próprio ser, diferente do ser divino. Que pode significar, então, sua "consistência e coerência" no Logos? Tratemos primeiro de compreender o *constare*, o conjunto de coisas no Logos. Esse termo indica, sem dúvida, a unidade de todo ente. Nossa experiência nos mostra as coisas como unidades fechadas e separadas em si umas das outras; entretanto, têm entre si relações de dependência recíproca que nos conduzem ao pensamento do geral nexo causal de todas as coisas reais. Não obstante, o nexo causal se

---

[112] A edição alemã das obras de santo Tomás, da Associação Acadêmica Católica emprega o termo *Verhälnisgleichheit* (igualdade de relações).

[113] Rom I, 20.

[114] A condenação do "*ontologismo*" de A. Günther: Dz. 1659-1665 (Dz = Denzinger-Bannwart, *Enchiridion Symbolorum*, ed. 11, Friburgo-em-Bresgau, 1910). [H. Denzinger – P. Hünermann, O *Magistério da Igreja. Enchiridion symbolorum ...*, Barcelona, 1999, p. 740-741].

nos apresenta como algo exterior. Se tratamos de explorar a estrutura do mundo das coisas, encontramos, então, que está fundada na essência das coisas e dos nexos causais; por outro lado, são os nexos causais os que nos descobrem algo da essência.[115] Esses dois aspectos somente nos mostram, entretanto, que a essência é algo mais profundo que os nexos causais. Assim, o *nexo causal* geral *não* significa um nexo universal de todas as coisas. A isso se agrega, além disso, o fato de que a totalidade de todas as coisas reais não abrange ainda todo ente finito. Da totalidade de todo ente faz parte igualmente muito do "irreal": números, figuras geométricas, conceitos etc. Todos estão incluídos na unidade do Logos. O nexo que uno "tudo" no Logos deve ser pensado como a unidade de um sentido total.

O nexo de nossa própria vida é talvez o que melhor possa ilustrar nosso pensamento. Na linguagem corrente, distingue-se, por um lado: "o que se fez de propósito" – o que equivale também ao que tem um "sentido", o que é "inteligível!" – e por outro lado, o "fortuito", o que em si parece sem sentido e incompreensível. Eu me proponho a fazer uns estudos e com este fim seleciono uma universidade que responda à minha especialidade. Isso é um nexo pleno de sentido e compreensível; o fato de conhecer, "por casualidade", nesta cidade um homem que faz ali igualmente seus estudos e estabelecer conversação com ele um dia, por casualidade, a propósito de questões sobre a concepção do mundo, isso não me parece em primeiro lugar um nexo compreensível. Mas, quando eu repenso minha vida depois de anos, então, eu compreendo que essa conversação foi de uma importância capital para mim, talvez "mais essencial" que todos os meus estudos, e concebo o pensamento de que "tinha que ir" àquela cidade, talvez "expressamente para isso". O que não estava em *meu* plano se encontrava no plano de Deus. E enquanto mais amiúde se me apresentam tais acontecimentos, mais viva se faz em mim a convicção de fé de que não existe o "azar" – visto da parte de Deus –, que toda minha vida, até em seus menores detalhes, está prevista no plano da providência divina e que ela é, diante dos olhos de Deus que o vê todo, um nexo pleno. Então, começo a alegrar-me previamente da luz de glória na qual me será descoberto esse nexo significante.

---

[115] Santo Tomás disse que as diferenças essenciais das coisas nos são desconhecidas; segundo ele, não podemos designá-las senão por meio das diferenças acidentais ou "acrescentadas" que resultam das diferenças essenciais (*De ente et essentia*, cap. V). Ver a esse respeito o que se disse no presente capítulo a propósito da essência e do conhecimento da essência.

Entretanto, isso não vale somente para a vida humana individual, mas também para a vida da humanidade inteira e, mais ainda, para a totalidade de todo ente. Seu "nexo" no Logos é o de um sentido-total de uma obra de arte perfeita, na qual cada traço particular se insere, por sua vez, em *seu* lugar, na harmonia de todo o quadro segundo uma lei muito pura e muito restrita.

O que captamos do "sentido das coisas", o que "entra em nosso intelecto, se comporta em relação com esse sentido-total como alguns sons perdidos de uma sinfonia distante levada pelo vento. Na linguagem dos teólogos, a conexão de sentido de todo ente no Logos se chama o "plano divino da criação" (*ars divina*).[116] O acontecer do mundo desde o começo é sua realização. No entanto, por trás desse "plano", por trás do "projeto artificial" da criação, encontra-se (sem estar separada dela na ordem do ser) a plenitude eterna do ser e da vida de Deus.

Assim já temos a resposta à pergunta seguinte: Como deve ser concebido o *con-stare* das coisas, sua "consistência" ou sua "vida" no Logos? Já mencionamos que não se devia entender por isso seu ser real, pois nesse caso não teria sentido falar de um "plano" e de sua "realização". O nome "Logos" indica que poderia tratar-se de seu ser essencial e que o "sentido" das coisas do qual deveríamos dizer que era "não realizado", teve seu lugar no Logos divino. O que como membro tem sua consistência no plano da criação divina e de toda eternidade é "comunicado" às coisas, como seu sentido, e se realiza nelas. Pertence ao ser essencial que o que é dessa maneira o "comunica" e que pode realizar-se em uma multidão de coisas individuais. Mas, com o ser essencial, tal como o encontramos nas coisas, não se pode caracterizar exaustivamente o ser das coisas no Logos. De outra maneira não mereceria ser chamado "vida" e seria impossível falar de "essencialidades criadoras". Além disso, lembrarmo-nos que em Deus o ser essencial e o ser real não são separáveis e, enfim, que o evangelho de João disse do Logos que *por* Ele tudo foi feito. O que se faz real nas coisas está desenhado no Logos, não é somente como um "irreal", mas é real e eficaz nele: o fazer-se real nas coisas é o efeito dessa eficiência. Assim, deve-se entender a "ideia" como arquétipo criativo no espírito divino.

---

[116] Tomás de Aquino, *De veritate*, q. 2, a.5, corp.

144 Capítulo III

Mas, com isso, nem todos os enigmas estão resolvidos. Segundo a designação do ser essencial indicada acima, deveríamos dizer: ele é "o mesmo", ele que desde toda a eternidade estava em Deus em "realidade arquetípica" e o que no tempo se faz real nas coisas. Então, nas coisas é possível a separação do *quid* e da essência em relação com sua realização, e a separação do ser essencial e do ser real. Mas, em Deus, mostrou-se como impossível. Com essa dificuldade está ligada outra que já destacamos, a saber: a unidade da essência divina e a diversidade das "ideias". Comparamos o nexo de todo ente no Logos a uma obra de arte bem-ordenada, a uma diversidade articulada de plena unidade e harmonia. Como é isso compatível com a simplicidade da essência divina, que não é outra coisa senão o ser divino? Tomás procura a solução da dificuldade dizendo que o ser divino, único e simples, é a causa das coisas, e que a pluralidade se produz em consequência da diversidade das coisas:

> O intelecto de Deus, que opera tudo, tudo o realiza segundo a imagem de sua essência; por isso sua essência é a ideia das coisas [...]. Mas as coisas criadas não são a imagem perfeita da essência divina; por isso não se toma a essência do intelecto divino absolutamente como ideia das coisas, mas na relação com a coisa que deve ser criada conforme a própria essência divina, conforme fica na retaguarda ou a reproduz. Mas distintas coisas imitam de diferente maneira e cada uma conforme seu próprio modo, já que é próprio de cada uma diferenciar-se das demais; e assim é a própria essência divina, quando lhe são atribuídas as diferentes relações das coisas, a ideia de cada coisa. Já que as relações são diferentes, é necessária uma pluralidade de ideias; e, certamente, considerando a essência, uma é para todas, mas a pluralidade se encontra do lado das diferentes relações das criaturas com relação a ela.[117]

O fato de que o espírito divino abranja a diversidade de todo ente *como* diversidade não leva prejuízo à unidade e à simplicidade a essência divina, visto que isso se faz *uno intuitu* de um só olhar desde a eternidade, imutável. Esse olhar engloba tudo "o que foi, é e será".[118] Ou seja, *quid* e essência em sua realização nas coisas, mas também todo o possível que não

---

[117] *De veritate*, q. 3, a. 2, corp. (*Untersuchungen über die Wahrheit I*, p. 99.)
[118] É a expressão preferida por Tomás para resumir tudo o que se converte em realidade em certo momento.

se realiza jamais; e abrangendo ambos – abrange todo o possível e todo o real a despeito de seu ser, que este seja somente possível ou real, que seja o puro *quid* ou o "sentido" como diversidade significante que compreende tudo. Nessa diversidade significante, todo ente tem seu lugar; o finito como unidade-sentido limitado e fechado em si, e o real como "pensamento preconcebido de Deus".

Assim chegamos a uma dupla significação do ser das coisas finitas no eterno: o ser-abrangido de todo "sentido" pelo espírito divino, e todo ente que tem seu fundamento arquetípico-causal na essência divina.[119]

A este ponto que chegamos, temos a possibilidade de resolver uma dificuldade que foi abordada ocasionalmente: a possibilidade deve considerar como coisas "criadas", ou seja, as coisas que não são reais nem chegaram a sê-lo, mas tampouco são simplesmente pensadas. Frequentemente falamos de "objetos ideais" e os incluímos no campo do "ser essencial". As formações geométricas – o ponto, a linha, o triângulo, o círculo; igualmente suas "individualizações" – o fragmento de uma linha determinado por sua longitude e o triângulo que tem lados de certa longitude e ângulos de certa medida;[120] tudo isso não é "real", pois suas "realizações", os ângulos, as arestas e as superfícies de corpos reais não são realizações propriamente ditas, mas "imagens imperfeitas", aproximações de formações geométricas puras.

Considerar essas figuras como algo "simplesmente pensado" não é possível, se entendo por isso um imaginar arbitrário. Eu posso formar o conceito de "círculo triangular". Mas esse é um conceito contraditório que não posso transpor em uma visão adequada. Entretanto, possui um "ser do pensamento". Porém "não posso imaginar-me" um círculo de três ângulos (isto é, não posso representá-lo em uma visão geométrica) já que "tal coisa não existe". E isso não significa somente que esse raciocínio não se encontra na realidade, mas que também é impossível em si, porque não possui esse ser que é próprio das formações geométricas como tais. No entanto, esse ser não é tampouco o ser da "essência" no sentido determinado de "essência de algo".

---

[119] Ver, além disso, como complemento o capítulo VI, § 5.
[120] A toda elaboração ou formação particular pertence, além disso, uma posição no espaço, pela qual ela se distingue de outras totalmente iguais. A posição não pertence a isso como o tamanho. Pode ser pensado "o mesmo" nas mais diferentes posições.

A essência tem necessidade de um objeto no qual ela possa ser; seu ser não é autônomo. O próprio triângulo, pelo contrário (isto é, um triângulo singular, bem determinado), é um objeto; não necessita de outro para constituir seu próprio ser. Todo triângulo tem sua essência, que, em si mesma, não foi realizada, mas que "chegou à sua existência geométrica". O fato de "chegar" não é um "devir" no tempo.

A existência geométrica não tem começo temporal. Se "construímos" um triângulo, não significa que o "formamos" ou que o "criamos". Buscamos melhor a formação da qual encontramos conhecidas partes. (Isso se faz na "análise".) A "construção" é uma "imitação" a mais fiel possível no material real, da formação geométrica encontrada, ou uma "interpretação" da formação no espaço. Nesse pensar interior estamos de fato "livres", visto que a formação em questão pode tomar uma posição qualquer. Assim, a posição em um lugar determinado é uma coisa que pode ter começo ou fim para a formação; temos a possibilidade de "movê-la no espaço", de mudar sua posição; de seu ponto de vista é algo que pode suceder com ela e que ela admite. Mas isso não é um movimento *real* nem um *sucesso real*.

O que fazemos com o triângulo é um ato espiritual. Isso nos sugere a ideia de que talvez a posição não corresponda à própria formação geométrica, mas que essa posição somente é "pensada" por nós. Já falamos que ela lhe corresponda de outra maneira diferente de sua figura e seu tamanho. Mas, visto que a posição é a única coisa que distingue dois triângulos iguais, surge a questão de saber se o ser individual, também, é somente algo "reservado" às formações geométricas. O objeto completamente determinado ao qual pertence à existência geométrica, então seria o triângulo de lados e ângulos determinados: seu ser individual nesta ou naquela posição, ou também, em diferentes posições ao mesmo tempo, seria algo "simplesmente pensado". Porém, evidentemente, isso não é sensato. Os seis quadrados iguais que limitam um cubo são *seis* e cada quadrado tem sua própria existência geométrica; não podemos dizer que se trata propriamente de *um* só quadrado pensado seis vezes; pelo contrário, é justo dizer que o "mesmo" quadrado (conforme seu ser essencial) se encontra seis vezes no cubo. No entanto, pode-se um perguntar se o "fato que se nos apresenta" deve ser já considerado como um verdadeiro ser individual. O cubo com suas seis superfícies iguais, por sua vez, pode ser "pensado" muitas vezes no espaço. Na construção de um corpo às superfícies laterais corresponde uma determinada posição, assim como corresponde à linha de delimitação na construção de formações de superfícies planas. No entanto, aos corpos – e também às outras formações consideradas como independentes e não como partes constituintes de um corpo – não corresponde a uma posição determinada no espaço, mas a uma posição "qualquer". O corpo possui a *possibilidade* de encontrar-se em posição determinada. Se essa posição é somente "reservada", assim seu ser individual é também "simplesmente pensado". Pelo contrário, se um objeto natural se encontra no espaço no qual sua formação geométrica é realizada, então trata-se de uma individualização autêntica e não somente de uma individualização "simplesmente pensada". A tal propósito, o ser individual da formação geométrica deve ser distinguido do ser real da coisa sobre a qual ressalta. As coisas são somente realizações imperfeitas das formações geométricas, e as "formas puras" devem ser consideradas desde si mesmas conforme uma particular maneira de visão.

Não temos necessidade de prosseguir aqui a questão do ser individual das formações geométricas. O que importa em nosso contexto – à maneira das formas geométricas – é captar como o ser particular dos "objetos ideais" difere, ao mesmo tempo, do ser real, por um lado, e do ser somente pensado, por outro. Essas formações podem ser "realizadas" ou "pensadas" no tempo, mas possuem, independentemente disso, um ser intemporal, e elas mesmas, como formações determinadas em si, não *se tornam*. Seria, então, possível designá-las como "criadas", como "realizações" dos pensamentos criadores de Deus? A fim de responder a essa questão, devemos considerar o duplo sentido do ser das "ideias" "em Deus".

As ideias são, em primeiro lugar, o *"quid"* de todo ente assim como está abrangido pelo espírito divino, como uma diversidade de sentido articulada. Aí as ideias também têm seu lugar determinado. Seu próprio ser não é algo posterior nem derivado em relação com o "ser no Logos", seu próprio ser que é intemporal e imutável – à diferença do ser real das coisas, que começa e flui – está abrangido pelo Logos. As ideias como *causa* de todo ente finito[121] são a essência divina única e simples com a qual todo finito se encontra em uma relação particular de imitação; essa relação deve ser aceita para todo ente finito, para o intemporal e para o temporal. Enquanto a "imagem originária" ou arquétipo é a primeira, e as imitações são posteriores, que como deduzidas recebem seu sentido de existência, assim todo finito deve ser considerado em sua existência particular *em virtude da*

---

[121] Por esta palavra não se deve compreender o que *começa*, mas o *limitado*.

relação do ser originário e simples e, nesse sentido, deve ser considerado como criado.[122]

Aqui novamente se faz clara a união estreita entre o "Logos" e a criação. O Logos ocupa uma particular posição média; tem, por assim dizê-lo, uma face dupla, das quais uma reflete o ser divino único e simples, e a outra, a diversidade do ente finito. É a essência divina como ela é conhecida e é também a diversidade do sentido do criado, abrangido pelo espírito divino que reflete a essência divina. Assim se abre o caminho à *compreensão de uma dupla revelação visível do Logos: no Verbo feito homem e no mundo criado.* E daqui isso nos leva a refletir sobre a inseparável pertinência recíproca do Logos feito homem e "feito mundo" na unidade da "cabeça e do corpo, *um só* Cristo",[123] como encontramos na teologia do apóstolo são Paulo e na doutrina da realeza de Cristo em Duns Scoto.[124] Mas essas são as questões puramente teológicas que ultrapassam nosso campo.

As verdades da fé que mencionamos – a Trindade e a criação de todo ente finito pelo Logos divino[125] – deviam esclarecer a dificuldade suscitada pela busca puramente filosófica da questão do ser: por um lado, partindo do ente finito e de seu ser, chegamos a um primeiro ente que deve ser uno e simples: *quid*, essência e ser em um; por outro lado, partindo do *quid* do ente finito chegamos a uma diversidade dos últimos elementos essenciais. É impossível chegar de uma maneira puramente filosófica à compreensão desse duplo rosto do "primeiro ente", visto que não possuímos uma visão adequada do primeiro ente. As reflexões teológicas não podem conduzir-nos a uma solução puramente filosófica da dificuldade filosófica, isto é, a um "entendimento", inevitavelmente convincente, mas abrem perspectivas de uma possível solução mais além dos limites filosóficos, solução que corresponde ao que ainda filosoficamente se pode compreender, como, por outro lado, a investigação filosófica do ser abre o sentido das verdades da fé.

---

[122] Ver a esse respeito o que disse H. Conrad-Martius sobre o Criador e a criação: "Poderia [...] ser o sentido da criação, ou um sentido da mesma, para apresentá-lo em um finito desdobrado, que é o próprio Deus. A divindade se expressa na criação com seu aspecto pessoal geral. Deus não pode criar a partir do vazio, nem tampouco pode conservá-lo no vazio, trazendo-o do vazio. Ele cria e conserva necessariamente a partir da plenitude eterna de sua essência eternamente configurada" (*Die Zeit*, p. 377).

[123] Cf. Ef 4, 15-16; 5, 23; Col 1, 18.

[124] Ver P. Ephrem Longpré, O.F.M., *Duns Scoto, der Theologe des fleischgewordenen Wortes.* In: *Wissenschaft und Weisheit*, I (1934) 243 e seg.

[125] "*Per quem omnia facta sunt*" (*Symbolum Nicaenum*).

IV

Essência – *Essentia*, *οὐσία* – Substância, Forma e Matéria

§ 1

"Essência", "Ser" e "Ente" conforme *De ente et essentia*. Diferentes Conceitos de "Ser" e de "Objeto" (Estados de Coisas, Privações e Negações, "Objetos" em Sentido Mais Restrito)

O âmbito do ser essencial que podemos alcançar a partir do ponto de vista fenomenológico é um campo de grandes investigações sobre as quais lançamos mais que um primeiro olhar. Mas já esse primeiro contato com as distinções, que aprendemos a fazer, exige uma confrontação esclarecedora com a "doutrina do ser e da essência" contida na "metafísica" tradicional. Lembramos o opúsculo *De ente et essentia*, que nos ajudou a conhecer a potência e o ato como modos de ser. Traduzimos *essentia* por essência e esclarecemos que esse termo é a tradução do termo aristotélico οὐσία. Daí se nos impõe a tarefa de comparar agora o que entendemos por "essência" com o que santo Tomás entende por *essentia*, e Aristóteles, por οὐσία.

O capítulo 1 do opúsculo *De ente et essentia* está dedicado às elucidações sobre o significado das palavras *ens* e *essentia*. Aristóteles utiliza a expressão ὄν (= *ens* = ente) em duplo sentido.[1] Santo Tomás tomou esta posição de Aristóteles como ponto de partida.

> O ente *per se* ou em próprio sentido, se diz de dois modos, uno, o que se divide nas dez categorias, outro, o que significa a verdade das propo-

---

[1] Cf. *Met.*, Δ 7, 1017 a; E 1, 1025b, 1027b. [Aristóteles, *Metafísica*, Madri, 1994, p. 223, 265, 274].

152 Capítulo IV

> sições. A diferença entre ambos está em que, graças ao segundo modo, pode-se chamar ente tudo aquilo a respeito do que se pode formar uma proposição afirmativa, mesmo que isso não coloque nada na realidade;[2] desse modo, dizem-se entes as privações e as negações: e assim dizemos que a afirmação se opõe à negação, e que a cegueira está no olho. Ao contrário, conforme o primeiro modo não se pode dizer ente, mas aquilo que põe algo na realidade. Portanto, a cegueira e seus semelhantes não são entes conforme o primeiro modo.[3]

Tomás comenta aqui o "ente", porque quer determinar a "essência" (*essentia*) como o ente. No entanto, o sentido de ente que ele considera exclusivamente é ainda duplo. Primeiro, trata-se do ser que é expresso na chamada "cópula", ou seja, no "é" do juízo. Isso se designa aqui como a "verdade das proposições". "A rosa é vermelha" – "a rosa não é amarela": as duas proposições são verdadeiras. As duas expressam um estado de coisas conhecido e o "é" constitui a forma linguística com a qual se veste a afirmação desse estado de coisas.[4] A existência de um estado de coisas afirmada no "é" do juízo é novamente um ser particular: aquele ser que pertence aos estados de coisas. "Estados de coisas" são as formações de uma estrutura articulada de modo particular: pressupõem "objetos" no sentido mais restrito da palavra, como já indicamos; constituem o que é *conhecido* (no sentido de terminado, limitado da palavra "conhecer"), o que é *afirmado* e, com o juízo, expresso na proposição.[5] A articulação particular dos estados de coisas se alicerça no fato de que vem desdobrado neles o que contêm os objetos que estão em seu fundamento: essência e ser se mostram aqui em sua separabilidade e, ao mesmo tempo, em sua recíproca perti-

---

[2] Nós apresentamos a tradução da BAC, e neste lugar Edith colocou uma nota em sua própria tradução, que ela não traduziria como "em realidade" (tal como estão na tradução espanhola), pois *in re* é algo mais amplo que a "realidade da natureza"; Edith traduziu com "existente em si".

[3] *De ente et essentia*, parágrafo 3. [Santo Tomás de Aquino, *Opúsculos e questões seletas*, I, Filosofia (I), Madri, 2001, (BAC maior, 68) p. 42.]

[4] Não queremos discutir aqui a questão sobre se as duas proposições expressam *dois* estados de coisas ou o mesmo de maneira diferente. Pelo contrário, gostaríamos de mencionar o que Pfänder disse em seu "Logik" (*op. cit.*, p. 179 e seg.) sobre a "cópula"; pensa que expressa uma dupla relação, isto é: 1) a relação entre a determinação do predicado e o sujeito; 2) a afinação.

[5] No que concerne à noção de "estado das coisas", ver A. Reinach, *Zur Theorie des negativen Urteils* (em *A. Reinachs Gesammelte Schriften*, Halle, 1921), e A. Pfänder, *op. cit.*, p. 147 e seg., e p. 184 e seg.

Essência – *Essentia, οὐσία* – Substância, Forma e Matéria   **153**

nência, a essência se desdobra em seus traços essenciais, revela o que dela mesma se deriva etc. Os estados de coisas têm sua contrapartida em um espírito cujo conhecer se realiza em passagens de pensamentos separados, mas não se deve considerá-los como "formados" pelo espírito. "Formado" é o juízo que se adapta ao estado de coisas.[6] O julgar – como todo pensar – é "livre" em certo sentido: depende de mim querer ou não querer julgar. Mas ao julgar, não devo proceder arbitrariamente se quero julgar "com retidão". A estrutura do mundo de objetos prescreve aos estados de coisas sua articulação, e indica ao pensamento que avança passo a passo seu caminho. Segundo isso, o ser dos estados de coisas não é "simplesmente ser pensado", tem um *fundamentum in re*; mas, como tem necessidade de um fundamento, é um *ser deduzido*. Os estados de coisas não são, portanto, *o* ente que se aproxima diretamente da "essentia".

Santo Tomás, entretanto, também tinha diante dele outro sentido do "ser" que queria excluir: o ser a que correspondiam também as "privações" e "negações". No juízo "este homem é cego", a palavra "cego" expressa algo que *falta* a esse homem. Em lugar da faculdade de ver, existe a carência dessa faculdade. Em todo caso, santo Tomás parece entendê-lo assim. Objetivamente, poder-se-ia duvidar se a "cegueira" não significa mais que a carência da faculdade de ver (por exemplo, quando se pensa que "o cego" representa um tipo muito particular de pessoa). Mas aqui podemos fazer abstração disso. Para nós, trata-se, agora, de perceber o próprio modo de ser da "carência", e, também, entender um possível significado de "cegueira" como "carência" da "faculdade de ver". A faculdade de ver é algo próprio do homem que vê, fundado em sua essência, algo *real* nele, que participa de seu ser real (passagem preliminar do ser real – simples "potência" – quantas vezes e todo o tempo em que ele realmente não vê). A carência dessa faculdade não é nada real no homem, mesmo que sua essência esteja determinada de maneira peculiar por essa carência. De todo modo, à "cegueira" corresponde *um* ser: a palavra tem um sentido muito determinado, e a esse sentido pertence o ser que é característico de todo sentido em geral. Mas a cegueira de tal homem não é algo mais? Se eu penso (em minha imaginação) em um homem cego, então a cegueira, como o homem inteiro, são "simplesmente pensados". Se eu me imagino um homem que vê, como

---

[6] Por isso, a expressão de Pfänder: que o juízo "esboça" o estado das coisas e está facilmente exposto a uma falsa interpretação.

cego, a cegueira é somente "reservada" em pensamento ao homem que vê, e se encontra, além disso, em contradição com sua propriedade constitutiva real. Em contraposição a esses dois casos, tem sentido falar de uma cegueira "real". Certamente, a cegueira não é tão "real" como a faculdade de ver: não pode expressar-se em seu correspondente operar (por exemplo, no ver), nem alcançar sua plenitude de ser (não é uma "potência" que possa "atualizar-se"). Mas possui um fundamento na realidade (seu *fundamentum in re*): a índole real do "cego" diante da índole da "sensibilidade normal".

As "carências" se dão somente no âmbito do ser real, ou seja, no âmbito do devir e do passar, e não na realidade suprema. Somente onde há faculdades que podem tornar-se efetivas no operar é possível uma correspondente "deficiência"; o que é perfeito e imutável não pode ter "carências". Pelo contrário, as *negações* são possíveis ainda "nos objetos ideais". "O triângulo não é equilátero"; aqui o "não ser equilátero" tem um sentido determinado; além disso, tem um *fundamentum in re* na determinação efetiva do triângulo que exclui essa outra proposição que lhe é "reservada".

O ser dos estados de coisas, o das privações e das negações, é cada vez diferente e, além disso, diferente do simples ser pensado e do ser do significado como tal. Mas esses três modos de ser (estados de coisas, privações e negações) têm algo em comum: é o *fundamentum in re*, a existência de um fundamento de ser. Santo Tomás considera esse ente fundamental quando fala do ente oposto ao ente que ele exclui. Desse ente diz, citando Averroes: "O ente dito conforme o primeiro modo significa a substância da coisa."[7] Mas em outro sentido, "é designado ente algo que não tem essência, como se vê claramente no caso das privações". Essas duas proposições são indicações importantes para compreender o que se entende por "ente" e por "essência". Podemos torná-las compatíveis com a "proposição fundamental da essência" que já mencionamos e que indica que cada objeto tem sua essência?[8] Ou, então, não deveríamos dizer, conforme essa lei fundamental, que as privações e as negações têm também sua essência? Para responder a essa questão, convém lembrar que as privações e as negações são, certamente, objetos no sentido mais amplo, sobre os quais se pode dizer algo, mas não são objetos no sentido restrito, conforme o qual elas próprias pressuporiam objetos.

---

[7] *Loc. cit.*, p. 3 [*De ente et essentia*], parágrafo 3. [Santo Tomás de Aquino, *Opúsculos e questões seletas*, I, Filosofia (1), Madri, 2001, BAC maior, 68) parágrafo 4, p. 42.]
[8] Ver § 5, capítulo II.

Além disso, é necessário pensar que a expressão "essência" utiliza-se igualmente em muitas acepções. Se se quisesse dizer: pertence à essência da privação o que não tenha nada de real nas coisas, então "essência" seria somente outra expressão para "sentido". E, desse modo, estaria incluído que a "essência da privação" não pode, em todo caso, ser uma "essência real". Enfim, é necessário observar que o sentido *da privação* é próprio da privação como tal; entretanto, a privação *singular* se determina como *o que ela é*, isso que constitui seu sentido ou sua "essência", a partir do que nesse caso falta ou "está" desaparecido, ou seja, a partir do ente oposto à privação, e isso é algo que possui sua essência própria e real.

Consideremos com santo Tomás *o ente* que, segundo ele, possui uma "essência", com a finalidade de compreender o que entende por "essência" (*essentia*):

> E visto que, [...] o ente dito desse modo se divide nas dez categorias, segue-se que a essência significa algo comum a todas as naturezas pelas quais os diversos entes se classificam em diversos gêneros e espécies, do mesmo modo como a humanidade é a essência do homem, e assim nos demais casos.[9]

Com essa proposição deixamo-nos capturar na rede dos conceitos aristotélicos e não podemos continuar antes de ter conseguido uma clareza suficiente a propósito delas. "Categorias", "naturezas", "gêneros" e "espécies" deverão fazer-nos compreender o que é necessário entender por essência. Mas somente chegaremos a esse entendimento se nos familiarizarmos com o sentido dessas expressões.

§ 2

Tentativa de uma Explicação do Conceito οὐσία

1. Categorias como modos de ser e gêneros do ente: "substância" e "acidente"

O ente, como foi citado, divide-se em dez categorias: "Diz-se que são por si mesmas todas as coisas significadas pelas distintas figuras da predicação:

---

[9] *Loc. cit.* p. 3 [*De ente et essentia*]. Santo Tomás de Aquino.

efetivamente, quantas são as maneiras em que essa se expressa, tantas são as significações de 'ser'."[10]

Entendemos isso da maneira que às diferentes formas de expressão correspondem diferentes modos de ser e "gêneros" do ente. Na "metafísica" as "categorias" significam preferentemente modos de ser e gêneros do ente. Enumeram-se imediatamente depois da passagem que acabamos de citar: τί ἐστι (o *que* é algo), ποιόν (estruturado de alguma maneira = "índole"), ποσόν (de certa magnitude = "quantidade"), πρός τι (que pertence a uma coisa = "relação"), ποιεῖν ἢ πάσχειν ("fazer e sofrer" = "ação" e "paixão"), ποῦ (onde = determinação espacial, na qual convém ainda distinguir o lugar e a posição), πότê (onde = determinação temporal). Nesse lugar já não se nomeiam mais categorias, mas importa contar entre elas igualmente a que se trata um pouco mais adiante: ἔχειν (ter o comportamento, hábito).

Tudo o que é designado por esses nomes é chamado *ente*. O τί ἐστι, entretanto, não se encontra por acaso no topo da lista. Trata-se de uma distinção frente a todo outro ente, enquanto é pressuposição das categorias. Porque é *o que* é a coisa; e isso designa mais especialmente o que é, que se disséssemos que é tal, e tão grande, que está em relação com outros, que é ativo ou passivo. Por isso, o ente de todas as demais categorias está designado como algo *agregado* ou acidente. Mas "o que é a base" é designado com o nome latino de *substantia*.[11] Aristóteles emprega o nome de οὐσία. Esse termo é um derivado de ὄν e significa um *ente* no *sentido eminente*. Já mencionamos que Tomás traduz essa palavra por *essentia*. Podemos estabelecer a equação seguinte: οὐσία = substância = *essentia* = essência? Seria certamente uma conclusão prematura.

Tomás reclamava como o ente ao qual corresponde uma essência, *aquele* ente que está dividido em categorias: portanto, não somente as "substâncias", mas também todas as espécies de "acidentes". *Todos* eles, não somente as substâncias, têm uma essência.

---

[10] Καθ᾽ αὑτὰ δὲ εἶναι λέγεται ὅσαπερ σημαίνει τὰ σχήματα τῆς κατηγορίας ὁσαξῶς γὰρ λέγεται, τοσαυταχῶς τὸ εἶναι σημαίσει (Met., Δ 7, 1017 a, [Aristóteles, *Metafísica*, Madri, 1994, p. 225].

[11] Do ponto de vista linguístico, "substância" e οὐσία não têm nenhuma relação uma com a outra. Está muito perto do grego ὑπόστασις. No que concerne ao uso linguístico da escolástica e o nexo objetivo entre substância e subsistência, ver Gredt, *op. cit.*, capítulo II, p. 126 e seg., e aqui o capítulo VII, § 1. Sobre o uso do termo substância, veja o § 3, 11, deste capítulo.

2. πρώτη e δευτέρα οὐσία

Além disso, se nos mantivéssemos primeiro às explicações mais sucintas e mais simples da doutrina aristotélica das categorias,[12] tanto o τί como a οὐσία têm dois sentidos. O último substrato pode ser entendido como aquilo do que se expressa outra coisa, mas o mesmo não pode ser predicado a partir de nenhuma outra coisa. Contudo, também significa: o que não está em outro, no qual, entretanto, há outra coisa. No primeiro sentido, οὐσία é o que *é* e como o que *é,* é designado: ou seja, a coisa singular da qual se diz o *que* ela é, *como* ela é etc., mas que ela própria não é predicada a partir de outra coisa.

E entendido assim, οὐσία é um τόδε τι (um "este algo aí") ou "isto aí", que se pode mostrar só com o dedo para designá-lo em sua unicidade. Aristóteles lhe dá o nome de πρώτε οὐσία (primeiro ente). Mas, se se concebessem as categorias como formas de expressão, então πρώτε οὐσία, já que não é um enunciado, não pode ser contada entre elas. Assim, o τι designa o que responde à questão de *que* é esta coisa: a determinação segundo seu gênero ou sua espécie. Isso não é um τόδε τι, mas ποιόν τι (um *quid* caracterizado de alguma maneira). Aristóteles a chama δευτέρα οὐσία (segundo ente): "segundo", enquanto é predicado por outra coisa, ou seja, da πρώτε οὐσία, não obstante isso, é οὐσία, ente no sentido eminente, já que todo o restante é predicado a partir dele, porque não existiria em outro ("homem" não está em "tal homem"),[13] não haveria outras qualidades em comum com a πρώτε οὐσία, e que, por causa disso, é superior aos outros: não estaria em contraposição com nada, não admitiria nenhum aumento nem nenhuma diminuição (poderia, entretanto, ser mais ou menos οὐσία – de modo que a espécie seja mais que o gênero –, mas não poderia ser mais ou menos "homem", ou mais ou menos "ser vivo"); teria a característica de poder assumir qualidades opostas (por exemplo: chegar a ser branco e preto, grande e pequeno).

Conforme essas explicações da doutrina das categorias, não parece, então, possível traduzir, de maneira geral, οὐσία por *essentia*, já que *essentia*, concebida como "essência de uma coisa", não significa, de maneira nenhuma, a própria coisa (assim, pois, não a πρώτη οὐσία). Mas não convém, tampouco, substituir sempre οὐσία por "substância", como é habitual nas

---

[12] Ver o capítulo III da doutrina das categorias.
[13] Mais adiante se explicará como isso deverá ser compreendido.

traduções alemãs, e falar de "substâncias primeiras" e "segundas". Com esse modo de expressão, fica sem sentido – que ainda fica para esclarecer – que, em geral, o relacionemos com "substância". Além disso, o vínculo essencialmente estreito entre οὐσία e ὄν então se ocultaria. Por isso, nesse momento, evitaremos absolutamente o termo "substância", e, enquanto não tenhamos obtido esclarecimento suficiente para dar ao nome um equívoco, continuaremos falando de οὐσία, ou, então, usaremos a adequada paráfrase em cada caso.

3. Algumas Discussões em Torno da οὐσία da Metafísica de Aristóteles

O modo de expressão feito tradicional e a simples divisão entre primeiras e segundas substâncias se explicam pelo fato de sua união estreita com as exposições sobre a doutrina das categorias que se servem, de modo preferencial, da concepção de οὐσία, entendido como último substrato. Para construir uma doutrina do ser, é importante não perder de vista a conexão entre οὐσία e ὄν. Essa relação é aquela pela qual principalmente Aristóteles se dedicou em sua *Metafísica*. O *leitmotiv* de sua obra inteira nos pareceu ser a célebre proposição seguinte: "A questão que se está indagando desde há muito tempo e agora e sempre, e que sempre resulta aporética, que é o que é οὐσία?"[14]

Para esclarecer essa relação, não bastam as explicações da doutrina das categorias.[15] Aristóteles se empenha constantemente, de novo, em elaborar o significado exato de οὐσία. Na maior parte das passagens, distingue vários significados da palavra, alguns excluindo-os, enquanto outros são utilizados paralelamente ou alternativamente.

Chama-se οὐσία tanto aos corpos simples, como a terra, a água, o fogo etc., como aos corpos tomados em geral, e aquilo de cuja consistência participam, sejam os seres vivos corpóreos-espirituais,[16] assim como suas partes. Todas essas coisas são chamadas οὐσία, já que não são predicadas a partir do que é seu substrato (ὑποκείμενον = sujeito), mas que as outras coisas são predicadas partindo delas. Em outro sentido, οὐσία se diz do que habita

---

[14] *Met.*, Z 1, 1028 b. [Aristóteles, *Metafísica*, Madri, 1994, p. 281.]
[15] Ver capítulo I, § 2.
[16] δαιμόνια: esse termo pode referir-se às divindades da fé popular ou aos astros.

Essência – *Essentia,* οὐσία – Substância, Forma e Matéria **159**

como causa nas coisas, isto é, o que não é substrato, por exemplo, a alma que habita no ser vivente. Além disso, as partes inerentes a essas coisas se dizem οὐσία, com cuja eliminação se exclui o todo – as partes que limitam as coisas e as caracterizam – como um "isto aqui", à maneira da superfície que limita o corpo (conforme opinião de alguns), e da linha que limita a superfície; para outros, o número em geral parece ser algo parecido; pois, como foi eliminado, então não seria nada, e limitaria tudo. Enfim, será o que era (τὸ τί ἦν εἶναι), cujo conceito é a definição, que é chamado a οὐσία de cada um.

Assim resulta que se fale οὐσία em um duplo sentido: primeiro, no sentido do último substrato, que não é predicável de outro; depois, no sentido do que é um "isto aqui" e está separado (τόδε τί ὄν καὶ χωριστόν). Algo assim é, entretanto, a forma (μορφή) de cada ente ou sua "ideia" (εἶδος).[17]

É surpreendente encontrar no resumo final somente um duplo sentido de οὐσία, sendo que, antes, as distinções eram bastante mais numerosas. Desse modo, Aristóteles quer voltar, sem dúvida, à simples distinção da "doutrina das categorias". Aristóteles parece abranger sob o conceito de "substrato" (ὑποκείμενον = último sujeito ou *substratum*) tudo o que é cada *coisa singular que cai sob os sentidos* ou pertence a ela como uma parte autônoma e separável (corpos simples ou compostos, seres vivos, "demônios", bem como as partes obtidas pela separação física de tais coisas). A isso se opõe a *ideia platônica,* que está compreendida aqui como a ideia de uma coisa singular e, ainda, como uma coisa singular com um ser próprio independente, separado da coisa, da qual é ideia. Se, além disso, as causas que habitam nas coisas não são já mencionadas, talvez se pudesse explicar esse fato, dizendo que elas são a οὐσία verdadeira nas singulares. Se já não se mencionam as formações geométricas e os números, a razão poderia ser que são computados entre as "ideias".[18] Mas continua sendo surpreendente que ainda o que é captado na definição de uma coisa ao final desaparece. Devemos admitir que o que Aristóteles designa como τὸ τί ἦν εἶναι está compreendido nas ideias? Muitas passagens nos mostram que Aristóteles considerava somente *o universal* como conceitualmente compreensível e

---

[17] *Met.,* Δ 8, 1017 b, [Aristóteles, *Metafísica,* Madri, 1994, p. 226].
[18] Em outro, o "matemático" é tratado separadamente das "ideias", como já Platão também havia duvidado se devia considerar juntas as matemáticas e as ideias, ou se era necessário interpretá-las como modos diferentes de ser. (Ver Aristóteles, *Met.,* Z 7, 1028b, p. 20 e seg. [Aristóteles, *Metafísica,* Madri, 1994, p. 283 e seg.].)

160   Capítulo IV

como definível. Pelo contrário, as ideias estão designadas aqui expressamente com um "isto aqui".

Falta-nos, ainda, a interpretação de considerar as ideias, também quando uma pluralidade de coisas singulares que lhes pertencem, então, considerar ainda como "isto aqui". (A esse respeito deve-se notar que Aristóteles não desenvolve a concepção das ideias como οὐσία como sua própria.)[19] Se tudo o que não é uma coisa singular, mas, no entanto, está considerado como οὐσία, deve ser resumido sob a designação de δευτέρα οὐσία, então, em todo caso, recolheu-se sob essa designação o que, em diversos sentidos, tem que ser οὐσία. Com referência a isso, buscamos conexões nas posteriores explicações da "metafísica".

Imediatamente em conexão com a proposição indicada anteriormente sobre a questão de ser, que coincide com a questão da οὐσία, começa-se de novo:

> Por outro lado, parece totalmente evidente que o ser entidade (οὐσία) corresponde aos corpos (por isso dizemos que são entidades (οὐσία) os animais e as plantas e suas partes, e os corpos naturais (φυσικὰ σώματα), como o fogo, a água, a terra e os outros desse tipo, e quantas coisas são ou partes deles ou compostos deles, seja de alguns ou de todos, por exemplo, o firmamento e suas partes, astros, Lua e Sol). Então, temos que examinar se são essas as únicas entidades (οὐσία) ou se há também outras, se o são somente algumas delas, ou também [algumas] outras, ou se nenhuma delas, mas sim algumas outras. Há aqueles que opinam que são entidades (οὐσία) os limites do corpo como a superfície, a linha, o ponto e a unidade, e que o são em maior grau que o corpo e o sólido. Além disso, alguns não admitem que não haja nada fora das coisas sensíveis, enquanto outros [admitem] realidades eternas, que as há em maior número e que são em maior grau: assim, Platão [admite] as Ideias (εἴδη) e as Realidades Matemáticas como dois tipos de entidades

---

[19] A obscuridade dessa passagem repousa certamente em discrepância interna própria da μορφή (forma) aristotélica. Por um lado – como o εἶδος de Platão –, é o próprio objeto do saber e, como tal, geral, eterno e imutável. Mas já que Aristóteles atribui à forma, não como Platão um ser separado das coisas, atribui a cada coisa sua própria μορφή e, com isso, consolida como um indivíduo. (Ver a esse respeito Clemens Bäeumker, *Das Problem der Materie in der giecchischen Philosophie*, Münster, 1890, p. 281 e seg.) Aqui se manifesta claramente a necessidade de distinguir entre μορφή e εἶδος, forma interna e essência, assim como essência individual e geral, como se analisou no capítulo anterior e será retomado e explicado nas discussões seguintes.

Essência – *Essentia, οὐσία* – Substância, Forma e Matéria   161

(οὐσία), e a terceira, a entidade dos corpos sensíveis; Espeusipo,[20] por sua vez, partindo do *Uno*, coloca mais entidades (οὐσία) e princípios (ἀρχαί) de cada entidade (οὐσία): um princípio dos números, outro das magnitudes e, continuando, o da alma [...]. Outros, entretanto, afirmam que as ideias e os Números possuem a mesma natureza (φύσις) e que deles derivam as demais coisas, as linhas e as superfícies, até chegar à entidade (οὐσία) do firmamento e às coisas sensíveis. Depois de expor primeiramente de modo esquemático o que é a entidade (οὐσία), teremos de examinar, a respeito dessas doutrinas, que afirmações são adequadas ou não adequadas, e quais são as entidades (οὐσία), e se há algumas fora das sensíveis ou não as têm, e qual é o modo de ser destas, e se há alguma entidade (οὐσία) separada[21] fora das sensíveis, e por que e como, ou se não há nenhuma.[22]

Até agora se nos apresentaram diferentes doutrinas. Aristóteles enumerou todos os casos nos quais se utiliza o termo οὐσία, e, nesse ponto, foi ainda mais extenso que na passagem precedente. É agora que começa a investigação da questão. "A entidade (οὐσία) se diz, senão em mais sentidos, ao menos fundamentalmente em quatro: efetivamente, a entidade de cada coisa parece ser a essência (τὸ τί ἦν εἶναι), o universal (τὸ χαθόλουν), o gênero (γένος) e, como lugar, o sujeito (ὑποκείμενον)."[23]

Deste quarto, lembra-se de novo o citado anteriormente, ou seja, que não pode ser predicado de nenhum outro, mas sim que outro é predicado a partir dele.

Nós iremos tratar primeiro esse significado,

> O sujeito, por sua vez, é aquilo de que se dizem as outras coisas (οὐσία) sem que isso [se diga], por sua vez, de nenhuma outra. Por isso devemos fazer, em primeiro lugar, as distinções oportunas a respeito dele: porque parece que é entidade, em máximo grau, o primeiro sujeito. E diz-se que é tal, em um sentido, a matéria (ὕλη), em outro sentido a forma (μορφή), e, em terceiro sentido, o composto de ambas (chamo matéria, por exemplo, o bronze, forma, a configuração (σχῆμα τῆς ἰδέας), e composto de ambos,

---

[20] Espeusipo (405-334 a.C.), filósofo grego, sobrinho e discípulo de Platão, e seu sucessor na direção da academia. Somente se conservam fragmentos de seus escritos.
[21] ωρισρή οὐσία foi traduzida pela expressão latina "substância separada". Na Idade Média, essa expressão fazia pensar especialmente nos espíritos puros. Mas Aristóteles tem aqui presente as ideias platônicas.
[22] *Met.*, Z 2, 1028 b. [Aristóteles, *Metafísica*, Madri, 1994, p. 282-283.]
[23] *Ibid.*, [Aristóteles, *Metafísica*, Madri, 1994, p. 283].

a estátua), de modo que se a forma (εἶδος) específica é anterior à matéria e é em maior grau que ela, pela mesma razão será também anterior ao composto.[24]

A definição de οὐσία como o último substrato, o próprio Aristóteles a encontra insuficiente:

> E é que isto é, em si mesmo, obscuro e, além disso, a matéria vem a ser entidade (οὐσία): pode sê-lo, já que se se suprimem todas as outras coisas (οὐσία), não parece que fique nenhum [outro] substrato. Certamente, as outras coisas são ações, afeições e potências dos corpos (πάθή, ποιήματα δυνάμεις), e a longitude, a largura e a profundidade são, por um lado, tipos de quantidade (ποσότης), mas não entidades (οὐσία); a quantidade (ποσόν) não é, acima de tudo, entidade (οὐσία): entidade (οὐσία) é mais aquilo em que primeiramente se dão essas coisas. Ora, se se abstraem a longitude, a largura e a profundidade, não vemos que fique nada, exceto o limitado por elas, se é que é algo. De modo que aqueles que adotem esse ponto de vista a matéria lhes há de parecer necessariamente a única entidade (οὐσία). E chamo matéria àquela que, por si própria, não cabe dizer nem que é algo determinado, nem que é de certa entidade, nem nenhuma outra das determinações pela qual se delimita o que é. Trata-se de algo do que se predica cada uma dessas e cujo ser é outro que não o de cada uma das coisas que se predicam (κατηγορίαι) (as outras, efetivamente, se predicam da entidade (οὐσία) e esta, por sua vez, da matéria), de modo que o [sujeito] último não é, por si próprio, nem algo determinado nem de certa quantidade, nem nenhuma outra coisa. Nem tampouco são as negações dessas, uma vez que as negações se dão também acidentalmente (κατὰ συμβεβηκός)[25] [no sujeito]. Àqueles que partem destas considerações, sucede-lhes, certamente, que a matéria é entidade (οὐσία). Mas isso é impossível. Efetivamente, o ser capaz de existir separado (χωριστόν) e o ser algo determinado (τόδε τι) parecem pertencer em máximo grau à entidade; pelo que a forma específica (εἶδος) e o composto de ambas teria que considerá-los entidade (οὐσία) em maior grau que a matéria. Deixemos de um lado a entidade composta de

---

[24] Met., Z 3, 1028 b, 1029 a. [Aristóteles, *Metafísica*, Madri, 1994, p. 284.]
[25] Ou seja, não se pode dizer nada de afirmativo nem negativo a respeito da simples matéria. Em si é totalmente indeterminada, e todas as determinações "resultam" para ela a partir da determinação do todo em cuja estrutura ela entra.

Essência – *Essentia*, οὐσία – Substância, Forma e Matéria   163

ambas, isto é, composta da matéria e a forma (μορφή), já que é posterior e bem conhecida. Também a matéria resulta, de algum modo, manifesta. Pelo contrário, investiguemos a respeito da terceira, já que é a mais aporética. Há acordo geral em que certas realidades sensíveis são entidades (οὐσία). Comecemos, pois, a investigação por estas.[26]

4. Significado Fundamental de οὐσία. A Coisa Sensível como πρώτη οὐσία, sua Composição de Forma e Matéria

O capítulo que acabamos de citar parece-me muito importante para compreender a posição e intenção de Aristóteles. Ele designa por οὐσία *o ente ao qual corresponde o ser em um sentido preeminente.* Parece-lhe ser algo comumente admitido e que não tem apenas necessidade de explicação o fato de que as *coisas naturais,* tal como as conhecemos por nossa experiência dos sentidos, possuem tal ser preeminente. (A "doutrina das categorias" já mostrou em que consiste essa preeminência e prontamente voltaremos a este assunto[27].) Mas as coisas não são simples, têm uma estrutura composta e se são οὐσία, então – assim parece – devem-no a isso de que estão compostas.

O que se diz de uma coisa nos juízos é sempre algo que lhe "vem dado" (não é necessário que seja sempre "acidental");[28] por outro lado, deve existir outra coisa à qual lhe vai ao encontro o que lhe vem dado, e, finalmente, um último fundamento que já não pertence a nenhuma outra coisa, e, por essa razão, não pode ser predicado de outra coisa. Trata-se de ὕλη (matéria). Parece que chegamos assim à coisa que οὐσία é no sentido mais próprio. Ora, aqui chega a mudança surpreendente: "Isto é impossível!" Porque a simples matéria é algo totalmente indeterminado; não se pode dizer dela *o que é,* e, por isso, ela de nenhuma maneira é se considerada sem nenhuma determinação. A οὐσία, no entanto, deve ser um ente no sentido excelente, e agora experimentamos também em que consiste sua excelência

---

[26] *Met.,* Z 3, 1029 a. [Aristóteles, *Metafísica,* Madri, 1994, p. 284-286.]
[27] Ver § 2, 4 e § 3, 9 deste capítulo.
[28] Segundo a apresentação da doutrina das categorias pode-se duvidar se isso é válido para a δευτέρα οὐσία, *o que* é a coisa. Certamente, diz-se da coisa (*isto* é um *homem*). Mas sem o *que* é, a coisa seria *nada* – o quid não parece ser nada "acrescentado". Também Aristóteles o considerou como "substrato". Por outro lado, a possibilidade de um enunciado nos mostra uma separabilidade do *quid* e do que está "determinado" por isso.

de ser: é um χωριστόν e um τόδε τί, um para *si, separado* de todo outro ente, e um *isto aqui*, um *indivíduo*, ou seja, um singular, ao qual é algo próprio que não reparte com nenhum outro. Toda coisa sensível possui essa característica, destaca-se como uma unidade fechada, e como algo diferente de todo o resto, a partir da conexão da natureza, conexão na qual encontram nossa percepção sensível e nossa experiência. Por isso, ela é, incontestavelmente, οὐσία, e pode ser designada como πρώτη οὐσία, como um primeiro ente *autônomo e próprio a si mesmo*, se partimos do que encontramos em primeiro lugar na experiência. Já que não é um ente simples e originário, mas composto de diferentes partes constituintes, por essa razão as partes constituintes (uma delas, ou algumas ou todas) devem, parece, prestar-lhe essa preeminência de ser.

Isso não pode ser o que somente lhe *vem dado* à coisa (ou seja, o que é predicado dela na forma das categorias acidentais); não pode ser tampouco *a matéria* que está determinada pelas propriedades, mas que não é *nada* sem a determinação e que não *é*. Então, o que fica se se elimina a matéria e as "determinações" da matéria? Parece como se não ficasse nada; mas é, no entanto, necessário que algo diferente participe na composição da coisa, e este "terceiro" deve ser o que lhe dá sua solidez e seu fundamento e faz dela o ente excelente que ela é. Aristóteles a chama μορφή (forma) ou εἶδος (figura, arquétipo). Até agora se serviu dos dois nomes como se significassem o mesmo. Mas, na realidade, a esses dois termos une-se a grande pergunta que preocupava sempre Aristóteles, na *Metafísica* e que se converteu em objeto de discussão entre ele e Platão. Εἶδος é o nome da ideia platônica[29] e nas *Ideias* – segundo a exposição da *Metafísica* – os platônicos viram as πρῶται οὐσίαι, o primeiro ente, autônomo e próprio a si mesmo. Contudo, justamente aqui Aristóteles encontra dificuldades insolúveis. A coisa deve ter uma *forma*, algo diferente da matéria e de tudo o que lhe vem de fora e que determina seu ser. Isso pode, porém, ser algo separado dela? Não deve talvez se encontrar, pelo contrário, nela própria como sua *forma intrínseca*, sua μορφή?

Assim, o desenvolver da investigação mostrou como a questão sobre o ente nos conduz inevitavelmente a uma confrontação com a doutrina das

---

[29] εἶδος e ἰδέα pertencem ambos à raiz etimológica que se encontra na palavra latina *videre* (ver). As ideias são para Platão algo que se vê. O termo latino conformado linguisticamente de εἶδος seria *species* (de *spicere*: divisar).

ideias. A investigação deveria realizar-se com as coisas sensíveis, visto que elas são reconhecidas como οὐσία, e porque são para nós o mais conhecido.[30] Mas agora não segue imediatamente uma exposição do que se deve entender pela forma da coisa sensível. Pelo contrário, Aristóteles volta a considerar os quatro significados de οὐσία, dos quais partiu.[31] Desses quatro significados, somente aquele do "substrato" foi tratado até o presente. No sentido do todo – constituído de forma e de matéria – esse substrato foi reconhecido como οὐσία, somente a substância foi excluída. A forma era a que era considerada como objeto da investigação. A exposição se dirige agora para o que se mencionou como o primeiro significado da οὐσία, ou seja, o τὸ τί ἦν εἶναι (ser o que era), evidentemente para, desse modo, aproximamo-nos da compreensão da forma.

5. Τὸ τί ἦν εἶναι e Essência

Do ponto de vista lógico "(τὸ τί ἦν εἶναι) é para cada coisa aquilo com o que ela é designada em si. Pois tu ser-tu não é tu ser-formado; tu não és formado como tu mesmo".[32] Que o homem seja culto (μουσιχός) é algo "acrescentado", mas antes que o homem fosse culto, era já algo que não lhe foi "acrescentado" *e algo que será sempre*, enquanto continua sendo "ele mesmo". Estaremos inclinados a considerar *o que* faz de uma coisa *o que é*, o que é *ela mesma* e o é *permanentemente*, como sua *essência*.[33] Daqui se torna compreensível a tradução de οὐσία por *essentia*. Torna-se imediatamente evidente que isso seria um sentido completamente diferente de οὐσία do designado como "substância". Uma essência – no sentido de uma determinação permanente de seu *quid* – possui esse algo, não somente a coisa, mas também suas propriedades e tudo o mais que pode ser predicado em relação com ele. Entretanto, a essência da *coisa* deve distinguir-se de tudo o que é "acrescenta-

---

[30] *Met.*, Z 3, 1029 b. [Aristóteles, *Metafísica*, Madri, 1994, p. 287 e seg.]

[31] Ver § 2, 3 neste capítulo.

[32] *Met.*, Z 4, 1029 b. [Aqui respeitamos a tradução alemã que tinha Edith, pois é algo diferente ao espanhol que temos: Aristóteles, *Metafísica*, Madri, 1994, p. 287: "A essência de cada coisa é o que de cada coisa se disse [que é] por si própria. Acima de tudo, aquilo que consiste no que tu és não é aquilo em que consiste 'ser músico' já que não és, por ti mesmo, músico. Dessa forma, [tu essência é] o que, por ti mesmo, és."]

[33] Efetivamente, Hering designou a essência como τὸ τί ἦν εἶναι (*op. cit.*, p. 496).

do", visto que nela deve estar fundada a particular preeminência de ser e o especial da coisa. Pois bem, o que distingue a coisa como tal de tudo o que não tem a modalidade de coisa – o ser-coisa – deve encontrar-se em toda coisa como inalienavelmente própria a ela mesma. Visto que é algo que se encontra em *cada um*, pode expressar-se por *conceitos universais* e encontrar-se na *definição* de toda coisa. Aristóteles considera τὸ τί ἦν εἶναι precisamente como o que vem expresso na definição.[34] Por outro lado, a cada coisa deve ser próprio seu ser-coisa, de outra maneira não poderia chegar a ser uma *coisa*, isto é, uma οὐσία no sentido de um ser autônomo e próprio a si mesmo. Além disso, o ser-coisa não pode constituir toda sua essência, pois mediante sua essência não se deve definir somente o que tem em comum com outras coisas, mas também o que lhe é especialmente *próprio*. O ser-coisa é, pois, somente *um traço essencial*, ainda que certamente fundamental. Assim chegamos de novo à estrutura característica da essência que já conhecemos: é a *configuração composta* na qual uma série de traços essenciais são acrescentados a um todo; e se se trata de uma essência "com núcleo", então a estrutura obedece a uma determinada lei estrutural. (O ser-coisa é o traço fundamental de todas as essências côisicas.) É *universalmente compreensível (essência geral)* – pelo menos conforme uma parte de sua consistência –, e, no entanto, é a essência *dessa* coisa e, como tal, ela própria é um "isto aqui" (*essência individual*). É, finalmente, essência *dessa coisa* e, como tal, *não autônoma*. Se por τὸ τί ἦν εἶναι se pudesse entender *somente o que* geralmente é compreensível (por exemplo, o *ser-homem* de Sócrates, mas não seu *ser-Sócrates*),[35] então não coincidiria certamente com a essência individual. Talvez se encontrasse ali uma diferença entre o τὸ τί ἦν εἶναι e μορφή.[36] Entretanto, não queremos prosseguir agora a questão da relação entre essas duas expressões, e sim dirigir nossa atenção para outra dificuldade objetiva. Convém buscar na coisa aquilo a que ela deve sua preeminência de ser como οὐσία, e essa preeminência é buscada pelo fato de ser autônomo e próprio a si mesmo. Essa preeminência pode provir de algo que ela mesma não possui? A coisa pode ser οὐσία sobre a base de algo que não é οὐσία no mesmo sentido? Com isso põe-se em dúvida todo o enfoque da questão.

---

[34] Naturalmente, a definição deve ser entendida como a apreensão conceitual da essência e não como qualquer "determinação unívoca", que é apropriada para delimitar a coisa em relação com outras.

[35] Esta é, sem dúvida, a opinião de Aristóteles.

[36] Ver o § 2, 7 neste capítulo.

6. Matéria, Forma e Coisa Singular (ὕλη, μορφή e τόδε τί)

Voltemos uma vez mais a passagem em que Aristóteles distingue os diferentes significados de οὐσία.[37] Depois de ter enumerado primeiramente somente as diversas coisas chamadas ordinariamente οὐσία, convém explicar os significados desse termo. O quarto destes significados – o ὑποκείμενον – está evidentemente em contraposição com os outros. A palavra apresentada significa três coisas: a ὕλη (matéria), a μορφή (forma) e o composto das duas: o τόδε τί (coisa singular). Matéria, forma e coisa inteira têm, evidentemente, uma coisa em comum que está em relação com o significado de οὐσία = ente autônomo e próprio a si mesmo. Certamente não são autônomas (χωριστόν) nem a matéria nem a forma, mas somente a coisa inteira. Porém, um τόδε τί (um isto aqui), um exclusivo é também uma matéria ou uma forma: não a matéria em geral, nem a forma em geral, mas a matéria e a forma dessa coisa. Por isso, alguém pode chegar a pensar em reduzir a preeminência de ser da coisa que lhe vale o nome de οὐσία às partes que a compõem. Os outros três significados de οὐσία, ao contrário, deveriam – ao que parece – ser realmente *diferentes*, ainda que eles também designem um ente que possui uma perfeição de ser; então, essa preeminência não deve consistir em ser χωριστόν nem τόδε τί. Assim, chegaremos, talvez, a compreender πρώτη e δευτέρα como duas espécies de ente, cada uma das quais se distingue por outra preeminência.

7. Essência, Universal e Gênero (τὸ τί ἦν εἶναι, καθόλου, γένος)

Trata-se agora de compreender o que querem dizer τὸ τί ἦν εἶναι, τό καθόλου e γένος, de saber se cada um deles significa algo diferente e avaliar, também, se, talvez, haja entre eles um vínculo semelhante ao que existe entre ὕλη, μορφή e τόδε τί.

O τὸ τί ἦν εἶναι nos parecia designar a essência da coisa, mas não a essência individual e sim a essência universal: por exemplo, o ser-homem desse homem.[38] O sentido linguístico da formação estranha e muito discu-

---

[37] Ver o § 2, 3 neste capítulo.
[38] A "essência" universal não é aqui um modo de expressão muito restrito: cada homem tem *seu* ser-homem, mas, *como* homem, tem o "outro semelhante a ele", e o "semelhante" pode ser destacado *como* "universal".

tida de τὸ τί ἦν poderia igualmente contribuir à compreensão do problema. Com τὸ ἀγαθῷ εἶναι Aristóteles designa a bondade[39] em contraposição a τὸ ἀγαθόν, isto é, o bom ou o que é bom. É o que torna bom tudo o que é bom. Conforme a linguagem de Platão, dir-se-ia: a ideia da bondade. Mas isso não podemos dizer aqui, porque, para Aristóteles, o que o faz bom não está separado dele, mas nele mesmo. Por isso, o nome "bondade" se se entende como a essencialidade,[40] não é apropriado. No εἶναι, parece-nos expresso o ser-bom, que pertence ao bom: o *ser próprio* encontra sua expressão no dativo ἀγαθῷ. Se pensamos como o ἀγαθόν uma determinada ação, então o ἀγαθόν εἶναι não significa nem simplesmente o ser dessa ação, nem simplesmente o ser da bondade, mas o ser-bom da ação ou sua bondade essencial. Com isso, não se expressa toda a essência, mas um traço da essência. No τὸ τί ἦν εἶναι, corresponde ao ἀγαθῷ a expressão universal τί ἦν. Para toda coisa singular, convém dar a resposta à pergunta: ἐστι (o que é?). Então, por τὸ τί ἦν εἶναι dever-se-ia compreender o que faz dele o que é: seu *ser quid* ou sua *essência*, mas a essência enquanto é geralmente compreensível e enquanto se encontra em todas as coisas singulares da mesma espécie. (Nisso vemos, como dissemos, uma diferença com relação à μορφή, que somente é própria da coisa singular: segundo Aristóteles, devemos dizer que o τὸ τί ἦν εἶναι e a μορφή coincidem objetivamente nas "formas puras"; mas, por uma dessas expressões, designa-se a essência, enquanto, em geral, é compreensível, pela outra expressão, possa ser designado o que é próprio à coisa singular. E na coisa singular, *o que* ela é não coincide com a forma enquanto ela está composta de matéria e de forma.)

Apresentam-se outras dificuldades com a pergunta: por que se diz τί ἦν (o que era) e não τί ἐστι (o que é)? Sobre esse ponto, também, foram dadas diversas interpretações. Eu quisera entender no sentido que antes nos tinha feito separar o *"quid* pleno" e o *"quid* essencial".[41] Debaixo do *que* é uma coisa, há algo que o é somente de passagem e casualmente, o que está submetido à mudança. Diante disso, a essência é o ser-*quid perpétuo*, o que pertence à coisa desde o interior – não em razão de influências exteriores – é próprio e permanente sob influências mutáveis. E isso se encontraria ex-

---

[39] Segundo Ueberweg-Heinze, *Geschichte der Philosophie*, tomo 1, § 49, p. 251.
[40] No sentido como desenvolvemos o conceito no capítulo III, § 2 e § 3.
[41] Ver o capítulo III, § 3.

presso em ἦν.[42] A coisa "é" o que "era", já que sua essência está subtraída ao fluxo do tempo.

Pela nossa breve discussão linguística, acreditamos ter encontrado uma confirmação da necessidade de compreender por τὸ τί ἦν εἶναι a essência universal. Dessa forma, empregaremos esse significado. Desse ponto de partida poderemos talvez nos aproximar da relação entre τὸ τί ἦν εἶναι e καθόλον.

> Diz-se que é 'um todo', 'inteiro' (ὅλον) aquilo a que não falta parte alguma das que se diz que um todo está naturalmente constituído, e também o que contém uma pluralidade de coisas de modo tal que essas constituam uma unidade, o que pode entender-se de duas maneiras: ou que cada coisa é uma unidade ou que a unidade resulta dela. Efetivamente, o universal – ou seja, aquilo que se predica totalmente (καθόλου) como sendo um todo – é universal (καθόλου), no sentido de que abrange muitas coisas, porque se predica de cada uma delas, e cada uma de todas elas constitui uma unidade: por exemplo, 'homem', 'cavalo', 'deus', já que todos eles são animais.[43]

Καθόλου é, pois, o *conceito* que abrange o que pertence à sua "extensão" e, além disso, o côisico que é apreendido por seu conceito universal. No exemplo, indica-se já algo que abrange de novo unidades "universais", e, antes de tudo, por seu meio, uma "extensão" de coisas singulares. Não importa se considerarmos o "universal" mais extenso ou o menos extenso, em cada caso é óbvia a diferença com relação ao τὸ τί ἦν εἶναι. "Homem", "ser vivente", é diferente de "ser homem", "ser um ser vivente". Somente o segundo pertence a esse homem (tanto o ser homem quanto o ser um ser vivente) e permite constituir-se a si próprio o τόδε τί. O "conceito de homem" não é uma parte do homem.

Formulemos agora a questão do γένος (gênero). Aristóteles distingue um triplo significado da palavra.[44] Primeiro, tem o sentido de *geração* con-

---

[42] Heidegger (*Kant und das Problem der Metaphysik*, Bonn, 1929, p. 231) explica o τὸ τί ἦν εἶναι como "o que já era sempre" e ali encontra "o momento *da presença constante*", assim como também considera οὐσία como "presença" (*Sein und Zeit*, p. 25). Em ambos, vê-se "um espontâneo e natural entender do ser a partir do tempo". Nós, pelo contrário, consideramos a compreensão do ser como fundamento para entender o tempo (ver o capítulo II, § 3 e o capítulo III, § 1), e não podemos encontrar nos textos aristotélicos nenhum ponto de apoio para provar o contrário.

[43] *Met.*, Δ 26, 1023 b. [Aristóteles, *Metafísica*, Madri, 1994, p. 222-256.]

[44] *Met.*, Δ 28, 1024 a, 29 e seg. [Aristóteles, *Metafísica*, Madri, 1994, p. 258-259.]

tínua de seres viventes da mesma espécie (γένεσις, *generatio*); significa também toda a *estirpe* que provém de um procriador. Finalmente, necessita-se de tal maneira como a superfície se chama o gênero das formações planas, e o corpo o gênero das formações corpóreas. Pois, cada figura espacial é uma superfície deste e outro modo determinada ou um corpo deste e outro modo determinado; mas superfícies e corpos são o que é o substrato das diferenças (τὸ ὑποκείμενον ταῖς διαφοραῖς). Enfim, assim como nos conceitos, o primeiro conteúdo é o gênero – o que se indica como aquilo em que algo consiste (ὃ λέγεται ἐν τῷ τί ἐστι), – e as qualidades (ποιόται) são designadas como suas diferenças do gênero (διαφορά).[45] Neste último sentido, o gênero é chamado igualmente "matéria" (ὕλη). "Efetivamente, aquilo a que corresponde a diferença e a qualidade é o sujeito (ὑποκείμενον) que nós denominamos matéria."[46]

É evidente que somente os dois últimos significados de γένος podem ser associados com καθόλου e τὸ τί ἦν εἶναι; o *conceito universal*, destacado por "*características*" e o ente que é percebido com o pensamento em conceitos universais e por suas particularidades. Nesse duplo sentido, é necessário igualmente relacionar o gênero com o que se tenha dito das diferenças conforme o gênero.

> *Heterogêneas* se chamam aquelas coisas cujo primeiro sujeito é outro, e não se decidem uma na outra, nem tampouco ambas na mesma: assim, a forma (εἶδος) e a matéria (ὕλη) são heterogêneas, e também o são os predicados que correspondem a diversas figuras da predicação (σχῆμα κατηγορίας)[47] de 'o que é'; alguns, efetivamente, significam que é (τί ἐστι); outros, que é de certa qualidade (ποιόν τι) e outros conforme as distinções expostas antes. É que esses predicados não se decidem, nem uns nos outros, nem [todos eles] em algo que seja um.[48]

Se a expressão "matéria", que já encontramos em nosso estudo sobre os objetos sensíveis, se apresenta de novo aqui, é evidentemente empregada em outro sentido que não ali, o sentido parabólico.

---

[45] *Met.*, Δ 28, 1024 b, 1s. [Aristóteles, *Metafísica*, Madri, 1994, p. 259.]
[46] *Ibid.* [Aristóteles, *Metafísica*, Madri, 1994, p. 259.]
[47] "Forma" está empregada aqui no sentido da "forma vazia".
[48] *Met.*, Δ 28, 1024 b, 10 seg. [Aristóteles, *Metafísica*, Madri, 1994, p. 259-260.]

Os conceitos e o *universal*, que é captado neles, não estão constituídos de uma matéria como objetos corpóreos.[49] O comum é somente a indeterminação, que tem necessidade e é capaz de uma determinação. Para os gêneros, no entanto, não há indeterminação total: como diferenciados estritamente (uns dos outros) são também determinados, mas sua determinação deixa lugar a uma determinação mais precisa.

As "categorias" são chamadas aqui como gêneros do ente, mas são citadas somente como exemplo; logo, não são os únicos gêneros do ente. Em geral se pode dizer: os *gêneros são estruturações fundamentais do ente*, que não são redutíveis umas às outras, e tampouco dedutíveis umas das outras; além disso, redutíveis a um terceiro elemento comum. Dessa concepção, conclui-se que existem também configurações de ente que não permitem tal redução ou tal dedução. São as *espécies* (εἴδη), chamadas por Aristóteles "parte do gênero".[50] Por outro lado, "o gênero é, por sua vez, parte da espécie",[51] visto que o conceito da espécie contém o conceito do gênero.

> Chamam-se "contrários" aquelas coisas que, sendo diferentes no tocante ao gênero, não podem estar presentes, ao mesmo tempo, no mesmo; também as que, pertencendo ao mesmo gênero, diferem em grau máximo, e as que, acontecendo no mesmo sujeito receptor, diferem em grau máximo, e as que caindo sob a mesma potência, diferem em grau máximo, e aquelas cuja diferença é máxima, ou absoluta, ou quanto ao gênero, ou quanto à espécie.[52]

Finalmente, o que pertence à última espécie de um gênero e que é conceitualmente diferente: homem e cavalo são indivisíveis segundo o gênero, mas têm conceitos diferentes; igualmente o que pertence à mesma οὐσία e tem uma diferença.[53] O homem e os animais são exemplos daquilo que, no interior do mesmo gênero – ou seja, do ser vivente –, não estão subordinados um ao outro e apresentam uma diferença, isto é, um dotado de razão e o outro não dotado de razão. Podemos empregar aqui para οὐσία o termo

---

[49] Baeumker fala aqui de matéria conceitual (*op. cit.*, p. 293).
[50] *Met.*, Δ 25, 1023 b. [Aristóteles, *Metafísica*, Madri, 1994, p. 255.]
[51] *Ibid.* [Aristóteles, *Metafísica*, Madri, 1994, p. 255].
[52] O "contrário" foi antes definido como o que, dentro de um gênero, mais se distingue; o que é distinto, de tal maneira que não pode pertencer ao mesmo gênero simultaneamente. (*Met.*, 10, 1018 a, 28 e seg. [Aristóteles, *Metafísica*, Madri, 1994, p. 229-230.]
[53] *Met.*, Δ 10, 1018 b, [Aristóteles, *Metafísica*, Madri, 1994, p. 230].

"coisa". No interior da coisa há diferentes cores (contrapostas umas a outras) que ela não pode possuir ao mesmo tempo. A cor e a forma são, por exemplo, diferentes, mas não opostas, não se excluem entre si. O homem e o cavalo são designados como últimas espécies conceitualmente diversas. Isso indica graus de universalidade no âmbito de um gênero, assim como a possibilidade de uma superposição e de uma subordinação.

Os gêneros se "dividem" em espécies; ou seja, cada estrutura fundamental do ente se divide em estruturas que lhe são subordinadas: a coisa em espécies-de-coisas, a propriedade das coisas em espécies de propriedades. A subdivisão progride até as últimas espécies que não têm espécies inferiores por baixo delas; mas têm igualmente ainda algo "abaixo" ou "abrangem" ainda algo: ou seja, o *ente singular* dessa espécie, a coisa singular ou a propriedade particular de uma coisa: *esse* homem, ou a cor castanha dos cabelos desse homem. Nesse momento, podemos já compreender a relação entre καθόλου e γένος. Os dois designam um universal, ou seja, no duplo significado do conceitualmente universal e do ente concebido conceitualmente.

Mas καθόλου é mais universal: significa *tudo* que "abrange", portanto também as espécies de todos os graus e as diferenças das espécies; enquanto γένος significa somente as estruturas fundamentais supremas e mais universais.

Agora ainda fica em aberto o caminho para definir as relações dessas duas espécies de universalidades com o τὸ τί ἦν εἶναι. Aristóteles o considerou como o que se expressa nas definições. Uma definição não é um conceito qualquer, mas somente

> [...] quando [o enunciado] o é de algo primeiro. E primeiras são aquelas coisas que se expressam sem predicar algo de algo. Consequentemente, não haverá essência das coisas que não sejam *espécies de um gênero*,[54] mas somente dessas (parece, efetivamente, que estas não se expressam nem por participação e afeição, nem tampouco como algo acidental, συμβεβηκός)[55]...

Para tudo isso existe um conceito, mas não definição e tampouco nenhum τὸ τί ἦν εἶναι.

---

[54] Sublinhado pela autora.
[55] *Met.*, Z 4, 1030 a, 10-14. [Aristóteles, *Metafísica*, Madri, 1994, p. 290.]

Essência – *Essentia, οὐσία* – Substância, Forma e Matéria 173

> Ou acaso também a definição, assim como o que-é (τὸ τί ἐστι), se dizem em muitos sentidos? Também, efetivamente, o que-é se refere, em um sentido, à entidade e a algo determinado (οὐσία e τόδε τι), e, em outro sentido, às outras categorias, quantidade, qualidade e todas as outras desse tipo. E assim como o "é" se apresenta em todas as categorias, mas não do mesmo modo, mas, em uma se apresenta de modo primário e, nas outras, de modo derivado, assim também o 'que-é' se apresenta de modo absoluto na entidade (οὐσία), e nas outras, de certa maneira. Dessa forma, podemos perguntar-nos: que é a qualidade e, portanto, a qualidade é das coisas a que corresponde o que-é, mas não absolutamente...[56]

Assim, pois, o τὸ τί ἦν εἶναι simples e originário somente é atribuído à οὐσία, é atribuído aos outros por dedução e com certa variação. Isso não é mera dualidade de nomes, mas os diferentes significados que têm entre si em relação íntima.[57]

Tínhamos deduzido do fato de que o τὸ τί ἦν εἶναι seja o que é percebido em uma definição, que devia ser um *universal* e que não era o conceito, mas o ente "concebido". Agora, podemos agregar que essa expressão é menos extensa que καθόλου, que designa todo o universal, abrange as espécies e, de novo, não todas as espécies do ente, mas as espécies particulares do gênero *coisa* (= οὐσία, no significado já explicado do ente autônomo e próprio a si mesmo, a "substância"). Não é a própria coisa nem ainda a πρώτη οὐσία, mas o que determina a coisa segundo sua espécie. Tampouco os gêneros de coisas não deriváveis uns dos outros indicam o que é a coisa. Com τὸ τί ἦν εἶναι, expressa-se a determinação específica de grau mais baixo, que já não se divide em espécies, mas que somente se "individualiza". É o último que ainda conceitualmente se deixa captar e pelo que se deixa captar cada coisa singular.

O τὸ τί ἦν εἶναι pelo que a coisa, como o *que é*, encontra sua definição conceitual, não é a própria coisa, nem πρώτη οὐσία. Diante da coisa, por meio de sua universalidade e seu não ser autônomo distingue-se ontologicamente. Por meio dessas duas características está unido a καθόλου e γένος.

---

[56] *Met.*, Z 4, 1030 a, 17 seg. [Aristóteles, *Metafísica*, Madri, 1994, p. 290.]

[57] Assim se designa como "sadio" tanto o homem que se encontra nesse estado como os meios que provocam esse estado e os signos que ajudam a reconhecê-lo. (É um exemplo de um conteúdo de sentido em diferentes interpretações da mesma palavra, que se apresenta frequentemente em Aristóteles e Tomás.)

174 Capítulo IV

Se o termo de οὐσία corresponde a tudo isso, então deve ser usado – o que já dissemos anteriormente – em outro sentido diferente do de οὐσία dado à coisa singular. Por isso deve-se distinguir da πρώτη οὐσία como δευτέρα οὐσία. A característica preeminente de ser de δευτέρα οὐσία deve justamente consistir no que distingue da πρώτη οὐσία: que é um *universal,* isto é, *comunicável* e um *envolvente.* O gênero é comunicável às espécies que "formam parte" dele e, por meio das espécies, nas coisas singulares que participam da espécie. O comunicável abrange tudo aquilo em que entra como "comunicado"; por outro lado, é – em outro sentido – "abrangido" por aquilo em que entra, enquanto entra ali realmente e participa de sua estrutura.[58]

8. Diversos Significados de οὐσία e Sua Comum Consistência de Sentido: (Existência, Realidade Côisica, Determinação do *Quid* e Ser Essencial, como Diversas "Preeminências de Ser")

Agora é necessário aplicar à δευτέρα οὐσία e à πρώτη οὐσία o que se disse anteriormente sobre a duplicidade de significado e sobre sua relação de significado: πρώτη e δευτέρα οὐσία terão certamente algo em comum que permita chamá-las οὐσία às duas. Tratamos de expressar essa comum consistência de sentido dizendo que entendíamos por οὐσία, nos dois casos, um ente que tem uma preeminência de ser. Não poderia ser esta uma preeminência de ser que as distinguisse às duas algo que lhes é diferente?

Ainda se deve considerar muitos fatores neste assunto. Se distinguimos do conceito o *ente,* que é abrangido pelo conceito, então o ente já estava considerado em um sentido de excelência, porque aos conceitos também corresponde certo ser. Mas o ser dos conceitos é um ser "de segunda mão", que não é originário, mas somente deduzido. Os conceitos são formados, isto é, formados segundo um ente cujo ser é independente deles. Seu ser está ligado à contraposição de um mundo de objetos e espíritos conhecedores, que se apropriam espiritualmente desse mundo mediante um pensamento que avança passo a passo; é, pois, um ser duplamente condicionado e dependente. Diante desse condicionamento e

---

[58] São "relações do ser" entre o "universal" e o "particular", que correspondem às relações *lógicas* do conceito com aquilo que engloba sua "extensão" e aquilo que estrutura seu "conteúdo".

Essência – *Essentia*, οὐσία – Substância, Forma e Matéria   175

dependência, tem o ente, segundo o qual os conceitos são "formados" ou "acomodados", a preeminência de ser da *originalidade* e da *independência*. Alguém estaria tentado a dizer: os conceitos são "irreais", mas o ente, compreendido neles, é *real*. Não obstante, conforme o que já dissemos em relação ao ser "essencial" e ao ser "real", a expressão ser "real" deve ser reservada para um setor especial do ser originário e independente: ou seja, para o mundo em que existem ação e eficiência. Os números, as formas puras, as cores puras e os sons puros não são conceitos, mas o originário sobre o qual estão formados os conceitos do número, da figura etc. Entretanto, não são "reais" como o mundo das coisas que se movem, mudam, surgem e passam e que causam, também elas, também tal devir. Não quisera tampouco introduzir a expressão Dasein para o ser originário. Recentemente esse termo foi empregado em outro sentido. Martin *Heidegger* o empregou exclusivamente para designar o ser do eu;[59] *Conrad-Martius* o emprega para o ser real (no qual está incluído o ser do eu).[60] E vê-se claramente que o mundo real (o eu ainda de maneira particular) é chamado "o existente", com mais razão que essas elaborações que não se impõem incontestavelmente, mas que devem ser primeiro buscadas e tiradas de certo ocultamento. Entretanto, os termos "originário" e "independente", com os quais queríamos caracterizar o ser no qual pensamos, não são corretos como termos definitivos, já que o ser, mesmo que seja originário e independente com relação aos conceitos, não o é simplesmente, como o demonstraremos prontamente. O termo mais apropriado poderia ser "existência", já que corresponde ao uso linguístico de considerá-lo, que é "simplesmente pensado" como "não inexistente"; por outro lado, não atribuímos somente a existência ao real, mas falamos também, por exemplo, de "existência matemática".

Chamamos, pois, existência o modo de ser que, referente a ser pensado, se designa como o ente mais originário, e possuímos no *existente* um sentido de οὐσία, contido na πρώτη e na δευτέρα οὐσία como núcleo noético comum. O existente é aquilo a que são "adequados" os conceitos e no que eles tomam sua "medida".

---

[59] *Sein und Zeit*, Halle, 1927, p. 7.
[60] "Existência, substancialidade, alma." (O tratado apareceu somente em uma tradução francesa em "*Recherches Philosophiques*", Paris, 1932-1933, mas disponho do manuscrito em alemão e tirarei dele as passagens que vou citar mais adiante.)

176 Capítulo IV

Pois bem, no âmbito do existente há diferenças do ser e diferenças correspondentes do ente. O duplo sentido das "categorias" – o fato de que representam, ao mesmo tempo, formas de experiência e formas de ser – corresponde à limitação do ser pensado (lógico) e da existência. Enquanto "formas ontológicas" as configurações pensadas classificam como "formas ontológicas" o existente.

O corte mais nítido em cada um desses campos é o que há entre o que *corresponde* a um ente (o que é "predicado" de um "objeto") e o ente, ao qual convém o que lhe corresponde, ou o que "é seu substrato" (o objeto, do que é "predicado" algo). Com relação ao substrato, o acrescentado é dependente e não é autônomo, aquele é o substrato originário e autônomo em um novo sentido. O acrescentado (a figura, a cor, o tamanho da coisa etc.) *existe*; contudo, existe não em si, mas no outro, – precisamente nesse substrato – e tem seu ser por ele ou tem "parte" nele. Por isso, Aristóteles disse que o ποιόν, ποσόν etc., existe "de certo modo", mas não "simplesmente", e possui certamente também "o que é", mas não do mesmo modo que o substrato. Ao substrato, que existe em si e simplesmente, e que possui seu "*quid*", se lhe chama τόδε τί, a coisa singular.

Para a coisa singular se usa o termo πρώτη οὐσία. Diferentemente do τόδε τί, o τί ἐστι significava "o que é algo": não a própria coisa, mas seu *quid*. Este, no entanto, pode ser múltiplo: o gênero, a espécie até a última diferenciação geralmente perceptível, que determina o τὸ τί ἦν εἶναι. Assim compreendido, o τί já não designa a πρώτη, mas a δευτέρα οὐσία. Entretanto, é necessário considerar como uma δευτέρα οὐσία *tudo* o que se deixa compreender como "determinação do *quid*", e corresponde a todos uma preeminência de ser no âmbito do existente, isto é, uma preeminência de ser diante do que lhe é dado?

A πρώτη οὐσία foi caracterizada como o último substrato, visto que se podem predicar outras coisas a partir dela, ao passo que ela mesma não pode ser predicada a partir de nenhuma outra coisa. O *que é* uma coisa não é um último substrato nesse sentido.[61] De Sócrates se pode dizer que é "um homem" e que é um "ser vivente". Podemos dizer igualmente que é "homem" ou "ser vivente". As duas expressões têm um sentido diferente, mas em ambos os casos se predica a determinação de gênero ou de espécie de cada coisa singular. Encontramo-nos, então, diante de uma coisa diferente do caso em que é predicado o que "lhe vem dado", como por exemplo,

---

[61] Para as seguintes explicações, ver as que se referem aos universais (capítulo III, § 10).

quando se diz de Sócrates que é "grande" ou sábio e que viveu em Atenas? Se dissemos de Sócrates que é "um homem", incluímo-lo na comunidade dos que são "homens". A "espécie" é, então, pensada como um "todo" cujas "partes" são as coisas singulares que lhe pertencem.

Igualmente, o gênero seres viventes pode ser compreendido como o todo composto de todas as espécies de seres vivos, e, por conseguinte, de todos os seres vivos singulares. Assim entendido, a espécie e o gênero são um "algo universal que abrange um todo". Entretanto, Sócrates – e cada homem – é um "homem", visto que é "homem", isto é, porque o fato de ser "homem" é o que ele é; ora, em ser homem se encontra incluído o fato de ser um ser vivente, e é uma "parte" do que ele é.

Por enquanto, não abordaremos ainda a questão sobre se com o ser-homem – no qual Aristóteles vê o τὸ τί ἦν εἶναι do homem singular – esgota-se o que é o homem singular, se pelo contrário no ser Sócrates não se acha a última determinação da essência. Em primeiro lugar, vamos esclarecer mais a diferença entre "ser-homem" e "ser-um-homem". O homem singular é "um homem", já que o ser homem *pertence* à sua essência.[62] Não pertence à sua essência, mas *está fundada* em sua essência ou daí se segue o fato de que é "um homem". A existência do "gênero homem" como o "todo", cujas "partes" são os homens singulares, se desprende do fato de que "homem" é uma coisa "universal" no sentido do "comunicável": dessa comunicabilidade do que significa "homem" resulta a possibilidade de uma pluralidade de coisas particulares que "são homens" e, por conseguinte, de uma totalidade de "tudo o que é homem".

Anteriormente, designamos elaborações ou formações tais como "homem", "ser vivente" etc. como "*quid* essencial", ou como "unidades de sentido", e seu ser, como *ser essencial.*[63]

Este ser no fundo *não é ainda universal,* mas é o que *torna possíveis o ser universal e o ser singular;* é, ao mesmo tempo, *o que torna possível o ser pensado como existência* (e compreendido nela o *ser real*). Assim chegamos a algo que não somente é mais originário que o ser pensado, mas também mais que a existência e o existente.[64]

---

[62] Se não digo: sua essência *é,* então se indica, de antemão, que não vejo no ser-homem *toda* a essência do homem particular, mas somente uma "parte" de sua essência.

[63] Ver o capítulo III, § 6 e § 8.

[64] Ver a esse respeito o dito no capítulo III, § 12, com referência à relação entre as "ideias" e o "logos".

178   Capítulo IV

Suponhamos que precisamente era isso, aonde se dirigia o εἶδος platônico, e agora compreendemos por que os platônicos faziam derivar a preeminência de ser da πρώτη οὐσία não para as coisas reais, mas para as "ideias". No sentido *aristotélico,* as "ideias" não podem ser reconhecidas nem como πρῶται nem como δευτέραι οὐσία; são de fato, como o destacou Aristóteles, um "terceiro", para levá-las ao absurdo. Mas este "terceiro" é, como vimos, o fundamento do "primeiro" e do "segundo". Contudo, por enquanto, o "segundo" tem necessidade ainda de ser explicado.

9. Gênero, Espécie e Determinação Essencial

Graças às últimas explicações, os termos "gênero" e "espécie" adquiriram para nós um sentido múltiplo. Exclusivamente, referimo-nos aos *conceitos de gênero e espécie*, aos quais não corresponde a preeminência de ser da "existência". Ao lado se encontram os gêneros e as espécies como um *todo,* cujas "partes" são as coisas singulares que lhes correspondem. Deve-se atribuir-lhes a existência e ainda a existência real, segundo existem seus "exemplares", isto é, se são reais ou não. Porque seu alcance deve estender-se a "todos os exemplares reais e possíveis", nos quais essa distinção tem um sentido (somente no campo do devir e do passar, isto é, do ser real e temporal; essa diferença, por exemplo, não existe no campo das matemáticas; aqui tudo o que é possível, existe). Depois, convém refletir sobre o que faz com que as coisas singulares cheguem a ser "exemplares" da espécie ou do gênero. Dizíamos que cada homem singular seja "um homem", isso está fundado em seu "ser homem". O que faz com que a coisa singular chegue a ser um exemplar de uma espécie ou de um gênero, podemos designá-lo como sua *determinação de gênero ou de espécie.* Isso pertence à própria coisa.[65] A *última determinação* da espécie é seu τὸ τί ἦν εἶναι. As determinações "mais universais" estão compreendidas nesta última, enquanto a constituem. Mas, em sentido estrito, não é correto falar de "universalidade" em relação a tudo o que é próprio à própria coisa. É necessário "extrair" das determinações

---

[65] Quando Aristóteles disse que a δευτέρα οὐσία (entendida como gênero e espécie) não é coisa particular, então *ser* refere-se certamente ao *conceito* de gênero e espécie, além disso, ao gênero e à espécie como um todo onicompreensivo, mas não à *determinação* de gênero e espécie.

de gênero e de espécie das coisas, pode-se "tirar" o "sentido", que é o mesmo em todos os exemplares de uma espécie e de um gênero. O significado é o *"comunicável"* que pode "dar-se" em uma pluralidade de exemplares. Mas o *comunicado*, como assumido na coisa singular, já não é "universal". Pertence à própria essência dessa coisa e pode certamente ter "seu semelhante" em outras coisas, mas não como "o mesmo" pode estar aqui ou acolá. Convém agora se perguntar qual é a relação que existe entre a determinação de gênero e de espécie e a essência individual. Mas, primeiro, deve ser explicado como a determinação de gênero e espécie, que dê resposta ao ser do *quid*, se relaciona com aquelas determinações designadas como "categorias acidentais". Tratava-se de estabelecer se ao τί (εἶναι) corresponde uma preeminência de ser com relação a ποιόν (εἶναι), ποσόν (εἶναι) etc. Agora, contentar-nos-emos em examinar a relação entre τί εἶναι e ποιὸν εἶναι.[66]

10. τί εἶναι e ποιὸν εἶναι (Determinação do *Quid* e do Assim)

"Esta coisa é uma rosa." "Ela é vermelha." São dois enunciados referentes à mesma coisa singular. Alguém afirma algo de seu τί εἶναι, o outro, algo de seu ποιόν εἶναι. Lembramos agora que Hering,[67] em seu tratado, designou a essência da coisa como τὸ τί ἦν εἶναι e ποιον εἶναι. São diferentes expressões que, embora signifiquem a mesma coisa, não têm o mesmo significado e que, pela diferença de seu significado, podem informar-nos sobre a estrutura do que indicam. *O que* é a coisa e *como* é, não o é independentemente um do outro. Do ser-rosa formam parte: o ser-vermelho (o amarelo ou branco), o ser-formado-assim ou assim, o ser cheiroso etc; (mas, nesse caso, o distinto "assim ou assim" indica possibilidades diferentes e limitadas). Ao suprimir todo o ποιον, já não fica nenhum τί. Mas o τί é mais que uma "soma de índoles", e por isso o τί εἶναι nos informa mais sobre a essência de uma coisa que o ποιόν εἶναι. O ser-vermelho é um traço essencial singular da rosa. O ser-rosa é uma estrutura em que se inserem os traços individuais conforme determinadas leis constitutivas. τί εἶναι e ποιον εἶναι vêm a coin-

---

[66] A diferença entre τί e τί εἶναι – quid e essência – é digna de notar-se. Corresponde à distinção levada a cabo entre gênero e espécie como "sentido" universal, por um lado, e a *determinação* de gênero e espécie por outro.

[67] *Op. cit.*, p. 496 e seg., e p. 504 e seg.

180 Capítulo IV

cidir quando entendemos por ποιὸν εἶναι a totalidade dos traços essenciais, que lhes está prescrita pelo τί.

Entre as índoles da coisa existem algumas que não pertencem à sua essência, se entendemos por "essência" a consistência fixa e permanente de seu ser-*quid* e de seu ser-assim (por exemplo, o ser-da-rosa-coberta-de-or-valho). Mas contribuem a seu "*quid* pleno", sob o qual entendemos a tota-lidade da consistência, ao mesmo tempo, fixo e mutável.[68] As qualificações mutáveis, como as que são permanentes, possuem o modo de ser caracte-rístico de "ser-em-algo", que é indicativo para todos os "acidentes". Igual-mente, as determinações de gênero e de espécie são algo "que vem dado" à coisa; também seu "ser-*quid*" está "na" coisa e não é a mesma coisa. Mas este "ser em" é diferente daquele; com relação ao ser-*quid*, é fundamental: o "ser-*quid*" assume em si o "ser-assim"; cada "assim" singular encontra no "*quid*" e cada "ser-assim" encontra no ser-*quid* seu lugar predestinado. As-sim resulta pelo τί εἶναι uma preeminência de ser em relação a ποιόν εἶναι, não somente no sentido da determinação última da espécie, mas de toda a determinação de gênero e espécie, preeminência que faz aparecer justificado o considerar tudo isso como δευτέρα οὐσία, mesmo que o τὸ τί ἦν εἶναι o seja em sentido eminente.

11. Sumário sobre os Diferentes Significados de οὐσία e de ὄν

Conforme todas as constatações precedentes, chegamos a uma maior diver-sidade de formas do ser e do ente, que não se poderia supor com a simples divisão entre a πρώτη e a δευτέρα οὐσία. Tratemos agora de dar um sumário provisório.

῎Ον = ente

I. οὐσία = existente.
   1. πρώτη οὐσία = τόδε τί (coisa singular).
   2. δευτέρα οὐσία = determinação de essência como determinação do *quid* (determinação de gênero e de espécie até a última

---

[68] Ver o capítulo III, § 4.

Essência – *Essentia, οὐσία* – Substância, Forma e Matéria   181

determinação) = τί εἶναι.[69]

2a. δευτέρα οὐσία (πως) = determinação da essência como determinação dada pelo assim = ποιὸν εἶναι.

II. Λόγος νοητός; = ente noético.

III. Ὄντως ὄν = εἶδος (ente essencial como fundamento do ser e como fundamento da essência para I e II).
1. Essencialidades = elementos do ser.
2. Quididades (*quid* essencial) = formações de sentido compostas.
   Πρῶτον ὄν = Πρώτη οὐσία = Λόγος
   Primeiro ente = essência-ser = sentido.

Entretanto, muitos pontos necessitam ainda de esclarecimento.

§ 3

Forma e Matéria

1. Τί e ποιὸν τί εἶναι e ποιὸν εἶναι

A relação entre τί *e* ποιὸν poderia ter ficado clara. Mas a distinção τί εἶναι e ποιὸν εἶναι (ser-*quid* e ser assim), de τί e ποιὸν (*quid* e assim) poderia ainda criar dificuldades. Hering declarou que o τί εἶναι (e o ποιὸν εἶναι, no sentido em que coincide com o τί εἶναι) é a essência da coisa; então, por exemplo: o ser-rosa. Considerado em seu sentido muito restrito, isso deve conduzir a um nexo profundo entre a essência e o ser da coisa. Pelo τί "rosa" compreendemos primeiro o "*quid* essencial" ou o "sentido", o que não é nem uma rosa singular nem a essência de uma rosa singular, mas que está realizado em cada rosa singular; assim o ser-*quid* da rosa singular, sua própria determinação de espécie que lhe é inerente e que, não sendo ainda a última determinação de essência, no entanto, lhe pertence. O último ele-

---

[69] Conforme a expressão aristotélica, é necessário entender por δευτέρα οὐσία não somente o τί εἶναι (ser-*quid*), mas também – e, talvez, mais especialmente – o simples *quid* (τί).

mento é somente o *quid desta* rosa que a distingue de todas as outras (em todo caso, de todas as outras que não são "completamente iguais" a ela, se considerássemos a possibilidade de que possam existir rosas "completamente iguais" a ela).

Nesta última determinação, deve-se distinguir ainda o *quid* do ser *quid*? E se se devesse fazer a distinção, nesse caso pode-se, então, falar do último *quid* determinado ou do ser-*quid* como essência (individual)? Hering fez uma diferença estrita entre o ποιὸν de uma coisa, sua "índole no sentido mais amplo", e seu ποιὸν εἶναι: "Ao ποιὸν desse cavalo pertence, por exemplo, a cor cinzenta de seus pelos, da qual eu posso dizer que é mais clara que a cor cinzenta da roupa do jóquei. O *ser* cinzento do cavalo não pode ser mais claro que o ser cinzento da roupa."[70]

Ele admite somente *ser*-cinzento como um traço da essência. Se isso é exato para um traço essencial, deve ser também exato para toda a essência. É evidente que o ser cinzento, e não a cor cinzenta, forma parte da essência desse cavalo. Mas também o *ser* cavalo pertence à sua essência como o que chamamos sua determinação de espécie. Visto que no homem a última determinação de essência é mais evidente, consideremos outro exemplo.[71] O ser-Sócrates, e não "Sócrates", é a essência desse homem? E se isso é assim, "Sócrates" é ainda uma coisa diferente desse homem, e ser-Sócrates é algo diferente da existência, o ser real desse homem? De outra maneira chegar-se-ia a fazer coincidir a existência e a essência no homem singular: as duas coincidiriam na "essência real" que é a πρώτη οὐσία. As designações de "ser-vivente", "ser dotado de alma", empregadas para as formações singulares, não seriam então impróprias, mas, ao contrário, completamente apropriadas objetivamente. Entretanto, isto significaria a negação de tudo o que se disse até o presente a propósito da essência e do ser: se a essência e o objeto fossem o mesmo, então cairia por terra o "princípio da essência" segundo o qual cada objeto *tem* sua essência, e cada essência é a essência de *um objeto*. Não seria possível conceber – com santo Tomás – a essência como possibilidade, como potência, e o ser como ato. Para a coisa singular, seria eliminada a possibilidade do não ser: a contraposição entre o ser finito

---

[70] *Loc. cit.*, p. 496.

[71] Não abordaremos aqui a questão de se não existe a tal última determinação essencial para as formações infra-humanas ou para o homem; isto é, nenhuma determinação que vá mais além da determinação específica. (Ver a esse respeito o capítulo VIII, § 2.)

e o ser eterno ficaria anulada. Esse aspecto não pode ser exato. "Sócrates", enquanto designa a última determinação de essência, significa algo diferente do próprio homem Sócrates e o ser-Sócrates desse homem deve ser algo diferente de sua existência.

2. Forma Pura e Forma Essencial (εἶδος e μορφή); Essência Individual; Essência Real; Essência, Potência e Ato; πρώτη οὐσία como Coisa Originária

"Sócrates" significa *o que* é Sócrates e esse *quid* – assim como "homem" e "ser vivente" – pode ser separado da determinação do *quid* desse homem e ser percebido como "*quid* essencial".[72] "Ser-Sócrates" significa ter "Sócrates" por *quid* ou estar "nessa forma". No entanto, o que significa "nessa forma"? Como "forma" costuma-se traduzir o termo aristotélico μορφή. Aristóteles o emprega alternando-o com εἶδος, mas já vimos que isso somente é quando εἶδος não é utilizado no sentido da ideia platônica; já que μορφή não significa algo separado da coisa, mas algo pertencente à coisa. Para isso, hoje se diz também a expressão "*forma de essência*"[73] já que "forma" tomou um sentido completamente diferente na filosofia moderna. Em nenhum caso μορφή significa um recipiente vazio em que se poderia verter qualquer "conteúdo". Aristóteles põe diante do conceito de μορφή, como aparentemente necessário complemento ao de matéria, a ὕλη. Já citamos o exemplo pelo qual o próprio Aristóteles explica o que quer dizer: a matéria é para ele o bronze, a forma é a figura da estátua, e a estátua inteira como composta das duas.

Essa relação matéria-forma se estabeleceu como norma para a concepção do mundo criado e determinou todo o pensamento da Idade Média. Já mencionamos ocasionalmente a viva discussão que ocorreu a propósito dos "espíritos puros" como constituídos de forma e de matéria. Se se concebessem forma e matéria somente como conceitos alternantes, então seria necessário admitir esse postulado. Mas sabemos que santo Tomás insistiu sempre na "pureza" dos "espíritos puros" que ele designa como *formae*

---

[72] Com isso não se quer dizer que pode também ser apreendido conceitualmente.
[73] Conforme a edição alemã da *Summa*, da Associação Acadêmica Católica.

separatae, como formas "separadas" e desprovidas de toda "matéria". Se tal concepção é possível, então o sentido da "forma" não foi esgotado pela contraposição e a relação de complemento com a matéria; e, por conseguinte, não se pode determinar ou definir somente desse ponto de vista.

Ser-formado ou ser em uma forma deve ter outro sentido que o de estar formado como uma figura das "artes plásticas". Ser "Sócrates" significa que todo o *quid* e o *quomodo* desse homem, também todo seu fazer e padecer, em poucas palavras, tudo o que pertence a seu ser é como se saísse de uma raiz homogênea.[74]

Por isso, o exemplo do devir e do crescer orgânicos, empregado junto ao exemplo das figuras artísticas para ilustrar a μορφή é mais adequado; pois não é uma simples imagem, mas põe-nos diante dos olhos o assunto. A planta se desenvolve da semente conforme uma lei homogênea de formação. Raiz e talo, folhas e flores, sua maneira de se manter e de se mover, e até a particularidade de seu devir e amadurecer e murchar convergem como "exteriorização" múltipla de uma *"essência"*. Sócrates caminha e fala, discute com um artesão, ou refuta um sofista célebre: tudo isso são "exteriorizações de sua essência". Caminhar, falar, discutir, essas ações têm um sentido universal que se realiza onde quer que um homem faça algo semelhante. Mas *assim* como atua Sócrates, não se acha em nenhum lugar. Todo seu fazer e deixar de fazer é *assim* como "ele próprio" é. Por isso, poder-se-ia dizer que se trata de uma exteriorização de seu ser-*assim*.

Mas *este* ser assim possui outro sentido diferente ao de algum traço essencial ou do conjunto de seus traços essenciais. É algo simples que volta em cada traço essencial, algo que faz de toda essência e de todo traço essencial único, de maneira que a amabilidade e a bondade de Sócrates são diferentes das de outro homem – não são somente outra – ainda que se realize *a mesma* essencialidade nos dois casos. O todo, que é *assim*, se desenvolve nos traços singulares e na vida desse homem. É uma essência *individual*.

---

[74] O "todo" deve ser compreendido como *cum grano salis*. Uma investigação da essência humana terá que examinar até que ponto o que pertence ao homem corresponde realmente "à essência". Mas, por enquanto, trata-se somente de elucidar considerando como exemplo o homem, o que se deve entender por "forma", e, para isso, pode-se sublinhar o que é essencial em sua unidade de uma maneira unilateral.

Mas em que sentido é seu *ser*? Diante do problema: Sócrates "na realidade" foi tal como no-lo descreveu Platão ou Xenofonte,[75] então aparece a diferença entre ser real e essencial, entre existência e ser-*quid* ou ser-assim. É possível que o "Sócrates real" tenha sido diferente da imagem esboçada por Platão. Mas a "imagem de Sócrates" transmitida por Platão nos mostra com vivacidade um homem com uma "marca" muito especial. Temos diante de nós sua "essência individual"; mas esse homem (aceitando que essa possibilidade lhe corresponde) não é o "Sócrates real"; sua essência individual não é a "essência real" de Sócrates.

O "Sócrates platônico" nesse caso seria como uma "figura poética". No entanto, é necessário considerar os dois aspectos: 1) A figura poética com sua essência individual é algo "simplesmente pensado"? 2) Como se distingue *como* real a essência de "Sócrates real" da essência da figura poética de "Sócrates"?

No que concerne à primeira pergunta, existem figuras poéticas das quais dissemos que umas são "realistas", e outras, "falsas", "borradas" ou "impossíveis". Essa "realidade viva" ou verdade viva não significa que as figuras têm que corresponder à vida real. O verdadeiro poeta tem o dom de "criar" figuras "vivas e verdadeiras"; essa criação é, entretanto, *sui generis*: de nenhuma maneira é "livre" no sentido de uma criação arbitrária. Quanto mais autêntica e grande for a arte, mais se chegará a um conceber e iluminar, menos se chegará a um trabalho de entalhe de artesanato. A "elaboração" criada tem sua própria íntima lei constitutiva à qual deve submeter-se o "mestre" se quiser fazer uma obra de arte e não uma "coisa artificial". As figuras têm sua própria essência, que se desdobram diante de seus olhos. O artista deve observá-las para ver como se "comportam" em tal ou qual situação, não deve impor-lhes. Existem, pois, para o artista, tipos originários, dos quais deve apropriar-se; seu ser é independente de seu trabalho; por conseguinte, é pressuposto. Aqui há "formas puras" diante de nós e devemos compreender o que significa "forma", independentemente de sua relação com uma matéria. A essência de Aquiles em Homero implica que se vingue cruelmente da morte do amigo amado, que leve o luto por ele e chore por ele como uma senhorita enamorada, que encontre com uma piedade filial

---

[75] Xenofonte (c. 430-355 a.C.), discípulo de Sócrates; deixou-nos vários escritos sobre a mensagem de Sócrates: *Conceitos memoráveis de Sócrates; Apologia de Sócrates* etc.

e terna o velho pai do inimigo vencido, e que olhe seu próprio destino com ânimo tranquilo.[76]

Eis aqui como "desdobra" seu *quid* e essência. A esse "desdobrar-se" corresponde um significado especial. A essência é uma figura que se desdobra: desdobra-se em seus traços singulares incluídos nela e se manifesta plenamente (faz-se atual) no agir e no padecer.[77]

O característico da "figura" é a de ser um diverso unitário: unido como um todo e, ao mesmo tempo, desdobrado em uma diversidade de traços singulares: tal é o sentido da *forma pura,* tal como pode perceber-se sem relação com uma matéria formada por ela, ou para ser formada por ela.

O ser pertencente ao próprio *quid* da essência se encontra no desdobrar-se do que está encerrado (o que não suprime o laço de união) e no ser encerrado do qual está desdobrado. Se se trata de uma "figura espacial", então o desdobramento da essência se realiza em uma extensão espacial. Se se trata de uma "figura temporal" (por exemplo, uma melodia ou uma unidade de vivência), então ao desdobrar-se da essência corresponde um devir ou fazer-se real sucessivamente: espaço e tempo pertencem a esses modos característicos de ser.

Para voltar à nossa questão, diremos que as figuras poéticas *autênticas* não são somente pensadas, mas que são formações essenciais. Estão sob a lei de uma forma cujo desdobramento elas reproduzem. Elas próprias se desdobram segundo uma forma. (Não *são* uma "forma pura", já que algo "material" pertence à sua estrutura; assim tratam de deter a forma e fazê-la acessível para os outros: no caso da poesia, a matéria é a linguagem, se não só ela, pelo menos de maneira eminente. Se não se trata de obras-primas perfeitas, as figuras poéticas se desviarão mais ou menos do modelo originário).

Assim, não somente no Sócrates real, mas ainda no Sócrates de Platão (supondo sempre que esse Sócrates não seja o real, mas uma figura poética) podemos distinguir o ser-Sócrates dele próprio. Ser-Sócrates quer dizer – dizíamos – estar desenvolvido na forma "Sócrates"; podemos dizer agora: desenvolvido na forma "Sócrates". Na forma pura, o *quid,* a essência e o ser

---

[76] Ver Homero, *Ilíada,* cantos 16, 19 e 21.

[77] "Separar-se" e "abrir-se plenamente" são expressões para dois significados diferentes de "desdobramento" ou desenvolvimento que exercem aqui um papel (ver a esse respeito as páginas seguintes). A isso se acrescenta como terceiro, ainda, a expressão "ser-desdobrado".

são inseparáveis. Ela é o *quid* que se desdobra; no desenvolver-se do *quid* está sua essência: "essência" e "ser" coincidem no "ser essencial". Aqui tampouco a essência pode distinguir-se de seu objeto. O Sócrates de Platão, ao contrário, "tem" uma essência; essência e objeto aqui não coincidem. A essência de Sócrates lhe prescreve como se desenvolver segundo a forma pura. O *quid* e a essência são ainda nele suscetíveis de distinção; a essência é o ser-*quid* do objeto; o "desdobrar-se" pertence ao *quid* como seu ser e condiciona o desdobramento respectivo do objeto.

Faz-nos falta completar o que já dissemos para poder responder à segunda pergunta: como se distingue *enquanto* real a essência da figura poética "Sócrates" da essência do "Sócrates real"? Demos ao conceito da "forma pura" ou "figura" tal extensão, que as figuras do espaço, do tempo e as figuras de objetos e pessoas (e talvez outras coisas também) foram compreendidas nela, mas vimos que diferentes modos de figuras correspondem aos diferentes modos de se desenvolver. Um triângulo se desdobra de uma maneira diferente de uma melodia. Entretanto, esses diferentes modos de desdobramento possuem ainda algo comum diante do desdobramento completamente diferente que pertence às formas de "objetos reais". Para o triângulo com determinada longitude de lados e amplitude de ângulo, o modo de seu desenvolvimento está fixado.

Mas há ainda *uma* circunstância que permite diversas possibilidades: ou seja, a da *posição*. Entretanto, essa circunstância não muda para nada o próprio triângulo. Certamente, cabe ao triângulo que tenha que se desdobrar no determinado lugar e em uma determinada posição, mas essa fixação exterior não agrega nada ao que é em si. Algo parecido com o desenvolvimento de uma melodia, como uma sequência precisa de sons. Tais formações se desdobram, ao mesmo tempo, somente sobre um plano, não existe contraposição de superfície e profundidade, de seu primeiro plano e de seu fundo.[78]

Os objetos "reais" têm uma estrutura muito mais complicada e muito mais profunda, e a ela corresponde a particularidade do desdobramento de sua essência. Dizíamos do homem Sócrates que sua essência "se articula" em seus traços essenciais, e "se abre inteiramente" em seu agir e deixar de agir. Esses são, evidentemente, modos diferentes de se desdobrar. A fi-

---

[78] Aqui pensamos somente nas puras figuras espaciais e nas sequências de sons sem ter em conta "os valores simbólicos" que poderiam corresponder-lhes.

delidade de amigo de Aquiles, a crueldade contra seu inimigo, a ternura e sua bondade, esses são os diversos traços essenciais. Mas, quando persegue Heitor em sua fuga ao redor das muralhas da cidade, e, em seguida, viola o cadáver da vítima, então não se vê nada de ternura nem de bondade. E quando está sentado junto à sua mãe, na praia, chorando sua dor e se deixando consolar, não se suspeitaria tal crueldade. Em sua conduta, aparece, às vezes, um traço essencial, às vezes, outro. O que não se "exterioriza" em um comportamento vivo fica escondido, e não somente velado ao conhecimento, mas fechado ontologicamente, como um casulo que não foi aberto.[79]

Com toda evidência, encontramos aqui, novamente, a contraposição entre *ato e potência*. "Ato" é o "comportamento vivo" do homem, seu "fazer e deixar de fazer" (estamos perto do que a filosofia e a psicologia modernas entendem por "ato"). "Potência" é a *capacidade* de um correspondente comportamento vivo: em relação a isso, é um grau preliminar, é um poder-ser; por outro lado, é, também, seu fundamento, e se caracteriza por uma grande estabilidade[80] diante da fugacidade da conduta mutável; é algo que permanece sob a "superfície". As capacidades ou as faculdades são os traços essenciais em que se articula a essência. Abre-se enquanto meu "poder" passa ao correspondente fazer. A essência é o mais profundo na inteira formação, é o "fundamento", mas não um fundamento que fica fixo na profundidade, como separado pela capacidade como por uma capa intermediária da "superfície" do comportamento vivo, mas um fundamento que vai até a superfície, uma raiz que sobe e se levanta como um tronco e se desenvolve até as ramificações mais finas. E, assim, o comportamento vivo não é uma "simples superfície", mas está enraizado na profundidade da essência.

Mas, agora, aparecem novas dúvidas: a contraposição entre o ato e potência não estava ligada à esfera do ser real, do devir e passar? Então, poderíamos compreender facilmente que o desdobramento da essência para "homens reais" seja realizado pela passagem do comportamento possível ao real. No entanto essa contraposição deveria ter lugar também nas figuras

---

[79] Esses dois aspectos podem ser separados: é possível que um traço essencial seja visível em um tempo no que não se abriu em um comportamento vivo: por exemplo, a crueldade impressa em um traço no rosto.

[80] Conforme o citado anteriormente, está claro que não é pensar em um "estar no tempo", mas um "ser conservado" de modo especial. (Ver o capítulo 2, § 3.)

Essência – *Essentia, οὐσία* – Substância, Forma e Matéria   189

poéticas, que, no entanto, não são reais, ou inclusive nas "formas puras"? O aprofundar nessas reflexões nos deve levar à resposta da questão sobre a relação entre a "essência real" e a essência da figura poética. Faz-nos pensar o fato de ter chegado ao contraste entre ato e potência, especialmente no curso da consideração de uma figura poética. A diferença entre a crueldade como traço permanente de Aquiles e a "atuação" desse traço no modo de tratar Heitor era clara. Mas, se Aquiles nunca viveu, se é algo totalmente irreal, que sentido teria falar de um contraste entre um comportamento possível e outro real? Aqui intervém a peculiaridade do que chamamos um "mundo poético", genericamente, um "mundo de fantasia". Mas, já que tanto as figuras reais quanto as poéticas têm seu modelo originário nas "formas puras" e se desdobram segundo estas, será interessante recordar, uma vez, mais em que sentido convém falar do desdobramento em relação às próprias formas puras.

Suponhamos que o Aquiles de Homero se formou, traço por traço, seguindo o modelo originário das formas puras, e que, de nenhuma maneira, foi alterado; nesse caso, podemos dizer que nesse modelo originário estão incluídos todos os traços singulares e todos os modos de comportamento *possíveis*. Poderemos dizer igualmente: a forma se desdobra nos traços singulares e os comportamentos possíveis que lhe pertencem, mas por "desdobramento" não se deve entender um sucesso temporal. A forma não é propriamente uma figura que "se desdobra", mas uma figura "desdobrada"; para ela, não há devir, não há mudança nem transformação, visto que não há tampouco passagem de possibilidade à realidade. Por isso, destacamos: "comportamentos *possíveis*". A forma pura "Aquiles" de fato não se "comporta". Mas nela se esboçam previamente todos os comportamentos possíveis de um homem que a "tem como forma". Em nenhuma vida humana se realiza tudo o que é possível ao homem segundo sua essência. Inclusive um poema não pode senão escolher entre as possibilidades de essência sem concluí-las. Suas figuras são "verdadeiras" ou "autênticas", sempre e quando se mantenham dentro dos limites das possibilidades de essência.

Na vida humana real, o desenvolvimento da essência é um sucesso temporal. Agora, não queremos examinar até que ponto se submeter isso para a "articulação" em traços essenciais. Porque, para isso, seria necessária uma exposição mais profunda da estrutura da alma, como se momentaneamente fosse obrigado a fazê-la ou fosse conveniente nesse lugar. Ser-nos-ia suficiente, agora, se se mostrasse o fato da "abertura de si mesmo" no comportamento vivo. As "unidades de vivências" nos tinham feito compreender primeiro a aparição entre o ser potencial e o ser atual, como ainda não ser vivo e vivo no presente; e a passagem do um ao outro como o modo peculiar de ser da "vida do eu": um ser que é continuamente um devir[81] e um passar.

A estrutura das unidades de vivência nos conduziu a examinar sua relação com o ser essencial e o ser real, e o estudo dessa relação nos obrigou a superar nosso campo da observação inicial, em parte, por questões objetivas – já que essa oposição vai muito mais além – e, em parte, por aproximarmos de Aristóteles, para quem a realidade natural era o "mais próximo" de onde ele partiu. Partindo da "realidade natural" do homem, voltamos às unidades de vivência. Mas, agora, tomaram outro aspecto. O que chamamos antes "vida-do-eu" encontramo-la agora sob a forma do "comportamento vivo" do homem. Enquanto a primeira nos parecia um conjunto de unidades de vivência que se sucedem umas às outras, é a segunda como um emergir "desde a profundidade".

A relação entre o "eu puro" e o "eu homem", entre "experiências de vivência puras" e "comportamentos humanos" será o objeto posterior de nossa investigação.[82] Já se fizeram algumas considerações sobre esse assunto nas exposições do capítulo segundo. Nesse momento, tais discussões interromperiam a relação contextual. Devemos aceitar provisoriamente o fato de que as unidades de vivência como tais não mudam sua estrutura se se consideram como modos de comportamento de um homem. Por isso devemos utilizar o que se disse antes a esse respeito.

A emoção de Bismarck durante as negociações de paz em Nikolsburg[83] é uma vivência de certa duração. O desenvolvimento nos é conhecido de uma maneira bastante precisa graças à descrição dada em seus *Gedanken und Erinnerungen* ["Pensamentos e recordações"].[84] O velho imperador Guilherme (ainda rei nesse tempo), que se deixava geralmente guiar por seu chanceler, não estava de acordo com as condições de paz tão indulgentes propostas por Bismarck para Áustria. Todos os esforços de convencê-lo da

---

[81] Ver o capítulo II, § 2 e § 3.
[82] Ver o capítulo VII, § 3.
[83] Trata-se das complicadas negociações para uma paz entre Áustria e Prússia (26-7-1866), depois da derrota da Áustria em Königgrätz (3-7-1866); conversações que levaram ao desligamento da Áustria do reino alemão.
[84] Volksausgabe [edição popular], Stuttgart, 1913, II, p. 62 e seg.

importância dos motivos para isso foram inúteis. O chanceler abandonou afinal a luta, já inútil, segundo parecia, e se retirou à peça contígua. Então sua grande tensão nervosa provocou nele uma crise de lágrimas. No dia seguinte, depois de uma nova tentativa, também em vão, chegou ao ponto em que "surgiu o pensamento de que se não fosse preferível para ele cair da janela aberta do quarto andar".[85]

Mas alguém lhe tocou nas costas. Era o príncipe herdeiro – mais tarde imperador Frederico –, que, geralmente, era um adversário da política de Bismarck. Dessa vez, ofereceu-se como mediador favorável com seu pai; teve mais sorte que Bismarck, e Guilherme deixou de resistir. Nesse desatar de excitação não se manifestou uma profundidade escondida? Uma descrição breve e simples nos faz ver a sequência das vivências: a violenta tensão de uma vontade de ferro, que tende sempre para um fim reconhecido como justo, o esforço do intelecto a fim de elaborar as razões de maneira convincente, o combater uma vontade oposta e teimosa, o abandono em presença de uma luta aparentemente sem esperança, e, em seguida, o relaxamento das forças depois do cansaço excessivo.

Tudo isso provém da profundidade de uma "natureza" que se "exteriorizou" dessa maneira. Trata-se de um homem que vive e morre por seu dever, que se compromete com ele com paixão, até o fim, e que não pode abandoná-lo interiormente ainda quando esteja constrangido a romper exteriormente. A essência se abre, faz-se visível com os traços que lhe são inerentes e enquanto se manifesta no "comportamento vivo" à altura do ser que lhe é acessível. Aqui, é evidente que, ao mesmo tempo, o "ato" como "ser" e o "ato como fazer" estão objetivamente ligados e que um se complementa com o outro.[86] Nesse caso, o "real" se mostra igualmente como "eficiente"; efetivamente, a essência sofre impressões e, sacudida por estas, "produz" em sua profundidade "modos de comportamento", que se manifestam também ao exterior. Aí está um *desdobramento da essência em um sucesso real*. A diferença em relação à essência e o ser desdobrado de uma forma pura se faz clara.

Pois bem, apresenta-se um problema: como tal procedimento é possível na poesia, na qual, entretanto, não tem lugar nenhum o sucesso real? Também a cólera de Aquiles é uma unidade de vivência de determinada duração:

---

[85] *Ibid.*, p. 67.
[86] Se e enquanto se realiza a essência no tempo, alcança no ser ativo o apogeu do ser.

continua durante todo o tempo em que se desenvolvem os acontecimentos narrados na *Ilíada*. Nos versos da introdução, mostra-se, igualmente, essa cólera como o assunto do poema. Vivemos a provocação em razão da conduta arrogante do rei Agamenon,[87] vimos como se mantém com teimosia contra toda tentativa de abrandar[88] e como, enfim, se libera sob o efeito de uma dor ainda mais profunda e sob a influência de forças superiores.[89] Nesse caso, o "comportamento" se manifesta também como se ascendesse desde as profundidades, e como se revelasse a essência. E a "eficácia" transcende os limites da vida desse homem só, já que se determina o destino de dois povos. Mas, que significa a "eficácia" de algo "não real"? No "mundo de Homero" acontece como no mundo real. Seus homens se comportam como homens reais e estão "formados" como homens reais: têm uma essência, e sua vida é o desdobramento dessa essência. No entanto, todo esse mundo de Homero não é real, mas um "mundo de ilusão".

É um produto da *imaginação*: o espírito pode produzir fora de si algo que se parece com o mundo real, visto que o produz segundo os modelos originários do real, mas é somente *aparentemente* real. A ira de Aquiles não é uma ira real, não brota realmente da profundidade da essência, e não é uma essência real a que ali se desdobra. Aquiles não é nenhuma πρώτη οὐσία, não é algo existente em uma realidade própria e autônoma. Assim como o "mundo" inteiro no qual está colocado é levado pelo espírito do poeta (ou do leitor compreensivo). Não "possui" sua essência, mas esta lhe é "emprestada". E à essência emprestada correspondem os modos de comportamento que lhe são de fato "atribuídos" na poesia ou que lhe podem ser atribuídos.

Dito isso, a contraposição entre o mundo real e o mundo fictício deverá ajudar-nos a compreender o que é realidade e ente real, e a resolver as questões que se relacionam com ele. *O real possui sua essência e a desdobra em um acontecimento temporal*. É a *coisa originária* desse acontecimento, e o acontecimento, por seu lado, é real e eficaz – pela força da causa –, ou seja: produz outro fato. Aqui a *essência* é uma *essência individual e real* – é própria *deste* objeto e de nenhum outro – e é a *realização de uma "forma pura"*, o "ser nesta forma" do objeto. Nessa essência, encontram-se incluídos todo ser-*quid* e o ser-assim do objeto: toda determinação de gênero e

---

[87] *Ilíada*, canto 1.
[88] *Ibid.*, canto 8.
[89] *Ibid.*, canto 17.

Essência – *Essentia, οὐσία* – Substância, Forma e Matéria   193

espécie, também todo ser qualitativo, todo fazer e sofrer, todo o estar em relação como algo que "vem dado" como necessário ou possível. Se suprimimos todas essas "determinações", não subsiste já nem essência nem objeto. É também compreensível que sem elas não seja possível nenhuma πρώτη οὐσία, ainda que essas determinações mesmas não sejam πρώτη οὐσία.

Se entendemos pela essência o τὸ τί ἦν εἶναι, então existe uma diferença com Aristóteles, porque nós consideramos essa expressão como uma determinação individual e não como uma determinação de espécie. No exemplo do homem-Sócrates, vimos que seu ser-Sócrates é diferente de seu ser-homem, e está incluído em si. Nesse exemplo, o homem-Sócrates é a πρώτη οὐσία = a coisa originária. Estamos, no entanto, de acordo com Aristóteles enquanto ele também considera o ser-homem (que para ele é o τὸ τί ἦν εἶναι desse homem) como próprio desse homem, ainda que se pudesse captar também como um conceito universal.

Até que ponto é necessário manter a diferença entre a essência individual e a última determinação de espécie nos infra-humanos? Esse será o assunto de nossa investigação especial sobre a essência do homem e das coisas.

O conceito da "coisa" pode ser considerado em uma extensão que compreende todas as coisas originárias: homem, seres viventes infra-humanos e coisas "inanimadas". (De ordinário, a linguagem emprega, entretanto, a palavra "coisa" em um sentido limitado; seja para as coisas "inanimadas" em contraposição com o que é vivo, seja para designar o impessoal em contraposição com a "pessoa".)

Os objetos singulares que não são reais – por exemplo, um triângulo singular com lados, ângulos e uma posição definida –, são um isto aqui (τόδε τί), mas não uma coisa originária (πρώτη οὐσία). Seu desdobramento não é um acontecimento temporal, real e eficiente, nem um emergir desde o fundo da essência, não há neles verdadeira "possessão da essência".

3. O Conceito de Forma Segundo Aristóteles (Primeiro Ensaio)

Deve ser esclarecido agora como o que Aristóteles chama "forma" (μορφή) se acha em relação à "essência" (τὸ τί ἦν εἶναι) como última determinação da coisa e em relação com a "forma pura" (εἶδος, modelo originário da coisa). Para isso, é necessário primeiramente esclarecer mais o que Aristóteles entende por μορφή.

194 Capítulo IV

Ele investiga a forma no campo do *devir*.

> Das coisas que se geram, umas se geram por natureza, outras, por arte, e outras, espontaneamente, mas todas as coisas que se geram são geradas sob a ação de algo, provêm de algo e chegam a ser algo. Esse 'algo', referem-no a cada uma das categorias, já que [chegarão a ser] o isso, ou, de certa quantidade, ou com certa qualidade, ou em algum lugar. As gerações naturais são as daquelas coisas cuja geração provém da natureza: aquilo do que provêm é o que chamamos matéria, aquilo sob cuja ação se gera é alguma das coisas que são por natureza (τῶν φύσει τί ὄντων), e aquilo que chegam a ser é 'homem' ou 'planta', ou alguma outra das coisas desse tipo, as quais dizemos que são entidades (οὐσία) em sumo grau. Quanto ao demais, todas as coisas que se geram, seja por natureza seja por arte, têm matéria: com efeito, cada uma delas tem potencialidade para ser e para não ser, e tal potencialidade é a matéria em cada coisa. De modo geral, digamos que aquilo de que provêm é natureza, e natureza é aquilo segundo o qual [chegam a ser] (o gerado tem, com efeito, natureza: é, por exemplo, planta ou animal), e aquilo sob cuja ação [se geram] é a natureza entendida como forma da mesma espécie (εἶδος) (se essa se dá em outro): com efeito, um homem gera um homem.[90]

> Da arte se geram todas aquelas coisas cuja forma (εἶδος) está na alma. (E chamo a forma (εἶδος) a essência de cada coisa (τὸ τί ἦν εἶναι), ou seja, sua entidade primeira, πρώτη οὐσία).[91]

Εἶδος possui aqui, evidentemente, um duplo sentido: é, às vezes, a essência do que se tornou, e assim entendido vem a equivaler à forma (μορφή), que lhe é inerente. Outras vezes, é o "arquétipo" que precede o devir e o tornado e que é o ponto de partida do movimento, pelo que chega a ser o que se está tornando O próprio movimento é um movimento do pensamento; depois, é atividade externa que opera.

No entanto, tampouco o arquétipo é uma "forma pura", mas que tem seu ser em um "isto aqui": na obra artística, por exemplo, está no espírito

---

[90] *Met.*, Z 7 1032 a, 12-25. [Aristóteles, *Metafísica*, Madri, 1994, p. 298-300.]
[91] *Met.*, Z 7, 1032 a, 31 – 1032 b, 1-2. [Aristóteles, *Metafísica*, Madri, 1994, p. 300.] Lembramos que Aristóteles chamou de "antes de tudo o mais" οὐσία, não só a coisa inteira, mas também sua μορφή e ὕλη. (Ver § 2 neste capítulo.)

Essência – *Essentia*, οὐσία – Substância, Forma e Matéria   195

do artista,[92] no devir natural, por exemplo, no engendramento de seres vivos, é a essência (e isto aqui significa determinação da espécie do procriador). Em consideração desse duplo sentido, pode-se dizer

> que a saúde se produz a partir da saúde, e a casa, a partir da casa, que tem a matéria a partir da que é sem matéria. E é que a arte de curar e a arte de construir constituem a forma específica, respectivamente, da saúde e da casa. Quanto ao restante, à essência (τὸ τί ἦν εἶναι), denominou-a 'entidade sem matéria' (οὐσίαν ἄνευ ὕλης).[93]

> De modo que [...] é impossível a geração se não se dá algo preexistente. É evidente que há de preexistir necessariamente alguma parte, visto que a matéria é, somente, uma parte (é, com efeito, imanente e chega a ser algo na geração). Mas é também [a matéria] uma das partes da definição. Formulamos, certamente, de duas maneiras o que são os círculos de bronze: dizendo a matéria, que se trata de bronze, e dizendo a forma específica, que se trata de tal figura, e esta constitui o gênero em que se situa primeiramente. Assim, pois, o 'círculo de bronze' contém em seu enunciado a matéria.[94]

No entanto, a estátua-coluna "feita de pedra" não se denomina como "pedra", mas como "de pedras", pois "se se considera o assunto com atenção, não poderia dizer-se de modo absoluto que a estátua se gera a partir da pedra [...], visto que a matéria da qual derivam tem que mudar e não permanece como era".[95] O que em sentido próprio chega a ser não é nem a matéria nem a forma, mas o que contém os dois: nem o bronze nem a bola, mas a bola de bronze.

> É, pois, evidente, que nem se gera a forma (εἶδος) – ou como queira que haja de se denominar a configuração do sensível[96] – nem há geração dela,

---

[92] No sentido amplo de arte (τέχνη, ars), em que cada produção feita segundo um plano é arte, o artesão e o médico são "artistas".

[93] *Met.*, Z 7, 1032 b, 11-14. [Aristóteles, *Metafísica*, Madri, 1994, p. 300.]

[94] *Met.*, Z 7, 1032 b, 31 e seg.; 1033 a, 1-5. [Aristóteles, *Metafísica*, Madri, 1994, p. 301-302.]

[95] *Met.*, Z 7, 1033 a, 21 e seg. [Aristóteles, *Metafísica*, Madri, 1994, p. 303].

[96] Εἶδος não significa aqui "imagem originária" e μορφή não significa "forma essencial", mas os dois termos designam a figura espacial visível e, portanto, também diferente do τὸ τί ἦν εἶναι. Mais adiante mostraremos claramente que para todos os objetos materiais a forma essencial e a figura espacial se encontram em conexão estreita.

196 Capítulo IV

> e tampouco [se gera] a essência (τὸ τί ἦν εἶναι) (esta é, com efeito, o que é gerado em outro por arte, por natureza ou por alguma potência). O que faz [a causa produtora] é que haja uma esfera de bronze. Fá-la, efetivamente, de bronze e de esfera, já que faz a forma em tal coisa, e *esta* é esfera-de-bronze. Por outro lado, se houvesse geração daquilo em que consiste ser-esfera em geral, seria algo que procederia de algo. Desde então, o gerado tem que ser sempre divisível, e uma parte será isso, e outra parte aquilo, quero dizer, um, matéria, e o outro, forma (εἶδος).[97]

> Assim, pois, é evidente pelo dito que não se gera o que se denomina forma (εἶδος) ou entidade (οὐσία), enquanto o composto (σύνοδος) que se denomina segundo esta que se gera, e que em todo o gerado há matéria, e um é isso, e o outro é isto outro.[98]

Uma vez mais se afirma expressamente que o εἶδος não deve considerar-se como um arquétipo que existe separadamente das coisas singulares existentes e que não é necessário para explicar o devir. Pois nas coisas naturais o gerador seria uma coisa da mesma espécie que o gerado, "não são uma e a mesma coisa numericamente, mas só especificamente: assim ocorre nas gerações naturais, com efeito, um homem gera um homem".[99]

> Com o que é evidente que não é necessário em absoluto estabelecer uma Forma (εἶδος) como paradigma (παράδειγμα) (e, desde então, seriam buscadas sobretudo para as realidades naturais, já que essas são as entidades por excelência (οὐσία), mas basta que o que gera atue e seja causa da forma específica (εἶδος) na matéria. E o todo [resultante] é tal forma específica nessas carnes e ossos, Calias e Sócrates, que se diversificam pela matéria (pois é diversa), mas são o mesmo pela forma específica (εἶδος) – pois a forma específica (εἶδος) é indivisível.[100]

Se se diz que a forma (εἶδος) não se torna, pensa-se imediatamente *no que* é a coisa; mas Aristóteles acentua expressamente que não se trata só disso, mas também da outra forma de ser (categorias):

---

[97] *Met.*, Z 8, 1033 b, 5-13. [Aristóteles, *Metafísica*, Madri, 1994, p. 304.]
[98] *Met.*, Z 8, 1033 b, 16-20. [Aristóteles, *Metafísica*, Madri, 1994, p. 305.]
[99] *Met.*, Z 8, 1033 b, 31 e seg. [Aristóteles, *Metafísica*, Madri, 1994, p. 306.]
[100] *Met.*, Z 8, 1034 a, 2-8. [Aristóteles, *Metafísica*, Madri, 1994, p. 306.]

> E é que não se gera a qualidade (ποιόν), mas um lenho de tal qualida-
> de, nem se gera a quantidade (ποσόν), mas um lenho de tal qualidade.
> Essas indicações permitem, no entanto, captar algo próprio da entida-
> de (οὐσία):[101] que é necessário que se dê previamente outra entidade
> (οὐσία)[102] plenamente atualizada que a produza, por exemplo, um animal
> se se gera um animal. Ao contrário, não é necessário que se deem previa-
> mente a qualidade e a quantidade, a não ser só em potência.[103]

Viu-se claramente que nossas próprias reflexões sobre "forma" e "es-sência" se afastam em alguns pontos importantes da exposição de Aristóte-les que acabamos de apresentar; mas ainda deve-se explicá-lo com a maior clareza. Primeiro, é necessário mostrar quais são as questões difíceis que resultam da concepção de Aristóteles.

Aristóteles diz: a todo *devir* corresponde algo *do qual* o que se torna chega a ser. Não conhece o devir que é um *ser chamado do nada*: ou seja, a *ideia de criação* lhe é estranha. O que *chega a ser é* somente o "composto" de matéria e de forma: *matéria e forma devem ser eternas*.[104] Elas estão unidas uma à outra desde sempre, ou se deve pensar originariamente como separadas, a matéria pura ou a forma pura?

4. O Conceito Aristotélico de Matéria (Primeiro Ensaio)

Não parece possível explicar a "forma" sem esclarecer a questão da "ma-téria". O que foi designado como matéria nos exemplos citados até agora – madeira, bronze ou pedra – não é matéria pura, mas matéria já "formada" no sentido da determinação da espécie e que se encontra em fragmentos, cada um dos quais é um "isto aqui" de determinada figura espacial, ou, então, uma coisa real, uma πρώτη οὐσία. Quando Aristóteles diz: "E chamo maté-ria aquilo (ἐνεργείᾳ) que em ato não é algo determinado, mas em potência (δυνάμει) é algo determinado",[105] assim se poderia primeiro relacionar isso

---

[101] Aqui é δευτέρα οὐσία = o que é a coisa.
[102] Οὐσία ἐντελεχείᾳ οὐσία = πρώτη οὐσία = uma coisa da mesma espécie.
[103] *Met.*, Z 8 [9], 1034 b, 14-19. [Aristóteles, *Metafísica*, Madri, 1994, p. 310.]
[104] Esses são os pontos que criaram as maiores dificuldades aos pensadores crentes da Idade Média: árabes, judeus e cristãos.
[105] *Met.*, Z 1, 1042 a, 27 e seg. [Aristóteles, *Metafísica*, Madri, 1994, p. 344.]

com aquela matéria, considerada como o todo prescindindo da formação em cada parte determinada (por exemplo, toda a madeira que existe). Mas, evidentemente, não se deve entender assim, imediatamente se diz que não há princípio nem fim para a matéria: mas para as matérias que conhecemos pela experiência existe um surgir e um desaparecer. Pensa-se melhor naquilo que está subjacente para explicar o devir e a desaparição das coisas. Aristóteles conta o devir e o desaparecer entre as "mudanças" (μεταβολαί) e dá disso a razão: assim como a cada mudança corresponde algo que muda – desse modo, na mudança de lugar, uma vez aqui, depois ali; na mudança de tamanho, algo que chega a ser maior ou menor; para a mudança de índole, algo que, por exemplo, agora é sadio, e depois, doente –, semelhantemente também na mudança "segundo a *ousia*" (da "mudança substancial"): deveria tratar-se de algo "que agora é substrato enquanto algo determinado e posteriormente enquanto afetado (*kata steresin*) por uma privação".[106]

Quando os elementos se unem em uma combinação química, estamos em presença de um devir e de um desaparecer tais. Os elementos desaparecem, surge a combinação. No entanto, segundo Aristóteles, é necessário compreender essa mudança desta maneira: trata-se de algo que está, isto é, um substrato que não surge e desaparece, mas algo que *permanece* enquanto se transforma de uma coisa em outra. O fundamental ou substrato é uma matéria que é unicamente um isto aqui segundo possibilidade e não realmente, e para o qual não há mais surgir nem desaparecer. Aristóteles sublinha que cada coisa possui uma matéria particular, ainda que talvez também todas as matérias se deixassem reconduzir em uma matéria originária ou uma pluralidade de matérias originárias.[107]

Aristóteles duvida sobre se deve considerar a matéria como πρώτη οὐσία ou não; sua dúvida provém, talvez, do fato de que ele compreende por ela tanto as matérias conhecidas pela experiência e formadas como coisas (por exemplo, a madeira ou o ferro), como o indeterminado que se acha no substrato. Mas pode-se igualmente dar essa interpretação à matéria no sentido do indeterminado se se pensa que ela não é chamada οὐσία real, mas possível.

---

[106] *Met.*, Z 1, 1042 b, 1-3. [Aristóteles, *Metafísica*, Madri, 1994, p. 345.]
[107] Na matéria-prima, πρώτη ὕλη, os mais antigos pré-socráticos viam o fundamento originário (ἀρχή, princípio) de todo ser; mas para a maior parte deles a matéria-prima era um elemento determinado e não, como para Aristóteles, algo indeterminado.

Essência – *Essentia, οὐσία* – Substância, Forma e Matéria   199

A última passagem citada nos ensina que há *graus de indeterminação*. A matéria particular de cada coisa é indeterminada com relação à coisa que recebe sua determinação por sua forma de coisa. No entanto, se essas "matérias particulares" (οἰκείαι ὕλαι) são redutíveis a uma só ou a várias matérias-primas, então essa matéria originária deve ser algo ainda indefinido que, por uma gradação de determinações (gênero, espécie até a última determinação) conduz às matérias particulares. O conceito da "matéria particular" não me parece inteiramente elucidado em Aristóteles. Mas a partir daí se torna compreensível que, segundo sua concepção, a determinação específica pela matéria particular na qual ela é recebida conduza à existência particular (ou seja, que a matéria é "princípio de individuação"): porque já que recebe "a matéria divisível a mesma forma em suas diversas partes", são possíveis muitos indivíduos da mesma espécie.[108] Aqui, parece-me estar, igualmente, o ponto de partida para a formação do conceito da *materia signata* ou *determinata*, da matéria espacialmente definida, enquanto princípio de individuação em *Avicena* e *Tomás de Aquino*;[109] "chamo matéria assinada aquela que se considera sob determinadas dimensões".[110] Mas trataremos dessa questão ulteriormente.

Ainda que cada coisa tenha *sua* matéria, no entanto, é possível que da mesma matéria cheguem a ser coisas diferentes: por exemplo, da madeira se faz uma caixa ou uma cama. A diferença está condicionada pela "causa motriz". Mas a causa motriz não está ilimitada na eleição do que ela pode fazer de uma matéria dada: "Por exemplo, uma serra não se faria de madeira."[111] De diferentes matérias pode-se também fazer algo igual (por exemplo, uma estátua de Hermes de madeira ou de pedra). Nesse caso "a arte (τέχνη) – ou seja, o princípio (ἀρχὴ – κινοῦσα) que atua produzindo o movimento – é, evidentemente, o mesmo. E é que se fossem distintos tanto a matéria como o agente que produz o movimento, também [seria distinto] o produzido."[112]

Aristóteles nos conduz por essa reflexão sobre a matéria à discussão sobre a forma: quer mostrar que a matéria só não basta para explicar o devir.

---

[108] Baeumker, *op. cit.*, p. 284.
[109] Ver Roland Gosselin, *op. cit.*, p. 59 e seg. e 104 e seg.
[110] *De ente et essentia*, parágrafo 10. [Santo Tomás de Aquino, *Opúsculos y cuestiones selectas, 1, Filosofía (1)*, Madri, 2001, p. 47.] Ver *In Boethium de Trinitate*, q. 4, a. 2.
[111] *Met.*, Z 4, 1044 a, 28. [Aristóteles, *Metafísica*, Madri, 1994, p. 354.]
[112] *Ibid.*, 31 e seg. [Aristóteles, *Metafísica*, Madri, 1994, p. 354.]

Destacamo-lo para tirar daí talvez explicações mais precisas a propósito do conceito da "matéria peculiar". Mas pode dar-se alguma confusão pelo fato de que os exemplos foram tomados da atividade humana e não do devir natural. Todo trabalho humano começa, no entanto, a partir de uma matéria concreta e definida, de uma coisa real. Se um pedaço de madeira é transformado em cama, isso não quer dizer que uma matéria natural se transforme em outra, mas que se dá uma forma espacial diferente à mesma matéria: isso não é uma nova forma de coisa (forma substancial), mas somente uma nova índole (forma acidental). Não se trata de um devir de uma coisa, porém apenas de uma "mudança" no sentido estrito da palavra. De fato, Aristóteles não admite como πρώτη οὐσία o que foi "criado" por mão humana.[113] As obras humanas não repousam nelas mesmas como as coisas naturais, mas são sustentadas com o sentido ou com a determinação final que fundamenta seu ser peculiar pelo espírito: a saber, pelo espírito do que determina seu fim e as forma correspondentemente e pelo espírito daqueles que entendem seu fim e os "tratam" correspondentemente segundo esse fim. Dada essa profunda diferença de estrutura, pode a "obra" ajudar-nos a compreender a coisa da natureza, sua matéria e sua forma? A "obra", se é uma coisa que cai sob os sentidos, tem uma matéria que ela mesma já é uma coisa da natureza. Pois bem, pode-se pensar nas coisas naturais segundo o modo das obras humanas só quando se pensam as mesmas como elaborações que um "artista" ou um "artesão" forma partindo de uma matéria dada.[114]

Um mundo assim não seria uma "criação" no sentido de nossa fé. Já fizemos notar que Aristóteles ignora uma criação a partir do nada. Por outro lado, sua concepção não corresponde tampouco a um mundo que seria formado de uma matéria originária que o precederia no tempo. Para Platão, tal cosmogênese era possível, visto que ele admitia formas "puras" separadas da matéria. Mas se considerava, como Aristóteles, as coisas sensíveis como πρῶται οὐσίαι, como uma primeira realidade, então era impossível pensar em sua matéria – não importa em que momento – como existente separadamente delas. Assim, se a matéria originária se pensava como não tornada, não podia ser considerada senão como formada: isto é, o próprio "mundo" ou a "natureza" devia ser afirmada como "eterna".

---

[113] *Met.*, Z 2, 1043 a, 4 e seg., 1043 b, 21 e seg. [Aristóteles, *Metafísica*, Madri, 1994, p. 347-348, 351.]
[114] A isso corresponde o "demiurgo" no diálogo "Timeu", de Platão.

Essência – *Essentia, οὐσία* – Substância, Forma e Matéria   201

> E o mundo é não *chegado a ser* e indestrutível. Aquele que o nega e pensa que uma divindade tão formidável e visível como o Sol, a Lua e o resto do céu com os planetas e as estrelas, que com efeito compreendem todo um panteão, não difere das coisas feitas com as mãos, este se torna culpado de uma terrível blasfêmia.[115]

Essa passagem é seguida de uma frase significativa que parece repousar sobre a tradição oral:

> Também Aristóteles tinha o costume, conta-se, de dizer ironicamente que até então ele não tinha tido medo senão por sua casa, que poderia cair um dia por terra pelos ventos violentos ou por fortes tempestades, pela ruína ou pela construção demasiado leve; mas então um perigo muito maior a ameaçava por parte de pessoas que, por suas doutrinas, destruiriam o mundo inteiro.

Lendo essas antigas expressões, acredita-se sentir algo da atitude original do homem Aristóteles frente ao mundo; comparadas com essa atitude, as argumentações filosóficas posteriores aparecem como sobreacrescentadas. O mundo lhe parece tão bem fundado e de uma beleza tão formidável que nada pode manchá-lo.

> O mundo não chegou a ser, visto que uma obra tão magnífica não pode ter tido um começo por uma decisão nova, e é tão perfeito que nenhuma força pôde jamais efetuar movimentos tão potentes nem mudanças tais, nem nenhuma velhice poderá intervir na duração dos tempos e levar a destruição e a queda desse edifício Cósmico.[116]

Toda matéria está formada na totalidade cósmica e toda força capaz de formar está incluída nele. Assim, não há nada fora dele que possa destruí-lo.

> Mas o mundo não pode tampouco ser substituído por nenhuma coisa que existisse nele mesmo. Porque, nesse caso, a parte deveria ser maior e mais poderosa que o todo, o que é um contrassenso. Com efeito, o mundo põe

---

[115] Tirado do *Dialog über die Philosophie* (obras principais de Aristóteles, extratos, tradução e introdução de Wilhelm Nestle, Leipzig, 1934, p. 27).
[116] *Op. cit.*, p. 30.

> em movimento todas as suas partes com uma força extraordinária sem ser
> movido por uma só delas.[117]

Dificilmente se pode imaginar um contraste maior que essa crença no mundo e a alegria do mundo de Aristóteles frente ao mundo e, por outro lado, a convicção de Platão, para quem o mundo sensível não era mais que uma imagem débil e parecida das ideias.[118]

Se o elogio do mundo tem uma ressonância um pouco panteísta, essa desaparece em sua posterior doutrina de Deus. Certamente, Aristóteles não conhece nenhum criador do mundo, mas admite um *impulsor do mundo*, eterno e puramente espiritual. O próprio mundo o conduziu a isso: o *conjunto* do mundo lhe parece como não criado e imperecível, mas *no* mundo há um devir e um desaparecer, um movimento que não cessa. Visto que cada movimento indica outro que o causa, no entanto, que a série não pode ser infinita, é necessário que haja um primeiro motor imóvel.[119] Mas, de imediato esse raciocínio não nos deterá. Importa ainda ver mais claramente o que é a "matéria". Até o presente sabemos que, segundo Aristóteles, ela jamais existiu realmente como "matéria pura" ou nem pode existir; não possui em si senão um *ser possível*; a matéria é *real* só quando está formada.

5. Matéria e Forma – Potência e Ato

Aqui chegamos à *relação entre a questão de matéria-forma e a de ato-potência*.[120] É necessário tratar de esclarecer uma pela outra. Quando consideramos ato e potência como *ser real e ser possível*, assim como o fizemos, é claro que a investigação sobre o que é οὐσία não pode passar por alto essa contraposição. οὐσία contém – assim como o encontramos – o seguinte sentido: *ente, que tem uma preeminência do ser* com relação a outro.

Por isso o ente era, em um sentido muito amplo, o *existente* frente ao que é meramente pensado. Entre os existentes, o *autônomo* tinha uma su-

---

[117] *Op. cit.*, p. 30.
[118] A propósito dessa contraposição é significativa também a modificação aristotélica da alegoria da caverna de Platão (*loc. cit.*, p. 32).
[119] *Met.*, Δ 7, 1072 a, 21 e seg. [Aristóteles, *Metafísica*, Madri, 1994, p. 488]
[120] Com efeito, ao livro H da *Metafísica*, que trata de matéria e forma, segue imediatamente a discussão sobre potência e ato no livro Θ.

perioridade sobre o *não autônomo*; este último não participa do ser de um existente autônomo senão por sua pertença a este: reduz-se a uma determinação de gênero e de espécie e às índoles dos objetos autônomos.

A máxima preeminência do ser foi atribuída por Aristóteles às *coisas reais*: estas são chamadas antes de tudo o mais οὐσία e, por conseguinte, πρώτη οὐσία. Assim encontramos a conexão entre a οὐσία, enquanto ente por excelência, e a ἐνέργεια (realidade, ato); *a realidade é a máxima preeminência do ser, o real é o ente em seu sentido mais próprio*. Ao contrário, a *possibilidade* (δύναμις, potência) é o *grau preliminar* da realidade, o possível é um ente ainda no sentido pleno. Mas onde há um grau preliminar, há também uma ascensão a um grau superior: a passagem da potência à realidade é o *devir*, mais precisamente, essa passagem pertence ao devir, pois vimos anteriormente que o devir no sentido mais preciso é um ser tirado do nada à existência; mas o ser no qual está colocado interiormente é sempre, ao mesmo tempo, "real" e "possível".[121]

No âmbito do devir existe contraposição entre realidade e possibilidade. Todo ente desse âmbito é também cindido por essa contraposição: não só o ente no sentido mais próprio, a própria coisa, mas também tudo o que lhe corresponde "realmente" ou lhe "pode" corresponder. Toda classe de *movimento ou mudança* é uma *passagem de possibilidade à realidade* e vice-versa.

No entanto, já que o real, que está em devir – segundo Aristóteles –, é um composto de forma e de matéria, esses "componentes" do real também devem estar relacionados com a contraposição de possibilidade e realidade. A matéria *não formada* tem somente, como dissemos, *um ser possível*. No entanto, o significado dessa afirmação não está ainda completamente claro, visto que "possibilidade" e "realidade" têm mais sentidos.

Só de modo excludente menciona Aristóteles a "possibilidade lógica"; nesse sentido, uma coisa possível significaria somente que seu contrário não é necessário.[122]

Aqui, não se vê ainda um grau preliminar do ser real. O que se considera aqui é a δύναμις (potência) enquanto *capacidade*; e isso significa "o

---

[121] Ver o capítulo II, §3, 4.
[122] *Met.*, Δ 12, 1019 b, 22 e seg.; e H 1, 1046 a, 4 e seg. [Aristóteles, *Metafísica*, Madri, 1994, p. 234, 364.]

204 Capítulo IV

princípio da mudança (ἀρχή)[123] ou do movimento que se dá em outro, ou, então [no mesmo que é mudado], mas enquanto outro".[124] O ser curado se produz no enfermo que sara. A arte de sarar, no entanto, a capacidade de sarar que provoca esse "movimento" não tem seu ser no enfermo, mas no médico (a não ser no caso especial em que o enfermo fosse também médico). Só a arte de sarar, no entanto, não basta para sarar nem para ser curado: deve agregar-se a capacidade do enfermo de ser curado. O primeiro é uma *capacidade de fazer*, o segundo, uma *capacidade de sofrer* (potência ativa e passiva). Algo se chama capacitado ou "capaz" no sentido preeminente, quando pode fazer algo *bem*. (Ao contrário, a "incapacidade" não é um não poder total, mas somente o não poder fazer algo bom). Correspondendo a isso, trata-se de uma excelente capacidade de sofrer, que capacita uma mudança para o bem. No entanto, é uma capacidade completamente excelente quando algo tem *poder* para resistir a todas as influências exteriores e ficar absolutamente sem mudança, portanto, de não estar submetido a nenhum padecimento. Não obstante, Aristóteles retém como significado fundamental de "capacidade" o do "princípio da mudança produzida em outro, ou [nele mesmo, mas] enquanto outro".[125]

A capacidade de fazer e a de sofrer estão ligadas de maneira diferente. Primeiro, ambas estão unidas na mesma coisa, já que possuem a capacidade de sofrer e de provocar o sofrer em outros. Além disso, a todo fato de padecer pertence um fazer ou um operar; mas aquele que opera e o que sofre são coisas diferentes. Mas como fundamento do sofrer não se dá somente a capacidade de sofrer do paciente, porém o fato de que "se dá no sujeito afetado, e é o princípio (ἀρχή) da mudança"... "Assim, o oleoso é combustível e o que cede em certas condições é comprimível"...[126]

Se se considera a matéria como fundamento do ser com determinadas capacidades, não pode ser pensada como totalmente indeterminada e, além disso, não pode coincidir com as capacidades que têm seu fundamento nela. Se a própria "matéria originária" (*prima materia*) se chama "potência",

---

[123] Fundamento *do ser* se diz por contraposição ao fundamento *lógico*: o *ser*, que aí está contido, deve distinguir-se do simples ser-pensado; abrange, ao mesmo tempo, a *existência* como *devir* e *sucedido*.

[124] *Met.*, Δ 11 [12], 1019 a, 19 e seg. [Aristóteles, *Metafísica*, Madri, 1994, p. 234.]

[125] *Met.*, H 1, 1046 a, 10 e seg. [Aristóteles, *Metafísica*, Madri, 1994, p. 364.] Ver também a discussão sobre ato e potência no capítulo I, §1; capítulo II, §1; capítulo III, §8 e no que segue neste capítulo.

[126] *Met.*, H 1, 1046 a, 23. [Aristóteles, *Metafísica*, Madri, 1994, p. 365.]

Essência – *Essentia,* οὐσία – Substância, Forma e Matéria   205

não se lhe admitirá como fundamento do ser, ou, então, não se considerará como completamente indeterminada. P. G. Manser,[127] O. P.,[128] se decide pela segunda solução: para ele, a *prima materia* "não é – segundo seu ser interno – uma maneira de substância determinada, mas sim algo substancial com relação ao *compositum,* e por essa razão "não pode ser um 'nada'".

Assim chegamos ao estranho conceito de algo[129] indeterminado e, no entanto, não inteiramente indeterminado. A essa dificuldade se lhe agrega outra: esse algo indeterminado não pode ser uma potência no sentido de uma capacidade: por exemplo, a capacidade de queimar ou de iluminar. Por "capacidade" entendemos a faculdade *para algo,* a saber, a faculdade de um fazer ou de um sofrer determinados. Uma "capacidade indeterminada" não é mais difícil de imaginar que um "algo indeterminado". Manser parece encontrar a solução

> na existência do ser *potencial* (κατὰ δύναμιν) como intermediário entre o 'nada' e o 'real'. E isso é, pois, para o devir corporal e substancial precisamente a matéria originária que como sujeito é o fundamento de todo o devir e o desaparecer, enquanto o que acaba de ser atualizado nela, desaparece pela perda da forma e o *novo* surge nela como em uma mãe pela aquisição de uma forma.

Mas não me parece que por essa explicação seja completamente resolvida a dificuldade, pois claramente não se teve em conta aqui a separação entre o *ser* e o *ente.* A propósito da potência, no sentido da capacidade, só posso dizer: é uma possibilidade inerente a um ente. E a "*materia prima*" deveria designar-se como esse ente e não como ser possível. Seria um "algo", ao qual "corresponderia" o ser (se não na concepção aristotélica, na doutrina tomista, que considera a *prima materia* como *criada* e que não faz coincidir o ser e o ente senão para o primeiro ente não criado).

Para o momento deixamos de lado isso que entendemos como algo estranho. Nas passagens de Aristóteles que citamos, a dificuldade me parece

---

[127] Gallus Maria Manser, O. P., (Schwarzenegg, 1866 - Fribourg, 1950). Na nota 2, capítulo I, Edith nos dava parte da produção de Manser; lembramos especialmente *Das Wesen des Thomismus,* Friburgo (Suíça), 1932; *Das Naturrecht in thomistischer Beleuchtung,* Friburgo (Suíça), 1944; *Angewandte Naturrecht,* Friburgo (Suíça), 1947.
[128] *Das Wesen des Thomismus,* Friburgo (Suíça), 1935, p. 601 e seg.
[129] Na linguagem costumeira, quando falamos de "algo indeterminado", não pensamos em uma coisa indeterminada em si, mas em algo que não podemos *nós mesmos* definir.

206 Capítulo IV

ainda superável, visto que o que se indica como "matéria" não se deve compreender no sentido de "matéria-prima". Se o óleo se designa como fundamento de ser da combustibilidade, assim com o óleo se entende a matéria, com a combustibilidade, a capacidade, e ambas as coisas não coincidem.

A "capacidade" tem sua raiz na "matéria", mas a "matéria" não é aqui uma matéria indeterminada, não formada; e, portanto, ainda não real, mas é uma matéria determinada e real: na coisa está de antemão o que se pode fazer com ela. Mas a realização dessas possibilidades está, no entanto, ligada às faculdades de atuação de outras coisas: o ser aquecido depende do calor do que aquece, o estar-composto das pedras da casa depende da arte do arquiteto. Mas "o que é uma unidade natural não pode sofrer por si mesmo".[130]

A última anotação aborda a questão da passagem do ser possível ao ser real. Essa passagem se faz – como mostraremos – de maneira diferente para o devir natural e para a criação de uma obra, segundo seja a "faculdade" racional ou não racional. (Ainda teremos que verificar como se comportam entre si essas duas classes de contrastes.) É importante para nós seguir tais diferenças, já que os exemplos tirados da esfera da obra criada, como vimos, ocultam-nos a relação entre a forma e a matéria na realidade natural mais do que no-la descobrem. Mas 'antes de tudo' trata-se de constatar agora o que Aristóteles entende por "natureza".[131]

6. Natureza, Matéria e Forma

> Chama-se 'natureza' (φύσις), em um sentido, a geração das coisas que crescem (se se pronuncia o 'υ' aumentando-o), e, em outro sentido, o primeiro a partir do qual começa a crescer o que cresce, sendo aquilo imanente [nisto]; movimento que se dá em cada uma das coisas que são por natureza e que corresponde a cada uma dessas enquanto tal.[132] Diz-se, para o demais, que cresce tudo aquilo que aumenta de tamanho

---

[130] *Op. cit.*, p. 28.
[131] Para os leitores ainda não familiarizados com a *Metafísica*, a fonte mais importante para tais afirmações é o livro Δ, consagrado a elucidar os conceitos básicos.
[132] Por exemplo, um ser vivo, o movimento próprio em contraposição ao movimento de queda ou a outro movimento meramente corpóreo, de que depende.

Essência – *Essentia*, οὐσία – Substância, Forma e Matéria 207

(φύεσθαι) graças a outra coisa, seja por contato e por unificação orgânica, seja por desenvolvimento, como os embriões. A unificação orgânica, difere, em todo caso, do mero contato: com efeito, no caso deste não é necessária nenhuma outra coisa além do contato, enquanto no caso dos componentes de uma unidade orgânica há algo – um e o mesmo em ambos os [componentes] – que faz com que se unam organicamente em vez de estarem meramente em contato, e que constituam uma só coisa segundo a continuidade (συνεχές) e a quantidade (ποσόν), mas não segundo a qualidade. Além disso, chama-se 'natureza' o primeiro do qual é ou se geral qualquer das coisas que são por natureza,[133] sendo aquilo algo informe e incapaz de mudar sua própria potência; por exemplo, o bronze se diz que é a natureza da estátua e dos utensílios de bronze, e a madeira dos de madeira. [...] Deles, com efeito, está constituída cada coisa, conservando-se a matéria (πρώτη ὕλη). E dessa mesma maneira chamam também natureza os elementos das coisas que são por natureza: uns dizem que o fogo, outros que a terra, outros que o ar, outros que a água, outros que algum outro elemento semelhante, uns que algum deles, e outros, enfim, que todos eles. Além disso, e em outro sentido, diz-se que a natureza é a entidade (οὐσία) das coisas que são por natureza: assim, por exemplo, os que dizem que a natureza é a composição primeira das coisas ou, como diz Empédocles,[134] 'não há nenhuma natureza das coisas que são, mas somente mistura e separação do misturado, tanto que a isso chamam *natureza* dos homens'. Por isso, ao nos referirmos a quantas coisas são ou se geram por natureza (φύσει), não dizemos que possuem a natureza correspondente até que não possuem já a forma (μορφή) e a configuração (εἶδος), ainda quando exista já aquilo de que por natureza são ou se geram. É que, certamente, o composto de um e outro é 'por natureza' – por exemplo, os animais e suas partes –, enquanto 'natureza' são a matéria primeira

---

[133] Infelizmente, nesse lugar importante diferem as versões manuscritas: no manuscrito de Paris (E), falta o μή (não), e assim resulta um sentido completamente diferente. Segundo essa versão os produtos de arte seriam somente postos como exemplo; e propriamente com "natureza" se referiria à "matéria-prima", de onde vêm as coisas naturais. Mas segundo as outras versões, com "naturezas" se referiria às matérias naturais encontradas pelo trabalho do artesão.

[134] Empédocles (c. 483/2-424/3 a.C.) filósofo e médico grego; conservam-se só os títulos de algumas obras; e de dois grandes poemas ("Sobre a natureza" e "Purificações") se conservam fragmentos.

(πρώτη ὕλη) (esta se entende de duas maneiras,[135] ou primeira em relação à coisa, ou primeira em geral: assim e no caso das coisas de bronze, o bronze é primeiro em relação a elas, mas, em geral, o seria a água, supondo que tudo o que se derrete é água)[136] e também a entidade (οὐσία), ou seja, a forma (εἶδος). Esta é, por sua vez, o fim da geração. Por causa dessa [acepção], e por ampliação já do significado, e em geral, se chama natureza toda entidade (οὐσία), visto que a natureza é certo tipo de entidade (οὐσία). Do dito resulta que a natureza, primariamente e no sentido fundamental da palavra, é a entidade daquelas coisas que possuem o princípio do movimento em si mesmas e por si mesmas. Com efeito, a matéria se denomina natureza porque é capaz de receber aquela, e as gerações e o crescimento, porque são movimentos que se originam dela. E ela é o princípio do movimento das coisas que são por natureza, e, em certo sentido, é imanente nessas, seja em potência (δύναμει ἤ ἐνεργεία), seja em estado de plena atualização.[137]

Se Aristóteles nesse resumo chama a οὐσία das coisas a natureza no sentido mais próprio, não pensa certamente na própria coisa, mas no que havia chamado antes τὸ εἶδος καὶ ἡ οὐσία: a "forma substancial" ou "forma essencial" segundo a linguagem escolástica. À "natureza" em sentido amplo corresponde logo a οὐσία no sentido amplo do existente sem mais.

7. Devir natural

O que foi dito a propósito da matéria das coisas naturais é de grande importância para nosso problema. Certamente, a matéria deve ser o que está aí, antes que a coisa tenha ainda sua "forma" ou sua "natureza"; ela é o "não configurado",[138] de onde brota o devir natural. Visto que a matéria é o fundamento do devir, a saber, o ponto de partida para a passagem ao ser-real, esconde em si a *faculdade* de chegar a ser a *coisa real* correspondente, ou *é* essa coisa segundo a possibilidade (δυνάμει, potencialmente). Não é um

---

[135] Aqui e em outros lugares, Aristóteles não emprega somente o termo ὕλη (matéria), mas, também, πρώτη ὕλη (matéria-prima) não para o indeterminado, mas para determinadas matérias (bronze, água).

[136] Aristóteles e Platão explicavam a fusibilidade dos metais dizendo que eram água.

[137] *Met.*, Δ 4, 1014 b, 16-1015 a, 19. [Aristóteles, *Metafísica*, Madri, 1994, p. 213-215.]

[138] O termo grego é ἀρρύθμιστον = o que não está ordenado segundo a justa medida.

Essência – *Essentia, οὐσία* – Substância, Forma e Matéria   209

não ente, mas encontra-se no grau peculiar do ser entre o não ser e o ser real (atual, ἐνεργεία) que chamamos um *grau preliminar do ser real*. Aristóteles diz que a matéria "assume em si" a forma ou a natureza. Esse modo de expressar-se é muito importante para compreender o ser e o devir naturais. Mas encontramos aí uma considerável dificuldade. Que o bronze "assuma" em si a "forma" do escudo e que exista já antes de chegar a ser escudo é evidente. No entanto, quem é o que "assume" a "forma" da roseira antes que "chegue a ser" roseira? Como é preciso imaginar a "recepção" e o "devir"?

De novo buscamos a resposta no texto de Aristóteles:

> [...] em todos os viventes se dá o viver e obras suas são o gerar e o alimentar-se. E, para todos os viventes que são perfeitos – ou seja, os que nem são incompletos nem têm geração espontânea – a mais natural das obras consiste em fazer outro vivente semelhante a si mesmos – se se trata de um animal, outro animal, e se se trata de uma planta, outra planta – com o fim de participar do eterno e do divino na medida em que lhes é possível: todos os seres, desde logo, aspiram a isso e com tal fim realizam quantas ações realizam naturalmente – a palavra 'fim', aliás, tem dois sentidos: objetivo e subjetivo. Pois bem, visto que lhes resulta impossível participar do eterno e do divino por meio de uma existência ininterrupta, já que nenhum ser submetido à corrupção pode permanecer sendo o mesmo em sua individualidade, cada um participa na medida em que lhe é possível, uns mais e outros menos; e o que sobrevive não é ele mesmo, mas outro indivíduo semelhante a ele, um não em número, mas em espécie.[139]

A capacidade dos seres vivos de gerar outros seres de sua espécie é considerada por Aristóteles como uma faculdade da alma. A alma certamente é a "forma de essência" (οὐσία) dos corpos animados e enquanto tal a causa de seu ser. "Ela é, com efeito, causa e fim e enquanto entidade dos corpos animados."[140] É, ao mesmo tempo, o princípio interior do movimento, e o crescimento e a diminuição estão fundados também nela, porque

> nada envelhece nem cresce naturalmente a não ser que se alimente e nada, por sua vez, se alimenta a não ser que participe da vida. [...] E visto que nada

---

[139] Aristóteles, *De anima*, B 4, 415 a, 14f. (Nestle, *Aristoteles'Hauptwerke*, p. 156 e seg.) [Aristóteles, *Acerca del alma*, Madri, 1983, p. 179-180.]
[140] *Ibid*. [Aristóteles, *Acerca del alma*, Madri, 1983, p. 180.]

se alimenta a não ser que participe da vida, o alimentado será o corpo animado enquanto animado: o alimento, pois, guarda relação – e não acidental – com o ser animado. Por outro lado, no alimento deve-se distinguir dois poderes, o de nutrir e o de fazer crescer: por um lado, o alimento faz crescer, na medida em que o ser animado possui quantidade, e por outro, alimenta na medida em que é indivíduo e entidade:[141] o alimento, com efeito, conserva a entidade e esta sobrevive graças a ele na medida em que se alimenta. O alimento é, enfim, princípio da geração, não do vivente que se alimenta, mas de outro semelhante a este, visto que a entidade deste existe já e nada se gera – só se conserva – a si mesmo. Logo o princípio da alma a que correspondem tais funções será uma potência capaz de conservar o sujeito que a possui enquanto tal, enquanto o alimento é, por sua vez, aquilo que a dispõe a atuar; daí que um ser privado de alimento não possa continuar existindo. E visto que intervêm três fatores – o alimentado, aquilo com o que se alimenta e o princípio alimentador – o princípio alimentador é a alma primeira, o alimentado é o corpo que a possui e, por último, aquilo com que se alimenta é o alimento. E como o correto é, quanto ao mais, pôr em cada coisa um nome derivado de seu fim e o fim neste caso é gerar outro ser semelhante, a alma primeira será o princípio gerador de outro ser semelhante.[142]

Agora, vamos considerar separadamente os processos da nutrição e da geração, considerados aqui como unidos em conjunto, para captar assim, na medida do possível, a relação entre forma e matéria nas coisas naturais. Mais adiante será necessário perguntar-se se o que aqui está estabelecido para os seres vivos vale também para as "coisas inanimadas", enquanto elas são "mera natureza", ou seja, não trabalhadas ainda pela mão do homem.

8. A Nutrição como Exemplo de uma "Formação" de "Matérias"

No que concerne à nutrição, estabeleceu-se uma tripla distinção: a alma (*die Seele*) como a que nutre, o corpo (*der Körper*)* como o nutrido, o alimen-

---

[141] É aqui a οὐσία novamente a coisa particular (τόδε τί) ou, como antes, sua "forma"? Ambos os aspectos estão muito próximos nos seres vivos, como o demonstrará imediatamente a discussão sobre a importância da nutrição.
[142] *Op. cit.*, [Aristóteles, *Acerca del alma*, Madri, 1983, p. 181-184.]
Körper significa o corpo físico, inanimado, material, ao passo que *Leib* significa o corpo vivo. [N. T.]

Essência – *Essentia, ουσία* – Substância, Forma e Matéria   211

to como aquilo pelo que é alimentado. Assim, convém considerar a alma como forma, o corpo vivo (*der Leib*) (ou seja, o corpo animado – *der beseelte Körper*), como a matéria formada por essa forma, e o alimento, como o que é ainda não formado e suscetível de receber uma forma.

Mas essa "não formação" não é simplesmente uma ausência de forma pura e simples. As matérias nutritivas são informes somente na medida em que elas ainda não estão "informadas" ao corpo, e que levam em si a *possibilidade* de tal ser-formadas (*a potência passiva*). E, nesse sentido, essas matérias nutritivas são para o corpo uma *matéria originária*, mas não o são simplesmente, pois são coisas inteiramente determinadas e reais. Para encontrar uma *matéria-prima* propriamente dita, algo simplesmente não formado (supondo que isso possa "encontrar-se"), estaríamos obrigados a voltar muito mais atrás. Mas, para o momento, é importante que tenhamos encontrado na nutrição um processo natural, a cujo respeito se pode falar, com todo direito, de "dar forma".

A esse respeito, é necessário fazer ainda muitas distinções: a transformação química das matérias absorvidas em matérias suscetíveis de permitir ser "formadas" de parte do corpo, e a constituição do corpo a partir de matérias aí preparadas.[143] A "elaboração" das matérias nutritivas permite retirar o que nelas é útil para o corpo e pôr de lado o que é inutilizável. Antes de começar esse trabalho (a digestão), as matérias recebidas são corpos estranhos e o que é inutilizável continua sendo corpo estranho e deve ser eliminado de novo. Mas o que é útil recebe uma "informação", é agregado ao corpo vivo, enquanto a corpo espacialmente configurado e articulado, e experimenta a "animação", que faz dela uma parte do corpo animado e, por conseguinte, um instrumento (órgão) da alma e de suas atividades. O emprego de matérias nutritivas para a estruturação de um corpo de uma determinada figura nos lembra da formação de uma obra de arte.

No entanto, a tomada de forma essencial consiste na animação: é fundamental para a constituição da configuração espacial, que aqui precisamente não se realiza como em uma obra humana – por exemplo, a construção de uma casa – pela ação magistral de fora, mas *naturalmente* no próprio inte-

---

[143] A união e a separação das matérias se produzem segundo as mesmas leis que nos processos químicos na natureza exterior, podem-se expressar nas mesmas fórmulas. No entanto, não se trata de um mero processo químico, mas de um processo vital; depende do estado geral do ser vivente, como assimila os alimentos ingeridos.

rior do todo natural no qual as matérias, que servem para a construção, são introduzidas por esse centro vital que chamamos *alma* (no sentido amplo que a palavra alma possui na língua de Aristóteles e na dos escolásticos). Precisamente porque a obra de arte não possui essa unidade de um todo mantido interiormente, não é uma *natureza* nem uma *substância* (οὐσία).[144]

Do ponto de vista do ser vivo que, graças à nutrição, se mantém na existência e se desenvolve, trata-se de um processo em que o ser vivo anima uma matéria inanimada, "assimilando-a" e fazendo dela uma parte de si mesma. A *capacidade* de operar assim pertence à sua essência: está feito de tal maneira que possa assimilar matérias que lhe são estranhas e a atualização dessa faculdade (o ato dessa *potência*) é uma maneira de ser de seu ser, que é vida, uma *atividade de vida*. Assim, o ser vivente já está pressuposto como vivente-real; e em primeiro lugar, não é nutrindo-se como lhe chega a ser e recebe sua *forma*, mas atua fundando-se em sua forma própria. No entanto, as matérias absorvidas adquirem no decorrer da nutrição uma nova formação real: chegam a ser algo diferente do que eram antes.

9. Elementos e Matéria-Prima. Ambivalência do Conceito Aristotélico de Matéria

Quando se forma a água com o hidrogênio e com o oxigênio, chega à existência uma coisa nova em lugar daqueles elementos primeiros. Segundo a concepção aristotélica, deveria haver um substrato que recebe uma nova "natureza" ou "forma", enquanto perde a antiga. E se isso é o *último* substrato, então não pode ser senão a buscada "matéria-prima" no sentido próprio da palavra: algo indeterminado e, considerado em si, não real.

De fato, para Aristóteles a natureza é concebida como uma construção hierarquizada de formas e de matérias: as coisas corporais conhecidas empiricamente estão compostas de elementos (os corpos celestes são tirados do éter, os corpos terrestres se compõem de fogo, água, ar e terra); os elementos representam o grau mais baixo da "matéria formada"; o que foi formado nesses elementos é a "matéria-prima". Mas, em si, a matéria-pri-

---

[144] Quando se qualifica uma obra de arte de "animada", não é senão um modo simbólico de se expressar. A "ideia" que "vive nela" não vive realmente nela, mas lhe é "conferida".

Essência – *Essentia, οὐσία* – Substância, Forma e Matéria   213

ma não possui jamais a existência sem receber uma forma; e nunca houve um formar-se como processo temporal, pelo que foram formados em elementos. Se isso é assim, o que é que obriga Aristóteles a admitir de maneira geral uma estrutura tão estranha fazer a distinção entre forma e matéria nas coisas naturais? Manifestamente, é a possibilidade da passagem de uma coisa à outra.

Aristóteles acredita na possibilidade da transformação de um elemento em outro elemento e só pode explicar-se pela presença, nesses dois elementos, de um substrato comum que tem a possibilidade de ser tal ou qual elemento. Assim, o *significado de matéria-prima* é a *disposição de receber* todas as formas das coisas, a *possibilidade de chegar a ser tudo*. Aí se esgota: no fato de ser o *grau preliminar do real* (δύναμις, potência). Assim, *potência* e *matéria* parecem coincidir. Já encontramos esse pensamento e vimos as dificuldades suscitadas por tal concepção. Todo ser é o ser de um ente. (Quanto ao ser primeiro, em que o ser e o ente são uma só coisa, podemos aqui deixar de considerá-lo, já que a contraposição de ato e de potência tampouco é eliminada.) Um "ser possível", sem um "algo" de que é o ser, não pode ser posto para si.

Nós explicamos claramente que toda realidade finita é, ao mesmo tempo, real e possível; ou seja, uma parte de sua natureza é efetivamente realizada, mas outra coisa espera a realização. O real é aqui fundamento do possível. Pode-se conceber algo possível sem tal fundamento da realidade? O conceito aristotélico de matéria admite ambos os significados: as matérias que foram já formadas, mas que levam em si a possibilidade de outra formação, e o que é completamente informe, o que não é ainda real, mas somente possível. Enfrentamos sempre essa ambivalência.

Aristóteles pensava lograr conduzir à unidade esses dois significados chamando ὕλη que havia suposto para explicar o devir: um "ente que de certo ponto de vista é um não ente, ou também um não ente que, de certo ponto de vista é um ente".[145]

De fato, a primeira e a segunda metade da definição designam coisas diferentes: o ente que de certo ponto de vista não equivale ao real suscetível de receber outras determinações; o não ente que de certo ponto de vista é equivalente ao que não é ainda real, mas somente possível. O primeiro se nos apresenta em toda a realidade natural, o segundo, ao contrário, suscita

---

[145] Ver Baeumker, *op. cit.*, p. 212 e seg., e segundo Aristóteles, *Física I*, 8, 191 a, p. 583.

214 Capítulo IV

tão graves dificuldades, que se compreende por que Baeumker não quis de nenhuma maneira levá-lo em consideração.[146]

Ele leva o conceito aristotélico a um "realismo que vai demasiado longe": a possibilidade de um novo estado, fundado em uma natureza real, considera-a como uma realidade própria.[147] Mas é tão fácil terminar com o conceito de "matéria-prima"? Não nos remete a algo que se deixa capturar intuitivamente?

10. O Conceito de Matéria segundo Aristóteles e Platão

É chamativo que *Aristóteles* e *Platão*, partindo de caminhos inteiramente diferentes, tenham chegado os dois ao que Aristóteles chama a ὕλη (hylé) (Platão não se serve ainda dessa expressão). Para Aristóteles é o fundamento buscado para explicar o dado incontestável de experiência do *devir*. Platão parte do ponto de vista da *distância* que existe entre as "ideias" e suas "imagens", as coisas terrenas, a um terceiro elemento que esclarece essa distância: uma "nutriz" ou uma "receptora" de tudo o que advém; ela é "uma essência invisível, informe, que recebe tudo, que participa em certa medida do inteligível de uma maneira muito difícil de entender..." Baeumker tratou de demonstrar com muita agudeza que Platão, por essa "matéria primária" não designou outra coisa senão o espaço vazio,[148] aquele *em que* os corpos se encontram e não aquele *de que* estão constituídos. Não fez diferença entre os corpos matemáticos e os corpos físicos; portanto, tampouco entre o espaço e o que preenche o espaço. Se no "Timeu" se fala, além disso, da "matéria primária" da "secundária", "de uma matéria visível e corporal, independente de Deus e, portanto, eterna, que já existia antes da formação do mundo", de uma matéria não ordenada, em uma massa que se encontra em um movimento irregular, que é ordenada e regulada só por Deus; assim Baeumker (com Zeller) não reconhece o autêntico pensamento de Platão, mas simplesmente uma "aceitação passageira da antiga concepção do caos". Poder-se-ia objetar que o que Platão nos expõe sob a forma de um mito poderia ser, no entanto, considerado como uma

---

[146] Ver sua crítica do conceito aristotélico da matéria, *op. cit.*, p. 247 e seg.
[147] *Op. cit.*, p. 252.
[148] *Op. cit.*, p. 184 e seg.

coisa mais séria; e que ele, ainda que fora da matéria (que designou ele mesmo como o espaço) introduz ainda uma matéria segunda, e que não considerou a primeira como suficiente para preencher a função reservada precisamente ao "terceiro" elemento, situado entre as ideias e as coisas sensíveis, a saber: explicar sua distância.

Mas não se trata aqui de examinar o pró e o contra das distintas concepções possíveis de Platão. O encontro de espíritos tão diferentes como o de Aristóteles e Platão na exigência de algo que lhes parece indispensável para poder compreender a natureza sensível (ou melhor, o fato de que Aristóteles se tenha detido em uma concepção semelhante à de Platão apesar de sua visão do mundo completamente diferente) nos permite reconhecer somente como uma mostra de que esses dois autores viam algo objetivo, ainda que distante e obscuro, algo que convém agora aprofundar mais ainda.

11. Tentativa de um Esclarecimento Objetivo: Matéria [Formada], Matéria, Massa Pura

Se entendemos por ideias platônicas o que descrevemos como "essências" ou "quididades" ou também como "formas puras", e se colocamos sob nosso olhar o mundo das coisas sensíveis, o contraste surge imediatamente; de um lado, encontra-se tudo o que escapa a todo devir e a toda mudança, o que é acabado em si, independente de tudo o que acontece neste mundo, e acessível só ao espírito; por outro lado, um mundo de coisas que "entram na existência" e se desenvolvem, enquanto atuam sobre outras e experimentam, por sua vez, influxos; e se "afirmam" na luta frente a outros, e, depois de algumas "vicissitudes", terminam, no entanto, por desaparecer; além disso, há um mundo que cai sob nossos sentidos com uma insistência incontestável. Mas o que acabamos de dizer para caracterizar esse mundo sensível vale igualmente para as formações em cuja configuração o espiritual tem vantagem sobre o elemento material e espacial.[149]

---

[149] Onde se opõem "espírito" e "matéria", aí a matéria deve entender-se como preenchendo um espaço. Mais tarde, examinar-se-á a questão sobre se também no interior do espiritual se pode falar de uma matéria (capítulo VII, §5, 6).

216 Capítulo IV

No entanto, no contexto presente, em que nos importa chegar ao fundo do elemento material enquanto tal, limitar-nos-emos à *"natureza exterior"*.[150] A expressão *"natureza exterior"* não significa o que está "fora de mim", mas o que enquanto sua essência está configurado no "exterior".[151] Isso é todo o material.[152]

Contudo, o fato de estar configurado no exterior não significa que se trate de uma coisa material. Uma imagem real produzida por um jogo de espelhos correspondente tem também uma configuração para o exterior, e, além disso, "real" e não simplesmente "aparente". Mas, se no princípio, tomamos como uma coisa autêntica e descobrimos, em seguida, a ilusão, "o assunto muda": o que tomávamos por uma coisa inoportuna e realizada em si mesma transforma-se em uma coisa vazia e ilusória.

Trata-se de uma coisa que não está fundamentada em si mesma, mas "necessita essencialmente [...] de outra fonte de realidade".[153] Existe somente *para fora, não em si*, e, "portanto [...] *não a partir de si mesmo para o exterior...*" Ao contrário, o que é material está e subsiste em uma plenitude própria, e assim se manifesta para o exterior. Traduz-se em um fenômeno sensível, que é o que se manifesta como tal. As meras unidades fenomênicas não têm nenhum "lugar próprio". São provocadas por algo que lhes é exterior e desvanecem no momento em que desaparecem essas condições externas de sua existência. Uma coisa material não pode perder sua existência de uma maneira tão simples. Goza de uma *segurança sólida*, mas, ao mesmo tempo, essa segurança se acompanha de uma *imobilidade existencial e uma fixidez*. Esse caráter diferencia o elemento material não somente do ser móvel ou fugaz da mera unidade fenomênica, mas também das essências, que não se manifestam fugazmente no mundo exterior; não por causa de condições externas, e sim por força própria; as essências "podem [...] cobrir-se de modo vital no envoltório dessa existência".[154] A colocação material natural exclui a possibilidade "de incorporar-se nessa existência

---

[150] As seguintes exposições vêm unir-se à investigação da "materialidade" em H. Conrad-Martius, *"Realontologie"* (*Jahrbuch für Philosophie und phänomenologische Forschung*, t. VI, Halle, 1923; a paginação lateral é dada segundo a impressão especial).

[151] *Op. cit.*, p. 33.

[152] No sentido em que empregamos até aqui a palavra como tradução da expressão aristotélica de ὕλη = matéria. Mas dado que H. Conrad-Martius distingue ainda entre "matéria" e "substância", falaremos lá ao apresentarmos suas exposições, também de matéria.

[153] *Op. cit.*, p. 37.

[154] *Op. cit.*, p. 42.

Essência – *Essentia, οὐσία* – Substância, Forma e Matéria   217

graças a uma força substancial própria e de poder de novo evadir-se". O corpo vivo material "já não é uma expressão originária própria de uma livre força que se substantiviza".[155]

Se agora tratamos de compreender o que é materialidade como tal, encontramos aqui, em todo caso, uma *sujeição ao espaço*, mas uma sujeição ao espaço *sui generis*. A unidade fenomênica é também uma configuração espacial, mas ela não *preenche* o espaço, não brota de sua *profundidade*. Tudo o que é material possui uma profundidade oculta que se manifesta como superfície externa; mas por uma série de cortes apropriados, aflora sempre algo novo na superfície, mesmo se ainda lhe praticasse um número infinito de cortes, jamais poderia aflorar na superfície toda a profundidade, visto que "por nenhum desses cortes se pode alcançar realmente a profundidade".[156]

Porque a matéria "enche o espaço em sua continuidade não só superficialmente, mas *inteiramente* e assim realmente, e porque nesse momento preciso consiste no específico de sua constituição de ser: por isso a matéria está, de certo modo, condicionada ao espaço como tal e transcende toda concepção concreta e meramente superficial".[157]

O espaço é um "abismo", uma "profundidade absoluta e, por assim dizer, abismo sem fundo", um "sem fundo por excelência, isto é, a imensidade do vazio", mas nessa imensidade "é o fundamento [...] de tudo o que é exteriormente mensurável e de toda formação que se constitui em relações externas de medida".[158]

A matéria segundo sua essência é espacial; "quando há matéria ou elemento material, então precisamente há espaço. Não há necessidade de um espaço dado anteriormente".[159] Mas,

> enquanto dimensão do ser material, o espaço está de outro modo que não em si mesmo: cheio de ser material, aparece como um recipiente apro-

---

[155] *Op. cit.*, p. 43. A palavra "corpo" vivo não só deve ser entendida aqui no sentido estrito de corpo humano ou animal; designa – no sentido mais geral – a quididade levada por um suporte real e realizada nele (nesse sentido se pode também falar de um corpo "espiritual"), enquanto corpo vivo corpóreo, mas plenitude ou conteúdo substancial em uma figura espacial.
[156] *Op. cit.*, p. 48.
[157] *Op. cit.*, p. 51.
[158] *Op. cit.*, p. 52.
[159] *Op. cit.*, p. 56.

> priado; mas em si está não somente vazio de tudo o mais, mas também de si mesmo. *O material como tal preenche inteiramente o abismo*; aqui não o anula, mas penetra nele. Se todo o real possui como plenitude, repercutido nele, se o real é um todo fechado em si e consigo, assim é o peculiar das unidades materiais, que essas tenham que pôr sua essência conclusa consigo mesmo [...] na forma da absoluta transcendência, a fuga de si mesmo e o vazio.[160]

> O material é o inserido materialmente no abismo e, portanto, no ilimitado como tal, e o que chegou a ser uma unidade material (imanente em si mesma); uma unidade que não está em nenhum lugar de si mesmo em si, mas simplesmente fora de si, portanto; no entanto, uma unidade em e com esse formal fora de si.

O conteúdo se torna plenitude enquanto preenche o abismo. "Não o é anteriormente [...]. Unindo-se ao abismo [...], surge a plenitude material, surge a matéria, surge totalmente a substancialidade espacialmente determinada.[161] E assim resulta o *espaço real*. "O abismo mais o conteúdo que substancialmente operado resulta em espaço mais matéria."[162] O material "repousa" sobre o fundo do abismo, enquanto a mera unidade fenomênica "flutua", e é sustentado de um ponto transcendental. Mas junto a esses dois modos de ser espacial havíamos colocado um terceiro modo em texto anterior; o de um ente que se mantém no alto em vez de se fundir no abismo.

É possível conceber *um corpo vivo realizado no espaço*, que *é sustentado do interior*, mas de tal sorte que se mantém completamente "suspenso". Tal corpo vivo está inteiramente fundamentado em uma *força*: sua direção de ser vai do interior ao exterior. Não pode intensificar-se interiormente e se converter em um peso para si mesmo.

Trata-se aqui de "uma verdadeiramente entidade material, ou seja, de uma plenitude de amplo espaço", mas "de uma materialidade imaterial [...] que não recai em nenhuma parte sobre si mesma e recai no sem fundo do

---

[160] Deve-se destacar que as palavras "imanência" e "transcendência" têm aqui um sentido diferente do que têm em Husserl. O que falta aqui é a relação com a consciência. É "imanente" o que se possui em si mesmo; é "transcendente" o que existe "fora de si".

[161] *Op. cit.*, p. 60.

[162] *Op. cit.*, p. 61.

Essência – *Essentia*, οὐσία – Substância, Forma e Matéria   219

espaço".[163] Seu repouso é *repouso da força*, a da matéria provém da ausência da força. A matéria é "simplesmente um reenchimento [...] Uma infinidade e uma imensidade de pura acumulação, como ela [...] corresponde à infinidade e à imensidade do vazio do abismo que deve ser preenchido."[164]

Aqui, a *direção do ser* vai do *exterior para o interior*. Em lugar do suportar entra o intensificar. Ao contrário, onde um ente é "suporte para si mesmo", ou seja, onde "o próprio ser atua a partir de si mesmo na apresentação e na aparição", encontramo-nos em *presença de uma realidade viva*. A palavra "viva" não significa aqui uma limitação a um campo determinado de realidade (o campo dos "seres vivos"), mas caracteriza essa peculiaridade do configurar-se do interior para o exterior. Os seres vivos materiais não possuem essa vitalidade no sentido originário. O elemento material como tal só é um suporte formal, mas não um suporte material.

> Não se eleva até a posse de si mesmo [...], mas, ao contrário, [...] está 'sepultado' na simples plenitude de seu ser [...] A partir do abismo vazio e da incomensurabilidade, vem a ser um todo autônomo e fechado em si mesmo, em sua plenitude substancial, sem que haja um suporte que lhe dê uma unidade, uma união e uma coesão que atuem a partir do interior: eis aqui a tarefa do ser que deve ocupar e ocupa uma simples posição natural.[165]

O substancial-imanente se forma dentro do espaço, mas sem recair no abismo. Ao contrário, a substancialização conduz ao abismo, à "imanência da transcendência absoluta" e, por conseguinte, ao "imposto externamente" e a uma "natureza exterior" no sentido restrito.[166]

Das explicações dadas não encontramos nenhuma resposta clara à pergunta concernente ao que objetivamente seja possível mostrar, questão que precisamente se propunha a resolver a ὕλη aristotélica. Indicaram-se diversas coisas que podem ser consideradas: as palavras "matéria [formada]" e "matéria" estão empregadas em um sentido diferente: a "matéria [formada]" é uma "plenitude substancial, em extensão espacial";[167] a "matéria"

---

[163] *Op. cit.*, p. 63.
[164] *Op. cit.*, p. 64
[165] *Op. cit.*, p. 67.
[166] *Op. cit.*, p. 69.
[167] *Op. cit.*, p. 71.

220 Capítulo IV

como plenitude intensificada e obscurecida, que se confunde e na qual é eliminada toda qualificação de liberdade interior e exterior de qualificação.[168] Há "matéria-quididades" que tendem a realizar-se plenamente no espaço, mas nem todo conteúdo é capaz disso.

A configuração pode realizar-se no espaço de duas maneiras: a partir do interior para o exterior, graças a uma força própria que domina o espaço sem se perder nele, e da maneira particular às coisas materiais que são "absorvidas" pelo espaço e cujo ser mais próprio poderia ser alcançado se lhe quisesse deixar seu lugar no espaço.

As substâncias materiais se diferenciam "segundo as relações estruturais que sua plenitude substancial desdobra de tal ou qual maneira e lhe permitem aparecer preenchendo o espaço. A maneira como é a coesão interna consigo mesmo se expressa nessas relações de estrutura".[169]

Mas apresenta-se uma estranha dificuldade. Formações materiais articuladas diversamente (isto é, diferentes segundo sua *materialidade*) encarnam quididades materiais diferentes. Mas o que faz com que essas elaborações sejam *materiais*, ou seja, que à sua plenitude sejam próprios aquele peso e opacidade, ou "o que preenche sem limites o abismo", a massa *pura*; isso em si não pode receber nenhuma configuração diferente: "Enquanto simplesmente comensurado o abismo, a massa *é* o que é, ou seja, está inteiramente unida ao espaço e assim exclui qualquer outro elemento do âmbito de seu próprio ser efetivo."[170] O que "está absolutamente fora de si mesmo não pode estar nem mais perto ou longe, mais firme ou solto em relação a si mesmo..."

E igualmente tampouco pode aparecer na superfície nas chamadas "*qualidades secundárias*". A massa pura é "totalmente obscura", inerte e muda; ela é "essencialmente inqualificável [...], esse algo inerte, mudo, sórdido, que só enquanto não é nada, mais precisamente massa, e, contudo, está tão oposta ao nada como o está somente a algo".[171] Assim, por um lado, uma substância material só é possível quando um conteúdo qualitativo se une ao abismo. Por outro lado, a massa pura se opõe a tal união. Há um meio de escapar a essa dificuldade?

---

[168] *Op. cit.*, p. 72.
[169] *Op. cit.*, p. 73.
[170] *Op. cit.*, p. 76.
[171] *Op. cit.*, p. 80.

12. Concepção Atomística e Dinâmica

Hedwig Conrad-Martius vê uma possibilidade de solução no *próprio ato*: a massa se divide em *corpúsculos* "que, enquanto corpúsculos, são divisíveis ainda até o infinito, mas representam, no entanto, os últimos elementos constitutivos da matéria concreta e real".

Isso só é possível quando umas *forças* "estão presentes nos corpúsculos e os unem entre si". Forças são "potências para produzir um efeito de uma maneira determinada. A massa não as possui em si mesma, chegam-lhe somente *de fora*: "como tais, a dominam..." Assim, *como força*, é capaz da qualificação que não pode receber a partir de dentro. Assim se perde, por outro lado, o "conteúdo qualitativamente determinante (a quididade-material, que precisamente como tal deve chegar à substancialização) da forma material da substancialização". "Aqui não é possível uma plenitude viva corporal; o qualitativamente determinante pode ser um qualificante só vitalmente em uma plenitude que está *aberta* a todas as potências e a todas as possibilidades de configuração, permeável e em suspenso." "À massa só lhe fica a possibilidade de se deixar dirigir por potências *fixas.*" No lugar de uma "qualificação viva, e que continua atuando a partir de dentro", acha-se "algo que é dado do exterior de uma vez por todas".[172] Nesse terreno de fixação exterior, só pode "aparecer todo o esplendor de qualificações possíveis", mas só "à maneira de penumbra e de insinuação".[173]

O atomismo foi apresentado como *uma* solução possível: explica como, apesar da característica apresentada da massa pura, pode constituir-se um mundo material de formas múltiplas. Mas, como já dissemos e repetimos, é possível conceber um mundo completamente diferente no que concerne a seu material: na ausência de toda inércia da massa, totalmente sustentado e dirigido por forças vivas; "... isso *é* somente o que é (ou seja, uma plenitude substancial que, no entanto, não é uma massa) *enquanto*, portanto, dominado".[174] Nessa solução dinâmica não é necessário pensar em "meras forças" de tal maneira que a matéria como tal fosse indispensável. Nos dois casos, trata-se da matéria como uma plenitude estendida no espaço. À massa estão ligadas *potências fixas* (as forças físicas).

---

[172] *Op. cit.*, p. 81.
[173] *Op. cit.*, p. 82.
[174] *Op. cit.*, p. 83.

> Por outro lado, as forças *livres* [...] são unicamente o que elas são em e com a plenitude em que atuam [...] Aqui não há separação possível: a matéria é a ação sempre atual, potências como tais e as potências são o ser interior da matéria, que é precisamente posta por força: matéria e força não fazem mais que um.

A matéria que repousa em uma dinâmica livre e interior "corresponde ao ser próprio e à essência do que é e deve ser uma natureza e uma colocação de natureza" ou, dizendo melhor, "enquanto matéria que está fundada sobre a massa pura e as potências colocadas nela a partir do exterior".[175]

Mas o mundo de nossa experiência em seu estado presente não nos dá essa impressão. Trata-se de duas concepções fundamentais completamente diferentes da "natureza exterior". Não se pode conceber a passagem de uma à outra pela via de um simples desenvolvimento natural, mas por um "salto", por uma mudança ou uma volta a partir do fundo.

Em uma concepção dinâmica, pode-se conceber uma multidão de matérias heterogêneas sem um fundamento comum. Na estrutura atomística "à natureza exterior corresponderia inevitavelmente no fundo um elemento inerte".[176] Assim, parece-nos que na "massa pura" há algo que corresponderia à ὕλη de Aristóteles, enquanto se entende por isso o fundamento de toda natureza exterior: o que designamos por "matéria-prima". Mas se se olha de mais perto, descobrem-se, no entanto, diferenças importantes. Aristóteles exige uma matéria-prima que, *em si* seria capaz de chegar a ser tudo, enquanto a massa pura em si mesma não tem a possibilidade de configurar-se.

E a ὕλη é para Aristóteles o fundamento indispensável de todo devir, enquanto aqui foi considerado como possível um devir de um gênero completamente diferente. O oneroso da massa não representa em absoluto o estado originário da natureza exterior. O que é originário, ou seja, o que é propriamente "natural", é a unidade interior de força e matéria, a ação livre da força no configurar-se da matéria no espaço. A separação de força e de matéria, a "saída" da matéria dessa unidade, pela qual chega a ser primeiro uma massa pura, é um transtorno da dis-

---

[175] *Op. cit.*, p. 84. Ater-nos-emos a essa unidade da força e da matéria, que aqui é defendida, mas não na concepção da matéria como "rendimento" ou efeito da força.
[176] *Op. cit.*, p. 87.

posição original do ser. A massa pura, portanto, não é pensável como uma matéria-prima, eterna e não sujeita ao devir; nem tampouco pode ser concebida imperecível. Pois, ainda que também a natureza exterior, em seu efetivo estado presente, fosse uma massa onerosa, no entanto, esse estado não seria imutável. Pode ser "liberada" desse estado, ou seja, ser elevada ao estado originário. "A massa pura em si não é liberável; mas a matéria é liberável do assujeitamento à massa pura, que por si mesma deixaria de *ser*, onde e sempre que a disposição livre e dinâmica pudesse ganhar espaço."[177]

Em nenhum caso a matéria existe sem força. Em uma disposição dinâmica, a matéria é atuada pela força e dominada *interiormente* por ela; em uma disposição atomística, a massa está submetida a forças que a impactam a partir de fora, mas quando está separada dessas forças, sua existência já não é concebível. Não se pode equiparar tampouco com o "caos", ou com "a matéria segunda" de Platão. É impossível conceber um estado inicial do mundo em que a "massa pura", inteiramente informe, preenchesse o espaço. A massa tem necessidade, para existir, de um ponto de apoio, que não pode dar-se ela mesma; está sustentada pelas forças que a dominam e a configuram. É uma parte constitutiva da natureza exterior, que está caracterizada precisamente, por esse lado, como "caído" de seu estado originário. Tem sentido designá-la somente como "possível"? Por ela mesma ela nem é real nem possível. Ela é real no interior da estrutura geral da natureza exterior, cujo ser real recebe por ela a propriedade do que está carregado de massa, do "obscurecido" ou do "caído".

13. A Matéria na Estrutura do Mundo Exterior. Graduações de Matérias e das Formações

Na investigação sobre o que pode significar a "matéria" já fizemos alusão a alguns termos que têm necessidade ainda de uma explicação mais detalhada. O que significa "força", "substância", "suporte", é o que devemos examinar mais particularmente. Mas antes de tudo é necessário deixar cla-

---

[177] *Op. cit.*, p. 88.

ro o papel que tem a matéria na estrutura da natureza exterior. Com esse objeto, convém ter em conta os diversos sentidos de "matéria" que já se distinguiram: o sentido fundamental do que preenche o espaço como tal do substrato de toda informação; em seguida, a distinção segundo o modo de preencher o espaço e segundo os graus de formação.

A massa pura é o que preenche sem limites o espaço e o que recebeu forma, que nunca é real por si só. A irrealidade e a incapacidade de existir por si mesma a reparte com a matéria-prima aristotélica. Todas as matérias reais receberam forma. A maneira de serem formadas e seu modo de preencher o espaço estão essencialmente ligados. As elaborações elementares "materiais", que estão carregadas de uma massa, não só *preenchem* o espaço, mas também estão *ligadas* ao espaço; e estão configuradas a partir do exterior para o interior. Puras unidades fenomênicas (cuja matéria é a luz) são chamadas ao espaço por algo que se encontra fora delas, sem por si mesmo ocupá-lo nem mantê-lo.

As "vivas" elaborações elementares estão colocadas no espaço a partir do interior. Aristóteles só levou em conta a natureza material. No interior desta última, distingue o "inanimado" e o que é "vivo", mas não distingue as duas disposições fundamentais possíveis do ser material. Na natureza material as matérias simples, os elementos, constituem o grau mais baixo de existência real. São *formados* na medida em que cada um possui sua particularidade determinada, diferente da dos outros. São *matéria* em um duplo sentido: preenchem o espaço e podem contribuir para produzir outra coisa: os corpos mesclados, por exemplo, os minerais.[178]

Estão colocados em um grau superior de "recepção de forma" enquanto sua particularidade pressupõe a dos elementos, mas que, por outro lado, é nova e própria. No entanto, por sua vez também são "matéria" e, além disso, suscetíveis de receber uma dupla formação: são em primeiro lugar para o que servem, para constituir os corpos dos *seres vivos*. São, além disso, aquilo sobre o que o criar humano atua.

Nos dois casos, a elaboração que se gera possui uma *configuração espacial* que lhe pertence, fechada em si mesma e disposta segundo leis determinadas. Isso a distingue dos elementos inferiores (enquanto se trata de matérias "sólidas"), que, sem dúvida, apresentam-se também em "partes" e, como tais, possuem uma delimitação espacial determinada, mas tal de-

---

[178] Não devemos ainda considerar aqui a diferença entre "mesclas" e "combinações".

Essência – *Essentia*, οὐσία – Substância, Forma e Matéria 225

limitação obedece sobretudo a condições externas, ou seja, que não nasce inteiramente de sua própria lei estrutural.[179]

Se se emprega o termo "forma" a propósito de graus inferiores para designar sua maneira de ser, é porque a forma espacial particular inerente a esse grau pertence de uma maneira tão essencial à forma que se tem o costume de descrever só como forma. Dada a forte "sensibilidade em relação à forma" dos gregos e a alta consideração do formado, delimitado e ordenado segundo alguma lei, face ao desprovido de forma, limites e medidas (para isso o totalmente formado e ordenado é o perfeito, e o não formado e ilimitado é o imperfeito; no primeiro caso entra o cosmo, no segundo caso, o caos); essa comum característica essencial da elaboração espacial peculiar devia já diferenciar nitidamente as elaborações naturais e as artísticas dos graus inferiores e, ao mesmo tempo, aproximá-los.

São pelo que existem os graus inferiores; esses são sua "finalidade". Dada a precisa determinação do fim do universo (em sentido de Aristóteles) este "pelo que..." é aplicável também à obra de arte. O espírito humano está em disposição de formar obras, e assim deve haver uma matéria suscetível de ser formada pelo espírito e pelas mãos do homem. No criar e pelo criar consegue o espírito humano e, ao mesmo tempo, a obra, chegar à sua plena realidade. Igualmente, as matérias inanimadas são determinadas para servir à configuração de corpos vivos e elas recebem essa "formação" – segundo a concepção aristotélica – na aparição dos seres vivos e, em seguida, já no momento de seu crescimento, de sua evolução e de sua reprodução por meio dos processos da nutrição e da geração. Aqui, a "formação" é a realização de uma dupla possibilidade: a "ductibilidade" da matéria e a "força formadora" dos seres vivos. Convém destacar, a propósito do primeiro surgimento do ser vivo como o das matérias que lhes servem de fundamento, que a "formação" enquanto processo não pode ser estabelecida por nós. Não vemos só senão o "ser formado" no sentido de uma determinação particular. Ao contrário, o trabalho de uma produção humana e o desenvolvimento de um ser vivo são processos de formação que podemos captar. Assim se compreende que abundem exemplos nesse campo, quando se trata de dar conta da relação entre a forma e a matéria.

---

[179] Mais tarde se falará ainda disso, do fato de que uma delimitação espacial particular pertence também já à particularidade puramente material.

226 Capítulo IV

É evidente que para Aristóteles trata-se de diferentes processos: no que concerne ao devir natural, aquilo *a partir do que* se faz o que existe (a matéria) é algo natural real (οὐσία, substância), assim como o *que* chega a ser (o novo ser vivente) e aquilo *pelo que* chega a ser (o ser vivente gerador). Ao contrário, na produção artística, aquilo pelo que aparece a obra de arte não é algo natural real, mas o "projeto" "na alma" do artista, e também o que surge, a "obra", não é uma natureza no mesmo sentido que em um ser vivente, ou seja, não é uma οὐσία no sentido de um real existente independente.[180]

Se aquilo *pelo que* a obra chega a ser não se encontra na própria obra, isso significa que a *matéria* não possui em si o fundamento de ser do movimento que conduz ao objetivo, como no caso do desenvolvimento dos seres vivos. Trata-se certamente de diferenças profundas. Contudo, compreende-se que Aristóteles considere a formação natural e a artística como dois processos muito próximos. Aquilo a partir *do que* o que se torna, nos dois casos é algo real-natural; mas não é uma realidade perfeita, visto que leva em si as possibilidades de uma formação ulterior: são matérias determinadas que podem e devem servir à configuração de seres vivos, e matérias determinadas que são aptas e "chamadas" a serem traçadas como obras de arte. E, segundo a concepção de Aristóteles, levam em si *como* possíveis essas configurações "possíveis".

Nos seres vivos plenamente desenvolvidos e nas obras de arte perfeitas, a formação parece ter encontrado certa conclusão. Certamente, não se pode afirmar que não podia servir já de uma "matéria" para uma formação ulterior: subsistem ainda possibilidades para uma transformação e configuração em elaborações de grau superior.

Mas tal investigação nos faria ultrapassar o quadro da "natureza exterior", como já aconteceu ao falar das obras de arte. E, no momento, trata-se somente de compreender a natureza material e espacial como tal. Consideramos matéria como algo que preenche o espaço e como o que é adequado para ser formado em figuras espaciais fechadas em si mesmas. Nos dois casos, ainda são necessárias explicações complementares que nos farão compreender como essas duas características da essência estão ligadas intimamente.

---

[180] Ver Aristóteles, *Met.*, Z 7, 1032 a/b, p. 989-990. [Aristóteles, *Metafísica*, Madri, 1994, p. 298-301.]

14. Os Modos Fundamentais da Ocupação do Espaço

As matérias se diferenciam entre si segundo a maneira particular como ocupam o espaço. No que concerne à estrutura do mundo material, os *três modos fundamentais de ocupação do espaço*, que a ciência da natureza designa como "estados de agregação", são de importância essencial: o estádo *sólido*, o estado *líquido* e o estado *gasoso*. A constituição de um "corpo vivo", isto é, de algo em si reunido de uma forma espacial fechada em si mesma e uma delimitação constante para fora não é possível senão com matérias sólidas. Em relação com essas, o elemento gasoso forma o contraste mais notável. Aqui o peso da massa aparece como eliminada: "o elemento gasoso não é já o que poderia ser concentrado consigo mesmo, fixo em si e delimitado como totalidade", mas "sendo ele mesmo fugaz". No entanto, esse "nada" aparente é algo que, ainda que leve e despercebido, infiltra-se no todo, participa do todo como brincando, e envolve tudo. À constituição do corpo vivo se contrapõe a constituição da "esfera": "[...] o 'corpo vivo' como um todo reunido e fixado em si mesmo [...], a esfera como fugaz e o que se entrega com toda liberdade e 'desinteresse' a todas as demais coisas [...], de um lado, um mesmo conservado e garantido por outro, o ser desprendido de si em livre emanar."[181]

Se a fugacidade aparece como uma carência, no entanto, torna possíveis, por outro lado, a leveza, a liberdade, a abertura que faz falta nos corpos sólidos. As matérias carregadas de uma massa não podem possuir ambas as coisas; ao contrário, nas elaborações materiais que na ausência do peso de sua massa se formam a partir do interior, é possível a plenitude corporal junto com uma liberdade flutuante.

O líquido "não participa da força de fixação, que se conserva a si mesmo, nem da volatilização que se dá de si mesmo: persiste em si, mas sem se fixar em si mesmo nem poder ser fixável".[182] Não é suscetível de forma, porém não se opõe como o estado gasoso a uma limitação exterior; "está muito propriamente determinado a ser recebido em um recipiente", e tem necessidade "de tal recinto [...] para não se deslizar irresistivelmente *de si mesmo* para o profundo". Na queda não se conserva (como o elemento sólido), no entanto "está dominado pelo poder da

---

[181] H. Conrad-Martius, *Realontologie*, p. 90.
[182] *Op. cit.*, p. 97.

228   Capítulo IV

profundidade não só enquanto um todo, mas totalmente de um extremo ao outro...".[183]

Não só cai, mas *evade-se de si mesmo*. É "o que cai totalmente", e como tal não é formável. Mas essa "queda contínua de si mesmo", esse *fluir* supõe, no entanto, uma plenitude que se conserva continuamente. Graças ao seu conteúdo conservado, à sua falta de resistência não fixa, o estado líquido "se constitui em uma matéria apropriada para um modo de colocações fluentes"[184] e em um suporte da vida.

Escrevemos os três estados de agregados como modos fundamentais de ocupar o espaço, pelos quais se diferenciam das matérias uma da outra. Sem dúvida, cada matéria pode, em condições apropriadas, passar de um dos três estados ao outro; mas a cada um é mais *natural* um ou outro; e a passagem de um estado ao outro tem algo artificial em si. A água é a materialização mais pura do líquido como tal, é a "fluidez em si".

Os três modos de ocupar o espaço que se acabam de descrever caracterizam essencialmente as diferentes figuras fundamentais do ser material.[185] A massa como tal não pode recebê-los. Em uma concepção atomística, é possível uma imitação exterior das essências puras, em que, no entanto, todos experimentam uma deformação: "autodesprendimento" do elemento gasoso não se realiza mais que às custas da volatilização, o vivo do elemento líquido chega a ser uma inerte caducidade; a autodeterminação do elemento sólido até a rigidez e a impenetrabilidade. A essas três configurações fundamentais correspondem três disposições atomísticas diferentes: a "*comunista*" (princípio: *cada um para todos*); a "*anarquista*" (*todos contra todos*); a "*atomística*" no sentido restrito (*cada um para si*).

> Só quando os elementos atomísticos unidos de maneira fixa se encontram em uma comunidade '*comunista*' pode constituir-se um corpo sólido sobre um *fundamento atomístico*; só onde se contrapõem sob a geral recíproca repulsão a cada união e coligação pode aparecer o fenômeno da modificação gasosa e, portanto, de sua exteriorização material. E, finalmente, vemos realizada no estado líquido a indiferença absoluta especialmente da posição atomística realizada no líquido: aqui, a única possibilidade da

---

[183] *Op. cit.*, p. 98.
[184] *Op. cit.*, p. 106.
[185] Ainda falar-se-á disso, como as formas fundamentais e áreas do ser real (vivo, anímico e espiritual) se representam simbolicamente nas figuras fundamentais.

Essência – *Essentia*, οὐσία – Substância, Forma e Matéria   229

queda perpétua de um elemento a partir de outro em menor ação que chega do exterior pode cristalizá-lo atomística e exteriormente, o que resultava como a essência pura do que é líquido (da evasão de si).[186]

Cada matéria *possui* uma das três formas fundamentais, seja a que corresponde por natureza, ou, então, aquela que adquire em condições correspondentes. Cada *elemento* está já caracterizado e distinguido de outros elementos pelo fato de que tal ou qual forma fundamental lhe é própria, assim como uma dessas qualidades possíveis: dureza ou maleabilidade, maior ou menor fluidez etc.

15. Elementos e Combinações

Os elementos representam uma diversidade originária da configuração material. Quando se levam a cabo *mesclas* e *combinações* vêm à existência outras configurações materiais particulares. É essencial para a compreensão do material como tal que seja possível uma união de matérias originariamente existentes para formar uma nova? De fato, a transformação de matérias umas em outras foi apresentada como um princípio de base para a admissão de uma matéria originária, de uma "matéria-prima".[187]

Não pudemos admitir a matéria-prima no sentido restrito que lhe dá Aristóteles. Encontramos na "massa pura" algo que, sob alguns pontos de vista, se lhe parece; mas as matérias carregadas de massa e ordenadas atomisticamente não são as únicas possíveis. Também devemos perguntar-nos se se pode conceber e como se pode conceber uma mescla e uma combinação de matérias segundo um fundamento atomístico e dinâmico. Falamos de *mescla* quando matérias diferentes entram em um conjunto sem renunciar por essa razão sua particularidade material. As partes de uma das matérias se misturam com as partes da outra em um todo espacial, cujo aspecto exterior e ação dependem da particularidade da mistura, e da coexistência e da coação das matérias constitutivas, fundamentadas nela. Por conseguinte, não há aqui dificuldade particular.

---

[186] *Op. cit.*, p. 112.
[187] Ver Manser, *Das Wesen des Thomismus*, p. 602, 610, 614.

230 Capítulo IV

Algo diferente é quando se trata de combinações, que surgem como algo novo a partir dos elementos. A água é algo por completo diferente do oxigênio e do hidrogênio. Não chegaríamos a supor a existência dessas "partes" que a compõem se não pudéssemos observar como se constitui ela a partir desses elementos e como se pode, em seguida, "decompor" neles. Os "componentes" não são aqui partes materiais espacialmente diferenciadas e delimitadas como nas matérias mescladas (por exemplo, nos minerais ou nas soluções químicas). A água não é em parte hidrogênio e em parte oxigênio, mas totalmente água. E, enquanto esta existe, comporta-se inteiramente de uma maneira correspondente à sua peculiaridade e não à de seus "componentes". Falar também de componentes aqui não é de todo adequado.

Enquanto se mantém a combinação os elementos não estão presentes, ainda que tenham estado presentes antes e possam de novo "aparecer" mais tarde. Em todos esses casos, "a partir de um algo" resulta "outra coisa", e isso é o que chamamos "transformação" (mudança substancial) em contraposição com a mera mudança (= mudança acidental), em que só muda a índole da coisa, mas a própria coisa permanece.

O que nos força a admitir, ainda nos casos de mudança algo "permanente", que "serviria de fundamento" à mudança e que seria suscetível de receber essa "forma" ou aquela outra? A mudança não se produz ao acaso, mas de acordo com leis determinadas. Uma coisa qualquer não nasce a partir de outra qualquer, mas elementos determinados dão, em condições determinadas, combinações determinadas: os elementos têm entre si "relações de afinidade" mais ou menos próximas, e correspondentemente se desprendem de certas combinações para constituir outras. Por último, são necessárias determinadas relações de medida dos elementos para as combinações; as fórmulas químicas são a expressão matemática dessas relações. A ciência da natureza considera essas fórmulas como leis de estrutura que traduzem a relação de medida das partes do todo.

Na perspectiva atomística, todas as matérias devem ser consideradas como partes de *uma* só massa que preenche o espaço, que estão repartidas e mantidas juntas só pelas forças dominantes de maneira diversa, por isso preenchem o espaço de maneiras diferentes, e se comportam de maneira diferente em relação com os ataques externos. Também se pode pensar que as últimas partes constitutivas de uma matéria se separam umas das outras, e que outras partes inteiramente diferentes se unem a ela para dar um todo material novo. Conforme tal concepção, o processo da "combinação" é

Essência – *Essentia*, οὐσία – Substância, Forma e Matéria   231

muito próximo do da mistura. Os átomos constroem uma molécula, como quantidade perceptível com os sentidos de matérias formam matérias compostas, certamente segundo leis mais rigorosas. Outra questão fica ainda sem resposta: como se devem conceber as "forças" ordenadoras?

Na concepção dinâmica temos uma diversidade originária de matérias sem fundamento comum: cada matéria é, por assim dizer, formada a partir de uma raiz própria. Nessa suposição é concebível algo assim como uma "combinação"? Parece-me que precisamente aqui se pode falar disso em um sentido "vivo" e "interior": quando uma coisa se configura no espaço por ação de uma força interna própria, quando uma plenitude material, à qual e com a qual se configura não é um algo rígido e fundamental que une, então é possível uma transformação viva, assim como uma ação unitária livre de diferentes forças para produzir um todo material novo. Mas aqui também brota a questão urgente sobre o sentido dessas forças.

Nas duas concepções se encontra justificado o que acreditamos perceber em nossa experiência natural: que a combinação se faz verdadeiramente "a partir" dos elementos: quando no lugar dos elementos "aparece" a combinação, os elementos então não se "converteram em nada" e a matéria nova "não nasceu de nada", mas se produziu uma *transformação*. O que é isso que a transformação fez? O que é que aconteceu com o que antes era o que é agora? Santo Tomás diz que as "formas" dos elementos não são de todo reais (*actu*) e não se encontram essencialmente (*secundum essentiam*) na combinação, tampouco desapareceram completamente, mas são conservadas segundo a *força* (*virtute*), "enquanto os acidentes próprios (*accidentia propria*) dos elementos permanecem segundo algum modo, e neles permanece a virtude dos elementos".[188] O que significam aqui os termos "forma" e "força"? Que ajuda podem aportar-nos para compreender o ser material?

16. Formação como Determinação Peculiar da Matéria e como Configuração de uma "Elaboração"

Insistiu-se constantemente sobre esse ponto: todas as matérias reais receberam uma forma. Mas colocamos sob o termo "formação" diferentes signi-

---

[188] Tomás de Aquino, *De anima*, a. 9 ad 10 [Santo Tomás de Aquino, *Opúsculos y cuestiones selectas*, I, *Filosofía (1)*, Madri, 2001, p. 518].

ficados: 1) A peculiaridade da estrutura interna que diferencia uma matéria de outra. 2) A configuração da matéria que faz dela uma elaboração unitária, em si conclusa. Essas duas condições estão interiormente ligadas? Uma conduz diretamente à outra? A mesma "forma" está na origem das duas? As diversas formas fundamentais do material como tal nos faziam supor que nem todas as matérias, em virtude de sua propriedade, são capazes de estruturar elaborações conclusas.

As matérias sólidas se prestam por si mesmas à união em uma forma espacial limitada; mas as matérias líquidas e as gasosas podem chegar a esse resultado só por uma limitação que lhes vem do exterior ou sob o domínio de uma força superior. Contudo, devemos lembrar que as matérias líquidas e gasosas podem condensar-se em corpos sólidos. E, enquanto isso se produz, a delimitação levará desde então a marca de sua particularidade material. Assim, cada matéria leva em si a capacidade de adquirir uma configuração até chegar a ser uma elaboração espacial delimitada, mas não foi concedido a cada material o chegar a ele "naturalmente". De uma maneira geral, eis aqui o que se pode dizer: cada "elaboração" é a obra de diversas "forças" que atuam nela ora do exterior, ora do interior, e a propriedade material eficiente, que atua de dentro, participa de diversas matérias em uma proporção diferente. Isso indica uma diversidade do que recebeu o nome de "forma", ou que dá à matéria (como plenitude espacial) particularidade e configuração

17. A Estrutura Formal da Coisa ("Forma" no Sentido da "Ontologia Formal")

Uma "matéria formada" no sentido de uma elaboração, que preenche o espaço e que possui uma particularidade interior determinada e uma figura exterior, é o que Aristóteles chamava πρώτη οὐσία e o que nós designamos habitualmente como uma *coisa*. Tratamos de explicar claramente o que se deve entender por "matéria", e estamos a caminho de uma explicação mais profunda do sentido da palavra "forma".

Mas antes, propomo-nos a traçar um quadro geral em que entra tudo o que leva o nome de "coisa", a estrutura "formal" da coisa, em um sentido completamente diferente do empregado até aqui. Já dissemos que para cada ente finito convém distinguir *o* que é e aquilo *do que* ele é e de seu *ser.* Partindo do que ele é, dizemos *o que* é ele e *que é.* Chamamos a isso o "objeto" e empregamos essa palavra ora em um sentido amplo, ora em um sentido restrito. No sentido amplo, significa *algo* em geral, ou seja, tudo o que pode ser conhecido e do que se pode afirmar algo, em uma palavra, o ente em geral, seja real ou não real, autônomo ou dependente. No sentido do que se pode pensar e daquilo de que se pode afirmar uma coisa, ainda o "nada" é também um "objeto".

No sentido restrito, o objeto é o que é por si mesmo, o que é *autônomo e independente.* Que se tome no sentido amplo ou em um sentido mais estreito e no mais restrito, o "objeto" pode chamar-se sempre uma "forma". Mas a palavra "forma" não tem um sentido totalmente distinto do que indica a μορφή aristotélica: a "forma essencial". Com maior razão não tem nada a ver com a forma no sentido de figura espacial, da qual vimos que esta última está estreitamente ligada à forma essencial nas elaborações "formadas" no sentido usual da palavra. Cada figura espacial tem determinada peculiaridade, sua índole peculiar e, nesse sentido, é algo preenchido com conteúdo (= "materiais" em contraposição ao material ou substancial). Naturalmente também as formas essenciais são algo cheio de um conteúdo, ou melhor: são a própria "plenitude", visto que é por elas como os objetos chegam a ser algo determinado, particular e pleno quanto a seu conteúdo.

Mas as formas de que falamos agora são algo inteiramente vazio que tem necessidade de ser preenchido com um conteúdo. Por isso, para evitar toda confusão, preferimos chamá-las "formas vazias". Esse emprego da palavra "forma" e "formal" nos foi transmitido pela "lógica formal"; trata-se, além disso, do conceito de forma que se usa na filosofia moderna.

Na lógica formal, encontramo-nos (abstração feita dos exemplos) com tais formas vazias: com as formas de elaborações mentais. A ausência de conteúdo dessas formas é evidente pelo fato de que se pode expressar com a ajuda de signos gerais.

"A rosa vermelha" é um juízo, "A é b" é a forma correspondente do juízo. "Conceito", "juízo", "raciocínio" são as formas lógicas gerais. Costuma-se designar o objeto, no sentido mais amplo do termo, algo do que se pode afirmar algo como "objeto lógico". Mas, estritamente falando, não entra na lógica: consiste no que é suposto por todos os "objetos lógicos" (ou seja, por todos os produtos de pensamento que concernem à lógica). O que pertence ao ser particular dos objetos de pensamento é que são um "ente de segunda mão", ou seja, que estão relacionados com um ente mais

234 Capítulo IV

originário: este é precisamente o ente que chamamos objeto, que está "pressuposto" para a lógica.

Por meio de "conceitos", um *objeto* é "concebido"; por meio de juízos, um conhecido *estado de coisas* se afirma (ou, para expressá-lo de outro modo, diz-se uma coisa do objeto concebido); por meio de "raciocínios" um juízo é deduzido de outro, ou seja, um estado de coisas vem afirmado conforme o fundamento de outro e, por conseguinte, estabelece-se *uma relação de estados de coisas*: objetos, estados de coisas, relações de estados de coisas constituem o "ente originário", ao qual se relacionam as elaborações de pensamento – os conceitos, os juízos, os raciocínios – e segundo os quais são "configurados".[189]

O fato de que são imitados ou copiados segundo o ser mais originário nos faz supor que esse ente deve ter uma estrutura correspondente à sua: ou seja, que convém também distinguir neles a forma vazia e o conteúdo. Às formas das elaborações de pensamento (= formas lógicas) devem corresponder algumas *formas do ente* (= formas ontológicas).[190]

"Objeto", "estado de coisas", "relação de estados de coisas" constituem tais formas de ser, isto é, "objeto" no sentido amplo e no sentido restrito. No sentido mais amplo, objeto é já um "ente em geral"; por conseguinte, a forma mais universal desse âmbito pelo que é traçado o marco de uma "ontologia", de uma doutrina do ente. Os estados de coisas e as relações de estados de coisas são também objetos nesse sentido geral. No sentido restrito, "objeto" é uma forma determinada do ente que se diferencia de "estados de coisas" e da "relação de estados de coisas". Os objetos, nesse sentido estrito do ente, são fundamentais para todo outro ente. *O que* é um objeto, *como* é ele e *que* é ele, portanto, em que relação se acha com outros objetos ou em que relação pode entrar, tudo isso se explica nos estados de coisas. Os estados de coisas são elaborações articuladas peculiarmente e o "fato de existir", que é uma

---

[189] Convém destacar que na lógica as formações ou elaborações de pensamento são constituídas elas mesmas "objetos" do pensar: com efeito, trata-se de produzir aqui o conceito do conceito, do juízo, do raciocínio; de fazer juízos sobre o conceito, o juízo e o raciocínio e de deduzir as consequências em relação a essas formações. A lógica se "cria", portanto, em certo sentido, seus próprios objetos, mas fundando-se em objetos mais originários que ela não pode criar.

[190] Visto que o próprio pensado tem um ser particular – "ser de segunda mão" – a "formação de pensamento" é ela própria uma "forma do ente". A lógica e a ontologia formal têm entre si uma multidão de relações.

maneira de ser própria a eles, pressupõe o ser dos objetos articulado de outra maneira.[191]

Objeto no sentido amplo pode ser algo completamente simples (por exemplo, uma essência simples como "vermelhidão"). Ao contrário, objeto no sentido restrito é um ente de uma articulada estrutura comparável, em certa medida, à estrutura de uma casa ou ao esqueleto de um ser vivo (se se quer representar por imagens sensíveis o que não é possível captar com os sentidos). Convém distinguir aqui *o que* é o objeto (na ordem hierárquica dos gêneros e das espécies) e *como* é ele, e essas "determinações" se inserem no todo segundo uma ordem fixa: nisso consiste a articulação da estrutura. As categorias aristotélicas em seu duplo sentido como modos de expressão e modos de ser nos dão um exemplo de formas lógicas e de formas ontológicas em sua relação recíproca.

Enquanto formas ontológicas descrevem a estrutura do objeto (no sentido restrito), estendem-se muito mais além, e apresentam, ao mesmo tempo, as formas de sua inserção em um "mundo" dos objetos. Οὐσία (= o ente no sentido de excelência) se deve considerar para designar o nome do objeto (no sentido restrito): o objeto é excelente, enquanto suas "determinações" estão somente "nele" e têm ser delas como "participação" em seu ser, que as elaborações de grau mais elevado (como "estados de coisas") se remetem a ele como a seu fundamento existencial.

18. A Coisa como Substrato (ὑποκείμενον) e Suporte (ὑπόστασις). Forma – Conteúdo. Universal – Particular (Gênero – Espécie)

É necessário agora perguntar-se se ao objeto corresponde por suas "determinações" o significado de "substrato" (ὑποκείμενον, sujeito) ou de um suporte (ὑπόστασις, substância). Aristóteles designou já como ὑποκείμενον aquilo de que se pode expressar outra coisa, enquanto ele mesmo não é expresso por nenhuma outra coisa.[192] Isso concerne ao objeto na medida em que é pressuposto para as elaborações lógicas, e concretamente ao ob-

---

[191] A respeito do conceito do estado de coisas, ver A. Reinach, *Zur Theorie des negativen Urteils* (*A. Reinachs Gesammelte Schriften*, Halle, 1921, p. 56 e seg.; apareceu primeiro em *Lipps-Feschrift*, Leipzig, 1911).
[192] *Met.* Z 3, 1028 b, 36 e seg. [Aristóteles, *Metafísica*, Madri, 1994, p. 284.]

jeto no sentido restrito (pois, objeto no sentido amplo comporta muitos significados – ou seja, pode-se afirmar algo dele – mas pode por sua parte ser predicado de outra coisa e, então, não é um objeto no sentido restrito). Mas queremos deter-nos no campo do que não pode ainda se captar logicamente; assim, para Aristóteles o significado de ὑποκείμενον abraça diversas coisas: a *coisa singular*, por exemplo, um ser vivo que serve de substrato a suas propriedades, a matéria que serve de substrato de sua forma perfeita de ser ἐντελέχεια.[193] Da coisa particular podemos dizer, sem mais, que corresponde ao conceito do "objeto": sempre foi reconhecida como οὐσία e reconhecemos agora também o "objeto" como a οὐσία. Mas que sentido tem dizer que a coisa serve de substrato às suas propriedades?

Uma coisa pode "tomar" ou "perder" índoles: quando a folha verde se "colore de vermelho", perde a cor verde e toma a cor vermelha. A coisa se transforma, mas permanece a mesma. A cor não se transforma, mas se converte em outra cor: o verde não se converte em vermelho, mas a coisa se converteu em vermelha *em lugar* de verde: muda de cor. Permanece sempre uma coisa colorida, mas primeiro de cor verde, depois, de cor vermelha.

As coisas que têm cor não podem perder sua cor (o que às vezes se chama *ausência de cor* não é senão uma espécie determinada de cor). Então, a cor vermelha como tal é uma *propriedade* duradoura.[194] No entanto, a cor deve ser sempre uma cor determinada e a determinação pode mudar. Preferimos chamar "*índole*" a determinação de cor cambiante para diferenciá-la da qualidade duradoura. Assim, a estrutura da coisa está ordenada por capas de modo peculiar. O ter propriedades pertence à sua "armação", ao que nela é fixo e imutável.

Mas cada uma de suas índoles não pertence à sua consistência *fixa*. O que é consistência firme pode ser considerado como "fundamento" ou "suporte" de tudo o que muda, do que se insere nela em um lugar previsto de antemão. Às coisas corporais naturais (que nós designamos habitualmente pelo nome "coisa") corresponde que tenham elaboração, volume, peso e – o que é fundamental para as mencionadas propriedades – uma maneira de ser material determinada. A coisa não está firme imutavelmente em relação

---

[193] A "matéria" só pode ser considerada como "objeto" quando se trata de uma *matéria informada*, portanto, de uma coisa; a matéria absolutamente informe não será um objeto no sentido estrito, tampouco um objeto no sentido amplo de uma coisa determinada.

[194] Fora das "assim chamadas" há também *autêntica incoloridade*: a da água, a do vidro etc. Parece, pois, que há coisas incolores e que a cor não é inseparável da estrutura da coisa como tal. Não temos a intenção de examinar aqui essa questão.

às suas propriedades, pode mudar seu volume, sua figura, mas deve ter cada vez uma figura determinada etc. Igualmente, a coisa colorida deve ser uma coisa de uma cor determinada. A cor está determinada como azul ou vermelho, e assim a coisa é uma coisa de uma cor determinada.

A coisa não pode ser uma coisa colorida senão quando possui uma cor determinada. Cor é unicamente uma cor enquanto está determinada. "Cor" é, segundo o sentido, algo determinado, mas com isso está posto um lugar vazio que necessita ser preenchido. Essa plenitude não pode ser qualquer uma; o que a cor como tal indica o que pode dar de conteúdo ao lugar vazio: não pode ser preenchida mais que por espécies de cor (até a última determinação) e por nada mais. Uma coisa determinada por seu conteúdo, que contém um lugar vazio e primeiramente por sua plenitude alcança a determinação completa necessária para o ser real é o que chamamos o *gênero*, o que pode preencher seu lugar vazio, as *diferenças de espécies* correspondentes. O determinado pelas diferenças são as espécies do gênero.

As diversas espécies de um gênero têm algo em comum em relação ao conteúdo – isto é, a determinação segundo o gênero. Gêneros diferentes não têm nada de comum do ponto de vista do conteúdo.[195] Mas não podem ter ainda uma forma comum (ou seja, uma "forma vazia"). Assim, "cor" e "figura" são plenitudes diferentes da forma vazia "qualidade côisica". Designamos as categorias como "formas do ente". São-no no sentido da "forma vazia". Quando Aristóteles as chama também "gêneros", isso não é, rigorosamente falando, do todo exato; só são formas vazias de gêneros.

Para a relação do gênero e da diferença específica não correspondem exatamente nem os termos "substrato" e "acidente" nem "suporte" e "suportado". Mas tampouco "forma" e "conteúdo" correspondem ao todo. Unicamente o "lugar vazio" no gênero é preenchido pelo conteúdo. A relação do gênero com a espécie é a própria do *universal* ao *particular,* e a diferença é o que particulariza. Essa relação não se deixa reduzir à de forma e conteúdo, mas se cruza com isso: há formas vazias de uma maior ou menor generalidade, igualmente há conteúdos de uma maior ou menor generalidade; em cada grau de generalidade é necessário distinguir a forma e o conteúdo. Os gêneros são os objetos mais universais (no sentido amplo do termo) que têm ainda um conteúdo. Visto que têm um "lugar vazio", não são objetos inteiramente determinados do ponto de vista do conteúdo,

---

[195] Ver a determinação aristotélica do gênero, IV, §2, 7.

mas possuem em si algo da forma vazia. As espécies são menos universais e menos "formais" (no sentido de forma vazia). A essa coisa inteiramente determinada do ponto de vista do conteúdo podemos chamar o "substrato" das mudanças que se produzem nela e das índoles que novamente se lhe "acrescentam". Substrato e acidentes (a coisa e suas índoles "acidentais") se acham em igual grau de particularidade e da plenitude de conteúdo.

Mas também se pode falar de "substrato" em outro sentido que é importante precisamente em nosso contexto. Dissemos que a característica material "fundamental" é para a elaboração o volume e o peso da coisa. É fundamental também para o que se chama "qualidades segundas": aquilo por meio do que se oferece e se manifesta sua particularidade: algo articulado assim *como* uma matéria deve precisamente dessa maneira fechar-se em si para fora, e deve seu comportamento ser assim e não de outra maneira, e assim "cair sob os sentidos". Por conseguinte, não é a coisa enquanto todo substrato para algo que é acrescentado, mas é algo do que ela é ou como ela é, ou seja, o que é enquanto "matéria", é substrato para tudo o mais que é. E por isso parece-nos compreensível que Aristóteles tenha chamado à substância ὑποκείμενον. Convém destacar que é a substância enquanto peculiarmente determinada a que desempenha esse papel de fundamento. Mas quando a matéria está carregada do peso de uma massa, a "massa pura" não é o que "fundamenta" as determinações, mas o que lhes está "subjacente" e "é seu fundamento".

Com essas últimas considerações passamos do ponto de vista formal ao ponto de vista do conteúdo. Mas o dito pode expressar-se de uma maneira puramente formal: dentro do que constitui a coisa há algo que é fundamental para tudo o mais que pertence à sua estrutura. Se a forma da coisa pode encontrar uma realização em outro campo que não o do ser material, assim será necessário que em lugar da maneira de ser material e espacial outra coisa preencha a forma vazia do "fundamento".

Entre a forma vazia e o que lhe dá sua plenitude existem relações determinadas, como claramente vimos a propósito da relação entre gênero e espécie. Isso parece evidente se nos perguntamos agora como se comportam a "matéria" e a "coisa", uma frente à outra. Aqui, por matéria entendemos uma plenitude espacial de uma espécie determinada, por coisa, uma πρώτη οὐσία no sentido aristotélico, ou seja, um real independente. Um real autônomo é algo autossuficiente e que atua por sua natureza própria. É claro que a massa pura não pode ser uma coisa, visto que considerada em

Essência – *Essentia, οὐσία* – Substância, Forma e Matéria   239

si mesma não "está" nem "atua" nem possui uma "natureza". A cada matéria determinada pertence um atuar que lhe é próprio, mas é evidente que nem toda matéria é suscetível de constituir algo autônomo. À autonomia corresponde uma concentração em si mesma em relação a uma elaboração delimitada e definida. Os líquidos e os gases não estão capacitados para isso, têm necessidade de um "recipiente" sólido ou de uma força dominante para adquirir uma elaboração determinada e uma delimitação. Só as matérias sólidas podem por si mesmas construir algo que corresponda à forma de uma coisa. O elemento líquido e o elemento gasoso não podem formar por si mesmos uma coisa, mas sim contribuir com a configuração de uma coisa: por "coisa" compreendemos, então, um todo em que uma lei unitária de configuração domina a diversidade da matéria constitutiva; não se trata de uma "quantidade" de gás ou de líquido contido só exteriormente por um recipiente, mas de um "organismo".

Acabamos de estabelecer em que sentido pode a coisa chamar-se "substrato". O "suporte" é só outro termo para indicar o mesmo ou designa algo novo? Quando chamamos a coisa o "suporte" de sua cor, queremos dizer que a cor côisica – como todas as outras propriedades côisicas – é algo não autônomo que deve ser suportado pelo que é autônomo. No entanto, com isso não se diz que o suporte, sem o que "suporta", seja autônomo; as qualidades essenciais não vêm "acrescentar-se" a uma coisa já "realizada", mas a constituem. No entanto, a cor tampouco está na coisa como o conteúdo em sua forma. "Coisa" é uma forma com relação a tal coisa determinada, e a "cor" é uma determinação do conteúdo de algo que corresponde à estrutura da coisa: uma plenitude da forma vazia, "propriedade". A cor se preenche ou se completa por sua determinação específica para chegar a tal cor determinada, e toda a forma de coisa se preenche e se determina em tal coisa determinada por meio da determinação de seu *quid* e de seu como já esboçados nela. As propriedades determinadas se comportam com a coisa determinada – mas também as formas das propriedades em relação com a forma da coisa –, como a parte com o todo: isto é, como o caráter estruturante em relação a um todo essencial que contém em si uma diversidade de caracteres e não como "fragmentos" ilhados ou arrancados em relação a um todo muito parecido em si (homogêneo, contínuo), por exemplo, as "partes" do espaço, do tempo ou de um corpo. Já que a coisa não pode existir sem essas partes constitutivas, por essa razão não a chamaremos "substrato". Ao contrário, ela é fundamento – assim como para as índoles

240 Capítulo IV

não essenciais –, para as mudanças que pode sofrer (não se deve contar entre as mudanças a mudança de lugar; a mudança de uma coisa significa sempre uma variação de sua consistência de propriedades ou uma mudança em suas propriedades), é também substrato para todo "acontecimento" que pode vir-lhe ou que lhe pode dar impulso.

Podemos agora fixar as expressões correspondentes a essas diversas relações. Chamamos *substrato* (ὑποκείμενον, *subjectum*) a coisa particular inteiramente determinada em relação com as propriedades que pode "receber" e "perder" e com todos os acontecimentos nos quais pode participar (além disso, pertence-lhe também a "aquisição" e a "perda" das propriedades). Nos acontecimentos no mundo das coisas, deve-se incluir a combinação e a separação dos *elementos*, assim como a formação de "matérias" para elaborações superiores. Nesse sentido, podemos considerar essas matérias, portanto, como ὑποκείμενον; além disso, pode-se admitir a natureza material como o substrato para a constituição de uma coisa, e determinante de suas qualidades.

Chamamos *suporte* (ὑπόστασις, substância subsistente) o todo independente com relação às suas partes constitutivas. Isto é, propriamente falando, de novo a coisa singular (e não algo que sobrasse se se eliminasse todo o "*quid*" e o "como" da coisa). Mas pode-se também aplicar esse nome à "forma vazia" do todo autônomo como tal em relação às suas formas parciais. Visto que o conteúdo pertence às partes constitutivas, sem as quais o todo não pode existir, o todo pleno de conteúdo é o "suporte" do "conteúdo" (todo o "*quid*" e o "como"), assim como a forma do todo é suporte da "forma do conteúdo": por mais paradoxal que isso nos possa parecer, pertence à estrutura formal da coisa o ter um conteúdo.[196] A coisa singular é assim, ao mesmo tempo, "substrato" e "suporte", mas de pontos de vista diferentes.

Definitivamente, chamamos "forma" (= forma vazia) a "armação" da coisa inteira (e as partes da armação) em relação ao que lhe dá um conteúdo e o determina para fazer dela *essa* coisa singular. A forma de coisa corresponde à forma "objeto" (em sentido restrito). Mas convém também se perguntar se essas duas coisas coincidem absolutamente ou se a "coisa" não é já uma característica da forma do objeto, ao lado da qual são possíveis outras particularizações. Essa questão é importante para a elaboração de

---

[196] Das investigações sobre a forma essencial resultará outro significado do "suporte" (ver IV, §4, 5).

uma doutrina do ser. Mas para resolver as dificuldades que se nos apresentam agora, é necessário examinar ainda outros pontos.

19. Matéria, Forma Essencial e Formas Acidentais

O que entra na forma da coisa como seu conteúdo é uma matéria formada, ou seja, algo que preenche o espaço segundo uma determinada peculiaridade de plenitude de espaço, de uma concentração segundo figura em um todo unitário, da aparição sensível que lhe dá um caráter de exterioridade. O que é um algo assim caracterizado, a isso chamamos "forma de essência": essa forma é – diferentemente da "forma vazia" – o que dá precisamente conteúdo, mas um conteúdo para o que a inserção dessa forma vazia é essencial. Essas duas formas estão estreitamente ligadas: não se deve pensar em um recipiente vazio que possa ser preenchido por qualquer conteúdo. Da matéria que já foi formada em um ser côisico dissemos que pode ser "substrato" das mudanças ou "matéria" tomada no sentido costumeiro de Aristóteles, que designa o que leva em si a possibilidade de receber novas formas. Pode aqui tratar-se de "formas acidentais", de uma mudança nas propriedades: a coisa chega a ser *outra* diferente da que era antes; uma de suas qualidades "se transforma", a forma vazia correspondente se preenche com outra determinação de conteúdo. Uma possibilidade, que estava realizada, se torna de novo uma mera possibilidade, e uma que não estava realizada até agora se realiza. Acontece assim quando a folha verde se pinta da cor vermelha, quando o bloco rochoso muda sua forma sob a ação das intempéries. A coisa que muda com essas circunstâncias permanece a mesma (mudança acidental). Enfim, a "transformação" pode chegar a tal ponto que a coisa chega a ser "outra". Quanto à formação de matérias naturais em obras de arte, pode-se duvidar se se trata de uma "mudança" ou de uma "transformação". A cera com a qual se formou um ídolo – como mera coisa natural – é a mesma de antes depois de ter sido trabalhada, somente mudou de figura. Mas se se considera a obra de arte como tal, a coisa com seu sentido espiritual – enquanto ídolo – surge algo novo. O pedaço de cera foi transformado em um ídolo. A transformação é ainda mais radical quando um novo ser vivo sai da semente. Nesse caso, não se produz somente uma mudança de algumas qualidades, uma mudança da índole, mas do momento em que se estabelece o "desenvolvimento", em que começam as atividades vitais, parece que outra forma essencial se faz presente a partir desse momento.

242 Capítulo IV

Surge um ser vivo de algo que não era antes um ser vivo (mas que tinha somente em si a "possibilidade" de chegar a sê-lo). Nesse caso em que segundo toda aparência a essência chegou a ser outra, pode-se ainda falar de algo que continua sendo o "mesmo" do "mesmo objeto" que possui primeiro tal essência e, em seguida, outra? No que concerne à cera que foi transformada em ídolo, sente-se inclinado a falar do "mesmo" antes e depois da formação, visto que a "matéria" permanece a mesma. Por isso pode-se também duvidar de falar nesse caso de uma autêntica "transformação". Mas no que concerne ao nascimento de seres vivos, tampouco a matéria continua sendo a mesma: o grão de trigo tem que "morrer" para que possa brotar um novo caule carregado de frutos; a matéria deve mudar para receber a vida. "De" algo se fez algo diferente. O que era antes já não é como o que era antes; porém não foi reduzido ao nada – tem nesse aquilo, "ao que" chegou a ser, um novo ser, um ser "em uma nova forma". As mesmas expressões que encontramos ao falar da combinação dos elementos para dar novas matérias se nos impõem a nós: trata-se aqui evidentemente de um processo situado em um nível mais elevado. A semente não se converte em nada, e a planta não provém de nada, mas desenvolve-se a partir da semente e se vai configurando com a ajuda das matérias nutritivas que recebe. É um processo lento cujo desenvolvimento se pode observar, pelo menos na maior parte. A propriedade e índole da semente, assim como a matéria nutritiva, são determinantes para a propriedade e índole da planta. Mas a forma essencial parece ser outra.[197]

Disso resultam duas consequências: 1) Podemos dizer: a mesma coisa que antes era uma semente, agora é uma planta. 2) Parece que aqui sim existe um substrato que permanece quando a nova forma foi recebida. É esse elemento "que fica" da matéria que é primeiro uma coisa e depois a outra?

Se no processo de germinação e de nutrição se produzem uma decomposição e uma transformação de matérias, no entanto, as matérias, a partir das quais se constituem os seres vivos são tomadas da natureza inanimada. Nem todas as matérias, mas algumas determinadas são suscetíveis de "chegar a ser animadas". Entre os seres vivos, as plantas têm uma função que lhes é particular, a de transformar as matérias "inorgânicas" em matérias

---

[197] Essa concepção do nascimento do ser vivo não coincide já com a concepção aristotélica, segundo a qual a semente ou o sêmen leva em si a forma dinâmica de configuração do novo ser vivo (*De generatione animalium* II , 4). Voltaremos a falar mais tarde sobre essa diferença.

Essência – *Essentia, οὐσία* – Substância, Forma e Matéria   243

"orgânicas", ou seja, em tais que podem servir para a constituição de corpos vivos. Essa transformação e a "animação" devem ser distinguidas uma da outra. Assim, a "vida" não chega a se acrescentar à forma essencial, que é própria da matéria inanimada, mas a "forma viva" (a forma do ser vivo e certamente de um ser vivo de uma determinada peculiaridade) entra no lugar da que existia antes da "animação".[198] O ser vivente recém-surgido é o que é por sua forma essencial, ainda que também pressinta certa afinidade com as matérias que foram necessárias para seu surgimento. A mesma "matéria" animada é, apesar do "parentesco", diferente da matéria inanimada da qual foi configurada. Aqui convém distinguir as matérias nutritivas, que são recebidas e "informadas" na elaboração que se desenvolve, e a semente da qual provém a capacidade de receber e da qual toma a forma. Essa semente – ainda independentemente das matérias que recebem desde que começa a germinar – possui certamente uma matéria da qual é configurada: uma matéria de uma peculiaridade material determinada. Mas sua forma é mais que uma propriedade material, já que dela depende em que elaboração é configurada com a ajuda de matérias recebidas no momento em que a vida começa a se manifestar. E aqui se suscita a pergunta seguinte: a forma "adormecida" na semente "ganha vida" ou uma "forma viva" toma o lugar de uma forma "morta"? A resposta é impossível antes de ter examinado mais de perto o conceito de forma. De todas as maneiras, produz-se uma mudança essencial: o *que* é esse objeto não é já o mesmo de antes.[199] Mas *isso*, cuja essência se transformou – o "objeto" – continua o mesmo. É a mesma coisa que foi primeiro uma semente e que agora é uma planta. Além disso, seu *ser* não foi interrompido, mas o que mudou é seu *modo* de ser. A *vida* é peculiar, diferente do modo de ser da matéria inanimada ou do modo de ser com capacidade de vida. (Se o ser desaparecesse completamente e começasse um novo ser, então o objeto não seria já o mesmo.[200])

---

[198] Essa interpretação corresponde à concepção de santo Tomás a respeito da unidade da forma essencial, que tantas vezes e tão decididamente defendeu (por exemplo, *De anima*, a. 9, corp.). Mas a doutrina de santo Tomás sobre a forma-matéria será examinada quando a confrontação com Aristóteles nos levar a uma conclusão clara.

[199] Já se tratou antes da possibilidade de uma mudança essencial (ver o capítulo III, §4).

[200] Em caso particular para nosso conhecimento poderia ser indistinguível se se dá uma mudança essencial ou se *um* objeto foi "reduzido ao nada" e surgiu outro. Que algo que se converta em tão pouco como nada, assim como de nada surja algo, isso só vale prescindindo de Deus. Sobre se Deus faz uso do poder de aniquilar é uma questão teológica que não examinaremos aqui.

244 Capítulo IV

O que continua sendo "o mesmo" é a forma vazia do objeto, ou seja, não a forma geral do objeto, mas a do objeto particular (do indivíduo). Mas já que a forma vazia não pode existir sem conteúdo e que o conteúdo não é nada que lhe "vem" do exterior, tal permanência do ser na mudança de essência não é possível senão se algo do conteúdo se conserva: se ou uma forma essencial permanente serve de fundamento aos componentes essenciais submetidos à mudança, ou, então, se sob o domínio da nova forma essencial permanece algo do conteúdo anterior.

20. Matéria e Coisa, Matéria e Espírito

Resumamos uma vez mais o que se destacou das investigações precedentes sobre a relação de *coisa* e *matéria*. "Coisa" é algo real fechado em si mesmo e independente: uma πρώτη οὐσία no sentido aristotélico; um "objeto" no sentido mais restrito do termo, ou seja, um "algo" que leva em si sua própria essência e que com essa essência não depende de ninguém: uma "substância subsistente". Enquanto tal, não é necessariamente uma coisa espacial nem material. Há também substâncias *espirituais*. Aristóteles, para deixar claro o que significa exatamente a palavra οὐσία, ateve-se principalmente na área das coisas materiais; mas para ele como para nós, é evidente que todas as coisas finitas se remetem a um ente primeiro, uma πρώτη οὐσία que é puro espírito; além disso, Aristóteles reconhece a existência de espíritos finitos (motores dos astros e almas humanas) que para ele valem como οὐσία. Em contraposição ao elemento material, o espiritual é o não espacial, invisível, inapreensível. Enquanto a coisa material se insere no espaço de tal maneira que cada porção de espaço coincide inteiramente com uma parte da coisa, em nenhum ponto está *totalmente*, mas com tudo o que é, e nessa extensão é como se oferecendo a nossos sentidos, no entanto *ser espiritual* é um *ser em si mesmo*. O espiritual possui uma "interioridade" em um sentido completamente estranho ao espacial material. Quando "sai de si" – o que sucede de diversas maneiras: como uma orientação para os "objetos" (o que Husserl chama "intencionalidade" da vida do espírito), como uma abertura puramente espiritual para espíritos estranhos e uma introdução neles, compreendendo-os e repartindo com eles, mas também como um estruturar-se no espaço (por consequência da estrutura do corpo vivo e das estruturas configurantes de matérias estranhas) – no entanto, nem por isso permanece menos em si mesmo. A partir desse centro interno o ser espiritual se configura e encerra tudo o que ele é e tudo o que ele assimila unificando-o, em uma assimilação só possível para o ser espiritual. O que significa aqui a configuração e a delimitação, em que não se pode falar de plenitude espacial, de elaboração nem de limite, deve ser necessariamente o objeto de investigações profundas. Agora não daremos senão uma primeira mostra para captar mais claramente seu modo de ser em contraposição com o material. Assim, o *material* designa um gênero dentro do real-côisico. Entendemos por material o que "preenche o espaço" como tal e vimos que nem toda matéria é suscetível de tomar a forma de uma coisa. Pertence só às matérias sólidas unir-se nelas mesmas e constituir exteriormente uma figura com os contornos nitidamente delimitados. O elemento líquido e o elemento gasoso não chegam por si mesmos a tal união; as próprias matérias sólidas não obedecem em sua configuração de coisa unicamente à sua própria lei interna. O comportamento da coisa material "para o exterior" está relacionado com o modo particular material, ou seja, com a peculiaridade da plenitude do espaço: a maior ou menor mobilidade no espaço, a maneira do movimento e também a figura espacial. A configuração espacial que delimita é a que unifica e deixa conclusa a mera coisa material. No entanto, o mais frequente é que não encontremos uma "elaboração" configurada puramente a partir do interior, mas só um "fragmento de matéria", que "sem mais" pode dividir-se em dois ou mais fragmentos (e segundo a peculiaridade da matéria, desgarrada ou fragmentada de outra maneira). Não se dá a si mesmo a figura espacial exterior, mas está inteiramente determinada por seus "acontecimentos" exteriores. Não pode caprichosamente receber qualquer figura, mas sua peculiaridade material determina sua índole exterior: matérias diferentes apresentam diferentes exteriores, segundo se rompam ou se corte etc.[201] Mas o aspecto da natureza "inanimada" está determinado pela ação recíproca de muitas matérias. As quantidades de água que chegam a ser produtos nitidamente delimitados – córregos, rios, lagos – graças aos rios que os rodeiam. Por sua vez, o leito do rio e suas ribeiras se formam sob a ação da pressão das correntes. O vento e a chuva modelam os contornos das rochas. Mas cada elaboração faz e sofre as

---

[201] O antigo atomismo atribuiu aos átomos uma figura espacial determinada. Se nos ativermos à dita concepção, podemos pensar que a figura das "menores partículas" poderia ser determinante para a configuração "em grandes".

ações, segundo o que é em si mesmo. A natureza inteira é a obra de forças formadoras ou de formas de forças de configuração. Assim voltamos ao que era evidente há tempo: não podemos obter uma compreensão suficiente do que são elaborações materiais até não ter esclarecido o significado de "forma" e de "força". Por isso voltaremos às investigações sobre a "matéria formada" a partir do conceito de forma.

§4

Resumo da Discussão sobre o Conceito de Forma

Tratou-se em várias ocasiões do conceito aristotélico de forma, e no decorrer de nossas investigações em relação ao assunto falamos também em diversas conexões e em múltiplos sentidos sobre a forma.[202] É necessário agora dar uma explicação resumida sobre o que entendemos por "forma" e da relação desse conceito com o conceito aristotélico de forma.

1. De novo sobre o conceito aristotélico de forma

Pode-se primeiro eliminar o conceito de "forma vazia". Quando Aristóteles fala da contraposição entre forma e matéria, sempre tem em vista a "forma essencial". Conhecemos os dois campos dos quais tem costume de tomar seus exemplos: a obra criadora humana que dá uma forma a uma matéria já existente, e a origem e a transformação de elaborações naturais. Mas já que as elaborações naturais e a obra humana não são οὐσία no mesmo sentido (ou seja, no sentido de um ente independente e subsistente), assim a forma que faz da coisa o que é não terá, nos dois casos, o mesmo significado. Também será impossível trazer clareza ao mesmo tempo nos dois campos e faremos bem de nos determos só nas formas naturais. A elaboração natural tem sua forma em si, e está, enquanto o que é, determinada a partir do interior. No entanto, devemos fazer ainda algumas distinções. Aristóteles

---

[202] Ver IV, §3, 2, 3, 5, 18, 20.

Essência – *Essentia*, οὐσία – Substância, Forma e Matéria 247

investiga, como o dissemos mais acima,[203] a forma na área do devir. No que concerne ao que já *se tornou*, a forma é identificada com *essência*, τὸ τί ἦν εἶναι. Assim, pois, o ser-homem desse homem seria sua forma que lhe é inerente (e é chamada uma vez μορφή e outra vez εἶδος). Mas no que concerne ao que *chega a ser*, a forma *pela qual* chega a ser não é, segundo a concepção aristotélica, uma forma que *lhe* é inerente, mas é a forma do ser gerador. (Vimos a possibilidade de uma separação entre τὸ τί ἦν εἶναι e μορφή em Aristóteles, no sentido de que no primeiro caso o ser-homem é designado como tal – enquanto universalmente concebível –, e no segundo, o ser-homem de tal ou qual homem, que em cada caso é diferente. A isso se soma que nas elaborações compostas de forma e matéria também a essência revela essa síntese.)

No que concerne ao surgimento dos seres vivos, é claro que uma forma é levada à existência por outra: Aristóteles diz que a forma do ser gerador constitui a semente a partir de matérias em excedente: mas que a semente contém em si a forma do novo ser.[204] No entanto, em outro contexto se diz que a matéria não é gerada, nem a forma, mas é o composto de ambas.[205] Mas, se a esse propósito se pensava na obra criadora humana – com efeito, o que é criado não é o bronze nem a esfera, mas a bola de bronze – essas considerações podem aplicar-se também aos casos que tratamos agora. O que chega a ser é o homem novo, ao qual pertence o ser-homem geral. Tem um sentido dizer que o ser homem não se torna.

Mas, por outro lado, todo homem tem *seu* ser-homem, que é diferente do presente nos demais e que não existe antes que ele mesmo exista. Se nesses dois casos se deve falar de "forma" e se as duas proposições não hão de ser contraditórias, então, evidentemente, o sentido é diferente aqui e ali.

A semente é o ser vivo só "segundo a possibilidade". Só no ser vivente plenamente desenvolvido *se encontra* realizado o que deve chegar a ser; antes não se tratava senão de uma *finalidade* não alcançada, e a finalidade também é chamada *forma* por Aristóteles. (Por outro lado, encontra-se nesse lugar εἶδος e não μορφή.)[206] Segundo o princípio de que "o ato tem prioridade em relação à potência",[207] poderia supor-se que o formado ple-

---

[203] Ver IV, §3, 3.
[204] Aristóteles, *De generatione animalium*, II, 4.
[205] Aristóteles, *Met.*, Z 8, 1033 b. [Aristóteles, *Metafísica*, Madri, 1994, p. 304.]
[206] *Met.*, H 4, 1044 a, 36f. [Aristóteles, *Metafísica*, Madri, 1994, p. 354.]
[207] *Met.*, H 8, 1049 b, 5. [Aristóteles, *Metafísica*, Madri, 1994, p. 381.]

248 Capítulo IV

namente deveria estar no princípio (o ato = ἐνέργεια da potência = δύναμις).
Mas, dado que as palavras "antes" e "depois" têm em Aristóteles diferentes significados, devemos examinar de modo mais profundo o pensamento de Aristóteles sobre essa questão. Por possibilidade ou por capacidade
(δύναμις, potência), Aristóteles não entende aqui só

> a potência que foi definida como princípio capaz de produzir a mudança
> em outro, ou [nele mesmo, mas] enquanto outro, mas em geral, a todo
> princípio capaz de produzir o movimento ou capaz de produzir o repou-
> so. E, certamente, a natureza (φύσις) pertence ao mesmo gênero que
> a potência: é, com efeito, um princípio capaz de produzir o movimento,
> mas não em outro, mas no mesmo enquanto o mesmo. Pois bem, o ato
> (ἐνέργεια) é anterior a toda potência desse tipo quanto à noção e quanto
> à entidade (καὶ λόγῳ καὶ τῇ οὐσίᾳ). Quanto ao tempo, quanto ao restante,
> o é em certo sentido, e em certo sentido, não.[208]

É fácil demonstrar que conceitualmente o real é anterior; a faculdade
de ver não se deixa determinar senão pela vista, ou seja, pela atividade em
que se realiza. Mas, segundo o tempo, o real é anterior no sentido de que
no indivíduo que se desenvolve, a possibilidade precede a realidade, ou seja,
a semente precede a planta desenvolvida. Mas a esse possível precede também um real: uma planta da mesma da qual procede a semente. Sempre o
"movimento" supõe um "motor". Mas o "motor" é sempre um real.

Como explicar agora que segundo a οὐσία o real precede o possível?
Para o ser particular o que é anterior segundo o tempo é a semente, o que é
posterior segundo o tempo é a planta desenvolvida. Mas a semente é o que
deve chegar a ser essa planta, é sob essa relação o perfeito frente ao imperfeito. (É por isso que apresentamos a τῇ οὐσίᾳ com a expressão "na ordem
hierárquica do ente", correspondendo à significação universal de οὐσία:
ente que possui a preeminência do ser.)

Além disso, o que está inteiramente configurado tem, em relação com a
semente, o significado de *finalidade*. Pois "tudo o que se gera progride para
um princípio (ἀρχή), ou seja, para um fim (aquele para o qual é o fim da
geração), e o ato (ἐνέργεια) é fim, e a potência (δύναμις) se considera tal em

---

[208] *Met.*, H 8, 1049 b, 6-12. [Aristóteles, *Metafísica*, Madri, 1994, p. 381.]

função dele";[209] o homem tem a capacidade de ver para ver, a capacidade de pensar para pensar. Assim também é a matéria segundo possibilidade (δυνάμει, potencialmente), visto que pode chegar à forma (ἔλθοι ἂν εἰς τὸ εἶδος); mas quando possui uma realidade acabada perfeita (ἐνέργεια, atual), então está na forma (ἐν τῷ εἴδει ἐστί[210]).[211] Assim, pois, "a atuação', (ἔργον) é, com efeito, o fim, e o ato (ἐνέργεια) é a atuação, e por isso a palavra 'ato' se relaciona com 'atuação', e tende à plena realização (ἐντελέχεια)".[212]

O sentido dessa passagem importante se precisa pelas considerações que seguem imediatamente:

> [...] o resultado final é seu próprio exercício (assim, o resultado final da vista é a visão, e pela vista não se produz nenhuma outra coisa além daquela), enquanto em alguns casos se produz algo distinto (assim, pela ação da arte de construir se produz uma casa, além da própria ação de construir), não é menos certo que o ato é fim no primeiro caso, e mais fim que a potência no segundo caso.[213]

Evidentemente, isso significa que onde a atividade fica fechada na ação, é o fim último e não produz nenhuma obra separada dele (nenhum "rendimento objetivo"); a capacidade alcança sua realização completa e, por conseguinte, o aperfeiçoamento de seu ser. Com efeito, a obra e não o ser operado é propriamente real. A obra é real só pelo operar e leva em si como o fundamento de seu ser real:

> Assim, a ação de construir se dá no que se está construindo, e se produz e tem lugar a uma coisa com a casa. Assim, pois, quando o produzido é algo distinto do próprio exercício, o ato se realiza no que é produzido (por

---

[209] *Met.*, H 8, 1050 a, 7-10. [Aristóteles, *Metafísica*, Madri, 1994, p. 383.]

[210] Encontramos aqui em Aristóteles a expressão "ser na forma" que encontramos já para caracterizar o que significa "essência".

[211] *Op. cit.*, 1050 a, 15 e seg. [Aristóteles, *Metafísica*, Madri, 1994, p. 383.]

[212] *Op. cit.*, 1050 a, 21-23. [Aristóteles, *Metafísica*, Madri, 1994, p. 384.]

[213] *Op. cit.*, 1050 a, 24-28. [Aristóteles, *Metafísica*, Madri, 1994, p. 384.] A frase ὅμως οὐθὲν ἧττον ἔνθα μὲν τέλος, ἔνθα δὲ μᾶλλον, τέλος τῆς δυνάμεώς ἐστιν foi traduzida de várias maneiras: "No entanto, a realização de nenhuma maneira é o fim do poder em um menor grau em um caso, em outro mais elevado no outro." [Eugen] Rolfes [*Methaphisik*, t. 2, Leipzig, 31928] traduz: "Assim, pois, a atualidade não é de nenhuma maneira ou mais ou menos a finalidade da potência." [Hermann] Bonitz: "Assim, a atividade real em um caso não é menos fim, no outro, mais fim enquanto a potência."

250 Capítulo IV

> exemplo, o ato de construir no que está sendo construído, e o ato de tecer no que está sendo tecido; [...] em geral, o movimento se realiza no movido). Ao contrário, quando não há obra alguma além da atividade, a atividade se realiza nos próprios agentes (assim, a visão no que está vendo, a contemplação no que está contemplando, e a vida na alma – e portanto, a felicidade, visto que é certa classe de vida). Com o que é evidente que a entidade, ou seja, a forma específica, é ato[214] (ὅτι ἡ οὐσία καὶ τὸ εἶδος ἐνέργειὰ ἐστιν).[215]

Mencionamos mais acima ocasionalmente que a diversidade de sentido compreendida no termo "ato" se expressa separadamente pelas palavra ἔργον, ἐνέργεια, ἐντελέχεια (obra, operar, atividade ou realidade, plenitude do ser). Na ação, o poder chega a seu fim e alcança, por conseguinte, sua plenitude de ser: o ser atuante é o ser mais elevado do ente, para o qual se dirigem suas potências. Mas onde a realização da possibilidade é um processo de desenvolvimento, o "fim" não é nem uma obra separada nem uma atividade isolada, mas a plenitude de ser de todo o ente que tende a "desenvolver" sua realização: οὐσία designa o ente colocado nesse grau de plenitude de ser: não é a ação isolada (o "ato da atividade"), mas o atuante em sua ação (o "ente independente e subsistente" = a "substância" em seu operar que é seu ser mais elevado). A "ação" singular se chama ἔργον no sentido amplo da palavra "obra" segundo a qual pode designar, ao mesmo tempo, fatos ("obras" boas ou más do homem) e elaborações independentes, separados do espírito que as produz. Se ampliamos essas palavras aos atos, é claro, sem insistir muito nisso, que "obra" e "operar" (ἔργον e ἐνέργεια) coincidem.

Mais difícil de compreender é se se trata de elaborações independentes. Mas precisamente esses são muito importantes em nosso contexto, pois são elaborações *materiais*. Aristóteles toma de novo como exemplo obras devidas à habilidade humana: uma casa, um tecido. Diz que o operar consiste no que se produz. O construir se realiza no que se constrói. Assim, pois, operar e obra não coincidem aqui, propriamente falando. A obra é a matéria formada. O operar é a formação que se realiza na matéria; já que a obra

---

[214] Eis destacadas essas palavras. Convém frisar que em todas essas explicações "ser e ente, ação e agente" não se distinguem.
[215] *Op. cit.*, 1050 a, 28-38. [Aristóteles, *Metafísica*, Madri, 1994, p. 384-385.]

deve ao operar sua própria realidade, pode o próprio operar ser chamado sua realidade (ἐνέργεια, ato).

Há aqui uma dupla capacidade que leva à realização: o "poder" do artista (a "potência ativa") e a "maleabilidade" da matéria (a "potência passiva"). As duas chegam a seu pleno ser. A "obra" é um ente em plenitude do ser (por isso ἐνέργεια e ἐντελέχεια coincidem nele). O operar é também chamado "forma" (εἶδος). Na obra acabada, a matéria "tomou sua forma". Quanto à οὐσία, "o ente em sua plenitude", aplica-se tanto à obra inteira como à forma que ela tomou.

A forma a que chega a matéria não deve estar antes que a matéria e antes que a formação da matéria? Essa dificuldade pode ficar clara também de outra maneira: οὐσία deveria ser o ente em sua plenitude de ser ἐντελέχεια, o fim ao qual está dirigido o desenvolvimento. Enquanto não se tenha alcançado o fim, a plenitude não parece ser ainda real. Aqui, portanto, parece que ἐντελέχεια e ἐνέργεια, plenitude de ser e realidade, não coincidem. Mais ainda: tudo parece como se o inacabado e o acabado invertessem seu papel: até o presente o inacabado se designou como o possível (δύναμις, potência), que só se realiza no acabado ou realizado. Mas agora o acabado se apresenta como o que não é ainda realizado, assim, pois, como um fim "possível"; ao contrário, o ser vivente, chegado efetivamente a certos graus de desenvolvimento conseguidos, é considerado como "real". E igualmente nos encontramos diante da perplexidade sobre qual seja, pois, a "autêntica οὐσία: o real inacabado ou o acabado real. Só no conseguido objetivo se encontra o equilíbrio: aqui οὐσία é, ao mesmo tempo, o plenamente desenvolvido e realizado.

Por outro lado, é claro que o acabado é plenamente real (ao ainda não alcançado fim falta a realidade em relação à plenitude do ser, ao não desenvolvido falta a plenitude à plena realidade).

Mas convém fazer ainda alguma consideração mais. O *fim* é, segundo Aristóteles, a *causa* (αἰτία) do movimento; o movido não tende somente para seu fim, mas é posto em movimento por esse meio; é, por assim dizer, tirado daí. Mas só o que é real se pode mover. O "ente em sua plenitude", a que tende o desenvolvimento, deve, pois, ser também – por paradoxal que soe – real já antes de seu desenvolvimento para provocar o desenvolvimento e mantê-lo. Uma solução a essa contradição só parece possível se "realidade" possui um sentido aqui e ali. Mais ainda, parece-nos necessário dar uma tripla significação de realidade: 1) A realidade do real inacabado

252 Capítulo IV

(que se encontra em desenvolvimento). 2) A do fim não alcançado. 3) A do fim alcançado.

2. Distinção entre a Forma Pura e a Forma Essencial (εἶδος e μορφή)

As dificuldades que acabamos de destacar nos obrigam primeiro a não pôr sobre o mesmo plano o εἶδος e a μορφή, mas a separá-los um do outro enquanto "forma pura" e "forma essencial". A forma pura ou o *sentido* que se designa pela palavra "homem" não surge nem desaparece. Tal forma está subtraída do domínio do devir e possui um ser que se situa mais além da contraposição entre realidade e possibilidade, um ser eterno e "acabado". Ela prescreve àquilo em que deve "realizar-se", ao mesmo tempo, o fim e o caminho que deve seguir para alcançar esse fim. O que no devir "chega a essa forma" e que, enquanto tornado, "é essa forma" – o homem particular –, tem justamente por sua essência esse "estar-nessa-forma" e "chegar-a-essa-forma": nisso consiste seu *ser-homem*.

Aristóteles a designa como τὸ τί ἦν εἶναι, μορφή e εἶδος; mas nós estabelecemos aqui algumas diferenças. De todas as maneiras, no ser-homem também se pode ver um *sentido* universal, que se realiza aqui e acolá e que não surge ou deixa de ser. Mas o ser-homem de tal homem é real e eficiente nele; não o reparte com nenhum outro homem; não existe antes da própria existência de tal homem, mas vem à existência ao mesmo tempo que ele; determina *o que* é ele em cada caso e esse *quid* cambiante é uma aproximação mais ou menos considerável à meta, ou seja, à "forma pura".

O homem singular fica atrás do que lhe prescreve a forma pura "homem" como meta, mais ou menos bastante longe, e certamente em vários sentidos: *não é ainda inteiramente realizado* (o ser não acabado da criança) ou então ele é *defeituoso* (é a imperfeição do inválido ou do homem "mau"). Enfim, é necessário destacar também que o homem singular, ainda quando alcançou *sua* plenitude (ou seja, no estado de glória, visto que para nós não se pode falar de perfeição antes desse estado), não realiza *tudo o* que está indicado na forma pura "homem", mas unicamente o que determina sua essência individual (assim a forma pura "Sócrates", por exemplo).

Encontramos aqui, como indicamos anteriormente, uma divergência com Aristóteles: para este, a forma coincide com a determinação específica (εἶδος é também o termo para designar a *espécie*).[216] Isso nos leva à questão da individualidade como peculiaridade de cada um e está relacionado com o papel que se reconhece à matéria na constituição da coisa singular. Mas não devemos ocupar-nos disso agora. A questão que temos de tratar é a da *causalidade* da forma pura.

3. Forma Pura e Forma Essencial enquanto Causas

Aristóteles distingue *quatro causas* das coisas reais:[217] a matéria, o autor do movimento, a forma e o fim (no homem seriam as matérias, a partir das quais os corpos estão formados, o sêmen ou o procriador, o ser-homem e sua plenitude). Claro está que encontramos em toda parte um comum componente de sentido que nos autoriza a falar de *causas*: todas essas causas são *fundamento do ser do real* que lhes deve sua existência; mas o são de uma *maneira diferente*; e é cada vez uma coisa diferente que é causada por elas, de tal sorte que ao comum componente de sentido corresponde, por sua vez, outro.

Quando a matéria se chama causa, essa denominação quer dizer que sem ela o todo não poderia existir e que ela é determinante para *o que* a coisa é. Mas não é um impulso do devir: se nenhuma outra coisa se agregasse a ela, nenhum ser novo poderia surgir partindo da matéria. Isso significa que não se pode atribuir à matéria mais que uma potência passiva, não uma potência ativa: a possibilidade de sofrer ou de receber algo, mas não a possibilidade de atuar por si mesma ou de fazer algo. Mais precisamente é essa a tarefa da "causa" tomada no segundo sentido: *atuar ou dar o impulso a um acontecimento*, seja a um devir, seja a um movimento ou a uma mudança (no sentido restrito dessas duas expressões, no que elas não incluem uma a outra nem o devir).

O operar é a atividade de algo real, em que seu ser em um determinado aspecto chega à plenitude. O que não é real não poderia operar.

O real, que dá o impulso ao devir de um novo ser vivo, é (se excluímos a *primeira* gênese) um ser vivente da mesma espécie. No entanto,

---

[216] *Met.*, H 8, 1034 a, 2 e seg. [Aristóteles, *Metafísica*, Madri, 1994, p. 306.]
[217] *Met.*, Δ , [1], [983 a e seg.]. [Aristóteles, *Metafísica*, Madri, 1994, p. 79]; Δ 2 (*Física* II, 3).

o operar, pelo que ele dá esse impulso, não é seu ser permanente, mas é algo passageiro. Tem seu fundamento de ser na capacidade permanente (o *ato* gerador se funda na potência geradora); este último poder, por sua vez, está fundado na essência, ou seja, no ser vivente desse ser vivente, na linguagem aristotélica: em sua forma. O que é a *causa eficiente* do ser que está surgindo (mais precisamente: o fundamento da causa eficiente se consideramos como causa do devir o *ato* gerador e não o procriador ou sua determinação específica) consiste para o ser que gera *causa formal*, ou seja, um fundamento de ser para o que é, para o que *pode* fazer e para o que *faz* efetivamente. Enquanto o novo ser vivo é real, pode operar ele mesmo e possui em si tal forma como fundamento de seu operar e poder operar em si. Como causa do operar, essa forma deve ser considerada como real (como essência real e como parte da essência real, se não vemos na determinação genérica e específica a plena determinação da essência). O novo ser vivo é *real*, mas ainda *não acabado*: sua plenitude está diante dele como seu fim e provoca o desenvolvimento que conduz até o fim. O fim ou a causa final não opera da mesma maneira que a causa motriz ou a causa eficiente. O desenvolvimento não se mantém por um operar que tem por fundamento uma realidade da mesma espécie que aquela contida no desenvolvimento. No momento em que começa o desenvolvimento, o que se desenvolve é algo independente, separado do procriador, que possui em si mesmo a causa formal de seu operar. Por sua essência, a criança se põe em movimento, expressa suas necessidades, recebe suas primeiras impressões etc. Mas o processo de desenvolvimento que conduz sem cessar mais além do estado cada vez alcançado e que permite que apareça nele um substrato do ser para um novo operar, recebe seu impulso e sua direção de algo que não é ele, mas primeiro deve tornar-se. Se o objetivo ou o fim provoca o desenvolvimento e se só algo real pode operar, é necessário atribuir ao objetivo certa realidade antes que seja alcançado e, por conseguinte, seja "realizado" o que se desenvolve para o objetivo. Esse objetivo atuante é a forma pura, a forma essencial ou, então, outra coisa? Parece difícil atribuir à forma pura uma realidade: já se disse que seu ser se situa mais além da contraposição entre realidade e possibilidade. Por outro lado, mostramos antes que não somente a realidade natural, mas também as "criações" da arte, estão configuradas segundo uma forma pura como seu arquétipo. A forma pura parece ficar intacta, se de qualquer maneira algo é configurado segundo ela e se é algo real ou se é uma "aparência". O acontecimento real se situa do lado do que se aproxima do objetivo – seja isso por um desenvolvimento natural ou pela ação do artista. Mas se nada muda na forma pura em consequência de uma ou outra "realização", no entanto, essa forma evidentemente participa aqui e acolá no acontecimento. A "ideia" ilumina o artista, o atrai, o deixa em paz e o impulsiona a criar. E assim parece emanar do fim e da plenitude do ser vivente um "impulso" que guia seu desenvolvimento. No homem maduro, e inclusive desde o despertar da razão, pode-se sentir esse impulso: a imagem do que deve chegar a ser pode ser captada com mais ou menos clareza e assim o comportamento livre pode ser orientado (no esforço para a perfeição e para a autoeducação). Mas todo o desenvolvimento infra-humano, o desenvolvimento do homem em seu princípio e também a maior parte de seu desenvolvimento ulterior não é um tender consciente e razoável segundo um fim conhecido, mas segundo uma – do ponto de vista do ser vivo – involuntária e misteriosa conveniência. E ainda onde se apresenta um esforço consciente dirigido para o fim conhecido, esse esforço está a serviço de uma finalidade que está na raiz da atividade livre; tal finalidade não está posta por esse esforço, mas é independente dele e só agora é tirada da obscuridade para a luz. Depende da *natureza* do artista que tenha que criar; e a classe de "projetos" que o artista pode fazer como seus. Por isso, existem "ideias" determinadas que o atraem e que ele pode realizar. Quando as realiza, não somente se fazem reais as obras correspondentes a esses projetos, mas sua própria essência se realiza, e ele mesmo chega a um grau superior de plenitude de ser. Por outro lado, se dirige seu esforço para uma coisa que a natureza recusa, não somente fracassa a obra, mas ele se converte em uma caricatura de si mesmo. O duplo sentido de "ele mesmo", que aqui aparece, não poderia caracterizar-se de uma maneira suficiente com a contraposição de "forma pura" e de "forma essencial". O primeiro sentido de "ele mesmo" designa o homem tal como é efetivamente com sua essência realizada nele. O segundo sentido significa a "forma pura", à qual não corresponde o homem tal como é efetivamente. Mas isso não é suficiente. O homem que alcança seu fim não se torna "forma pura", mas sua perfeita imagem. Leva em si o "germe" dessa realização, independentemente de alcançar ou não sua meta. Sua ἐντελέχεια – entendida agora como elaboração final e não como plenitude de ser – opera *nele* desde o começo de seu ser, mas não constitui de nenhuma maneira o único atuante, e por isso é muito possível que sua força informante não possa realizar-se inteiramente.

É, pois, necessário distinguir da forma pura que desempenha o papel de modelo por *cima* do desenvolvimento, que atua *no* próprio desenvolvimento, e a lei que determina a direção para a meta. Convém lembrar aqui, conforme ao que já estabelecemos antes em relação a um ente cujo ser é um processo de desenvolvimento, que a própria essência está submetida a uma mudança.[218] O que chamamos a "essência realizada" não é o mesmo antes e depois de tal mudança. Mas ambas se fundam em algo mais profundo que serve de determinação a todo o desenvolvimento e que o conduz a seu fim: é o que nós chamamos a "forma essencial". Nela se encontra a força orientada para o fim, à qual deve a "essência realizada", se corresponde ao fim.

Sendo assim, é necessário considerar as formas puras como desnudas de todo poder causal como irreais e inoperantes? Assim parece se se faz delas simples unidades de sentido como essencialidades ou quididades em si conclusas e livres. Pois bem, tal ponto de vista parece insuficiente desde o momento em que expomos o problema da relação das formas puras e das coisas reais assim como de suas formas essenciais. Se as coisas aparecem como "cópias" das formas puras e se estas aparecem como "arquétipos" em cuja realização atuam as formas essenciais, não é bem possível então conceber um acordo "fortuito" entre dois mundos separados inteiramente um do outro. Esses dois mundos remetem segundo sua origem a essa mesma realidade originária, da qual resulta inteligível sua união.

Compreendida na unidade do *Logos* divino, as formas puras se convertem em arquétipos das coisas no espírito divino,[219] que coloca as coisas na existência com sua forma final inserida nelas. Assim se pode falar de um ser das coisas em Deus, e santo Tomás chama esse ser das coisas em Deus um ser mais autêntico que o ser que elas possuem em si mesmas.[220] A causalidade dos arquétipos eternos se identifica com a ação criadora, conservadora e ordenadora de Deus, sua realidade com a realidade divina ou realidade suprema. (Tomás chama seu ser um ser potencial, mas, no entanto, "mais elevado [...] que o ser atual das coisas em si mesmas, visto que a potência ativa é mais perfeita que o ato que dela resulta".[221])

---

[218] Ver o capítulo III, §4.
[219] Ver o capítulo III, §12.
[220] *De veritate*, q. 4, a. 6 (*Untersuchungen über die Wahrheit* I, p. 124 e seg.).
[221] *De veritate*, q. 4, a. 6 ad 3 (*Untersuchungen über die Wahrheit* I, p. 125).

Quando Aristóteles refere o movimento no mundo a um autor primeiro do movimento e atribui a esse autor um ser puramente espiritual, é necessário conceber essa causalidade primeira como uma causalidade final graças à qual todo o devir está orientado para o fim supremo. Graças às formas originárias, podemos conceber agora a essência divina já não só como o motor do Universo, mas também como quem tem um elo particular com cada criatura. Entre a forma originária e a forma essencial deve haver necessariamente um nexo específico muito sólido e muito estreito. O insatisfatório na doutrina da forma de Platão e Aristóteles me parece que é que uma e outra se considera unilateralmente. E ambas vêm fundamentadas em que a ideia da criação e de sua continuação na conservação e na direção divinas do mundo criado era alheia a Aristóteles e a Platão.

4. Forma e Matéria na Concepção Aristotélica do Mundo e na Nossa

Trato agora de comparar em breve resumo a concepção aristotélica do mundo com a concepção do mundo que se nos apresenta segundo o exame filosófico do ente finito e a doutrina da criação de nossa fé. Para Aristóteles, o mundo é um todo bem ordenado, composto de uma diversidade de elaborações formadas; esse mundo é eterno e foi mantido em um eterno movimento pela causa primeira do movimento, a qual, por sua vez, é imóvel. Assim, o pensamento é posto em movimento por seu objeto, o desejo e a vontade são movidos pelo fim que perseguem. O que é causa deve ser real; o que move a vontade deve ser algo bom, mas o que põe tudo em movimento é o fim último e o bem supremo. Enquanto imóvel, tal realidade deve perseverar em um ser eterno e imutável; como espírito, cujo ser é o pensar de si mesmo e a bem-aventurança eterna. A tal realidade se deve a ordem do Universo, pelo que tudo se acha em determinada relação e cada coisa é guiada para um fim determinado para ela.[222] Essa realidade produz também a unidade de forma e de matéria nas coisas.[223] A matéria existe desde toda a eternidade e é incriada, mas enquanto informe existe só em potência; deve seu ser real em uma coisa à forma e, em último termo, à causa primeira pela qual tudo *se faz*, ou seja, passa da potência ao ato. Parece-me agora

---

[222] *Met.*, Λ 7, 1072 a, 21 e seg. [Aristóteles, *Metafísica*, Madri, 1994, p. 486.]
[223] *Met.*, Λ 7, 1075 b, 35. [Aristóteles, *Metafísica*, Madri, 1994, p. 501.]

que a censura formulada por Aristóteles contra todos os seus predecessores[224] – não puderam eles mostrar como se unem a matéria e a forma – vale também contra ele. Uma passagem, cuja interpretação suscitou inúmeras dificuldades e que ainda hoje não está perfeitamente estabelecida, se deixa talvez relacionar com essa questão.

"Aquilo para o qual é 'para bem de algo', e 'com vistas a algo', e aquilo o há, mas isto não".[225] Lasson[226] propõe a interpretação seguinte: "Aquilo para o que o fim equivale ao fundamento é algo movido, por exemplo, o enfermo; aquilo *cujo* fim é fundamento é um não movido, por exemplo, a saúde."[227]

Convém, manifestamente, compreender isso de maneira que o enfermo fica curado, e não que se converte em saúde. Aplicado ao nascimento, quer dizer que um homem é gerado, mas não o ser homem. No entanto, já dissemos que o "imóvel" não designa tal homem nem o ser homem desse homem, mas o que expressa o substantivo "homem". Do ponto de vista da "forma pura", da "ideia divina" do homem enquanto norma e fim, é justo dizer que esse homem é mais ou menos homem que aquele ou que "se torna cada vez mais homem".

A tese de uma matéria-prima ainda não chegada a ser e imperecível se apoia na hipótese seguinte: de nada pode chegar a ser, e algo, que existe, não pode chegar a ser nada. Essas duas premissas caem com o reconhecimento de um ente infinito em cujo poder está fazer surgir algo do nada à existência ou reduzir a nada um ente. A dificuldade que provém da maneira como a matéria chega à sua forma e a matéria informada à existência real está resolvida se é que não há matéria que possua uma existência – ainda que só seja uma existência possível – prévia e independente do "seja!" criador. E a questão de saber como o que é somente "possível" chega a ser real encontra sua resposta se forma, matéria e existência são a obra de um "seja!" criador.

As elaborações consideradas como "matéria formada" – matéria entendida no sentido do que preenche o espaço como tal – não representam a totalidade de todo criado, mas somente a "natureza exterior". Que haja criaturas que possam ser designadas como "formas puras" em um sentido

---

[224] *Met.*, Λ 7, 1075 b, 35. [Aristóteles, *Metafísica*, Madri, 1994, p. 501.]
[225] *Met.*, Λ 7, 1072 b, 2-3. [Aristóteles, *Metafísica*, Madri, 1994, p. 487.]
[226] Adolf Lasson (Altstrelitz, 1832 - Berlim, 1917) foi professor na Universidade de Berlim, tem numerosas obras, e era seguidor fervoroso de Hegel.
[227] Lasson, *Aristoteles' Metaphysik*, [Jena, 1924], p. 172.

Essência – *Essentia*, οὐσία – Substância, Forma e Matéria   259

novo – tampouco no sentido de essencialidades ou de quididades originárias, mas de essências reais que poderiam chegar à sua perfeição sem a intervenção de uma matéria que preenche o espaço –, é uma questão que ainda não examinamos de perto. Para o momento, convém ainda esclarecer a relação entre matéria e forma no âmbito estreito do material-espacial.

5. Relação de Forma e Matéria no Estado "Originário" e no de "Queda"

O que está posto na existência é *algo* cujo *ser* é a configuração de uma matéria em uma elaboração conclusa. *O que* é se acha na configuração de uma matéria dada e de uma forma configurante da matéria: uma não vai sem a outra. Pode-se considerar um desses elementos como o mais originário? No tempo e no que concerne ao grau mais inferior do ser material, isso não é possível.[228] Mas, do ponto de vista do ser, necessariamente se deverá conceder um lugar preferencial à forma. Tal questão, porém, será o objeto de um exame separado no que concerne às duas maneiras possíveis de configuração da matéria; uma configuração interna e livre e a externa, submetida à inércia da massa. Onde uma forma se estabelece livremente dentro do espaço, então o conteúdo material não é configurado como encontrado anteriormente, mas como nascido a partir dessa forma. Assim como o espírito pensante forma a palavra na qual seu movimento vivo de pensamento é absolutamente impossível sem a realização de tal configuração (aqui não se deve pensar ainda nos termos, mas nas elaborações de sentido expressas por ela), de igual maneira a forma se manifesta efetivamente no conteúdo material como em seu meio e como meio de configuração totalmente dócil.

Assim podemos dizer com santo Tomás que a matéria existe em função da forma. Mas já que a matéria é *concriada*, por isso estamos obrigados com Duns Scoto[229] a lhe atribuir um ser próprio: não um ser autônomo nem inteiramente real, mas esse ser peculiar que participa na estrutura do ser real independente. Sua determinação é determinabilidade. Assim, as formas essenciais que configuram a matéria são inconcebíveis na ausência de um

---

[228] Nas formações ou elaborações de um grau mais elevado, a matéria já formada precede a formação ulterior.
[229] Ver o capítulo VII, §5, 6.

conteúdo material configurado por elas. Tal forma é *viva*: isto é, seu ser é movimento surgido de si mesmo; além disso, é dotado de força, ou seja, é capaz de realizar uma ação determinada. A relação entre forma e força resulta esclarecedora: há *formas essenciais que são enquanto tais capazes de configuração.*

Daqui se compreende que a forma seja descrita como o ente propriamente dito, ao qual a matéria é devedora de seu ser; compreende-se também que se pode duvidar se ela só, e não em primeiro lugar o todo, deva ser chamada οὐσία ou substância.

A decisão pela segunda hipótese está apoiada pelo fato de que a forma por essência configura a matéria; e, portanto, não existe sem a matéria. Forma e matéria são postas na existência de uma maneira completamente particular, seu ser é a ação própria da forma em um conteúdo espacial, o ser formado da matéria e a autoconfiguração em um todo formado; nesse todo a forma é o *suporte* no sentido pleno e etimológico da palavra. Se o todo foi designado como o suporte em relação com o que corresponde à sua consistência de essência, então a forma é o que suporta o todo a partir do interior.

E se a peculiaridade material no todo pôde ser chamada o fundamento diante daquilo por cujo meio ela se afirma e se manifesta ao exterior, assim, por sua vez, a forma configurante é, finalmente, fundamental. Não é também ela aquilo pelo que o todo se circunscreve *ao* todo, se configura em uma "elaboração" na unidade delimitada e, por conseguinte, se adapta à forma vazia da coisa?

Depois do que se disse antes sobre os diversos modos fundamentais de plenitude do espaço, parece que essa força de se autolimitar não é própria de todas as formas.[230]

Será, pois, necessário examinar as diversas formas segundo a particularidade de sua configuração material. Mas é necessário primeiro considerar como se deve conceber a configuração, se se trata de uma matéria carregada de massa. Conhecemos a teoria atomística que concebe a massa pura como dividida em unidades últimas indivisíveis e pensa essas unidades por sua vez juntadas de maneira diversa. Já se disse que tal divisão e tal síntese só são possíveis como a obra de "forças", que como tais correspondem à massa.

A que pertencem, então? "Forças livres", ou seja, forças sem um algo a que pertençam, é algo impensável. Convém lembrar aqui que a massa pura

---

[230] Ver capítulo IV, o §3, 14.

Essência – *Essentia, οὐσία* – Substância, Forma e Matéria 261

não deve ser concebida como algo originário, mas como resultado da desintegração de uma unidade originária. A matéria, nascida de formas vivas e configurada por elas, se vê reduzida a massa pura quando escapa à unidade de essência com as formas configurantes dessa matéria e recai no espaço. Como é possível tal "queda"? Aqui não trataremos desse assunto.[231] Se tal queda chegasse até seu fim, ou seja, se a unidade de forma e de matéria fosse completamente dissolvida, se a forma fosse despojada de sua força configurante da matéria e se a matéria fosse inteiramente reduzida a uma massa que não fosse já suscetível de receber uma configuração, então nenhuma "natureza", nenhum mundo espacial-côisico seria já possível.

De fato, não é assim. A massa continua sendo capaz de ser configurada e as formas conservaram algo da força destinada à configuração, mas é uma dominação exterior de uma matéria que se lhes "escapa" e que já não é exatamente proporcionada. Isso não se deve entender de modo como se em um momento a massa pura como tal – totalmente sem configuração – estivesse presente, e que logo estivesse submetida à formação por meio de uma forma que se lhe agregasse. O que se nos oferece na experiência é uma matéria formada no grau mais ínfimo; mas as formas não são já tais que dominam e configuram livremente e sem obstáculos a matéria unida a elas e segundo a essência; estão unidas à massa, ligadas ao espaço, e só ainda capazes de ordenar em um modo correspondente à sua espécie. Assim se apresenta a possibilidade dos elementos como a possibilidade de uma diversidade de matérias que preenchem o espaço de maneira diferente e que, conforme essa peculiaridade, se manifestam aos sentidos.

6. Formas de Diferente Força de Configuração. Primeiro Grau: Formas Configurantes da Matéria

"Matérias" no sentido de elementos, de misturas ou combinações de elementos, se nos apresentam em "fragmentos" ou "quantidades": um pedaço

---

[231] Do ponto de vista teológico se poderia relacionar com a doutrina do pecado original; poder-se-ia interpretar o estado "de queda" da natureza exterior como um símbolo significativo do estado de queda do homem. Mas eu gostaria de colocar em relevo expressamente que não há explicação dogmática desse conteúdo, ainda que muitos textos se aproximem de uma tal concepção.

de ouro, uma quantidade de água. A diferença depende da particularidade dos modos fundamentais da realização espacial, de que tratamos antes: pertence somente às matérias sólidas limitar-se materialmente como unidade conclusa; o elemento líquido e o elemento gasoso têm necessidade, para se beneficiar de uma delimitação que os circunscreva, de um "receptáculo" ou de uma força dominante, que não lhe é própria. Mas quase sempre os "fragmentos" tampouco devem somente seu contorno efetivo à força configuradora da forma que determina a peculiaridade material. O volume e a elaboração da delimitação espacial exterior certamente recebem uma determinação "a partir de dentro", isto é, pela peculiaridade material, mas estão sobretudo condicionados por influências externas às que estão expostas as matérias no contexto da natureza. Por isso, aparecem como algo "casual", ou seja, que não está fundado na essência; e a essência de uma tal coisa parece corresponder à sua última determinação específica. Podemos dizer que nesse grau à forma configuradora da matéria falta a força para a configuração de elaborações submetidas a uma lei própria, e determinadas correspondentemente à sua essência? Não se pode erigir como regra geral tal proposição, visto que há elaborações materiais que estão formadas puramente a partir do interior segundo uma lei interna própria: os *cristais*. Apresentam-se como elaborações-limites entre os campos das "matérias inanimadas" e dos "seres vivos". Se reconhecemos como peculiaridade dos seres vivos que se *configurem* a partir de dentro segundo uma lei própria; que *cresçam* mediante a nutrição[232] até alcançar sua dimensão natural completa; que, graças a uma matéria que muda, se *mantenham* em sua forma perfeita; que se *reproduzam*, ou seja, deem nascimento a outras unidades vivas de sua espécie e, finalmente, *morram*; então o cristal pode apresentar fenômenos inteiramente análogos: "cresce" segundo uma lei interna de configuração; se a elaboração é confundida, divide-se então em dois cristais de uma estrutura idêntica e parece "reproduzir-se" segundo um processo análogo ao da ameba por meio de partição. Contudo, não se trata aqui de um autêntico crescimento, pois o cristal só assimila pequenas partes da mesma matéria, enquanto no crescimento vivo as matérias estranhas são transformadas e configuradas segundo a mesma lei de configuração.

O determinante para dizer que não há tampouco autêntica reprodução está no fato de que os cristais não vêm só à existência pelo processo de

---

[232] Nas plantas, a lei da proporção é algo diferente da dos animais e dos homens.

Essência – *Essentia, οὐσία* – Substância, Forma e Matéria   263

divisão segundo a regra geral, mas a maioria das vezes devem sua origem a soluções cristalinas, enquanto os seres vivos não podem nascer senão a partir de seres vivos e jamais a partir de uma matéria inanimada.[233] Por conseguinte, não subsiste nenhuma dúvida sobre o ponto de saber a que campo pertencem os cristais. Devemos atribuir a força dessa última configuração a partir de dentro só a algumas matérias? Hedwig Conrad-Martius chama a "cristalidade" o "estado natural da matéria".[234]

Isso pode ter o sentido seguinte: em cada matéria se encontram forças diretrizes que podem levar à configuração cristalina. Mas como não é "natural" para cada matéria passar ao estado sólido, ainda que possa sob condições particulares adquirir esse estado, assim pertence isso a matérias determinadas tomar de uma "maneira natural" a forma do cristal; e é essencial para a configuração do "cosmo" que nem todas as matérias possam chegar a esse ponto. Por outro lado, no que concerne à força configurante das formas desse campo, convém insistir que se bastam a si mesmas para configurar coisas cuja estrutura está fechada sobre si mesma segundo leis próprias. No entanto, o aspecto geral da natureza exterior é o resultado da ação conjunta de muitas forças configuradoras da matéria, e exige matérias que participem em diferentes graus de configuração. O cristal representa o grau mais elevado a que se pode chegar: é a elaboração que possui a maior autonomia e leis próprias; merece mais que outros ser considerado como οὐσία.

Ilustra o princípio que santo Tomás muito amiúde expressou em seus escritos: cada área de ser em seu mais alto grau toca já a área imediatamente superior.[235] Nele podemos conhecer o limite que pode alcançar a força configuradora dessas formas cuja tarefa consiste em realizar quididades materiais puras. Nem todas as formas dessa área atuam até o extremo limite de sua capacidade de rendimento: não formam "elaborações" delimitadas a partir de dentro, mas só simplesmente "matérias", que logo sob a ação exterior se tornam elaborações ou contribuem para elaborações

---

[233] Aristóteles e muitos outros autores aceitaram uma tal geração originária essencialmente impossível.

[234] *Die "Seele" der Pflanze*, Breslau, 1934, p. 58. (Tomamos desse livro as indicações concernentes aos fenômenos semelhantes à vida que se encontram na formação do cristal.)

[235] "Sempre se encontra o que o escalão mais baixo do gênero superior toca o superior do gênero inferior [...], porque, diz também o bem-aventurado Dionísio [Areopagita] (*De divinis nominibus*, capítulo 7) *que a sabedoria divina une o último no grau mais elevado dos seres com o primeiro no grau mais baixo.*" (*Summa contra gentiles*, II, 68.)

definidas (por exemplo, a água, graças às ribeiras que a rodeiam, recebe a forma do lago). As matérias são "matéria" em um duplo sentido: enquanto preenchem o espaço e como aquilo que permite uma formação ulterior por meio do acontecimento natural ou do criar humano.

7. Forma Pura e Forma Essencial das Elaborações Materiais. Seu Sentido Simbólico. Essência como "Mistério"

Cada elaboração como cada matéria é encarnação de uma quididade, de uma "forma pura". A realização é a obra das formas essenciais. É possível que uma forma pura (por exemplo, a de uma paisagem) exija para sua realização uma diversidade de matérias e, por conseguinte, de formas essenciais. Contudo, convém também indicar a diferença para as matérias simples.

O ouro que há no mundo foi criado como essa matéria assim articulada; no decorrer dos milênios sofreu múltiplos "destinos"; em parte, não foi ainda descoberto e está somente submetido às ações exercidas sobre ele pelos acontecimentos naturais; em parte já foi descoberto pelos homens, trabalhado por eles e utilizado para fins diferentes. Mas o que significa o substantivo "ouro" e o que se encontra realizado em todos os "pedaços de ouro" ou "coisas de ouro" não foi criado – ou, pelo menos, no mesmo sentido que o ouro "real" – e não experimentou nenhum destino. Este existia antes que o mundo tivesse existência e se conservará ainda quando o mundo com todo o ouro que contém chegue a se fundir. Isso é precisamente o que chamamos a "essencialidade" ou a "forma pura ouro". Todo ouro que conhecemos é "ouro" só porque e enquanto corresponde a essa forma pura. Chegamos ao conhecimento da forma pura só por meio do ouro de que temos experiência. Mas com a ajuda da experiência alcançamos, mais além da própria experiência, algo que nos serve de norma para os objetos da experiência.

O ouro "real" é mais ou menos ouro "puro". O que quer dizer primeiro que pode ser misturado com outras matérias e, por conseguinte, sua essência própria não pode desdobrar-se sem obstáculo. Mas inclusive um ouro não misturado pode não brilhar com um brilho do ouro puro; até teremos que dizer que nenhum ouro da Terra realiza perfeitamente a essencialidade pura: podemos conceber um ouro mais brilhante, "mais dourado" que todo o ouro que conhecemos, mas nos é impossível imaginar um ouro de uma perfeição superior à "forma pura"; pois nessa se encerra a perfeição suprema; constitui o "ideal", ou seja, o "limite" de que trata de se aproximar assim como também nossa "ideia" de ouro.

Portanto, as coisas permanecem com sua essência realizada na retaguarda da forma pura correspondente. E, no entanto, devem todo seu ser à "forma pura". Encontramo-nos aqui diante da questão enigmática da "participação das coisas nas ideias". Aristóteles quis resolver essa dificuldade rechaçando completamente as ideias (entendidas como "formas puras"). Mas vimos que novas dificuldades levantam tal solução. As coisas são o que são na base de sua forma essencial que opera nelas. A forma essencial as configura como modelo da forma pura. Podemos fazer a matéria responsável para que continue estando na retaguarda da forma pura? No mundo, tal como foi criado originariamente, a matéria deveria servir à realização pura das formas; estaria puramente configurada pela forma essencial e conforme ela. Somente no estado de "queda", enquanto separada da unidade originária, pode a matéria impedir a configuração pura.

Do ponto de vista filosófico, o estado "de queda" só pode compreender-se como uma mudança possível da natureza. A doutrina teológica do pecado original nos dá um ponto de apoio para explicar esse estado efetivo do mundo relacionado à queda do homem na sua relação com Deus e descobrir o caminho de volta à ordem originária da natureza humana.

Dissemos já que todo o criado possui seu arquétipo no *Logos* divino.[236] Devemos considerar todo ente finito como uma imagem da essência divina, que deve refletir um raio da magnificência divina. Vem de Deus e está fundado em si mesmo: dotado com sua essência própria e sua existência autônoma (οὐσία = substância). Sua essência está inteiramente determinada pela essência divina, mas fica atrás da essência divina em muitos sentidos: não pode captar em sua finitude a plenitude infinita e não pode alcançar nem a extensão nem o grau da perfeição divina. Sua participação no ser (essência e existência) está adaptada a ele, enquanto para o ser divino não existe nenhuma medida (tampouco na limitação do ser divino em relação ao arquétipo de um ente finito). Mas, além disso, as coisas reais ficam ainda atrás em relação com o grau mais elevado que possam alcançar. E *esse* ficar atrás não se pode compreender senão pelo *status naturae lapsae*, pela degeneração de todas as coisas no estado da natureza caída. Assim também

---

[236] Ver o capítulo III, §12.

o brilho do "ouro" fica "obscurecido".[237] Em consequência, introduziu-se uma ruptura na determinação da essência das coisas. Ainda constituem um espelho da perfeição divina, mas um espelho quebrado.

Existe nelas uma disparidade entre o que elas deveriam ser propriamente e o que são efetivamente; e também há entre o que elas poderiam chegar a ser em si e o que elas chegam a ser efetivamente. Essa última disparidade não concerne somente às matérias singulares em sua determinação específica, mas à conexão dos acontecimentos da natureza e as matérias em sua peculiaridade como "matéria" em relação às obras humanas.

Já vimos que tais matérias levam em si possibilidades que só podem ser realizadas sob a influência de ações exteriores: sua índole externa está determinada pelo que acontece nelas. Podemos admitir que na ordem originária todo o curso de acontecimentos naturais deveria favorecer as coisas em um desenvolvimento completo de sua essência e, com isso, uma reprodução pura de seu arquétipo divino; que podemos admitir que as forças, postas nelas, da plena configuração de cada um e do "cosmo" inteiro eram proporcionais e úteis, não podiam atuar como "forças brutas"[238] sem sentido ou destruindo. Assim, também o "criar" do homem devia servir para aperfeiçoar cada vez mais a imagem divina da natureza. Cada "obra" devia não só ser "útil" (ou seja, a serviço dos fins do homem), mas também ser "bela" (ou seja, um "reflexo do Eterno"). Em consequência da maldição que caiu sobre a criação, os elementos agora estão não simplesmente "degenerados", mas entram em luta uns com os outros, de maneira que o acontecimento da natureza pode conduzir a uma paralisia recíproca de seu desenvolvimento da essência e pode atuar "destruindo". E se o homem tem que "comer o pão com o suor de seu rosto",[239] não é só porque a terra produz para ele espinhos e abrolhos e não dá bons frutos, senão depois de duro labor, mas em razão da resistência de todas as matérias nas quais trabalha sua mão laboriosa.

Assim, o pecado original e o estado de castigo da criação nos dão uma chave que permite compreender a contraposição entre a essência realizada e a forma pura. Mas devemos também considerar mais de perto a relação

---

[237] Lam 4, 1.
[238] Poderia ser expressão de F. Schiller, em sua obra *Die Glocke*: "*Wo rohe Krafte sinnlos walten, da kann sich kein Gebild gestalten.*" (Onde forças brutas imperam sem sentido, aí não se configuram elaborações.)
[239] Gên. 3, 19.

entre essa essência realizada e essa forma pura na ordem originária. Isso fará avançar mais na compreensão do que é *essência*. Dissemos antes que a essência das coisas está inteiramente determinada pela essência divina. Tratamos de compreender a "forma pura" como "arquétipo" das coisas em Deus. Pois bem, a essência divina não é inacessível nesta vida: não somente não a podemos *conceber* em razão de sua infinitude, o seja, abrangê-la enquanto todo, mas nem sequer podemos de nenhuma maneira vê-la nem encontrar nela os arquétipos das coisas. Eis aqui a grande objeção que sempre se elevou por parte da escolástica contra o fenomenológico "conhecimento da essência": viu-se nessa doutrina a temerária pretensão de participar já nesta vida da "visão beatífica". Como consequência das considerações do presente capítulo e do capítulo precedente, fez-se, talvez, evidente que não se trata da dita visão beatífica. Não obstante, o que dissemos até aqui precisa ser completado, se é certo que a verdade da fé e o conhecimento filosófico não devem ficar ao lado um do outro, sem nenhum elo nem equilíbrio.

Chegamos à "essência" como uma determinação interna do *quid* das coisas, fixa e duradoura, independente das influências externas, especialmente por meio da consideração do ente finito, que encontramos no mundo, experimentados, sem ajuda da fé ou da iluminação sobrenatural. Vamos agora mais longe: a determinação quídica efetiva das coisas nos leva mais além dela mesma ao que elas deveriam e poderiam ser, ao seu arquétipo que significa para elas medida e norma.

Os enigmas que nos apresentam o ser e a conhecibilidade desses arquétipos, formas puras ou essencialidades – percebemos esses enigmas e, no entanto, não os captamos propriamente falando, mas só nos aproximamos deles; e, no entanto, não os podemos rechaçar, visto que só graças a eles podemos compreender o que compreendemos das coisas –, esses enigmas nos motivam a buscar em outro campo a resposta que não nos dá uma filosofia saída de um conhecimento puramente natural: nas verdades da fé e na doutrina da tradição teológica. O *Logos* divino, por meio do qual e segundo o qual tudo foi criado,[240] se nos apresenta como o ente originário ou protótipo que compreende em si todos os modelos finitos. Não são assim mais inteligíveis para nós, mas a razão de sua incompreensibilidade nos dá luz: estão cobertos com o véu do mistério, que oculta aos nossos olhos todo o divino e que, no entanto, nos dá a entender em certa silhueta. E esse

---

[240] Cf. Jo 1, 3.

véu cobre também a determinação interna da essência das coisas que se nos aparece primeiramente como algo tão claro e sábio e que, com efeito, é o que propriamente é "concebível" para nós, ou seja, o que podemos tratar de captar com nossos conceitos. A ciência da natureza determina o ouro segundo sua cor, sua dureza, seu peso específico, sua relação com outras matérias etc. Se tentamos captar sua essência, então consideramos como "essencial" ou "fundado na essência" a cor, o brilho, a capacidade de se deixar martelar e de receber diferentes configurações. Mas a essência não se deixa dissolver a tais propriedades singulares ou ser sintetizada a partir delas. Trata-se de algo unitário e um todo e é mais que a soma de todas as características que podemos descobrir, e finalmente só nessa unidade e totalidade convém dar-lhe nome.

Contém em si algo que não se deixa captar de nenhuma maneira enquanto "qualidade material". Consideramos já a "matéria" (em um sentido da palavra) como nome genérico de tudo o que preenche o espaço, se desdobra nele, apresenta-se e atua.[241] Mas a essência das coisas materiais não se esgota em seu ser espacial. Por que se trabalham em ouro coroas e joias? Não só porque é raro e precioso, mas porque resulta "a propósito" para isso, porque seu brilho possui em si algo da magnificência real. E por que se diz de um homem que é "fiel como o ouro"? Certamente porque o ouro é estável e não se deixa facilmente atacar pelas influências exteriores. Mas não se trata, no entanto, de uma mera semelhança exterior. As frases metafóricas em nossa linguagem expressam uma conexão interna entre os diferentes gêneros do ente e, além disso, uma relação com o arquétipo divino. Pertence à essência de todo ser finito ser "símbolo" e à essência de todo o material e espacial ser um "signo alegórico" do espiritual. Aí reside seu sentido secreto e sua interioridade oculta.[242] Precisamente aquilo que o converte em alegoria do espiritual o faz símbolo do eterno, visto que Deus é espírito e o espírito finito é símbolo mais próximo que o material.

---

[241] O outro sentido da palavra *matéria* é o seguinte: o que é capaz de receber uma configuração como tal. A matéria espacial é também uma matéria nesse segundo sentido. Mas o que é capaz de receber uma configuração como tal não é necessariamente espacial.

[242] Na *"Realontologie"* e em seu trabalho sobre as *cores* (*"Festschrift zu Husserls 70. Gebustag"*, Halle, 1929), H. *Conrad-Martius* começou a descobrir tais nexos. Isso foi igualmente o que constituiu o ponto de partida das investigações filosóficas de Gertrud *Kuznitzky* (ver *"Naturerlebnis und Wirklichkeitsbewusstsein"*, Breslau, 1919; *"Natur als reine Erscheinung"*. In: *Archiv für die gesamte Psychologie*, t. 50, H, p. 3-4, 1925; *"Die* Seinssynibolik des Schönen und die Kunst", Berlim, 1932).

Assim, cada coisa leva em si com sua essência, seu mistério e conduz assim ao que está mais além dela mesma. Assim como a fugacidade e a *caducidade* do ser finito nos descobrem a necessidade de um ser eterno, de igual maneira a imperfeição de toda essência finita nos revela a necessidade de uma *essência* infinitamente perfeita.

8. Segundo Grau: Seres Viventes. Corpo Vivo – Alma – Espírito como Formas Fundamentais do Ser Real

Uma nova área do ser material encontramos no que chamamos "seres vivos". Já se destacou em diversas direções – em contraposição aos cristais – o característico diante do campo das chamadas "coisas" inanimadas: encontramos aqui a possibilidade de transformar as matérias estranhas, configurá-las ou "incorporá-las" e originar novas elaborações da própria espécie. As formas que possuem tal força superior de configuração são designadas como "almas" por Aristóteles e pela escolástica, e a elaboração, que é configurada por uma tal forma, deve-se expressá-la como "corpo vivo".

Os termos "alma" e "corpo vivo" recebem nas diversas áreas do "ser vivente" uma realização diferente do ponto de vista do conteúdo. Mas, além disso, indicam "formas fundamentais do ser real", ao lado das quais convém reservar, em terceiro lugar, a do espírito.

> O ser do corpo vivo é essencialmente aquele no qual uma entidade se possui a si mesma em uma estrutura por assim dizer "nascida", ou seja, chegada ao seu completo desenvolvimento, conclusa em si, delimitada; uma estrutura na qual ela apresenta e manifesta de maneira definitiva o que é [...]. O ser da alma é a 'vida' escondida ou a fonte escondida a partir da qual uma tal entidade se logra encarnar [...] Mas no ser espiritual a dita entidade assim substanciada e tornada o corpo vivo pode sair de si mesma, em uma forma, desprendida de si e não fixa, dar-se ao outro puramente e livre de si mesma agravante e delimitante e "tomar parte" nele.[243]

---

[243] H. Conrad-Martius, *Realontologie*, p. 93.

270 Capítulo IV

Essas três formas fundamentais delimitam três *campos* diferentes do ser real, não de uma maneira excludente, mas de tal sorte que "as configurações singulares *dentro* desses campos estão elas mesmas submetidas ao domínio da configuração dessas três categorias"; no entanto, cada uma determinada e modificada só por "categoria fundamental".

> O reino da corporeidade de vivos é o da 'natureza' ou [...] o reino 'terrestre' no sentido significativo do termo [...] O reino do espírito é o campo do ultraterrestre, o reino da alma é o do 'infraterreno'; [...] este último é 'a dimensão da vida ainda não manifesta [...] que impulsiona como tal o desenvolvimento e a corporeidade de vivos. Mas o ultraterreno é o reino do desenvolvimento inteiramente atual e que, por conseguinte, alcançou o desprendimento perfeito de si (na mais alta realidade possível e na essencialidade!), a liberação de peso e a luminosidade.[244]

Quando se encontra no grau das coisas "mortas" já não se pode falar de corporeidade verdadeira por duas razões: 1) que a forma dessas coisas não é repercussão pura de sua própria forma essencial, mas é principalmente condicionada externamente e nesse sentido é "casual". 2) Porque dentro da natureza "caída", o conteúdo material não está já na unidade viva com a forma essencial, mas está submetida somente a partir do exterior. Precisamente por essa razão é possível falar de natureza "morta".

Mas o que nos dá direito, no que concerne aos "seres vivos", de falar de "corpo vivo", de "vida" e de "alma", visto que assimilam a matéria com a qual se edificam e que constitui a "natureza morta"? Aqui se pode falar de um "corpo vivo", porque a elaboração conclusa em si mesma está configurada pela forma essencial como expressão de si mesma, ainda que se tenha formado a partir de uma matéria que pode opor-se à configuração, que pode turvar a pureza da "expressão" e conduzir à destruição da elaboração. A própria forma essencial deve ser considerada como "alma", porque é algo "escondido", que busca a configuração e a manifestação em plenitude de corpo vivo. E essa configuração a partir do interior ao exterior é "vida", certamente uma vida submetida à morte.

---

[244] *Op. cit.*, p. 94. No interior do ser puramente material as três áreas encontram seu símbolo nos estados sólido, líquido e gasoso. (Ver *op. cit.*, p. 97.)

9. A Alma das Plantas

Em sentido limitado a planta já possui alma e corpo vivo. Hedwig Conrad-Martius chama a alma das plantas uma "alma configurante".[245] Distingue-se da alma do animal e da alma humana em que seu ser se esgota inteiramente na elaboração e em que todas as suas atividades concorrem para esse fim, enquanto para as almas dos outros seres vivos essa tarefa somente é uma entre outras.

Se entendemos por "alma" a forma essencial inerente a um ser vivo, assim a cada alma é próprio como tal levar em si mesma a força suscetível de configuração particular da matéria: esse modo superior da força formadora de meras elaborações materiais, que torna possível para ela a transformação de matérias estranhas. É o modo de ser peculiar dos seres vivos o que lhes permite construir-se e configurar-se *procedendo a partir do interior* com a ajuda de matérias recebidas: o modo peculiar de ser, que chamamos vida. Certamente, não é a vida autêntica e plena, porque não é um estruturar-se a partir de dentro, desde a raiz, sem limitações, ou seja, a partir da forma até o exterior. A forma certamente é "viva" na medida em que ela possui uma força para estruturar, mas está ligada a uma matéria, na qual não pode atuar de maneira inteiramente livre. Sua vitalidade é mais vigorosa e mais livre que a das "coisas inanimadas", não só porque a matéria que se lhe oferece originariamente está configurada em um todo, mas porque não está limitada a essa matéria e, melhor, porque pode assimilar uma matéria que vem do "exterior" – ou seja, daquilo que se encontra mais além dos limites desse todo e, por conseguinte, mais além de seu campo de configuração originária – introduzi-la nesse todo, e com sua ajuda configurá-la. Mas esse domínio da matéria não é ilimitado. Depende da própria legalidade das matérias "estranhas" em que medida o todo configurado é uma realização da forma.

10. O Desenvolvimento dos Seres Vivos

A realização é "progressiva", pertence à peculiaridade dos seres vivos não entrar na existência já "acabados". Em certo sentido, isso pode

---

[245] Por contraposição à alma sensível do animal (ver sobretudo o capítulo 2 da obra consagrada à alma das plantas).

aplicar-se, por outro lado, a todo o terreno. Toda realidade terrena, o conjunto da criação sensível é um reino do "devir". Toda coisa que já configurada leva ainda em si possibilidades que insistem em se realizar. Isso vale para as matérias que ainda não são coisas conclusas. Não sabemos o que convém entender pelo "caos" que nos foi descrito como o estado primeiro do mundo criado. Podemos representá-lo como uma "confusão", uma mistura de todos os elementos dentro do qual a cada um não seria possível desenvolver-se de uma maneira correspondente à sua individualidade.

Seria necessário um "impulso do movimento" para chegar a esse jogo ordenado das forças que chamamos acontecer causal. A criação de matérias e o impulso do movimento não devem ser concebidos como algo temporalmente separado, nem tampouco como tempo intermediário existente entre os dois movimentos como duração do "*tohuwabohu*".[246] E mais, as matérias não podem vir à existência se não estão já formadas totalmente; devem, portanto, estar no processo de uma configuração e atuar para fora segundo sua forma; e assim pertence também o movimento à sua existência: graças a ele se separam ou se unem, mas em todo caso chegam a uma tal separação e a uma tal ordem que lhes permite desenvolver-se como "elaborações": são os corpos sólidos enquanto figuras espaciais, em si conclusas e bem delimitadas; os corpos líquidos e os corpos gasosos delimitados pelos corpos sólidos ou circundando-os.

Pode admitir-se que, segundo a ordem originária da criação, o movimento e as influências recíprocas das matérias entre si deviam precisamente ajudá-las a se configurar e a se desenvolver segundo sua característica própria e por meio de toda sua aparência externa a falar a linguagem que anuncia o Eterno: essa linguagem não se deixa traduzir em palavras, seu sentido não poderia ser englobado conceitualmente, mas sim se deixa perceber sempre de uma maneira particularmente emotiva na altura das montanhas, as ondas do mar, o bramido da tempestade, o sopro leve do ar. Se o acontecer natural está de diversas maneiras na origem de obstáculos e de desordens, inclusive da destruição de elaborações, pode-se conceber no estado de uma natureza caída; no entanto, pode-se adivinhar a ordem originária: o mundo é ainda um cosmo e não um caos.

---

[246] Gên 1, 1: essa expressão hebraica foi traduzida de forma muito variada e desigual, por exemplo: "solidão caótica", "caos informe", "deserta e vazia" etc.

Assim, já existe um surgir e um desaparecer, mudança e transformação na natureza "morta". Mas o "devir" do vivente se distingue nitidamente disso. Uma simples elaboração material (inerte, que é como carregada de massa) permaneceria sem mudar, tal como é, se não estivesse submetida a nenhuma influência exterior. Precisamente por isso se chama "morto" ou inanimado. O que vive é capaz de se mover e de se configurar a partir de seu interior. Tal vida, enquanto vida da planta, aparece no momento em que a semente começa a germinar. O "processo de devir" da elaboração é um desenvolvimento dirigido para um fim determinado: a configuração integralmente desenvolvida com tudo o que lhe corresponde, até o fruto maduro.

Esse próprio processo de devir possui uma "figura" inteiramente determinada: não é uma figura espacial, mas sim uma "figura temporal", visto que se trata de um progresso determinado de certa maneira. Mas também participa, no entanto, de certa maneira do espaço, porque constitui uma configuração progressiva de si no espaço e uma transformação progressiva da figura espacial. Em relação a isso se tinha querido designar as "coisas mortas" como acabadas. Encontramos nelas um ser persistente e a propósito delas podemos falar do que *são*, de sua determinação essencial como da essência que *têm* e manifestam em seu aspecto exterior como também em seu operar e sofrer.

No que concerne aos seres vivos, a determinação essencial é o que melhor lhes prescreve o que devem *chegar a ser* e o que *assimilam* em seu progresso. Mas, ao mesmo tempo, esses seres vivos *têm*, no entanto, em cada estágio do desenvolvimento uma essência característica e um aspecto e uma atividade exteriores fundadas sobre essa essência: encontramos de novo aqui o que estabelecemos mais acima: nos seres viventes a própria essência progride e muda; na determinação essencial, em cada caso desenvolvido está fundada a "capacidade" de progresso (enquanto "possibilidade" e enquanto "força"). Para realizar essa possibilidade, necessita em cada caso de matérias constitutivas. Hedwig Conrad-Martius destacou que a planta, por suas raízes fixas no solo e por seu contato com o ar e a luz, está "submersa" no que ela necessita.[247] Não necessita buscar seu alimento e, por conseguinte, não necessita deslocar-se livremente nem experimentar sensações para cumprir sua própria tarefa: receber matérias inorgânicas e transformá-las em matérias orgânicas. Por outro lado, está obrigada a se

---

[247] *Die "Seele" de Pflanze*, [Breslau, 1934], p. 44.

contentar com o que encontra no lugar onde se acha, e disso depende o processo efetivo de seu desenvolvimento: vem a ser realmente o que deveria chegar a ser. Mas nos encontramos, uma vez mais, com a contraposição da "forma pura", da "ideia" da planta ou da determinada espécie de planta que está "por cima" do processo evolutivo, da "forma essencial" que atua em cada planta e da "essência realizada" cambiante que corresponde mais ou menos à forma pura.

No que concerne às elaborações puramente materiais, não podemos encontrar nenhuma matéria independente, separada da forma essencial, à qual poderiam ser atribuídas as deficiências de toda a elaboração tal como é efetivamente. Se se quer uma explicação, convém necessariamente ter em conta as circunstâncias exteriores, ao lado desse mal fundamental: a "degeneração" de todas as matérias depois da queda, o decaimento da "massa" desde a unidade interna com sua forma essencial. Ao contrário, nos seres vivos existe uma força da forma, superior à matéria, frente a uma matéria estranha: de fato, a matéria anterior é aqui radicalmente transformada: é alterada em outra matéria, recebe a vida e é introduzida na unidade configurativa do corpo vivo. (A "arte plástica" imita à sua maneira essa tarefa de formação da "forma viva" da "alma".) A alma das plantas, ainda que superior à matéria, está, no entanto, inteiramente ligada à matéria; seu ser se esgota na configuração da matéria. Para a alma das plantas, o nome de "forma interna" ou "forma do corpo vivo" é em particular adequado. Constitui uma "forma" em maior medida, ou seja, força de configuração, em um grau muito mais elevado que as formas materiais, e é só a forma de corpo vivo e nada mais, enquanto a alma do animal e do homem são, além disso, o fundamento essencial de uma vida "interior". Quando uma planta é uma imagem imperfeita de sua "ideia", a ideia da planta e a ideia da rosa ou do carvalho, um "exemplar" atrofiado ou mutilado, podemos aqui invocar como causa, ao lado das "circunstâncias exteriores" (lugar desprotegido, inclemências do tempo), também um deficiente material que serve para sua estruturação.

11. Forma, Matéria e Essência. Unidade da Forma Essencial. Forma e Ato

Depois de ter esclarecido um pouco sobre a relação entre forma e matéria, pode alguém perguntar uma vez mais como "forma" e "essência" se

Essência – *Essentia*, οὐσία – Substância, Forma e Matéria   275

comportam uma com a outra. Encontramos em Aristóteles certo titubeio em relação a se a forma só deve considerar-se como essência, ou, então, se esse termo se aplica à composição de forma e de matéria, ou seja, onde se apresenta tal "composição".[248] Aristóteles e santo Tomás de Aquino distinguem três classes de substâncias (οὐσία = algo real independente e próprio): o ente primeiro (Deus), substâncias simples (espíritos puros) e substâncias compostas (coisas materiais e seres vivos: plantas, animais e homens).[249] A propósito dessas últimas substâncias, santo Tomás se expressa assim:

> Nas substâncias compostas são patentes a matéria e a forma, como no homem a alma e o corpo. Mas não se pode dizer que só um de ambos os elementos seja a essência. É claro que a matéria só não é a essência, porquanto a coisa é conhecível por sua essência e resulta ordenada no gênero e na espécie; mas a matéria não é o princípio do conhecimento, nem por ela uma coisa se classifica em uma espécie ou gênero; pois isso resulta daquele princípio pelo qual algo está em ato. Nem tampouco se pode dizer essência só a forma da substância composta, por mais que alguns se empenhem em sustentá-lo. Com efeito, de tudo o que dissemos resulta evidente que a essência é aquilo que vem significado pela definição da coisa. Mas a definição das substâncias naturais não contém só a forma, mas também a matéria [...]. Portanto, resulta evidente que a essência compreende a matéria e a forma.[250]

Para compreender bem esse texto, devemos pensar que Tomás entende por "matéria" não um real determinado, mas a matéria indeterminada que por si mesma não pode ser real.[251] A matéria formada possui sua própria determinação essencial, e graças a essa determinação ela está ordenada sob um gênero e uma espécie. Representa o grau inferior do real. Nesse grau, consideramos forma e matéria do ponto de vista objetivo. Para resolver a questão de saber se se deve falar de uma essência que encerre a forma e a

---

[248] Tal como se nos apresentou a união entre forma e matéria, parece pouco feliz a expressão "composição".

[249] *De ente et essentia*, [parágrafo 6]. [Tomás de Aquino, *Opúsculos y cuestiones selectas*, I, *Filosofía (1)*, Madri, 2001, p. 44].

[250] *De ente et esssentia*, [parágrafo 7]. [Tomás de Aquino, *Opúsculos y cuestiones selectas*, I, *Filosofía (1)*, Madri, 2001, p. 45].

[251] Sua concepção da matéria-prima se diferencia da de Aristóteles no sentido de que ele a considerava como criada. Mas assim como Aristóteles, considera-a como algo que se encontra *nas* coisas corporais como componente diferente de sua forma, algo que leva em si a possibilidade de todas as formas e por ele pode receber em si formas cambiantes.

matéria, devemos ter presente o que convém entender por essência. Tomás de Aquino definiu precisamente a essência como algo pelo que a coisa é conhecível e permite ordená-la sob um gênero e uma espécie.

É o que deixa apreender conceitualmente e que designamos mais acima como "essência universal". A materialidade enquanto plenitude espacial pertence à determinação genérica das coisas, das quais aqui se trata, e a peculiaridade especial da plenitude do espaço toma parte da determinação específica. Por conseguinte, essas duas determinações devem ser consideradas como parte da "essência universal". Mas falamos também de uma "essência individual" que pertence como própria a cada coisa e faz dessa coisa o que é. A essência universal não é algo existente à margem nem fora da essência individual, mas o que nela é concebível universalmente. No que concerne à "essência individual", pode-se pensar agora novamente em algo diferente. O que converte a coisa no que é, em algo determinado, é sua forma essencial. Mas já que as formas essenciais das chamadas "substâncias compostas" não atuam necessariamente na matéria, assim, seu conteúdo material pertence então ao que elas são, e sua determinação material deve ser considerada como uma parte de sua essência individual.

Para marcar a diferença entre a forma essencial e a totalidade da essência determinada por essa forma essencial, chamamo-la como a "essência realizada". A diferença está já bem indicada nas meras coisas materiais: mas aparece ainda com maior clareza nos seres vivos, visto que a forma essencial se apossa das matérias estranhas e primeiramente separadas dela.

Nessa área tomou igualmente santo Tomás seu exemplo no que concerne à forma e matéria: a alma e o corpo do homem. Nós nos ateremos ainda no grau inferior para não levantar novas dúvidas suscitadas pela essência do homem como tal, e por isso consideramos a "alma" e o "corpo" das plantas. Estritamente falando, alma e "corpo vivo" não são separáveis, mas somente a alma e o corpo (inanimado). Com efeito, entendemos por "corpo vivo" o corpo animado; um corpo em que não há vida e, portanto, nenhuma alma que lhe dê a vida, não merece já o nome de "corpo vivo". A vida constitui o próprio ser do ser vivo, e aí onde não há vida, tampouco "há" algum ser vivo. A alma dá forma ao "organismo" em que cada parte está compreendida na vida de conjunto enquanto "membro" ou "órgão". A separação de matéria e forma aqui é evidente, em razão da presença de algo material antes do despertar da vida e da ação de forma viva a partir de dentro: igualmente, fica algo de material quando cessa a vida que se encontrava no interior. Precisamente por essa razão dizemos nós que uma matéria já formada recebe uma nova forma, que a vida nela "começa a despertar" e que desaparece de novo quanto o organismo "chega a morrer".

Podemos falar da "mesma coisa" que no princípio está viva e depois morta. Nesse sentido, santo Tomás considera como equívoco falar de "olhos" e de "orelhas" de um ser morto.[252] Isso não significa outra coisa senão que o corpo já não é corpo vivo quando o abandonou a alma. Mas o corpo, que antes era um corpo vivo, continua existindo aí. A morte enquanto passagem da existência viva à existência morta não é uma mudança como as mudanças do ser vivo ou as do corpo morto. Até o momento da morte é o ser vivo que experimenta todas as mudanças e vive nessa sucessão de eventos. A partir desse instante já não há ser vivo, mas, em seu lugar, algo distinto. Certamente não no sentido de que uma coisa tivesse sido deixada, e posta outra em seu lugar (uma coisa tão parecida, que poderia valer como substituição). Produz-se, melhor, uma *transformação*: o que era antes um ser vivo é agora uma coisa morta.

A consecução desses processos se relaciona com a questão da unidade da forma essencial no ser vivo: santo Tomás defendeu essa unidade com muita força contra a maior parte de seus contemporâneos. A forma essencial (*forma substantialis*) é aquilo pelo que algo tem um ser independente e próprio (*esse substantiale*).

> Para que uma coisa seja forma substancial de outra, requerem-se duas condições. Das quais a primeira é que a forma seja princípio substancial da existência (*principium essendi substantialiter*) daquilo que informa; e digo princípio, não factivo, mas formal, pelo qual uma coisa existe e se denomina 'ser'. Disso se deduz a segunda condição, a saber, que a forma e a matéria combinem em um só ser; coisa que não acontece com o princípio efetivo e o que dele recebe o ser. E tal é o ser com que subsiste a substância composta (*in quo subsistit substantia composita*), que, constando de matéria e forma, é uma, não obstante quanto ao ser.[253]

No contexto do qual extraímos essa passagem, trata-se de demonstrar que a alma espiritual do homem poderia ser forma do corpo vivo. Mas o

---

[252] *De anima*, a. 1.
[253] Tomás de Aquino, *Summa contra gentiles*, 2, 68 [santo Tomás de Aquino, *Suma contra los gentiles*, I, Madri, 1952, p. 563].

dito deve ser válido igualmente para cada matéria e para cada forma. Segundo nossa opinião, as elaborações materiais mais inferiores constituem uma unidade inseparável[254] de matéria e de forma, uma forma configurante da matéria ou uma matéria formada, ou seja, determinada em sua maneira de ser; sem essa determinação de seu *quid* não seriam nada e, por conseguinte, seu ser seria destruído. Seu ser é *uno*, mas condicionado por forma e matéria.

O "princípio existencial atuante" originário a que devem seu ser é o ato criativo de Deus: cujo ser é um ser diferente do das criaturas. O caso de que tratamos agora – a saber, a planta e sua forma essencial – é já algo menos simples. Uma série de matérias contribuem para sua estruturação. O todo é, em um sentido muito particular, uma elaboração composta. Cada matéria possui sua própria forma? Além disso, a forma vivente que chamamos alma é uma forma que se acrescenta às demais? Ou, então, essa forma confere seu ser à elaboração ou formação inteira? E é esse ser uno para toda a elaboração ou formação? As matérias que contribuem para a estruturação de toda a elaboração tinham uma forma e um ser: a planta que brota do germe não nasce do nada, mas de um germe e das matérias constitutivas que ela toma do ar e do solo. Mas toda a elaboração ou formação que se desenvolve dessas "partes" não é uma soma das partes, mas uma nova elaboração com uma nova forma e um novo ser. Aqui também há uma diferença essencial entre o germe e as matérias constitutivas novas que se lhe agregam; o germe representa o *começo* da nova formação: ele é o que "recebe" outras matérias e quem conduz essas matérias a um novo ser.

O novo e diferente ser é a "vida", e a forma que dá a vida é a "forma viva" ou "alma". Visto que toda a elaboração é *una*, o que lhe confere uma unidade deve ser também uno. O que estava presente antes do princípio da vida, depois dessa vida já não é a mesma coisa. O elemento material que antes havia e o elemento material subsistente depois da desaparição da vida não seriam conhecidos como "o mesmo" sem consequência de mudanças produzidas por meio da duração da vida e que permitiram a alguns desses elementos dar nascimento ao outro. Mas essas mudanças têm por fundamento o vivo, e não a matéria morta. O corpo que subsiste depois da desaparição da vida não seria o que é, sem a vida que o formou no que é agora. Trata-se do argumento em favor da concepção segundo a qual a alma não

---

[254] "Inseparável" na medida em que a matéria sem forma e a forma sem matéria não podem existir, o que não quer dizer que se excluirá simplesmente uma transformação.

dá só a vida – como algo acrescentado ao anterior, um ser diferente –, mas ela determina o ser inteiro.

O ser vivo é também o que é enquanto corpo material, no sentido de que é um ser vivente de uma espécie determinada. Ser um ser vivo significa constituir-se enquanto corpo vivo: estruturar-se como corpo material.

Antes do começo da vida existia outra forma: uma forma material nas estranhas matérias de estruturação; na semente e outros começos de uma nova vida vegetal, temos um estado intermediário notável; esses elementos não estão mortos, mas não estão ainda vivos: se a forma primeira tivesse subsistido e não tivesse cedido o lugar à forma viva, então teria acontecido outra coisa totalmente distinta com aquilo pelo que ela foi formada. Quando essa vida termina, a massa corpórea, que foi formada pela alma vivente, sofre, por sua vez, acidentes completamente diferentes dos que teria sofrido se, todavia, ainda estivesse viva. Essa massa corpórea é uma matéria informada, mas que não havia escapado da unidade com uma forma vivente, que a formou. É uma *coisa*, ou seja, é dizer que um produto que possui uma unidade fechada sobre si mesma é real: atua e sofre influências, porém no sentido de sua forma essencial original.

Convém, pois, afirmar que seu ser e o que é ele não são senão efeitos subsequentes dessa forma configuradora originária? Falta agora a esse ser "abandonado" e a essa essência um "suporte" próprio? Ou entra uma nova forma – uma forma puramente material – em lugar da elaboração ou formação que o "separou de si", ou, então, uma pluralidade de tais formas quando o corpo "se decompõe"? Deixo aberta essa questão. Uma possível explicação consistiria em que as formas das matérias que contribuem para a estrutura do corpo vivo não desaparecem simplesmente sob o domínio da forma essencial viva, mas ficam derrogadas ou sem força e voltam a tomar seu lugar no momento em que a forma essencial que as "liga" se retira.[255] Não me atrevo a me pronunciar sobre esse ponto.

Nas mudanças da morte para a vida e da vida para a morte há algo que, apesar das mudanças dos mesmos antes e depois, permite-nos dizer: o "isto aqui" da forma vazia, plena de conteúdo, que é um resto da originariamente constituída elaboração. Há igualmente unidades materiais nas quais algumas partes são excluídas da vida do conjunto: uma folha seca em

---

[255] É necessário recordar-se aqui da conservação virtual das formas elementares nos compostos, de que fala santo Tomás. (Ver p. 809.)

um ramo em flor, um ramo morto em uma árvore verde: eis aqui partes da coisa configurada pela forma viva que não são membros já do ser vivo, a vida desse ser já não circula neles.

Santo Tomás designa amiúde como "ato" a forma que confere o ser ao todo e a coloca no mesmo plano que o próprio ser:

> [...] não há inconveniente para que o ser pelo qual subsiste o composto seja o ser da mesma forma, pois o composto existe pela forma, e separados não podem subsistir (*nec seorsum utrumque subsistat*).[256]

Se insistimos na separação do ente e do ser em todo ente finito – como defendemos como algo objetivo e como corresponde finalmente também à concepção de santo Tomás[257] – não poderemos já considerar a forma como ser.[258] E se entendemos por "ato" o ser real, sendo assim não poderemos já considerar a forma como "ato", mas somente como algo "atual", ou seja, como o que é real e efetivo em uma tal planta determinada e que faz precisamente da planta uma planta real e possuidora de tal maneira de ser. Correspondentemente, as matérias que contribuem para a constituição das plantas devem ser consideradas como algo "potencial", ou seja, algo que leva em si a possibilidade (potência passiva) de ser "animado" por essa forma e de entrar como parte ou membro na unidade desse corpo animado vegetal. Mas aqui convém distinguir muitos graus ainda: a capacidade para as matérias "inorgânicas" de serem transformadas em matérias "orgânicas", e para as matérias orgânicas a de serem incluídas na unidade vivente do corpo vegetal e de receberem assim novas possibilidades de ação (potências ativas).

A vida das plantas é uma realização constante de possibilidades. Lembremos uma vez mais a diversidade de significado e a relação com o significado das expressões ἐνέργεια – ἔργον – ἐντελέχεια (realidade, eficiência – obra – plenitude do ser), as quais todas podem ser designadas com uma só palavra, o termo "ato"; assim caracterizamos a própria vida como ἐνέργεια, como ser real e agente, como ente real e atuante, mas o ente real e eficiente

---

[256] *Summa contra gentiles*, 2, 68. [Santo Tomás de Aquino, *Suma contra los gentiles*, I, Madri, 1952, p. 563-564.]

[257] Ele também distingue ainda nas formas "puras" entre o que elas são e seu ser (ver capítulo II, § 2).

[258] Conhecemos anteriormente os processos do pensamento de Aristóteles que o conduziram a pôr no mesmo plano forma, ato e ser.

Essência – *Essentia*, οὐσία – Substância, Forma e Matéria   281

– a forma essencial e o todo vivente, que opera graças à força dessa forma essencial – nós o descrevemos como ἐνέργεια; o ser vivo em cada grau de seu desenvolvimento pode designar-se ἔργον = obra como o resultado do operar formante; mas cada um desses "benefícios", cada atividade da vida pode ser designada também assim; a ἔργον, plenitude do ser é o fim de todo o processo do desenvolvimento; por esse termo seria indicado o mais alto grau de desenvolvimento: o ser do totalmente desenvolvido ser; por outro lado, a figura final à qual está dirigido todo o processo do devir por meio da forma essencial.

Se nos atemos a essas explicações que, por outro lado, estão de acordo com o texto de santo Tomás que lembramos, deve ser considerada a determinação de forma e de matéria como "essência" das elaborações materiais vivas. Pois elas são o que são pelo fato de que as matérias determinadas de uma maneira particular estão formadas segundo uma lei de configuração peculiar. Nesse grau também fomos conduzidos para uma separação entre a essência e a forma essencial (τὸ τί ἦν εἶναι e μορφή).

12. Determinação de Gênero e de Espécie dos Seres Vivos. Capacidade de Reprodução

Mas à determinação essencial dos seres vivos pertence ainda algo mais que a composição de forma e de matéria, e a força da forma para a configuração ou da elaboração total para a configuração de si mesmo. Frente a simples coisas materiais, os seres vivos representam um novo gênero do real.

Fora do estar composto de forma e de matéria, à determinação do gênero pertence a força configuradora da forma, força que supera a matéria. Convém não só buscar simplesmente a determinação específica do lado da forma como nas formações materiais puras; a particularidade da forma requer também um modo correspondente da matéria. Definitivamente, à determinação do gênero pertence não somente a força para a autoconfiguração de cada elaboração, mas também a força de cada elaboração, a que, além disso, é capaz de fazer surgir elaborações da *mesma espécie*. Assim, a palavra "espécie" recebe um novo significado: essa palavra não designa somente o que possui uma determinação essencial comum, mas também a totalidade do que se encontra em uma *relação de procedência*. Os dois sentidos da palavra "espécie" não coincidem. Cada ser vivente tem *sua* determinação específica – a "mesma" que todos os demais de "sua espécie" – e deve essa determinação à sua pertença ao "todo" que possui uma determinação essencial comum, porque está situado em uma relação de procedência.

Assim, pertence à essência do ser vivo que a força da forma seja mais que uma força para a autoconfiguração. Segundo sua essência genérica, o ser vivo é igualmente capaz para a reprodução. O que significa essa expressão: "capaz para a reprodução"? Dissemos antes: capaz de fazer surgir uma elaboração singular da mesma espécie. Se nos atemos ao sentido literal, isso significa que se gera um novo ser vivente, uma elaboração composta de matéria e de forma viva. É certo que um novo ser vivo vem à existência e que uma elaboração material peculiar é formada pelo ser vivo gerador; e, em seguida, separa-se em uma existência própria. Mas o ser gerado deve também sua forma e sua vida ao ser gerador? Uma macieira com suas maçãs maduras constitui ainda uma unidade de vida. Os frutos estão vivos, porque a vida da macieira circula neles; à sua força formante devem o que são, são ainda membros do todo. A maçã, uma vez caída, começa uma existência particular. E encerra em si a semente capaz de ter vida. Onde se encontra, então, o princípio da nova vida?

Aristóteles considera que o desenvolvimento próprio dos seres vivos mediante a nutrição e o crescimento e a configuração de novos seres vivos mediante um processo gerador estão estreitamente ligados: explica o processo gerador pela presença de matérias constitutivas em excedente no interior do ser vivo gerador; sua força formante plasma a partir desse excedente que tem que expulsar, a semente que contém em si mesma de maneira potencial o novo ser vivo. Em suas investigações sobre a essência das plantas que realizou no contexto de um grande projeto de ontologia e das mais recentes investigações biológicas, Hedwig *Conrad-Martius* chegou a uma conclusão semelhante:

> Crescimento e reprodução [...] estão estreitamente ligados. Karl Ernst v. *Baer* considerou há tempo a reprodução como um 'crescimento mais além da medida individual'. Mas podemos dizer ao contrário: crescimento é 'reprodução' dentro de uma individualidade. O crescimento é também uma procriação permanente, e entranha a elaboração das plantas, ou de células vivas *a partir de si mesmas*.[259]

---

[259] H. Conrad-Martius, *Die Seele der Pflanze*, Breslau, 1934, p. 59.

Essência – *Essentia, οὐσία* – Substância, Forma e Matéria   283

O crescimento, como o processo gerador, são repercussões do que Hedwig Conrad-Martius considera como "a essência mais íntima e a mais particular da vida e de todo o vivente": a "potência de autorreprodução".[260] Sua expressão visível é a ramificação enquanto "momento de configuração originária das plantas".[261] A "reprodução" em sempre novas elaborações particulares é como uma continuação desse processo de ramificação.

De todas as maneiras, convém reconhecer que "crescimento e reprodução se acham em certa contraposição, na medida em que a planta, durante seu crescimento, se reproduz enquanto *totalidade individual*; ao contrário, na reprodução *mais além dela mesma*, só serve para a conservação de sua *espécie*.[262]

Essa contraposição encontra sua "expressão configurativamente diferenciada" na diversidade da *folhagem* (que tem como função a assimilação e a nutrição e serve, por conseguinte, ao crescimento e à individuação) e das *flores* (servindo ao processo gerador).

H. Conrad-Martius encontra a contraposição "da individuação e da conservação da espécie [...] relativamente secundária dentro do organismo vegetal, visto que a planta, conforme sua essência, não possui ainda uma individualidade conclusa (interiorizada, centrada), mas uma individualidade essencialmente *aberta*". Para essa autora, os pontos mais importantes para caracterizar o ser vegetal são os seguintes: "que 1) Crescimento e reprodução no âmbito do organismo da planta provêm do mesmo princípio essencial (a capacidade – existencial – para uma autodelimitação e autofundamento); e que 2) por conseguinte, o princípio de reprodução, a reprodução constitui a atividade mais própria e mais essencial (fundamental) do organismo vegetal, tal como se manifesta claramente na formação final da flor e da inflorescência, como 'cabeça' da planta".[263]

13. Autoconfiguração e Reprodução; Indivíduo e Espécie; Vida Própria e Forma Essencial do Indivíduo

Mas em nosso contexto, a diferença entre crescimento e reprodução reveste-se de uma importância decisiva. É necessário atribuir ao "acaso" a que-

---

[260] *Ibid.*, p. 115.
[261] *Ibid.*, p. 113.
[262] *Ibid.*, p. 113.
[263] *Ibid.*, p. 113.

da de uma maçã no chão? Um novo arbusto poderia brotar por si mesmo sobre o velho tronco? etc. Dir-se-á que a nova planta tem necessidade das matérias nutritivas que toma do solo e do ar, e por isso deve ter, fora da velha planta, um "espaço vital" suficiente para poder desenvolver-se. Se esse espaço constituísse a única causa da separação, seria, então, impossível considerar a jovem planta como uma nova "essência individual". Sem dúvida, seria uma elaboração material vivente que possui uma figura espacial fechada, mas não possuiria nenhuma "forma interna" própria, nenhuma "alma" própria. Então, seria a "espécie" como o todo, composto de todas as elaborações materiais configuradas por uma forma – com todas as "subespécies" que fazem parte da relação de procedência – a verdadeira unidade de vida. Certamente, é importante destacar com clareza a real unidade de vida que vai mais além da elaboração particular e que a contém. Mas não se deve chegar ao ponto em que se veja ameaçada a elaboração particular em seu ser próprio. Parece-me que esse seria o caso se não se estabelece com precisão o limite entre o crescimento e a procriação, e com isso, entre o ser particular e a espécie. Se o surgimento de um novo ser vivo não fosse mais que a partição de uma célula ou a ramificação de uma árvore, então sua existência individual só seria exterior e sua própria vida só seria aparente.

Se isso é assim, se lhe retiraria a "autodelimitação" e o "autofundamento" nos quais Hedwig Conrad-Martius vê precisamente o princípio do ser tanto para o crescimento como para a reprodução. Se se admite que a reprodução é o único ou pelo menos o principal sentido existencial da planta, então o desenvolvimento da essência singular para uma elaboração de figura particular não recebe sua importância. Quando Aristóteles fala de um "excedente de matéria" que não é indispensável ao indivíduo para sua própria configuração e, portanto, pode servir à configuração de novos indivíduos, tais considerações relacionam com o que estamos dizendo. Só se pode falar de um "excedente" se se dá uma medida determinada de antemão. E, de fato, assim é. Hedwig Conrad-Martius, no capítulo de "estrutura e as leis de formação do reino vegetal", expôs com toda clareza e com a maior força de convencimento que se trataria da formação de unidades determinadas de configuração de determinadas totalidades de forma. Certos tipos fundamentais se separam em sempre novas espécies e subespécies, semelhantes "a um sol *central* ou a um *arquétipo* [...] que se reflete em todas as demais formas singulares de uma maneira efetiva sempre nova" e isso não tem outra finalidade senão a "única dessa riqueza de formas e dessa exuberância de formas".[264] O mundo é um *cosmo* composto de tais "totalidades" [que] "se apresentam por outro lado unidas, uma com a outra, e uma depois da outra, para constituir unidades formais mais elevadas, dando, assim, no decorrer de notáveis séries evolutivas e de processos submetidos a um ritmo regular", receberam desde o "começo do mundo" "uma estrutura hierárquica admirável desde as formações mais inferiores até as mais elevadas, desde o ser mais isolado até o ser mais universal".[265]

Mas os indivíduos constituem os suportes dessa riqueza de formas; neles a particularidade da espécie se expressa em uma figura visível. Devem conter a medida de sua forma específica, concluir-se e delimitar-se de uma maneira determinada. Quando ultrapassam essa medida, produzem-se deformações. Mas, se podem receber um excedente material, a razão dele é que seu significado existencial não se esgota com a autoconfiguração, que têm, além disso, outra coisa a fazer. Por meio da reprodução servem à conservação da espécie, mas também à sua transformação, à origem de novas variedades específicas. A espécie vem à existência nos indivíduos; caracteriza-se nitidamente neles, continua configurando e se transformando neles.

Visto que a ação de cada indivíduo se estende mais além de si mesmo e de sua própria existência, todos esses indivíduos fazem parte de uma cadeia causal e existencial. No entanto, cada membro dessa cadeia é um todo circunscrito e fundamentado em si mesmo; com cada um começa uma nova existência e uma nova vida. E, no entanto, cada um está, ao mesmo tempo, "aberto", visto que permite a saída a novos indivíduos e que transmite a peculiaridade da espécie, seja ela transformada ou modificada. Assim, com o primeiro indivíduo de uma espécie começa a existência da espécie enquanto totalidade geral à qual pertencem a título de "membros" todos os indivíduos que provêm da mesma origem. A espécie se realiza na sucessão e na simultaneidade de seus "exemplares".

Propomos agora a seguinte pergunta: cada indivíduo *tem* uma forma essencial própria (somente nesse caso merece o nome de *indivíduo*) e sua vida própria? Depois: recebe forma e vida do ser gerador? À primeira pergunta respondemos como antes: sim, leva sua forma em si mesmo, configura-se a partir de dentro segundo a própria lei de formação; e essa configuração, desde o primeiro despertar da vida até a aquisição da forma perfeita e mais

---

[264] *Ibid.*, p. 73.
[265] *Ibid.*, p. 82.

além ainda, enquanto a figura é conservada pelo efeito do "metabolismo", é sua vida que se identifica com sua "existência".

A produção de frutos maduros está incluída nela. Cada indivíduo tem sua vida própria que começa e termina. Não é ele mesmo o que se dá essa vida, mas que a recebe. Quem a dá? Essa é nossa segunda pergunta. Se o fruto maduro pertence à unidade de vida do indivíduo gerador, e se, por outro lado, uma nova vida começa no ser gerado, então parece que se produziu uma ruptura entre os dois.

Na geração sexual é evidente que isso que dá nascimento ao indivíduo não é ainda um novo ser vivo. Em primeiro lugar, o ovo fecundado é "fruto" acabado, mas o fruto não é ainda sem mais igual ao ser vivo independente e "vivo". As disposições que nas diferentes espécies de seres viventes servem para a preparação da nova vida são diversas. Mas parece que existe onde quer que seja um estado intermediário em que o "fruto" ou a semente estão em *capacidade* de vida e distinta, então, de todas as demais elaborações materiais inanimadas, embora ela não constitua ainda um ser vivo independente. Na semente inteiramente configurada (fecundada), "a nova planta está contida como uma verdadeira imagem em miniatura".[266]

Isso quer dizer que a figura e as capacidades de ação que deve alcançar e para as que deve estruturar-se estão traçadas de antemão nessa semente. Uma espiga de trigo (naturalmente) não pode brotar senão a partir de um grão de trigo, e só uma espiga de trigo – e nenhuma outra – pode ter esse desenvolvimento natural. Isso distingue essencialmente a elaboração capaz de vida da "matéria" inanimada da obra de arte, como o pedaço de cera, que pode ser formado de muitas maneiras e, por outro lado, esse pedaço de cera para a formação de tais elaborações ou formações pode ser substituído por outra matéria. Por conseguinte, a semente possui em si mesma sua determinação específica que constitui sua lei de formação, e isso se deve à sua "procedência".

Para ela é o que deve chegar a ser, mas o é somente em *potência potencial*,[267] ou seja, deve crescer e se configurar e, além disso, é necessário que ela obtenha primeiro a matéria indispensável para isso.[268] Mas, para

---

[266] *Ibid.*, p. 70.

[267] *Ibid.*, p. 112.

[268] É o que distingue essas elaborações materiais inanimadas que não chegam à sua figura particular senão no curso de um lento processo de configuração: os cristais. Em sua formação se ordena uma matéria já presente segundo a maneira que a caracteriza, mas não se produz nada de novo.

chegar a esse resultado, a forma deve ser forma *viva*. E esse "despertar da vida", que apenas indica o começo do novo ser vivo como tal, me parece cada vez uma nova postura que não provém da geração, ainda que seja inteira e somente ordenada nesta última. Aqui é onde percebo o maior mistério e milagre da vida. Se o que é vivo não pode nascer do inanimado, mas somente do vivo, se escapa a toda "produção" arbitrária, é uma condição suficiente para suscitar o respeito pela vida.

Mas o fato de que esse vivente não seja produzido propriamente por todos os "órgãos" da natureza animada que tendem a esse fim, mas somente é preparado para que surja sempre, por assim dizer, de uma fonte misteriosa, indica, em primeiro lugar, uma manifestação cheia de mistério do Senhor de toda vida. A propósito da alma humana, a doutrina da Igreja ensina que cada alma singular é criada diretamente pela mão de Deus. Essa posição doutrinal não concerne aos seres vivos inferiores. No entanto, o respeito diante da "santidade da vida" como tal, que pertence ao autêntico sentimento religioso,[269] me parece um argumento em favor da origem divina da vida (em um sentido particular que vai mais além do ser criado).

Assim, devemos considerar cada ser vivente como um *indivíduo* autêntico. Leva em si sua própria determinação essencial, e, além disso, enquanto "forma viva", que se desenvolve no decorrer de sua vida, que corresponde à espécie característica de seu ser. Dá-se-lhe uma *medida* determinada de ser: o *que* deve chegar a ser é uma figura ordenada segundo uma medida determinada; e a vida que deve servir à formação dessa figura e também à preparação de novos indivíduos que são precisamente os herdeiros da determinação específica, também lhes é "adequada". Esgota-se nessas ações. Constituem um instrumento do Criador para realizar formas específicas não unicamente de uma maneira análoga à das elaborações inanimadas, mas também como *instrumento criador*: enquanto gera a si mesmo (pelo crescimento) e sua descendência (na reprodução).

Mas ainda criando continua sendo uma criatura: sua "força criadora" (Hedwig Conrad-Martius fala de "potência criadora") é uma força que lhe foi dada e, além disso, é limitada. Enquanto na configuração de si e da reprodução da caracterização da espécie ele serve à sua conservação e ao seu desenvolvimento e se consome nessa tarefa, termina por ser "vítima" de sua própria

---

[269] Assim, na lei mosaica, está proibido derramar o sangue, porque o sangue é o suporte da vida (Lv 17, 10 e seg.).

288   Capítulo IV

tarefa na vida. Hedwig Conrad-Martius repetiu em muitas ocasiões que na floração completa o ser vegetal encontra a expressão mais acabada de si mesmo:

> [...] *A formação do aparato floral é a expressão de forma mais elevada e consequente da essência própria, mais íntima da planta.* Reproduzindo-se continuamente e renascendo sempre de novo a planta em flor abre seus olhos e manifesta nesse sinal amável *o que é sua alma.*[270]

No fato de que a flor que serve à reprodução constitui o coroamento da figura total da planta, Hedwig Conrad-Martius vê a prova de que não é o próprio ser, mesmo sem a conservação da espécie que é em sentido vital mais importante que a planta, em contraposição com o animal, em quem já o indivíduo tem a preeminência.

> O desenvolvimento animal se efetua no sentido de uma formação cada vez mais rica dos órgãos dos sentidos, dos centros nervosos e do cérebro, ou seja, dessas estruturas que sustentam e coroam a essência individual e formada intrinsecamente do animal. Por isso, a figura do animal termina na cabeça, que alberga o cérebro, enquanto os determinados órgãos de reprodução para a conservação da espécie, as glândulas gerativas se encontram sempre nas regiões mais inferiores. Ao contrário, na planta o *aparato floral* constitui a coroa e a cabeça. A planta é só totalmente ela mesma, onde, *mais além de si mesma*, reproduz seres semelhantes a ela mesma. Acaba sua atividade vital com o fruto que guarda a semente; *despoja-se* nele inteiramente de si mesma, em vista de uma reprodução ulterior de si mesma.[271]

Tão bela e tão luminosa como é essa determinação da essência, assim também vejo na realização das formas específicas a tarefa de vida da planta, e me parece necessário não permitir que se arrisque demais sob a reprodução o significado da autoconfiguração em vista dessa tarefa. Hedwig Conrad-Martius apresenta também a esse propósito os dados objetivos. Mostra que plantas com flores muito pequenas chegam a realizar a elaboração com aparência de uma grande flor acumulando essas pequenas flores

---

[270] *Op. cit.*, p. 70.
[271] *Op. cit.*, p. 71. A planta, tal como está descrita aqui, me parece ser o símbolo perfeito da "mulher eterna" (ou seja, da mãe), como pintou Gertrud *von Le Fort.* (*Die Ewige Frau,* Munique, 1934, p. 97 e seg.)

Essência – *Essentia, οὐσία* – Substância, Forma e Matéria   289

e dispondo-as de uma maneira conveniente (por exemplo, a margarida). Essas formações com tal aparência se explicam não só por sua adaptação à função de atrair cegamente os insetos, porque

> "a semelhança de uma planta regular em *forma, cor, desenho, formação de um cálice aparente vai mais além do que pode representar para os insetos, um sentido que corresponde ao grau de sua capacidade de percepção.*"[272] Por isso se pode *"certamente dizer que nas plantas mais elevadas deve haver realmente uma tendência íntima a uma forma; tendência – dizemos – a produzir uma 'flor' radiante e visível".* "De novo estamos com essa tendência à configuração de uma flor chamativa diante da manifestação da essência mais profunda da planta."[273]

Essa tendência da planta em formar uma flor radiante me parece dar a indicar que tal flor é primeiro – independentemente de seu significado como órgão de reprodução – a perfeição que coroa a configuração singular, na qual o "estilo" que domina toda a elaboração primeiramente cria a forma acabada de sua manifestação. A planta adornada com suas flores representa o ponto mais elevado da autoconfiguração. Mas o fato de que esse ponto culminante pode ser superado, que as flores sirvam à formação de frutos, e que dos frutos cresçam novas elaborações, tudo isso constitui certamente a prova certa, me parece, de que a vida singular, da qual falamos, não é o mais importante no ser vegetal. A vida singular serve para a vida do conjunto e, por conseguinte, para a formação das formas específicas; mas a vida como tal e o conteúdo das figuras correspondentes ao seu ato criador são manifestações do ser eterno, o último fundamento dos dois. As figuras singulares são modificações de formas fundamentais determinadas; nelas "se exerce" uma força criadora infinita ligada a um "conteúdo de ideias" infinito.

Mas as formas fundamentais expressam de maneira sempre nova e sempre mais perfeita a peculiaridade do próprio ser vegetal como tal.

> Assim é como cresce [...] a planta não só em sua figura espacial particular e típica, mas também na *figura total externa e interna* que constitui seu caráter específico dado e sempre transmitido de novo; essa figura

---

[272] *Op. cit.*, p. 78.
[273] *Op. cit.*, p. 79.

> é, *ao mesmo tempo*, determinada pela [...] *essência fundamental* geral da planta no decorrer de seus estágios evolutivos e de cada diferenciação particular [...] Por conseguinte, cada tipo particular se nos apresenta como uma *obra de arte* dirigida e totalmente formada por sua pluralidade por uma ideia de conjunto, e que depende das circunstâncias dadas e da matéria disponível.

Essa complexa ideia de conjunto situada diante da planta a atrai como obrigando-a, por assim dizer, até que ela (Ideia) fique plenificada e realizada completamente a partir do desenvolvimento, configuração e crescimento da planta levados a cabo a partir de si mesma.[274]

A "ideia atraente" diante da planta é a *forma pura* ou o *arquétipo*. Se no interior do mundo vegetal essa ideia está inteiramente realizada e cumprida, como é o caso, pode-se afirmar, no entanto, que essa realização não se produz sem os obstáculos encontrados no desenvolvimento e sem deformações, que não faltam aqui, tampouco: o reino vegetal está também submisso à lei do pecado, ainda que o caráter paradisíaco da natureza originária apareça mais intacto aqui do que nos graus superiores do ser.[275] Então, manifesta-se a unidade do mundo criado em seu conjunto, o qual resulta sempre claro desde outros diferentes aspectos.

§5

Conclusão das Investigações sobre Forma, Matéria e οὐσία

1. Conexão entre os Diversos Âmbitos do Ser. Forma – Matéria, Ato – Potência na Natureza Inanimada e na Natureza Animada

Parece-me impossível caracterizar de uma maneira suficiente um dos grandes gêneros fundamentais do ser sem considerar as relações desse gênero

---

[274] H. Conrad-Martius, *op. cit.*, p. 80.
[275] Ver a esse respeito o que H. Conrad-Martius diz da "inocência" da flor (*op. cit.*, p. 84).

com os outros gêneros fundamentais, não só o contraposto que leva à clara delimitação dos diferentes reinos da natureza (é o que domina em Hedwig Conrad-Martius, porque ela antes de tudo se preocupou em delimitar os diversos campos), mas também as conexões que podem apresentar-se. Há relações de ação e de significado: trata-se de uma relação de ação quando a natureza inanimada oferece as matérias para a constituição do reino vegetal e quando as plantas – graças à sua capacidade de transformar matérias inorgânicas em matérias orgânicas – preparam as matérias constitutivas ao corpo do animal e do homem. Trata-se de relações de significado quando as formas fundamentais do real (corpo vivo, alma, espírito) se refletem no material puro (graças às maneiras fundamentais de ocupação do espaço: estado sólido, líquido e gasoso); quando o contraste particular do ser vegetal e do ser animal aparece como o símbolo visível do ser masculino e do ser feminino, ou, então, quando o indivíduo e a totalidade da espécie no reino vegetal em sua contrariedade e em seu nexo representam a contrariedade e a relação da pessoa singular e da comunidade originária (família, tronco, raça) na vida humana.

Trata-se só de indicações significativas em relação às relações ou conexões, às quais deveria seguir um estudo profundo dos diversos gêneros do ser. Este não é o lugar para cumprir tal tarefa. Só abordamos a estrutura dos seres vivos para esclarecer o que significam "matéria" e "forma" e o que devemos compreender pelo ente, que está composto de matéria e de forma. Os seres vivos são "compostos" no sentido pleno da palavra. Enquanto nas meras elaborações materiais não encontramos senão uma matéria uniforme – uni-*forme*, porque está dominado por uma força de forma presente no interior dela mesma e inseparável dessa matéria; e divisível e componível só no espaço – existe uma diversidade de matérias reunidas por uma forma vivente que é superior, que domina e dá a todo o conjunto articulado a estrutura correspondente à sua lei de formação. O caráter supramaterial da forma se manifesta na manutenção e no desenvolvimento da elaboração durante seu continuado "metabolismo". O *ser da forma é vida*, e vida é *configuração* da matéria em três graus; a *transformação das matérias constitutivas, autoconfiguração e reprodução*. A composição de matéria e de forma e a configuração progressiva e jamais terminada da matéria pela forma pertencem à *essência* de tais elaborações ou formações.

A doutrina aristotélica de matéria e de forma me parece compreensível do ponto de vista de que ela foi constituída na base da observação da natureza animada. A tentativa de conceber essa doutrina como uma lei fundamental de tudo o que é material trouxe seus problemas: o perigo de depreciar a essência singular das simples matérias e o de riscar o limite entre os dois âmbitos do ser. A essas dificuldades se acrescentaram as ideias inadequadas de uma ciência natural ainda em seus princípios; a natureza efetiva das matérias (número e maneira de ser dos elementos, sua estrutura interna assim como as leis de suas misturas e de seus compostos) e a composição dos corpos animados eram muito mais desconhecidas para essa ciência que para nossa química, para nossa física e para nossa biologia modernas e contemporâneas com todo o conjunto de recursos e de métodos de que dispõem. Enfim, o paralelismo constante entre as elaborações naturais e as obras de arte não favorecia a separação restrita e a definição das "formas vivas".

Assim como o contraste de forma e matéria se apresenta em primeiro lugar no âmbito dos seres vivos de maneira muito acentuada, assim a contraposição de ato e potência, que domina o conjunto de mundo criado como o reino do devir, recebe aqui uma significação particular. H. *André*, que examinou esse significado, entende por "ato" o "campo de realização determinante" e por "potência" o "campo da matéria que tem necessidade de uma determinação".[276] Essas expressões não podem englobar *tudo* o que se dá no "ato" e na "potência", e não são adequadas para descrever a significação fundamental do *ser* real e possível, mas ajudam a lançar um olhar sobre as relações peculiares no âmbito do vivo.

As simples elaborações materiais comparadas com os seres vivos – como dissemos antes – estão em certo sentido "acabadas". Seguramente, estão submetidas ainda ao devir. Constituem algo real, que esconde em si possibilidades: as capacidades de fazer e sofrer, e são, portanto, "determinantes", e estão, ao mesmo tempo, "necessitadas de determinação", mas em relação com muitos aspectos. Isso opera configurando sobre o outro; e é, por sua vez, transformado por outro, mas não se configura nem se transforma por si mesmo. O processo de cristalização representa uma exceção e torna assim mais difícil a separação entre as simples elaborações materiais e os seres viventes.

---

[276] Hans André, em seus próprios escritos – *Kirche als Keimzelle der Weltvergöttlichung* (1920); *Urbild und Ursache in der Biologie* (1931) – e na introdução ao livro de H. Conrad-Martius sobre a alma das plantas, p. 13 e seg.

Com efeito, encontramo-nos aqui em presença de um "devir" que não é assimilável a um simples ser mudado devido a influências exteriores; se não se trata de "ser acabado" da formação material, que antes não era inteiramente "ele mesmo" (por conseguinte, um "devir substancial"), é um configurar-se da matéria em uma figura correspondente a ele.

No entanto, a configuração material *se torna* acabada, o ser vivo, ao contrário, jamais: trata-se de um contínuo devir, um constante configurar-se e, com isso, ao mesmo tempo, determinante e necessitado de determinação com relação a si mesmo. A proposição fundamental de Aristóteles segundo a qual nada pode ser ao mesmo tempo atual e potencial no que concerne à mesma coisa não se encontra contradita aqui, visto que a forma é a que determina e a matéria é a que é determinada. Mas, o todo é produzido e, ao mesmo tempo, produz; e, com isso, não é simplesmente eficiente ou com "capacidade de determinação", mas é, por assim dizer, criador. Enquanto, por um lado, ultrapassa toda eficiência e a capacidade das simples elaborações materiais, por outro lado, encontra-se aqui um grau de ser que fica atrás das capacidades realizadas (potências ativas e passivas) e se pode falar com todo direito de "potencialidade potencial".

O ser vivo não desenvolvido não possui ainda as faculdades que pode e deve adquirir: o ser vivo desenvolvido possui a faculdade de ver: *pode* ver, ainda que no instante presente de fato não veja; o ser não desenvolvido não tem ainda essa faculdade, não *pode* ainda ver, mas pode chegar à posse dessa faculdade, e, assim, esse poder é já uma possibilidade que deve ser considerada como um primeiro grau para a realidade e que é distinta da simples ausência que se manifesta na impotência para ver das coisas inanimadas.

A aquisição das faculdades durante o desenvolvimento dos seres vivos deve distinguir-se também da aquisição de poderes tal como se apresenta nas meras coisas materiais. Um pedaço de ferro que não é magnético pode tornar-se magnético e ser capaz de atrair pedaços pequenos de ferro. Aí se encontra também o contraste de "potência potencial" e de "potência atual". Mas o ferro não necessita "desenvolver-se primeiro para adquirir essa faculdade; não necessita chegar a ser em primeiro lugar o ente (a "substância") que sirva de fundamento a essa possibilidade, mas possui já a maneira de ser material que torna possível a passagem ao estado magnético em atuações determinadas. Ao contrário, o ser vivo deve primeiro chegar a se converter no ente no qual existe a faculdade de ver. Assim, a significação de "ato" e "potência" para os seres vivos é ainda mais variada que para as simples coisas

294 Capítulo IV

materiais, e a distância entre os dois é maior, e precisamente nessa distância entre uma simples "possibilidade possível" e uma realidade criadora é onde reside a peculiaridade de seu ser que engloba esses dois polos.

2. O Ser Vivo enquanto οὐσία. Οὐσία – Substância – *Essentia* – Essência

Convém agora estabelecer ainda a peculiaridade do ser vivo enquanto οὐσία e responder logo à pergunta que é objeto de todo este capítulo: quais são as relações entre οὐσία, *essentia*, "substância" e "essência". Para a οὐσία, encontramos já o seguinte significado: o "ente no sentido eminente do termo".[277] Mas essa "preeminência de ser" poderia comportar diversos significados: o do existente frente ao que é simplesmente pensado, o do real frente ao possível, o de independente frente ao dependente, que não possui um ser que lhe pertença como próprio, mas que participa só no ser de um "substrato". Todas essas qualidades estão reunidas no ente, que se considera tradicionalmente como a "substância".[278]

Designamo-lo como "real independente e próprio". Essas considerações aparecem muito próximas ao que H. Conrad-Martius expôs em seu trabalho *"L'existence, la substantialité et l'âme"*.[279] Também para ela, ser real (ela o chama "existência") e substancialidade coincidem. Quanto à diferença entre o "ser absoluto" (a que chamamos igualmente o ser "puro" ou o ser "primeiro") e o ser finito, ela a vê no fato de que o primeiro existe por si mesmo (*per se*) e de si mesmo (*a se*), e que tem poder sobre *todo* ser, enquanto o ser finito é um "ser ele mesmo", e nessa *"seitas"* é onde se encontra fundamentado um *in se* e *per se esse*. Tem uma *essência e tem poder sobre seu próprio*

---

[277] Ver IV, §4, 5.

[278] Nas novas traduções de santo Tomás começa-se a impor o substantivo "essência autônoma".

[279] *Recherches Philosophiques* (Paris, Editorial Boivin et Cie., 1932-1933). Trata-se da introdução à grande ontologia cujas linhas gerais estão indicadas no livro sobre a alma da planta. "Existência" significa aqui "ser real"; por conseguinte, seu sentido é mais restrito que o que demos nós mesmos. Correspondentemente a delimitação entre "a existência" e o "ser essencial" é diferente da do ser "real" e do ser "essencial", que encontramos. Parece-me que em H. Conrad-Martius ao termo "ser essencial" juntam-se coisas que nós distinguimos no decorrer das investigações empreendidas no presente capítulo e no capítulo precedente (ver sobretudo IV, §5).

ser. Este último significa uma "potencialidade dinâmica": o real finito está sempre em busca de seu ser e por isso é essencialmente temporal.

Quando designamos a "substância" como um "ente próprio a si", queremos dizer simplesmente que esse ente é "ele mesmo" e possui sua própria essência e ser. Mas entendemos o ser como atuação da forma essencial, como o desdobramento de uma essência realizada, como a realização das possibilidades fundadas na essência (aqui estão incluídos a temporalidade e o "poder sobre o ser próprio"); e no que concerne ao gênero particular do ente que chamamos "matéria", observamos: o configurar-se no espaço, o estender-se, o apresentar-se e o repercutir no espaço.

A concepção de "matéria" e de "espírito" como gêneros diferentes do real que não se deixam reduzir um ao outro é a mesma em Hedwig Conrad-Martius e em nossas próprias investigações. O que acentuamos para caracterizar o que é material em contraste com o vivo – o material está em certo sentido "acabado" –, Hedwig a aplica igualmente ao espírito: dá ao corpo e ao espírito o nome de "ente atual", cuja constituição está completa.[280] Ao contrário, o *ser peculiar dos seres vivos se distingue em que antes devem chegar à posse de sua essência*. O ser vivo se diferencia das meras naturezas materiais pelo fato de que tem um próprio "centro" de seu ser, tem uma "alma" (ou um "princípio vivificante", se queremos reservar o termo "alma" para a alma *pessoal*, que se manifesta só no interior da totalidade humana formada no eu).[281]

Também as naturezas puras materiais, as substâncias "sem alma", *enquanto* substâncias e *enquanto* têm uma existência independente, não estão privadas do próprio princípio de ser, nem da potência existencial para o próprio ser. Mas essa potência não ocupa *nelas* (nas naturezas materiais) nenhum "centro próprio", nenhum "espaço" particular, visto que as naturezas materiais estão destinadas com sua inteira individualidade totalmente para a exterioridade constituinte ou de certo modo são "dispersas" nelas.

> Quando, ao contrário, em uma substância esse princípio existencial individual se apresente como um 'centro' *dentro* de si mesmo; assim se pode e se deve necessariamente falar de um princípio psíquico ou animante. Uma

---

[280] Com que direito se diz isso também do espiritual, isso não vamos explicar aqui, visto que ainda nos faltam as investigações nas quais deveríamos apoiar-nos (ver o capítulo VII).

[281] Não fizemos essa restrição, mas falamos da "alma" no sentido geral de "forma vivente".

> totalidade vegetativa não se expressa já somente em uma exteriorização completa dela mesma (ainda que subsista nessa substancialidade material do 'substrato', sobre a qual ela se constitui), mas ela se concentra com seu ser exteriorizado (material) *na potência própria do ser como em um centro do ser*; de onde adiante o todo pode ser abraçado, configurado e organizado *como* um todo.

A partir desse centro do ser se constitui o todo. "Por conseguinte, o princípio anímico se situa na esfera *pré-real*, potencial constitutivo do ser." Enquanto a "potência" divina é um poder *sobre* o ser, e com isso, por assim dizer, um "superato": *mais* que atualidade e não *menos*; pode-se falar de "alma" só onde se trata de uma realidade "inferior" ao ser atual, ou seja, da simples possibilidade dinâmica *que conduz* ao ser.

Em nossa linguagem, estaríamos obrigados a expressar de outra maneira o que se acaba de dizer. Vemos no ser divino o "ato puro", e medido assim é todo ser finito – em diferente relação de medida – em parte seja atual ou potencial: o mesmo para a alma. Enquanto atuante no ser vivo e enquanto configurante no ser real a própria alma é real, mas seu atuar é, ao mesmo tempo, contínua realização de sua própria possibilidade. Essa superioridade com relação ao ser simplesmente potencial deve expressar-se com o termo "*força* potencial".

> Com efeito, a potencialidade do ser da *alma* (como em geral o princípio autônomo do ser) não é uma 'potência' no sentido de uma disposição formadora material que teria necessidade antes de tudo de um fator atuante para ser atuado. Não, a alma é *ela mesma*, o princípio que possui o poder de atuar; a alma é a potência no sentido do *poder* positivo para o ser. Mas esse ser não está ainda em sua atualidade realizada, por meio da potência do ser que lhe serve de fundamento.

A alma vem do nada e, no entanto, contém em si o poder de ser: "Por isso sua essência é particular, ao mesmo tempo que 'abissal' (no sentido de abismo sem limite) e 'criadora'. Segundo seu princípio, está no 'nada', no entanto, aquilo de onde toda a substância tira todo seu ser e a si mesma."

Esse é o poder criador do próprio ser que no livro sobre a alma das plantas se traduz com as expressões "autocompreensão" e "autofundamentação". O característico do anímico permite compreender como o contraste matéria-espírito tem que unir à tripla distinção que expusemos

Essência – *Essentia, οὐσία* – Substância, Forma e Matéria   297

antes: corpo vivo, alma, espírito. Quando "matéria" (no sentido de que preenche o espaço) e "espírito" se confrontam um com o outro, trata-se de uma contraposição de conteúdo de diferentes âmbitos de realidade. Quando corpo vivo, alma e espírito foram opostos entre si, foram caracterizados como *formas* fundamentais do ser real, a saber: o que se mantém em uma configuração fechada, o que impulsiona a configuração, o que se entrega e se dá livremente.

A forma à qual aspira o que é material como tal é a do corpo vivo; a forma à qual aspira o espiritual como tal é a do espírito. Mas o anímico, enquanto "criador", "subterrâneo", não atua em uma terceira espécie de plenitude de conteúdo, mas na figura material ou espiritual.

O que se costuma chamar "seres vivos" são "substâncias" cujo ser provém da configuração progressiva de um corpo vivo material a partir de uma alma. O vivo jamais está terminado, está sempre no caminho para seu próprio ser si mesmo, mas possui em si mesmo – em sua alma – o poder de se configurar.

Chegamos à conclusão: οὐσία no sentido mais restrito e mais particular do termo, que é o que mais interessava a Aristóteles, é *"substância"*, ou seja, um real fundado em si, que contém em si sua própria essência e a desenvolve. *Essentia* é a essência enquanto determinação quídica inseparável do ente e que pertence irrevogavelmente a seu ser e lhe serve de fundamento.

As elaborações ou formações materiais espaciais têm sua raiz na forma essencial que configura a matéria; se se trata de simples elaborações materiais, a forma e a matéria não se podem separar uma da outra: a essência é a materialidade especificada ou formada determinadamente, a matéria é sempre formada de uma maneira particular e não se pode conceber sem a forma. Nos seres, forma e matéria se separam uma da outra. A forma é "forma viva" ou "alma". Tem o poder de configurar e de animar o todo de uma maneira particular. Seu ser é vida, e vida é contínua configuração material e, portanto, uma realização progressiva da essência que consiste na formação particular da matéria. As elaborações materiais espaciais – inanimadas e animadas – não esgotam a extensão do termo οὐσία. Existe também no âmbito do espírito um ente independente e subsistente. Certamente, segundo tudo o que dissemos já do "ente primeiro", é agora evidente que o nome οὐσία lhe vem no sentido mais próprio e o mais eminente do termo, visto que possui uma "preeminência do ser" infinito, superior a todo o finito.

Para expressar algo sobre o próprio ser do espírito infinito e dos espíritos infinitos em contraste com as elaborações materiais estaríamos obrigados a aprofundar mais no que se deve entender por "espírito". O que se indicou até o presente não constitui um fundamento suficiente. Para o momento limitamo-nos a explicar essa forma fundamental do ente, designada pelo termo οὐσία ou substância e que encontra uma realização em todos os âmbitos do real separados segundo seu gênero.

V

O Ente como Tal
(Os Transcendentais)

§ 1

Retrospectiva e Perspectiva

Formulamos o problema do *ser* e encontramos muitas respostas. O ser se divide em ser *eterno* (infinito) e *finito* (limitado); e em todo ser finito devemos distinguir entre *ser* e *ente*. O ente se mostra segundo seu *conteúdo*, ou seja, segundo o que é, como diverso, e se divide correspondentemente em diversos *gêneros*; a estes, por sua vez, correspondem diferentes *maneiras de ser*. O que conseguimos não foi, de modo algum, uma visão completa de todos os gêneros e modos de ser. Partindo de diferentes pontos, tratamos de chegar à compreensão do ente: seguimos a via *agostiniana*, que assume seu ponto de partida no que nos está mais próximo, porque não podemos separar-nos dele: a vida do eu; tomamos também a via *aristotélica*, que parte do que se nos impõe: o mundo *sensível*.

Encontramos aqui e acolá um ente com uma estrutura particular e certos aspectos de estrutura: a distinção entre o ser e o ente *possíveis* e *reais* e o fundamento do real e do possível (enquanto *real* possível) em ser e ente *essenciais*, mas além de tal distinção.

Mas não estabelecemos ainda a relação entre estes dois mundos – o mundo exterior e o mundo interior. Há aqui um problema importante, ainda sem solução.

A via aristotélica propõe mais questões. Aristóteles considerava a questão do ὄν e da οὐσία como idêntica. De fato, para a οὐσία, encontramos o significado seguinte: "ente no sentido eminente", e, no que concerne aos diversos entes, descobrimos diversas "características".[1] Mas não deveria ser possível estabelecer *o sentido do ser e do ente como tal*, que está

---

[1] Veja-se o resumo deste capítulo.

contido nas diversas significações de οὐσία e que corresponde ao ὄν, que determina tudo, mas, de certo modo, vai mais além em sua ação? Quando Heidegger interpreta οὐσία como *o sentido do ser*,[2] parece-me que, de nenhuma maneira, corresponde à opinião de Aristóteles. Todos os nossos esforços para compreender essa palavra obscura já nos levaram a esta conclusão de que οὐσία se refere ao ente: certamente ao ente, enquanto o sentido do ser se realiza no ele, ou ao ente como ente, ὄν ᾗ ὄν.

Então, se concebemos a οὐσία como "ente no sentido eminente", isso só quer dizer que o seja em um sentido *mais próprio* que outra coisa que também é designada como ente. Encontra-se precisamente aqui um múltiplo sentido de ὄν, um sentido próprio e um sentido impróprio, e é com o ὄν no sentido próprio que convém identificar οὐσία. A tarefa que nos incumbe agora consistirá em mostrar como a questão do ente como tal remete à questão do sentido do ser.

Ainda não investigamos todos os gêneros do ente nos quais o conceito restrito da οὐσία – do conceito do *ente independente e particular* – encontra seu cumprimento. Como Aristóteles, aplicamo-lo às coisas materiais que caem sob os sentidos e pressupomos somente que convém aplicá-los também à realidade espiritual. Mas ainda devemos prová-lo objetivamente: é necessário mostrar que existem formas cujo ser não consiste na configuração de uma matéria extensa ou que não se esgota em tal configuração e que, no entanto, constituem algo real independente. Trata-se, ainda, de qualquer maneira, de formas "configurantes"? E o que configuram elas? Além disso, qual é a relação dos pares opostos forma-matéria e matéria-espírito? Como se comportam espírito e forma? Enfim, convém perguntar-se se só algo real e concreto pode ser considerado como um ente independente e particular ou se os "objetos ideais" não podem ser designados como tal ente.

Uma questão ainda que se relacionou, muitas vezes, em diferentes contextos, mas que até o presente ainda não foi abordada, vincula-se com a precedente: a οὐσία, no sentido mais estrito, pareceu-nos identificar-se com "essência singular" ou com "indivíduo". O que significa a "individualidade"? E significa o mesmo nas diferentes áreas do ser?

---

[2] Segundo a indicação de O. Becker, *Mathematische Existenz* [*Untersuchungem zur Logik und Ontologie mathematischer Phänomene*. In: *Jahrbuch für Philosophie und phänomenologische Forschung*, t. 8, Halle. a. d. S, 1927]. Na introdução de *Sein und Zeit*, a finalidade da obra se apresenta como a de elaborar a questão do "sentido do ser", mas não se especifica que isso deva ser tomado como uma tradução da οὐσία aristotélica.

O Ente como Tal (Os Transcendentais)   303

Nessa última questão, encontra-se incluída ainda outra de grande importância para tudo o que precede. Se fosse necessário estabelecer que o conceito de "indivíduo" se ache realizado ou cumprido nos diferentes âmbitos, mas em cada caso de maneira diferente; se, portanto, o termo – assim como ὄν e οὐσία – tem um significado consistente e um significado variável, então não deveria ser concebido como uma "forma vazia", que conserva, nos diferentes âmbitos do ser, um *conteúdo* diferente? Ou, então, o consistente fixo é algo comum em relação ao *conteúdo*, que só apresenta um "lugar vazio" para uma diferente realização ou cumprimento, como o encontramos na relação de gênero e de espécie.[3] Já destacamos esse contraste de forma e de conteúdo quando tratamos da estrutura formal da coisa.[4]

E essa contraposição desempenhou – implicitamente – um papel em todas as investigações empreendidas até agora, visto que nos interessava mostrar, também, onde consideramos as diferenças de conteúdo do ente – com essas diferenças, mas com a estrutura do ente como tal. Assim será projetada uma nova luz sobre as explicações que já demos, e as investigações ulteriores poderão ser empreendidas com uma maior clareza, se começarmos por expor a questão do significado e da relação recíproca de forma e conteúdo.[5]

§ 2

Forma e Conteúdo

Expusemos a *coisa* e a *qualidade concreta* como "formas vazias". Mas a coisa – πρώτη οὐσία – é um ente independente e particular: em posse de seu próprio ser e de sua própria essência, e atuando e sofrendo repercussões de determinada maneira na base de sua essência. Se tomarmos como "coisa" esse pedaço de pedra arenosa, e como "qualidade" a cor vermelha (desse pedaço de pedra arenosa), então as formas são realizadas até sua última determinação.

Entretanto, a última determinação – qual seja, o pedaço e o vermelho – não está expressamente indicada, mas somente assinalada pelo dedo indica-

---

[3] Ver o capítulo IV, § 3, 15.
[4] Ver o capítulo IV, § 3, 17.
[5] Por isso, é aconselhável deixar de lado para o momento a questão das formas essenciais mais elevadas e a questão conexa da essência do espírito.

dor, e é somente captável pelo olhar. Mas também isso que se expressa pelos nomes cor, vermelha, arenosa, embora seja algo geral e que possa aparecer em muitas coisas singulares, possui já uma plenitude de conteúdo real em relação com as mencionadas formas vazias de que falamos.

E todo conteúdo é *originariamente* captável só *de forma intuitiva*. Naturalmente, existe uma compreensão não intuitiva de nomes gerais – ao ouvir e ler, igualmente no falar e escrever, isso é frequente –, mas eu compreendo o significado dos nomes universais sem tornar presente ao olho do corpo ou do espírito o que se está mencionando, porque eu conheço de uma intuição precedente ao que se refere. Se ouço falar de coisas desconhecidas, certamente é ainda possível certa compreensão, mas permanece passageira, imprópria e aspira a fundir-se em uma intuição que há de se realizar. "Diante do olho do corpo ou do espírito": empregamos tal expressão para indicar que a "representação" não é equiparável com a "percepção sensível" desse vermelho que tenho diante dos olhos, mas a representação de um vermelho que vi uma vez. Percepção e representação são intuições sensíveis, e a cor de uma coisa singular determinada só pode ser captada por uma intuição sensível.

Ao contrário, o que significa de uma maneira geral o vermelho e também esse vermelho particular – se não o considero como uma cor dessa coisa, mas como a última particularização determinada do vermelho, que poderia também acontecer em outro lugar enquanto *ideia* ou *species* – isso não se pode perceber pelos sentidos nem captar mediante uma intuição sensível da representação (lembrança ou fantasia). Mas tampouco se pode captar por simples intuição – dessa maneira imprópria e passageira que pertence a toda captação não intuitiva –, mas como uma *intuição intelectual*, nesse modo mais próprio de *compreender* (*intelligere*), que é o fundamento de toda compreensão e na qual o espírito faz seus seus objetos: os elementos sensíveis e as elaborações sensíveis compostas.[6]

Podemos, agora, delimitar o conteúdo e a forma, dizendo que um é compreensível pela intuição e que a outra não o é? Tal afirmação seria prematura. Se tomarmos o termo "intuição" no sentido amplo, de maneira a englobar em si a captação espiritual mais originária, a "compreensão"

---

[6] Ver capítulo III, §4. A intuição espiritual está incluída na intuição sensível de uma maneira parecida como o está a especificação vermelho na cor determinada da coisa singular. Isso como referência ao fato de que o dito não se entende no sentido de uma "doutrina da iluminação" nem como um ataque à teoria da abstração.

propriamente dita, então há uma "intuição" também para as formas, uma compreensão do fundamento último. Mas a intuição das formas é diferente da dos conteúdos. Quando analisamos conteúdos compostos, por exemplo, tudo o que dá a uma coisa sua "plenitude", encontramo-nos, finalmente, com os elementos sensíveis últimos aos que demos o nome de "essencialidades": vermelhidão, cor ou também alegria, dor etc. É no "intuir" dessas essencialidades que o espírito chega ao repouso. Alcança aqui o último fundamento que é acessível e se encontra diante de um fato último que não pode mais ultrapassar.

Se separarmos desses conteúdos a forma universal que pertence ainda a cada um deles, o "algo", assim isso é também um sentido compreensível, mas não se pode ficar na compreensão desse sentido; indica por seu vazio mais além de si mesmo; ele demanda uma realização, e em sua indigência não está para dar ao espírito aquilo sobre o que poderia descansar.[7] Assim, acreditamos ter captado a diferença característica de "forma" e "conteúdo" ou "plenitude". Ambos estão ligados um ao outro. Sempre que captamos um conteúdo, captamo-lo com sua forma: sem uma forma qualquer, ainda quando se trate só da forma mais universal, "algo", um conteúdo não pode nem existir nem ser concebido: a forma é, por assim dizer, seu contorno, e ela pertence a ele como a uma coisa material sua figura espacial militante. As formas podem ser separadas na mente e captadas conceitualmente; mas, então, possuem esse vazio particular e essa indigência que as caracteriza *como* formas. Todo ente é plenitude em uma forma. O expor as formas do ente é a tarefa da ciência que Husserl descreveu como a "ontologia formal".[8] Encontra-se em muito estreita conexão com a lógica formal, visto que as elaborações de pensamento, dos quais trata a lógica, estão adequadas a suas formas.[9]

---

[7] Esse *entender intuitivo de formas vazias* tem que se separar bem do *entender (no intuitivo) de palavras*: estas podem "expressar" formas vazias ou cheias. *Husserl* considera as formas vazias como *categorias formais* (*Ideen zu einer reinen Phänomenologie und phänomenologischen Philosophie*, p. 21), e a intuição correspondente a elas como uma *intuição categorial* (*Logische Untersuchungen II*, p. 128 e seg.).

[8] Husserl limitou seu campo no tomo I de suas *Logische Untersuchungen* (1ª ed., Leipzig, 1900; 2ª ed. Halle, 1913), na primeira parte das *Ideen...*, e em sua *Formale und Traszendentale Logik*, Halle, 1929).

[9] Husserl, inclusive, a considerou como uma parte da lógica. Mas quem leve em conta os "pensamentos" como o objeto da lógica (como A. *Pfänder*) deverá considerar a ontologia formal e a lógica como duas ciências diferentes.

§ 3

"Algo", Categorias e "Ente"

Como forma mais universal, consideramos o *"algo"* ou o "objeto" no sentido mais amplo do termo. *Todo ente* lhe dá conteúdo. Ao contrário, "coisa" é uma forma que indica determinada limitação; encontra sua plenitude só em um âmbito determinado, a saber, no campo do *real*, e não por meio de qualquer real, mas somente por meio de algo *real* que é independente e particular. A "coisa", identificamos com a πρώτη οὐσία aristotélica e com a "substância". Designamos as categorias aristotélicas como forma do ente. Aqui "forma" tem o sentido de forma vazia, como se expôs agora. São as formas das coisas e do que há *nas* coisas (seu como e seu *quid*) ou o que condiciona seu ser (seu onde e seu quando) ou pelo que está condicionado por ele (suas relações recíprocas, seu fazer e seu sofrer).

A cada forma do ente corresponde uma maneira de ser particular: à forma de coisa corresponde o *ser independente*; às diferentes formas do que se "acrescenta" à coisa (as "categorias acidentais") correspondem diversas maneiras do *ser dependente* (o *ser na coisa*, ser *na base do* ser concreto etc.). O nome "categoria" se utiliza tanto para as formas do ente como para os modos de ser que lhe pertencem. Mas a coisa e o que está relacionado com ela imediatamente não esgota simplesmente todo ente. (Lembremos as "formas puras" e o ente primeiro que não corresponde à estrutura das coisas finitas.) Quando as categorias são chamadas também "gênero", convém destacar que, então, também "gênero" está empregado como nome para formas do ente e não deve ser considerado, como fizemos quase sempre, como um termo que designa um conteúdo que apresenta um lugar vazio para uma determinação ulterior do conteúdo; isto é, "gênero" – entendido de uma maneira formal – designa a forma vazia dos gêneros concebidos do ponto de vista do conteúdo.

O "algo" abarca todas as categorias aristotélicas e também tudo o que não está compreendido nelas: em suma, todo ente. Só do ente primeiro se pode afirmar que se insere sem restrição nessa forma: se se concebe o "algo" – segundo a significação dessa palavra – como um "ente qualquer", quer-se dizer com isso que se refere a um ente *finito*, colocado ao lado de outros entes:[10] mas isso contradiz a infinitude do ente primeiro que abarca todas as coisas. Se se interpreta o "algo" como aquilo que "não é nada", assim encontra no ente que abarca todas as coisas sua maior realização. Por isso, é possível dar ao "algo" um significado mais amplo e compreender em si o ente que é tudo e o ente que não é tudo e que não é nada; com isso, no entanto, também o abismo infinito que designamos como *analogia entis*.

Assim sendo, têm "algo" e "ente" idêntico significado, e o próprio ente deve ser considerado como uma forma vazia? Quando dissemos que cada ente é a realização de algo, já no fundo respondemos negativamente a essa pergunta. O ente – no sentido pleno – é um "algo realizado", e o "algo" é uma forma do ente.

Chegamos assim, de novo, à questão seguinte. Qual é o sentido do ente como tal, que deve realizar-se em todo ente, qualquer que seja sua forma e sua maneira de ser? Lembremos que santo Tomás, em *De ente et essentia* – assumindo a definição aristotélica do ὄν no livro Δ da Metafísica –, distingue um duplo sentido do ser:[11] o sentido do "ser" que se expressa no "é" do juízo[12] e o sentido do ser que está dividido por categorias. Se é justo falar aqui e acolá de "ser" e "ente", convém necessariamente mostrar, ainda, que existe uma conexão de sentido entre esses dois significados separados. Mas antes que isso seja possível, é necessário tratar de estabelecer o sentido do ser, que é comum a todas as categorias.

---

[10] Tomás de Aquino interpreta assim o termo *aliquid* (algo) como *aliud quid* (outro *quid*), que se contrapõe a outro (*De veritate*) q. 1, a. 1, corp.). Gredt (*op. cit.*, II, p. 12) distingue um triplo sentido de *aliquid*: 1. = *Aliqua essentia* = algum *quid*; 2. = *non nihil* (não nada); 3. = *aliud quid*.

[11] Ver o capítulo IV, §1; Met., Δ7, 1017 a, 7. [Aristóteles, *Metafísica*, Madri, 1994, 223.]

[12] Pode-se entender isso ainda em um duplo sentido: 1. O ser que é afirmado em todo juízo: a existência do conteúdo do estado de coisas a que corresponde a verdade do juízo. 2. Mas Aristóteles fala além disso, na passagem citada, de uma espécie particular do ser, que se acha no conteúdo de certa classe de juízos. Ele o chama "consequente", e com ele dá a entender o ser, que é atribuído a um objeto com um predicado, ou seja, que é algo acrescentado ao conceito do sujeito: por exemplo, na proposição "o justo é culto" ou "este ser vivo é um homem". O ser do estado de coisas ou conteúdo e a correspondente verdade do juízo que resulta do verbo "é" pertencem a todo juízo como tal, e são algo de igual forma onde se queira. Ao contrário, o ser que pertence ao conteúdo do juízo, que de igual modo se expressa em "é", é algo variado. Depende da estrutura interna do objeto sobre o qual se afirma algo – sobre o nexo de suas determinações do *quid* e do como –, e de sua relação com outros objetos. Esse ser se distingue do ser das categorias (como formas gerais do ente) no sentido de que concerne aos predicados em sua relação com seu objeto e não às formas correspondentes consideradas em si mesmas (ver sobre isso Tomás de Aquino, in *Met.*, I, 1, 9).

§ 4

Os Transcendentais (Resumo Introdutório)

Determinar o *ente como tal*, e independentemente de sua divisão segundo diferentes formas e maneiras de ser, representa a tarefa daquilo que a escolástica chama *"transcendentais"*. Expressam o que "pertence a cada ente".[13] Tomás, em uma das passagens fundamentais – no início das *Quaestiones disputatae de veritate* – considera como determinações rigorosamente universais do ente como tal: *ens, res, unum, aliquid, bonum, verum* (ente, determinação segundo conteúdo,[14] um, algo, bom e verdadeiro).

Em algumas outras passagens agrega ainda o belo (*pulchrum*),[15] mas este último é tratado como espécie particular do bom. Ainda se deveria fazer uma diferença entre essas determinações, conforme elas descrevam o ente em si mesmo ou do ponto de vista de outro ente. O *ente em si* está designado *positivamente*, segundo Tomás, fora desse próprio nome (*ens*, o ente) só pelo termo *res* (a determinação segundo conteúdo).

A diferença entre essas duas formas transcendentais considera que *ens* designa o ente, na medida em que ele *é*, enquanto "*res*" expressa a "quididade" ou a "essencialidade" do ente (*quidditatem sive essentiam entis*), ou seja, o ente tendo em conta o *que* ele é. O ente em si está determinado *negativamente* quando se chama *unum* (um). Pois isso significa que *não está dividido*.[16]

Todas as demais determinações transcendentais colocam o ente em relação com outro. Se se chama a ele *aliquid* (algo), é posto em contraposição *a outro* ente, e é, na realidade, "outro" do ponto de vista formal. Finalmente, pode-se considerar o ente em sua *conformidade* com outro ente. Tal *conformidade* só pode ser considerada como uma determinação transcendental se há um ente ao qual é próprio poder ser conforme com todos os entes. Este é o caso – segundo Aristóteles e Tomás – em relação à *alma*. Sua *tendência* se dirige a um fim em conformidade de sua *vontade* com o ente; seu conhecer se

---

[13] Tomás de Aquino, *De veritate*, q. 1; a. 1, corp.; [Santo Tomás de Aquino, *Suma de Teología*, I, Parte I, Madri, 1988, p. 130-131]; Gredt, *Elementa*, II, p. 11 e seg.

[14] Não traduzo "res" por "coisa" porque esse termo foi empregado como nome de uma forma determinada do ente. Mas aqui se trata de algo que vale para todo ente.

[15] *Summa theologica*, I, q. 5, a. 4 ad 1; Gredt, op. cit., p. 28 e seg.

[16] Para Tomás, esta *unidade transcendental* se diferencia da unidade *numérica*, a unidade como número, que pertence à categoria da quantidade (ver a explicação do *unum*).

dirige a seu fim na conformidade do *entendimento* com o ente. Como objeto da tendência, o ente se chama o *bom,* e como objeto do conhecimento, o *verdadeiro.* (O *belo* tem algo em comum com ambos: é o ente como objeto do *agrado* que está fundado na experiência vivida da conformidade objetiva do ente com o conhecer, na ordem de sua estrutura.) Enquanto todo ente como tal é objeto do conhecer, do tender e do agradar, o verdadeiro, o bom e o belo são determinações transcendentais. É necessário, agora, compreender bem o sentido das determinações transcendentais. É evidente que elas têm como fim caracterizar o ente como tal e independentemente de sua separação em diversos gêneros do ponto de vista da forma e do conteúdo. Mas devemos perguntar se devem aplicar-se ao conteúdo ou à forma.

§ 5

O Ente como Tal (*ens, res*)

O conceito transcendental fundamental é o de *ens ut ens est* (ὄν ᾗ ὄν), do *ente como tal.* Segundo Gredt, deve ser concebido de uma maneira tão geral que tanto o ente *criado* como o ente *incriado* compreende-os em si, e, por conseguinte, também *o real e o possível* (atual e potencial), já que só o ente incriado é ato puro, e todo o real criado é, em parte, atual, em parte, potencial. Aí reside precisamente a grande pergunta: se e como é possível tal formação de conceito – que abarca o criado e o incriado (ou seja, para justificar objetivamente). Voltaremos logo a abordar essa questão decisiva.

Gredt distingue,[17] em seguida, dois significados desse *ens* no sentido mais geral: o *ens,* como nome, designa, da maneira mais geral, *o que é,* ou seja, qualquer coisa, enquanto ela é um *quid;* o *ens,* como *particípio,* designa, ao contrário, o ente como o que é, ou seja, que põe a ênfase sobre o *ser;* no primeiro sentido, cada ente é chamado *essencialmente* um ente; mas, no segundo sentido, só Deus, enquanto, em todos os demais, o ser se agrega ao que seja. Pode-se duvidar em fazer essa distinção entre o "substantivo" e o "particípio", sobre se no *ens ut ens* há distinção de ser e se não se pode eliminá-la; o significado participial pertence ao sentido do "substantivo" *ens.* Tomás quer expressar o ente como *quid,* se bem se compreendeu a passagem citada, pelo substantivo *res,* para o que, de outra maneira, não

---

[17] *Op. cit.,* p. 4 (n. 615).

resta mais nenhum sentido próprio.[18] Mas que o ser essencialmente só corresponda a Deus pressupõe que seja ser = existência = ser real;[19] o que, por outro lado, não corresponde à nossa concepção.

Sobre o que designamos como *ser essencial* não se pode dizer que vem juntar-se *ao que* é essencialmente. As "quididades" ou "formações de sentido", que consideramos como existentes essencialmente, seguramente não são criadas no sentido de serem postas em uma existência temporal como o real que elas representam. Se Gredt não considera em absoluto o ser que lhes pertence independentemente de sua realização, talvez seja porque ele o considera como um ser "em pensamento" e não toma o ser em pensamento como um ser no sentido próprio; por isso, tal ser não se deixa incluir tampouco no *ens ut est ens*.[20] Já tratamos sobre a relação entre o ser essencial e o ser em pensamento e a isso voltaremos logo mais uma vez.

Assim, pois, não conservaremos dois significados diferentes do ente como tal, mas um só: "o que é" (*ens est habens "esse" seu id quod est*).[21] Mas convém aqui explicitar diversos significados parciais. Gredt distingue o *sujeito* e a *forma*. O sujeito equivale à "essência": àquilo pelo que a coisa é o que é, ou aquilo pelo que a coisa é determinada especificamente (*id quo res est id, quod est, seu quo constituitur in specie*).

Nesta proposição *id quod* (o que) está considerado como um. Já fizemos sobre esse ponto outras distinções: o "o" (*id*) como suporte da determinação essencial e o "que" (*quod*) enquanto a própria determinação essencial.[22] O "o que" – o suporte sem a determinação essencial – deve ser considerado como forma vazia; só a forma vazia plenificada é o suporte do *ser*. Mas como "plenitude" não se deve entender ainda o "que" (*quod*) tal como se encontra na relação geral "o que é", mas o *quid determinado* de cada ente particular. O *quid* na designação geral é só a forma vazia de plenitude.

Assim, a questão de saber se o *ens*, como nome do ente, designa algo que concerne ao conteúdo remete de novo à outra pergunta: o *ser* concerne a algo de conteúdo ou a algo formal? Quando Gredt propõe a equivalência

---

[18] Gredt considera também esse sentido (*op. cit.*, p. 12, n. 623).

[19] Esse = existentia = *id quo res existit seu quod est extra causas et extra nihilum* (*op. cit.*, p. 5, n. 616).

[20] Ele designa como "*transcendental*" somente o *ens*, que significa todo o *real*; mas o relaciona com o *real e o pensado*, assim o chama "*supratranscendental*" (*op. cit.*, p. 7, n. 618).

[21] Gredt, *op. cit.*, p. 4, n. 616.

[22] Ver o capítulo IV, § 3, 17, 18 e a explicação ulterior de *aliquid*.

forma = ser, naturalmente, a "forma" não está tomada já em nosso sentido de forma vazia. Mas tampouco está no sentido de "forma essencial", como aprendemos a conhecê-la nas coisas materiais: por ela se determina o *quod* das coisas. Entendo aqui o emprego da palavra "forma" partindo da equação essência: existência = potência: ato.[23] O *quid* aqui está posto como "possível" no sentido da possibilidade essencial. O que vem juntar-se no momento de sua realização é o ser real ou o ato.

Nas coisas compostas de matéria e de forma essencial, é a forma, segundo a concepção escolástica, que torna possível a passagem da matéria da possibilidade à realidade; por isso é ela própria considerada como "ato" (*actus formalis* em contraposição ao *actus entitativus seu existentiae*).[24] Inversamente, onde não se trata da combinação de matéria e de forma, mas somente de uma quididade e de um ser real (essência e existência), como é precisamente o caso dos espíritos puros, segundo a concepção de santo Tomás,[25] o ser real (o ato) é chamado também "forma". Por outro lado, é possível compreender a equivalência forma = ato = ser, visto que tudo isso se acha junto a Deus. Mas essa coincidência em Deus é precisamente o que diferencia Deus das criaturas; parece-me que é importante separar nitidamente esses conceitos para todo ser finito. Não podemos renunciar ao sentido múltiplo de "forma" como "forma vazia, forma pura" (= essencialidade) e "forma essencial", e esse sentido deve ficar sem prejuízo por meio de esclarecimentos adicionais. E precisamente pelo mencionado emprego da palavra (no sentido do ser), não gostaríamos de agravar ainda mais o perigo da confusão.

Não abordaremos o problema do sentido do ser – ao qual nos remete o problema do ente como tal – até depois de ter explicitado os outros conceitos transcendentais. Estes últimos captam no ente *aquilo* que se esconde fora do ser, ou captam o próprio ser de um ponto de vista determinado. A propósito da *res* dissemos já que é o nome geral que designa o *quid*. Significa que cada ente possui um conteúdo ou uma plenitude: mas ela própria não proporciona nenhum conteúdo, mas é a "forma de plenitude".

Gredt[26] considera os demais transcendentais como propriedades (*proprietates*) ou predicados que correspondem a cada ente como tal ou que

---

[23] Gredt, *op. cit.*, p. 5, n. 616.
[24] *Op. cit.*, I, 221 (n. 258).
[25] Ver a passagem de *De ente et essentia* já citada.
[26] *Op. cit.*, II, p. 11, n. 621 e seg.

312 Capítulo V

derivam diretamente dele. Não significam exatamente o mesmo que o ente, mas os conceitos têm um *fundamentum in re*, um fundamento objetivo no próprio ente. Gredt afirma que há tantos conceitos transcendentais fora do ente quantos modos de ser (*modi essendi*) que correspondem a cada ente. Devemos examinar o que significa aqui "modos de ser".

Até o presente, empregamos essa expressão, primeiro para distinguir o ser real e o ser possível (atual e potencial), logo, para designar as diferenças do ser correspondentes às categorias (ser independente e os diferentes gêneros do ser dependente). Não se trata aqui de nenhum desses significados. Pois o ente se *diferencia* segundo esses modos de ser: cada ente é *ou* real *ou* possível (e quando é a vez real e possível, não o é com toda sua consistência, mas em parte assim, em parte de outra maneira), ou é independente, ou dependente. Mas, nesse caso, trata-se de diferentes modos de ser que correspondem *todos simultaneamente* ao ente como tal.

Sobre se é, pois, oportuno empregar a expressão "modos de ser", examinaremos quando tratarmos dos conceitos transcendentais.

Além disso, Gredt diz[27] que os transcendentais não acrescentam nada de *real* ao ente, mas somente algo pertencente ao *pensamento*. Diz que se encontrariam no próprio ente, como se fosse o fundamento dessa designação. Posso conciliar essas duas proposições se entendo por "real" não algo real ou existente (em contraposição ao que é "meramente pensado"), mas algo que se relaciona com o conteúdo, no sentido da significação de *res* como *quid*. O contrário é, então (em nossa linguagem), algo *formal* (no sentido de forma vazia), e é, portanto, não algo "meramente pensado", mas o fundamento dos conceitos transcendentais relativos ao próprio ente. Encontramos aqui a mesma distinção em formas de ser e as formas conceituais configurantes segundo elas, como nas categorias. A diferença sobre a qual já insistimos em muitas ocasiões é a seguinte: as categorias dividem o ente em gêneros, enquanto os transcendentais "desenvolvem" todo o ente.[28] A estrutura formal do ente como tal[29] é desdobrada por eles, e cada um representa um traço diferente.

---

[27] *Op. cit.*, II, p. 14.

[28] Gredt, *op. cit.*, II, p. 14, n. 626 e seg.

[29] Quando se fala de "transcendentais", entende-se – no sentido restrito – de três maneiras: os *nomes* ("*ens*", "*unum*" etc.), os *conceitos* correspondentes e o elemento *objetivo* apreensível pelo conceito no pensamento: a estrutura formal do ente. Em seguida, mostraremos, no entanto, que nem *todos* os transcendentais são suscetíveis de serem interpretados de uma maneira puramente formal.

O Ente como Tal (Os Transcendentais)   313

§ 6

O Ente como Um (*Unum*)

Se o ente é chamado "um" – como corresponde a cada ente – dessa forma fica expressa a propriedade formal na qual está fundamentada a negação da divisibilidade. A unidade se chama *transcendental*, porque se trata da *unidade do ente como tal*, ou seja, *é um o que possui um só ser*.[30] O que é um *pode* ser *simples*, mas não necessariamente; pode ser também composto: e de tal maneira que não somente o *quid* se compõe de partes, mas cada parte possui um ser próprio, e, no entanto, essas partes estão compreendidas na unidade de um só ser. (O ser da rosa como tal e o ser de sua cor vermelha pertencem ambos a *um* só ser da rosa vermelha. Talvez seja ainda mais evidente se considerarmos algo composto de unidades independentes: uma família possui como tal *um* ser, ainda que cada membro tenha seu ser próprio. Pensemos em suprimir a unidade do ser, então a família já não *existe*. Em lugar da unidade, estabeleceu-se a divisibilidade, e, com isso, o todo fica então destruído, desaparecido em partes separadas.) O que se designa aqui como "unidade" é um [elemento] último que já não pode ser reduzido a outro. Se é designado como indivisível, então é só uma explicação por meio da contraposição, não uma recondução. Gredt diz muito justamente que a divisibilidade do ente (= "pluralidade transcendental") supõe a unidade.[31] Assim, concebemos a unidade como uma *forma* que deve encontrar uma realização determinada em cada ente, e, além disso, não somente como uma forma do ente, mas do *ser* ao qual ela corresponde originariamente. Eis aí o que a diferencia de *ens*, *res* e *aliquid*.

§ 7

O Ente como Algo (*Aliquid*)

Tínhamos começado no princípio pela forma *aliquid* (algo). Nós a tínhamos designado como a forma vazia do ente. Não podemos, agora, nos

---

[30] Gredt (n. 630) contrapõe a ela que a unidade não é transcendental, ou seja, a unidade do *quid* (de um ponto de vista diferente).
[31] *Op. cit.*, p. 18, n. 632.

contentar mais com tal definição, já que vimos que a estrutura formal do ente se separa em uma série de determinações. Gredt (como já indicamos)[32] distingue três significados do termo *aliquid*: 1) = *aliqua essentia* (qualquer *quid*), 2) = *non-nihil* (não nada), 3) = *aliud quid* (outro *quid*). O primeiro significado, ele o exclui, porque, nesse caso, *aliquid* e *res* significariam o mesmo; rechaça também o terceiro significado (admitido por santo Tomás), porque o ente como um, em contraposição a outro ente, supõe o *unum*, mas não resultaria *diretamente* do ente como tal.

Assim, resta-lhe a segunda definição, o *non-nihil*. Nessa expressão, Gredt encontra algo que não expressa ainda o *ens*, mas resulta diretamente dele. Vejo aí uma dificuldade, no sentido de que o "nada" não tem nenhum sentido próprio, mas só se pode compreender pela contraposição a algo. Portanto, o algo não se deixa reduzir a nada; certamente, expressa-se mais claramente por meio da contraposição; mas não se pode conhecer exaustivamente. Mas encontro na estrutura formal do ente (o que é) uma consistência parcial, que não se pode captar ainda por nenhum dos conceitos dos quais se falou até aqui: o *que* ele é, algo no sentido do "objeto", ao qual pertencem o *quid* e o ser. Para isso, gostaria de considerar o *aliquid*. Nele também o *unum* tem seu lugar, fora do que ele ocupa no próprio ser.

O *aliquid* não se entende assim, ainda (como *aliquid quid*), o ente em sua relação com outro ente, mas que pertence à estrutura do ente, tal como é em si mesmo. A separação do *ens* em *aliquid*, *res* e *esse* (objeto, *quid* e ser) é a mais originária. O objeto como tal e como ente é *um* e por isso ele é "outro" em relação com outros. Por essa última determinação – derivada –, começa a consideração do ente em sua relação com outro ente.

Se lançarmos um olhar pelos transcendentais que examinamos até o presente, notaremos que o *ens* designa o ente como todo: "o que é", mas acentua o ser; *res* ressalta o *quid*; *aliquid*, "o que"; *unu* é uma propriedade formal que pertence tanto ao o (= objeto) como também ao *quid* e ao ser. Não achamos adequado falar aqui dos "modos de ser". Trata-se – se, por um instante, deixarmos de lado o sentido do ser – de *componente formal do ente como tal*, e precisamente tal como é em si mesmo. Só se interpretarmos o *aliquid* não como algo (= o objeto), mas como "algo distinto" (o

---

[32] *Ibid.*

que supõe que se trata já o ente como um objeto), colocamo-lo em relação com outro ente: na relação de não conveniência como objeto e segundo o ser. "Outro objeto", isso é de novo uma forma vazia. "Objetos dos quais cada um possui outro ser." Se isso se pode compreender do ponto de vista puramente formal, só se pode responder partindo do sentido do ser. A não conformidade no ser como "modo do ser"? Evidentemente não. É uma *relação* que está fundada no ser do um e no ser do outro; só como tal se pode compreendê-lo, partindo do sentido do ser.

§ 8

Tentativa de uma Concepção Formal do Verdadeiro, Bom e Belo

Como determinações transcendentais que designam o ente como tal em sua relação com outro – isto é, em conformidade com outro –, consideramos o verdadeiro e o bom (compreendendo aqui também o belo). Entretanto, o ente com o qual essas determinações estabelecem uma relação não é um ente qualquer, mas um ente inteiramente determinado: a alma. Com isso, parece que se ultrapassam os limites de uma investigação formal.

Quando se considera a concordância do ente com *a alma* ou *o espírito* (que seria mais adequado, de um ponto de vista objetivo), com isso se refere a algo referente a um conteúdo.[33] A "alma" e o "espírito", tomados em sentido pleno e não restritivo, não são formas vazias. Mas, quando Tomás fala de "algo que está apropriado em concordar com outro", com isso encontramos uma expressão formal, que prescinde do que é a alma segundo sua essência material. Contudo, fica sem esclarecer o que se entende por "concordar" ou corresponder. Podemo-lo considerar como forma vazia de uma relação, se quisermos entender toda essa proposição como puramente formal e quisermos denominar r. Mas isso significa outra coisa diferente, conforme designarmos o ente como verdadeiro,

---

[33] Evidentemente aqui não se refere à alma como forma fundamental distinta do espírito, mas como a *alma espiritual* enquanto conhece.

bom ou belo. Devemos, portanto, diferenciar r_1, r_2 e r_3. A diferença está condicionada pela relação do ente com a tendência, o conhecimento e o agrado. De novo, são nomes que se aplicam a essencialidades materiais de uma área determinada do ser: atos de uma pessoa dotada de espírito: a_1, a_2, a_3. Somente se se conseguir levar a_1, a_2 e a_3 a uma expressão puramente formal, então poderão ser considerados r_1, r_2 e r_3 como determinações formais do ente. Pode-se encontrar nas obras de santo Tomás fórmulas semelhantes:[34] o bom e o verdadeiro, segundo seu significado, não são idênticos ao ente, mas não lhe acrescentam nada de "real": não acrescentam nada que não pertença à sua própria essência (como um acidente), pois não há nada que possa acrescentar-se ao ente, já que ele compreende em si todo o objetivo; não acrescenta tampouco nada limitativo como as determinações categoriais que fixam o ente em uma forma determinada e modo de ser. O que tais determinações acrescentam só pode ser, por conseguinte, algo correspondente ao pensamento.

> Mas no aspecto puramente conceitual, essa relação se diz [...]. E, cuja virtude algo se acha em relação, o que não depende do elemento com o qual está em relação, mas ao inverso ... por exemplo, entre o saber e o objeto do saber; com efeito, o saber depende do objeto do saber e não o inverso: por isso a relação entre o saber e seu objeto é uma relação real; mas a relação na qual se acha o objeto em relação ao saber é uma relação conceitual.[35]

Então, a determinação "em pensamento" que acrescenta o verdadeiro e o bom ao conceito do ente é a determinação do que dá plenitude. Como *conteúdo*, o ente dá ao espírito conhecedor sua plenitude, sem lhe comunicar seu ser, e isso é o que lhe confere o caráter de *verdadeiro*. Mas enquanto um ente dá a outro plenitude também por meio de seu ser, chama-se *bom*. Essas definições permitem um significado puramente formal: por meio deste, de tal maneira podemos captar o verdadeiro e o bom, que é aquilo que o conhecer e o tender são segundo sua essência em relação ao conteúdo. a_1 e a_2 devem ser designados agora como um ente que deve ser conduzido à sua plenitude por outro ente: ou seja, a seu ser pleno. Diferenciam-se segundo

---

[34] *De veritate*, q. 21, a. 1, corp. (*Untersuchungen über die Wahrheit*, II, p. 175 e seg.)
[35] *De veritate*, q. 21, a. 1, corp. (*Untersuchungen über die Wahrheit* II, p. 170-171)

o modo de sua indigência, e a isso corresponde uma maneira diferente, enquanto leva à sua plenitude o que dá perfeição.

§ 9

Os Binômios de Conceitos: "Conteúdo – Formal", "Concernente ao Pensamento – Objetivo"

É inegável que *essa* classe de determinação formal ainda não deu uma compreensão suficiente do que significa "verdadeiro" e "bom". Parece-me que nos afastamos até um campo que exclui precisamente uma compreensão propriamente dita. Devemos tomar "verdadeiro" e "bom" no sentido pleno, para poder distinguir se se trata de algo material ou formal. Como nas passagens precedentes, entendemos por "formal" algo que pertence ao próprio ente (à "coisa"), o que permite e exige uma compreensão objetiva como o conteúdo. Assim, devemos fazer cuidadosamente três distinções: o que é um ente determinado do ponto de vista do conteúdo (a plenitude do seu *quid*), as formas do ente que pertencem a essa plenitude (as formas do ente como tal, que são designadas como transcendentais, ou as formas que permitem dividir gêneros do ente: as categorias, ou, inclusive, as formas que oferecem uma possibilidade de realização ainda mais restrita); finalmente, as elaborações ou formações de pensamento, pelas quais o ente é captado conceitualmente: essas podem ser preenchidas com conteúdo, ou ser vazias, segundo essas elaborações queiram ser interpretadas como plenitude do ser ou como uma forma vazia. Mas existe ainda outra "vazia": a do ser separado de seu fundamento objetivo. Quando falo de "algum objeto", então se trata de uma expressão que permite uma compreensão objetiva. O que se quer dizer é que encontra sua realização na forma vazia do *aliquid*. Ao contrário, a expressão "objeto que não tem ente" não permite nenhuma realização, corresponde a um pensar vazio. Teremos a oportunidade de falar mais em detalhe dessas formações vazias do pensamento.[36]

---

[36] Ver o capítulo VI.

§ 10

Tentativa de uma Compreensão Mais Profunda da Verdade (Verdade Lógica, Ontológica, Transcendental)

É importante levar em conta essas distinções, quando tratamos de obter clareza em relação a uma "relação puramente conceitual", na passagem anteriormente citada de santo Tomás. Ele chama a relação do objeto com o saber (e trata-se aqui só do saber das criaturas) uma relação puramente pensada, porque o objeto é independente desse saber: ou seja, o objeto continua sendo o que é, indiferentemente de que um homem o conheça ou não; dessa maneira, nada muda nem em seu conteúdo nem em sua estrutura formal. Ao contrário, a relação do saber com seu objeto é chamada "real", porque o saber depende de seu objeto: 1) não existe saber sem objeto; por conseguinte, o saber deve sua existência ao objeto (ainda que não a deva só a ele). 2) O objeto dá ao saber seu próprio "significado objetivo" e, portanto, o que o diferencia de outro saber;[37] assim, o saber também segundo seu *quid* só em relação com um objeto pode chegar ao termo. Assim, a "realidade" da relação tem uma dupla significação: a relação com o objeto permite ao *quid* do saber constituir-se, e é condição de seu ser real (saber enquanto "potência" do entendimento, enquanto capacidade anímica, pode passar ao "ato", ou seja, à ação espiritual viva). Isso quer dizer que a relação do saber com o objeto é algo real, ou seja, algo que da mesma maneira *estaria aí* como as coisas, propriedades concretas ou eventos: real no sentido em que esse homem é real e esse seu presente saber é real? É necessário responder afirmativamente a essa pergunta, se entendermos por relação com o objeto a tendência que pertence ao próprio saber orientado para seu objeto: o "referir-se" do objeto. Esse referir-se (a "intenção") é já uma parte essencial

---

[37] Dizemos significado objetivo (*Gehalt*) e não conteúdo (*Inhalt*), visto que não se trata de um conteúdo (*Inhalt*) no sentido em que empregamos essa palavra até o presente. Não se trata do *quid* que é próprio ao saber, o *quid* que se distingue do sentir e querer ou também *este* saber de outro saber em relação ao mesmo objeto, mas o que isso "quer dizer", seu "significado objetivo". Ao saber como tal pertence ter uma "intenção" (no sentido fenomenológico), isto é, de ser orientado até um objeto. O saber se determina segundo o objeto que se apresenta a cada vez. Husserl distingue o "conteúdo intencional" e o "conteúdo real" (*Logische Untersuchungen*, II, p. 397 e seg.).

da experiência do saber[38] e participa de seu ser. No objeto não se encontra nada correspondente. Mas essa relação não é ainda a conformidade do saber com seu objeto, o que nós chamamos verdade. Pode-se falar de "concordância" e de "verdade" só quando o objeto que *pensamos* como sua representação real *é* também real: quando é isso como o *que* nosso saber o considera e assim *como* o considera. Duas classes de elementos se incluem aqui: o conteúdo do saber (seu "conteúdo intencional" ou seu "sentido lógico") e o objeto real, tal como é dado em uma "intuição realizante": seu ser, seu *quid*, e seu como e também sua estrutura puramente formal. Assim, pois, pressupõe-se um duplo ente para a adequação: um objeto e um saber que lhe corresponde. Essa conformidade não está fundada nem em um nem em outro, mas é um ente de uma espécie particular, que tem por fundamento este ou outro ente. É um "ente de uma espécie particular", ou seja, que pertence a um gênero determinado do ente, ao qual nós chamamos "relação" (πρός τι) no sentido próprio do termo.

Convém deduzir daí que a verdade, enquanto conformidade do saber com seu objeto, não é absolutamente uma determinação transcendental, mas que ela pertence a uma categoria? Isso seria uma conclusão demasiadamente precipitada. A verdade, tal como a consideramos até agora, não é ainda, segundo Gredt,[39] a verdade transcendental, mas a *verdade lógica*: coloca o ente em relação com um pensar que se modela nele em um processo temporal, ou (o que não mencionamos ainda até agora) com um pensar com o qual ele está adequado e segundo o qual está configurado (a relação das obras com o pensar do escultor, das criaturas com o Criador), ou, enfim, com um pensamento com o qual coincide inteiramente (essência e saber de Deus). Mas a conformidade do ente com um pensar de tal ou qual natureza sempre possui um fundamento no próprio ente. Aí é onde devemos buscar a *verdade transcendental*. Gredt a descreve igualmente como verdade *ontológica* e lhe dá o sentido de *autenticidade*. O ouro verdadeiro é ouro autêntico, ou seja, possui tudo o que pertence à essência do ouro. Parece evidente que, por conseguinte, nada vem agregar-se ao ente. Certamente, cada ente deve *ser* "na verdade", e "na verdade" deve ser o que é. Este "na verdade" efetivamente recebe um sentido só quando o ente se adapta a algo que não é ele mesmo, e para isso é necessário um intelecto que conheça e se adapte.

---

[38] Pertence ao seu "conteúdo real".
[39] *Op. cit.*, 19, n. 634.

320 Capítulo V

Quando eu tomo latão por ouro e, em seguida, sinto-me desenganado, então constato que "na verdade" não é ouro, mas latão. Adapto a coisa que tenho diante de mim à minha "ideia de ouro", e descubro que não está de acordo com essa ideia, como eu acreditava no começo.

Algo, porém, tem que ser "na verdade". Baseando no que é, é apropriado ser captado por seu espírito cognoscente; o que é serve também de fundamento, em certa medida, para um conhecimento presumido e seu desengano. O ente como tal – tal como é em si mesmo – é condição da possibilidade para a conformidade ou a não conformidade com o espírito cognoscente, a verdade "lógica" e falsidade. E *enquanto* fundamento da verdade lógica, o próprio ente – no sentido transcendental – é chamado verdade. Mas há ainda algumas distinções a fazer. *Minha* "ideia do ouro" não é a última medida: ela mesma pode ser ainda verdadeira ou falsa, segundo corresponda ou não à "ideia pura", ao arquétipo divino.[40] Esta é a última medida tanto para as "ideias" humanas como para as coisas. A coisa é o que é, mas com isso não se diz que seja plena e inteiramente o que *deve* ser: mas há nela um mais e um menos. Encontramos aqui novamente o contraste entre o ser real e o ser essencial das coisas,[41] entre a forma essencial e a forma pura.[42] Descreveremos como *verdade essencial* a conformidade de uma realidade com a forma pura correspondente. Essa verdade é ainda distinta da verdade ontológica (no sentido de autenticidade), mas está pressuposta para ela, visto que uma coisa só enquanto "em verdade" é algo conforme está em conformidade com uma forma pura. Mas a peculiaridade do ente que, *em último termo*, torna possível sua correspondência com um espírito cognoscente e que merece ser designado no sentido preciso do termo "verdade transcendental", me parece dizer ainda outra coisa além do que seja em verdade algo e que concorde com uma forma pura, ainda que esteja muito estreitamente ligada a ambos: já dissemos acima, em outro contexto, que todo ente possui um *sentido* ou – para expressar-se de uma maneira escolástica – é um *inteligível*: algo que pode "entrar" em um espírito cognoscente, ser captado por ele. Essas duas coisas me parecem identificar-se com a verdade transcendental. Esses três termos expressam uma *coordenação entre "espírito" e "ente"*. A "coordenação" receberá um

---

[40] Dessa concordância tratar-se-á de novo mais adiante.
[41] Ver o capítulo III, § 9.
[42] Ver o capítulo IV, § 4, 2.

sentido diferente, conforme o espírito que consideramos; até agora só mencionamos o conhecimento, que une a um ente independentemente dele, não abordamos ainda o conhecimento do artista que dá configuração e o do Criador. Mas podemos agora tratar de dar uma resposta à seguinte pergunta: se a verdade transcendental é algo "simplesmente pensado". No que concerne à verdade lógica, rechaçamos tal proposição. Vimos nela um ente fundado em outro ente (no ente conhecido e no conhecimento correspondente). A correspondência entre espírito e ente se pressupõe para ela. Não acrescenta nada ao ente (se entendemos por isso um "ente qualquer"), tal como é ele mesmo. Mas o ente não está caracterizado de maneira suficiente, se o considerarmos somente tal como é em si mesmo. Pertence-lhe ser *"manifesto"*, ou seja, poder ser captado pelo espírito cognoscente, quando não é, de antemão, transparente para esse espírito (assim como acontece no caso do espírito divino). Em relação ao que um "ente qualquer" é em si mesmo, seu ser manifesto ou sua correspondência com o espírito é algo novo. Contudo, se se entende pelo "ente" *"todo* ente", isto é, como um todo: a totalidade do tudo o que é, então também a ordem desse todo está incluída aí. Pertence ao ente enquanto totalidade constituir um *todo ordenado*: cada ente singular tem aí seu lugar, assim como relações ordenadas com os demais; a ordem é uma parte do ente (assim compreendido) e o ser manifesto ou a correspondência com o espírito, que para nós se identifica com a verdade transcendental, faz parte dessa ordem.

A correspondência com o espírito não pertence meramente a um gênero de ente, mas a todo ente: a cada ente singular e à totalidade. Por isso, o emprego do termo "transcendental" aqui está justificado. Mas "espírito" designa um gênero de ente, já que nem todo ente é espírito. Trata-se aqui de um gênero eminente, já que é próprio do espírito estar aberto a todo ente, o ser completo dele, e ter em sua comunicação com ele sua vida, ou seja, seu ser mais singular (atual). Aqui há indicações sobre o conteúdo que se deduzem da compreensão do que pertence à essência do espírito.[43]

Podemos adquirir uma compreensão *completa* da verdade transcendental só quando esclarecemos, do ponto de vista do conteúdo, o que significa "espírito", o "ser aberto" do espírito e o "ser manifestado ao espírito". Mas podemos nos referir às formas, por meio das quais antes tratamos de

---

[43] Ao espírito no sentido mais restrito e mais particular do *conteúdo*: o sentido do espírito *pessoal*.

captar a verdade transcendental: espírito = o gênero do ente que está ordenado a todo ente de uma maneira determinada; verdade = uma forma determinada da correspondência de todo ente com o gênero do ente, que está coordenado a todo ente em uma forma correspondente (não na mesma).

Interpretamos o ente como "o que é", e podemos agora nos perguntar onde se coloca a correspondência com o espírito. Manifestamente pertence a cada parte singular e à totalidade com sua estrutura especial. Mas de maneira especial pertence ao ser. "*Ser* manifesto", "*estar* ordenado em dependência", aqui se esconde o próprio ser. Aqui não se deve ver um modo particular do ser, porém pertencente ao próprio ser. *Ser* (sem esgotar a significação completa do próprio termo) *é ser manifesto ao espírito*.

Assim, nossos esforços para compreender a verdade transcendental nos conduziram do ente ao ser, e da consideração puramente formal a uma consideração de conteúdo. Mas é ainda necessária uma série de explicações complementares antes de podermos voltar-nos ao sentido do ser, o objeto propriamente dito de nossa pesquisa.

§ 11

Verdade do Juízo

A passagem de Aristóteles que foi ponto de partida para santo Tomás, em seu *De ente et essentia*, e também para nós, para nossas pesquisas sobre o ente, distinguia três sentidos do ser e do ente. Considerava *o* ente que estava dividido em categorias como o ente no sentido próprio do termo. A investigação transcendental queria estabelecer o que era comum ao ente de todas as categorias. Além disso, a verdade do juízo constituía o segundo sentido do ser, e como terceiro sentido, o do ser "acompanhante", que pertence ao conteúdo de certos juízos. Fundamentando-nos sobre as investigações da verdade, tal como nós as conduzimos até agora, talvez possamos já obter certa clareza sobre um sentido do ser que não havíamos considerado anteriormente.

Se quisermos mencionar a verdade do juízo, deveremos dar, ainda que brevemente, algumas explicações sobre o que entendemos por *juízo*. Essa palavra está tomada em diversas acepções, relacionadas todas com um mesmo sentido geral. Quando eu falo de meu "juízo", posso assim pensar na ação do espírito (no "ato do juízo"), que serve de fundamento à proposição "a árvore é verde".[44] Mas verdade ou falsidade não poderia ser atribuída a meu juízo (nesse caso se diz melhor "eu julgo exatamente"), mas *ao que* eu julgo, ao sentido da afirmação. Com a proposição, eu afirmo a existência de um estado de coisas. Quando esse estado de coisas existe "em verdade", o juízo é "verdadeiro". O estado de coisas é um ente no sentido do ser postulado pela verdade do juízo; ou seja, subsiste independentemente de se fazer um juízo sobre ele ou não.[45]

O "em verdade" tem o sentido da verdade transcendental que serve de fundamento à verdade lógica. Mas a *verdade do juízo* não é outra coisa senão uma *verdade lógica*: a conformidade do sentido do juízo com um estado de coisas existente. (Pode-se, além disso, captar a verdade lógica como verdade do juízo, e ver esta como incluída naquela: na medida em que o ato do juízo e o juízo como elaboração do pensamento formada determinadamente postula algo que pode ser chamado também "conhecimento", e considera a correspondência com um ente; em nosso exemplo, trata-se da percepção sensível de uma árvore verde e do "sentido" dessa percepção.) Consideramos a verdade lógica como conformidade de um conhecimento com o objeto conhecido (ou seja, o estado de coisas no caso da verdade do juízo) como um ente de uma espécie singular: esse ente supõe o ser do objeto conhecido e o ser (quando menos possível) de um espírito cognoscente. Mas, visto que a possibilidade de tal concordância pertence ao ente como tal (e que tem a ela por fundamento da verdade transcendental), o campo da verdade lógica se estende a todo ente. Nisso repousa a relação recíproca da ontologia formal e da lógica.

Vamos tratar agora de compreender o que Aristóteles descreve como o "ser acompanhante". Quando dizemos que esse homem justo é culto, todo o estado de coisas – o ser culto desse justo – está afirmado nesse juízo. A verdade do juízo se mede com a existência desse estado de coisas. Mas outros estados de coisas são confirmados nesse juízo, sem destruir a unidade da afirmação articulada pelo juízo; no entanto, os juízos correspondentes

---

[44] Quando se atribui a alguém um "juízo sadio", não se faz alusão desse modo a uma ação isolada, mas à *capacidade de julgar*. Entretanto, podemos aqui fazer abstração desse significado.
[45] Outra questão é saber se se deixa classificar na doutrina aristotélica das categorias e qual é sua relação com a πρώτη οὐσία. Semelhante problema deve formar parte de uma investigação particular.

podem deduzir-se disso: "este é um homem", "este homem é justo", "este aqui (o homem, o justo) é (real)" (quando se trata de um juízo de experiência e não de qualquer proposição tirada de uma história: nesse caso, outra espécie de ser seria confirmado no lugar do ser real). Assim, poder-se-ia entender por "ser acompanhante" a existência dos estados de coisas afirmadas juntamente, e finalmente o ser do objeto (no sentido restrito da palavra "objeto", aqui do homem singular determinado) ao qual se aplicam todas essas afirmações. Mas, manifestamente, esta não é de nenhuma maneira a intenção de Aristóteles. O "acompanhar" deve dizer que o homem justo é também culto, ainda que isso não forme parte necessariamente nem de seu ser homem nem de sua justiça. Trata-se de uma maneira particular da união de índoles no interior de uma coisa: isto é, de uma questão particular que concerne à estrutura interna de um gênero determinado do ente, que se poderia excluir, com justa razão, em uma investigação transcendental do ente como tal.

§ 12

Verdade Artística

Tratamos de compreender a verdade lógica, na medida em que se trata da concordância do ente com um conhecimento que se agregou depois a ele; e, além disso, já penetramos na compreensão da verdade transcendental. Mas já dissemos que a "coordenação" com um "espírito" significa outra coisa, quando não se trata de uma qualificação sobreacrescida, mas de uma "ação criadora do espírito". Agora, devemos examinar essa classe de correspondência e sua relação com a verdade transcendental.

O artista, que cria uma obra, possui sobre esse ente um saber anterior à existência. Compara a obra acabada com sua "ideia" e julga se é o que deveria ser. Segundo a concepção escolástica, aqui a relação é real de parte da coisa que é criada, e em "pensamento" de parte do entendimento criador. Sabemos já, a propósito do conhecimento não criador, o que se deve entender por isso. Como aí o conhecimento deve a existência e seu conteúdo ao seu objeto, assim aqui é a obra a que é levada à existência pelo ato criador e chega a ser *o que é*. A obra é "criada", ou seja, é devida a uma causa; é levada a cabo por um evento real, a atividade criadora, e essa atividade tem sua fonte no espírito do artista. Daí termos que considerar a relação do artista com a obra, relação que designamos como "em pensamento", isto é, sem mais, evidente. O processo a partir do primeiro impulso dado a uma obra até sua realização é complexo e pode desenvolver-se de uma maneira muito diferente. O escultor pode primeiro ter a "ideia" e logo buscar um "material" conveniente a essa ideia. Mas é igualmente possível que seja a visão de um bloco de mármore o que suscite nele a "ocorrência" do que se poderia fazer com ele. No segundo caso, a alguém pode vir a dúvida sobre se se trata de uma relação puramente no pensamento do artista com a obra. O bloco de mármore ainda não é a obra e, no entanto, é uma parte essencial dela; e o "projeto" do artista deve sua existência a esse bloco de mármore, e pode ser condicionado também em seu conteúdo por esse bloco.

Se examinarmos mais de perto o que acontece com o artista, a "aparição" da "ideia" – como se acentuou anteriormente – deve ser mais bem comparada a uma concepção do que a uma criação.[46] O espírito humano não trai as "ideias" da existência da mesma maneira que as obras que forma segundo elas. Convém falar aqui de um conhecimento *sui generis*, de uma percepção de "elaborações sensíveis": elas se "mostram" a seu espírito e o conduzem a operar. Mas, aos poucos, não se apresentam imediatamente com toda clareza e transparência, porém são veladas e difusas. Por isso, a primeira tarefa indispensável do espírito consiste em trabalhar sobre a ideia. E isso é muito importante para uma obra de arte "autêntica" ou "verdadeira"; que não se produza nada de arbitrário, que a regularidade interior da elaboração não seja alterada por nenhuma matéria estranha, nenhum descuido ou nenhuma modificação.[47]

Se este trabalho puramente espiritual se define como o "primeiro", não se deve entender isso como se tivesse que ser acabado, antes que a atividade que realiza a obra possa começar. Mas é de tal sorte que o esclarecimento vai resultando pouco a pouco durante e com a execução, de maneira que a expressão "conhecimento prático" se cumpra em um sentido completamente literal e próprio. Em nossas investigações atuais, não é possível continuar mais em detalhe o processo da "criação" humana.[48] Aqui só se quis

---

[46] Ver capítulo IV, § 3, 2.
[47] Ver a esse respeito, e sobre as exposições ulteriores que concernem à verdade artística, o capítulo IV, § 3, 2.
[48] O que se acaba de dizer é válido tanto para o trabalho de investigação científica como para a atividade manual.

enfatizar que estamos diante de um conjunto particular composto de uma ideia intuída, de um espírito que atua até fora pelo corpo vivo e da obra em execução. Aqui, a ideia (= a "forma pura" ou elaboração sensível) só se apresenta como algo puro, e independente do espírito criador como da obra criada; o operar e a obra estão condicionados por ela, e se condicionam reciprocamente; e quando entendemos por "ideia" não a "forma pura", mas a elaboração humana de pensamentos, que trata de captá-la, assim, esta última depende também das condições de que acabamos de falar. Quando ela se distancia da forma pura baseada em enganos e erros, pode-se falar de uma "ideia frustrada".

Com isso, voltamos à questão da *verdade* da obra de arte. Significa que a obra *é* o que *devia* ser. Mas a palavra "devia" possui ainda um duplo significado. Pode significar correspondente à intenção do artista ou correspondente à ideia pura. Quando a obra é o que o artista queria fazer, mas se a ideia que se "preparou" se afasta da ideia pura, então não há uma obra de arte autêntica ou verdadeira. Convém falar agora da relação dessa verdade artística com a verdade lógica e com a verdade transcendental. Uma verdade artística é a concordância da obra com a ideia pura que lhe serve de fundamento. Assim, encontramos um parentesco com a verdade "ontológica" (também, "ouro verdadeiro" corresponde à "ideia do ouro"), mas também existe uma diferença entre ambas que corresponde à diferença entre a essência de uma coisa natural e a essência de uma obra de arte.

Falamos dela anteriormente: as obras humanas não são οὐσία (no sentido mais estrito da palavra) nem "substância". Constituem, no entanto, uma "obra de arte" no mesmo sentido que uma coisa natural. Uma "coisa natural" existe, ou seja, encontramos aqui e acolá o nexo com um gênero do ente. Mas o Napoleão de mármore ou o Napoleão de uma lenda não é Napoleão no mesmo sentido (e não é tampouco homem no mesmo sentido) que o Napoleão real. São "imagens" do Napoleão real; "representam-no; seu comportamento ou aspecto (que não é mais que a imagem de um comportamento) corresponde à sua essência, mas essa essência não lhes pertence propriamente; trata-se de um significado que lhes é "atribuído". A verdade artística é a concordância da obra com uma ideia pura, pouco importa aqui se essa ideia corresponde a uma coisa no mundo "real", no mundo de nossa experiência natural. Nesse sentido, um retrato de Napoleão, que apenas se parece com o Napoleão histórico, pode ser "verdadeiro". A *verdade histórica* é distinta da verdade artística: expressa a concordância de uma "imagem" com uma realidade que quer apresentar, e essa verdade falta quando a imagem não se parece com seu modelo real. Se, entretanto, se diz que a arte é "mais verdadeira" que a história, então seria necessário pensar na relação de ambos com o "arquétipo" que está ainda situado por cima do real, enquanto ele determina sua essência. Quando examinamos o sentido de οὐσία, pareceu-nos claramente que, nas coisas criadas, a forma essencial e a forma pura são distintas, e que as coisas reais correspondem mais ou menos ao que devem ser.

A vida do Napoleão histórico não foi certamente uma pura realização do que ele devia ser. O historiador deve relatar o que Napoleão realmente fez e como era ele na realidade. Mas não cumpriria sua tarefa mais que imperfeitamente, se nada do que pertence à "ideia pura" à qual deveria corresponder Napoleão aparecesse na imagem que se nos dá. Com efeito, o que cada homem deve chegar a ser – sua "determinação" pessoal – faz parte de sua essência. Por isso, o artista, que se aproxima do arquétipo, apoiando-se na manifestação puramente exterior do indivíduo, pode oferecer-nos uma obra mais verdadeira que o historiador, que permanece atado aos fatos exteriores. Quando o artista alcança o modelo verdadeiro e se atém aos limites do que é transmitido, sua obra é mais verdadeira, ainda no sentido da verdade história, que a do historiador, que não vai ao fundo das coisas. (O artista pode afastar-se da verdade histórica, primeiro porque ele imagina fatos que jamais se produziram, mas que são possíveis segundo a essência, e apropriados para expressar a essência de Napoleão. Afasta-se consideravelmente da verdade histórica quando desenha um Napoleão que de nenhuma maneira corresponde ao Napoleão real e, portanto, seu arquétipo. Entretanto, uma verdade artística poderia ainda corresponder à obra, se a figura fosse "autêntica", ou seja, se correspondesse a uma possibilidade essencial. Não obstante, poder-se-ia negar ao artista o direito de chamar "Napoleão" a tal figura, porque também há nessa expressão certa pretensão à verdade histórica.)

Que um ente seja o que deve ser, que sua essência real corresponda à sua "ideia", a isso poderíamos designar como essencialidade ou *verdade essencial*. Distinguimo-la da verdade *ontológica* e da verdade *transcendental*. Ainda, pode-se captar a diferença sob um ângulo diferente. "Transcendental" só pode ser designado o que pertence ao ente como tal, e não o que pertence só a um gênero determinado. Mas se a verdade essencial enquanto concordância da essência com seu arquétipo, da forma pura ou da ideia, encontra somente um lugar aí onde se encontra o contraste do ser essencial e do ser real, ou seja, no mundo das coisas reais, que nascem e desaparecem no tempo e que, no curso de seu desenvolvimento temporal imitam de uma maneira mais ou menos perfeita uma forma pura subtraída ao tempo. Essa contraposição não existe para as mesmas formas puras. Seu ser é o desenvolvimento de seu *quid*, inseparável delas mesmas. Não são já a cópia de um objeto ao qual elas poderiam corresponder mais ou menos. Por isso, não pode haver aqui uma verdade essencial. Mas as formas puras também são um ente e convém atribuir-lhes, assim como a todo ente, uma verdade ontológica e uma verdade transcendental: ou seja, são o que são, e o ser manifesto ou a concordância com um espírito cognoscente, que é condição preliminar para a verdade ontológica, pertence a seu ser. A verdade artística (assim como a verdade histórica) pressupõe a verdade essencial, e tampouco pode ser equiparada como esta à verdade transcendental. Também ela está ligada a um gênero determinado do ente: as obras humanas. Mas também o ente desse gênero é ente e, como tal, lhe corresponde uma verdade transcendental. É o que ele é "em verdade" – obra de arte ou obra ruim – e como tal identificada.

Gredt considerou a concordância da obra com o conhecimento do artista que é sua causa como uma espécie particular de verdade lógica. Tratemos de compreender o que quer dizer "conhecimento que é sua causa". Em primeiro lugar, a visão da ideia faz parte da causa para a gênese da obra. Consideramos a concordância da obra com a ideia como a "verdade artística", e vimos nela uma variedade da verdade essencial. Mas dado que a obra deve sua verdade artística à ideia *intuída* do artista e que este intuir esclarece e dirige a ação do artista, por meio da qual incorpora a ideia na matéria e na obra em via de realização se realiza e toma corpo progressivamente; uma espécie particular de verdade lógica está ligada à verdade artística. (Dessa verdade é diferente *a* verdade lógica concernente ao conhecimento do crítico de arte, que corresponde ao conhecedor da obra.)

A verdade transcendental corresponde ao ente como tal e, inclusive, eminentemente ao ser ao qual pertence o ser manifesto. O ente se "divide" em gêneros e em espécies diferentes do ponto de vista material e formal; com isso, o ser também se particulariza, e, com ele, o ser manifesto ou a correspondência com o espírito. As elaborações naturais e as obras humanas têm uma correspondência diferente com o espírito humano, e as obras possuem de novo outra correspondência com o espírito criador e com o espírito que se aplica com posterioridade (o espírito que "imita" ou "compreende"). A isso correspondem diversas espécies do conhecimento e da verdade lógica.

§ 13

Verdade Divina

Por outro lado, as relações são de outro estilo quando entendemos por "espírito criador" o espírito de Deus, único verdadeiramente criador.

Assim como todas as palavras devem sofrer uma modificação de sentido quando são transpostas das criaturas a Deus, assim também acontece com o termo "conhecimento". No conhecer se encontra expresso propriamente o fato de que se trata de algo que começa, da aquisição originária de um saber. Isso não se dá em Deus. Seu "conhecer" é um saber desde a eternidade. Por isso, seu saber é, na verdade, um saber anterior a todas as coisas criadas e absolutamente independente delas, enquanto, no caso do criar humano, não se poderia admitir sem reservas. Seu saber é também só criador no sentido pleno do termo; o "criar" humano não é mais que uma transformação de uma matéria dada segundo um arquétipo igualmente dado, ainda que de uma maneira completamente diferente. O conhecimento divino da obra é verdadeiramente criador, no sentido de que não tem necessidade – como o conhecimento humano – de passar primeiro ao ato cujo efeito é exterior: contém em si o *"fiat!"* criador. Assim, podemos admitir a designação escolástica: "puramente em pensamento – não real", para caracterizar a relação do saber divino com as coisas criadas segundo seu sentido: no sentido que já nos é familiar, segundo o qual o saber divino, seja em sua existência, seja em seu conteúdo, não depende das coisas. Por "relação" entendemos aqui a orientação do saber até as coisas, que é intrínseco ao próprio saber. O fato de que seja "simplesmente em pensamento" não exclui que seja real e operante no mais alto grau: é a ele que as coisas devem seu ser e o que são. Isso se expressa quando se diz da parte da coisa que a relação é "real". Já falamos antes do papel das "ideias" no pensar criador.[49] As ideias estão incluídas juntamente com sua relação com as coisas criadas no conteúdo do pensar divino. Elas

---

[49] Ver o capítulo III, §12, e o capítulo IV, §4, 3.

não constituem algo que vem juntar-se do exterior ao espírito divino, mas é sua essência, na medida em que essa essência se restringe ela própria e se limita a servir, assim, de arquétipo às coisas finitas. Encontramos de novo aqui a afirmação a que já fizemos alusão: as "ideias" não podem ser mais que "verdadeiras". Não há nada mais com o que se possam medir que o modo como o pensar divino conforma as coisas a essas ideias. São o que elas são e estão manifestas ao espírito divino. Mas apenas se pode falar aqui de uma "correspondência", visto que as ideias não são outra coisa senão o espírito divino, que, como tal, está manifesto para si mesmo. Aqui coincidem a verdade transcendental e a verdade lógica. Estão incluídas no ser divino. Também a verdade lógica, enquanto conformidade das coisas (não de seus arquétipos) com o pensar divino, pertence inseparavelmente a esse pensar divino. Mas se se lhe coloca do ponto de vista das coisas, ser e verdade se separam. Sua *existência* não é simplesmente idêntica ao seu ser manifesto ao espírito divino e está colocada por esse mesmo espírito como diferente dele, e, com isso, acha-se, ao mesmo tempo, sua coordenação com um espírito que vem ao seu encontro conhecendo, e uma lógica verdade enquanto possível concordância com ele. Também aqui, a verdade essencial encontra um lugar nelas como conformidade possível das coisas com seu arquétipo. Já se tratou antes a maneira de compreender sua possível não adequação com seu arquétipo.[50]

A afirmação segundo a qual não há medida para a "verdade" das ideias pode suscitar uma questão que efetivamente foi objeto de discussões na Idade Média, a propósito da doutrina das ideias: se, na configuração das ideias, Deus é livre e, nesse sentido, criador das ideias, ou, então, se essas ideias têm uma legalidade necessária e imutável da estrutura interna, na qual o próprio Deus não poderia mudar nada. A diversa resposta que se pode dar a essa pergunta determina essencialmente a contraposição entre o *voluntarismo* e o *intelectualismo* da Idade Média: segundo *Duns Scoto*, se se atende à interpretação de Manser, o nexo das essencialidades simples com as ideias compostas, que devem ser consideradas como arquétipos das coisas, depende da livre eleição de Deus;[51] para santo Tomás, o saber divino precede a vontade, e não é a vontade, mas as "ideias divinas e a natureza divina" que constituem o *"princípio último das essencialidades das coisas"*.[52] Não gostaria de me

---

[50] Ver o capítulo IV, §4, 2.
[51] Ver G. Manser, *Wesen des Thomismus*, p. 168.
[52] *Op. cit.*, p. 176.

atrever a resolver essa questão. Desejaria somente opor-lhe outra questão: se na simplicidade perfeita do ser divino, no que coincidem o saber e a vontade, a possibilidade de um antes e um depois e de um condicionamento do um pelo outro, em geral tem ainda um sentido. Pode-se conceber a vontade divina de outra maneira senão livre (ou seja, absolutamente independente de tudo o que não é ela) e, no entanto, penetrada, ao mesmo tempo, pela luz da sabedoria divina, visto que não se faz mais que um com ela? Partindo do ser finito, elevamo-nos até um primeiro ser eterno, como causa de todo ser, e até uma diversidade de ideias, como fundamento da diversidade no mundo do devir e do acontecer. O conhecimento das ideias (quididades ou elaborações sensíveis) que possuímos efetivamente nos faz descobrir diferenças em sua estrutura interna: há algumas nas quais um traço necessariamente fomenta outro, de tal sorte que não poderiam ser pensadas de outra maneira (por exemplo, as figuras puras da geometria: o círculo, o triângulo etc.), e outras nas quais não se vê claramente por que são assim e não de outra maneira (que o homem possua duas mãos e dois pés; que tenha necessidade dos sentidos para conhecer; que entre corpo e alma existam determinados laços de dependência etc.). Encontramo-nos aqui em presença de um fato do qual não nos é já possível discernir suas razões, e a distinção entre a necessidade e a contingência ainda dentro do ser essencial é ainda para nós um fato último inexplicável. Querer descobrir seu fundamento na essência divina constitui uma tarefa que me parece superar absolutamente as possibilidades oferecidas pelo entendimento natural. Já a tentativa que quer conciliar a simplicidade do ser divino com a pluralidade das ideias leva à marca da razão, guiada pela fé; essa razão, impulsionada pela palavra revelada, trata de conceber os mistérios diante dos quais resplandecem os conceitos humanos.

§ 14

Verdade Transcendental, Ser Divino e Ser Criado

Partimos da determinação tomista da verdade; de que ela pertence ao ente como tal e que não agrega a este último mais que uma relação "em pensamento", a saber, a relação do que confere a perfeição. Que sentido tem ela para nós, depois das distinções que se acaba de fazer? Concebemos o ser manifesto ou a correspondência com um espírito cognoscente como o sentido próprio da verdade transcendental, correspondência que pertence ao próprio ser e, por conseguinte, ao ente como tal. Se pensamos no ente primeiro, tal como é manifesto a si mesmo, o ser e a verdade coincidem aqui. (Por isso, o próprio Deus é chamado também "a Verdade".) Portanto, não se trata, aqui, em um sentido particular, de uma correspondência nem da atribuição de uma perfeição. Se pensamos na totalidade de todo ente criado em sua correspondência com o espírito divino, então dita correspondência, não significa para o espírito divino nem algo acrescentado nem algo que dá a perfeição, mas ela é para o fundamento de toda sua perfeição: *que* seja e *o que* seja "em verdade" estão fundamentados sobre ela. Finalmente, se pensamos no laço de todo ente criado com o espírito criado, então sobre isso repousa a perfeição do espírito, enquanto o ente é o que leva o espírito a ser perfeito, ou seja, enquanto vem a ser objeto de seu conhecimento e lhe dando, por conseguinte, um conteúdo. A correspondência com o espírito não agrega nada à totalidade do ente, como já o dissemos, visto que ela está incluída já nesse ente. Se entendemos por "ente" um ente *qualquer*, então o *que é* não é motivado pela correspondência com o espírito. Mas é algo que vem agregar-se ao *quid* (assim como consideramos o ser ao qual reconhecemos esse laço como algo que vem agregar-se ao *quid*, ainda que em algum ente seja necessariamente algo que lhe pertence). E para mais de um ente, a dependência ou coordenação com o espírito pode constituir, de certo ponto de vista, uma condição de sua plenitude: enquanto no ser conhecido passa ao estado do ser espiritual (chega a ser um *actu intelligibile*).[53]

§ 15

Bondade Divina e Bondade Criada

Assim como a verdade, a "bondade" pode ser considerada como pertencente ao próprio ente. Mencionou-se como diferença o que "bom" designa como a *concordância do ente com a tendência*; e que, além disso, o bom se dá não só – como o verdadeiro – graças a seu conteúdo, mas também graças a seu *ser*. Convém agora explicar essa diferença.

---

[53] Existe uma relação correspondente entre as coisas sensíveis e o conhecimento sensível.

O ente é bom na medida em que é perfeito, e corresponde à tendência enquanto o tender está orientado segundo sua essência para a perfeição. Perfeição tem um duplo significado: que nada falta ao *que* é o ente (o que deve ser), e, por outro lado, que esse ente *é* no sentido pleno da palavra, ou seja, no grau mais elevado do ser. Esses dois aspectos só correspondem a Deus inteiramente e sem reservas. Ele é a plenitude infinita e a realidade suprema (ato puro). Por isso, identifica-se com a perfeição ou com o próprio bom.

Pode-se falar aqui de uma conformidade do ente com o tender? Se se entende pelo tender o ser orientado para um fim que deve alcançar primeiro, esse tender não é possível para Deus. Desde toda a eternidade ele está em meta. Mas aqui se encontra algo a que aspira todo tender terreno: o repouso na meta ou realização, que é "desfrute" e, no grau mais elevado, a beatitude. Pode-se dizer: a vontade de Deus repousa em seu ser, está de acordo consigo mesmo. Pois bem, não se trata da conformidade de um ente com outro ente, mas da conformidade do um consigo mesmo.

À exceção de Deus, nenhum ente é perfeito no mesmo sentido, visto que cada ente é somente algo e não tudo: a cada um se adapta seu *quid* e seu ser. Mas pode-se chamar perfeito, enquanto tenha alcançado sua plena medida: inteiramente é o que deve ser e se encontra colocado no mais alto grau acessível do ser. Quando o ente é uma criatura que se está desenvolvendo em si, então o grau supremo de seu ser é a meta de seu tender inteiro (ainda que também se dê um falso tender – desvios do tender –, que não estão "em verdade" orientados para a meta); na medida suprema alcançada encontra o tender uma realização e chega ao repouso no desfrute. Então se alcança a "conformidade" completa entre o tender e aquilo para o que está orientado. Mas já antes de alcançar a meta, pode-se falar de uma conformidade, visto que no tender se apresenta ante os olhos o pretendido como o que promete a plenitude e o que dá a plenitude, e portanto, o bom (o tender consciente está presente na própria pretensão, em tender inconsciente – puramente impulsivo ou natural – para o observador que entende). Enquanto para cada criatura a medida de seu ser está determinada pela vontade divina, a perfeição alcançada de seu ser significa, ao mesmo tempo, a conformidade perfeita com a vontade divina e, por conseguinte, a medida que lhe é possível alcançar no bom. Mas ainda antes de sua plenitude, todo ente *é o que é* e na medida de qualquer modo

334 Capítulo V

é, já em conformidade com a vontade divina, por isso é bom: graças à vontade divina *é* já e é o *que é*. Assim também o tender à plenitude é bom, porque está em harmonia com a vontade divina. (Como tender *consciente* é *moralmente* bom.)

Ao tender até o grau supremo de seu ser, que se pode considerar como a tendência fundamental de tudo o que é criado, está subordinada toda uma quantidade de tendências particulares, que estão orientadas para "bens" particulares. Aqui entram em parte estados do sujeito, em parte outro ente, que pode servir para a consecução de tais estados: assim, todos os seres vivos tendem para a saciedade, e, portanto, para os alimentos que trazem consigo a saciedade. (O objeto para o qual se dirigem seus esforços, não por si mesmo, mas porque é um meio para realizar um fim, é considerado tradicionalmente como *bonum utile*, como "útil".)

Aquilo a que se tende, mas que não é adequado "em verdade" para conduzir à perfeição, isso só é "bom" aparentemente, não em verdade, visto que não está em consonância com a vontade divina. Mas na ordem do ente, cada ente finito está determinado a contribuir para a plenitude de outro ente qualquer e, por conseguinte, é bom no sentido de que dá a perfeição, não somente enquanto criatura de Deus, mas o é só para si mesmo.

O bom como tal tem que ser algo real? Gredt afirma que o tender se aplica a algo real, não a um meu possível, porque o real é o que é perfeito. Mas também o possível é já bom em certa medida, visto que está ordenado com o real.[54] Esta proposição é certamente justa na medida em que se trata de um ente no qual se encontra o contraste da realidade e da possibilidade.

O tender do enfermo é aspirar a ficar *realmente* sadio; por isso deve igualmente ter em conta os remédios reais, visto que o que não é real não poderia provocar cura. Mas bom também é o que está mais além da contraposição de realidade e de possibilidade: por exemplo, a saúde como tal ou o sentido da saúde. Sem dúvida, não constitui ela o objeto para o qual está orientado o tender do enfermo e que pode dar-lhe a realização. Mas está de acordo com a vontade divina, porque ela própria é uma ideia divina. E a saúde "real" na medida em que está de acordo com ela.

---

[54] *Op. cit.*, II, p. 25.

§ 16

Relação entre Verdade e Bondade

Encontramos de novo aqui a questão da relação entre *verdade* e *bondade*. Em Deus, ambas coincidem entre si e com o ser. Deus tem o conhecimento de seu ser, e quer seu ser, e ambos se contêm no próprio ser. Mas se considerarmos a verdade como a correspondência com o espírito conhecedor finito, e o bem como a coordenação com o tender finito (ou como coordenação de um ente com outro ente ao qual pode servir para alcançar a plenitude), então ambas se separam; no entanto, um laço determinado continua unindo-os. O ente é verdadeiro (do ponto de vista transcendental) na medida em que corresponde ao espírito conhecedor, ou seja, capaz de converter-se em conteúdo de seu conhecimento. No conhecer, a inteligência chega à sua perfeição de ser: o ente que lhe vem em auxílio lhe proporciona sua plenitude, e, portanto, na medida que é verdadeiro, é também bom, contudo, não simplesmente, mas sob esse aspecto bem determinado. (Agora, de outro ponto de vista pode ser mau, por exemplo: uma ação má; além disso, pode ser mau para o homem que conhece: quando o saber bom em si de uma má ação se converte para ele em uma tentação para pecar.)

Inversamente, convém dizer ainda que o bem como tal (o ente na medida em que é bom) deve também ser verdadeiro na medida em que é reconhecido *como* bom. No tender consciente, o conhecimento (real ou suposto) do pretendido como bom serve até de fundamento do tender. No tender natural para um observador dotado de razão, o pretendido é reconhecível como bom para o que o pretende. Essa união está expressa pelo termo "bem verdadeiro"; só quando o conhecimento do ente como bom é verdadeiro é "em verdade" um bem; então, não está somente em concordância com o tender de uma criatura, mas também com a vontade do criador, e com isso, ao mesmo tempo – visto que em Deus conhecimento e vontade são uma só coisa –, está conforme com seu "arquétipo" no espírito divino, ou seja, é "verdadeiro" no sentido da verdade da essência.

A mútua pertença e o condicionamento recíproco de verdade e bondade expressam de uma forma nova que o ente como tal é verdadeiro e bom. O sentido de "verdadeiro" e "bom" permanece, no entanto, diferente, como "conhecer" e "tender" são distintos e, no entanto, estão ao mesmo tempo condicionados um pelo outro. Devemos ainda examinar agora se o que

336 Capítulo V

dissemos anteriormente confirma que o verdadeiro como conteúdo confere uma perfeição; ao contrário, o bom por meio de seu ser.

Quando eu sei que esta árvore é verde, abarco com o entendimento tanto o que constitui o conteúdo desse estado de coisas como sua existência. O conjunto desses dois elementos forma o "conteúdo" de meu conhecimento. Na realização desse conhecimento, o entendimento passa do ser "possível" ao ser "real"; recebe, portanto, certa plenitude de ser. Mas, nesse ser, o estado de coisas conhecido, assim como sua existência, não são compreendidos como uma parte; tal conteúdo não está (nesse sentido) realmente incluído. A existência do estado de coisas e meu ser permanecem no conhecimento separados existencialmente, ainda que eu deva à existência do estado de coisas o aumento do ser que significa a realização do conhecimento. Por isso, não é de importância decisiva que classe de ser seja o ser que entra no conteúdo de meu conhecimento (ainda que conhecimentos de espécies diversas – enquanto poderiam estar fundadas no ser diverso de objetos conhecidos – possam significar para o espírito um aumento mais ou menos grande do ser: por exemplo, uma percepção sensível ou a intuição em um contexto metafísico).

Para que o entendimento alcance a plenitude por "uma verdade", isso não depende de que ele conheça algo real, mas sim de que ele conheça realmente. A expressão "conhecer realmente" pode ter também aqui um duplo significado: primeiro, a atualidade do entendimento no conhecer; segundo, que se trata de um conhecimento verdadeiro, e não simplesmente de um conhecimento hipotético. Também o hipotético conhecimento é "real" no primeiro sentido, ou seja: uma atividade atual do entendimento, nessa medida também certa plenitude do ser, mas não *da* plenitude para a qual está orientado o entendimento. O fato de que o objeto conhecido não tenha necessidade de ser real não vale somente para o conhecimento hipotético, mas também para o conhecimento real: nesse caso, o que não é real deve ser reconhecido.

Quando o médico reconhece que o doente poderia curar-se com viagens de férias, assim reconhece a viagem como "bom" para o doente. Seu entendimento (e, quando transmitiu esse mesmo conhecimento ao doente, o entendimento também deste último) recebeu um enriquecimento, ainda no caso de que a viagem não se realize. Mas *o* bom que é para os dois fins do tender, a saber, a saúde só pode ser causada por meio de uma viagem *real*. Por isso, a viagem real é um fim mediato: a viagem que leva o enfermo ao lugar que convém, o ar que respira aí, os banhos que toma etc. Trata-se aqui de uma cadeia de fatos reais ligados causalmente, cujo resultado deve ser a troca de estado geral no homem que tem necessidade de um descanso. Para que um tender encontre sua realização, é necessário que a meta pretendida seja real no ente, que se deseje alcançar, que se faça real; e essa meta, quando não se trata de um simples meio, é sempre um estado geral de algo real, uma aproximação de seu ser perfeito. (Mas não é necessário que esse ente seja sempre o sujeito do tender: em nosso exemplo, o tender do médico está orientado para a saúde do doente.) Visto que a tendência (no sentido restrito e próprio do termo) está sempre orientada para a realização de algo que não é ainda real, são tanto o bem desejado como aquele a que se aspira, coisas, eventos das coisas ou estados no mundo do devir, em que o possível se faz real. A realização do tender é um processo real no qual o fim, os meios de alcançar esse fim e o ente cujo fim é uma perfeição superior entram em um conjunto de ação que constitui uma unidade do ser.

Como conciliar as explicações que acabamos de dar com a afirmação precedente segundo a qual o verdadeiro como tal (ou o ente como verdadeiro) é também bom? Também no tender do conhecimento aspira-se a uma perfeição superior para um ente: ou seja, para o entendimento, e, por conseguinte, para o homem cognoscente. E também esse tender encontra realização em um processo real, na realização do conhecimento. Mas o conteúdo do conhecimento, que faz parte das condições necessárias para sua realização, não entra com ele em um conjunto causal nem em uma unidade do ser, porém em uma relação particular que chamamos "intencional" e que tem fundamento na verdade transcendental (como correspondência particular do ente com seu espírito cognoscente).

§ 17

Ser, Bem e Valor

Dissemos que a verdade como correspondência do ente com o espírito cognoscente é distinta do *quid* de todo ente e que ela está compreendida no ser como tal. Vale o mesmo também em relação à bondade? Uma transposição não é de todo possível, já que a consequência da diferença entre o conhecer e o tender, também a dependência ou coordenação do ente com um e com outro, possui um sentido inteiramente diferente. Em primeiro lugar, a dependência com o tender não significa sempre – como para o conhecer – em cada caso uma correspondência com o espírito.

Pois o tender como estar orientado para a perfeição do próprio ser pertence a todo real criado como próprio a algum que se está tornando: ao lado do tender consciente e fundado no conhecimento (= espiritual) das criaturas razoáveis, coloca-se o ser vivo sensível dos seres vivos providos de sentidos, mas privados de razão, e o tender natural pertencente somente aos seres animados (mas não sensíveis) e às criaturas inanimadas.[55] (O voltar-se das plantas para a luz e a passagem das matérias dissolvidas à sua forma cristalina podem servir de exemplos à atividade dessa tendência natural.) Pois bem, além do espírito nenhum outro ente corresponde – como ele – a todo ente. Aqui está fundamentado que "bondade" não pode significar nenhuma correspondência tão geral com a verdade; ou seja, que todo ente é bom, mas nem cada ente é um bem para todo outro ente, (ou seja, para todo ser que tende a). Somente o bem supremo, que contém em si toda perfeição, é um bem para todo ente, visto que todo ente lhe é devedor da perfeição (*da* perfeição que possui já, superior à qual ele está destinado e da possibilidade de chegar a ela). Ao contrário, todo bem finito – "finito" não tem aqui o sentido de uma limitação temporal, mas de uma coisa e, por conseguinte, é compatível com a eternidade – só possui a significação de uma possibilidade de perfeição[56] para um círculo limitado do ente. Assim, a própria verdade só é um bem para o espírito cognoscente, mas não o é para as criaturas não espirituais. (Contudo, indiretamente, também a verdade conhecida pode significar um bem para criaturas não espirituais: a compreensão da natureza da matéria pode conduzir o homem a lhes dar uma forma adaptada.)

Assim, corresponde ao sentido do bem particularizar-se segundo a diversidade material do ente. Na medida em que um ente está determinado a procurar uma perfeição a outro ente, chamamo-lo "um *bem*". O que lhe dá a qualidade de bem: o significado para os demais fundado em seu *quid* recebeu na filosofia moderna o nome de "valor" (*bonum* denomina ambas as coisas: o ente como bom e a bondade do ente). A diversidade dos gêneros

---

[55] Ver Tomás de Aquino, *De veritate*, q. 22, a. 1, p. 3 e 4.
[56] O conhecimento dessas conexões poderia ser apropriado para esclarecer o sentido autêntico da expressão "relatividade de valores" (que não tem nada a ver com a "subjetividade").

e das espécies do ente funda uma diversidade de valores diferentes entre si.[57] A separação entre "bem" e "valor" é importante para esclarecer a inclusão do bem no ser.

O tender como tal está já ligado a um gênero determinado do ente: tender só é um devir, ou seja, um real que ainda está inacabado (e por conseguinte, ainda não é de todo real, mas, ao mesmo tempo, real e possível, atual e potencial).

A plenitude de algo acabado constitui a meta propriamente dita do tender, a passagem da potência ao ato, sua realização. Assim, toda a ordem de bens e de valores é uma ordem do mundo real.

Aquilo a que todo ente diretamente aspira é seu próprio ser bom: a plenitude de seu *quid* e o supremo grau de seu ser (a atualidade mais alta). Para tal ente, indiretamente, todo outro ente é bom, que pode contribuir ativamente à sua plenitude. Visto que deve *atuar*, tem que ser algo *real*: o operar pertence ao próprio ser real; *o que* faz depende do *que é*. Assim, o ser bom também do bem indireto (ou seja, do que dá perfeição) pertence tanto ao ser como ao *quid* do ente.

O mundo inteiro do devir está governado pela ordem que permite a cada criatura orientar-se para a sua própria perfeição e ajudar a outra criatura a encontrar a via de sua perfeição. Essa própria ordem não está submetida ao devir e ao passar, mas chegou a ser e não perece.

Assim como o significado da palavra "homem" não tem nem começo nem fim, assim também o expressa o termo "santidade" (= perfeição de uma pessoa; em um sentido derivado, aplica-se também ao que favorece a perfeição de uma pessoa ou leva a marca dela), que não está submetido ao devir, ainda quando a santidade possa realmente realizar-se e, por conseguinte, converter-se no fim do tender. Os "bens" nascem e desaparecem. Mas o que dá a um ente a significação de um bem, e o que chamamos "valor", pertence ao domínio do ser essencial. Não somente o que o ente considerado em si, mas também sua significação na totalidade do ente – ou seja, o valor – que lhe corresponde, está pré-designado desde toda a eternidade. Se o ente é verdadeiramente o que deve ser (ou seja, se possui a verdade da essência), é tam-

---

[57] Tal é o fundamento da doutrina material dos valores de Scheler (ver *Der Formalismus in der Ethik und die materiale Wertethik*, Halle, 1913). *Husserl* elaborou a legalidade formal desse campo em seus cursos sobre a "axiologia formal e prática" como um paralelo com a lógica formal. Infelizmente essas investigações tão importantes não foram publicadas. [Publicaram-se em 1988.]

bém verdadeiramente bom (possui a bondade essencial) e, segundo o âmbito ao qual pertence, é verdadeiramente santo, belo, nobre ou útil.

Nossa tarefa não consiste aqui em examinar em detalhe a doutrina dos bens e dos valores. O dito só era para indicar onde eles têm seu ponto de contato na doutrina do ente como tal. A todo grau supremo de ser acessível a toda realidade criada está determinado o bem para o qual tender, e cada bem possui, ao mesmo tempo, com relação a outro o significado de dar perfeição, e, por conseguinte, constitui em um bem para este. Todo bem, como tal, está em consonância com a ordem eterna (divina) do ente, que representa o fundamento de todo ser bom e, portanto, é bom ele mesmo.

§ 18

"Sentido Pleno" do Bom e Verdadeiro

Conseguimos, com isso, apresentar o bem como uma determinação "formal" do ente, ou seja, como uma "forma vazia" que, por meio dos diferentes bens e valores determinados por seu conteúdo, encontra uma plenitude? O conceito do bom tem que ser levado ao conceito do ente de maneira que não se lhe pode compreender senão a partir do ente e da ordem do ente, mas que, no entanto, lhe pertence um sentido próprio, isto é, um "sentido pleno".

Se examinamos em detalhe os nexos do ser com o ser bom, então esse sentido se determina como o sentido formal do perfeito ou do que dá perfeição. Mas já a linguagem ordinária (pré-filosófica) dá à palavra "bom" (assim como à palavra "verdadeiro") um significado segundo seu conteúdo: um significado em cuja compreensão ele pode achar tranquilidade. "Bom" é aquilo em que o tender encontra sua realização. Isso pode despertar a suspeita de um "círculo vicioso" se se considera que "tender" não é outra coisa senão se estender até um bem. Mas na compreensão correta de tal situação desaparece a dificuldade. "Tender" e "bondade" (assim como "conhecer" e "verdade"), segundo seu sentido, não poderiam ser concebidos um sem o outro; estão inseparavelmente ligados um ao outro, e nenhum deles é "anterior" ao outro. Há verdade só onde um espírito que conhece está em consonância com um ente; há bondade (no interior do finito) onde um necessitado alcança seu fim.

Somente onde o espírito conhece pode "compreender originariamente" o que é "conhecimento" e "verdade"; só onde o espírito tende ou quando repousa na posse do pretendido, pode surgir-lhe o "sentido pleno" do que significam "tender" e "bom". E essa compreensão originária serve como fundamento para captar e ordenar racionalmente nas conexões últimas do ser.

§ 19

Beleza como Determinação Transcendental

Se atribuímos ao ser verdadeiro e ao ser bom um sentido "pleno" (= segundo seu conteúdo) e se consideramos, por outro lado, como pertencentes ao próprio ser, devemos dar também ao próprio ser um sentido segundo seu conteúdo.

É a questão do sentido do ser com que se relacionam sempre todos os transcendentais. Antes de tratar essa questão central, devemos ainda examinar brevemente a última das determinações transcendentais: a beleza. Aristóteles a trata somente fazendo algumas alusões.[58] Distingue o belo do bom na medida em que o bom pertence à ação, o belo corresponde ao "imóvel", e o determina em si como fundado em si mesmo como ordem, simetria e determinação.[59] O fato de que o bom pertença à ação se deve talvez interpretar no sentido de que o bom constitui o fim do tender e, enquanto real, se acha em conexão de ação com o que está tendendo.

Correspondentemente, a imobilidade possível do belo significaria que sua realidade não é necessária e que por meio do agrado, que produz, fica tão incólume como o conhecido pelo conhecer.

Esta concepção parece corresponder à de santo Tomás, que considera que o belo coincide com o bom e, no entanto, se distingue dele segundo o sentido:

---

[58] *Met.*, M 3, 1078 a, 30 e seg. [Aristóteles, *Metafísica*, Madri, 1994, 503]. Aristóteles remete aqui a "outra passagem" em relação a essa questão de uma maneira mais explícita. Mas não se vê claramente em seus escritos qual é a passagem a que faz alusão.

[59] Ele chama ordem, proporção e determinação ou limitação (τάξις, συμμετρία, ὡρισμένον τοῦ δέ καλοῦ μέγιστα εἴδη). Rolfes traduz assim esta última frase (*op. cit.*, II, p. 112): "as formas fundamentais do belo". Naturalmente, isso não se deve entender como se se tratasse de "espécies" diferentes do belo, mas deve-se entender ordem, proporção, determinação como características fundamentais do ente, que o fazem belo.

342 Capítulo V

> O belo e o bem são o mesmo porque se fundamentam no mesmo, a forma. Por isso se canta o bem por belo. Mas diferem na razão. Pois o bem é referido ao apetite, já que é bem o que todos desejam. E assim, tem razão de bem, pois o apetite é como uma tendência a algo. O belo, por sua parte, é referido ao entendimento, já que se chama belo o que agrada à vista. Daí que o belo consista em uma adequada proporção, porque o sentido se deleita nas coisas bem proporcionadas como semelhantes a si, já que o sentido, como faculdade cognoscitiva, é certo entendimento. E como quisesse que o conhecimento se faça por assimilação, e a semelhança é referida à forma, o belo pertence propriamente à razão de causa formal.[60]

Se todo o bom é igualmente belo – visto que todo ente como tal é bom –, resulta também que o belo pertence às determinações transcendentais. A beleza tem um traço comum com a verdade e a bondade: põe o ente em relação com um ente determinado, e especificamente – de novo, assim como a verdade – em relação com o espírito: pois a beleza é o que faz o ente suscetível de despertar agrado, mas o agrado é um ato espiritual. (Ainda, se se trata de uma beleza sensível, não se pode captar *como beleza* mais que espiritualmente.)[61] Da mesma maneira em que a verdade leva o entendimento a seu ser pleno (ou seja, ao conhecer) e, por essa razão, pode ser considerada como seu bem próprio, a beleza constitui também o bem próprio de uma particular força do espírito. Qual é a força que corresponde ao belo e que encontra no agrado sua plenitude?

No "sentido" para "proporção, determinação e ordem" próprio do espírito, no qual Aristóteles via fundada a beleza. O que pertence ao seu próprio ser – pois, este já está determinado segundo medida e espécie e procede segundo uma ordem interna que chamamos "razão" –, isso o encontra de novo no ente que ele conhece.

Já consideramos como essencial para todo o criado a atribuição de uma medida determinada do ser. Cada ser também enquanto o *que é* está determinado. Tal é a posição de Aristóteles que qualifica essa realidade criada como "limitada". E, em cada ser, as partes que o constituem obedecem a

---

[60] *Summa theologica*, I, q. 5, a. 4 ad 1. [Santo Tomás de Aquino, *Suma de Teología*, I, Parte I, Madri, 1988, 131].
[61] Santo Tomás expressa isso enquanto acentua que particularmente os sentidos superiores ("espirituais") são os que abrem o caminho de acesso ao belo (S. Th., I/II, q. 27, a. 1 ad 3) e que só o homem, e não o animal, conhece o gozo do belo (S. Th., I, q. 91, a. 3 ad 3).

uma ordem regida por uma lei determinada. Nesse sentido, é possível também interpretar a passagem da Escritura segundo a qual tudo foi criado na medida, no número e no peso.[62] Quando santo Tomás (de acordo com santo Agostinho) admite que o bom está fundado em espécie, modo e ordem (*species, modus, ordo*),[63] pensa, sem dúvida, na passagem da Escritura que acabamos de citar, mas também na determinação aristotélica do belo. Todas essas expressões similares querem dizer que o ente, enquanto criado, segundo seu *quid* nitidamente determinado e um ente ordenado segundo proporções fixas: primeiro em sua estrutura interna, e logo, em sua relação com outros entes. (Na última passagem citada, Tomás entende por ordem a relação das criaturas entre si, pela qual uma das criaturas significa para as outras uma possibilidade de perfeição e, portanto, de bem.) O espírito criado (e particularmente seu conhecer) concorda não somente como ente com todo outro ente no sentido de que essa legalidade do ente também domina, e ele é como caracterizado no sentido de que esta concordância o incorpora vivencialmente: esta tomada de consciência é o que chamamos "agrado", ou "gozo do belo", ou "desfrute estético".

É este o lugar para investigar em que medida essas expressões designam objetivamente o comum e o diferente, como conhecimento do belo e alegria no belo, assim como outras maneiras possíveis de comportamento se acham frente a ele, que papel desempenham aí os sentidos, em uma palavra, todas as questões que se relacionam com uma estruturada doutrina do belo e da vivência do belo.[64] Devemos somente tratar aqui de explicar a inclusão do belo na série das determinações transcendentais, ou seja, das qualidades do ente como tal. Poderia haver ficado claro que a beleza encontra seu fundamento na estrutura do ente como tal, e que seu sentido particular consiste na possibilidade de uma relação vivida do espírito com o ente, fundada nessa estrutura: de uma relação particular que é distinta da verdade, enquanto conformidade do conhecimento com o ente e do bem enquanto conformidade do tender com o ente, mas ela tem algo de comum com am-

---

[62] Sab 11, 21: Trata-se nessa passagem dos castigos entre os egípcios, que eram exatamente proporcionados em seus desvios. Mas essa ordem da justiça divina é levada à ordem geral da criação.

[63] *De veritate*, q. 21, a. 6.

[64] Também, não é possível examinar as correspondentes relações com a estética de Kant (*Kritik der Urteilskraft*) ou com a estética moderna da empatia (Th. Lipps, *Zur Einfühlung*, Leipzig, 1913; Ästetik, t. 1: *Grundlegung der Ästetik*, Leipzig, 1903; t. 2: *Die ästhetische Betrachtung und die bildende Kunst*, Leipzig, 1906).

bas: com a verdade, visto que constitui algo *"conhecido"* (no sentido amplo do "conhecer"), que é agradável (*visa placent*), mas com a diferença de que não é somente conhecido, mas também agradável (*visa <u>placent</u>*); e esse agradar significa para o espírito um repouso na meta, como o encontra na realização do tender a. Aqui coincidem a bondade e a beleza: santo Tomás expressa essas relações da seguinte maneira:

> Quando se diz que a tendência tem por fim o bem, a paz e o belo, não se considera isso como metas separadas. Pois precisamente na base de que algo tenda ao bem, pretende ao mesmo tempo o belo e a paz; o belo, enquanto em si mesmo está determinado segundo medida e espécie (*modificatum et specificatum*), o que está incluído em razão do bom; no entanto, o bem acrescenta a relação de uma possibilidade de perfeição para outra coisa. Por isso, quem tende sempre ao bem, pretende por isso mesmo o belo. Mas a paz significa o desprezo de tudo o que é causa de inquietação e de tudo o que se opõe à realização do desejo. Assim, pois, precisamente pelo fato de que é desejado algo, deseja-se o desprezo de tudo o que atrapalha. Assim, com um só e mesmo tender, pretende-se o bem, o belo e a paz.[65]

Visto que a verdade e a bondade estão fundadas *sobre* o *quid* do ente e pertencem ao seu próprio ser, a beleza também está fundada sobre a determinação quídica do ente (por isso à diversidade do conteúdo do ente corresponde outra diferente), e ao mesmo tempo, pertence ao próprio ser, enquanto ser ordenado em justas proporções e *estar* em consonância com a ordem do espírito.

Se a beleza deve pertencer ao ente como tal (por conseguinte, uma autêntica determinação transcendental), então não deve somente pertencer ao ente criado, como se poderia supor segundo as considerações precedentes (visto que só o criado, o finito, é limitado quantitativa e especificamente). Pois bem, assim como existe uma verdade e uma bondade divinas como fundamento último de todo verdadeiro e bom, assim deve haver também uma beleza divina, como fundamento último de tudo o que é belo.

Santo Tomás pode ainda nos ajudar nesse ponto, porque esclarece uma determinação do belo que não consideramos até agora. Expondo as dife-

---

[65] *De veritate*, q. 22, a. 1 ad 12.

renças entre as pessoas divinas, atribui a beleza de uma maneira particular ao Filho e prossegue:

> [...] para a beleza requer-se o seguinte: primeiro, integridade ou perfeição, pois o inacabado, por ser inacabado, é feio. Também se requer a devida proporção ou harmonia. Por último, precisa-se da clareza, daí que o que tem nitidez de cor seja chamado belo.[66]

Um ente é perfeito quando é absolutamente o que deve ser, quando não lhe falta nada e quando alcançou o grau supremo de ser. Essa perfeição significa uma conformidade do ente com a ideia divina, que constitui seu arquétipo (ou seja, a verdade da essência) e, ao mesmo tempo, uma conformidade com a vontade divina (ou seja, a bondade da essência). O que é perfeito e verdadeiro, bom e belo. Fundamentalmente, na perfeição já está implícito que o ente tem uma justa proporção: que enquanto totalidade, o ente está em posse do ser que lhe corresponde, e que todas as suas partes se encontram nele segundo uma justa relação (que está ordenada também de uma maneira adequada, que ocupa na conexão do ente o lugar que lhe corresponde). Se se trata de uma imagem, a justa medida significa, além disso, que é uma reprodução perfeita e fiel do que está representado: "Uma imagem é bela quando representa perfeitamente seu objeto, ainda que este seja feio.[67] (Na medida em que cada ser criado é uma cópia de um arquétipo divino, a justa medida coincide com a verdade da essência.) Mas a "clareza" é como uma luminosidade que se derrama sobre o ente e delata sua origem divina. Parece que esse termo expressa o atrativo particular do belo; a saber, o que comove a alma de uma maneira tão particular, e o que quer dizer o homem natural quando chama algo de "belo". Assim como "compreendemos originariamente" o que é a beleza quando um "resplendor" nos toca na alma.

Esse resplendor, encontramo-lo no mundo sensível como o raio da própria luz corporal, sem o que toda beleza sensível nos ficaria escondida, como a variedade das cores e o encanto das figuras corporais. Mas esse resplendor não está ligado ao mundo sensível. Existe uma beleza espiritual:

---

[66] *Summa theologica*, I. q. 39, a. 8, corp. [Santo Tomás de Aquino, *Suma de Teología*, I, Parte I, Madri, 1988, 389].

[67] *Op. cit.*

Capítulo V

a beleza da alma humana, cuja "conduta do homem, ou seja, suas ações, seja proporcionada segundo o esplendor espiritual da razão".[68]

Quanto mais se aproxima um ser criado do arquétipo divino de todo ente, tanto mais é perfeito. Por isso, a beleza espiritual deve ser superior à beleza sensível. E visto que pela graça a alma está mais próxima, em um sentido inteiramente novo, do ser divino, o resplendor que a graça derrama sobre a alma deve superar toda harmonia natural.[69] Mas o que dá ser e beleza a todo o criado deve ser a suprema beleza – a própria beleza.[70] Deus é o ser perfeito, isento de toda imperfeição e de todo defeito. Se ele é para nós indeterminável e incomensurável, porque sua infinitude se encontra mais além de todas as nossas medidas e de todas as nossas determinações, assim é certamente sua própria medida, "comensurada" e determinada em si mesmo e consigo mesmo, em si e consigo mesmo em plena consonância, em si e consigo mesmo totalmente luminoso: ele é a própria luz "na qual não há nenhuma sombra de trevas".[71]

---

[68] *Summa theologica*, II/II, q. 145, a. 2, corp. [Santo Tomás de Aquino, *Suma de Teología*, IV, Parte II-II (b), Madri, 1994, p. 424.]

[69] Tomás de Aquino, *In psalmum* 23.

[70] Tomás de Aquino, *In Dionysium de divinis nominibus*, cap. 2, lect. 5. No que concerne à doutrina de santo Tomás sobre o belo, ver Martin Grabmann, *Die Kulturphilosophie des hl. Thomas von Aquino*, Augsburgo, 1925, cap. V, p. 148 e seg.

[71] 1 Jn 1, 5.

VI

O Sentido do Ser

§1

Componente Comum do Sentido de Todo Ser Finito e Diversos Modos de Ser (Ser Essencial, Existência, Ser Real e em Pensamento)

A investigação sobre cada uma das determinações transcendentais mostrou que há diferenças entre elas. Somente uma parte delas determina o ente, tal como é em si mesmo, e (quando fazemos abstração do sentido do próprio ser) determinam o ente em sua estrutura puramente formal. (Assim, acreditamos que devíamos compreender o ente, *res, unum, aliquid*, este último enquanto não o compreendemos como santo Tomás como *aliud quid*.) Ao contrário, vimos no verdadeiro, no bom e no belo determinações que põem o ente como tal em relação com um âmbito de ser, determinado por seu conteúdo e até em seu correspondente sentido em relação ao conteúdo. Mas o ser se encontra em *todas* as determinações transcendentais – visto que se trata de determinações do ente *como* tal – e não se pode adquirir uma compreensão plena dessas determinações, se não se chega a explicitar o *sentido do ser*. A esse propósito, as diversas significações do ser que se apresentaram no decorrer de nossas investigações nos oferecem um ponto de partida.[1] Segundo o sentido que demos ao verbo "é" na determinação do ente (ὄν, ens) = "algo que é", algo vazio se encherá de modo diferente e inversamente.

Se concebemos como a plenitude de algo uma "essencialidade" ou uma "elaboração ou formação de sentido", então o ser correspondente é o ser "es-

---

[1] Ver uma vez mais o sumário.

sencial". Com isso, entendemos o "desenvolvimento" que repousa (no temporal) do que está contido na unidade do sentido. No que concerne às essencialidades simples, trata-se simplesmente de um ser desdobrado e, por conseguinte, ao mesmo tempo, de um ser manifesto[2] a esse olhar do espírito, que compreende e repousa nessa compreensão. Nas elaborações ou formações de sentido compostas, há, ao mesmo tempo, um unir-se e separar-se da diversidade ordenada das propriedades singulares de uma estrutura. A essa diversidade corresponde, no espírito submetido ao tempo, um conhecer que progressivamente se desenvolve e aumenta. Dissemos desse ser essencial que pertence inseparavelmente ao "algo" correspondente. Esse ser não é uma espécie particular de ser, mas uma parte inseparável do sentido de todo ser: assim como cada algo possui um sentido, também se encontra em cada ser o ser pertencente ao sentido. Isso não vale somente para a plenitude de sentido que toma o lugar do *quid*; também ao algo vazio, e todas as formas vazias possuem ainda sentido e ser como pertencentes à estrutura do ente.

O "nada" apresenta aqui uma dificuldade, que parece ter um sentido compreensível, mas não é uma essencialidade. Não somente não possui um "sentido pleno", como também nem sequer tem um sentido "vazio" no sentido de uma forma vazia, porém suscetível de plenitude como é o algo, mas um vazio não suscetível de plenitude; e nessa impossibilidade de plenitude do vazio se revela a "ausência de essência". Por isso, o que lhe corresponde não é o ser, mas o não ser, e tudo o que se pode afirmar dele é uma negação.[3]

O ser essencial é, por conseguinte, uma parte inseparável de todo ser; mas em cada algo que não é simplesmente uma mera elaboração vem outra coisa ainda se agregar a esse ser. Escolhemos o termo "existência" para esse sentido mais rico e mais cheio do ser, e entendemos por isso não somente "existência" (= "ser real"), mas também o ser de "objetos ideais", como o são os objetos matemáticos. Depois de todas as investigações precedentes, apenas é necessário indicar o fato de que a "existência" no sentido do ser real é algo que ultrapassa o ser essencial (isto é, ainda algo *diferente* do ser essencial, mas isso não deve ser compreendido como

---

[2] Nesse "ser manifestado" vimos o sentido propriamente dito da verdade transcendental.
[3] Ver as exposições complementares sobre as "elaborações ou formações de pensamento" na seção 1 deste capítulo.

um algo "superior"): é algo "posto na existência", seu ser real recebe um começo temporal. Mas o *que* ele é existia antes de que ele chegasse a ser real e não tem começo temporal. Ao contrário, no que concerne ao ser dos "objetos ideais" (números, elaborações geométricas, cores puras etc.), para os quais também reivindicamos a expressão "existência", não se provou ainda que seu ser seja ainda algo diferente do ser essencial. Compreende-se facilmente que seu ser seja diferente do ser real (a existência das coisas e da pertença à sua estrutura ou que está fundado nela): o triângulo, o círculo, a série de números, as cores puras, jamais começaram a ser e existem, independentemente de se lhes corresponder algo ou não na realidade. É mais difícil precisar uma diferença entre seu ser e o ser essencial. Só se pode chegar a isso se se investiga a estrutura particular de seu *quid*; semelhante investigação está necessariamente ligada à questão de saber se tais objetos podem pretender – ao lado das coisas reais – ser considerados como πρώτη οὐσία. Só como insinuação, quisera dizer que são formações de sentido de uma espécie particular; sua estrutura obedece a uma estrita legalidade que não pertence a todas as formações de sentido. A essa corresponde a peculiaridade de seu ser essencial: consideramos o ser essencial como um desdobramento (intemporal) ou como o ser desdobrado das puras formações de sentido; se seu *quid* está estruturado de um modo peculiar, então deve também se desdobrar de uma maneira peculiar. À lei rigorosa de sua estrutura corresponde a necessidade de proposições que se possam afirmar em relação a elas, assim como a particularidade das ciências das quais constituem o objeto.

Por conseguinte, podemos compreender o "ser ideal" como uma espécie particular do ser essencial: como a maneira característica como se desdobram (intemporalmente) os "objetos ideais". Assim, não saímos do reino do ser essencial. Ao contrário, no ser real efetua-se uma maneira completamente nova de desdobramento, que se acrescenta ao desdobramento intemporal do *quid* das coisas: o ser posto e se configurar de coisas em um mundo temporal e espacial; e, além disso, o ser posto como substrato em si mesmo e estar fundado em si mesmo, que reconhecemos como particularidade do ser das coisas (= substanciais), é o que é pressuposto para a "autoconfiguração". A união entre o ser essencial do *quid* e o ser real da coisa correspondente está fundada na essência, enquanto determinação do *quid* da coisa; a coisa poderia não se desenvolver, se seu *quid* não estivesse determinado para ela. Quando designamos a essência como o *ser quid* da coisa, então, esse ser deve distinguir-se do ser essencial do *quid* puro: tem suas raízes na forma da essência que está posta como um novo começo do ser. Seu ser é a formação de uma essência real e, portanto, de uma elaboração ou formação determinada por essa essência na conexão do mundo real. O ser dessa elaboração é um progressivo descobrir-se de algo fechado em si mesmo: uma passagem da potencialidade à atualidade.

Concebemos a "existência" como um ser independente do espírito cognoscente (finito), compreendido como ser de objetos dependentes de si mesmo. O *ser em pensamento* que pressupõe a presença de espíritos pensantes[4] constitui o contrário. Todo pensar é um pensar *em* e *sobre* algo, ou também, configurações de algo. Quando esse algo se realiza, o pensado é um "sentido pleno".[5]

Pensar *em* algo significa dirigir o olhar do espírito a um objeto (no sentido mais amplo do termo), ou seja, a um objeto que não temos imediatamente diante dos olhos. Quando voltamos nosso espírito para uma coisa que percebemos pelos sentidos, não chamamos a isso "pensar em". Ao contrário, podemos perceber os livros diante de nós e, ao mesmo tempo, "pensar em um livro" que lemos ontem. Isso tem uma significação mais extensa que as expressões seguintes: "o livro me vem à mente" ou "lembro-me dele".

O "pensar em" é um captar ativo e, por conseguinte também algo que tem algo a ver com "compreender": ou já é compreendido antes algo do objeto e capto-o agora sob o conceito correspondente – "o livro excelente que li ontem" –, ou, então, o captar é um começo para compreender – vejo a distância uma coisa que ainda não posso reconhecer e precisamente sua indeterminação estimula a atividade de pensar: "essa coisa misteriosa, quero vê-la mais de perto." Os esforços despendidos para tal penetração conceitual constituem já uma "reflexão sobre". "Isso é uma árvore ou uma casa?" Em tais casos, o objeto não é ainda captado em seu sentido pleno, mas pressupõe-se que o possui. O objeto e o sentido pleno que lhe corresponde, na realidade, são, nesses casos, independentes de nosso pensar. Ao contrário, o *quid* no qual "penso" em minhas questões – "árvore", "casa" – encontra-se em certa dependência com meu pensar. Esse *quid* é aplicado por meu pensamento ao

---

[4] Não precisamos abordar aqui a questão de saber se é necessária uma pluralidade de espíritos finitos. Igualmente, não consideramos, no momento, o espírito infinito.
[5] Será necessário examinar particularmente o que acontece quando se concebe um "absurdo" ou um "contrassenso".

objeto e constitui uma formação em pensamento, sem dúvida adquirido a partir de um conhecimento objetivo (no caso presente, a partir da experiência sensível), mas está separado de seu fundamento existencial originário e sustentado pelo espírito. Precisamente esse "ser sustentado pelo espírito" ou "ser em espírito" é o que entendemos por "ser em pensamento". Já que esse ser em pensamento pressupõe outro ser, o do ente de cujo conhecimento se tomam as formações em pensamento ou que constitui o modelo segundo o qual estão eles configurados, chamamos um "ser de segunda mão". O ser que lhe serve de fundamento não é necessariamente o ser real. As formações do pensamento são "cópias" das formações puras de sentido e podem ser adquiridas não somente a partir da experiência das coisas reais, mas também a partir do conhecimento de possibilidades da essência. É o que nos pareceu com evidência antes, no exemplo da criação poética. Esse criar de elaborações na base de possibilidades de essência é o que chamamos "figuras de pensamento". Isso tem uma importância fundamental não somente para o trabalho artístico, mas também para o trabalho científico.

Agora, devemos perguntar-nos ainda se não há um pensar e formações de pensamento que não têm por fundamento nenhum ser essencial. Qual é a situação do "nada", do "absurdo" e do "contrassenso"? Já falamos do "nada". Pensamos no "nada", mas não é uma "elaboração ou formação". Está sem conteúdo e, portanto, desprovido de essência. Mais ainda, não merece sequer ser denominado como forma vazia, isto é, forma vazia de algo. Prova da incapacidade do pensar para tirar "algo" de si mesmo, que não repousa sobre um dado qualquer.

Convém falar do "absurdo", quando nos encontramos em presença de algo que permite supor um sentido, mas que não conduz a nenhum sentido compreensível. As sílabas "desprovidas de sentido" são um exemplo (ba – ce – dam): enquanto produtos que têm uma sonoridade vocal, convidam-nos a buscar nelas um sentido literal, mas não possuem nenhum. Só se lhes pode dar o significado indeterminado e geral seguinte: material que pode servir para a formação de palavras.

A essência da linguagem nos oferece o fundamento objetivo para tal formação. As séries de palavras, incompletas segundo as leis formais da gramática e que, por conseguinte, estão desprovidas de um sentido concluso, devem designar-se como "absurdas" ou "vazias de sentido": por exemplo: "ele e ou." O "absurdo" é uma prova de que existe para as elaborações uma lei formal rigorosa.

Fala-se de "contrassenso" quando formações de sentido estão ligadas umas às outras, que são inconciliáveis entre si; por exemplo: um "círculo triangular". O "pensar" reúne aqui em um todo elementos cheios de sentido, mas esse todo não tem nenhum sentido suscetível de realização ou plenitude. Quanto no contras*senso,* pela impossibilidade de uma intuição que se realiza, constitui uma prova da ausência de essência da elaboração aparente de pensamento, está fundada em relação à contra*dição* na forma defeituosa. "A folha é verde e não é verde"; essa proposição não autoriza nenhuma realização objetiva segundo sua forma; se se substitui essa proposição pela fórmula sem conteúdo: a é b e não é b, a ausência de essência se descobre já nessa simples fórmula.

Todas essas vãs tentativas do pensar, que pretende formar segundo sua própria vontade um objeto cheio de sentido, não servem senão para esclarecer a relação do ser de pensamento e do ser essencial: um autêntico ser de pensamento, ou seja, o ser de formações de pensamento cheias de sentido, repousa no ser essencial das puras formações de sentido. Seu ser é um ser diferente do ser essencial, porque está formado pelo espírito segundo puras formações de sentido e é mantido por ele no ser. Onde o espírito se libera das leis que regem as puras formações de sentido e que quer proceder com tudo "independentemente", não realiza senão vazias formações de aparição e, ainda, isso só com a ajuda de formações parciais que toma do mundo do sentido autêntico. Por um lado, isso pertence à liberdade característica do pensar e, por outro lado, à legalidade independente de formas de sentido, de maneira que resulta possível ao espírito julgar com as formas puras e elevar assim construções inteiras de vazias formações de pensamento. Enquanto as leis formais não são aqui violadas, não está excluído que se possa encontrar para tais formações um sentido objetivo que se preenche. Mas a questão de saber se existe ou não algo objetivo correspondente não se deixa resolver pelo pensar vazio, mas só se lhe pode dar uma solução fundando-se em um juízo objetivo.[6]

Depois das reflexões precedentes, podemos tratar, agora, de determinar o significado comum de todo ser (finito). *Ser finito é o desdobramento de um sentido; ser essencial é um desdobramento intemporal mais além da contraposição de potência e de ato; ser real é um desdobramento a partir de uma forma da essência, da potência ao ato, no tempo e no espaço.*

---

[6] Ver a esse respeito, na exposição de O. Becker, "Mathematische Existenz" (*Husserls Jahrbuch*, t. 8, Halle, 1927, p. 441 e seg.), a crítica do formalismo de Hilbert (p. 472 e seg.).

Ser em pensamento é um desdobramento em muitos sentidos: a gênese de autênticas formações é temporal como o movimento de pensamento pelo qual estão configuradas. Mas as elaborações ou formações "acabadas" têm algo da intemporalidade do ente, segundo o qual foram formadas e no qual estavam sempre prefiguradas enquanto "possíveis". Por outro lado, em toda elaboração ou formação de pensamento encontra-se fundada a possibilidade de um novo movimento de pensamento que o gera e adquire, assim, no espírito pensante, um ser novo (chega a ser um *actu intelligibile*). Nas formações de pensamento às quais não corresponde nenhum sentido objetivo que se realiza na plenitude, o ser é um simples ser-pensado. É um simulacro do ser, que simula ser autêntico.

§2

As Determinações Transcendentais e o "Sentido Pleno" do Ser

O sentido do ser foi esgotado pelo que acreditamos ter encontrado como significado comum de todo ser verdadeiro – ser como "desdobramento", que, no entanto, é outro nome, não é uma explicação ou uma redução –, e trata-se de um "sentido pleno" ou somente da forma de uma plenitude que recebe uma plenitude distinta por diferentes modos de ser? À primeira pergunta, encontraremos uma resposta se concordarmos com o que já pusemos em evidência sobre o sentido do ser quando examinamos cada uma das determinações transcendentais. Ser, enquanto desdobramento de um *quid*, não só significa separar e unir o que está contido nesse *quid*, mas, ao mesmo tempo, seu ser manifesto (seu devir manifesto) ou seu ser captável por um espírito cognoscente (ou seja, todo ser é como tal um ser *verdadeiro*); significa igualmente: estar ordenado segundo uma lei estrutural determinada e assim se encontrar em harmonia tanto com o espírito ordenador como com o espírito conhecedor em uma ordem correspondente (ou seja, ser *belo* e, ao mesmo tempo, ser *racional*). Quando se fala da união e da ordem das partes de um todo, expressa-se também o fato de que o *ser uno* pertence ao ser. Onde o *quid* é um elemento simples, o significado de separar e unir, assim como a ordem das "partes" no "todo", restringe-se à contraposição de "forma" e de "plenitude", tal como o indica a estrutura fundamental do ente: indica *algo que é*. A unidade tem seu lugar em algo e no ser, e, graças aos dois, alcança-se a plenitude.

Unidade, verdade, bondade, beleza pertencem ao significado do próprio ser; e, além disso, convém agregar que se trata do ser de um algo e, especificamente, de um algo pleno. Visto que as determinações transcendentais separam o ente como tal, não poderia ser de outra maneira, mas elas, ao mesmo tempo, separam o ser. No entanto, o "sentido pleno do ser é mais que a totalidade das determinações transcendentais, porque o ente que é não *é* a forma vazia do ente, porém o ente na plenitude de seu *quid*. Sem dúvida, a forma vazia *existe* também, mas somente na medida em que participa do ser do todo que ela contribui a constituir. O ser é *uno* e tudo o que é participa dele. Seu "sentido pleno" corresponde à plenitude de todo ente. *Referimo-nos* a essa plenitude inteira quando falamos do "ser". Mas um espírito finito não pode jamais captar essa plenitude na unidade de uma intuição que dá plenitude. É a tarefa infinita de nosso conhecer.

Quando chamamos o ser *uno*, não nos referimos à unidade de um algo "universal": não é um gênero que se divide em espécies e que se particulariza em indivíduos. Quando santo Tomás afirma que o ente não é um gênero,[7] tal afirmação vale, visto que se trata do ente *como tal*, e *eo ipso* também do ser. Em seguida, apresentam-se as seguintes perguntas: que sentido conserva o discurso de diferentes *maneiras de ser*, o discurso de *um* ente frente a outro ente (ou seja, da unidade numérica) e o discurso de um ser que pertence a cada ente como *seu ser*?

§3

Unidade do Ser e Pluralidade do Ente – Ser Próprio do Ente Singular

Propomo-nos a examinar agora a segunda questão. Conduzimos toda a consideração apoiando-nos na suposição, mantida em silêncio, que corresponde à experiência natural: a existência de uma pluralidade de objetos. Só sob essa suposição tem sentido, por exemplo, perguntar-se se "*o ente*" significa um "ente *qualquer*", ou, então, "*todo* ente". Se não houvesse pluralidade, não se poderia falar nem de "qualquer" nem de "todo".

Também faltaria a base a todas as discussões sobre as coisas que possuem um ser particular (assim como tudo o que foi dito da οὐσία). Sabe-se quanto

---

[7] *De veritate*, q. 1, a. 1, corp.

preocupou ao pensamento grego a dificuldade de conciliar a unidade e a pluralidade. Os eleatas[8] sacrificarão o fato experimental evidente da pluralidade, para deixar claro, o mais nitidamente possível, a unidade do ser verdadeiro. Diante disso, é necessário dirigir um elogio particular a Aristóteles por seu mérito singular, por ter posto de novo o pensamento filosófico sobre o terreno seguro da experiência. A escolástica o seguiu nesse ponto. Não é finalidade deste trabalho confrontar a doutrina do conhecimento tomista e a fenomenológica. Isso exigiria uma obra própria de envergadura. Devemos somente mostrar aqui a harmonia importante em relação ao que vamos dizendo, que essas duas doutrinas situam na experiência natural o ponto de partida para todo pensamento que nos leva mais além. Se nem todo conhecimento recebe sua justificação a partir da experiência, se, melhor, a experiência se apoia sobretudo em um fundamento cognoscível a partir da razão pura, não resta mais que afirmar que o fim de todo pensar é o de chegar à compreensão do mundo da experiência. Um pensar cujo resultado não significa o fundamento, mas a supressão da experiência (isto é, não a de um fato experimental isolado, que, certamente, pode sempre aparecer como um engano, mas do conjunto do mundo experimental), fica sem base e não merece nenhuma confiança.

Devemos, pois, tratar de compreender como a pluralidade do ente e sua unidade, o ser próprio de cada ente singular e *o uno,* podem subsistir um ao lado do outro. O que dissemos antes sobre o sentido do bom e do belo pode servir-nos de guia. Se cada ente tem para outro ente a significação de uma possibilidade de plenitude total, e se cada ente está configurado segundo uma lei estrutural que se insere em uma ordem universal, assim, com isso, fica expresso que todo ente é um *todo,* por conseguinte é *uno:* o ente cujas partes é necessário considerá-las como unidades de sentido captáveis, conclusas em si. O ser uno é o ser desse todo de que "participam" todas as "partes".

Sem dúvida, convém mencionar o que se deve entender aqui pelo "todo" e pelas "partes". Pode-se pensar primeiro na "natureza" enquanto mundo da percepção sensível e da experiência, e nas coisas a partir das quais se constrói essa natureza. Mas deve-se pensar imediatamente nos entretenimentos da "natureza" (tomada aqui em um sentido correspondente mais ao pensamento contemporâneo que ao pensamento medieval) e o "espírito": o mundo que é diretamente acessível à percepção sensível não

---

[8] Os que deram esse nome à escola de filosofia grega pré-socrática (Xenófanes de Cólofon, que viveu em Eleia, Parmênides de Eleia, Zenão de Eleia, Melisso de Samos etc.).

significa o mesmo que simplesmente "mundo real", não constitui um todo concluso em si, mas que forma com o mundo espiritual um contexto efetivo e, portanto, uma estrutura real, por outro lado, representa – enquanto perceptível espiritualmente – um mundo *para* o espírito e também mediante a relação ("intencional") que tem com ele, forma com ele uma unidade. No entanto, "o ente" não se esgota com a natureza e o mundo do espírito, se entendemos por "mundo do espírito" somente os espíritos finitos, assim como as elaborações criadas por eles. O conjunto do mundo criado remete aos arquétipos eternos e aos não vindos de tudo criado, às essencialidades ou formas puras que concebemos como ideias divinas. Todo ser real, submetido, ao mesmo tempo, ao devir e ao passar, está ancorado em seu ser essencial. É na imutabilidade desses arquétipos que repousam a norma e a ordem do mundo criado submetido a uma evolução constante. Mas essa diversidade se encontra reunida em *um* ser divino infinito e *único* que se limita e se articula neles para constituir o arquétipo do mundo criado. É nesse último e ultimamente fundamentado *uno* que se encontra toda plenitude do ser. Já falamos disso acima: o devir real de um *quid* essencialmente possível não pode compreender-se nem a partir do ser essencial (enquanto ser de uma elaboração limitada de um sentido), nem a partir do ser real (enquanto ser de um real finito), mas somente a partir de um ser que é desde toda eternidade, ao mesmo tempo, essencial e real. Cada intermediário finito deve, finalmente, conduzir, necessariamente, a esse fundamento originário sem começo nem fim: o ser primeiro, a πρώτη οὐσία.

§4

O Ser Primeiro e a *Analogia Entis*

Chamamos o ser primeiro "ser puro" e ser-nos-á, talvez, possível, agora, compreender um pouco melhor tal expressão. O ser primeiro é chamado "puro" porque não há nele nada de não ser, como no limitado *temporalmente*, que uma vez era e outra vez não será, e no limitado *segundo objeto*, que é algo e não é tudo. Visto que não há nele nenhuma passagem da possibilidade à realidade, nenhuma contraposição de potência e de ato, foi denominado também "ato puro". Mas o não ser limitado nem no tempo nem no espaço, assim como a imutável plenitude de ser (que expressa o nome de "ato puro"), indica essa característica tão difícil de conceber do eterno e do infinito: nesse ser não se pode já fazer separação entre o ser e o ente como em todo ser finito. Também é chamado o "ente primeiro" (*primum ens*). Mas o *ens* – o mesmo que todos os nomes transcendentais – vale só em um sentido análogo; aqui se encontra o lugar particular da *analogia entis*: a relação peculiar do ser finito e do ser eterno que permite, fundando-se em um significado comum, falar de "ser" nos dois casos.

1. *Sentido da* Analogia Entis *em Aristóteles e Tomás*

Em Aristóteles, a expressão *analogia entis* não concerne ainda à relação do ser finito e o ser eterno, mas à relação na qual se encontra tudo o que é chamado ente. "Fala-se do ente em muitos sentidos, mas em referência a um e a *uma* natureza [que pertence a todo ente como tal]" (*Metafísica*, Γ, 2, 1003 a, 33 e seg.). E, além disso, diz-nos que cada ente é chamado assim em relação com o ser primeiro (πρὸς μίαν ἀρχήν; Γ 1003 b, 5 e seg.). Comentando essa passagem, santo Tomás acrescenta que esse primeiro não é fim ou causa eficiente (como no exemplo de Aristóteles se chama "são" tudo o que tem por fim a saúde ou o que a produz), mas que é o "sujeito" (nós o chamamos "suporte" do ser). Aqui se refere, totalmente no sentido de Aristóteles, à οὐσία, ao ente independente, real, que é ente no sentido mais originário que seus estados ou qualidades ou do "que merece o nome de ente, enquanto meio de aproximação da substância, como, por exemplo, o surgimento e o movimento" (*In: Met.*, L. 1, lect. 4). Aqui, encontramo-nos de novo com os diferentes "modos de ser", cujo sentido nos pareceu questionável e que, de imediato, nos será necessário examinar ainda mais. Se o ser côisico é ser em um sentido mais originário e mais apropriado que o ser "dependente" de estados e de peculiaridades, assim remete, no entanto, a um ser mais originário e próprio: precisamente ao ser primeiro ao qual todas as coisas devem sua origem. O que nos autoriza a falar do ser a propósito de Deus e da criatura é, conforme a concepção de santo Tomás, uma "relação proporcional" (*analogia proportionalitatis*). Santo Tomás explicou em detalhe o que se deve entender por essa expressão:

> A conveniência por proporção pode ser de duas classes, [...] há uma conveniência que se dá entre aqueles seres que guardam entre si uma proporção mútua, porque se acham em uma relação determinada de distância ou de outra classe, como, por exemplo, o dois com a unidade, porque é o duplo

360 Capítulo VI

> dela; dá-se também uma conveniência entre dois seres entre os quais não existe nenhuma proporção, mas sim a semelhança mútua de duas proporções entre si; assim, por exemplo, o seis combina com o quatro em que, assim como o seis é o dobro do três, assim o quatro é o dobro de dois.[9]

À primeira espécie de conformidade pertence, como o dissemos, uma relação determinada entre os dois membros da relação, e, ao contrário, não à segunda. No que concerne a essa segunda, por exemplo, "emprega-se o termo ver (*visus*) para designar o ver corporal, como também a visão espiritual (*intellectus*), porque o entendimento está no espírito, como a vista, no olho".

Segundo a primeira espécie de conformidade, é impossível

> que se diga algo analogamente de Deus e da criatura por esse modo de analogia, já que nenhuma criatura tem uma relação pela qual possa ser determinada a perfeição divina. Em troca, na outra maneira de analogia, não intervém nenhuma determinada relação entre os seres que têm algo de comum por analogia; e, por isso, não há nenhum inconveniente em que seu nome se diga de Deus e da criatura por analogia por esse segundo modo.[10]

Dessa maneira, a distância infinita entre Deus e a criatura não diminui, como no caso precedente, quando se afirmava uma relação determinada: "Não é maior a semelhança de proporções que se dá entre dois e um, e seis e três, do que a que se dá entre dois e um, e cem e cinquenta. Portanto, a infinita distância que há entre criaturas e Deus não impede a semelhança mencionada."[11]

2. Coincidência do *quid* e do Ser em Deus

No sentido da analogia, deve-se entender quando Gredt diz:[12]

> Assim como existe uma relação entre a criatura e seu ser, também existe uma relação correspondente entre Deus e seu ser; o ser criado é o ato

---

[9] *De veritate*, q. 2, a. 11, corp. (*Untersuchungem über die Wahreheit*, 1, p. 74 e seg.) [Clemente Fernández, *Los filósofos medievales. Selección de textos*, II, Madri, 1980, p. 283.]

[10] *Ibid.* [Clemente Fernández, *Los filósofos medievales. Selección de textos*. II, Madri, 1980, p. 284.]

[11] *Op. cit.*, q. 2, a. 11 ad 4 (I, 76). [Clemente Fernández, *Los filósofos medievales. Selección de textos*. II, Madri, 1980, p. 285.]

[12] *Op. cit.*, II, 7 (n. 618, 2).

da essência criada e isso pelo que existe; e o ser divino é o ato da essência divina e aquilo pelo que existe; ou seja, que nós assim o concebemos (*concipitur enim a nobis ut quo*), ainda que em Deus seja o mesmo como a essência e um ser subsistente por si mesmo (*esse subsistens*).

No que concerne ao nosso contexto, a última proposição nos resulta interessante. Tem sentido ainda falar do "ato" da essência divina ou da "relação" de essência e de ser (*essentia*[13] e *esse*), quando essência e ser coincidem inteiramente? Não falta aqui o fundamento para tal relação e, portanto, também, para a igualdade de relação? Devemos ter sempre presente que a essência tanto como o ser têm em Deus um sentido diferente do que possuem na criatura. Igualmente, a "relação" não pode ter o mesmo sentido. Não podemos ter uma intuição completa de um ser que tem em si seu suporte ou está fundado em si mesmo, de um ser que não é ser de um algo, distinto de si mesmo. Poder fazer isso seria ver Deus. Podemos somente concluir que todo o finito, tanto o *que* é como seu ser, deve estar prefigurado em Deus, porque Deus está na origem de ambos. Mas a causa última de todo ser e de toda quididade deve contê-los em si em uma perfeita unidade. Santo Tomás dá sobre esse ponto três argumentos:[14]

> 1) Porque tudo o que se dá em um ser e não pertence à sua essência tem que ser causado, ou pelos princípios de sua essência [...] Ou, então, por algo externo. [...] Se, pois, em um ser sua existência é distinta de sua essência, é necessário que a existência de dito ser esteja causada por algo externo a ele ou pelos princípios próprios de sua essência. Não obstante, é impossível que os próprios princípios da essência de um ser causem sua existência, porque todo ser criado não é causa de seu próprio existir; por isso, sendo distinta nele essência e existência, a existência tem que ser causada por outro. Nada de tudo isso se pode aplicar a Deus, pois sustentamos que Deus é a primeira causa eficiente. Portanto, é impossível que em Deus uma coisa seja sua existência e outra sua essência.

---

[13] A distinção da essência como *ser-quid* e o *quid* puro que examinamos (capítulo III, §3, 4) não se encontra em Tomás: por *essentia* entende ele as duas coisas. Contudo, o termo *quidditas* é muito próximo ao de *essentia*, mas sem delimitação precisa.
[14] *Summa theologica*, I, q. 3, a. 4, corp. [Santo Tomás de Aquino, *Suma de Teología*, I, *Parte I*, Madri, 1988, p. 117-118.]

362 Capítulo VI

O que, nesta demonstração, confronta-se diante do ser divino é claramente a *existência das coisas reais*, que recebe um começo e que é a realização de um algo possível. A passagem da possibilidade à realidade não deve ser entendida a partir do possível, mas somente a partir do real. Deus, como última realidade à qual se remete tudo o que é real, não pode tampouco ser causado por outro. Não se encontra nEle nenhuma contraposição entre possibilidade e realidade, não se acha nenhum começo da existência.[15] Mas não seria possível que essência e existência tivessem que estar separadas conceitualmente, apesar de seu caráter inseparável na realidade: que a essência divina fosse real desde toda eternidade, mas, no entanto, significasse algo diferente do ser divino? A resposta a essas reflexões se deduz da terceira demonstração.

> Assim como o que tem fogo e não é fogo, é fogo por participação, da mesma forma o que tem existência e não é existência, é ser por participação. Por sua vez, Deus é sua essência, como ficou demonstrado (a. 3). Se, em troca, não fosse sua própria existência, seria ser por participação, não por essência. Tampouco seria o primeiro ser; e sustentar isso é absurdo. Portanto, Deus é seu próprio existir e não só sua essência.[16]

Que Deus é seu ser está aqui fundado, com que ele é sua essência. A demonstração dessa proposição foi feita no artigo precedente da *Summa theologica* (I, q. 3, a. 3) e se deduziu a consequência – de que Deus é uma forma pura que não tem suporte material. Nas coisas que constituem uma matéria formada, acrescenta-se sempre algo a que elas são segundo sua própria essência: assim, em tal homem determinado, vem a acrescentar-se a seu ser-homem o que só pertence a ele e ao ser homem como tal, sua determinação corporal particular, o fato de que possui esse tamanho, essa figura, essa cor etc.

> Assim, pois, naquelas coisas que não estão compostas de matéria e forma, nas quais a individualização não se dá pela matéria própria (*individuatio non est per materiam individualem*), isto é, por essa matéria determinada, mas individualiza-se por sua mesma forma, é necessário que a mesma forma seja seu princípio subsistente (*individuatio non est per materiam individualem*). Daí que nelas não haja diferença entre suposto e natureza.

---

[15] Com isso se ocupa a segunda prova de santo Tomás na passagem mencionada.
[16] Santo Tomás de Aquino, *Suma de Teología*, I, *Parte I*, Madri, 1988, p. 118.

> Desse modo, como Deus não é composto de matéria e forma, como ficou demonstrado (a. 2), é necessário que Deus seja sua deidade, sua vida e qualquer outra coisa que nesse sentido se diga de Deus.[17]

Essa argumentação está sobrecarregada com uma série de questões difíceis: questões nas quais não podemos seguir a solução tomista, como todos os que estão familiarizados com o tomismo já terão entrevisto nas passagens anteriores. Em primeiro lugar, encontramos aqui a doutrina dos fundamentos da individuação (os "princípios da individuação"), cujo estudo adiamos até agora. Também neste momento, o exame detalhado dessa doutrina destruiria o contexto de nossa exposição: deve reservar-se para um capítulo especial.[18] Para o momento, devemos limitar-nos ao que é absolutamente indispensável para esclarecer a relação entre essência e ser. Momentaneamente, pode-se deixar de lado a questão sobre se realmente no homem, o que lhe pertence enquanto essência singular deve-se fundamentá-lo a partir do aspecto puramente corporal-material, visto que nesse lugar não concerne mais que o exemplo (escolhido) e não o próprio assunto. Ao contrário, são de importância imediata objetiva as questões sobre se a matéria deve-se considerá-la como o "suporte" da "natureza" e se em um ente sem matéria ambos coincidem; além disso, se nas "formas puras"[19] o ser pertence necessariamente à essência, e se está permitido considerar Deus como uma dessas formas. As duas últimas perguntas estão estreitamente ligadas: santo Tomás esforçou-se, em muitas outras passagens, em mostrar que somente em Deus essência e ser coincidem, e que, também nas formas puras criadas, o ser se acrescenta à essência, ainda que essas formas não constituam uma composição de matéria e de forma. Já no opúsculo *De ente et essentia* encontramos essa concepção,[20] que, tampouco, parece abandonar-se na *Summa*:

> Ainda quando no anjo não haja composição de forma e de matéria, no entanto, sim, dão-se nele o ato e a potência. Isso resulta evidente se partimos da análise das coisas materiais, nas quais se encontra uma dupla composição. A primeira, a da matéria e a forma, a partir das quais se constitui

---

[17] Santo Tomás de Aquino, *Suma de Teología*, I, *Parte I*, Madri, 1988, p. 117.
[18] Ver o capítulo VIII, §2.
[19] Por essa expressão – no sentido de santo Tomás – deve-se entender os espíritos puros (por exemplo: os anjos) e não, como nas passagens anteriores, as essencialidades como arquétipos das coisas.
[20] Ver o capítulo II, §1.

364 Capítulo VI

> alguma natureza, e a natureza composta dessa forma não é seu próprio ser, mas o ser é seu ato. Por isso, a mesma natureza se relaciona com seu ser, como a potência, com o ato. Portanto, suprimida a matéria, e supondo que a forma subsista sem matéria (*subsistat non in materia*), ainda permanece a relação da forma com seu mesmo ser, tal como a potência se relaciona com o ato. Esse tipo de composição é o que se deve entender nos anjos. Isso é o que sustentam alguns quando dizem que o anjo está composto daquilo *pelo que* é e daquilo que é (*quo est e quod est*) ou, como diz Boecio, com outras palavras, do ser e daquilo que é (*esse e quod est*). Pois, com efeito, o *que* é constitui a mesma forma subsistente (*forma subsistens*) e seu ser é aquilo *pelo que* a substância (*substantia*) existe, como a corrida é aquilo pelo que quem corre é corredor. Em Deus, no entanto, o ser e aquilo pelo que é não são coisas distintas, como ficou demonstrado (q. 3, a. 4). Portanto, só Deus é ato puro.[21]

Se as diversas demonstrações que acabamos de expor devem ser compatíveis entre si sem contradição, é evidente que pelas expressões "formas que repousam em si mesmas" ou "subsistentes em si mesmas", não convém ainda entender simplesmente um *ente real* – tal como o é Deus – mas sim um ente. Essas formas são "independentes" enquanto são unidades de ser conclusas em si e a elas corresponde inseparavelmente o que chamamos ser essencial delas. E o que elas são, não o têm de outra parte ("por participação"), mas como seu próprio núcleo. Se entendemos por "formas puras" as essencialidades, então se dá algo diferente que participa delas e que deve seu ser real a tal participação (por exemplo, tudo o que é vermelho participa da vermelhidão). Por sua realização, elas mesmas obtêm uma "participação na existência" que não lhes pertence essencialmente. No que concerne aos anjos, é diferente, visto que não são essências "universais", mas essências singulares: neles, nada tem parte separadamente deles, e não obtêm a existência em outro ente. Mas também eles "entram na existência" e participam dela. Isso distingue precisamente Deus das formas puras, porque o ser lhe pertence da mesma maneira que o *quid* pertence a essas últimas: aqui está o sentido da *analogia entis* enquanto "igualdade de relação". Já não há ser fora de Deus, do qual pudesse participar.

---

[21] *Summa theologica*, I, q. 50, a. 2 ad 3. [Santo Tomás de Aquino, *Suma de Teología*, I, *Parte I*, Madri, 1988, p. 503-504.]

Mas, com isso, não é afirmar que o ser de Deus e sua essência significam a mesma coisa? Tomás emprega expressões como: "Deus é sua bondade, sua vida" etc., e, igualmente, "Deus é seu ser". São diversas tentativas de expressar sob forma de juízo algo que no fundo não se deixa já expressar na forma de um juízo. Pois cada juízo implica uma articulação, mas o perfeitamente simples exclui toda articulação. O mais que se pode dizer seria "Deus é... Deus", para expressar a impossibilidade de uma determinação essencial por algo diferente do próprio Deus. O nome de Deus designa essência e ser na unidade indissolúvel.

3. O Nome de Deus: "Eu Sou"

Quisera agora abordar a última de todas as questões sobre o ser sob um ângulo completamente diferente: o nome que Deus se dá a si mesmo: "Eu sou o que sou."[22] Parece-me muito significativo que não encontremos aqui a expressão: "Eu sou *o ser*" ou "Eu sou *o ente*", mas "Eu sou *o que sou*". Quase não se atreve a interpretar esses termos por outras palavras. Mas, se a interpretação agostiniana é justa, pode-se interpretar a expressão precedente da maneira seguinte: aquele cujo nome é "Eu sou" é *o ser em pessoa*. Que o assim chamado "ente primeiro" tenha que ser pessoa pode-se deduzir do muito que antes dissemos: só uma pessoa pode *criar*, ou seja, chamar sua existência em virtude de sua própria vontade. Não devemos pensar que a ação da "causa primeira" não pode ser concebida senão como *ação livre*, visto que todo operar que não é ato livre é causado e, por conseguinte, não é o primeiro operar. A *ordem racional* e a *conveniência* do mundo remetem igualmente a uma pessoa enquanto autor: só por meio de um ser racional pode ser introduzida uma ordem racional na obra; só uma essência que conhece e quer pode pôr fins e ordenar os meios para esses fins. Mas razão e liberdade são as características essenciais da pessoa.

O nome graças ao qual cada pessoa se designa a si mesma como tal, é "eu".[23] Só pode chamar-se "eu" um ente que em seu ser é consciente de seu

---

[22] Ex 3, 14. As palavras hebraicas *Äh' jäh, aschér äh' jär* são traduzidas e interpretadas de maneira muito diferente: Eu sou o que sou; Eu serei o que serei, Eu serei o que sou. Nós nos atemos à concepção agostiniana recordada anteriormente, segundo a qual Deus expressa no "Eu sou" seu próprio nome (ver capítulo II, §7).

[23] A respeito do ser do eu, ver o capítulo II, §6 e 7.

próprio ser e, ao mesmo tempo, de seu ser diferente, distinto de todo outro ente. Cada eu é algo único e possui algo que não reparte com nenhum outro ente, ou seja, algo "*incomunicável*" (o significado tomista de *individualidade*). Com isso, não se diz ainda que é *único*: que o *que* é não o reparte com nenhum outro. O nome "eu" tem um sentido universal que chega à sua realização sempre que é aplicado justamente. Aqui podemos deixar sem solução a questão de saber se ao lado desse "eu" corresponde a cada pessoa uma "particularidade" que não participa com outro. Seja o que for, no nome "eu" não se encontra essa característica. O incomunicável que toma parte de cada "eu" como tal constitui uma *particularidade do ser*: a cada um brota seu ser, que chamamos *vida*, brota-lhe de instante em instante e se realiza em um ente *fechado em si*; cada um à sua maneira está *aí para si mesmo* como para nenhum outro ente e como nenhum outro está aí para ele.[24]

Cada homem é "um eu". Cada um começa uma vez a chamar-se "eu". O que implica também que seu "ser eu" tem um começo. É possível que o homem pronuncie a *palavra* "eu" antes de poder realizar seu sentido. É possível também que o significado já se lhe tenha revelado (na forma simples da "vida consciente", sem que o *conceito* "eu" pudesse ser formado) antes que comece a empregar a palavra. Assim, pequenas divergências entre a vida espiritual e sua expressão natural na palavra se fundam na particularidade da linguagem, como um meio de expressão humana condicionado pelo corpo e a aprendizagem. Não suprimem o significado essencial da expressão linguística, e, assim, o emprego precedente da palavra "eu" é o signo da vida consciente do eu. A vida do eu é seu ser, mas não se identifica com o ser do homem, e o princípio da vida consciente do eu não equivale ao começo da existência humana. Antes, falamos em detalhe do ser característico do eu,[25] o fato de que diante dos conteúdos que preenchem sua vida há um duplo privilégio de ser: sua vida está presente (atual) a cada instante, enquanto os conteúdos só alcançam o cume do presente por um instante; e é "suporte" dos conteúdos de vivência; recebem dele seu ser vivo e chegam nele e por ele à unidade. Apesar dessas preeminências, seu ser é um necessitado; por si mesmo não é nada: está vazio, quando não está cheio de conteúdo, e recebe esses conteúdos de dois mundos situados "mais além" de seu próprio âmbito: do mundo "exterior" e do mundo "interior". E sua própria vida vem da obscuridade e volta

---

[24] O que Leibnitz chama "mônada" me parece designar essa particularidade.
[25] Ver o capítulo II, §6 e 7.

à obscuridade. Há nele lacunas que não se pode preencher e é conservado de um instante a outro. Uma distância infinita claramente o distingue do ser divino; e, no entanto, é mais semelhante a ele que qualquer outra coisa que tome parte do campo de nossa experiência: precisamente porque é um eu, uma pessoa. Partindo dele, chegaremos, ainda que sempre de maneira alegórica, a uma compreensão do ser divino, se afastamos de tudo o que é não ser. Não existe em Deus – como no homem – uma contraposição entre a vida do eu e o ser. Seu "eu sou" é um presente eternamente vivo, sem começo nem fim, sem lacunas e sem obscuridade. Esse eu vivente possui em si e por si toda plenitude; não recebe nada de outra parte: é a fonte da qual todas as demais coisas recebem o que possuem; condiciona toda outra coisa e ele mesmo é o incondicionado. Aí não existem conteúdos cambiantes, nenhuma emergência nem desaparição, nenhuma passagem da possibilidade à realidade ou de um grau inferior a um grau superior de realidade: a plenitude inteira está eternamente presente, ou seja, ela é todo ente. O "Eu sou" significa: eu vivo, eu sei, eu quero, eu amo; tudo isso não como uma sucessão ou uma justaposição de "atos" temporais, mas trata-se de algo que é absolutamente único desde toda a eternidade na unidade do "ato" divino *único,* no que coincidem totalmente todos os significados diferentes de "ato": ser real, presente vivo, ser acabado, movimento espiritual, ato livre.

O eu divino não é um vazio, mas ele contém em si, abraça e domina toda a plenitude. Sua perfeita unidade se expressa melhor ainda em uma língua em que "eu sou" se reduz a uma palavra única: isso é, o *sum* latino. No eu, em que o ser é a vida, podemos melhor captar essa verdade: que "eu" e "vida" ou "ser" não são duas coisas diferentes; mas são inseparavelmente um: *a plenitude do ser está formada pessoalmente.* "Forma", em contraposição a "plenitude", tem o sentido de forma vazia, não de forma essencial (que é já uma "plenitude formada"). Mas aqui, na origem de todo ser, tampouco isso é uma contraposição. O infinito, isso que abraça tudo, abraça e delimita a si mesmo, enquanto, no finito, a forma é a delimitação de um conteúdo e outro; nesse caso, o *eu* significa *simultaneamente forma e plenitude,* o ser que se possui e se domina totalmente. Partindo da plenitude do eu, pode-se compreender também melhor que, aqui, *quid e ser coincidem* (a questão que nos causou as maiores dificuldades). Nele, cada quid está compreendido: ele abraça *todo ente,* e todo o finito tem nele sua origem. Mas sua plenitude é também *a plenitude do ser em todos os sentidos da palavra. É ser essencial,* que pertence inseparavelmente ao *quid,* e é *ser real,* porque a vida do eu é a suprema realidade, e ambos são um nEle, já que o eu divino é uma essência real e viva. É, ao mesmo tempo, um ser de pensamento, visto que se capta a si mesmo espiritualmente, ou é transparente a si mesmo. É o ser real por excelência, no qual não há nenhuma possibilidade não realizada.

Mas a contraposição entre o ser real e o ser possível está prefigurada nEle, pois Deus é o autor de todo o mundo submetido ao devir e ao passar, foi Ele quem estabeleceu a ordem da passagem do ser possível ao real. Encontramo-nos de novo aqui diante do grande mistério da criação: Deus chama à existência um ser diferente de seu ser propriamente dito; uma diversidade do ente, em que se encontra separado tudo o que em Deus não faz mais que um. Antes de nos voltarmos uma vez mais para esse enigma, queremos examinar a dificuldade ainda não resolvida: se o ser de Deus é sua essência, ou, em outros termos, se, em Deus, essência e ser não só se pertencem necessariamente um ao outro, mas significam o mesmo. Enquanto consideramos essência – ou melhor, o *quid*, se queremos conservar a distinção estabelecida precedentemente entre o *quid* e a essência (ser quídico) – e ser tal como se nos apresenta em todo o finito, então subsistirá sempre uma diferença de significado. Pode-nos iluminar que o ser *real* pertença necessariamente à essência de Deus, assim como pertence às essencialidades limitadas seu ser conforme a essência, mas isso não significa uma redução da essência ao ser, ou inversamente. Tal redução me parece impossível. Vejo a solução no fato de que, em Deus, enquanto "Eu sou", a essência e o ser são inseparáveis. Como a distinção entre a forma e a plenitude, e, em consequência, a separação do *quid* em gêneros e em espécies separadas do ente, separação do ser em diferentes modos de ser, encontram-se em primeiro lugar no mundo criado (enquanto totalidade de todo ente finito). Contudo, quer-se dizer que Deus se situa não somente acima das categorias, mas também acima dos transcendentais. Com efeito, quando expusemos cada uma das determinações transcendentais, o ser ficou como um resíduo irredutível. E cada determinação transcendental tinha em Deus outro significado diferente de que no ente finito: no "eu sou", estão todas elas prefiguradas sem separação.

4. A "Divisão" do Ser na Criação

A relação do "eu sou" divino com a diversidade do ente finito é a *analogia entis* mais originária. Só porque todo ser finito tem seu arquétipo no "eu sou" divino, tudo tem um significado comum. Mas, já que o ser "se divide" na criação, não possui em todo ente absolutamente o mesmo sentido, mas, ao lado de um sentido comum, encontramos um significado diferente. Precisamente, convém compreender essa divisão do ser e do sentido do ente finito como uma participação de um ser único na medida em que é possível compreender um mistério divino. A divisão não se deve entender como uma distribuição: como se o ser divino uno se fracionasse como algo de grande tamanho – uma quantidade ou uma extensão espacial ou temporal –, no ser finito escolhido como em partes componentes. Essa concepção reduziria o Criador às criaturas e levaria a negar o Criador, que é o caso do panteísmo. A analogia enquanto relação de imagens exige uma contraposição entre o ser eterno e o ser finito. E o sentido da criação enquanto uma à existência exige o início de um ser que não existia antes. Assim, a unidade do ser parece eliminada. Quando Deus chama à existência uma coisa que não é ele mesmo, que possui um ser "autônomo", então outro ser se encontra claramente já fora do ser divino. Como se pode, então, afirmar que todo ser é *uno* e que todo ser finito participa do uno? Essa proposição se justifica no sentido de que não há nada que seja originado por Deus que não estivesse prefigurado nEle, e que não se conservasse no ser por meio dEle. A autonomia do criado não é nem comparável à da imagem em relação com o modelo ou da obra em relação com o artista. É, antes, a relação da imagem quebrada com o objeto refletido ou do raio refletido com a luz não quebrada que pode servir de termo de comparação. Mas tais imagens continuam sendo imperfeitas por designarem algo sem equivalente.

Aparece, pois, no sentido da criação, que o criado não é uma reprodução perfeita, mas somente uma "imagem parcial", um "raio quebrado": Deus, o Eterno, o Incriado e o Infinito, não pode criar nada absolutamente semelhante a si mesmo, visto que não há um segundo Eterno, Incriado e Infinito.

5. Comparação entre a Relação do Criador com a Criação e a Relação das Pessoas Divinas entre Si

Agora, resulta-nos conveniente confrontar a relação do Criador com a criatura e a do Pai com as outras pessoas divinas. Na profissão de fé de Atanásio, o Filho se diz "gerado, não criado". Não entra na existência, é "igualmente eterno com o Pai". Forma com o Pai uma só essência e, por ele – visto que em Deus ser e essência coincidem – forma também um só ser. Não é uma imagem parcial, mas o todo. É usual denominá-lo "imagem perfeita" do Pai. Mas convém destacar que, aqui, o termo "imagem" é também figurado. Pois, ainda a imagem refletida por um espelho, por mais estreitamente que esteja unida com o objeto refletido, constitui um ente diferente do objeto, mas Pai e Filho são um, "*um* só Deus e Senhor". Aproximamo-nos mais do sentido dado aqui à palavra "imagem", quando pensamos que Deus é *Espírito*. Não se vê em outro como é ele mesmo – como um retrato ou um espelho –, mas em si mesmo. O conhecimento de nós mesmos tão imperfeito como é e tão grande que é a distância em relação ao conhecimento divino de si nos dá uma imagem muito exata. Vemo-nos a nós mesmos espiritualmente "em imagem", quando nossa própria essência nos sai ao encontro em outros homens. A sentença de Schiller "se queres conhecer-te a ti mesmo, olha o que fazem os outros" mostra a importância de tal representação para o conhecimento de si. Mas não poderíamos encontrar nossa própria imagem em outras pessoas se não nos conhecemos já a nós mesmos, por um conhecimento mais originário e sem imagem; graças a essa "consciência de si", à consciência imediata de si mesmo e do ser pertencem a nosso eu e a nosso ser.

Não se trata de um conhecimento claro, explícito e completo, mas um sentir obscuro, sem limite e informe, de todos os modos, fundamento e raiz do que sabemos naturalmente de nós e de nossos semelhantes. O conhecimento que Deus tem de si mesmo é perfeitamente claro, e seu Ser infinito é sem lacunas e sem falsidade. Aquilo de que nosso ser participa com ele é a *imediatez*: que não é alcançada por "um meio" (como o é cada imagem), mas pertence ao próprio ser, ao ser espiritual como tal. Assim, a criação de uma "imagem" perfeita de Deus não é a produção de um novo ser fora do ser divino e de uma segunda essência divina, mas o abranger interior e espiritual do *único* ser. O que constitui a maior dificuldade é conceber esse mesmo ser como uma segunda *pessoa*.[26] Não pertence ao ser pessoa como tal a vida do eu ser consciente e dono de si – de seu próprio eu –, e essa essência do ser pessoa não está eliminada, ao mesmo tempo, com a unidade do ser divino, quando vem juntar-se a esse ser divino uma segunda pessoa (e uma terceira)? Antes, propôs-se a solução seguinte: a trindade das pessoas per-

---

[26] Já falamos da dificuldade de coincidir a unidade do ser divino com a trindade de pessoas (capítulo III, §12).

tence à própria essência divina. Mas como devemos entendê-la depois do que se disse acerca do ser divino? No que concerne às pessoas finitas, podemos conceber seu ser pessoa como uma forma (= forma vazia) da plenitude. Mas já dissemos que, em Deus, a forma e a plenitude não se diferenciam, assim como o *quid* e o ser e tudo o que nas criaturas se nos apresenta em separado. Evidentemente, não é possível contrapor a personalidade trinitária enquanto forma à plenitude de essência *única*. Qual é a consequência da unidade perfeita do "eu sou" em três pessoas? Mas, talvez, partindo daqui, encontraremos o acesso. O ser pessoa divina é o arquétipo de todo ser pessoa finito. Mas, frente ao eu finito está um tu, como um "outro eu", como seu igual, como um ente a que se pode dirigir reclamando entendimento e resposta e com o que o eu, fundando-se na igualdade do ser do eu, vive na unidade de um "nós". O "nós" é a forma em que vivenciamos o ser uno de uma pluralidade de pessoas. O ser uno não suprime a multiplicidade e a diversidade das pessoas. A diversidade é, antes de tudo, uma diversidade do *ser*, como reconhecemos que ela pertence à essência do eu: o estar articulado em uma unidade mais alta não suprime a unidade "monádica" da vida do eu. Mas existe, em seguida, uma diferenciação da *essência*: a comunidade específica que serve de fundamento ao ser-nós deixa um espaço para uma "*maneira de ser pessoal*" que o eu não reparte com ninguém. Tal diferenciação da essência não deve ser levada em consideração quando se trata das pessoas divinas.

O "modo de ser pessoal" de Deus é o ser que *como tal* abrange tudo, é único e distinto de todo ser finito. Aqui não encontramos a contraposição do "universal" e do "particular", do mesmo modo que a contraposição entre o ser essencial e o ser real está aqui eliminada. Toda a essência é comum às três pessoas. Assim, só fica a diversidade das pessoas como tais: uma unidade perfeita do nós, que nenhuma comunidade de pessoas finitas poderia alcançar. E, no entanto, nessa unidade, a distinção do eu e do tu, sem a qual nenhum nós é possível. Junto à manifestação do nome divino "eu sou", encontra-se no Antigo Testamento essa fórmula a propósito da criação: "Façamos o homem à nossa imagem,[27] que nossos teólogos interpretam como a primeira alusão ao mistério da Trindade: convém, também, observar as palavras claras do Salvador: "Meu Pai e eu somos um só."[28] O nós

---

[27] Gên 1, 26.
[28] Jo 10, 30.

enquanto unidade constituída pelo eu e pelo tu é uma unidade superior à do eu. É, em seu sentido mais perfeito, uma unidade do amor. O amor, enquanto adesão a um bem, é igualmente possível enquanto amor a si mesmo. Mas o amor é mais que tal adesão, que tal "apreciação do valor". É entrega de si mesmo a um tu, e ser um em sua perfeição com base na mútua entrega de si. Visto que Deus é o amor, o ser divino deve ser o ser-uno de uma pluralidade de pessoas, e seu nome "eu sou" equivale a "eu me dou inteiramente a um tu", e portanto, também com um "nós somos".

O amor, enquanto vida divina íntima, não pode ser substituído pelo amor entre Deus e as criaturas, porque isso não pode nunca ser o amor em sua suprema perfeição (ainda, se se pensa no amor alcançado pela criatura em sua perfeição, ou seja, no estado de glória). O amor supremo é um amor recíproco e eterno: Deus ama as criaturas desde toda a eternidade, mas ele, de nenhuma maneira, é amado por elas desde toda a eternidade. Se não, o amor estaria submetido à mudança e à imperfeição daquilo que não pode receber a plenitude; além disso, Deus estaria sujeito às criaturas, se o amor divino dependesse das criaturas. O amor entre Deus e a criatura continua sendo, então, um amor imperfeito; já que na entrega de si absoluta da vida de glória, Deus pode acolher em si uma criatura, mas nenhuma criatura – nem mesmo todas as criaturas juntas – pode compreender Deus.

A vida íntima de Deus é o amor recíproco inteiramente livre de todas as criaturas, imutável e eterno das pessoas divinas entre si. O que se entrega reciprocamente é uma única, eterna e infinita essência que abraça perfeitamente cada uma delas e todas juntas. O Pai o oferece – desde toda a eternidade – ao Filho, enquanto o gera, e enquanto o Pai e o Filho se dão um ao outro, o Espírito Santo procede deles, como seu amor recíproco e entrega.

Assim, o ser da segunda e terceira pessoas é um ser recebido, mas não é um ser que tenha nascido, como o ser criado: é o ser *único* de Deus que é, ao mesmo tempo, dado e recebido; o dar e receber pertencem ao próprio ser divino.

Pode-se, ainda, tentar abordar o mistério do ser trinitário por outro caminho; o ser de Deus é *vida*, ou seja, um movimento que se produz a partir da interioridade própria, de dentro, em definitivo, um ser gerador. Não se trata, de nenhuma maneira, de um movimento para a existência como o do ser finito, criado, nem tampouco de um movimento mais além de si mesmo, como o do ser gerador finito, mas de um movimento eterno em si mesmo, de um eterno tirar de si, partindo do fundo do ser próprio infinito, como a entrega-presente do eu eterno a um tu eterno, um eterno receber-se e dar-se correspondentes. E, visto que o ser-uno que brota eternamente nesse dar e receber produz, uma vez mais, *em comum,* de si o que é dado e o que é recebido – porque o ser-uno supremo como tal tem que ser necessariamente fecundo –, o círculo da vida interior de Deus se fecha, por conseguinte, na terceira pessoa, que é dom, amor e vida.

6. O Verbo Divino e a Criação

Até o presente, a vida interior divina não foi mais que o objeto de uma comparação, na tentativa de esclarecer a relação entre o ser incriado e o ser criado. Devemos, ainda, examinar essa questão mais de perto, visto que é essencial para o ser divino ser um Deus em três pessoas, e visto que a Trindade das pessoas não poderia estar desprovida de significado no que concerne à relação de imagem entre o ser eterno e o ser finito.[29] Mas, primeiro, convém tratar de esclarecer a questão já abordada a propósito da divisão do ser, na medida em que podemos apoiar-nos no que já dissemos. As procedências internas divinas deixam o ser ainda indiviso, mas a divisão já está prefigurada nelas. Já tratamos da relação do Verbo divino com a criação.[30] No que concerne ao Verbo divino, o "sentido" (Λόγος) – o conhecimento divino de si em pessoa –, a sagrada Escritura nos diz que por ele foram feitas todas as coisas, e encontram nele fundamento e conexão. Interpretamos essa "conexão" como relação de significado de todo ente no *Logos*, como plano divino da criação; a "subsistência", consideramo-la como o ser-fundado das coisas criadas nos arquétipos criadores que possuem no *Logos* um ser, ao mesmo tempo essencial e real (e, por conseguinte, ativo).

No que concerne à solução da dificuldade de como conciliar a unidade e a simplicidade da essência divina com a pluralidade das "ideias", apoiamo-nos na interpretação tomista segundo a qual a pluralidade das ideias se baseia na relação da essência divina única com a diversidade das coisas. Nesse ponto, encontramos para o ser finito no eterno, ainda, um duplo sentido: o ser compreendido de todo o finito pelo espírito divino e o ser fundado causalmente de todo o finito na essência divina. Certamente, convém

---

[29] Ver o capítulo VII, §6.
[30] Capítulo III, §10. Ver as passagens da Escritura citadas aí: Jo 1, 1 e seg., e Col 1, 17.

destacar aqui que "espírito divino" e "essência divina" são inseparáveis um da outra, e que a "compreensão espiritual" de todas as coisas reais e possíveis significa, em relação a Deus, ao mesmo tempo, sua posição causal na ordem do ente que lhes corresponde. No entanto, subsiste a contrariedade da essência una e simples enquanto realidade causal e da diversidade que a reproduz, estando as duas contidas no saber universal de Deus.

Falamos de um "duplo rosto" do *Logos*, na medida em que é, ao mesmo tempo, a essência divina conhecida (a "imagem do Pai") e o arquétipo e a causa primeira de todo o criado. Visto que o plano da criação – como tudo em Deus – é eterno, por isso o *Logos* e a criação coincidem desde toda a eternidade, ainda que a criação tenha um começo temporal e esteja submetida a um desenvolvimento. Ao gerar o Filho, o Pai (ou ele "falou uma palavra") recomenda-lhe a criação que ele previu desde toda a eternidade. Nessa criação está prevista a diversidade do ente enquanto um todo ordenado e estruturado, e que o ser seja próprio de cada parte, ainda que sendo o que une os demais.

7. Distinção entre Ser Eterno e Ser Temporal, Ser Essencial e Ser Real, Ser Real e Ser Possível, Forma e Conteúdo

O *tempo* pertence à "ordem" da criação como algo pelo qual o finito se distingue de modo característico do eterno. Pois, se encontramos, também, um sentido da finitude que não tem nem começo nem fim no tempo – a delimitação material da diversidade das unidades de significado –, assim, no entanto, deve-se entender sua delimitação frente à unidade do ser divino como algo ordenado para uma realização temporal. Com isso, a contraposição do *ser essencial e real* e da *possibilidade* está prefigurada em um duplo sentido: possibilidade enquanto ser fundado do real-temporal no ser essencial das unidades de sentido delimitadas (possibilidade essencial), e possibilidade como grau preliminar de uma realidade mais alta (potencialidade frente à atualidade), como modo inferior do ser temporal.

Ser temporal-real não é realidade acabada (= ato puro), mas uma *realização* de possibilidades essenciais *que tem um princípio e um progresso*. A isso corresponde a contraposição do *ser autônomo* e do *ser dependente*: o início da realização é uma passagem da possibilidade essencial à realidade temporal, ou a entrada na existência temporal; à realização progressiva pertence um ente que leva em si possibilidades não realizadas: algo que não é ainda o que deve ser, mas que já está determinado em seu dever ser, e, assim, seu desenvolvimento está já desenhado de antemão. O real-temporal é um *ser colocado sobre si mesmo e determinado quanto à essência* (οὐσία = substância). Suas possibilidades não realizadas (potências) estão fundadas nele, e seu ser participa do ser dele. A realização delas se identifica com a realização dele e, com isso, com sua própria passagem a um grau superior do ser.

A separação de *forma* e de *conteúdo* pertence ao *ser finito* enquanto ser *delimitado objetivamente*. A forma vazia é a linha objetiva de delimitação que permite ao ser separar-se exteriormente de outros (enquanto é ele mesmo) e ordenar-se interiormente como uma estrutura de partes constitutivas diferentes objetivamente. A forma vazia do ente independente é a do *objeto* (no sentido restrito) ou a do *suporte* do *quid* e do ser (*hipóstase – subsistens*).

VII

Imagem da Trindade na Criação[1]

---

[1] Santo Tomás fez uma distinção entre *vestígio* e *imagem*. Fala de vestígio (ou sinal) quando só a *causalidade* da causa pode ser deduzida do efeito (como se deduz o fogo pela fumaça), e somente da *imagem*, quando no efeito se mostra uma *representação* da causa por uma forma que lhe é semelhante (como a estátua de Mercúrio representa Mercúrio). Com *Agostinho*, encontra o sinal da Trindade em toda a criação, mas sua imagem só nas criaturas dotadas de razão, que possuem inteligência e vontade (*Summa theologica*, I, q. 45, a.7). No entanto, encontramos também certa possibilidade de imagem no que santo Tomás mostra como sinal da Trindade (ver, nesse capítulo, o §6 e seguintes), e falaremos, portanto, simplesmente de imagem.

§1

Pessoa e Hipóstase

A busca do sentido do ser nos conduziu ao ser que é autor e arquétipo de todo ser finito. Ele se revela a nós como o ser em pessoa e, mais ainda, como o ser em três pessoas. Se o Criador é o arquétipo da criação, não se deve encontrar na criação uma imagem, ainda que distante, da unidade trinitária do ser originário? E, portanto, não seria possível chegar à compreensão mais profunda do ser finito?

Historicamente, deixa-se ver que as tentativas para captar conceitualmente a doutrina revelada da Santíssima Trindade deram lugar à formação dos conceitos filosóficos de "hipóstase" e de "pessoa". Graças a esses conceitos, conseguiu-se algo essencial não só para a compreensão da revelação de Deus em três pessoas, mas também para a compreensão do ser humano e, em uma palavra, o real-côisico. A partir desse aspecto, tratamos, agora, de ajudar-nos com a Revelação para o conhecimento do ser finito. Poder-se-ia considerar os quinze livros do *De Trinitate*,[2] de santo Agostinho, como o fundamento de toda a doutrina trinitária ulterior. Nessa obra, ele se esforça por elaborar, primeiro, com clareza, o conteúdo da doutrina revelada e de trazer, em seguida, caminhos para que compreenda o entendimento. A doutrina da fé destaca a unidade da "substância" (isto é, da essência) nas três pessoas: assim, elas são totalmente iguais e são uma só. Diferenciam-se pelas "relações": o Pai "gera" o Filho, o Pai e o Filho "exalam" o Es-

---

[2] Migne, P. L., 42.

pírito Santo. A essa distinção acrescenta-se ainda a diferença na aparição temporal da segunda e da terceira pessoa: só o Filho nasceu da Virgem, foi crucificado, morreu e foi sepultado; só o Espírito Santo apareceu sob as formas de pomba e de línguas.[3] Esses fenômenos não devem identificar-se com as próprias pessoas, nem suas diferenças considerar-se, por isso, como diferenças das pessoas, mas indicam como "signos" sua diferenciação.[4] Em particular, aceitar a natureza humana na unidade da pessoa de Cristo pressupõe a divisão das pessoas divinas. No entanto, é muito difícil para nós captar as diferenças das pessoas; podemos inclusive dizer que são inapreensíveis para nós. Se colocarmos a diferença das pessoas em suas "relações", então teremos que pensar que essa palavra "relações" não significa aqui o mesmo que para as coisas finitas. Agostinho trata de esclarecer essa dificuldade, mostrando que as relações na Trindade não são nem substância nem acidente.[5] Não são substanciais, porque tudo o que se diz de Deus substancialmente (ou seja, como pertencente à sua essência) – e isso é tudo fora das relações – vale para as três pessoas e para cada uma, sem consideração das outras. Esses dois fatores não concernem aos nomes das pessoas divinas.[6] As relações não podem ser acidentais, visto que não são mutáveis como toda coisa finita, coisa própria dos acidentes enquanto tais. Assim, é necessário distinguir da substância (aqui οὐσία = *essentia*) a hipóstase como seu suporte. À unidade da substância se contrapõe uma trindade de suportes. Se os chamamos *pessoa*, é somente uma maneira de expressar em palavras humanas o inefável.[7] Tudo o que chamamos geralmente *pessoa* – homens anjos – é *rationalis naturae individua substantia* (seres particulares de uma natureza dotada de razão)[8] no sentido em que contém em seu *quid* algo de "imediato", algo que não divide com outro.

---

[3] *Op. cit.*, I, 4.

[4] *Ibid.*, II, 9.

[5] *Op. cit.*, V, 2 e seg.

[6] Em si é possível chamar "Pai" a cada uma das pessoas divinas em relação com todos os "filhos de Deus". Poder-se-ia também chamar "Espírito Santo" cada uma das pessoas divinas, já que cada uma é espírito e é santa. Mas no termo "Filho" não pode convir mais que a segunda pessoa, e "Dom" mais que a terceira pessoa (*Op. cit.*, V, 11).

[7] *Op. cit.*, V, 9.

[8] Tomás de Aquino, *Summa theologica*, I, q. 29, a. 1, 1. [Santo Tomás de Aquino, *Suma de Teología*, I, Parte I, Madri, 1988, p. 320.]

Entretanto, aqui nos encontramos diante de três pessoas que possuem em comum todo seu *quid* e das quais nenhuma é possível sem as outras.[9] E as três pessoas não são mais que uma só: a perfeição infinita, própria de cada um, e que não pode ser aumentada.[10]

À questão que concerne à aplicação do nome "pessoa" a Deus, santo Tomás responde:

> Pessoa significa o que em toda natureza é perfeitíssimo, ou seja, o que subsiste na natureza racional (*subsistens in rationali natura*). Por isso, como a Deus se deve atribuir tudo o que pertence à perfeição pelo fato de que sua essência contém em si mesma toda perfeição, é conveniente que a Deus se dê o nome de pessoa. No entanto, não no mesmo sentido com que se dá às criaturas, mas de um modo mais sublime.[11]

Já indicamos que se trata do emprego de uma palavra por "analogia".[12] Esse emprego análogo – segundo Tomás – deve estender-se igualmente ao sentido originário da palavra "pessoa", com o significado dos diversos papéis em uma peça de teatro.[13] Nesse sentido o nome pessoa não convém a Deus segundo sua etimologia, mas com relação ao que deve expressar.

> Pois, porque nas comédias e tragédias se representavam personagens famosos, impôs-se o nome de pessoa para indicar alguém com dignidade. [...] Pelo que alguns definem a pessoa dizendo que é a *hipóstase distinta pela propriedade relativa à dignidade* (*proprietate distincta ad dignitatem pertinente*). E como é da máxima dignidade possuir uma natureza racional, todo indivíduo de natureza racional é chamado pessoa [...]. Mas a dignidade da natureza divina supera toda dignidade. Por isso, no mais alto grau a Deus corresponde o nome de *pessoa*.[14]

---

[9] Agostinho, *op. cit.*, VI, 7.
[10] *Op. cit.*, VI, 8.
[11] *Summa theologica*, I, q. 29, a. 3, Corp. [Santo Tomás de Aquino, *Suma de Teología*, I, Parte I, Madri, 1988, p. 326.]
[12] Ver o capítulo VI, §4, 4.
[13] Na realidade, as máscaras através das quais "res-soavam" as palavras dos atores.
[14] *Op. cit.*, q. 29, a. 3 ad 2, corp. [Santo Tomás de Aquino, *Suma de Teología*, I, Parte I, Madri, 1988, p. 326.]

382 Capítulo VII

Tomás aplica também a Deus o nome "hipóstase", sem identificá-lo com "pessoa". A distinção é importante para nós. A determinação do conceito ὑπόστασις se dá na relação com o conceito de "substância". Dessa maneira, a interpretação de substância = essência é eliminada em proveito dessa outra: *subjectum vel suppositum quod subsistit in genere substantiae* (um objeto que enquanto é subsistente por si mesmo pertence ao gênero da substância).

> Há também três nomes com os quais se expressa algo e que correspondem à tripla consideração que se pode fazer da substância, a saber: *realidade natural, subsistência e hipóstase* (*res naturae, subsistentia, hypostasis*). Pois, por existir por si mesmo e não estar em outro, é chamada *subsistência;*[15] logo dizemos que subsiste o que existe em si mesmo e não em outro. Por ser suposto (*supponitur*) de alguma natureza comum é chamada *realidade natural* (*res naturae*). Assim, *este homem* é uma realidade natural humana. Por ser suposto dos acidentes é chamada *hipóstase ou subsistência*. Esses três nomes são comuns a todo gênero de substâncias. O nome pessoa só o é no gênero das substâncias racionais.[16]

"Pessoa" é aqui um conceito mais estrito, o fato de estar dotado de razão constitui a diferença específica.[17] Se nos ativéssemos estritamente às diferenças de significado das palavras *res, subsistentia, hypostasis*, não se deveria chamar hipóstase às pessoas divinas, visto que não são suportes de acidentes.[18] No entanto, fez-se corrente tomar "hipóstase" no sentido de "subsistência". E nesse sentido corresponde também às pessoas divinas. Mas é necessário observar em que sentido se deva compreender *subsistere*. Tomás diz: o que é em si mesmo e não em outro. Se quiséssemos interpretar isso como "autonomia", não corresponderia às pessoas divinas em sua diferença entre elas e da essência divina, visto que nenhuma delas pode estar sem as outras e sem a essência comum a todas. Já colocamos o termo "suporte" por hipóstase.

---

[15] Correspondentemente a nossa distinção estrita entre ente e ser preferíamos dizer aqui subsistente (*subsistens*).

[16] *Summa theologica*, I, q.29, a.2 corp. [Santo Tomás de Aquino, *Suma de Teología*, I, *Parte I*, Madri, 1988, p. 324-325].

[17] Mas Tomás menciona que é usual entre os gregos empregar também "hipóstase" nesse sentido mais estrito (*op. cit.*, a.2 ad 1).

[18] Esta objeção foi relatada na q.29, a.3, 3.

Mas a palavra "suporte" (*suppositum*) já foi empregada em dois significados que não coincidem com o sentido aqui exigido: a coisa foi chamada o suporte de uma natureza geral e o suporte de suas qualidades. Nenhum desses dois significados se pode aplicar às pessoas divinas: não existem nelas qualidades (distintas da essência); e a essência divina não é uma "natureza universal" que se "individualiza" nas pessoas, mas algo singular e único que lhes é comum. O que é "suportado" é a essência divina, una, indivisível, e as pessoas constituem seus suportes. Essa noção de suporte de essência me parece muito significativa para a estrutura de todo ente.

Nos esforços para a compreensão da Santíssima Trindade, deveria ser necessário definir nitidamente esse conceito. Mas aqui não convinha considerar uma matéria diferente como "suporte" de uma forma universal de essência para distinguir as pessoas entre si (como no caso das coisas corporais), nem uma diferença de conteúdo nas diversas formas enquanto "suportes" de diversas qualidades (como nos espíritos puros criados): a espiritualidade, a unidade e a simplicidade da essência divina não deixavam outra coisa além de um suporte totalmente desprovido de matéria e de conteúdo; um suporte que não é além de suporte, como forma vazia de plenitude essencial. Chegamos a essa forma vazia do suporte por conexões completamente diferentes. O "eu puro" nos pareceu ser como "suporte" do conteúdo da vivência, a pessoa (finita), como suporte de sua particularidade, a forma da coisa como suporte de sua plenitude de conteúdo e na concepção mais geral do ente como tal o "objeto" ou o "algo", como nos pareceu, como o suporte do *quid* e do ser.

Agora acreditamos ter chegado ao arquétipo dessas diferentes formas de suporte e pensamos poder captá-las em relação a ele e em relação mútua de uns com outros. Certamente nos encontramos de novo aqui diante do fato de que o arquétipo e a cópia estão separados um da outra por uma distância infinita. Mas essa distância e a inapreensibilidade do arquétipo não mudam em nada o fato de que o sentido da cópia está determinado por ele. A contraposição entre uma só essência e três pessoas nos conduz à eliminação da forma vazia; mas, precisamente aqui, forma e plenitude representam uma unidade indivisível. Também, por outro lado, forma e plenitude dependem reciprocamente uma da outra: todo ente é uma forma plena ou uma plenitude formada. Mas a forma particular não está ligada imutavelmente à sua própria plenitude: pode produzir-se uma mudança, como a transformação parcial do conteúdo, e uma mudança de essência

384 Capítulo VII

– como limite extremo – no que o suporte permanece, mas assume outra essência. Em Deus, não há nem mudança nem transformação. Forma e plenitude são nEle inseparavelmente uma. Não se pode pensar em nenhuma outra plenitude que se pudesse unir a essa forma, nem em nenhuma outra forma que pudesse englobar essa plenitude.

§2

Pessoa e Espírito

A busca do sentido do ser nos levou até o primeiro ser: ao "ser em pessoa", e também em três pessoas. Para compreendê-lo na medida em que é ainda possível uma compreensão, e para obter uma nova compreensão do ser finito, partindo do primeiro ser, esclarecemos o que é necessário entender por "pessoa". Mas o ser pessoa como tal e, por conseguinte, o próprio primeiro ser continuam sendo para nós totalmente obscuros se não chegamos a colocar em uma maior clareza outra coisa além do que já consideramos, a saber, a *essência do espírito*. Concebeu-se o ser divino como espiritual. E se consideramos a pessoa como suporte de uma natureza dotada de *razão*, assim sua natureza espiritual aparece, então, expressa também, pois "espírito" e "razão" parecem convir um ao outro, inseparavelmente. Pois bem, o que significa "espírito"? Já tratamos de procurar um acesso a essa pergunta sob diversos aspectos.[19] Designamos o espiritual como o não espacial e o não material; como o que possui um "interior" em um sentido completamente não espacial e permanente "em si", enquanto sai de si mesmo. Esse "sair de si" lhe é de novo essencialmente próprio: não como se não tivesse um "em si", mas porque entrega inteiramente seu *ele mesmo*, sem perdê-lo, e, nessa entrega, se manifesta inteiramente – em contraposição com a solidão anímica. Na entrega de si total das pessoas divinas, na qual cada uma se priva inteiramente de sua essência e, no entanto, a conserva perfeitamente, cada uma está inteiramente em si mesma e inteiramente nas outras, temos diante de nós o espírito em sua realização mais pura e perfeita. A divindade trina *é* o verdadeiro "reino do espírito", simplesmente o "supraterreno". Toda espiritualidade ou

---

[19] Ver o capítulo IV, §3, 20 e §4, 8.

capacitação do espírito por parte das criaturas significa uma "elevação" a esse reino, ainda que em sentidos diferentes e de diversas maneiras.

Entretanto, também as outras formas fundamentais do ser têm no reino do espírito seu arquétipo, e não pode ser de outra maneira, se o reino do espírito coincide com o primeiro ser, e se *todo* ser significa uma "participação" do primeiro ser, desse toma seu ponto de partida e se encontra prefigurado nele. Se chamamos "corpo vivo" um ente que possui sua essência em uma configuração "resultante", devemos dizer que Deus tem um verdadeiro corpo vivo (naturalmente não um corpo material, mas um corpo espiritual), porque possui toda a plenitude de sua essência em uma figura realizada, manifesta, luminosa e, apesar de sua infinitude como circunscrita com Ele mesmo, visto que é dono de si mesmo. Aqui, não existe nada de "pré-real", nada que esteja primeiro à espera da configuração. E, no entanto, o anímico, como "criador" e "fonte de vida", encontra também seu arquétipo em Deus, visto que a vida divina se nutre de si mesma eternamente de forma nova, e brota de sua própria profundidade.[20] Se a vida divina estivesse fixa e imóvel, não seria *vida*; é, no entanto, *a* vida, e toda vida terrena não é mais que uma imagem distante. As três formas fundamentais do ser real em sua unidade não deveriam estar ligadas da maneira mais estreita à Trindade? Ao Pai, de quem procedem todas as coisas, mas que ele mesmo só é de si mesmo – ao Criador corresponderia o ser anímico, ao Filho, como forma "nascida", configuração da essência, corresponderia o ser corporal; mas o livre e desinteressado exalar merece em um sentido particular o nome de "espírito". Assim, encontramos em todo o âmbito do real um desdobramento trinitário do ser.

Qual é o elo entre a espiritualidade e o correspondente à pessoa? Por pessoa entendemos o suporte da essência e, especificamente, o suporte de uma natureza *dotada de razão*. O fato de possuir a razão distingue a pessoa da hipóstase como suporte da essência no sentido amplo. Se existe entre as duas uma diferença verdadeira – esse deverá ser o caso, se uma "forma vazia" e sua "plenitude" não só estão unidas exteriormente, mas ligadas essencialmente – então, não somente a natureza, mas também o "suporte" devem ser algo particular em uma pessoa. Anteriormente, chamamos o "eu" suporte de sua vida: é aquilo do que brota a vida interior ("vida *interior*" enquanto contraposição ao que se "manifesta" na configuração

---

[20] Ver H. Conrad-Martius, *Realontologie*, nota, p. 94 e seg.

material dos chamados "seres vivos"); é o que vive *nesta* vida e a experimenta como *sua*. É evidente que é diferente, aqui, o suportar da do suporte da essência em uma coisa: a "vida" não só é suportada, mas o próprio suportar é vida e a esta vida pertence um ser consciente de si mesmo, ainda que não seja necessariamente um "conhecer" de si mesmo (no sentido estrito de uma captação conceitual), nem uma "consciência" constituída de maneira que daí possa surgir um conhecimento conceitual. Há, por conseguinte, uma vida do eu, e um correspondente "ser consciente" que não é um compreender e um entender de si mesmo. Por isso, não se pode falar aqui nem de "percepção" nem de *razão*. Com efeito, falamos de razão em que domina uma legalidade interna do ser e é compreendida. Seguramente, quando um ente é regido pela legalidade inteligível e se conforma com ela, mas não pode compreendê-la, falamos de razão escondida.

Mas chama-se *dotada de razão* uma criatura que pode compreender a normalidade de seu ser próprio e, assim, pode orientar-se com seu comportamento. Além disso, corresponde o *entendimento* como dom de compreensão e a *liberdade* como o dom de configurar por si mesmo o próprio comportamento. Se o fato de possuir a razão pertence ao ser pessoa, então a pessoa como tal deve ter entendimento e liberdade. Chegamos assim à separação do eu e da pessoa: nem cada eu deve ser necessariamente um eu pessoal. Ao contrário, toda pessoa deve ser um eu: ou seja, ser consciente de seu ser próprio, visto que isso pertence à dotação da razão. O que interessa em nosso contexto é compreender a espécie particular de "suporte" que se encontra no ser pessoa. Se pertence ao eu como tal que sua vida brote dele e que experimente esta vida como a sua própria, então o eu pessoal deve poder, além disso, compreender sua vida e configurá-la livremente por si mesmo. Assim, compreendemos que Deus, que em sua liberdade perfeita configura sua própria vida e que é inteiramente luz (a quem nada está oculto), deve ser pessoa no sentido mais elevado. Visto que a vida pessoal é um sair de si e, ao mesmo tempo, um ser e um permanecer em si mesmo, mas ambos os aspectos caracterizam a essência do espírito, por isso o ser pessoal é igualmente um ser espiritual. Mas há que se perguntar ainda se ser pessoal e ser espiritual simplesmente coincidem: se é concebível um ser espiritual impessoal,[21] e se aquilo cujo suporte é a pessoa tem que ser necessaria-

---

[21] Ver o §4 deste capítulo.

mente um ser puramente espiritual.[22] Isso depende de outra questão, a saber, como a pessoa é o suporte de sua "essência". Quando entendemos a pessoa como eu e o eu como suporte de sua própria vida, chegamos a caracterizar a maneira particular em que a pessoa é o suporte de sua *vida*. Em Deus não há nenhuma diferença entre vida e essência, nem tampouco entre ser e essência. Mas onde essência e vida não coincidem, então o "suportar" de um e do outro significa algo diferente.

§3

O Ser-Pessoa do Homem

Assim fomos conduzidos à particularidade do ser-pessoa das pessoas criadas e finitas. Os espíritos puros como tais estão evidentemente mais perto de Deus que os homens. Em razão da maior simplicidade de sua essência, a investigação referente a esse assunto parece também mais fácil. No entanto, é completamente natural que tomemos nosso ponto de partida onde nos está mais próximo, a saber, a natureza humana. E do ponto de vista puramente objetivo, ela tem um lugar especial, porque – precisamente pelo nexo entre o espírito e a matéria – toda a criação está compreendida nela. Se falamos aqui da "natureza" do homem, com isso nos referimos à essência do homem como tal, e está compreendido aqui o fato de que ele é pessoa. A essência é, segundo nossas anteriores investigações, a quididade, o que faz com que o homem seja homem. O que pertence ao ser-homem do homem, e em que sentido se pode dizer que "suporta" seu ser homem?

1. O Ser Humano como Corpo Vivo, Alma e Espírito. Característica da Vida Espiritual do Homem

O ser humano é um ser corporal vivo-anímico-espiritual. Enquanto o homem é espírito segundo sua essência, sai de si mesmo com sua "vida

---

[22] Ver o parágrafo seguinte.

espiritual" e entra em um mundo que se lhe abre, sem perder nada de si mesmo. "Exala" não só sua essência – como toda elaboração real – de uma maneira espiritual, expressando-se ele mesmo de modo inconsciente: além disso, atua pessoal e espiritualmente. A alma humana *enquanto* espírito se eleva em sua vida espiritual por cima de si mesma. Mas o espírito humano está condicionado pelo que lhe é superior e inferior: está imerso em um produto material que ele anima e forma em vista de sua configuração de corpo vivo. A pessoa humana leva e engloba "seu" corpo vivo e "sua" alma, mas é, ao mesmo tempo, suportada e englobada por eles. Sua vida espiritual se eleva de um fundo obscuro, sobe como uma chama de vela brilhante, mas nutrida por um material que, ele mesmo, não brilha. E brilha ela sem ser absolutamente luz: o espírito humano é visível para si mesmo, mas não é de todo transparente; pode iluminar outra coisa sem atravessá-la inteiramente. Já conhecemos suas obscuridades:[23] ele conhece por sua própria luz interior sua vida presente e, em grande parte, o que era antes sua vida presente, mas o passado comporta lacunas, e o porvir não pode ser previsto com probabilidade segura, mas parcialmente, em grande parte é indeterminado e incerto, ainda que também seja perceptível nessa indeterminação e nessa incerteza; origem e meta são absolutamente inacessíveis (se nos atemos à consciência que depende da própria vida sem nos ajudarmos com a experiência de outros, do pensamento que julga e deduz verdades de fé; são meios dos quais o espírito puro não tem necessidade para conhecer-se a si mesmo). E a vida presente imediatamente certa é o cumprimento fugaz de um instante que cai rapidamente e logo se nos escapa por completo. Toda a vida consciente não se identifica com "meu ser"; parece-se com uma superfície iluminada por cima de uma profundidade sombria, que se manifesta através dessa superfície. Se queremos compreender o ser pessoa do homem, devemos tentar penetrar nessa profundidade sombria.

---

[23] Enquanto elas concernem à compreensão imediata da própria vida; não nos ocupamos aqui das lacunas e das insuficiências no conhecimento de objetos estranhos ao eu.

2. Vida do Eu e Ser Corporal-Anímico

Falamos de um duplo mais além, em que o espírito humano penetra em sua vida desperta e consciente: o mundo exterior e o mundo interior. (Por cima de ambos os âmbitos, há caminhos que conduzem ao "superior" mais além do ser divino.) O mundo "exterior" pode ser entendido em dois sentidos: ou tudo o que não "me" pertence, à unidade "monádica" de meu ser, e, nesse caso, compreenderia também os mundos interiores de outros espíritos; ou o que é só acessível à percepção exterior, ao mundo do corpo com tudo o que lhe pertence: nesse caso, os mundos interiores de outras pessoas pertenceriam também ao mundo "interior". Limitamos nossa consideração primeiro ao mundo interior próprio. Com isso, entendemos, agora, não só a vida consciente do eu – a vida presente e, a partir dela, a vida passada e futura, a unidade da *corrente de vivência* –, mas também o que não é imediatamente consciente e do qual surge a vida consciente. Eu reflito sobre uma questão difícil e trato em vão de encontrar uma solução. Finalmente, a abandono, visto que hoje "estou atordoado". Não posso perceber meu atordoamento pelos sentidos externos (fazemos abstração dos aspectos perceptíveis exteriormente do que pode dar o corpo); ela não pode não me ser "imediatamente consciente", como o fato de refletir, cujo processo se manifesta em mim. Mas a "experimento", ela se se comunica a mim da mesma maneira como experimento uma faca cega que se recusa a cortar o pão. Com Husserl, chamamos "percepção interna" a forma mais originária de tal experiência, que, sendo o ponto de partida de juízos e conclusões ulteriores, e, que – conservada na memória – nos conduz a reunir um conjunto sólido de experiências que nos permitem "conhecermo-nos a nós mesmos". É completamente distinta a consciência que acompanha inseparavelmente a vida do eu (como vida do "eu puro"), mas desempenha um papel indispensável para isso. O que percebo interiormente e conheço sempre melhor no curso de minha vida é um algo côisico: tem qualidades estáveis (dons do entendimento, por exemplo, uma facilidade mais ou menos grande de compreensão, precisão de juízo, capacidade de descobrir relações), estados cambiantes de uma duração mais ou menos longa (alegria e disposição para empreender coisas ou tristeza e inibição), atua de diversas maneiras, sofre influências externas e exercita ele mesmo uma irradiação que supera seu próprio mundo interior e se insere, assim, no conjunto causal de todo o mundo da experiência. Eis aqui somente algumas indicações para atrair a atenção sobre um ente de estrutura sumamente complicada. A pequena vivência da qual partimos poderá conduzir-nos ainda mais longe, em diferentes direções. Constatei que *hoje* estou atordoado. Então: fui mais desperto em outra ocasião, e espero sê-lo de novo amanhã. Não se trata de uma qualidade que não se pode mudar, mas de uma situação passageira. E acredito igualmente conhecer a razão disso: minha cabeça está hoje tão pesada, como se coberta por uma neblina. Essa constatação nos obriga a dirigir nosso olhar a uma área inteiramente nova: o fato de que a cabeça tem relação com o pensamento concerne à grande série de questões sobre a relação entre a alma e o corpo vivo. O que é a alma? O que é o corpo vivo? É a alma um algo côisico que percebo e que experimento interiormente ou é o todo constituído de um corpo vivo e de uma alma? Apresenta-se um conjunto de perguntas preocupantes. Tratemos somente de penetrar nelas até o ponto em que se faz perceptível a particularidade da pessoa humana, e, com isso, simplesmente a do ser-homem.

A cabeça, assim como o corpo inteiro, é uma coisa física, perceptível para os sentidos externos. Mas, nessa minha percepção, estou submetida aí a limitações estranhas que não aparecem a propósito de outros corpos: diante dele não possuo uma liberdade inteira de movimento, não posso observá-lo por todos os lados, visto que não posso "separar-me dele". Para isso não dependo, em relação a ele, da percepção externa. Percebo-o também a partir de dentro. Por isso, é o "corpo vivo" e não só a massa corporal, e é "meu" corpo vivo, como nada externo é "meu", porque habito nele como em meu domicílio "inato", e sinto o que acontece nele e com ele, e, ao mesmo tempo, com esse sentir o percebo. O sentir dos processos corporais é tão "vida minha" como meu pensar e minha alegria, ainda que se trate de manifestações vitais de uma espécie totalmente diferente. O frio que percorre minha pele, uma pressão na cabeça, a dor em um dente – tudo isso não os efetua como uma atividade voluntária de pensamento, e tampouco sobe de minha profundidade interior como a alegria, mas eu estou nele: o que toca meu corpo vivo me toca também a mim, e, precisamente, lá onde o toca – estou presente em todas as partes de meu corpo em que sinto algo presente. O fato de sentir pode sobrevir de forma *impessoal*: como pura percepção sensível, que não alcança propriamente falando o eu espiritual. Naturalmente, entretanto, é alcançado enquanto o perceber ou sentir se faz consciente, de modo que pode considerá-lo (espiritualmente) e constatá-lo. Mas sentir e fazer-se consciente são duas coisas diferentes.

Partindo daí, chegamos a compreender a possibilidade de uma vida pura de sensações, que não assume jamais a forma da vida do eu pessoal como podemos supô-lo nos seres puramente sensitivos. Por outro lado, os processos corporais *podem* ser incluídos na vida pessoal; cada passo, cada movimento da mão, feitos livre e intencionalmente, constituem atos pessoais, em cuja unidade o corpo vivo atua e é sentido e compreendido como coagente. Enquanto instrumento de meus atos, o corpo pertence à unidade de minha pessoa.[24] O eu humano não é somente um "eu puro", nem unicamente um eu espiritual, mas também um eu corporal.

Sendo assim, o que é corporal não é jamais *meramente* corporal. O que diferencia o corpo vivo de uma simples massa corpórea é a existência de uma *alma*. Onde há um corpo vivo existe também uma alma. E ao inverso: onde há uma alma, aí há também um corpo vivo.[25] Um objeto físico sem alma é só uma massa corpórea e não um corpo vivo. Um ser espiritual sem corpo físico é puro espírito e não alma. Quem não quer falar de "alma" a propósito das plantas não deve também lhes conceder um corpo vivo. Deverá empregar outro termo para distinguir esses produtos materiais animados de outras coisas inanimadas. Conhecemos a concepção tomista da alma, que, – com Aristóteles –, vê na alma a forma essencial de todo ser vivo e distingue diferentes graus dessa forma; conforme se trate só de uma estrutura material viva ou igualmente uma vida "interior", e se essa vida interior é somente sensitiva ou também espiritual. Segundo essa hierarquia de suas ações, as almas da planta, do animal e do homem se distinguem umas das outras (alma vital, alma sensitiva e alma racional), e de tal maneira que a alma superior realiza a obra do grau inferior, agregando o que é sua tarefa particular. Explicamos o sentido da forma,[26] dizendo que dá ao ente sua determinação de essência: na elaboração material morta, só se deve entender o que estabelece a particularidade especial de seu ser material, seu modo especial da configuração, plenitude espacial, do movimento e do operar, e o sentido espiritual que se manifesta na particularidade de sua expressão espacial de formas. A peculiaridade diferenciadora das formas *vivas* em relação às formas inanimadas é sua força superior à matéria, capaz de unir

---

[24] Não *só* nessa propriedade, mas consideramo-los em primeiro lugar nesse sentido.
[25] A separação de corpo e alma na morte é o seccionamento de uma unidade natural e não pode anular sua pertença. As duas partes perdem algo de sua natureza.
[26] No sentido aristotélico-escolástico da palavra, não se entende como "forma vazia". Ver a esse respeito o capítulo IV, especialmente a relação no § 5.

uma diversidade de elaborações materiais já existentes, de transformá-las e de configurar um todo articulado; e a unidade assim elaborada é mantida em um metabolismo contínuo e assim se prolonga. Seu "*ser é vida, e vida é configuração da matéria* em três graus: transformação de matérias constitutivas, *autoconfiguração e procriação*".[27]

É necessário considerar bem o que distingue a "vida" nesse sentido – o ser das elaborações materiais vivas *enquanto* vivas – da vida dos puros espíritos. A *vida vinculada à matéria* é o devir de um ente que deve, primeiro, entrar em posse de sua essência, que se "desenvolve" e que está em via de chegar a ser plenamente ele mesmo. Vida espiritual é um desdobramento da essência enquanto a atividade do que é perfeito em sua maneira de ser.[28] De novo nos encontramos diante de uma "analogia": o nome "vida" não é simplesmente utilizado em um duplo sentido, mas tem aqui e acolá um conteúdo comum. Em ambos os casos, trata-se de um ser que possui um movimento autônomo que provém do fundamento de sua própria essência. Em um dos casos, é um movimento em que o ente – enquanto está em devir – se volta sobre si mesmo; no outro caso, é um movimento em que sai – enquanto acabado – de si mesmo, entrega-se, sem por isso, perder-se: trata-se de "cópias" que "participam" mais ou menos perfeitamente da plenitude de vida do ser divino.

Consideramos (com Hedwig Conrad-Martius) que a particularidade da *alma* consiste em ser o *próprio núcleo* do ser vivo e a fonte oculta de onde toma seu ser para aparecer como figura visível.[29] O material inanimado é um real subsistente e autônomo, configurado de uma maneira especial e uniforme, mas não a partir de seu próprio núcleo de algo interior. No caso do espírito finito puro, por sua vez, não se pode falar de um núcleo do ser, porque não possui um "exterior", ligado naturalmente, que corresponderia ao interior de onde seria formado, ainda configurado a partir de um fundo oculto.

Reafirmamos, em primeiro lugar, o significado segundo o qual a "alma" é o núcleo do ser das elaborações materiais vivas, de tudo o que leva "em si a potência de autoconfiguração".[30] Mas uma realização ainda

---

[27] Ver o capítulo IV, §5, 1.
[28] Ver o capítulo IV, §5, 2.
[29] Ver o capítulo IV, §4, 2 e §5, 2.
[30] Ver o capítulo IV, §5, 2.

mais própria do nome "alma" se encontra onde o "interior" não é só o ponto central e o ponto de partida da configuração exterior, mas onde o ente se abre para o interior, em que a "vida" já não é somente uma configuração de matéria, mas um ser em si mesmo, e cada alma é um "mundo interior" fechado em si mesmo, ainda que não sem estar desvinculada do corpo vivo e do conjunto de todo o mundo real. É já a simples alma sensitiva que não tem uma vida espiritual comparável com os espíritos puros. Sua vida anímica está completamente ligada ao corpo vivo e não se eleva por cima da vida corporal como um âmbito separável de significado autônomo. Experimenta e sente o que lhe acontece no corpo; e a resposta vem de dentro, do núcleo da vida, com movimentos e com ações instintivas que servem à conservação e ao crescimento da vida corporal. No entanto, não seria correto considerar a alma do animal como uma "organização" a serviço do corpo vivo e como subordinada a ele. Aqui, há equilíbrio entre o externo e o interno, enquanto na planta o externo prevalece nitidamente, e, no homem, a alma tem uma vida separável do corpo e uma significação própria. O animal é uma unidade de configuração físico-anímica, seu modo de ser se expressa de duas maneiras, a saber, nas qualidades do corpo vivo e em suas qualidades anímicas, e se manifesta em seu comportamento corporal e anímico. Mantém-se como esse todo dentro de tudo o que o cerca e enquanto tudo se relaciona segundo sua própria maneira de ser. Desdobra-se, dando, com seu comportamento, uma resposta às impressões exteriores. É um centro *vivo* para onde tudo converge e de onde tudo toma seu ponto de partida: o jogo de "excitações" e de respostas constitui a *vida do eu*. Mas não é nem uma vivência consciente nem uma livre tomada de posição: esse eu está entregue à "engrenagem" de sua vida; depende dele e não está estabelecido como pessoa nem por baixo nem por cima de uma maneira pessoal.

3. Corpo Vivo, Alma, Espírito. "Castelo Interior"

Na alma humana, operou-se esse estabelecimento. A vida *interior* é aqui um ser consciente; o eu, um ser desperto, cujo olho espiritual olha para o interior e para o exterior: pode assumir compreendendo tudo o que vai até ele, responder em uma liberdade pessoal, de tal ou qual maneira. *Pode-o* e *porque* o pode, o homem é uma pessoa espiritual, *suporte* de sua vida no sentido eminente do pessoal "ter em mão". No entanto, não faz uso de sua liberdade em toda a extensão, mas se abandona em grande medida aos "sucessos" e às "tendências" como um ser sensível. E, com efeito, *é* ser sensível, incapaz de configurar toda sua vida em uma ação livre. O espírito puro criado está limitado somente em sua liberdade pelo fato de não ter seu ser por si mesmo, mas de recebê-lo, e de recebê-lo por meio de toda a duração de seu ser como um dom constantemente renovado. Toda liberdade nas criaturas é uma liberdade condicionada. No entanto, o ser do espírito puro é plenamente vida pessoal, livre configuração de si mesmo. Seu conhecer, amar e servir – e a alegria experimentada no conhecer, no amor, amar e servir – tudo isso é, ao mesmo tempo, receber e aceitar, entrega livre de si mesmo nessa vida doada. Para o homem, existe só um âmbito da liberdade que não coincide com toda a envergadura de seu ser. E a alma é, aqui, "centro" em um novo sentido: a mediação entre a espiritualidade e sensibilidade própria do corpo vivo.

A divisão tradicional tripartite de corpo-alma-espírito não deve entender-se como se a alma do homem fosse um terceiro reino entre outros dois, mas sem eles e independentemente deles. Nela mesma, espiritualidade e sensibilidade coincidem e estão entrelaçadas entre si. Precisamente é o que distingue o ser particular da alma espiritual da alma da alma sensível e o espírito puro. O homem não é nem animal nem anjo, visto que é os dois em um. Sua sensibilidade como corpo vivo é diferente da do animal, e sua espiritualidade é diferente da do anjo. Já falamos disso incidentalmente. Sente e experimenta o que se faz no corpo e com ele, mas esse sentir é uma percepção *consciente* e destinada a chegar a ser uma *percepção compreensiva* do corpo vivo e dos processos corporais, assim como de uma percepção do que "cai sob os sentidos", do mundo exterior. A percepção é já conhecimento, um fazer espiritual.

Nesse conhecimento, o que conhece se enfrenta com o conhecido, o corpo próprio – e não só o mundo exterior – se converte em "objeto", ainda que um objeto *sui generis*: o eu se separa do corpo, de certa maneira, e se eleva em sua liberdade pessoal por cima de sua corporalidade e sensibilidade. "De certa maneira", pois, permanece ligado a ela. A vida espiritual brota sempre de novo da vida dos sentidos e não se acha em terreno próprio, mas o eu tem a possibilidade de se fixar em seu ser "superior" e, a partir daí, atuar sobre o "inferior". Pode, por exemplo, tomar como meta a exploração cognitiva de seu próprio corpo e de sua própria vida dos sentidos. Aprende as possibilidades de se servir do corpo e dos sentidos como instrumentos para conhecer e atuar, exercitá-los em vista de certos fins e configurá-los em instrumentos sempre mais aperfeiçoados. Tem também a possibilidade de reprimir excitações sensíveis, de se retirar para longe da vida corporal e sensível e de se sustentar mais no espiritual. A vida espiritual é o âmbito mais próprio da liberdade: aqui, o eu pode realmente gerar algo partindo de si mesmo.

O que chamamos "atos livres" – uma decisão, a realização voluntária de uma ação, a inclinação expressa em um pensamento "que eleva", a ruptura consciente de uma sequência de pensamentos, um perguntar, rogar, consentir, prometer, ordenar, obedecer – todas essas constituem "ações" do eu, diversas em seu sentido e em sua estrutura interior, mas todas unidas, de modo que por elas o eu dá um conteúdo e uma direção a seu ser e "gera", em certo sentido, sua própria vida, ao se comprometer ele mesmo em uma direção definida e ao se entregar a certo conteúdo de experiência. Com isso, ele não se converte em seu próprio criador, nem em um ser incondicionalmente livre: a liberdade de determinar-se a si mesmo lhe é *dada*, assim como também a "vitalidade", que ele desenvolve na direção escolhida, e cada ação é uma resposta a uma excitação e um tomar algo oferecido. No entanto, aos atos livres fica a particularidade de se ativar, que é a forma mais própria de vida pessoal. Mas toda ação voluntária sobre o corpo e toda intervenção configuradora sobre o mundo exterior que se serve do corpo como instrumento baseia-se no fato de que a liberdade não está limitada ao campo puramente espiritual, e que este não é um limite fechado em si. O fundamento sobre o qual se elevam a vida espiritual e a atividade livre e a que permanecem ligadas é como "material" posto à mão, para iluminá-lo, configurá-lo e utilizá-lo. Assim, a vida corpóreo-sensorial do homem se torna uma vida pessoal formada e componente da pessoa. No entanto, não cessa jamais de ser um "fundo obscuro". A tarefa da espiritualidade livre consiste em iluminá-lo cada vez mais, e em formá-lo de uma maneira mais pessoal durante toda a vida.

Mas, com isso, o anímico não se encontra tampouco em seu sentido último. A alma é o "espaço" em meio a todo o corporal-anímico-espiritual; enquanto alma sensível, habita no corpo vivo, em todos os seus membros e partes, recebe dele e opera sobre ele, configurando-o e mantendo-o; enquanto alma espiritual, ela transcende para além de si mesma e olha um mundo situado além de seu próprio eu – um mundo de coisas, de pessoas, de acontecimentos –, entra em relação entendendo-se com ele, e dele recebe; mas, enquanto *alma* no sentido mais apropriado, habita em si mesma, e, nela, o eu pessoal está como em sua própria casa. Aqui se reúne tudo o que provém do mundo dos sentidos e do espírito, aqui surge a disputa interna com eles; a partir daqui, tem lugar a tomada de posição, e daqui se alcança o que chegará a ser sua propriedade pessoal, parte consciente de si mesma, o que (dito metaforicamente) "se faz carne e osso". A alma, como "castelo interior", tal como a descreve nossa santa madre Teresa,[31] não é de maneira pontual como o "eu puro", mas um "espaço" – um "castelo" com muitas moradas – onde o eu pode mover-se livremente, saindo ou retirando-se mais para dentro. Não é um "espaço vazio", ainda que possa penetrar aí um conteúdo, e deva, inclusive, estar aí acolhido, se ele quer desenvolver sua própria vida. A alma não pode viver sem receber; nutre-se com os conteúdos que recebe, "vivenciando" espiritualmente, assim como o corpo se nutre de materiais que os transforma; mas essa imagem nos mostra mais claramente que a do espaço, já que não se trata só de preencher um vazio, mas de que o receptor é um ente de uma essência (οὐσία), assume sua maneira e configura o que recebeu. Trata-se da essência da alma com as qualidades e faculdades aí enraizadas, que se abre na experiência vivida e assim assimila o que necessita para chegar a ser o que deve ser. Essa essência com seu próprio modo de ser dá ao corpo e a toda atividade espiritual e pessoal sua marca peculiar, e brota dele de uma maneira inconsciente e involuntária.

4. Eu, Alma, Espírito, Pessoa

Eu, alma, espírito, pessoa, tudo isso evidentemente está ligado de maneira muito estreita; no entanto, cada uma dessas palavras tem um sentido especial que não coincide inteiramente com o da outra. Por "eu", entendemos o ente cujo ser é vida (não a vida no sentido da configuração de matéria, mas enquanto desenvolvimento do eu em um ser que surge de si mesmo) e que, nesse ser, é consciente de si mesmo (na forma inferior do sentir sensível indistinto ou na esfera mais alta da consciência desperta). O eu não é idên-

---

[31] Ver na edição antiga de Pustet, "*Schriften der hl. Teresia von Jesus*" [Escritos de Santa Teresa de Jesus], t. IV (na nova edição publicada nas edições Kösel-Pustet desde 1933, o "Castelo interior" está no tomo V). Ver apêndice I.

tico à alma e tampouco ao corpo vivo. "Habita" no corpo vivo e na alma, encontra-se presente em cada ponto em que sente algo presente e vivo; ainda que tenha sua "sede" mais própria em um ponto determinado do corpo e em determinado "lugar" da alma,[32] e visto que "seu" corpo e "sua" alma lhe pertencem, por isso se lhe confere o nome de "eu" ao homem inteiro. Nem toda vida corporal constitui vida do eu; o crescimento e os processos de nutrição, por exemplo, se efetuam em uma ampla medida sem que o sintamos, ainda que experimente algo que lhe pertence ou com o que está em conexão. Tampouco a vida da alma é, de nenhum modo, pura vida do eu. O desenvolvimento e a configuração da alma se levam a cabo em grande parte sem que eu seja consciente disso. É possível que eu estime uma experiência dolorosa como "superada", e que não pense mais nela durante longo tempo. Mas, de imediato, a recordação evocada por uma nova vivência e a impressão sentida e os pensamentos que desperta me fazem compreender que ela trabalhou o tempo todo em mim, inclusive que eu não seria sem ela o que sou hoje. "Em mim", a saber, em minha alma, em uma profundidade, que mormente está escondida, e que só se abre raramente. A vida do eu desperta e consciente é o caminho de entrada à alma e à sua vida oculta, como a vida dos sentidos é o caminho de acesso, visto que é uma manifestação do que acontece na alma e uma repercussão de sua essência. Tudo o que sinto vivencialmente provém de minha alma, deve-se ao encontro da alma com algo que cria "impressão" nela. Seu ponto inicial ou ponto de partida na alma se pode encontrar mais na superfície ou na profundidade. O de onde e essa ordem de estrados da própria alma se manifestam *por meio* da vivência, que ascende delas e *nessa* vivência, já que nela se abrem para chegar ao seu ser "atual", presente e vivo. Isso sucede já na direção originária da vivência, antes que um olhar fechado atrás (uma reflexão) se volte para a vivência – indicando, chamando a atenção, observando" ou analisando – como a forma mais original da "consciência" acompanha a vida do eu, sem se separar dele como uma "percepção" especial e sem se voltar

---

[32] Ver Pfänder, *Die seele des Menschen*, Halle, 1933, p. 20: "O sujeito anímico tem uma *posição determinada* dentro de seu ambiente *consciente*. Por um lado, é, em certo sentido, o centro de sua própria alma e da própria vida da alma. Por outro, encontra-se atrás dos olhos, pela metade da cabeça [...] O sujeito aproxima-se de *si mesmo* quando se move para o centro da cabeça a partir das outras partes de seu próprio corpo e no resto consciente em torno do corpo vivo. Por isso, espontaneamente, os olhares dos demais homens (e também de alguns animais) se voltam para esse lugar na cabeça, atrás dos olhos, quando querem dirigir-se ao próprio sujeito anímico."

para ela. Por isso, todo homem começa a conhecer-se por sua simples vida desperta e sem fazer de si um objeto, e sem esforçar-se em observar-se nem analisar-se, nem conhecer-se a si mesmo. A consciência originária se faz, em primeiro lugar, "autopercepção" ou "percepção interna" (ambas não coincidem, porque à autopercepção pertence também a percepção do corpo, e porque, além disso, há um acesso para o corpo por meio de percepção externa através do corpo – por meio de fenômenos de expressão corporais –, mas também se acha a partir do exterior um acesso à alma) quando o eu sai da experiência originária e faz dela um objeto. A alma se mostra então ao eu como um "algo côisico", "substancial", com qualidades duradouras, com capacidades que podem e necessitam ser elaboradas e intensificadas, com atividades e estados cambiantes. Mas, com isso, o eu descobre seu próprio rosto, porque se encontra de novo a si mesmo no que constitui o "suporte" da vivência, no que realiza as ações e no que sofre as impressões. O eu do qual brota toda a vida do eu e que nele se faz consciente de si mesmo é o mesmo que aquele a quem pertencem o corpo e a alma, os engloba e os delimita espiritualmente. O que constitui a forma do objeto vazio para a coisa "morta" concerne aqui ao eu vivo-pessoal-espiritual. Por "pessoa" entendemos o eu consciente e livre. É "livre" porque é "dono de seus atos", porque determina, a partir de si mesmo, sua vida, sob a forma de "atos livres". Os atos livres são o primeiro âmbito de domínio da pessoa. Mas já que ela tem influência configurante por seu operar no corpo e na alma, toda a própria "natureza humana" pertence ao seu âmbito de domínio; e já que ela, por meio de sua ação anímico-corporal, pode influenciar igualmente a todo o mundo que a rodeia, possui aí um âmbito de poder que pode chamar como "meu". O que a pessoa realiza livre e conscientemente é a vida do eu, mas o recolhe da profundidade – a partir de uma maior ou menor profundidade: a decisão de um passeio, por exemplo, provém de uma capa muito mais superficial que a decisão para escolher uma profissão –, e essa profundidade é a da alma que se faz "viva" na vida do eu, e clareia, sendo que antes estava escondida, e apesar desse clarear, continua misteriosa. O que o homem "pode" enquanto pessoa livre o experimenta primeiramente quando o faz, ou antecipando já, de certa maneira, quando o ato se apresenta como "exigência".

Os nexos entre eu, pessoa e alma se tornam agora mais claros. Se o "eu puro" se toma como o "ponto" do qual parte toda ação livre, e onde toda impressão recebida se sente e se leva à consciência, então esse modo de ver é certamente possível. Mas esse modo se desentende do arraigamento da vida do eu no fundo do qual esta brota. O eu é como o ponto de penetração desde a profundidade obscura até a claridade da vida consciente, com isso, ao mesmo tempo que da "possibilidade" ou "pré-realidade" à plena realidade presente (do potencial ao ato). Na vivência do "poder", o eu se dá conta das "forças" que "dormitam" em sua alma e pelas quais ele vive; e a vida do eu é a realização, a obra dessas forças, pelas quais se fazem visíveis. Concebemos a pessoa como eu, que engloba o corpo e a alma, ilumina por meio do entendimento e domina por meio de sua vontade como suporte erguido por baixo e por cima de todo o corporal-anímico, ou como forma de plenitude que o une todo. Mas, como dissemos em geral que a forma vazia não pode subsistir sem plenitude e esta não pode subsistir sem forma, assim esse fato se faz particularmente claro. A pessoa não poderia viver como "eu puro". Vive da plenitude da essência que, sem jamais poder ser inteiramente esclarecida ou dominada, brilha na vida desperta. Leva essa plenitude e, ao mesmo tempo, é levada por ela como por seu fundo obscuro. Aqui se mostra a particularidade da pessoa *humana*: o que ela tem de comum com o ser-pessoa de Deus e dos puros espíritos e o que a separa deles. Dotada de uma vida consciente e livre, que engloba e leva sua plenitude de essência, parece-se com os espíritos puros, enquanto sai de um fundo obscuro e é levada por ele, incapaz de formar pessoalmente seu "si mesmo", de iluminá-lo e dominá-lo, então fica para trás; mas, por outro lado, possui, por sua própria "profundidade", certa preeminência de ser em relação com os espíritos criados e, com isso, uma semelhança divina distinta da deles.

Esse ser estranhamente discorde se esclarecerá mais ainda quando tratarmos de mostrar a relação entre o *espírito* e a *alma*. Designa-se a alma humana como uma criatura espiritual e, se se quiser dividir todo o real em espírito e matéria, então não há já outra possibilidade, já que não preenche o espaço, nem cai sob os sentidos como todo elemento espaço-material. No entanto – e nisso se distingue essencialmente dos espíritos puros –, está *ligada à matéria* por natureza. Isso aparece quando expressamos que é *forma do corpo vivo*. Não o é só por suas faculdades inferiores que reparte com a alma das plantas e dos animais, mas por toda sua essência unitária na qual estão igualmente arraigadas as faculdades superiores: as que lhe pertencem como propriedade e a aproximam dos espíritos puros.

"O espírito enquanto alma constrói sem cessar o homem como um ser sempre em movimento e cambiante, de tal maneira que o que concerne ao exterior seja efetivamente sempre medido e formado pelo que é interior e mais íntimo..."[33]

O "interior mais íntimo" é também o "mais espiritual", o mais distante da matéria, o que move a alma em sua profundidade. Se isso nos parece maravilhoso, devemos dar-nos conta da outra "maravilha" (em cuja relação se apresenta aqui), de *que todo o material está construído pelo espírito*. O que não significa somente que todo o mundo material é criado pelo espírito divino, mas que cada *elaboração material está cheia de espírito*. Cada um leva sua forma em si enquanto coisa da natureza formada de dentro, ou, então, trata-se de uma obra humana realizada de fora e que, por sua configuração, converteu-se em suporte de um sentido. A forma que configura a matéria não é a própria matéria. Para compreender sua relação com o espírito, devemos considerar um significado mais amplo da palavra "espírito".

§4.

Esclarecimento Ulterior do Conceito de Espírito: Espírito Enquanto Ser e Vida (Ideia e Força)

Quando consideramos o ser espiritual como vida livre, consciente e pessoal, acrescentou-se que isso é a "forma mais originária" do ser espiritual. Temos o costume de falar do "espírito" igualmente em relação às elaborações impessoais. Dizemos de um livro que está "ingenioso", e se fez costume dividir a ciência em ciências da natureza e em ciências do espírito.

Pois bem, o objeto das ciências do espírito não trata somente das pessoas e da vida pessoal, mas de tudo o que foi criado pelo espírito humano. Deve-se examinar agora em que sentido e com que direito acontece isso. Deve-se também avaliar se o que vale para as obras humanas se aplica igualmente às obras do espírito criador. Além disso, convém pensar que delimitamos bem o espiritual em um sentido como um âmbito determinado do real em relação ao material, mas, por outro lado, conhecemo-lo como forma fundamental do ser que volta aos diferentes âmbitos do real. Uma

---

[33] Essa fórmula feliz é de um artigo intitulado *"Das Kartenlesen"*, por P.D. Feuling, O.S.B., em: *Benediktinische Monatsschrift*, ano XVII, 1935, vol. 9/10, p. 393.

melodia não é para nós uma simples sequência de sons que percebemos por nossos sentidos. É uma alma humana que canta aí, exulta ou chora, acaricia ou ecoa. Compreendemos sua "linguagem", que comove nossa alma e a põe em movimento. É um encontro com uma vida semelhante à nossa.

Não se diz que o cantor ou o violinista experimenta o que expressa seu canto ou sua execução. Ainda, o artista criador não tem necessidade de expressar o que viveu ele próprio. Os artistas podem pôr-se a *viver* algo que exige essa expressão e podem expressá-lo, e esse algo, compreendemo-lo ainda sem que tenhamos que prestar atenção ao artista que no-lo proporciona. Assim, podemos captar o sentido de um poema e podemos alegrar-nos com isso, sem nos ocuparmos do manuscrito, com o que está escrito, e com o que há de pessoal nele. O que expressa a sequência das palavras do poema e a sequência dos sons da melodia (os dois garantidos por acentos *correspondentes* na "representação") é uma *elaboração de sentido* de um gênero particular: exige a aquisição de vida em uma alma, e a alma do artista, assim como a do ouvinte, contribui para essa "realização". A breve reflexão mostra novamente o que foi esclarecido já em outro contexto: as elaborações ou formações de sentido não são criadas pelo homem, mas somente imitadas por ele.

Têm seu próprio ser "ideal" ou "essencial", e lhes corresponde uma *matéria*, que é formada por elas e pela qual são "realizados". Mas "matéria" e "realização" têm aqui ainda mais sentidos: o sentido da melodia é, por um lado, o que faz de uma série de sons uma unitária "estrutura de sons". Os sons exigidos constituem uma primeira "matéria" que lhes corresponde, mas que não é espacial: cada som é uma elaboração de sentido que tem a possibilidade de entrar em uma unidade de sentido mais elevada.[34]

A sequência de sons, por outro lado, pode realizar-se como ressoante no espaço e no tempo, pela vibração do órgão vocal humano ou dos instrumentos de música; trata-se, então, de uma formação que entra na realidade da natureza e em uma matéria espacial. No entanto, a realização mais própria é o entrar como conteúdo em uma "realidade de vivência". E a "matéria" que se oferece para isso é a vida da alma: sua vida *espiritual*. *Espírito é sentido e vida – em plena realidade: uma vida cheia de sentido.* Só em Deus, sentido e vida são uma só coisa. Nas criaturas, convém distinguir

---

[34] Ver o duplo significado de "matéria" anteriormente explicado como algo que preenche o espaço, algo que permite outra formação.

a plenitude de vida configurada pelo sentido e o sentido que se realiza na plenitude de vida. A substância no sentido de plenitude de vida não é não espiritual, mas pertence ao próprio espírito. A plenitude de vida não formada é *força* para o ser espiritual (potência), que deve ser ainda conduzida à perfeição do ser.

Sentido sem plenitude de vida é *ideia* que se realiza de verdade só no vivente. Nem o sentido nem a plenitude de vida pertencente ao espírito concernem à materialidade espacial.[35] Mais tarde voltaremos a falar mais dessa materialidade não espacial. Mas a vida cheia de sentido é uma vida transbordante e irradiante: tem a forma do ser que chamamos "espiritual".

Como se apresenta a relação entre o sentido e a força nas elaborações impessoais que se consideram como espirituais, ver-se-á de alguma maneira quando considerarmos essas elaborações em sua relação com as pessoas espirituais. Só assim é compreensível seu ser, reconduzindo-o ao ser pessoal como o originário. No âmbito desse ser espiritual originário, falta-nos ainda uma importante forma de configuração: a dos "espíritos puros" criados.

§5

Os Espíritos Puros Criados

1. Possibilidade do Tratamento Filosófico da Angeologia

O tratamento do ser finito nos conduziu ao ser eterno enquanto ser originário e condicionante de tudo o mais. Conhecemos esse ser originário como pessoal e chegamos, em seguida, ao ser humano que nos é mais familiar e que nos pode fazer compreender melhor o sentido do ser-pessoa. Mas, no esforço de compreender o sentido do ser, que significado pode ter a ocupação com os chamados "espíritos puros"? Aquele que não quer afastar-se do terreno da experiência como fundamento de todo conhecimento natural estará ainda disposto, talvez, a refletir sobre Deus, dentro do quadro de uma

---

[35] Ver o §5, 6.

investigação filosófica, visto que deve admitir que as coisas da experiência, em seu condicionamento, pressupõem um incondicionado. Mas não estará inclinado a se ocupar de anjos e demônios. Os filósofos da Idade Média não tinham tais reservas. Quando tratavam de compreender a totalidade do ente, não podiam deixar de lado os bons e os maus espíritos, cuja existência estava afirmada como certa nas Escrituras Sagradas do Antigo e do Novo Testamento, por uma multidão de testemunhos, de cuja assistência benevolente e perigosas hostilidades se sentiam rodeados a cada passo. Já que as verdades reveladas constituem o ponto de partida de suas considerações a propósito dos anjos, sentimo-nos inclinados a considerar como puramente teológicas todas as investigações acerca desse assunto e estimá-las como filosoficamente desprovidas de interesse. Ainda, autores mais recentes destacam o caráter especialmente teológico da angeologia de santo Tomás.[36] Deve-se admitir sem mais que na *Summa theologica* a intenção condutora é a teológica: os anjos são tratados como uma parte da criação na qual temos diante de nós a imagem de Deus mais pura.[37] No entanto, Tomás não renega aqui o filósofo, cujo fim é o de perscrutar o ente em todas as suas formas de configuração. E faz alusão à possibilidade de chegar, pela via natural do conhecimento, a essas criaturas subtraídas à nossa experiência imediata.

> Mas só pelo fato de que o entendimento é superior ao sentido, demonstra razoavelmente a existência de algumas realidades incorpóreas, compreensíveis só pelo entendimento.[38]

Essa passagem indica, em primeiro lugar, que existe, em suma, algo espiritual e não só algo corporal. Isso não prova a existência de *"puros espíritos"*. Por outro lado, Tomás não deu estritamente provas dessa existência, mas sim tratou de se aproximar dela pela razão natural. Com efeito, faltaria algo da perfeição do mundo na hierarquia das coisas criadas, faltaria algo, se não existissem seres espirituais fora dos corpos e dos seres corporais-anímicos. Ele apresenta uma lista das razões da existência dos

---

[36] Na edição alemã de Tomás, t. IV: Criação e mundo angélico, Salzburgo, 1936, p. 499 e 559.

[37] *Summa theologica*, I, q. 50, a.1. [Santo Tomás de Aquino, *Suma de Teología*, I, *Parte I*, Madri, 1988, p. 500-501.]

[38] *Ibid.*, q. 50, a. 1, corp. [Santo Tomás de Aquino, *Suma de Teología*, I, *Parte I*, Madri, 1988, p. 501.]

espíritos puros na *Summa philosophica*[39] e mostrou, assim, que se trata, segundo ele, não de um problema unicamente teológico, mas também de uma questão filosófica. Não temos necessidade de buscar as razões da existência dos anjos; o que nos interessa não é saber se realmente há anjos, mas o que são essencialmente os espíritos puros e a relação de seu ser com o ser divino. Tal investigação tem que ser empreendida como uma pura reflexão de possibilidade. Possuímos a experiência das criaturas espirituais, a saber, de nosso próprio espírito e do dos outros homens. Na atitude da vida natural e na ciência experimental – na história, por exemplo – trata-se, para nós, de conhecer a propriedade espiritual de tal ou qual homem, ou, também, de grupos humanos inteiros, tais como são na realidade.

Na atitude essencial, que propriamente é a atitude filosófica do espírito, estamos induzidos a considerar o que é realmente o espírito, e que espécies de criaturas espirituais são possíveis. Para considerar as possibilidades da essência e suas necessidades, não é necessária uma base de experiência. Mas, partindo de tal base, é possível nosso estudo, pois toda experiência encerra em si um conhecimento da essência como componente indispensável e inseparável: está escondida e confusa, mas é suscetível de ser trazida à luz e de ser esclarecida. Nenhuma experiência do espiritual seria possível se nela não estivesse incluída certa compreensão do que significa o espírito simplesmente. Assim, podemos considerar nosso espírito humano em relação com o que pertence ao espírito como tal. E daqui podemos ressaltar o que é próprio a todo homem e o que poderia ser diferente nos outros espíritos. A possibilidade de distinguir nos dados da experiência o necessário e o contingente – contingente do ponto de vista da essência genérica – faz-nos entrever outras possibilidades de essências como diferentes das precedentes. E possuímos uma força espiritual que nos faz capazes de "imaginar" livremente tais possibilidades de essências, na fantasia ou na imaginação. Sua "liberdade" não é arbitrariedade: está ligada às leis do ser e tem a tarefa de elaborar *possibilidades* de essência e não impossibilidades de ser. Os contos e as lendas nos dão a conhecer muitas classes de seres espirituais diferentes na natureza humana: os espíritos elementares – espíritos do fogo, gênios da água, ninfas, gnomos –, as fadas boas e más. Podemos examinar essas elaborações de imaginação criadora, se nelas se dão as possibilidades de

---

[39] *Summa contra gentiles*, II, p. 91 (na edição alemã, *Summe wider die Heiden*, Leipzig, 1935, II, p. 398 e seg.).

essência autênticas, de que maneira se diferenciam do espírito humano, e se a confrontação poderia ajudar-nos na compreensão do espírito humano. Mas os espíritos cuja realidade nos está testemunhada pela Sagrada Escritura, pela doutrina da fé, e pela vida da fé, e cuja ação exerce uma forte influência em nossa própria vida, para nós são muito mais importantes que esses seres de fábula.

Os Padres da Igreja se esforçaram para elaborar a figura dos anjos, apoiando-se no conteúdo da Escritura, que trata deles. A descrição mais completa no-la apresentam os escritos do Areopagita;[40] estes constituem a base da angeologia da escolástica. Santo Tomás utilizou muito amplamente os escritos do Areopagita. Não temos aqui a tarefa de tratar sobre a relação entre santo Tomás e o Areopagita. Isso só seria possível com a ajuda de uma exposição da concepção geral do mundo na qual a angeologia se inserisse aqui e acolá. A intenção de Dionísio (ou do pseudo-Dionísio) é, segundo suas próprias palavras, puramente teológica e ainda exegética. Quer mostrar o que na Bíblia foi revelado sobre os anjos. Não dizemos com isso que seus escritos estejam desprovidos de aporte filosófico. Toda exegese está

---

[40] Os escritos conservados sob o nome de *Dionísio Areopagita* se encontram em Migne, P.G., tomos III e IV: "A hierarquia celeste"; "A hierarquia eclesiástica"; "Os nomes de Deus"; "Teologia mística" e dez cartas. Esse conjunto de escritos forma um todo homogêneo que influenciou de uma maneira decisiva na teologia e na mística da Idade Média e continua sendo ainda eficaz. O autor menciona, além disso, obras que não chegaram até nós, antes de tudo *Ensinamentos teológicos*, que contêm sua doutrina sobre a Santíssima Trindade. Ele se chama a si mesmo *Dionísio* e designa como seu mestre e guia *Hieroteo*, discípulo de São Paulo, assim como o próprio *São Paulo*. Por isso, era lógico pensar no Areopagita. Seus comentadores da Idade Média (Alberto Magno, Tomás de Aquino etc.) se ativeram a essa opinião, e sábios eminentes do século XVI e do século XVII (Baronio, Belarmino, Baltasar Corderius, S.J., editor e tradutor dos escritos do Areopagita) o defenderam contra a crítica humanista. As investigações mais recentes levam a crer que os escritos em questão surgiram a partir do ano 500 depois de Cristo (ver especialmente os trabalhos de J. Stiglmayer, S.J., e de H. Koch, desde 1890, diz no artigo sobre Dionísio o Areopagita em *Lexikon für Theologie und Kirche*, editado por Buchberger, t. III, 2, Friburgo de Brisgovia, 1931, p. 334). Não posso pronunciar-me nessa matéria. Mas gostaria de dizer isso: os assim chamados escritos do Areopagita são uma louvação admirável à grandeza e ao amor de Deus, impregnados e penetrados pelo espírito de um santo temor sagrado até em sua expressão verbal. Parece-me impossível atribuir uma consciente falsificação ao autor. Se existe uma falsificação, é muito provável que outros autores se tenham servido de suas obras – segundo Stiglmayer, os monofisitas se apoiaram no Areopagita – e acreditaram útil acrescentar passagens a propósito do Areopagita. Nós veneramos sob o nome de Dionísio a um santo desconhecido e a um dos mais influentes, se não o mais influente dos padres gregos. Stiglmayer supõe por trás do pseudônimo o patriarca Severo de Antioquia, monofisita. Aqui não podemos discutir nem a favor nem contra essa conjectura.

condicionada pelo espírito daquele que a empreende. E é inequívoco que o autor dos escritos do Areopagita maneja os conceitos da filosofia grega como um órgão natural do espírito. Mas as utiliza como instrumentos para suas investigações teológicas, e não atua como filósofo.

Assim como utilizamos a descrição de uma viagem para nos instruirmos sobre um país desconhecido, assim também queremos deixar-nos conduzir, por meio dessa doutrina dos anjos tirada da Escritura Sagrada, a uma esfera do ser espiritual inacessível à experiência; depois, queremos investigar que resultado dá essa imagem para um conhecimento essencial do espírito. (Julgamos apenas necessário afirmar que não colocamos a Revelação no mesmo plano que a experiência natural; esta, enquanto experiência vivida por outros, em uma descrição de viagem nos serve de fonte de conhecimento em lugar de nossa própria experiência. Já que não se trata para nós de constatações científicas da experiência, pouco importa a fonte da qual tome origem a imagem, desde o momento em que ela represente uma autêntica possibilidade de essência.)

2. A Doutrina do Areopagita sobre os Anjos

Alberto Magno, no prólogo à *Hierarquia celeste*, trouxe à clara luz o pensamento fundamental dos escritos do Areopagita e, também, o resumo de sua concepção do mundo, com a breve frase seguinte: *Ad locum, unde exeunt flumina, revertuntur, ut iterum fluant* (Ecl 1, 7).[41]

Deus é o lugar de onde nasce todo ente: as criaturas naturais, assim como os dons de graça e de glória que se difundem nas criaturas. Tudo o que existe o criou a bondade divina para fazê-lo participar do ser divino. Essa participação se dá graças a um raio de luz divina que penetra a criação inteira para orientá-la para Deus e uni-la a Ele; mas essa união se realiza gradualmente; as criaturas mais elevadas, situadas mais perto de Deus, são as primeiras a receber a iluminação divina; são penetradas inteiramente por ela e se voltam para Deus, mas, ao mesmo tempo, inclinam-se para as criaturas inferiores, para que estas recebam o que possam alcançar com a plenitude que as primeiras tenham recebido. Essas criaturas mais próximas

---

[41] "Ao lugar de onde nascem os rios, voltem de novo, para de novo voltar a fluir" (Albertus Magnus, *Opera omnia*, t. XIV, Paris, Borgnet, 1892, p. 1).

de Deus são os anjos. Formam, por sua vez, uma "hierarquia", ou seja, uma gradação de seres espirituais: superiores, médios e inferiores. A obra sobre a hierarquia celeste trata principalmente de expor as diferenças entre os nove coros de anjos, assim como sua relação recíproca. Mas o que nos interessa antes de tudo é o caráter distintivo desses espíritos celestes. Por isso, devemos tratar, nesta obra, de pôr em relevo esse caráter geral.

A Sagrada Escritura fala dos espíritos puros, como o do próprio Deus, com ajuda de imagens tomadas do mundo dos sentidos. Convém considerar essas imagens relacionando-se com a lei fundamental segundo a qual tudo o que cai sob os sentidos é a representação de um elemento espiritual. É um elemento comum que torna possível essa representação, mas jamais há equiparação entre a imagem e o representado, mas sempre só uma semelhança à qual corresponde uma maior dessemelhança. O que se deve entender não é perceptível senão por meio de imagens, mas se apresenta sempre como uma realidade inteiramente distinta dos signos que no-la tornam perceptível. Isso vale também quando o elemento terrestre que conhecemos por experiência e pelo qual tratamos de nos aproximar ao que é supraterreno é algo concernente à alma ou ao espírito. Assim, a "cólera"[42] nas criaturas privadas de razão é uma agitação irracional, nos seres espirituais uma força viril de sua razão, sua posição é imutável no interior das moradas divinas imóveis. A "avidez" nos seres privados de razão é sem reflexão, orientada a algum objeto material e passageiro, um estado promovido na base da inclinação natural ou costume sem próprio poder, uma preponderância irracional da tendência corporal que atrai todo ser vivo para o que é apetecível segundo os sentidos. Nos espíritos puros, com isso se refere ao amor divino pelo qual esses espíritos amam de modo inteligente e razoável o mais espiritual e a ânsia constante por uma contemplação pura, sem dor, e a união com o amor supremo e mais puro.[43]

Esses exemplos esclarecem a lei fundamental segundo a qual convém ler a Sagrada Escritura e considerar o mundo material. Trata-se da *lei da analogia*, segundo a qual tudo o que é terreno é sinal de algo supraterreno. Já encontramos esse aspecto na relação com o ser finito e o ser eterno. Mas

---

[42] Aqui se deve entender "cólera" – ira, ϑυμοός – no sentido amplo que possui a palavra na psicologia escolástica: como apaixonada toma posse frente a algo, que se coloca no caminho do desejo. (Ver Tomás de Aquino, *De veritate*, q. 25, a. 2 e seg.; q. 26, a. 4 e 5. *Untersuchungem über die Warheit*, II, p. 343 e seg., e p. 379 e seg.)

[43] *Hierarquia celeste*, II, §4 (Migne, P.G., 3, 131 C-144 A).

é também a porta que nos abre o reino dos espíritos puros finitos. Assim, a *hierarquia* terrena remete à hierarquia celeste, que imita, e com a qual forma, ao mesmo tempo, uma unidade do ponto de vista da ordem e da ação. O que quer dizer *hierarquia*? *Dionísio* entende por esse termo uma *ordem santa*, um *saber e operar* que, graças à iluminação divina, trata de imitar, na medida do possível, o saber e o atuar divinos.[44] Seu fim consiste em assimilar o mais possível a Deus, em unir-se com aquele que lhe serve de guia para todo conhecimento e para toda ação. Orientado sem cessar para a beleza divina, essa ordem trata de imitá-la o mais possível e transforma as criaturas que lhe pertencem em espelhos claros e imaculados que recebem o raio da luz original e da divindade suprema. Cheio desse raio, deixam sem inveja que essa luz se difunda segundo a lei divina sobre outras criaturas.

Cada membro da hierarquia possui o favor divino de *colaborar com Deus* e de permitir à ação divina brilhar nele. Nessa ordem santa, convém admitir que certos espíritos *purificam*, outros são purificados, alguns *iluminam*, outros recebem a luz; uns *levam à plenitude*, outros são feitos perfeitos. *Purificação* significa aqui a liberação de tudo o que não é semelhante a Deus e impede de se unir a Ele. *Iluminação* é estar cheio da luz divina. A *plenitude ou perfeição* consiste na desaparição da imperfeição e em se equipar da ciência dos santos, fonte de perfeição. Tudo isso está estreitamente ligado: constituem efeitos diferentes do raio *único* da vida divina.[45]

A hierarquia celeste é, pois, a ordem que engloba todos os espíritos celestiais. Esses espíritos são os mais próximos de Deus, porque participam mais do ser divino. São superiores às coisas inanimadas, aos seres vivos privados de razão e, igualmente, aos seres vivos dotados da simples razão humana, porque participam na posição de guia de Deus. Estão fixos na espiritualidade pura e tendem constantemente ao amor divino imutável. Assim, recebem as primeiras iluminações de uma maneira meramente imaterial, configuram-se segundo esse modelo e têm uma essência inteiramente espiritual. Essa iluminação produzida pela simples luz divina constitui para eles alimento, bem-estar, beatitude.[46] Levam o nome de "anjos" (ou

---

[44] *Op. cit.*, III, §1 (P.G., 3, 165 D). Hoje o conceito de hierarquia – tal como se compreende normalmente – está reservado para ordem gradual entre os estados da igreja; fez-se *estático*. Em Dionísio, é antes de tudo *dinâmico*; engloba a *vida* divina que abraça todos os "estados" do céu e da terra e os liga a uma ordem santa.

[45] *Op. cit.*, III, §2 (P.G., 3, 166 A-C).

[46] *Op. cit.*, VII, §4 (P.G., 3, 212 A-D).

Imagem da Trindade na Criação   409

seja, mensageiros), porque são, antes de tudo, esclarecidos por Deus, e nos transmitem as revelações das quais devemos participar.[47] Já que essa função de mensageiros é comum a todos os espíritos celestiais, emprega-se o nome "anjo" para todos, ainda que a dita designação se aplique precisamente à ordem inferior.[48]

O traço distintivo dos espíritos mais elevados é o de se mover ao redor de Deus no amor mais puro, em um movimento inteiramente espiritual subtraído da mudança; e neles não se produz nenhuma mudança para pior. Seu conhecimento de Deus não se realiza nem por imagens sensíveis nem por imagens espirituais, nem ainda por um movimento ascendente, como poderíamos pensá-lo pela Escritura Divina, mas estão cheios de uma luz superior e possuem um conhecimento simples e universal. Além disso, esse conhecimento engloba igualmente as obras divinas; os anjos não aprendem a conhecê-las nem a compreendê-las por um pensamento cuja via seria dedutiva.[49] Sua iluminação se expressa nos *eternos hinos de louvor* à glória de Deus.[50]

A chave para conhecer os anjos são seus nomes, dos quais cada um revela uma particularidade essencial.[51] Na diversidade dos nomes que designam cada coro, Dionísio indica o que é característico para cada um deles. Mas, de certo modo, devemos tomar em consideração, a propósito de todos os nomes, o que foi dito do próprio nome "anjo", a saber: que algo do que eles expressam corresponde a todos os espíritos celestes, ainda que não todos na mesma medida, e só a um coro como sua propriedade específica. Quando se interpreta "serafim" como "o que faz arder" ou "o que dá calor", enquanto expressão para o ardor flamejante do amor divino que se manifesta nesses espíritos que pertencem à ordem suprema, e sua capacidade de inflamar e dar um ardor semelhante aos espíritos que lhes estão subordinados, quando são chamados "querubins", em razão de sua força de compreensão da luz divina exuberante, do dom que receberam para ver a beleza divina e de comunicar aos demais espíritos essa sabedoria que possuem: precisamente, esse transbordar-se condiciona as ordens inferiores, que todas conseguem alcançar certa parte desse fogo de amor e dessa plenitude de sabedoria. E,

---

[47] *Op. cit.*, IV, §2 (P.G., 3, 180 A-B).
[48] *Op. cit.*, V (P.G., 3, 196 B).
[49] *Op. cit.*, VII, §2, 3 (P.G., 3, 208 B-210 A).
[50] *Op. cit.*, VII, §4 (P.G., 3, 210 D-212 A).
[51] *Op. cit.*, VII, §1 (P.G., 3, 206 B-D).

ainda, aos seres mais inferiores é própria a força para dar de sua plenitude: isto é, aos homens. Daqui se lhes deu o nome especialmente apropriado a eles, o nome de "anjo". Quando os *tronos* designam o fato de se elevar por cima de tudo o que é inferior, de serem livremente levados até o divino e o céu que se une imutavelmente com todas as forças ao Altíssimo, de onde compreendemos que esse termo pode ser o nome distinto para indicar os espíritos celestes mais elevados. Mas, em relação com todas as criaturas, o termo *tronos* é próprio de todos os espíritos celestes.

O nome "dominações" designa um passo definitivo ao domínio celeste, livre de toda contingência terrena, e um domínio rigoroso não diminuído por nenhuma alteração tirânica, em uma grande liberdade, elevado por cima de toda escravidão, que envilece, e de toda humilhação, e longe de toda alteração, cheio de aspiração duradoura para o domínio verdadeiro e a fonte de todo poder segundo a qual esses espíritos celestes se configuram eles mesmos, assim como tudo o que lhes está subordinado. Certos espíritos celestes são chamados *"virtudes"* ("forças") em razão de sua valorosa virilidade inquebrantável, que se derrama sobre todas as suas ações, e não permite nada que diminua as iluminações que Deus concede a esses espíritos celestes. Essa virilidade tende com toda sua força à imagem de Deus, e não permanece em uma covarde debilidade por baixo do que reclama o movimento divino, mas se olha constantemente para a força supraessencial, criadora de força, e dentro do possível, constitui uma imagem dessa força; cheia de força, volta-se para essa força originária e se transborda sobre o que lhe está subordinado, distribuindo sua força com liberalidade.

O nome "potestades" remete a um poder supraterreno, dotado pelo poder máximo originário que confere poder. Não foi jamais empregado tiranicamente pelos anjos para fazer o mal; melhor, utilizam-no para se orientar com um espírito invencível de maneira justa até Deus, e ajudar bondosamente os espíritos subordinados, para se aproximarem eles mesmos, na medida do possível, do arquétipo de todo poder, e eles, enquanto possível aos anjos, manifestar por ações mais notáveis de sua poderosa força.[52]

Os *"principados"* designam o poder de dirigir, de guiar de uma maneira semelhante a Deus, de se voltar para o arquétipo do poder de dirigir, e de se dirigir ao arquétipo de todo guia e ajudar os demais a se configurar segundo

---

[52] *Op. cit.*, VIII, §1 (P.G., 3, 237 B-240 B).

o guia divino, e, com isso, revelar, na medida do possível.[53] Já falamos do nome *anjo*. Se quiséssemos encontrar nos *arcanjos* (que, em ordem inferior dos espíritos celestes, estão colocados entre os *principados* e os *anjos*), um atributo que se aplica também à totalidade dos espíritos celestes, assim seria o lugar intermediário que eles ocupam: assim como os arcanjos produzem o elo entre os principados e os anjos, igualmente os anjos constituem o elo entre os puros espíritos criados e os homens; os coros mais elevados mostram o elo entre Deus e os coros inferiores, a totalidade dos espíritos puros criados manifesta o elo entre Deus e as outras criaturas.

Se todos os espíritos celestes recebem o nome de "virtudes", é por uma razão particular: visto que convém fazer, para todas as criaturas espirituais, a distinção entre *essência, virtude e ato*, podemos designá-las todas como essências celestes ou forças celestes.[54]

Tudo o que a Sagrada Escritura aplica às configurações corporais para nos fazer entrever a essência dos anjos, deve entender-se simbolicamente. A Escritura prefere a imagem do fogo – torrente de fogo, rodas de fogo, homens de fogo – porque o fogo, por sua própria natureza, está particularmente adequado para representar a essência divina e, por conseguinte, a semelhança com Deus dos espíritos celestiais: com efeito, o fogo sensível se encontra, por assim dizê-lo, em tudo, penetra absolutamente tudo, e toda coisa o recebe; e ainda que seja inteiramente luminoso, no entanto, está, ao mesmo tempo, oculto, e permanece em si mesmo desconhecido, sem uma matéria na qual manifeste sua força; é incomensurável e invisível: domina tudo e conduz a tudo o que o contém ao cumprimento de sua atividade própria..., é eficaz, poderoso, presente em tudo de maneira invisível..., e qualquer que seja a parte de si mesmo que utilize para iluminar, não sofre, no entanto, nenhuma diminuição.[55]

Quando se representa de bom grado os anjos sob forma humana e orientados livremente, quer-se assim indicar que, como os homens e diferentemente dos animais, estão dotados de espírito e destinados a dominar. Dá-se-lhes preferencialmente um aspecto juvenil e vigoroso, para indicar

---

[53] *Op. cit.*, IX, §1 (P.G., 3, 258 B).
[54] *Op. cit.*, XI, §1 (P.G., 3, 284 B-C).
[55] *Op. cit.*, XV, §2 (P.G., 3, 328 C-329 C). A propósito dessa descrição, convém recordar que, para os antigos, o fogo é considerado como um elemento. Não é necessário refutar aqui tal opinião, já que o que nos interessa em nosso texto não é a interpretação exata das ciências da natureza, mas o valor simbólico do *fenômeno*.

412 Capítulo VII

sua vida eternamente florescente. As asas simbolizam a rapidez de sua elevação, a ligeireza das asas simboliza o totalmente não terreno e que, isento de toda mistura com o peso terreno, é levado para o alto.[56]

Quando Isaías viu os espíritos celestes com seis asas, múltiplos pés e numerosos rostos,[57] tratava-se de fazer com que ele visse assim o poder extraordinário e a ampla visão dos espíritos mais elevados; e com a cobertura dos pés e dos rostos, cobertos com as asas, entende-se seu temor sagrado diante de uma investigação temerária, audaz dos mistérios mais profundos; mas o voo dos anjos fazia com que ele compreendesse o movimento incessante, elevado e permanente de sua atividade que imita Deus.[58] Assim, cada parte das configurações visíveis nos revela algo da essência espiritual dos anjos. A nudez e o descalçamento dos pés designam sua força livre, sem obstáculos, livre de todos os acessórios externos, que se acomoda, na medida do possível, com a simplicidade divina.[59] Assim, convém compreender também simbolicamente tudo o que a Sagrada Escritura lhes atribui em relação a roupas e instrumentos.

Chamam-se os anjos "ventos", em razão de sua prontidão com que realizam tudo o que fazem, de sua rapidez para penetrar imediatamente em qualquer lugar, de sua capacidade para subir e descer; porque os inferiores ascendem aos superiores, os espíritos superiores conseguem com previsão comunicar-se com os inferiores e a penetrar neles.[60] (O termo "vento" – ventus, ἄνεμος – tem um sentido muito próximo de sopro – spiritus, πνεῦμα –, termo geralmente aplicado ao espírito como tal e que evoca a analogia entre o espiritual e o gasoso.)

Como conclusão, podemos resumir a doutrina dos anjos do Areopagita: os anjos são espíritos *puros*, sua espiritualidade é *superior* à espiritualidade humana; são espíritos *pessoalmente livres* e que *servem*; e estão entre si e com os outros seres pessoais e espirituais em uma comunidade, em um *reino de amor que dá e recebe o amor*, cujo começo e fim é a divindade trinitária. Eis aqui como nos foram representados. Agora, temos que nos perguntar se discernimos nessa representação uma possibilidade de essência, à qual temos um acesso a partir de nossa espiritualidade humana.

---

[56] *Op. cit.*, XV, §3 (P.G., 3, 329 C-332 C).
[57] Cf. Is. 6, 22 e seg.
[58] *Op. cit.*, XIII §4 (P.G., 3, 304 D-305 A).
[59] *Op. cit.*, XV, §3 (P.G., 3, 329 C-332 C).
[60] *Op. cit.*, XV, §6 (P.G., 3, 333 C-336 A).

3. A Possibilidade de Espíritos Puros

A espiritualidade pura dos anjos significa uma ausência de corpo físico: os anjos não são, como as almas humanas, as formas de um corpo material vivo. As configurações sensíveis, nas quais, às vezes, se mostram aos homens, são produzidas por eles segundo a espécie de uma obra, para assim se dar a entender às criaturas, cujo conhecimento está ligado aos sentidos. Santo Tomás fez sua essa concepção do Areopagita, e desenvolveu-a em sua discussão com ideias contrárias a seu tempo.[61] Assim, santo Tomás não se limitou só à questão puramente teológica, que consiste em se perguntar se os anjos têm efetivamente tal ou qual natureza, mas abordou, também, o problema da possibilidade de essência das "formas puras". Não continuaremos imediatamente o desenvolvimento de seu pensamento, mas procuramos um acesso a partir da experiência de nós mesmos. Nossa própria vida espiritual está ligada de diversas maneiras ao corpo vivo. Assim, nosso conhecimento do mundo exterior, nós o obtemos da percepção sensível, dependente dos órgãos corporais. E o curso inteiro de nossa vida espiritual depende diretamente do estado de nosso corpo, da mudança de saúde e enfermidade, frescor e esgotamento. Mas essa relação de dependência é idêntica nos diversos homens, e no mesmo homem em tempos diferentes. Experimentamos em nós a força do espírito, capaz de se fazer independente em grande medida de tais influências corporais, e podemos imaginar essa liberdade, alcançando o limite ideal de uma separação completa do laço corporal. E esse "imaginar-nos elevados", o processo em que o espírito se eleva por cima da experiência em livres reflexões de possibilidade, é para nós um exemplo em relação aos modos de conhecimento, que franqueiam os limites do que é captado e captável de maneira sensível. Aqui, aparece de novo a possibilidade de um conhecimento que não tem já necessidade de uma via de acesso sensível.

4. A Possibilidade de Espíritos Superiores (Isto É, Sobre-Humanos)

Assim, a ausência de corpo material nos conduz já à possibilidade de uma espiritualidade superior à nossa. Experimentamos em nós mesmos o nexo com

---

[61] *Summa theologica*, I, q. 50 e seg.

o corpo como uma cadeia, que obstaculiza o impulso do espírito. Livre desse laço corporal, será capaz de se elevar mais alto que o espírito humano. Naturalmente, convém recordar que ao corpo vivo, como tal, não é próprio ser um obstáculo para o espírito. Só o estado de "queda" provoca essa dependência. É muito possível conceber uma espécie de corporeidade que não seja uma carga para o espírito, mas que seja para ele incondicionalmente um instrumento dócil e, ao mesmo tempo, um meio de expressão. (Assim nos imaginamos o estado do primeiro homem antes da queda e o dos bem-aventurados depois da ressurreição.) Por conseguinte, os espíritos puros devem a superioridade de sua vida espiritual, não à ausência de corpo vivo como tal, mas ao estar livre de uma corporeidade, como de fato o é a nossa. Por outro lado, a vida pura do espírito não exige nenhuma corporeidade como meio de realização. A possibilidade de essências corporalmente configuradas de uma espiritualidade superior à nossa não exclui, portanto, a possibilidade de espíritos puros.

Então, como devemos nós imaginar essa vida de espírito superior ao nosso? Manifesta-se-nos de novo por meio de uma transformação e elevação de nossa vida espiritual segundo um limite ideal: de maneira parecida, como a partir da configuração de corpos naturais, "olhamos para fora" as figuras geométricas puras. De fato, trata-se aqui de uma visão espiritual: não é, de nenhuma maneira, um pensar "vazio", mas um pensar "plenificado", a captação razoável de possibilidades de essência. De todas as maneiras, essa plenificação não é a última: se "podemos imaginar-nos" uma vida espiritual superior à nossa, então, esse pensar exige como seu último cumprimento real de tal real vida espiritual. Isso não o conseguimos em nossa vida terrena.

a. Conhecimento superior

Nosso *conhecer* segue uma marcha progressiva: partimos do que não é imediatamente acessível e nos abrimos pouco a pouco a um caminho até mesmo ao que não podemos captar diretamente, por meio do pensar discursivo, de juízos e de conclusões. Assim, em um movimento contínuo, acumulamos um tesouro crescente de conhecimentos, apesar dos numerosos desvios e rodeios causados por ilusões e erros. Mas esse movimento está orientado para uma meta e um descanso na meta. Esse fim é a *visão do ente*. Nesse âmbito do conhecimento sensível, trata-se da percepção sensível, porém considerada não como uma simples "impressão" sensível, mas como uma intuição cheia de espírito que nos faz compreender. No âmbito do pensar discursivo, trata-se do conhecimento em um estado de coisas. Para toda a diversidade de diferentes esforços de conhecimento, correspondentes aos diferentes gêneros do ente, poder-se-ia mostrar, em cada caso, até que classe de intuição plenificante se dirigem. Quando alcançamos essa meta, experimentamos, durante um instante, uma paz que tem algo de felicidade. Mas esse descanso não é jamais de longa duração, porque sempre alcançamos uma meta parcial que nos conduz mais além dela e nos propõe novas tarefas. De todas as maneiras, a intuição plenificante na qual podemos descansar é um conhecimento, no sentido próprio do termo; todo o esforço no pensar é só um meio ou um caminho que conduz a esse fim. E, fundando-nos na experiência do descanso, uma vez alcançada a meta, chegamos à ideia de um espírito que não se cansa no caminho, visto que desde o começo descansa onde está nossa meta: na intuição da plenitude do ente. Englobando simplesmente todo ente desde sua origem, essa posse pode achar-se só no espírito que é, ele mesmo, a plenitude do ser, e que dá o ser a todo ente: em Deus. Mas pode-se pensar também em espíritos finitos, que estão constituídos de tal maneira que a plena medida de conhecimento, para o qual por natureza são capazes, lhes é próprio desde o início de sua existência; e esse conhecimento está livre de ilusões e de erros, na unidade conclusa de uma vida inteiramente cheia, sem diminuição nem relaxamento. Esses espíritos só poderiam possuir em si um crescimento de conhecimento se fossem elevados por cima de sua própria natureza, e se Deus lhes comunicasse algo da plenitude infinita e inesgotável de seu ser. A tal comunicação chamamos *graça*. Dionísio lhe dá o nome de *iluminação*. Por enquanto, nós nos limitaremos ao conhecimento natural dos anjos. Portanto, trata-se da prerrogativa que tem o conhecimento humano; pois apresenta-se como um descanso na meta, uma visão espiritual do ente em sua plenitude. Essa prerrogativa a relaciona com outro caráter essencial dos espíritos puros, de que ainda temos que tratar: não se "desenvolvem", mas entram "acabados" na existência. Mas devemos deter-nos ainda um pouco em sua vida espiritual.

b. Unidade da vida

Nosso conhecimento constitui o fundamento sobre o qual nos apoiamos para chegar ao ente e atuar no mundo. Conhecer as coisas faz parte disso: captá-las no significado que elas possuem para nós e no significado que têm umas coisas para as outras. Esse significado se manifesta em nossa interioridade quando captamos de uma maneira viva seu valor: este, considerado como uma resposta que vem da interioridade, exige objetivamente certa tomada de posição do ânimo e da vontade, e incita a empreender e a operar na correspondente maneira ativa. Em nós, conhecer, sentir, querer e operar não estão certamente separados por completo, nem são independentes uns dos outros, mas sim, estão condicionados um pelo outro, porque dependem uns dos outros, mas ainda não formam uma unidade indissolúvel. Enquanto movimentos independentes, deixam-se separar uns dos outros, e os nexos objetivos entre eles nem sempre se realizam. Existe uma cegueira de valor em um olhar penetrante para uma mera índole objetiva da coisa. Existe uma valoração "morta" de valores que se ajusta segundo entendimento do significado das coisas, sem que interiormente excite algo; na valoração viva de valores, existe um fracasso em relação à vontade por causa de debilidade, preguiça, indecisão ou infidelidade. Esse processo difere muito nos diferentes homens e, no mesmo homem, em diversos momentos. Há momentos nos quais nossa vida espiritual desperta para a vida plena, e essa vida parece reunida em uma união perfeita: conhecimento, amor e ação formam inseparavelmente uma só. E esses momentos importantes nos abrem de novo perspectivas sobre uma vida espiritual que, não sofrendo variações, já permanece imutável em tal altura. Eis aqui como devemos nós representar a vida dos anjos.

c.   Unidade da força

Em Dionísio, encontramos uma anotação, segundo a qual, nos anjos, é necessário distinguir *essência, força* e *ação*. Nas criaturas que conhecemos por experiência natural, o operar é a ação de uma força que antes era um simples poder (δύναμις, potência) e, agora, no operar, faz-se "real". À diversidade das atividades diferentes pelo fim e pelo conteúdo de uma realidade independente (de uma οὐσία) corresponde uma diversidade de forças ou capacidades, nas quais se desdobra a força natural *única*, ou seja, a força que pertence à natureza ou à essência de algo real. Empregamos o termo "essência" em um duplo sentido: para a determinação captável geralmente de modo específico e para o que faz do indivíduo o que é. Segundo a concepção de santo Tomás, essa distinção não vale para os anjos, já que nos espíritos puros, cada essência singular é a concreção de uma espécie particular.[62] Não é necessário, para o momento, abordar essa questão, porque, ainda, onde a determinação específica é completada do ponto de vista do conteúdo pela determinação individual, a "essência real" encerra em si as duas determinações, unidas para constituir um todo individual. O que nos interessa agora são as relações da essência, da força e das forças entre si. Pertence à essência do homem possuir forças determinadas, por exemplo, entendimento e vontade. Pertence à essência desse homem que seu entendimento seja claro, que sua vontade seja decidida. A atividade do entendimento e da vontade é um "desdobramento da força"; em cada desdobramento é formada a força viva do espírito, de uma maneira determinada. Já explicamos claramente que "espírito", no sentido pleno da palavra, é sentido e vida, e que ambos se relacionam como forma e matéria, na medida em que o sentido da indeterminada plenitude de vida dê uma determinação do ponto de vista de seu conteúdo. Mas, a propósito do termo "matéria", indicamos que, nesse contexto, não se trata da matéria que *enche o espaço*. É necessário, também, pensar que o que chamamos "forma", no âmbito das elaborações ou formações espaciais materiais, é, ao mesmo tempo, sentido e força, e que a força é o que "produz" particularmente a informação, enquanto o sentido determina a espécie da forma.

A distinção entre sentido e força ou plenitude de vida de se fazer tanto no concernente ao "rendimento" espiritual singular como a propósito da "capacidade" que lhe serve de fundamento. A diversidade das determinações de sentido configura *uma* força espiritual pertencente como propriedade ao homem, em uma diversidade de forças. A unidade, apesar dessa configuração múltipla, se manifesta em que em um homem de grande força espiritual, todos os rendimentos são cheios de força. Por outro lado, a unidade se manifesta também em que uma forte aplicação dessa força em uma direção determinada paralisa seu efeito em outra direção. Pertence à essência desse homem uma quantidade determinada de força, que é característica de seu modo de ser, e, igualmente, a direção excelente da atividade que per-

---

[62] *Ibid.*, I, q. 50, a. 4. [Santo Tomás de Aquino, *Suma de Teología*, I, *Parte I*, Madri, 1988, p. 506-508.]

tence, por natureza, a esse homem. Mas não se deve conceber a quantidade de força como um tamanho determinado invariavelmente estável. A força do espírito está submetida, como a essência inteira do homem, à lei do desenvolvimento; chega progressivamente e sob condições adequadas ao grau alcançável para ela e para a configuração, mas as linhas possíveis de seu desenvolvimento estão prefiguradas na "forma essencial", que é diferente para cada ser. Quando se trata de espíritos puros, o que deve reter-se de tais relações e o que é necessário pensar como mudanças? Se o sentido e a plenitude de vida pertencem à realidade espiritual como tal, esses dois atributos devem encontrar-se igualmente nos anjos. Em comparação com a espiritualidade humana, pertence à sua mais elevada espiritualidade uma plenitude de espírito muito maior: é o que indica o termo "força". Essa plenitude é, também, nos anjos, indeterminada e determinável, que recebe uma configuração diferente da consequência da diversidade de ser, portanto, uma espécie de "matéria" (que não prejudicaria seu ser privado de corpo)? De todas as maneiras, nos anjos, essa configuração não poderia conceber-se como um processo temporal de desenvolvimento.

Eles são os que deviam ser, segundo sua natureza, desde o princípio de seu ser, e se encontram colocados imediatamente no nível de sua força. Essa força não está submetida neles, como nos homens, a múltiplas variações, por causa de condições exteriores cambiantes. Não se esgota no curso de sua atividade nem sofre nenhuma mudança. Mas, por obra da graça, pode receber, sobrenaturalmente, um crescimento. Pode-se-lhe conceber como informada em uma diversidade de forças diferentes? Os nomes dos anjos parecem indicar nessa direção: se "serafins" são chamados assim por seu amor apaixonado, e "querubins", por seu conhecimento esclarecido, parece deduzir-se que em uns predomina uma força diferente da que se encontra nos outros e que essa força os caracteriza. Mas isso não tem o mesmo significado para os anjos que para os homens. A "força" não designa neles um "simples poder" que está primeiro em atividade e passa, em seguida, de novo ao estado de simples possibilidade, suscetível de desenvolver-se, mas, também, de permanecer sempre, sem se desenvolver sob a influência de condições desfavoráveis. A força dos anjos é sempre viva e ativa, e sempre se encontra em todas as direções possíveis a eles, assim como também no grau mais elevado que lhes seja dado alcançar. Por isso, é mais adequado falar não de "forças", mas de *uma* força eficaz e formada de muitas maneiras. Os anjos se distinguem uns dos outros pelo grau de força que lhes cabe naturalmente e pela diversidade indicada na formação de sua força. À unidade da força corresponde a unicidade conclusa e recolhida de sua vida, da qual falamos mais acima: a unidade indissolúvel de conhecimento, de amor e de serviço.

5. Realidade e Possibilidade, *Potentia Oboedientialis*. Natureza, Liberdade e Graça. O Mal

Santo Tomás examinou a questão sobre se, em princípio, a distinção da realidade e da possibilidade é ainda válida para os espíritos puros, e respondeu afirmativamente a essa pergunta: em primeiro lugar, porque os espíritos puros foram criados e, em sua criação, a essência "possível" se converte em algo real. Mas existe ainda neles a contraposição entre realidade e possibilidade em um sentido diferente: certamente vêm à existência com uma natureza acabada, e não com uma natureza suscetível de se desenvolver e que aspira a esse desenvolvimento como o homem; não têm que "fazer-se" primeiramente o que devem ser; não possuem faculdades naturais não desenvolvidas. No entanto, como já observamos, são capazes de se elevar, do ponto de vista do ser, pela *graça* e pelo estado de *glória*. Como os homens, eles possuem a *potentia oboedientialis*, a disposição para receber o ser divino. Santo Tomás afirma que, graças a essa disposição, "pode produzir-se na criatura tudo o que o Criador quer realizar nela".[63] A graça é o que une Deus e a criatura em um só. Se a consideramos tal como ela é em Deus, é o amor divino ou o ser divino enquanto *bonum effusivum sui*, enquanto bem que transborda e se comunica (mas que se conserva sem sofrer diminuição).

Se consideramos a graça como o que se encontra na criatura, é o que a criatura recebe em si como participação do ser divino, ou seja, "uma semelhança participada da natureza divina",[64] algo limitado e criado, mas

---

[63] *De veritate*, q. 8, a. 12 ad 4 (*Untersuchungen überdie Wahrheit I*, p. 228). Àquilo que Deus presenteou aos anjos além de sua natureza, Tomás acrescenta a visão da essência divina, a que nenhuma criatura pode chegar por natureza (ver *op. cit.*, q. 8, a. 3, corp.). (I, p. 201 e seg.)
[64] *Summa theologica*, III, q. 62, a. 1, corp. [Santo Tomás de Aquino, *Suma de Teología*, V, *Parte III e índices*, Madri, 1994, p. 525.] A vida de graça, assim como a vida de glória, é uma participação do ser divino nas criaturas. A diferença, segundo a doutrina da Igreja, consiste em que a graça se dá em preparação à glória; o estado de glória se concede como uma recompensa de uma livre colaboração com a graça e como posse definitiva. A ela está reservada a visão beatífica de Deus dos habitantes do céu, enquanto a graça deixa, ainda, o peregrino da terra na obscuridade da fé.

perceptível em forma ilimitada, partindo da fonte inesgotável do ser divino infinito. Algumas afirmações precedentes soam como se a graça fosse uma "segunda natureza", ou não diferente da natureza em geral. De fato, subsistem profundas diferenças. A natureza, ainda que criada e dada por Deus, separa de Deus (ainda que não no sentido de que o mal separa de Deus, e, portanto, a natureza caída está separada de Deus): a "coisa natural" é o que está posto fora de Deus – ainda que, também, de outro ponto de vista, ela permaneça nEle, porque não existe nada "fora dEle" –, e está posta em si mesma: como substância que possui seu próprio suporte, ou, então, uma πρώτη οὐσία, que leva em si seu próprio ser e sua própria essência. A graça une a Deus: desce na criatura, sem que suas raízes sejam cortadas de Deus, e faz da criatura um "sarmento unido à videira". Isso só é possível nas criaturas que são *livres*. As coisas inanimadas podem constituir um instrumento da ação divina e, nesse sentido, "contêm em si" graça (como os sacramentos), mas nunca podem estar "cheias de graça", nem se converter em "suporte" como uma pessoa. Os homens que receberam a graça e os anjos são suportes pessoais da graça, sem que Deus deixe, no entanto, de ser também o suporte da graça, enquanto é seu dispensador vivo.

A graça quer ser recebida "pessoalmente". É uma chamada de Deus, um chamar à porta, a pessoa chamada deve ouvir e abrir: abrir-se a Deus, que quer entrar nela. Por isso, a disponibilidade, a *potentia oboedientiae*, no sentido estrito e próprio do termo, é a inclinação a *obedecer*, a escutar Deus e a abandonar-se a Ele, em liberdade. Trata-se de uma atitude de pessoa a pessoa, e torna possível esse ser único que só é possível entre as pessoas: o ser único da união pela graça. Assim, a graça supõe a liberdade e supõe a "natureza", já que tem que haver criaturas livres para que a ação da graça possa empregar-se. Mas a natureza não supõe, por sua vez, a liberdade, e não é recebida "pessoalmente". As criaturas se encontram com sua natureza na existência e não podem "aceitá-la" ou "rechaçá-la", como a graça.[65] Essa situação se aplica igualmente aos anjos. Eles também estão colocados com sua natureza na existência, e não lhes cabe nenhuma decisão sobre esse

---

[65] O novo nascimento, pelo batismo, nas crianças recém-nascidas, não constitui, de nenhuma maneira, uma objeção. A chamada de Deus à graça se estende a todas as almas, e a Igreja recebe, no ato do batismo, para as almas que não podem, ainda, responder, uma profissão de fé de um representante. Deus se une à alma do pequeno e a si mesmo, fundando-se na profissão de fé do representante; mas não depende da pessoal decisão posterior que a união continue existindo.

ponto. Inclusive, existem ainda menos possibilidades de um livre comportamento frente à sua natureza, porque não têm possibilidades naturais de desenvolvimento, suscetíveis de influência por meio do livre comportamento. Assim, toda natureza significa uma união. Nenhuma criatura é incondicionalmente livre. Só o Criador é incondicionalmente livre, visto que existe por si mesmo.

No entanto, as criaturas livres, os anjos e os homens, podem aceitar ou expulsar sua própria natureza: o que é idêntico a uma adesão ou a uma recusa frente ao Criador. O *non serviam* de Lúcifer, a adesão dos primeiros homens ao *eritis sicut Deus*[66] da serpente constituem uma revolta contra a natureza própria da criatura e, por conseguinte, contra o Criador. Qual pode ser o sentido e o efeito de tal comportamento? O fim, que consiste, para uma criatura, em chegar a ser semelhante a Deus, é um fim absurdo e impossível. Esse fim é inacessível não só em razão da impotência da criatura, mas, também, é impossível para o Criador, *visto que* é absurdo. Consideremos, agora, o outro lado da questão: a recusa por parte da criatura de seu estado de união e da submissão à sua própria natureza. Existe para a criatura uma via que lhe permite livrar-se dela, se não pela elevação de si mesmo, logo pela própria autodestruição? O anjo, enquanto essência sem corpo material, não tem a possibilidade de destruir seu corpo e de pôr voluntariamente um termo à vida corporal, como pode fazê-lo o homem. Sua vida é puramente espiritual; consta – como dissemos – de conhecimento, de amor e de serviço. Para tudo isso, necessita-se de liberdade, e, por isso, em certa medida, também, da possibilidade de se negar e de impedi-lo. *Conhecimento* (no sentido mais amplo do termo) é uma aquisição ou posse de um saber. Nas criaturas, a isso pertence um *receber* (que não está em seu poder, posto que é algo "dado" e, em último termo, um doador) e um *aceitar*, que é questão de sua liberdade.

Por outro lado, pode-se pensar em diversas coisas que dependem da atividade livre do sujeito que conhece. Na percepção sensível do homem, as coisas e os fenômenos do mundo exterior são algo "dado", que se deve aceitar. Do homem depende o voltar-se a eles, aproximar-se e operar de maneira que possam ajudá-lo em um conhecimento mais exato. Mas, antes que nesses esforços se pense na palavra "aceitação", que se designa habitualmente com o termo *assentimento* ou *crer* (no sentido mais amplo – não religioso

---

[66] Cf. Gên 3, 5.

– da palavra, que tem a palavra inglesa *"belief"*): eu devo crer no que vejo e ouço, também dar fé. Precisamente, em razão desse caráter imperativo, por assim dizer inevitável, com que se oferecem as coisas de nossa vizinhança imediata, apenas parece possível rechaçar a adesão a tal "dado". Mas se apresentam, no entanto, casos nos quais não temos confiança em nossos próprios olhos e ouvidos. Compreenderam-se as palavras com toda exatidão, mas pensa-se ter ouvido mal. Vê-se um objeto à frente, mas inclina-se em tomar esse objeto como uma ilusão dos sentidos. Em tais casos, existem, habitualmente, "motivos" (mais ou menos racionais) que nos incitam a recusar nossa adesão. Mas essas razões são motivos *motores*: movem a vontade, não a constringem. Apresentam-se casos nos quais não existe nenhum motivo racional suscetível de gerar a dúvida e, que, no entanto, recusamos nossa fé no que é digno de crer e acreditamos no que é incrível.

A participação da liberdade no conhecimento chega a ser maior, enquanto o assunto depende mais do entendimento, do pensar, que procede por juízos e conclusões: são necessários, então, mais esforços pessoais para a aquisição do conhecimento; e crescendo o número dos argumentos e contra-argumentos em relação à adesão, então chega a ser mais difícil englobá-los e deixa maior espaço à livre decisão. Ainda que não devesse ser assim, no entanto, o *stat pro ratione voluntas* exerce um grande papel na vida espiritual; e, em numerosos casos, isso não é sequer "irracional", mas não há para nós outra solução possível.

Se os anjos possuem um conhecimento originário que não é adquirido ao longo de sua vida, mas que pertence ao seu próprio ser, assim é também com seu ser que é, ao mesmo tempo, receber. Nesse caso, a recusa à "adesão" vem a ser uma resistência contra o próprio ser verdadeiro.

Tal comportamento se apresenta quando a criatura exige ser igual a Deus. Lúcifer conhece a distância entre seu ser e o ser divino, mas "não quer reconhecê-lo". Com isso, se converte no "pai da mentira". A mentira não é – como o erro – um desconhecer a verdade ou um suposto conhecimento, mas a tentativa de aniquilar a verdade. É uma tentativa impotente: a mentira colide contra a verdade. Mas o que significa isso? Imaginemos um espírito criado, cujo ser completo consistisse no conhecer, então sua intenção de negar a verdade em toda a extensão de seu conhecimento o conduziria à sua destruição total, se o conhecimento dependesse só de sua liberdade. Mas esse não é o caso. Não se deu ser e conhecimento e não os pode eliminar. O que nega tem-no diante dele constantemente. É conservado como repugnante testemunho do poder que nega: do poder que ele só poderia aniquilar, assim como ele só pôde criá-lo. Mas é um ser que é todo resistência e sublevação contra toda a divina ordem do ser e, com isso, contra o próprio ser verdadeiro, um ser que se autodestrói constantemente e que, nesse sentido, é um ser inútil.

A aceitação de um espírito, cujo ser se esgotaria no conhecer, não é sustentável. Já que a liberdade pertence ao conhecer, ao espírito corresponde ser conhecedor, assim como, também, estar dotado de vontade. Frente a uma posse originária, não é necessário, naturalmente, um trabalho de aquisição: a realização do conhecimento consiste, aqui, em uma adesão interior, em uma adesão a Deus, a tudo o que é criado e, portanto, também ao próprio ser. Essa concordância é amor, gozo e disponibilidade para o serviço. Na oposição ao ser, tudo isso se volta contra si próprio. A negação do ser tem que ser, ao mesmo tempo, ódio – ódio de si mesmo, ódio de Deus e ódio de todo ente – e uma luta constante e impotente de destruição em relação a todo ente. Com isso, não está dito que o próprio diabo não quisesse existir. Não quer ser tal como é, na verdade, quer igualar-se a Deus e, com isso, afirmar-se na luta contra o ser divino.

O autor dos escritos areopagitas, assim como também santo Tomás, em sua doutrina sobre o mal, trataram de esclarecer com toda perspicácia que todo ente enquanto ente é bom. O mal não poderia ser mais que uma deficiência do ser; ainda, os espíritos "maus" seriam então bons, na medida em que são e em que conservaram sua essência:[67] são sempre espíritos puros, possuem sempre um entendimento penetrante, uma poderosa vontade e uma plenitude de força que lhes proporciona uma superioridade sobre os homens. Esses dons naturais são bons; só o uso absurdo que possam fazer deles é mau. O castigo consiste na perda dos dons sobrenaturais e, antes de tudo, na supressão da união com Deus pela graça.

A doutrina do mal, tal como expusemos, construiu-se na luta contra dois erros diferentes: contra o dualismo maniqueísta, que admite duas causas primeiras autônomas na origem de todo ente: um bem originário e um mal originário, e contra uma concepção que reconhece Deus como a única causa originária de todo ente, e, por essa razão, também, deve-se atribuir-lhe o mal. Se o mal não é um ente, então foge a esses dois obstáculos.

---

[67] Ver Dionisius, *De divinis nominibus*, capítulo 4, §23 (P.G., 3, 724 B-725 C); Tomás de Aquino, *Summa theologica*, I, q. 64, a. 1, corp.

Por isso, os teólogos cristãos usaram toda sua perspicácia para demonstrar que o mal não é nenhum ente independente, nem algo em um ente, nem tem nenhum modo de ser. Mas me parece que, nessas duas tentativas, a diferença entre uma simples deficiência natural – por exemplo, uma debilidade inata do entendimento – e o mal propriamente dito, por exemplo, como é o mau uso do "bom" entendimento para fins maus, não está suficientemente elaborado. A distinção teológica entre pecado e castigo o leva em consideração, mas, na explicação metafísica, a contraposição se desvanece, unindo ambas as espécies de mal sob o termo não ente. O idioma alemão expressa a diversidade do ser, que é o que aqui nos interessa, por meio da diversidade do significado das palavras "mau" (*schlecht*), e o "mau" (*böse*) ou malvado, que correspondem ambos à palavra latina *malum*.

Falamos de espíritos *maus* (*bösen*), e não defeituosos (*schlechten*); por outro lado, de aptidões *defeituosas*, e não más ou malvadas. É "mau" no sentido rigoroso e próprio do termo só algo que provém da vontade livre. O diabo não tem uma natureza defeituosa, mas perverteu sua natureza boa para o mau, pelo uso antinatural que fez dela. O entendimento natural se rebela contra a tese que quer fazer do mal uma carência ou uma debilidade, porque sente claramente que, no mal, se opõe a ele uma potência ativa. Esse poder é a força da pessoa espiritual livre. O espírito criado não tem esse poder de si mesmo. Por isso, a vontade livre, e, ainda, a vontade do anjo mais elevado, não possui, em último termo, nenhum último e independente fundamento de ser frente a Deus. E não pode ela gerar nenhum por ela mesma; o que a caracteriza é a futilidade de tudo o que é criado em relação com o Criador. Mas pode dar uma direção à sua ação e pode também orientá-la em um sentido que se oponha à vontade divina. É precisamente essa atividade oposta à vontade divina o que chamamos "mal". Enquanto atividade voluntária, pertence ao ente e também ao que há de mais alto no âmbito do ser criado. Mas, por sua orientação, é "negativa", oposta ao ente. É a vontade criada que se rebela contra a vontade divina o que poderia chamar-se o "mal originário"; deve-se ter sempre claro que o mal não é um *ente* originário. A liberdade do criado é a condição da possibilidade do mal; e se todos os defeitos naturais, tudo o que se compreende pelo termo "mal físico", fosse considerado como um castigo, então a liberdade constituiria, ao mesmo tempo, o elemento que causa tudo o que é imperfeito. A possibilidade do mal, assim como a possibilidade da graça criada, tem sua origem na liberdade dos espíritos criados.

A graça supõe uma elevação do ser criado pela união com Deus e a participação do ser divino. O mal enquanto perversão da vontade do criado é uma trava da fonte da graça e, com isso, anulação da elevação do ser pela graça. Mas o mal é também um ser que se opõe à própria natureza originária e à direção do ser, é um ser "invertido" ou transtornado, no sentido literal do termo. A natureza ou a essência não se suprime por isso, mas, por sua vez, fica "transtornada", transformada em sua imagem negativa. A teologia chama essa transformação "endurecimento no mal" ou uma "obstinação". Encontramos nos homens, correspondendo ao seu devir temporal ou ao seu desenvolvimento, uma "adaptação" progressiva ao bem e ao mal. E ao estado de oscilação entre o bem e o mal corresponde a possibilidade de um retorno, de uma restauração da natureza originária e, também, uma orientação do ser depois da queda, mas também depois de uma queda renovada. Dado que esses espíritos puros possuem uma natureza "acabada", sua "queda" é uma perversão radical que se produz no mesmo momento de sua decisão e não deixa aberta nenhuma possibilidade de retorno.

A passagem da possibilidade essencial à existência real pelo devir criador, o transtorno do ser por causa da rebelião da vontade e a elevação do ser pela graça nos deixam ver que, nos anjos, a oposição da realidade e a possibilidade apresenta um sentido diverso. A ascensão de um primeiro degrau do ser real para a realidade plena, tal como se realiza nos homens e nos seres vivos inferiores na "configuração" de suas aptidões, não vale para os anjos. Mas convém examinar mais ainda outra contraposição. Quando o homem aprendeu a andar, a falar, a tocar o violino, desenvolveu assim as correspondentes simples "capacidades" para "habilidades" das quais pode fazer uso livremente – *pode*, não está obrigado a fazê-lo. Não existe para ele nenhuma necessidade de fazer uso constante de todas as suas aptidões; mais ainda, não tem sequer a possibilidade – assim, sua livre disposição tem limites, já que certas ações se excluem uma à outra; além disso, sua força limitada não pode fazer tudo ao mesmo tempo.

Desse modo, tampouco está constantemente presente toda a riqueza de conhecimentos que adquiriu ao longo de sua vida. Existe nos anjos um grau intermediário entre a capacidade (potência) e a atividade (ato), entre a habilidade e a posse disponível (hábito)? Se se admitisse nos anjos algo análogo, não se poderia tratar, nesse caso, de um grau intermediário. Não existe neles nenhuma capacidade não desenvolvida, e, por conseguinte, nenhuma contraposição entre a capacidade e a habilidade (potência e hábito).

Portanto, só fica por perguntar se se pode conceber suas capacidades sempre prontas e disponíveis como se estivessem, às vezes, em repouso. A unidade de sua força indivisível e não submetida a nenhuma dúvida natural se opõe a tal hipótese, igualmente em relação aos anjos, essa unidade não nos permite falar de uma maneira geral de capacidades separadas, no sentido próprio do termo. Sua essência, com a plenitude de força espiritual que lhes pertence, repercute constantemente em um conhecimento totalmente vivo, no amor e no serviço. No entanto, não se poderá considerar sua vida como absolutamente imutável. A elevação do ser pela graça, da qual são capazes, significa uma elevação e um enriquecimento de sua vida inteira. E, inclusive, no interior de seu ser natural, parece possível um crescimento em ciência e uma transformação da atividade, já que não são por natureza oniscientes, poderosos, nem onipresentes como Deus; mas, por outro lado, não estão tão fechados nem fixos em si mesmos até o ponto de que não seja possível uma recepção de algo do que naturalmente não lhes é familiar desde o começo, e de ser incapazes de nenhum movimento livre, até algo que não se encontre em seu raio de ação originária. Obviamente, convém entender "recepção" e "movimento" em um sentido espiritual. Santo Agostinho e santo Tomás falam de uma recíproca compreensão dos anjos, que eles denominam "discurso" (ou fala): este não necessita de nenhum meio exterior, mas consiste em que tende um ao outro e se abre para o outro.[68] Assim se comunicam, mutuamente, uma parte de sua própria vida pessoal, o que constitui de uma e outra parte um movimento e, para os espíritos inferiores, um enriquecimento.

Convém, assim, conceber de uma maneira semelhante a relação dos anjos de guarda com os homens confiados à sua proteção. Se não conhecem por natureza os segredos do coração humano, no entanto, a percepção de uma chamada de socorro pode fazer com que eles descubram algo de novo. Por outro lado, sua ajuda é um movimento que deve conceber-se como um começo de seu ser, tal como nós devemos imaginar a ação da Providência Divina. Essa imagem se modifica, por outro lado, se, ao lado do conhecimento natural dos anjos, consideramos o conhecimento sobrenatural, por exemplo, o que lhes permite ver em Deus as coisas criadas (Tomás com Agostinho dá a esse conhecimento o nome "matutino").[69]

---

[68] *De veritate*, q. 9, a. 4, corp. (*Untersuchungem über die Wahrheit*, I, p. 253 e seg.)
[69] *De veritate*, q. 8, a. 16 (I, p. 237 e seg.).

Nesse caminho, muito do que eles não conhecem por natureza lhes é acessível, sem a necessidade de uma comunicação natural proveniente das criaturas. Mas dever-se-ia aqui esclarecer só as possibilidades que existem naturalmente.

Já mencionamos que toda elevação sobrenatural do ser eleva e enriquece a vida. Assim se pode conceber, na vida dos anjos, transformações e variações de uma maneira natural ou sobrenatural. Mas seu ser é sempre vida; neles não há nada de não vivo, modo de ser que não seja vida espiritual. Eis aqui o que caracteriza os espíritos puros e os separa daqueles que têm a forma de um corpo ligado ao espaço e à matéria.

Os espíritos puros se distinguem por uma liberdade menos obstaculizada e um ser-pessoa menos limitado que os do ser humano. Não são incondicionalmente livres, no sentido de que receberam seu ser e sua natureza determinada e limitada, e os limites que se dão com isso não podem por si mesmos ser franqueados. Mas ao seu ser inteiro é de tal forma confiado, para que possam dispor dele livremente e empregá-lo totalmente na vida para a qual foram criados. Não se encontra neles nenhum "sucesso natural" submetido a uma legalidade, como no mundo material e no que não tem espaço para uma ação livre. A vida inteira é uma ação livre e uma questão de uma decisão pessoal. Assim, para eles, não há mais que: "por Deus ou contra Deus", não um resvalar-se em uma não propriamente desejada distância de Deus. Segundo as considerações precedentes, encontra-se posta de novo à luz a única e irrevogável decisão dos anjos a propósito de seu destino eterno.

6. Forma e Matéria. Essência e Suporte da Essência nos Espíritos Puros

Para santo Tomás, o fato de que os anjos sejam denominados "formas subsistentes" está unido à sua particularidade do ser pessoa.[70] Quer dizer com isso que os anjos não têm matéria que preencha o espaço a título de fundamento de seu ser, que não existem "em outro", mas são "em si mesmos" ou são eles mesmos seu próprio suporte. Mas convém aqui recordar que ainda onde uma matéria que preencha o espaço constitui a parte compo-

---

[70] *De spiritualibus creaturis*, particularmente a. 5 ad 8.

nente essencial de uma coisa, consideramos a forma vazia do objeto entre o "fundamento" e o suporte no sentido próprio do termo. Por sua vez, a "pessoa", consideramos como um suporte no sentido eminente do termo, já que não tem nem engloba somente sua essência, mas a "possui" em um sentido completamente particular, ou seja, ela é seu próprio dono e pode dispor livremente dela. O ser-pessoa dos espíritos puros é uma realização mais pura da ideia de pessoa, porque em seu ser nada há que não esteja submetido a esse livre poder dispor.

Mas se distinguimos a essência e o suporte da essência, podemos falar ainda de "uma forma que é suporte de si mesma"? Antes de responder a essa pergunta, convém esclarecer outra questão. Segundo Aristóteles e Tomás, "forma" e "essência" coincidem quando não há matéria que preencha o espaço. Mas encontramos também no âmbito dos espíritos puros algo que, em certo sentido, merece o título de "matéria", não no sentido de matéria que preenche o espaço, mas no sentido de uma indeterminação suscetível de ser determinada. Tudo o que esteja familiarizado com a doutrina do ser de Duns Scoto pensará que o *Doctor Subtilis* admite para os anjos, como para todo ente finito em geral, a composição de forma e de matéria, e fundamentou e defendeu essa composição de forma e de matéria com a admirável sutileza que lhe é própria.[71] Não se lhe ocorre discutir a ausência do corpo dos espíritos puros. A *materia primo prima* que lhes é comum com todo ente finito não é uma matéria que preenche o espaço, mas algo que distingue por formas diferentes no mundo corporal e no mundo espiritual. A matéria do mundo espiritual é, pois, genericamente distinta da do mundo corporal.

A *materia primo prima* é, segundo Duns Scoto, o grau inferior do ente. É criada por Deus à maneira de um ente provido de seu próprio ser e distinto da forma, mas não está separada da forma: ao contrário, pertence a um todo constituído por forma e por matéria. Seu significado equivale ao da *potência passiva*: isto é, por um lado, a possibilidade do não ser e, portanto, a possibilidade de ser destruído, que é própria de todo o criado; por outro lado, a disposição de aceitar e a capacidade de receber uma forma.

---

[71] As explicações seguintes se apoiam em *Quaestiones diputatae de rerum principio*, publicadas pelo R.P. Mariano Fernández García, O.F.M., Quaracchi, 1910, q. 7-8. A autenticidade desse texto está certificada pelo P. Efrén *Longpré* (ver "*Stand der Skotusforschung*", 1933, na revista *Wissenschaft und Weisheit*, I, 1, 1934, p. 67).

É impossível continuar e discutir aqui, em seus menores detalhes, a teoria escotista da matéria. Somente se deve tratar de estabelecer uma relação entre o que entendemos por "força" ou "plenitude de vida" dos anjos e a matéria que Duns Scoto lhes atribui. O que temos diante dos olhos pertence, segundo nossa concepção, ao espírito como tal, portanto, ao espírito divino. Por conseguinte, não pode ser equiparado com a potência passiva, com a possibilidade do não ser. Devemos pensar aqui no ponto de partida de nossas investigações sobre o ser: a onipotência de Deus – a *potentia Dei* – na qual não se encontra nenhuma possibilidade não realizada; mas sim, essa onipotência é o ser absolutamente real e eficiente; infinita plenitude de poder, que, ao mesmo tempo, é infinita plenitude do ser, e ambos inseparáveis em um. Em todo real finito, o poder está mesclado com algo de impotência, e o ser, com algo de não ser; além disso, ser e força não são indissoluvelmente unos. Cada real finito possui potência ativa e potência passiva, a possibilidade de operar e de sofrer. A possibilidade de operar, chamamo-la "potência" ou "força" e atribuímo-la à forma: é o que permite dar uma forma. Quanto à possibilidade de sofrer, é o que torna possível a recepção de uma figura. Essa recepção de uma figura supõe algo que, ou de nenhuma maneira está ainda configurado, ou que não é inteiramente configurado, ou, então, que é separável de sua figura.

A *materia primo prima* é concebida como o que está inteiramente privado de forma. Não tem nada a ver com a força dos anjos. Esta leva a marca do espírito ao que lhe é próprio; e está cheia de sentido, e atua no ser vivo em que se manifesta. Além disso, a essência individual do anjo, na qual sentido e força se compenetram, não é separável; sentido e força não são "partes componentes" separáveis uma da outra; por isso, não é concebível uma "transformação" da força à maneira como um pedaço de cera é transformado. Entretanto, vimos que os espíritos finitos não estão completamente determinados. Podem ser receptivos a uma nova plenitude de força e de ser que aflui neles. E pertence à essência do espírito pessoal ser receptivo a uma plenitude de força e de ser que lhe é alheia, enquanto não contenha em si, desde um princípio – como o espírito divino – toda plenitude. Essa capacidade de recepção é uma "potência passiva": depende de uma ação alheia. Mas "potência ativa" e "passiva" devem ter algo em comum. Isso o indica já o nome comum "potência"; e pode-se, também, demonstrar objetivamente. O que recebe e o que é recebido se compenetram mutuamente na ação de receber; chegam a ser uma só e mesma coisa, e isso só é possível no que é comum na essência. Por conseguinte, o que um anjo comunica a outro em virtude de sua força operante possui uma afinidade com o sujeito que o recebe. E além disso, no anjo que recebe, a força formada e atuante não deve estar separada da força preparada para receber e para ser formada. É a própria força formada e atuante que, ao ser recebida, é elevada a uma atividade superior e mais rica. O que designamos como "força" dos anjos é, portanto, "potência ativa" e "passiva". A potência ativa, atribuímo-la (como Duns Scoto) à forma. Se queremos (com ele) designar a potência passiva como matéria, então, forma e matéria constituem aqui um todo inseparável. Se compreendo bem, essa é a opinião também do Doctor Subtilis, pois afirma ele que, nos anjos, forma e matéria são uma só no mais alto grau:

> *Quanto* mais *atual* é a forma, mais *penetra no interior* da matéria e a une a ela; as formas dos anjos e das almas dotadas de razão são as formas mais *atuais*; por conseguinte, unem completamente a matéria a ela e, em virtude de sua força unificadora, não aparecem na *extensão* nem têm nenhuma forma corporal...[72]

De onde poderíamos, com santo Tomás, designar os anjos como espíritos puros (sem corpo), mas não como formas puras, porque à sua estrutura pertence algo que deve receber forma.

Se levamos em conta nossas exposições anteriores,[73] estabelecemos uma distinção entre o fundamento último do que informa e o suporte da essência. A essência, como o todo composto de matéria e forma, estabelecida em si mesma; e nessa essência estabelecida sobre si – a πρώτε ουσία aristotélica, que gosta de ser chamada "essência autônoma" – convém ressaltar o que "suporta" toda a plenitude de essência, forma e matéria. Quanto às essências espirituais, chamamo-las pessoas, na medida em que levam sua essência. Forma e matéria, atuar e receber têm aqui a configuração particular do ser pessoal.

---

[72] *Quanto forma actualior, tanto magis se intimat materiae, et unit eam sibi: sed forma Angeli et animae rationalis sunt actualissimae; ergo omnino se uniunt materiam, ac per hoc nec in quantitatem prorumpunt, quia virtutis unitivae sunt; nec habent aliquam formam corporalem...* (*De rerum principio*, q. 7, a. 2, n. 215, Quaracchi, 1910, p. 137.)
[73] Ver o capítulo IV, §3, 18.

7. O Reino dos Espíritos Celestes e seu Papel Mediador

A receptividade dos espíritos puros em relação às influências que vêm de outros espíritos traz consigo outra coisa, que representa um papel importante na angeologia do Areopagita: que os anjos não constituem, cada um, um mundo fechado em si, mas encontram-se uns com os outros em um "reino", como comunidade de vida em uma "formação estatal" ordenada, cada um em seu lugar determinado. Essa "cidade de Deus" – temos o direito de chamá-la assim, visto que toda vida que a anima e todo poder que a domina vêm de Deus – é o arquétipo ideal de toda comunidade humana e de toda ordem social, na medida em que estes repousam sobre um fundamento puramente espiritual. Partindo da descrição que dá Dionísio das ordens superiores e inferiores dos anjos, sente-se que tinha diante de seus olhos as anomalias humanas, que não existem nos anjos, em razão de sua pureza: por isso insiste em que o "domínio" dos espíritos celestes não é perturbado pela tirania nem pela escravidão.

Se queremos buscar uma via de acesso ao reino dos espíritos celestes, partindo dos sistemas comunitários e das organizações humanas, devemos apoiar-nos naturalmente nos fundamentos puramente espirituais e desconectar tudo o que vem da natureza-corpo vivo-corpo material. E já que não é possível aqui dar uma síntese de todas as formações nas quais se inserem os homens como membros constituintes, o melhor será que nos atenhamos a essa estrutura que dentre todas as formações terrenas é a mais próxima do reino dos espíritos celestes: a *Igreja*. Dionísio também relaciona muito estreitamente a "hierarquia da Igreja" com a "hierarquia celeste".

A Igreja militante – tal como o Estado – por um lado, constitui uma formação fundada e organizada juridicamente como uma ordem de domínio. Como tal, está fundada sobre a liberdade das pessoas que pertencem a ela: a isso, cabe um legislador (uma pessoa ou uma pluralidade de pessoas) que "estabeleça" seus direitos, ou seja, que faça, em virtude de sua vontade livre, sua regra de vida. (É necessário "estabelecer", também, um "direito eterno", que é independente de todo livre-arbítrio, para que possa fazer-se um ordenamento de vida em um Estado ou em uma formação análoga ao Estado.) Convém agregar, aqui, também, os "portadores" dessa ordem, que velem pela observância da lei; por último, os súditos postos sob a ordem da lei e que se submetem a ela em virtude de sua própria liberdade.[74] Tudo isso se encontra realizado na Igreja militante: tem Deus como chefe e legislador (encarnou-se de maneira visível em seu representante mais alto sobre a terra, assim como nos bispos aos quais corresponde uma parte do poder legislativo), o clero em suas diferentes posições, com seus órgãos de execução;[75] o povo da Igreja ou os "leigos" como súditos. Mas a essência da Igreja não se reduz a essa estrutura jurídica, não constitui sequer seu próprio núcleo essencial. Certamente, durante muitos anos se considerou, sobretudo, sob esse ângulo, e, ainda agora, pessoas fora da Igreja adotam esse ponto de vista. Mas, para os teólogos de nosso tempo e também para os simples crentes, é a concepção paulina do Cristo,[76] "cabeça e corpo vivo", a admitida. Isso quer dizer que a Igreja não é "instituição" arbitrária, artificial, configurada de fora, mas um todo vivo. De uma maneira análoga ao que acontece em geral no Estado, a comunidade do povo submetida a um crescimento vivo é o primeiro, a forma e a ordem do Estado são o elemento acrescentado, a conclusão exterior e a confirmação voluntária do que se desenvolveu naturalmente.

A vida que flui ininterruptamente nesse todo vivo não é a vida natural de cada homem e das comunidades humanas que pertencem a ele. É a vida nova da *graça,* que anima a Igreja e que se comunica a seus membros. Sem a vida da graça, não há Igreja. Mas a graça é uma vida *divina* participada: de sua cabeça divina flui na Igreja toda sua vida. É o mesmo Cristo que lhe dá a vida e dita a lei que a rege. Todas as "leis" e "instituições" servem para comunicar, conservar e restaurar a vida divina. Já que as "pedras vivas" da Igreja são homens, sua construção leva em conta as disposições da natureza humana. Por isso, sua cabeça é, ao mesmo tempo, Deus e homem, por isso Cristo derrama, por meio de sua natureza humana, a vida divina que possui, dirige-se aos homens com palavras humanas e dispõe dos meios para comunicar a vida divina de tal maneira que toma o caminho do corpo para chegar à alma.

Se nos imaginamos uma Igreja composta de espíritos puros, devemos descartar dela tudo o que está condicionado pela natureza corporal. Deve

---

[74] Sobre a estrutura do Estado, ver E. Stein, *Eine Untersuchung über den Staat*, em *Husserls Jahrbuch*, t. 7, Halle, 1925; esse artigo apareceu também em uma edição especial.
[75] Não há nenhuma dificuldade em que as mesmas pessoas possuam, ao mesmo tempo, o poder legislativo (em nome de Deus) e o "poder executivo". Também a vida do Estado conhece tal união de poderes em uma pessoa.
[76] Cf. Ef 4, 15 e seg.

Imagem da Trindade na Criação   433

conservar-se tudo o que é essencial à Igreja como tal cabeça divina, como dispensador da vida da graça e como legislador, as pessoas finitas enquanto sujeitos livres, guardiães e mediadores da vida da graça. Assim é precisamente a "hierarquia celeste". Os espíritos celestes estão abertos a Deus e podem receber em si a vida que lhes vem do alto. Estão abertos uns aos outros, da tal sorte que os espíritos superiores possam comunicar-se com os espíritos inferiores, e que os espíritos inferiores recebam dos espíritos superiores. Tomamos algum acesso a tal comunicação de vida partindo de nossa sociedade humana? Toda relação recíproca das pessoas humanas se funda na expressão corporal da vida interior. (É necessário tomar aqui a palavra "expressão" no sentido mais amplo, que engloba tanto a linguagem como toda manifestação voluntária e involuntária.) Mas a expressão corporal é uma porta que nos leva ao interior e torna possível o contato e a união dos espíritos (com certos limites). Se se considera a relação autêntica do discípulo, este não toma somente do mestre palavras pronunciadas independentemente da vida pessoal de que fala. As próprias palavras, o tom, a mímica – em uma palavra, tudo o que nós sintetizamos no termo "expressão" – permitem ao discípulo penetrar na vida pessoal de seu mestre, ou seja, em um mundo espiritual que até então lhe era desconhecido; participa, assim, de uma vida diferente da sua; enche-se dela e fica formada por ela; e, assim, vem a ser sua própria vida dentro dos limites de sua capacidade e docilidade. Esse resultado pode produzir-se de uma maneira muito diferente e com correspondentes diversas consequências. Um espírito independente, atrevido, ávido por se instruir se conduzirá em relação com outros homens como um conquistador. Esforçar-se-á por se fazer dono de seu mundo espiritual, para receber dele o que lhe convém, e crescer. Afastar-se-á de tudo o que não lhe corresponda. Um espírito débil, em que a tendência a operar é muito reduzida, pode, sem querê-lo, deixar-se levar e dominar pela vida mais forte. Talvez, será levado por ela, sem recebê-la de modo autônomo e sem poder seguir só. Talvez, também, será esmagado até o ponto de chegar a ser incapaz de desenvolver sua vida própria.

Naturalmente, a diversidade e a medida da recepção não dependem só do receptor, mas também do que dá: assim, dá-se sem limites, ou fica com algo: com seus conhecimentos, sua pessoal tomada de posição, sua força e sua maneira de ser; ou, então, sua participação pessoal é uma conquista, ou uma entrega serviçal. Há, por conseguinte, de um e outro lado, uma abertura e um fechamento de si espirituais que resultam da liberdade. Não somos simplesmente a presa indefesa do que penetra em nós do exterior por meio de fenômenos expressivos. Não estamos tampouco entregues a um abandono brutal de tudo o que vive em nós. A comunicação e a recepção de uma posse espiritual e de uma vida pessoal se acha, em uma muito ampla medida, a critério de nossa liberdade. O que se realiza assim é um evento espiritual: convivência entre pessoas espirituais, crescimento espiritual e formação espiritual dos indivíduos, configuração de uma comunidade espiritual.

Daqui, é certamente possível conceber relações espirituais recíprocas e uma vida comum espiritual que não está ligada à mediação da expressão corporal. Assim, compreendemos como para os espíritos puros basta um livre abrir-se à comunicação e recepção. Podemos, por outro lado, imaginar-nos uma comunidade espiritual isenta de todas as alterações que perturbam as comunidades humanas. Nesse último caso, trata-se de defeitos imputáveis à imperfeição da faculdade humana de expressão: incapacidade de se manifestar adequadamente por meio da expressão corporal, uma incapacidade de compreender a expressão corporal. Mas fizemos também alusão a desvios que têm uma raiz puramente espiritual e que estão fundados no desvio da vontade. Nos anjos, não existe nenhuma falsa afirmação de seu eu, nenhum reter da plenitude de graças recebida para se fazer *valer*, nem, tampouco, um fechar-se à riqueza que se derrama sobre eles com profusão. Os anjos superiores se dão sem inveja, e quando retêm algo, não o fazem senão em benefício dos espíritos mais fracos que não estariam desenvolvidos o suficiente para receber a plenitude. O reino dos espíritos celestes é um reino acabado, cada membro se encontra aí em seu justo lugar e não aspira a nenhum outro; cada um se acha com toda sua essência em lugar seguro: tendo crescido sem obstáculo, é fecundo, nutre-se da fonte originária do amor e dimana esse amor na zona de influência que lhe foi reservada.

Quiçá a ideia fundamental de "hierarquia" suscite ainda dificuldades: o papel mediador dos anjos. Os espíritos inferiores devem realmente receber dos espíritos superiores toda a vida da graça e, por sua vez, os homens devem recebê-la dos anjos? Não há um caminho de acesso direto a Deus? Certamente, Deus não tem necessidade de tal mediação. Tem cada criatura em sua mão e pode operar diretamente sobre cada uma delas. Ele não se desconecta, ainda quando faz de seus "filhos primogênitos" seus colaboradores. Está presente em toda ação das criaturas. E é eficiente de uma maneira particular em toda ação que emana da graça, e que é uma comunicação da vida divina. Por isso, ainda que milhões de anjos fossem intermediários

Imagem da Trindade na Criação 435

entre Deus e nós, isso não significaria de maneira nenhuma uma separação nem um distanciamento entre Deus e nós, já que Deus estaria sempre vivo perto de nós como último "intermediário". Aqui, não necessitamos estabelecer se tais intermediários intervêm efetivamente ou não. Trata-se somente para nós de considerar sua possibilidade do ponto de vista da essência, e me parece que essa possibilidade não pode ser rechaçada. A essência mais íntima do amor é entrega. Deus, que é o amor, dá-se às criaturas que criou para amar. Por que os espíritos que estão mais perto dEle não teriam o privilégio de participar de todos os seus benefícios e contribuir também para transmiti-los? Dessa maneira, constrói-se o reino do amor no qual todos são um, Deus com cada criatura à qual se dá, e ela se entrega a ele, e as criaturas que participam umas com as outras do amor de Deus que se derrama nelas e participam reciprocamente do amor divino a que aspiram.[77]

§6

Sentido e Plenitude, Forma e Matéria, Contraste e Relação de Imagem entre o Criador e a Criação

A investigação sobre os espíritos puros finitos, as criaturas que se encontram mais perto de Deus, nos mostrou, antes de tudo, o que é próprio da

---

[77] Quiçá o pensamento teológico poderá mover reconciliando a função mediadora dos anjos entre Deus e os homens, com a posição de Cristo como rei de todo o Universo e com a posição de Maria como rainha dos anjos e mediadora de todas as graças. Não se pode negar que Dionísio fale pouco da humanidade de Cristo – as passagens mais significativas que podem servir igualmente para rechaçar uma interpretação monofisita se encontram naturalmente na "hierarquia eclesiástica" – e não menciona senão uma única vez a Mãe de Deus em uma passagem que, objetivamente, é sem importância. Em verdade, parece-me, no entanto, que a doutrina dos anjos segundo o Areopagita não coloca em perigo a dignidade real do Filho do homem nem de sua mãe. É muito pensável que o Salvador tenha recebido no decorrer de sua vida humana fortalecimento de graça por meio dos anjos (como o atesta a Sagrada Escritura em diferentes ocasiões; ver Mt 4, 11 e Lc 22, 43), mas que tenha subido em sua Ascensão por cima de todos os anjos até o trono de Deus. Não é o sentido mais profundo desse "subir" – para Cristo e Maria – o ser plenificado com a vida divina, cuja medida ultrapassa a todas as demais criaturas? E quando os vemos levados pelos anjos ao céu, como a arte cristã sempre representou assim a Ascensão, o que significa essa ação dos anjos senão que os espíritos celestes lhes comunicam a vida divina que eles receberam até que sejam elevados por cima de todos os anjos e que deem agora de sua plenitude sobre a Igreja inteira, sobre os anjos e sobre os homens?

criatura. Deus é a plenitude infinita e a forma perfeita: forma *pura*, porque não há nada nEle que necessite de uma formação ulterior; por isso, não existe nEle nenhuma possibilidade de experimentar ações. Todo ente finito é uma plenitude limitada e formada, mas não está inteiramente formado até seu aperfeiçoamento definitivo. E essa plenitude, que pode e necessita ainda ser formada, é a "matéria" que pertence a toda realidade finita. Ela – além de sua limitação – é o que opõe a criatura em relação ao Criador como o "totalmente outro". Ao mesmo tempo, ainda este que é, depois de ter sido criado e posto em si mesmo, é o que permanece em submissão sob o poder divino da configuração.

Graças a Ele, é suscetível de receber uma forma, isto é, por mediação de uma força configuradora da própria forma e pelas influências externas que sofre por parte das outras criaturas. Forma e matéria dependem estreitamente uma da outra. A plenitude é o que é comum às duas. A forma é uma plenitude configurada ou determinada e eficiente. A matéria é uma plenitude indeterminada, destinada a receber uma forma e uma ação. É no decorrer da configuração que a matéria recebe sua forma; a matéria indeterminada se faz então determinada, configurada, plenitude eficiente no sentido da forma.

O que determina a plenitude no âmbito da forma é o que designamos como "sentido" (ideia). Em Deus, podemos conceber unicamente sentido e plenitude, os dois em uma perfeita unidade. A separação do ser na criação condiciona uma distinção dos diversos campos do ser, que se distinguem segundo forma e matéria. A matéria corporal é uma plenitude espacial indeterminada; a matéria espiritual é uma plenitude indeterminada de vida. As formas corporais se configuram, por exemplo, segundo sua matéria situada no espaço, em um mundo de coisas corporais. As formas espirituais configuram sua plenitude de vida em um reino espiritual, de pessoas e de atos que constituem todas um conjunto funcional espiritual. Mas o mundo espiritual e o mundo corporal não estão justapostos sem nenhuma relação recíproca. O que não é espírito puro é uma elaboração formada pelo espírito, seja imediatamente pelo espírito divino ou mediatamente por formas criadas a partir da matéria que lhes corresponde. Nas elaborações naturais, matéria e forma estão ligadas em uma unidade de essência. As obras humanas supõem tais elaborações naturais que recebem um sentido novo por uma ação que vem do exterior. Enquanto formam uma unidade de sentido e de vida, as elaborações criadas são imagens da essência divina. Por sua materialidade se distinguem dela. Devemos tentar, agora, caracterizar o ser finito por sua relação de semelhança com o ser divino. Tal tentativa só é possível se, em primeiro lugar, levamos em conta o próprio ser divino. Ascendemos das criaturas ao Criador, do finito e condicionado para o infinito e incondicionado necessários enquanto Criador e arquétipo. Também passamos já os limites fronteiriços do que se pode saber sobre o Criador até o que o próprio Deus nos manifestou de si mesmo. Sem essa passagem, seria impossível, partindo do ser divino, compreender o ser criado. Trata-se, então, de buscar na divindade trinitária o arquétipo do que designamos no campo do criado como sentido e plenitude de vida.

No que concerne ao "sentido", podemos conectar com nossas exposições anteriores.[78] Consideramos o *Verbo Eterno*, o *Logos*, como a *unidade do sentido* que contém em si toda a plenitude de todo sentido, como o arquétipo de todas as unidades de sentido finitas. Em seu Credo, a Igreja designa o *Espírito Santo* como a fonte da vida, o "vivificador". Pois bem, só pode vivificar aquele mesmo que não recebe a vida, mas que é a "vida em pessoa". Também, podemos ver no Espírito Santo a *plenitude de vida* divina. É apenas necessário enfatizar o fato de que isso não implica nenhuma divisão na essência divina. A essência *una*, que é própria a todas as pessoas divinas, é vida e amor, sabedoria e poder. Fora das relações das pessoas entre si, não se pode dizer nada de uma pessoa que não convenha igualmente às outras. Quando distinguimos "qualidades" (atributos) na unidade indivisível de Deus, e quando atribuímos particularmente (apropriamos) umas a tal pessoa, outras a outra, são tentativas destinadas a tornar compreensível o que é incompreensível. No entanto, o que a criatura feita à imagem do Criador nos descobre do arquétipo divino é apropriado para mostrar o ser criado em uma nova luz.

Para compreender, agora, como o Espírito Santo é o dispositivo da vida e o arquétipo da vida criada (na medida em que se pode falar aqui de "compreensão"), convém imediatamente considerar, primeiro, a posição da terceira pessoa da divindade. Como já acentuamos anteriormente, não existe entre as pessoas outra diferença mais que a de suas relações recíprocas, que podem explicar-se pela maneira de suas origens. O Pai leva o nome de *Pai* porque tudo vem dEle, e Ele não provém de ninguém. O Filho se chama *Filho* porque vem do Pai, e "se diz *Verbo do Pai* porque procede do Pai en-

---

[78] Ver capítulo III, §2 e §12, e o capítulo VI, §4, 6.

quanto é gerado pela atividade do intelecto, como gerado do Espírito, assim como em nós o originado interiormente pelo Espírito se chama *palavra*".[79] A terceira pessoa se chama *"Espírito Santo"* "por meio de uma expiração única segundo o modo do amor; é o primeiro e supremo amor, que move os ânimos e os conduz à santidade, que consiste, em último termo, no amor a Deus".[80]

Tratamos de compreender a pluralidade das pessoas divinas, partindo do fato de que Deus é o *amor*, mas que o amor é uma livre autoentrega do eu a um tu e um ser uno em nós.[81] Visto que Deus é espírito, é transparente a si mesmo e gera desde toda a eternidade a "imagem" de seu Ser, na qual Ele se vê em si mesmo, ou seja, seu Filho idêntico a ele em essência, a Sabedoria ou o Verbo. Visto que Deus é amor, o que ele gera como sua "imagem" é, pois, amor, e a relação recíproca do Pai e do Filho é amante entrega de si e ser-uno no amor. Mas, já que o amor é o mais livre que há,[82] é entregar-se a si mesmo como ato do que se possui a si mesmo, ou seja, de uma *pessoa* – no entanto, em Deus, é o ato de uma pessoa que não existe e não ama como nós, mas é o próprio amor ou cujo ser é amor – por isso, o amor divino deve ser pessoa: a *pessoa do amor*. Quando o Filho e o Pai se amam um ao outro, seu entregar-se é, ao mesmo tempo, um ato livre da pessoa do amor.

Mas o amor é *vida* na mais alta perfeição: ser que se dá eternamente sem experimentar nenhuma diminuição, a fecundidade infinita. Por isso, o Espírito Santo é "o *dom*": não só a entrega das pessoas divinas entre si, mas o dar-se da divindade "para fora"; ele (Espírito Santo) contém em si todos os dons que Deus faz às criaturas.[83] Já que a sabedoria de Deus previu eternamente todo o criado, por isso o *Logos* enquanto a Sabedoria em pessoa é, pois, o arquétipo que engloba toda determinação de essência das criaturas,

---

[79] *"Secunda Persona sanctissimae Trinitatis appellatur Verbum Patris, quia a Patre procedit secundum actum intellectus, ut conceptus mentis, sicuti etiam in nobis interior mentis conceptus verbum dicitur"* (*Catechismus Catholicus*, Roma, 1933, *Pro adultis*, capítulo III, q. 86, p. 112 [edição preparada pelo cardeal Petrus Gasparri]).

[80] *"In sacris Litteris appellatio Spiritus Sancti tertiae sanctissimae Trinitatis Personae reservari solet, quia ipsa a Patre per Filium unica spiratione procedit per modum amoris, et est primus summusque Amor, qui animos movet agitque ad sanctitatem, quae demum amore in Deum continetur"* (*op. cit.*, capítulo III, q. 119, p. 123).

[81] Ver o capítulo VI, §5.

[82] Ver Duns Scotus, *Quaestiones disputatae de rerum principio*, q. 4, §6.

[83] Ver a esse respeito Augustinus, *De trinitate*, XV, 17 e seg.

tudo o que elas devem ser. Visto que a vontade criadora de Deus, seu amor que suscita a existência e dispensa a vida, deu às criaturas desde a eternidade a "potência de ser" ou "força" de desdobrar sua essência, por isso o Espírito Santo, enquanto a pessoa da vida e do amor, é o arquétipo de toda vida criada e de todo ato e dessa irradiação espiritual da essência própria, que é própria também das elaborações materiais. Definitivamente, se podemos ver no ser por si subsistente de cada realidade autônoma – da πρώτε οὐσία – uma imagem do Pai enquanto do primeiro começo incondicionado, então, a estrutura do ente criado enquanto "algo que é" é uma imagem da Divindade Trinitária. Mas, visto que o ente é *uno*, a "forma vazia" não existe jamais sem a plenitude, e a plenitude da essência é, ao mesmo tempo, sentido e força, que se configura na existência; assim, pois, a unidade da essência divina está igualmente imitada nesse ente.[84]

§7

A Imagem da Trindade nas Coisas Corpóreas Inanimadas

Agora podemos compreender a forma essencial como fonte de sentido e de perfeição do ser e como poder de configuração. Já o é no campo mais abaixo da realidade das coisas meramente corpóreas. Sua potência de ser é aqui uma força para uma configuração espacial e ação no espaço. As elaborações corpóreas estão configuradas pela força da forma que opera neles sob a ação simultânea das causas exteriores. Nesse grau mais baixo, não encontramos uma matéria preexistente para sua formação no tempo, mas sim uma unidade de forma e de matéria. A plenitude aqui é uma "plenitude espacial". Está formada, mas não está inteiramente formada, e é suscetível de receber uma formação ulterior; por isso ela é "matéria" no duplo sentido: de preencher o espaço e de um indeterminado determinável. Na criação do mundo corpóreo, temos diante de nós a origem de forma e de matéria, e a separação entre a matéria que preenche o espaço e o espírito. O espírito

---

[84] Já que encontramos na autonomia do ser criado, em seu sentido e em sua plenitude de vida, uma possibilidade de imitação ou imagem do divino, e não só uma indicação à autoria originária da Trindade, falamos aqui de uma "imagem" e não só meramente, como Tomás, de uma "marca" ou vestígio (ver §1 do presente capítulo).

se cria no espaço e na realização espacial um "meio" estranho a si mesmo, que lhe permite representar-se neles. É um novo passo mais além do que se nos oferece na "posição exterior" do mundo das ideias, a partir do espírito divino. Formação material constitui um reverberar-se do espírito nas "elaborações" espaciais. As formas das coisas corpóreas constituem um intermediário entre espírito pessoal e substância que preenche o espaço e o caminho que conduz de um ao outro. Enquanto sentido e força que se desdobra, essas formas têm algo da essência do espírito em si, mas, para constituir um ser espiritual completo, falta-lhes a consciência e a liberdade e a vida enquanto mobilidade de si. O espírito utiliza essas configurações como transições em um mundo de formas espaciais que deve servir-lhe como linguagem. São expressas como linguagem pelo espírito e compreensíveis ao espírito, mas elas não se compreendem a si mesmas. Enquanto forças, são movidas e movem, mas não se movem por si mesmas.

O espírito, enquanto compreende (*intellectus*), expressa a palavra ou o sentido, e essa palavra continua sendo um inteligível, acessível ao espírito. O espírito, enquanto é movido (*voluntas*), faz do sentido algo cheio de força em movimento, móvel e capaz de mover (*motum, mobile et motivum*). O primeiro movimento é a formação enquanto configuração da matéria dentro do espaço. É premissa para o segundo movimento, a saber: a ação das elaborações materiais formadas – dos corpos – no espaço, sua realização submetida ao movimento e à mudança, seus movimentos e suas mudanças em uma conexão causal. Trata-se, primeiro, da relação do mundo espacial, material ou da natureza. Mas, assim como o "pronunciado" pelo intelecto criador continua sendo um elemento compreensível para o intelecto criado, igualmente o produzido pela vontade criadora e que é capaz de operar torna-se também acessível à vontade criada. Mas, aqui, convém prestar atenção ao que dissemos precedentemente sobre os diferentes estados possíveis do mundo criado. A natureza material, que conhecemos da experiência, não é nem uma pura expressão do plano divino da criação, nem um resultado puro da vontade divina; não é, tampouco, pura configuração de dentro para fora, nem uma sequência de forças sem toques que se estimulam mutuamente. Mas, visto que seu estado real enquanto "caído" remete mais além de si mesmo a um estado "íntegro", manifesta-se sua possibilidade.

Para deixar clara a estrutura das elaborações puramente materiais-corpóreas, convém, ainda, recordar que, nas exposições precedentes, os termos corpo vivo, alma e espírito foram empregados em sentidos diferentes.

Segundo o sentido que nos propõe a experiência, estão ligados a campos determinados do real. "Alma" é, então, a forma supramaterial que anima um corpo e que, com ajuda de matérias constitutivas alheias, configura-o a partir do interior, em um processo de evolução temporal, segundo sua espécie essencial. "Corpo vivo" é precisamente esse corpo animado e formado pela alma. Por "espírito", entende-se uma essência imaterial, dotada de razão e que opera livremente (a alma humana ou um "espírito puro"). No sentido amplo, o termo espírito se aplica também às elaborações impessoais: às elaborações ou formações de sentido, que são inteligíveis para os espíritos pessoais e que têm um significado para sua vida.

Se se interpretam dessa maneira os nomes corpo vivo, alma e espírito, então uma elaboração corpórea que não está configurada em um processo vivo de desenvolvimento por uma forma supramaterial não é um corpo vivo, a forma que lhe pertence não é uma alma, e, justamente, não se pode falar aqui de um espírito dotado de atividade livre. No entanto, o "corpo inanimado", como toda criatura, tem um "sentido" e é assim, no sentido amplo do termo, uma elaboração plena de espírito da qual se serve o espírito do Criador para falar ao espírito criado. Expressando seu sentido com a ajuda de sua manifestação sensível, sai de si mesmo e adquire um "ser espiritual". Assim, chegamos ao segundo significado do corpo vivo-alma-espírito, segundo o qual esses três termos designam as formas fundamentais do ser real: o ser anímico designa a mobilidade fluida que impulsiona à configuração; o ser corporal expressa a posse da essência configurada, o ser espiritual significa a livre emanação a partir de si mesmo, o expressar-se ou a exteriorização da essência. Esse desdobramento trinitário se encontra igualmente nas "coisas inanimadas", na medida em que também elas chegam à configuração correspondente à sua determinação essencial no decorrer de sua existência temporal, enquanto possuam realmente essa forma de ser essencial formada e expressem ou exalem sua essência.

Assim, encontramos no âmbito do ser material uma dupla unidade trinitária: na estrutura do ente, enquanto suporte côisico de sua essência, é uma realidade independente, constitui por sua essência uma realidade plena de sentido, e desdobra-se em seu ser, em virtude da força pertencente à forma essencial. O desdobramento do ser é, por sua vez, trinitário: o formar-se dentro da forma da essência, a posse da essência formada e a saída de si na atividade de si na atividade exterior (na intervenção na relação causal da natureza corpórea e na irradiação da própria essência no mundo espiritual).

442 Capítulo VII

Finalmente, o triplo desdobramento do ser no âmbito do ser material encontra ainda um símbolo nos três modos fundamentais da realização no espaço: a formação material líquida, sólida e gasosa.

§8

A Imagem da Trindade nos Seres Vivos Impessoais

Abordamos como forma supramaterial, forma viva ou alma, o eficaz na configuração do ser vivo, que repercute como "centro" de uma unidade de configuração: a essa mesma delimita-se e fecha-se a partir do interior; recebe nela matérias já presentes destinadas à sua estrutura e as transforma; finalmente, produzem novas elaborações independentes da mesma espécie. Aqui, formação é *vida* enquanto movimento *próprio*, enquanto ciclo fechado em si e, no entanto, é um processo gerador que se estende mais além de si mesmo: aqui encontramos a imagem dessas qualidades divinas: autossuficiência e autoconservação e, ao mesmo tempo, a divina entrega de si e a fecundidade. O vivo depende mais fortemente de si mesmo que o corpo material, porque é algo que começa em si mesmo; daí expressa melhor a imagem do Pai. É uma unidade de sentido conclusa enquanto configuração limitada a partir de si mesma; é, portanto, uma imagem mais expressiva do *Logos*. Leva em si a força que conduz a um desdobramento da essência própria e à geração de novas elaborações, enquanto viva e fecunda constitui uma imagem mais pronunciada do Espírito Santo.

Sua "potência de ser" ou "força vital" está delimitada: corresponde à unidade de configuração até a qual deve orientar-se seu desenvolvimento e aos "frutos" que, além disso, o ser vivo deve produzir. Mas, como sua essência não está realizada e conclusa de antemão, é algo que se vai desenvolvendo e se realizando no tempo, assim o vivo não leva em si mesmo, de antemão, a quantidade de força determinada por sua essência, mas deve primeiro adquiri-la. Para isso, como para a estrutura de sua unidade de configuração, depende das matérias do mundo corpóreo. Assim como pode receber matérias estranhas e assimilá-las, assim pode também se servir das forças presentes nessas matérias, transformá-las em forças vivas. Por isso, o desdobramento mais ou menos perfeito de sua essência depende do "mundo que a rodeia".

Nas plantas, a formação não é, ainda, mais que o simples fato de tomar uma pura configuração da matéria. Não chegaram "a ser elas mesmas", nem a ter a configuração interna. É na "alma animal" que se produz essa abertura. Ele opera ainda como as formas inferiores, a configuração material espacial, mas, além disso, sua *vida é movimento interno e formação de uma estrutura anímica*. "Sente" a alimentação: o sabor das matérias recebidas como impressão sensível "de fora", e a saciedade como um processo do corpo vivo e um estado desse corpo estão ligados a uma "impressão interior", ao prazer ou à repugnância, ou a um estado interno de uma duração mais ampla, ou seja, um sentimento de bem-estar ou mal-estar.

Inclusive experimenta-se a quantidade presente de força, assim como seu aumento ou diminuição em "sentimentos vitais" particulares. Tudo isso está fundado na essência da alma, que mostra, aqui, uma tripla direção de desdobramento: no interior da corporeidade material, até o interior de si mesma e para fora de si mesma; com efeito, toda impressão exterior dos sentidos é um encontro com o mundo exterior; *sente*-se o contraste entre o eu e o mundo exterior, a vida anímica é uma confrontação com o mundo exterior: corpo vivo e alma se formam nessa confrontação. Mas essa informação da essência singular em sua vida corporal-anímica está já precedida pela formação originária devida à determinação essencial específica. A "força vital" é aqui uma força *corporal anímica*; e isso significa não somente a força para configurar a matéria no corpo vivo, mas também a capacidade de mover no espaço o corpo já configurado, de movê-lo de diferentes maneiras correspondentes sempre à espécie essencial e de pô-lo em ação (é justamente nisso que recebe sua configuração); designa, ainda, uma capacidade de se pôr internamente em movimento e de atuar (nisso se expressa a figura da alma "traçada" originariamente).

O que "sucede" ao animal põe-no interiormente em movimento e motiva uma tomada de posição frente ao obstáculo: medo, raiva etc. São respostas às impressões experimentadas; têm seu ponto de partida no interior, mas uma orientação para fora e uma repercussão múltipla: dão ao corpo vivo uma fisionomia determinada (o que chamamos "expressão" corporal do anímico: figura passageira e "traços" permanentes), dão eles lugar a uma atividade corporal dirigida para o exterior (por exemplo: movimentos de fuga e de apreensão), e deixam, também, "marcas" na alma: uma inclinação e uma disposição a repetir a tomada de posição correspondente, e, também, uma determinação interior permanente (o que a escolástica chama *habitus*). A força anímica, que é *uma,* experimenta uma articulação e informação em uma diversidade de "forças" (capacidades, habilidades, inclinações), sem perder sua unidade. E a própria "vida", na qual se desenvolve, é formada em emoções vividas de um conteúdo diferente. Em tudo isso se manifesta uma superioridade material que supera a que caracteriza a alma vegetal: uma vida própria interna separada da matéria que preenche o espaço; vida que se reflete na elaboração material já formada (o corpo vivo) por constante transformação (nos fenômenos expressivos), e que fez do corpo vivo o instrumento de sua ação no mundo exterior. Esse efeito tornou-se possível pela dupla natureza do corpo vivo, que é, ao mesmo tempo, um corpo no mundo corpóreo-material e uma elaboração viva formada pela alma e pela dupla natureza da alma, cuja vida é, ao mesmo tempo, movimento interior e uma configuração material externa: assim se produz a transformação do anímico ao corporal e do corporal vivo ao movimento corporal. Por outro lado, a vida anímica permanece ligada ao corpo e condicionada por ele. Não passa para a alma nada que não lhe seja transmitido por mediação do corpo e que não alcance em comum o corpo e a alma, e nada que já não se produza de novo, seja de uma maneira ou de outra, seu efeito corporalmente. A força da alma que opera e se consome em sua vida interior (assim como em sua configuração material externa) nutre-se com o aporte que recebe do mundo material pela mediação do corpo vivo; por outro lado, ela também é consumida pelas contrariedades com as quais se encontra em sua confrontação com o mundo exterior.

Com a saída de uma vida interior, conseguiu-se uma relação totalmente nova de semelhança em relação à divindade: uma contradição de uma vida própria interior e uma figura de um mundo exterior que se eleva acima dela mesma. A vida interior já leva em si o selo da Trindade: enquanto vida independente, é a imagem do Pai; enquanto vida *carregada de sentido* (por causa de seu conteúdo, ainda quando não são ainda conteúdos compreendidos pelo eu mesmo), é uma imagem do Filho, e enquanto *vida*, exteriorização de *força* e irradiação da essência, é uma imagem do Espírito Santo. Mas toda a vida interior e a formação do corpo vivo, assim como a ação no mundo exterior, são ainda, certamente, "acontecimentos" incompreendidos e não livres: não se trata, pois, de um ato pessoal do espírito livre.

§9

A Imagem de Deus no Homem

1. A Alma Humana Comparada com as Formas Inferiores e com os Espíritos Puros

Todas as formas das elaborações corporais constituem "passos" do espírito pessoal à matéria que preenche o espaço, vias ou meios para sua configuração no espaço. Pertencem ao espírito enquanto são seu produto e levam em si mesmas – ascendendo do inferior ao superior –, cada vez mais, a marca de sua natureza. Onde uma vida interior própria está presente – por conseguinte, na alma animal – já se alcançou um primeiro grau de vida espiritual. E onde pessoalmente é formada a vida anímica própria, então a natureza do espírito está plenamente marcada: por isso, a *alma humana* não só é um intermediário entre o espírito e a matéria, mas é também uma *criatura espiritual*, não só uma elaboração ou formação do espírito, mas também um *espírito configurante*. Mas de nenhuma maneira deixa de ser um intermediário e um passo; porque, enquanto forma do corpo, insere-se no espaço da mesma maneira que as formas inferiores, porque sua própria espiritualidade leva em si as marcas de sua ligação com a matéria; enfim, porque é um fundamento oculto, do qual ascende a vida espiritual, por isso, é genericamente distinta dos espíritos puros. Deve-se tentar mostrar como, enquanto forma informante da matéria, a alma se distingue das formas inferiores e como, enquanto espírito, distingue-se dos espíritos superiores. A formação do corpo e da alma ocorre primeiro, antes do nascimento e nas primeiras fases da vida – da mesma maneira que no animal – como acontecimento involuntário. Essa formação involuntária não cessa durante a vida inteira, mas, se outra toma lugar ao seu lado, usurpa-lhe e ganha terreno desde o momento em que começa a *educação*. Enquanto intermediário entre a formação inteiramente involuntária (tal como se apresenta, por exemplo, no crescimento e no desenvolvimento dos membros e dos órgãos: no que chamamos "processos fisiológicos") e a formação voluntária tomada no sentido de livre controle da atitude e da mímica, acha-se o *habituar-se* da criança pequena, comparável à domesticação dos animais.[85] Assim, a criança é habituada a comer e a dormir em horas determinadas, "aprende" a caminhar e a falar (no momento, entendemos por "falar" uma imitação externa de palavras determinadas), antes de ser desperta para a razão, ou seja, de poder utilizar sua vontade e compreender o que se exige dela. Trata-se aqui de uma utilização de instintos maleáveis pela vontade configurante dos adultos, e o resultado parece semelhante ao comportamento de pessoas livres e dotadas de razão, mas, na verdade, não se produz ainda nenhuma formação "pessoal". Esta só é possível quando começa a vida do espírito propriamente dita: quando o eu "desperta" e é consciente de si mesmo no sentido pleno – uma consciência que pode converter-se em *compreensão* autêntica da própria vida e de todo significado que encontra –, e quando o eu pode determinar-se a si mesmo, ou seja, dar à sua ação uma direção e comprometer-se com ela. A educação pressupõe liberdade e compreensão, visto que se dirige à vontade para lhe indicar uma direção para sua ação; mas o fato de tomar essa direção é coisa sua. A "educação corporal" não é, pois, o cuidado do corpo, nem habituação, mas uma direção à vontade com vistas a um planejamento, consciente do fim e livre formação do corpo.

Tal formação livre se torna possível pelo fato de que a alma é forma do corpo, cujo comportamento se expressa naturalmente no corpo, pelo fato de que nessa alma habita o eu, pelo fato de que seus modos de comportamento são sua vida, e – em certa medida – o eu pode suscitá-los e, em uma proporção ainda maior, reprimi-los e opor-se à sua aparição. A ação para o interior do corpo pode também empreender-se e obstaculizar-se voluntariamente. (A expressão da alegria pode reprimir-se, ou, inclusive, produzir-se artificialmente.) Isso torna possível a configuração voluntária do corpo. Mas, já que se trata aqui de influência de um fato que está acontecendo, o "autêntico" e o "simulado" ou "construído" continuarão sendo diferenciáveis para o observador perspicaz. Onde não só se reprime e refreia a expressão corporal, mas também as próprias emoções, aí se pode afirmar que o domínio exterior converteu-se já de novo em uma expressão natural. E quando a harmonia anímica é o resultado de um recolhimento interior, sua "solidão" exterior corresponde ao último termo de uma formação completa que vem da interioridade mais profunda, corresponde a esse recolhimento.

---

[85] Não é o mesmo, porque a vida da alma da criança constitui o primeiro passo para a vida espiritual pessoal e formada, com a possibilidade de passar de um grau a outro.

As considerações anteriores permitiram deixar claro que a "formação livre" ou a "autoconfiguração" não é só uma configuração do corpo, mas também – e sobretudo – uma configuração da própria alma. O homem é uma pessoa espiritual, porque está em uma livre posição não só frente a seu corpo, mas também frente à sua alma, e é na medida em que tem poder sobre sua alma que tem poder também sobre seu corpo.

A capacidade de uma autoconfiguração na alma depende, ao mesmo tempo, do que tem em comum com o espírito puro e do que a diferencia dele. O que tem em comum é o fato de ser consciente da vida de seu eu, de poder influir livremente em seu desenvolvimento. O que a diferencia é que seu comportamento livre não engloba todo seu ser, mas é intervenção em algo que está feito, que seu comportamento deixa nela marcas e que, por isso, recebe, primeiro, desenvolvimento e forte impressão. O espírito puro recebe sua essência como uma forma nitidamente definida e a desenvolve em sua vida, sem ter que mudar nada.[86] A alma deve primeiro chegar à posse de sua essência, e sua vida é o caminho que a conduz até aí. Por isso, a "configuração" é aqui possível e necessária. Mas, para que essa configuração seja uma configuração *livre* e não um evento involuntário como a configuração da alma animal, pelo processo de seu desenvolvimento natural, é necessário que a alma possa possuir um conhecimento sobre si mesma e que possa tomar posição frente a si mesma. A alma deve "chegar até si mesma" em dois sentidos: *conhecer-se* a si mesma e *chegar a ser* o que ela deve ser. Sua liberdade participa dessa duas operações. Mas também o fato de chegar até si mesma pelo caminho do conhecimento tem vários sentidos, visto que tanto o "conhecimento" como o "si mesmo" são ambíguos. Já falamos ocasionalmente disso.

2. Graus do Conhecimento de Si[87]

Neste momento, estamos diante da tarefa de desenvolver o sentido do termo "conhecimento" em todos os seus aspectos. Ater-nos-emos somente a diferentes possibilidades e a diversos graus do conhecimento de si, visto que, dessa maneira, se possa descobrir, ao mesmo tempo, algo da essência

---

[86] Prescindindo da "inversão" da essência na decisão única dos anjos caídos.

[87] Para este parágrafo e o seguinte, ver o Apêndice I desta obra sobre "O Castelo interior".

da alma espiritual. A forma mais originária do conhecimento de si é a consciência que acompanha a vida do eu. O eu é aqui o consciente de si e de sua vida. O fato de que o "estar-aí-para-si" pertença a seu ser (= vida), o fato de que o eu leve consigo um "si mesmo", o reflexo da vida espiritual que há dentro, tudo isso dá ao "si mesmo" seu sentido mais originário.

Essa consciência não é um "ato" próprio, não é uma independente unidade de vivência, e o eu consciente de seu "si mesmo" não é um "objeto": ou seja, que não há ainda um enfrentamento de conhecimento e conhecido como na percepção externa e interna. Já se observou que, com a vida originária indivisa da vida do eu está unida um captar mais além do "eu puro". Eu vivo meus sentimentos ou ações vitais como se surgissem de uma profundidade mais ou menos grande. O fundo obscuro de onde se eleva toda vida espiritual humana – a alma –, apresenta-se à luz da consciência na vida do eu (sem que com isso chegue a ser "transparente"). Com isso, a vida do eu se descobre como uma vida anímica e, ao mesmo tempo – pela saída de si mesma e a ascensão para a luz – descobre-se a vida como espiritual.[88] O "si mesmo" se estende a partir do Eu puro pontual ao redor do "espaço" da alma, que engloba o eu, sem poder elevá-lo todo inteiro para a luz, que não o preenche, mas que pode penetrá-lo. Eu e alma não estão justapostos, um não é separável da outra: à alma humana pertence um eu pessoal, que habita nela, que a abraça e em cuja vida seu ser se faz presente, vivo e consciente. O eu humano é algo cuja vida surge da profundidade obscura de uma alma.

A obscuridade iluminável da alma faz compreender que o conhecimento de si (no sentido de conhecimento da alma) deve conceber-se como uma posse que aumenta aos poucos. Que sua aquisição possa ser uma tarefa, supõe que ela pode realizar-se livremente. A consciência originária que acompanha toda a vida do eu enquanto pertencente a ele está simplesmente presente, sem ser introduzida deliberadamente. Mas pode converter-se em uma *atividade* cognoscitiva que, enquanto *atividade*, é livre; e porque é livre, o passo que conduz a ela pode já se realizar livremente. Quando eu me inclino a uma emoção espiritual vivida, por exemplo, uma alegria, então essa inclinação já não é – como a consciência que acompanha – um componente constitutivo da própria alegria, mas algo de novo, uma independente

---

[88] Já mencionamos antes que, por meio dos nexos entre o eu, alma e corpo vivo, também este está englobado no "si mesmo".

unidade de vivência. A alegria e o captar que está dirigido a ela situam-se como objeto e como o conhecer dirigido ao objeto.[89] A inclinação que se faz notar é o primeiro passo para o conhecimento no sentido estrito e próprio do termo: a apropriação de parte do intelecto que estabelece o *que* é conhecido, e o capta e o ordena conceitualmente; ela continua além disso suas relações, sua origem e sua meta, suas condições e suas consequências. À diversidade do ser e da vida anímica corresponde a diversidade dos modos de conhecimento que permitem captá-los. A atenção pode voltar-se para o conteúdo da vivência – por exemplo, a alegria – para deixar claro o que é a alegria em geral. Podemos aqui prescindir desse conhecimento universal da essência, porque não nos conduz mais ao conhecimento de si (quando menos não de modo imediato). Mas também é possível que o olhar seja guiado para a profundidade oculta da alma, que é esclarecida na vivência. Eu fiz algo de que até aqui não me tinha julgado capaz, e, precisamente agora, dou-me conta de "que classe de homem sou". Isso pode produzir-se também de diferentes maneiras. Existe uma maneira de considerar-se a si mesmo, assim como se considera a outros: pela percepção, a determinação e a observação que vêm, por assim dizê-lo, do exterior.[90] É o que chamamos "percepção interna". A experiência de si e a observação de si se fundam nisso e conduzem à mesma direção. A educação de si mesmo pode conectar-se aí. Eu tento pintar, e descubro que isso não me sai mal e decido desenvolver o talento que acabo de descobrir. "Surpreendi-me", alguma vez, por um juízo precipitado, e vejo nisso um mau costume que devo combater. Tais constatações, nas quais me enfrento a mim mesmo como se se tratasse de um objeto, mostram – como dissemos mais acima – a alma como um todo côisico, com qualidades que se manifestam no comportamento, e são, por sua vez, influenciáveis pelo comportamento. E já que esse comportamento é "meu" comportamento, coisa de minha liberdade, por isso tenho o poder de contribuir na configuração de minha própria alma. Mas, com essa reflexão e esse procedimento de si mesmo, não se alcança a essência da alma e, por conseguinte, nem uma autêntica configuração do ser. Não a

---

[89] Sobre se tal "objetivação" é possível enquanto a alegria é ainda viva ou só depois de sua desaparição, não é necessário examiná-lo aqui.
[90] Por outro lado, existe uma espécie de "vida em comum" com outro, que está mais próxima da vida original própria que de uma percepção externa. Conhecimento de si e conhecimento de outro se encadeiam de uma maneira particular e se condicionam mutuamente. Mas não convém examinar aqui esse ponto de vista em detalhe.

constatação que se acrescenta, mas a vivência originária descobre algo da essência da alma, que não simplesmente "se manifesta" nessa vivência, mas *vive* e aparece nela. Só enquanto processo originário de vida é possível uma autêntica configuração essencial.

Aqui não entendemos por "essência da alma" a essência *universal* (o que é uma alma em geral), mas o próprio de cada alma humana, sua "característica pessoal". Quando, apoiando-me em um ensinamento, adquiro a convicção intelectual de que é injusto julgar precipitadamente, quando noto em mim, da maneira indicada anteriormente, esse erro, e me proponho a combatê-lo, é, então, possível que eu consiga mudar de maneira clara para mim e para os outros, e em tudo isso não é necessário que aconteça algo no profundo. Sou "basicamente ainda o mesmo homem". Outra coisa muito diferente é se eu, por exemplo, ofendi gravemente a um homem por um julgamento leviano e noto então "o que fiz". Aqui, *experimento* de uma maneira originária e própria o que é julgar. Estou impressionado pela gravidade das consequências de minha conduta, tenho vergonha de minha própria leviandade. É a *contritio*, a contrição com arrependimento para a alma capaz de se renovar autenticamente. O mal é, então, atacado realmente pela raiz. Agora, não devemos esclarecer a questão que se nos apresenta: sobre o que há de natural e de sobrenatural em tal processo. É a estrutura natural da alma que convém explicitar, antes de poder compreender, onde se situa nela uma possibilidade de influências sobrenaturais.

Tem-se falado várias vezes da alma como de um "espaço", de sua "profundidade" e "superfície". Dá a indicar o mesmo a imagem do castelo da alma que possui moradas exteriores e inferiores e, finalmente, uma morada mais interior. O eu é o habitante desse castelo, e pode permanecer em uma das moradas exteriores, ou, então, retirar-se mais para o interior. Os exemplos indicados podem ajudar-nos a compreender o sentido dessas imagens; essas continuam sendo sempre um expediente para ilustrar as relações absolutamente não espaciais. O eu, que se percebe a si mesmo, observa e plasma como uma coisa exterior, não se põe abertamente no interior. Parece quase como se tivesse abandonado o castelo para observá-lo de fora. Pois bem, isso, evidentemente, não é possível, pois a consideração de si mesmo é "vida do eu", e o eu não tem vida que não seja vida da alma; separado da alma não seria nada. Quando adota espiritualmente o ponto de vista de uma testemunha para observar-se a si mesmo, permanece, no entanto, prisioneiro em si mesmo com esse pôr-se em outro lugar. Mas se pode di-

Imagem da Trindade na Criação   451

zer que abandonou o lugar natural de seu ser, o centro de gravidade, que renunciou à orientação vital originária e que não possui a força vital plena, indivisível e intacta. Mas, quando se encontra em um ponto em que não é inteira e indivisivelmente ele mesmo, tampouco pode compreender-se inteiramente com sua força configuradora.

3. Essência, Forças e Vida da Alma

A alma, enquanto um todo, foi considerada como força essencial do corpo. Mas ela mesma (assim como se via em relação à alma do animal) é algo formado e leva sua forma em si. A essência da alma (entendida de novo como essência singular: a essência que é própria a *tal* homem, que faz dele o que é) é a que dá forma a suas "forças" e à sua "vida", e esta formação repousa sobre o fato de que na própria essência, como o dissemos, "sentido" e "força" devem ser diferenciados.

O sentido é configuração do fim para o qual a alma está orientada mediante sua determinação essencial; a força ou potência de ser lhe foi dada para chegar a ser o que deve ser. A força se desenvolve na vida da alma ("vida" entendida no triplo sentido de configuração do corpo vivo, do fato interno anímico inconsciente e de vida consciente do eu). A vida do eu é, por sua vez, formada, cheia de sentido. Recebe sua determinação de sentido por meio da essência da alma, mas não está aí sua fonte única. A vida do eu é – se não por completo, pelo menos preponderantemente – uma confrontação da alma com algo que não é ela mesma: com o mundo criado e, finalmente, com Deus; trata-se de recepção de impressões, de elaboração interior e de resposta a elas; assim se determina a diversidade de seu conteúdo do sentido e sua articulação em uma sucessão e uma justaposição de unidades de vivências em si conclusas, enquanto a unidade do "fluxo de vivências" repousa sobre a corrente de vida ininterrupta que atravessa todas essas unidades. Correspondendo às direções fundamentais da vida do eu (enquanto recebe as impressões, as elabora interiormente e responde a elas), forma-se, ao mesmo tempo, uma a força anímica em uma pluralidade de "forças" (= potências) orientadas de diferentes maneiras: forças de conhecimento orientadas a receber (forças "inferiores" e "superiores", ou, então, "sensíveis" e "espirituais", correspondentes à estrutura e à divisão do mundo objetivo), forças que conservam e elaboram interiormente (das quais falaremos ainda com maior particularidade) e forças que respondem chamadas pela expressão escolástica *vires appetitivae* – forças instintivas – e divididas tradicionalmente, também, em potências inferiores e superiores, em potências sensoriais e em vontade.[91] A configuração elaborada de uma diversidade de "forças" não elimina a unidade da alma e da força que lhe é imanente. Temos disso a confirmação experimental no fato de que um forte consumo de força por uma espécie determinada de atividade constitui um obstáculo para outra atividade cuja orientação é diferente.

Além disso, deve-se considerar que, na alma humana – assim como nas formas essenciais dos seres vivos inferiores –, a medida de força que lhe corresponde segundo sua determinação essencial não está presente desde o princípio de sua existência, mas, em primeiro lugar, deve adquirir tal medida no decorrer de seu desenvolvimento. Sua própria vida é um constante consumo de força, mas é essa vida que conduz a abrir suas fontes de força. Isso se produz primeiro por meio da estrutura do corpo vivo, do qual a força anímica recebe sempre novos aportes que a renovam (ainda que a vida corporal, assim como a força interna anímica, represente um consumo de força permanente); mas acontece isso também pelos aportes que provêm do mundo situado mais além do eu, mundo que é acessível por meio da vida do eu. A clara luz do sol e o azul radiante do céu, uma paisagem serena, o riso alegre de uma criança, uma palavra de alento, tudo isso pode despertar uma nova vida na alma. O que cai sob os sentidos é a expressão do espiritual que exige ser recebido na alma para adquirir a vida. Mas, enquanto se recebe essa vida na alma, desenvolve-se uma força dispensadora de vida. Nisso se revela, uma vez mais, um novo nexo entre "sentido" e "força". O sentido separado do nexo de vida das pessoas espirituais, tal como se nos apresenta nas elaborações impessoais criadas pelo espírito, está, por assim dizê-lo, carregado de força (de "energia potencial") e se descarrega quando entra de novo na conexão de vida de uma pessoa espiritual. Isso se realiza no interior da alma, onde se elaboram os conteúdos de sentido que ela recebeu.

---

[91] O exame mais detalhado dessas forças seria tarefa de uma "doutrina da alma". Assim o compreendeu a velha "psicologia metafísica"; a "psicologia empírica" do século XIX deixou de lado essa tarefa a favor de uma consideração da vida consciente da alma. Encontramos na obra de A. Pfänder, *Die Seele des Menschen. Versuch einer vertehenden Psychologie*, Halle, 1933, um passo decisivo para tornar compreensível a partir da própria essência da alma sua estrutura e sua vida.

4. O Íntimo da Alma

Compreender bem o íntimo da alma é o mais importante para esclarecer melhor a peculiaridade da alma humana. As forças de conhecimento preveem, ao mesmo tempo, o serviço exterior no castelo da alma; permitem às coisas do mundo exterior penetrar nele, ou até vão inclusive ao seu encontro; os sentidos constituem as portas de entrada para as coisas que "caem sob os sentidos"; o intelecto penetra como dono na profundidade espacial, que está situada mais além do âmbito sensível e no "íntimo" das coisas que não cai sob os sentidos, mas que é acessível por meio do mundo sensível. A percepção sensível, como o conhecimento do intelecto, é uma unidade de vivência de uma duração mais ou menos longa. Desaparece para deixar lugar a novos motivos vitais. Mas, ao desaparecer, não perde, no entanto, seu conteúdo. O conteúdo de sentido que foi recebido uma vez é conservado no íntimo, durante um tempo mais ou menos longo, possivelmente também para sempre. A primeira classe de acolhida e de conservação interiores é de maneira *correspondente à memória*.[92] O que desaparece da consciência não se perde para a alma; conserva-o e, de vez em quando, o traz de novo "à luz do dia": às vezes sob a forma da recordação, em que toda a anterior unidade de vivência "se faz viva de novo", às vezes como parte constitutiva de seu tesouro de conhecimento e de experiência, que aumenta pouco a pouco, separado das circunstâncias da recepção originária: um pouco à maneira como um teorema se utiliza em uma demonstração, ou como uma regra geral de vida ajuda a tomar uma decisão em dado momento. A duração da conservação na memória depende – não exclusivamente, mas sim em uma ampla medida – de seu grau de penetração originária. E para isso é de novo importante saber em que profundidade aconteceu a acolhida. A atividade do intelecto deve aceitar essa interpretação proveniente de diversas partes, como se constituísse nela mesma algo relativamente superficial.

Tal valoração desdenhosa se apresenta como uma reação à época da *Aufklärung* (Iluminismo), caracterizada por uma supervaloração unilate-

---

[92] Segundo a concepção tomista, a memória não é considerada como uma faculdade fundamental ao lado do entendimento e da vontade, mas como sensível e espiritual, ordenada à faculdade do conhecimento inferior e superior. De fato, sem a atividade da memória, não seria possível nenhum conhecimento. No entanto, encontramos nos escritos de nossa santa madre Teresa e do santo padre *João da Cruz* a divisão em três faculdades: entendimento, memória, vontade, tal como o havia fixado Santo Agostinho (*De Trinitate*, X).

ral da razão.[93] Tem em si a aparência de que, de fato, é possível uma ação racional que deixa intactas as profundidades da alma. Mas tal superficialidade não está fundada na essência da razão, e, sim, sua força própria não chega, nesse caso, a seu pleno desenvolvimento. É possível que dois homens ouçam juntos uma notícia e que captem racionalmente com clareza o conteúdo: por exemplo, o anúncio do assassinato sérvio do rei, no verão de 1914. Um deles "não considera as consequências" do que acaba de saber, continua tranquilamente sua vida e, alguns minutos mais tarde, continua a se preocupar com seus projetos de férias. O outro está profundamente transtornado; prevê uma grande guerra europeia em perspectiva, vê-se ele mesmo obrigado a abandonar sua carreira, e, envolvido no grande acontecimento, já não pode livrar-se desse pensamento, e vive na espera tensa e febril do que vai acontecer. A notícia penetrou profundamente no íntimo do seu ser. A compreensão tem lugar nessa profundidade e, visto que toda força espiritual vive nessa profundidade, penetra a compreensão em tudo o que se relaciona com ela, na "gravidade das consequências" do acontecido.[94] Trata-se de um pensar em que se encontra comprometido "o homem inteiro". Deixa-se perceber facilmente em seu aspecto externo. Atua nos órgãos corporais: sobre o pulsar do coração e da respiração, sobre o sonho e sobre o apetite. A razão disso é que "pensa com o coração". O *coração* é o verdadeiro *centro da vida*. Designamos assim o órgão corporal cuja atividade governa a vida do corpo. Mas é costume compreender por coração a interioridade da alma, seguramente é o coração que participa mais fortemente no que acontece no fundo da alma, já que é aí onde se pode perceber mais claramente a conexão do corpo e da alma, mais que em nenhuma outra parte.

No interior é onde a essência da alma irrompe para dentro. Quando o eu vive – no fundo de seu ser, onde ele está totalmente como em sua casa e a ela pertence –, adivinha, então, algo do sentido de seu ser, experimenta sua força concentrada nesse ponto, antes de sua partição em forças indivi-

---

[93] Assim na *sensibilidade* do século XVIII e do romantismo, nos princípios do século XIX; em nossa época, trata-se de uma reação contra o racionalismo neokantiano.

[94] Santo Tomás considera como traço distintivo dos espíritos superiores em relação com os espíritos inferiores o fato de que os primeiros captam mais com um só olhar, e que têm uma faculdade maior de visão de conjunto (ver *De veritate*, q. 8, a. 10; *Summa theologica*, q. 55, a. 3). Ele atribui essa particularidade ao fato de que possuem formas de conhecimento mais gerais, mas diz respeito também à força do espírito para penetrar realmente até todo o atingível.

duais. E se vive dessa interioridade, então vive uma vida *plena* e alcança o cume do seu ser. Os elementos recebidos do exterior e que entram até aqui permanecem não só posse a título de lembranças, mas transformam-se em "carne e sangue".[95] Assim, pode converter-se nela em uma fonte dinâmica dispensadora de vida. Por outro lado, é possível também que um elemento estranho à essência penetre no interior, o que tem por efeito consumir a vida da alma, e pode chegar a ser para ela um perigo mortal, se não reúne todas as suas forças para rechaçar esse elemento.

A elaboração interna do que penetra na profundidade da alma não acontece em um momento, mas exige um tempo longo ou curto; em certos casos, pode estender-se por um período muito longo. Logo, na elaboração interna está unido comumente com um tomar posição, dirigido para o exterior, talvez também com ações. A notícia, que do exterior penetra no interior, encontra sempre essa interioridade em uma disposição determinada, que é sentida pela alma como um *estado de ânimo*. O que entra na alma pode trazer uma modificação dessa disposição: a alma se sente ameaçada em seu ser, e reage com medo e temor. Isso entranha, ao mesmo tempo, uma disposição interior mudada. Se antes a alma se encontrava "consigo" em repouso e em paz, o que domina agora é a preocupação e a agitação, assim como uma tomada de posição para fora: contra o que a ameaça.

Primeiro, trata-se de um acontecimento dentro da interioridade da alma e de um "responder" involuntário. Mas daí pode surgir uma ação livre e, finalmente, uma atividade que se estende ao mundo exterior. O que penetra no interior constitui sempre uma chamada à *pessoa*. Uma chamada à sua *razão* enquanto força para que se "perceba" espiritualmente, ou seja, para *compreender* o que acontece. Trata-se aqui de uma chamada à *reflexão*, ou seja, à busca do *sentido* do que se lhe apresenta. Uma chamada à *sua liberdade*: já a busca intelectual do sentido é um ato livre. Mas além disso, a alma exige um comportamento conforme com esse sentido: aquele que descobre, em seu trabalho, que se declarou o fogo em sua casa, está obrigado a interromper suas ocupações e se pôr a apagar o fogo. Tão irracional seria continuar a trabalhar como "paralisado pelo medo" sem fazer absolutamente nada.

---

[95] Marie von Ebner-Eschenbach (1830-1916) disse, uma vez, que a formação é o que subsistiria se chegássemos a esquecer tudo o que aprendemos. Claramente refere-se ao que se transformou em carne e sangue.

456 Capítulo VII

A vida pessoal-espiritual da alma está inserida em um grande conjunto que é, ao mesmo tempo, uma relação de ação: cada sentido compreendido exige um comportamento correspondente e possui, ao mesmo tempo, uma força motora para impulsionar a alma à ação exigida. Encontramos geralmente o termo *motivação*[96] para designar essa "colocação em movimento" da alma *por* algo pleno de sentido e de força, e para um comportamento igualmente pleno de sentido e de força. Percebe-se aqui, de novo, como sentido e força estão ligados na vida espiritual. Ao mesmo tempo, é evidente que não se trata, de nenhuma maneira, aqui, de um acontecimento natural, mas de *chamada e resposta*. A pessoa não está "obrigada" pelo que se lhe apresenta: sem dúvida, no princípio, pode ser levada a uma involuntária tomada de posição como resposta; no entanto, não deve deixar-se simplesmente "arrastar" pela sequência, mas deve "tomar posição" livremente frente à sua própria tomada de posição – rechaçá-la ou entregar-se a ela –, deve fazer uso de sua razão, dar-se conta exatamente de sua posição, e encontrar inteligentemente o modo de se conduzir e utilizar livremente sua força na direção exigida.

O eu pessoal se encontra inteiramente como em casa no mais interior da alma. *Se* vive nessa interioridade, dispõe da força completa da alma e pode utilizá-la livremente. Além disso, está, então, o mais próximo possível do sentido de tudo o que acontece, e está aberto às exigências que se lhe apresentam, muito bem preparado para medir seu significado e sua transcendência. Mas poucos homens vivem tão "recolhidos". Na maior parte deles, o eu se situa mais na superfície, certamente só ocasionalmente é "sacudido" por "acontecimentos importantes" e levado à profundidade, então trata de responder ao acontecimento com um comportamento conveniente, mas, depois de um tempo mais ou menos longo, volta novamente à superfície.

O que penetra do exterior, amiúde, é tal que pode ser "despachado" mais ou menos bem a partir de um lugar situado na superfície, ou a partir de um lugar que não está situado muito profundamente. Não é necessária a última profundidade para compreender isso mais ou menos, e não é tampouco indispensável responder a isso utilizando toda a força.

---

[96] Ver A. Pfänder, *Motive und Motivation* (*Münchener Philosophische Abhandlungen*, Lipps-Festschrift), Leipzig, 1911, p. 163 e seg., e E. Stein, *Beiträge zur philosophischen Begründung der Psychologie und der Geisteswissenschaften*, em *Husserls Jahrbuch*, t. V, Halle a. S., 1922, p. 34 e seg.

Mas o que vive recolhido na profundidade vê igualmente as "coisas pequenas" dentro dos grandes complexos; é o único que pode apreciar de uma maneira justa seu passo – medido segundo as últimas regras – e regular seu comportamento de maneira adequada. Só nele está orientada a alma para a formação completa e última e até a plenitude de seu ser. O que só ocasionalmente volta à profundidade da alma, para logo de novo permanecer na superfície, nele a profundidade fica sem ser desenvolvida e não pode de nenhuma maneira desdobrar sua força formante para as camadas situadas mais no exterior. Pode haver homens que, em todo caso, não cheguem nunca ao mais fundo de si mesmos, e, por isso, não só não alcançam jamais a plenitude de seu ser, a formação completa de sua alma no sentido de sua determinação essencial, mas que nem sequer logram uma primeira posse "provisional" de si mesmos, que é condição para a posse completa e que se alcança já durante uma instância passageira na profundidade: um saber – ao menos de uma maneira obscura – sobre o sentido de seu ser e a força para trabalhar por si mesmo com um fim intencionado, assim como o compromisso de alcançar o fim. Tal saber traz consigo a "iluminação" das profundidades durante os acontecimentos da própria vida. Mas essa luz pode também ser transmitida pelo ensinamento intelectual (e, em primeiro lugar, pela doutrina da fé, que define, nesse sentido, a vida humana). Esses dois aspectos são chamados à alma para incitá-la a "voltar-se a si mesma" e a viver a vida do ponto de vista de sua interioridade mais profunda.

A interioridade mais profunda da alma é o "mais espiritual" nela. Ainda que as impressões transmitidas pelos sentidos cheguem até aí, e ainda que aquilo, que aqui acontece, atue para a formação do corpo vivo, trata-se, no entanto, de um ser separável de toda sensibilidade e de toda corporeidade: podemos representar-nos uma "vida interior" da alma capaz de subsistir no momento de sua separação do corpo e da eliminação de todas as impressões sensíveis. É assim como convém representar-se a vida da alma depois da morte e antes da ressurreição do corpo. Se nos ativermos aos testemunhos dos místicos, assim é sua vida nesses estados de êxtase, nos quais ela é "arrebatada", os sentidos não são receptivos às impressões externas, o corpo está como morto, mas o espírito chega na contemplação à vida mais alta e à plenitude do ser.

Da interioridade mais profunda resulta também a "irradiação" da própria essência, o involuntário sair espiritual de si mesma. Quanto mais recolhido está o homem no mais profundo de sua alma, tanto mais poderosa é essa irradiação que emana dele e atrai outros a seu círculo. Mas, quanto mais marcado, leva também todo comportamento livre espiritual o sinal da particularidade pessoal que se situa na interioridade mais profunda da alma. Além disso, o corpo está mais fortemente impregnado dela e, por isso mesmo, "espiritualizado". Aqui se encontra o verdadeiro centro do ser corporal-anímico-espiritual.

Em que pode consistir a vida da alma quando não recebe já nenhuma impressão exterior, nem se ocupa já mais do que conserva em si em sua memória? Dissemos que, em sua interioridade, a alma se abre a si mesma; sente o que ela mesma é e o estado em que se encontra. Mas tais considerações não devem, de nenhuma maneira, converter-se no objeto de uma falsa interpretação, como se a alma pudesse nesta vida conhecer-se naturalmente "como ela é conhecida",[97] ou seja, tal como Deus a conhece. Dissemos que a alma "sente", porque se trata, sem dúvida, de um conhecimento espiritual, mas de nenhuma maneira de um conhecimento racional claro que se deixasse captar conceitualmente e traduzir em palavras. Algo disso se impõe também quando a alma não permanece em si mesma, mas que atua para o exterior em contraposição com o mundo; na "voz da *consciência*" que a guia para o ato justo e a retém frente à injustiça, que julga sobre os atos quando esses se realizaram, e sobre a situação na qual eles a deixam.

A consciência manifesta como os atos estão arraigados na profundidade da alma, e retém o eu – apesar de sua livre mobilidade – nessa profundidade: a voz que sai do profundo o chama sem cessar ao lugar ao qual corresponde para dar conta de seus fatos e se convencer do que produziu sua ação, porque os atos deixam suas marcas na alma: em seguida, a alma se encontra em um estado diferente do anterior. A alma é um algo em si: é tal como Deus a colocou no mundo. E esse *quid* possui sua índole particular que imprime uma marca própria à vida inteira, na qual se desenvolve: ela é quem faz com que, quando dois fazem o mesmo, isso não seja o mesmo. Em sua interioridade, a alma sente o *que* ela é e *como* é, de uma maneira obscura e inefável que lhe apresenta o mistério de seu ser *enquanto* mistério, sem descobri-lo. Por outro lado, ela leva em seu *quid* a determinação do que deve *chegar a ser*: por meio do que recebe e do que faz. Sente se isso que acolhe em si com seu ser próprio, se lhe é proveitoso ou não, se suas ações vão ou não no sentido de seu ser. A isso corresponde o estado em que ela se "encontra" depois de todo contato e confrontação com o mundo.

---

[97] 1 Cor 13, 12.

A vida consciente da alma em seu fundamento naturalmente só é possível quando ela desperta para a razão. Então, leva já o sinal do antes produzido por ela e com ela; não pode captar-se desde o princípio de sua existência nem como o que ela era no princípio de sua existência. Por outro lado, sua vida natural se assenta na confrontação com o mundo e operando nele. Por isso, a orientação natural de sua vida é o sair-se de si e não o recolhimento no interior e o permanecer "em si". Ela deve ser *atraída* para o interior de si mesma – como pelas "exigências" que se lhe apresentam e pela "voz da consciência" –; mas, naturalmente, a tendência para o exterior será sempre mais forte, de maneira que a permanência na interioridade não dura longo tempo. Também devemos considerar que o eu não encontra naturalmente grande coisa quando entra em si e desfaz todo elo com o mundo exterior: ou seja, não somente fecha as portas de seus sentidos, mas também prescinde das impressões do mundo conservadas na memória e do que "percebe" em si mesmo, quando se considera como um "homem neste mundo", o papel que desempenha no mundo, os talentos e as aptidões que tem. Enquanto objeto da percepção interna, da experiência e da observação interior, o homem – e a alma tanto como o corpo – oferece abundantemente matéria para a captação. Assim mesmo, para muitos, o "eu próprio" (nesse sentido) é mais importante que o resto do mundo inteiro. Mas o que se capta nessa percepção e nessa observação interiores são forças e capacidades para a atuação no mundo e os efeitos de tal ação: não se trata da interioridade propriamente dita, mas de um sedimento da vida anímica originária, de crostas que se depositam – crescendo continuamente – no interior.

Se se retira realmente de tudo isso para ir ao interior, não se encontra, com efeito, o nada, mas um vazio e um silêncio desacostumados. O fato de escutar as "batidas de seu próprio coração", ou seja, o próprio ser anímico interior, não poderia satisfazer o impulso da vida e da ação do eu. Não se deterá aí por longo tempo, se não é retido por outra coisa, se a interioridade da alma não está plena e posta em movimento por outra coisa além do mundo exterior. Mas é isso o que fizeram sempre os conhecedores da "vida interior": foram atraídos para sua interioridade mais profunda por algo que atraía mais forte que todo o mundo exterior: aí experimentaram a irrupção de uma vida nova, pujante, superior, sobrenatural, divina.

"... Se procuras um lugar elevado, um lugar santo, transforma-te interiormente em templo de Deus, porque o templo de Deus é santo e vós sois o templo." "Queres orar no templo? Ora em ti mesmo. Mas antes deves che-

gar a ser templo de Deus, porque em seu templo Ele escuta o que ora."[98] "...
Livra-me do erro; sê Tu meu guia e que eu me volte para mim e para Ti."[99]

A graça mística dá como experiência o que ensina a fé: a habitação
de Deus na alma. Aquele que, guiado pela verdade da fé, busca a Deus,
esse dirigirá por livres esforços ao lugar preciso o que é atraído pela graça
mística: livrando-se dos sentidos e das "imagens" da memória, e, ainda, da
atividade natural do intelecto e da vontade, retirar-se-á na solidão vazia de
sua interioridade, para aí permanecer na fé obscura, em um simples olhar
amoroso do espírito orientado para o Deus oculto, que, velado, está presente.[100] Aqui perseverará em uma paz profunda – porque se acha no lugar
de seu repouso – até que o Senhor queira transformar a fé em visão. Eis
aqui esboçada em alguns traços a *Subida* do Monte Carmelo, tal como nos
ensinou nosso padre são João da Cruz.[101]

5. Poder, Dever e Vida Interior

Para a habitação de Deus na alma e para que seu ser fique ancorado no
divino, existe ainda outro caminho de acesso que parte da experiência interior: a partir da vivência, de "poder" e "dever", ou do que está ligado a
essa vivência, ou seja, a relação da liberdade do eu com a força que está à
sua disposição.

A força que está sempre à disposição de um homem enquanto posse
já presente, e até a medida suprema que lhe está reservada, segundo sua
determinação essencial, constitui uma "medida", ou seja, está limitada, um
tamanho finito. Cada ato livre é um "rendimento" que consome forças, e,
finalmente, pode produzir-se um esgotamento natural, se não veem abun-
dantes afluências das fontes de que falamos acima. Assim, pode apresentar-se o caso de que o eu não se sinta já capaz de responder a uma que
percebe. O médico que, depois de uma jornada sobrecarregada de trabalho,
é chamado de novo, à noite, para ver um doente, pode não se sentir em

---

[98] Augustinus, *In Jo.* 15, 25 (Przywara, *op. cit.*, p. 135).
[99] Augustinus, Soliloquia, II, 6, 9 (Przywara, *op. cit.*, p. 135).
[100] Mas esse sair-se do mundo e de si mesmo terá um sentido completo e será fecundo só sob
a ação da graça e nos limites que ela indicar.
[101] *Gesammelte Schriften des hl. Johannes vom Kreuz*, t. 1 (edição teatina, Munique, 1930).

condições para sair uma vez mais. Mas a exigência não cala. É uma vida humana que está em jogo: "Podes porque deves." Essa máxima, que se leu talvez com alguma estranheza na *Crítica da razão prática* de Kant, aqui se impõe como expressão da exigência vivida. Pode acontecer que, no caso particular, o sentimento de impotência não seja mais que uma autoilusão, que, se reunisse as forças naturais, seria ainda capaz de atuar. Mas é possível também que o "dever" constitua uma obrigação que supere a força natural. (Não se quer dizer por isso cada exigência que se apresenta aos homens – contanto que seja justa –, obrigue dessa maneira. Frente às exigências humanas, há simplesmente um *ultra posse nemo obligatur* em que o *posse* se determine segundo a medida da força natural.)

No mandamento do dever se manifesta a liberdade do eu, ainda frente à sua própria natureza (é o que quer dizer Kant). Mas isso não quer dizer que o eu seja capaz por si mesmo de rendimentos que superem sua natureza. Com isso se lhe reconheceria uma força criadora como nenhuma criatura pode possuir. Se se obrigasse a algo que sobrepassasse sua força natural, isso só seria possível no sentido de que se tivesse apoiado sobre uma fonte de energia situada fora de sua própria natureza. A fé nos dá a resposta a isso, indicando-nos onde se deve buscar essa fonte de energia. Deus não exige nada dos homens sem lhes dar, ao mesmo tempo, a força necessária para isso. A fé o ensina, e a experiência da vida, fundada sobre a fé, o confirma. A interioridade mais profunda da alma é um recipiente em que o espírito de Deus (a vida da graça) se difunde com profusão, quando se abre a ele em virtude de sua própria liberdade. E o espírito de Deus é sentido e força. Dá à alma uma vida nova e a torna capaz de rendimentos aos quais não teria podido pretender segundo sua natureza; ao mesmo tempo, orienta sua ação. No fundo, toda exigência cheia de "sentido" que se apresenta à alma com uma força de obrigação é "palavra de Deus". Não existe nenhum "sentido" que não tenha no *Logos* sua pátria eterna. E aquele que, complacente, acolhe em si tal palavra divina recebe precisamente, com essa palavra, a força divina para lhe corresponder. Mas todo crescimento de graça constitui também um fortalecimento do ser espiritual e abre à alma uma compreensão mais rica e mais fina para a "palavra divina", para o sentido sobrenatural, que se expressa a partir de todo acontecimento e se faz perceptível, também, como "dando ânimo" em sua interioridade. Por isso, a alma que, em virtude de sua própria liberdade, se apoia no espírito de Deus ou na vida da graça é capaz de uma renovação e de uma transformação total.

462 Capítulo VII

Sua ação livre sustentada pela graça tem poder frente a todo comportamento involuntário da alma. É impossível mostrar aqui, em toda sua extensão, a ação combinada de natureza, de liberdade e de graça[102] na configuração da alma; só se explicará mediante um exemplo.

Talvez, a proposição expressa mais acima "o amor é o mais livre que existe" tenha suscitado a surpresa e uma viva oposição. Naturalmente, consideram-se o amor e o ódio como poderes elementares que irrompem na alma, sem que ela possa defender-se. Os homens já tiveram o costume de dizer, quando falam de suas inclinações e de suas antipatias, que, frente a elas, "nada podem fazer". E, de fato, a alma "responde" à "impressão" que recebe de uma pessoa – amiúde no primeiro encontro e senão por meio de um conhecimento mais longo – involuntariamente com simpatia ou com antipatia, quiçá também com indiferença; sente-se atraída ou rechaçada; e pode-se encontrar aqui uma confrontação cheia de sentido de seu ser próprio com o estranho; um sentir-se atraído ao que lhe promete um enriquecimento ou uma exigência ou um retrair-se diante de alguém que signifique um perigo para ela. Por outro lado, aqui são possíveis graves ilusões: aparências podem esconder o ser verdadeiro do homem e, por conseguinte, também, o significado que lhe corresponde em relação a outros homens. Esses movimentos naturais não constituem, pois, algo que se poderia simplesmente não levar em conta; mas tampouco seria "racional" abandonar-se a eles simplesmente: esses movimentos naturais podem e devem ser objeto de um controle, com a ajuda do intelecto e, graças à vontade, não é só possível, mas necessário exercer sobre eles uma influência. E frente a todo jogo das inclinações e repugnâncias, estabelece-se o mandamento do Senhor: "amarás a teu próximo e a ti mesmo."[103] Tal preceito vale sem condições nem restrições. O "próximo" não é aquele com quem "simpatizo". É todo homem que se aproxima de mim, sem exceção. E, de novo, diz-se: tu podes, porque deves. É o Senhor quem o exige, e Ele não exige nada de impossível. Mas, sim, *torna* possível o que seria naturalmente impossível.[104] Os santos, que, confiando na palavra

---

[102] Ver o escrito de Edith Stein *Natureza, liberdade e graça*.

[103] Lv 19, 18; Mt 22, 27; Mc 12, 31, 33; Lc 10, 27 etc.

[104] A propósito do mandamento de amar a seu inimigo, são Jerônimo se expressa assim: "*Multi praecepta Dei imbecillitate sua, non Sanctorum viribus aestimantes, putant esse impossibilia quae praecepta sunt [...] Sciendum est ergo, Christum non impossibilia praecipere, sed perfecta.*" (Muitos medem os mandados de Deus por sua debilidade, não pelas forças dos santos, e, por conseguinte, o que lhes é mandado lhes parece impossível cumprir [...] Deveriam saber que Cristo não mandou o impossível, mas o perfeito.) Comentário a Mt 5 e 6, livro 1; Breviario romano, *Feria VI post Cineres*.

divina, se decidiram por um amor heroico de seus inimigos, tiveram realmente a experiência dessa liberdade para amar. Talvez, uma aversão natural se manifestará ainda durante certo tempo; mas não tem força e não pode conseguir influenciar o comportamento, que é guiado pelo amor sobrenatural. Na maior parte dos casos, ela cede imediatamente diante do poder superior da vida divina que enche a alma cada vez mais. O amor é, segundo seu último sentido, a entrega do próprio ser e a união com o amado. O que cumpre a vontade de Deus aprende a conhecer o espírito divino, a vida divina, o amor divino; e tudo isso não é outra coisa senão o próprio Deus. Pois, ao executar, com a entrega mais profunda, o que Deus exige dele, a vida divina se faz *sua* vida interior: encontra a Deus em si, quando entra em si.

Quando a alma está cheia de vida divina, é imagem de Deus Trinitário em um sentido novo e superior ao que concerne às demais criaturas e a si mesmo segundo sua estrutura natural. Mas, primeiro, convém deixar clara a relação natural da imagem.

6. A Imagem de Deus na Alma e em Todo o Homem (Primeira Explicação)

Deus criou o homem à sua imagem.[105] O Deus criador é um Deus trinitário. Tratamos de penetrar no mistério da Santíssima Trindade, e tentamos esboçar uma imagem do homem. Conseguiremos, agora, elaborar a relação de semelhança?

Nas criaturas inferiores, buscamos a semelhança com o arquétipo divino, principalmente do lado da forma, posto que a matéria – tomada no duplo sentido do que preenche o espaço e de interminado determinável – é completamente distinta frente a Deus. Mas, enquanto é formada, participa da semelhança divina. No entanto, não deve rechaçar-se, antes de tudo, porque, *enquanto* formada, ela constitui um símbolo; além disso, porque o *todo* composto de forma e de matéria, que subsiste por si mesmo (a οὐσία), está, enquanto subsistente por si mesma, e é a imagem do ente originário, ou seja, do Pai, como a totalidade cheia de sentido e de força – portanto, é a imagem de toda a Divindade trinitária.

---

[105] Cf. Gn 1, 27.

464 Capítulo VII

Ascendendo das formas inferiores às formas superiores, chegamos à alma humana. Se a consideramos como forma do corpo, buscaremos no homem inteiro a imagem divina. Por outro lado, ela é o todo unitário que, enquanto realidade independente, é posto na existência. Graças à alma, o todo é algo cheio de sentido e de vida.

Mas, já que a alma, na configuração no corpo, não constitui seu ser único, nem ainda o mais próprio, porque para ela é possível uma vida própria independente, separada do corpo, por isso, pode, então, ser considerada em si mesma como uma imagem da Trindade. Enquanto essência pessoal e espiritual, constitui uma realidade subsistente por si mesma, uma realidade carregada de sentido e de força, que se configura de uma maneira conforme seu próprio sentido. Quanto à imagem de Deus no ser da alma e no conjunto do ser corporal-anímico-espiritual do homem, examiná-la-emos mais adiante, de uma maneira ainda mais aguda e profunda.

7. A Imagem de Deus na Natural Vida Espiritual do Homem

Primeiro, devemos destacar que também a vida espiritual do homem está considerada como uma vida tripla e trinitária. As tentativas que abrem novas perspectivas nessa direção, devemo-las a santo Agostinho. Encontramos em seus escritos várias tentativas acerca do amor enquanto tal;[106] além disso, designa *espírito, amor e conhecimento como três e um;*[107] e, depois, de *memória, intelecto e vontade.*[108]

Deus é o amor; é o ponto de partida de santo Agostinho, e é já em si a Trindade. Pois ao amor correspondem um amante e um amado, e, finalmente, o próprio amor. Se o espírito se ama a si mesmo, então, o amante e o amado são um, e o amor, enquanto pertence ao espírito e à vontade, torna-se um com o amante.

Assim, o espírito criado que se ama a si mesmo se torna imagem de Deus. No entanto, para amar-se a si mesmo, deve conhecer-se. *Espírito, amor e conhecimento* são *três* e *um*. Encontram-se em uma relação justa, quando o espírito não é nem mais nem menos amado que o que lhe corres-

---

[106] Augustinus, *De trinitate*, VII, 10 e IX, 2.
[107] *Ibid.*, IX, 1-5, 10, 12.
[108] *Ibid.*, X, XII, 4, XIII, XIV.

Imagem da Trindade na Criação 465

ponde: nem menos que o corpo, nem mais que Deus. São um, porque conhecimento e amor estão no espírito; são três, porque amor e conhecimento são diferentes em si e se relacionam um com o outro; são semelhantes a duas matérias corporais em uma mistura: cada uma se encontra em cada parte do todo e, no entanto, é distinta da outra. Espírito, amor e conhecimento são, cada um, inteiramente em si e inteiramente no outro: o espírito se conhece totalmente e se ama totalmente; o conhecimento se ilumina a si mesmo e ao amor, e, com isso, ao espírito conhecedor e amante; o amor engloba a si mesmo e o conhecimento e, com isso, ao espírito que ama e conhece.[109] O conhecimento de si nasceu do espírito, como o Filho nasceu do Pai. Ele é conhecível para si mesmo antes de se conhecer, adquire o conhecimento por meio da busca. O encontrado (*repertum*) é um nascido (*partum*). O desejo de encontrá-lo é algo pertencente à vontade, e algo do modo do amor, e que se torna amor enquanto se encontrou. Assim, o conhecimento é gerado pelo amor, o próprio amor, não. O *Verbo,* que é gerado do espírito pelo amor, é o *conhecimento amado.* Quando o espírito se ama e se conhece, o Verbo se agrega a ele pelo amor. O Amor está no Verbo, o Verbo está no Amor, e os dois estão naquele que ama e fala. Assim, o espírito com o conhecimento e o amor de si é uma imagem da Trindade.[110]

A outra imagem: *memória, razão e vontade*, Agostinho a considera ainda mais iluminadora. É o resultado de uma investigação mais profunda sobre a relação do amor e o conhecimento: ninguém pode amar algo totalmente desconhecido. O ardor de conhecer algo desconhecido repousa no conhecimento do significado do desconhecido. Se o espírito se ama a si mesmo, deve ter um conhecimento de si mesmo. E se procura o conhecimento de si, então isso não é possível sem um conhecimento prévio: deve conhecer-se enquanto não cognoscente. Com o que ele sabe, interroga-se sobre o que não sabe.[111]

Como se dá que o espírito que está em si mesmo se procura a si mesmo? Pelo fato de que o espírito está unido aos corpos; encontra-se, por assim dizer, neles, e deve voltar-se a si mesmo. Desde que o espírito compreende o preceito: "conhece-te a ti mesmo", conhece-se também a si mesmo; reconhece que está em si e que não tem necessidade de se buscar ele mesmo

---

[109] *Ibid.*, IX, 1-5.
[110] *Ibid.*, IX, 10-12.
[111] *Ibid.*, X, 1-4.

como um ausente; basta-lhe orientar-se a si mesmo, como algo presente. Sabe que *existe, vive e conhece,* e que o conhecer é seu ser peculiar e sua vida. Nele, estão unidos os benefícios da memória, do intelecto e da vontade; são três e um de uma só vez, por isso, uma imagem da Trindade.[112]

Muito recentemente, Theodor *Haecker* trabalhou novamente com insistência na tarefa consistente "em buscar e afirmar que o homem, enquanto imagem de Deus, que é um Deus Trinitário, deve ser reconhecido como o mais belo, mais verdadeiro e mais santo que existe, conforme à *analogia Trinitatis*, e, com o homem e pelo homem, a criação inteira, que é totalmente uma *similitudo*, uma semelhança de Deus".[113] Faz, também, alusão às tentativas de Agostinho, mas só considera a tríade memória-intelecto-vontade. Essa tríade não lhe parece feliz, porque sem memória não é possível nenhuma atividade do intelecto. Frente a essa tríade, diz que o tomismo teve razão em criar a díade razão-vontade. Mas, dessa maneira, perde-se a marca da analogia.[114] A tríade autêntica seria: *pensar, sentir, querer.* A psicologia moderna a descobriu, sem se dar conta de que colocava assim o fundamento que conduz a uma nova analogia cuja correspondência é mais exata. Se sua exposição do sentir como provido de direitos iguais aos do pensamento e da vontade é para ele tão importante, é porque *vê* aqui a pátria propriamente dita do *amor*. A localização do amor na vontade é o menos satisfatório da psicologia tomista. Haecker, certamente, aceita que o amor pertence também ao pensamento e à vontade, mas sua verdadeira morada é o sentir em sua imensidão.

Tenho a impressão de que Agostinho não está "liquidado" por essa retificação. Encontrar-se-ia dificilmente um pensador em quem apareça tão claramente como nele o fato de que o amor é o móvel do pensamento. O ardor do amor o impulsiona a uma penetração cada vez mais profunda do espírito. Não repousa em uma solução encontrada, mas sempre trata de perscrutar mais profundamente. E visto que ele, como investigador, parte da vida interior, por isso leva amplamente em consideração o amor, ainda quando examina o conhecimento. Pensando, submerge-se nele, porque está convencido de que o amor constitui para nós o caminho que conduz ao co-

---

[112] *Ibid.*, X, 8-12.
[113] Th. Haecker, *Schöpfer und Shöpfung*, Leipzig, 1934, p. 145.
[114] Não terá escapado a Haecker o fato de que santo *Tomás* tratou em detalhe da questão relativa à imagem de Deus no homem? (*Summa theologica*, I, q. 93.)

nhecimento da Trindade.[115] Foi dito: quem permanece no amor, conhecerá também a Deus. Esse é o fio condutor.

Quis santo Agostinho igualar o amor e a vontade? Para ele, o desejo é algo correspondente à vontade e algo assim como amor. Torna-se amor quando se encontrou o que é desejado (o conhecimento). Certamente, há uma relação muito estreita entre amor e vontade. A quem ama, urge observar os mandamentos de Deus, ou seja, a conformar sua vontade com a vontade divina. A vontade procede do amor, e a ação deriva do querer. Mas, no cumprimento dos mandamentos divinos, obtemos um conhecimento mais profundo de Deus e, por esse meio, o amor cresce, por sua vez. Por sua parte, o amor aspira a um conhecimento cada vez mais profundo, mas, ainda em seu primeiro arranque, ele não é possível sem conhecimento; encerra um conhecimento em si mesmo e pressupõe uma espécie de conhecimento. A vida espiritual é uma vida ascendente e toda forma fundamental da vida espiritual condiciona por sua ascensão as formas das outras vidas, mas também é fomentada por elas. O inseparável estar um no outro das formas fundamentais, apesar de sua diversidade, faz dela uma imagem do Uno-Trino.

Mas quais são essas formas fundamentais? Devemos decidir-nos por uma das divisões em três partes que foram propostas e rechaçar as outras? O método de Agostinho mostra, parece-me, que não se trata de uma alternativa. O três e um certamente pode ser considerado como uma lei fundamental da vida espiritual (como da criação inteira): uma lei fundamental que se repete em todas as ramificações, semelhante a uma lei de configuração de um ser vivo em todas as suas partes. É muito ilustrativo que Agostinho encontra só no amor já um três e um. É igualmente ilustrativo que o amor não é possível sem conhecimento, e que o espírito se desdobre em um como no outro. O conhecimento é um rendimento do intelecto. É impossível sem a memória. Agostinho entende sob "memória" diferentes coisas. Agora acato que se pode referir tanto a uma força espiritual determinada (um "poder") como ao rendimento dessa força. Mas o que nos interessa é a *vida* espiritual, e podemos assim limitar-nos ao *benefício* da memória.[116] Ainda com essa limitação, convém ainda compreender diversas

---

[115] *De trinitate*, VIII, 7.
[116] Santo *Tomás* destaca que é principalmente na *atividade* do espírito onde se deve buscar a imagem de Deus, já que somente nessa atividade pode-se falar de *procedências* (*Summa theologica*, I, q. 93, a.7).

coisas: o "ser consciente", que pertence a toda vida espiritual, e pelo fato de ser "consciente" antes de ser conhecida em um ato particular orientado a isso;[117] logo, o "reter" do que uma vez se conheceu, e a "lembrança", o dar nova vida ao retido. A primeira forma da "memória" é a forma originária do conhecer. As outras constituem graus no desenvolvimento do conhecimento e tornam possível esse desenvolvimento. Mas, sem memória, tampouco seria possível nenhum querer; necessita do ser consciente, do reter e do reviver para chegar à realização e à repercussão. Sem memória, não haveria nenhuma "corrente" de vida espiritual e, por conseguinte, nenhum ser espiritual em geral. Por isso, pode-se compreender que Agostinho tenha concedido à memória uma posição independente ao lado do intelecto e da vontade, e lhe tenha concedido manifestamente uma posição fundamental; pois está colocado aí onde na tríade precedente (espírito-amor-conhecimento) estava o espírito. Se admitimos que se trata de uma imagem criada da Trindade incriada, pode-se muito bem dizer que o "expressar" do Verbo Eterno supõe um saber originário de Deus sobre si mesmo (em um sentido que não deve ser compreendido temporalmente), de tal sorte que a forma originária da "memória" deveria ser atribuída ao Pai. O Verbo Eterno, o conhecimento "gerado", sempre se equiparou ao Filho, e o Espírito Santo é chamado a Pessoa do Amor. Santo Tomás apegou-se fundamentalmente à divisão agostiniana espírito-amor-conhecimento, porque percebe a imagem *verdadeira* de Deus no proceder do Verbo, partindo do conhecimento, e no proceder do amor, a partir dos dois;[118] mas santo Tomás não rechaçou a outra divisão. Pelo visto, essas duas divisões não estabelecem nenhuma aguda diferença entre o amor e a vontade.

Não obteremos nenhuma clareza objetiva senão por uma busca profunda sobre ambos. Santo Agostinho considerou a aspiração do conhecimento como algo conforme à vontade e semelhante ao amor. Não é nem um nem o outro, no pleno sentido do termo. Quem "reclama" conhecimento aspira igualmente à sua posse, sente-se incompleto sem ela. Mas o aspirar pode ser uma atitude em que se espera que o desejado nos caia do céu. Não tenta tomá-lo por iniciativa própria. Quem "quer" (no pleno

---

[117] Ver o que se disse no presente capítulo, §9, 2, sobre os graus do conhecimento de si.
[118] *Summa theologica*, I, q. 93, a.6.

sentido do termo) conhecimento toma ele mesmo disposições para tal fim. Está decidido a fazer aquilo que possa conduzi-lo à posse do conhecimento; e quando percebe meios e caminhos, então o querer passa à ação. A decisão, intervenção livre e ativa da própria pessoa, diferencia o querer do simples desejo.

Quando se realiza o desejo, deixa de sê-lo. A posse do que se deseja constitui para ele um fim. A realização não põe termo ao querer, muito menos ao amor. Não quero só o conhecimento que ainda me falta, mas também o já conseguido. O querer é, então, adesão ao alcançado e disposição para efetuar o que possa garantir sua posse. Não se pode dizer que esse querer, enquanto querer, é mais perfeito que o querer dirigido para um fim ainda não alcançado. Pelo contrário, o amor não chega ao seu desenvolvimento completo senão em sua posse.

Aspirar, querer e amor tem isso em comum: são a afirmação de um bem. O aspirar está orientado para a recepção do bem desejado; o querer, para sua realização, com a intervenção do próprio atuar, na medida em que necessita disso. O amor é entrega ao bem. Entrega, no sentido próprio, só é possível em face de uma pessoa. Assim, o amor no sentido pleno e próprio do termo vai de pessoa a pessoa, ainda que haja "diferente classe de amor", que está dirigida a algo impessoal. A entrega conduz à união; não chega à plenitude senão graças à acolhida por parte da pessoa amada. Assim, o amor exige, para sua plenitude, a entrega recíproca das pessoas. Só assim o amor pode dar total adesão, porque uma pessoa não se abre à outra a não ser na entrega. Só na união é possível um conhecimento propriamente dito das pessoas. O amor, nessa máxima realização, engloba, portanto, o conhecimento. É, ao mesmo tempo, receber e ato livre. Dessa maneira, engloba também a vontade e constitui a realização da aspiração. Mas o amor, em sua máxima plenitude, não é realizado senão em Deus: no amor recíproco das pessoas divinas, no ser divino, entregando-se a si mesmo. O amor é o ser de Deus, vida de Deus, essência de Deus. Corresponde a cada uma das pessoas divinas e à sua unidade.

Na imagem finita, divide-se o que é uno no arquétipo divino. Amor, conhecimento e vontade não coincidem aqui, ainda que o amor contenha em si mesmo algo análogo ao conhecimento e algo análogo à vontade; pois não pode ser inteiramente "cego", e é livre. Como dissemos anteriormente ao nos referirmos a Duns Scoto, é o mais livre que existe, porque não dispõe só de um movimento ilhado, mas de todo o próprio eu, da própria pessoa.

O próprio amor tem, no âmbito do finito, diferentes espécies e formas: quanto ao amor do inferior para o superior, tem em si mais aspiração, e está principalmente colocado para receber; quanto ao amor do superior para o inferior, é mais um livre presente que vem da própria abundância. Mas o amor deve ser sempre entrega, para que seja um amor autêntico. Um desejo que quer adquirir para si, mas, sem dar-se a si mesmo, não merece o nome de amor. Certamente, pode-se dizer que o espírito finito alcança no amor sua máxima plenitude de vida. Se Agostinho não o menciona na tríade memória-intelecto-vontade, essa omissão pode justificar-se objetivamente pelo fato de que o amor deve ser considerado como fundamento e fim desse triplo benefício espiritual. Já dissemos mais acima que o conhecer e o querer (ou a ação voluntária) são condicionados pelo amor, e conduzem, por sua vez, a um grau mais elevado de amor. Mas qual é a relação do amor com a memória?

Os benefícios da memória: o ser consciente, que pertence à vida espiritual como tal, o conservar e o recordar, tudo acontece na "interioridade". Com o conhecer e o querer, o espírito sai de si mesmo, também quando está orientado para si mesmo, conhecendo e querendo. Com os benefícios da memória, o espírito permanece em si mesmo. Assim se reúne um patrimônio interior, e em ocasiões – na lembrança – se torna fecundo. Sem a memória, a pessoa espiritual não poderia possuir-se ela mesma, nem, por conseguinte, entregar-se ela mesma, ou seja, não poderia amar. Por outro lado, a vida espiritual e a posse espiritual são apropriadas e conservadas internamente com maior força e segurança quanto mais profundo for o vivenciar e o receber. Mas o amor é o mais profundo que há. Por isso, a memória encontra no amor seu fundamento mais seguro. Assim, pode, certamente, dizer-se que o intelecto, a vontade e a memória encontram seu fundamento e seu fim no amor, mas essas três faculdades caracterizam diferentes direções da vida espiritual: pelo intelecto e pela vontade, o espírito sai de si mesmo: conhecendo, para receber o ente tal como é; querendo, para configurar a seu gosto, ou para confirmá-lo em seu ser e em sua maneira de ser. Mediante a memória, conserva-se a si mesmo e se acomoda a si com o que recebeu.

Mas o "ser interior" não se esgota com a memória. A vida da qual se compartilha no benefício mais originário da "memória" é o desenvolvimento da peculiaridade pessoal. Em seu interior, o homem "sente" como está constituído, como se "encontra" ou está "disposto". Na interioridade,

Imagem da Trindade na Criação   471

encontra-se, por conseguinte, a sede da *vida afetiva*. Mas a vida afetiva não está limitada a estados afetivos interiores e a estados de ânimo. O espírito não sai somente de si mesmo pelo conhecimento e pela vontade, mas também pelo sentimento. Sua acolhida do ente deriva de seu ser íntimo formado de uma maneira e disposto de um ou outro modo; por isso, não só se trata de uma acolhida conhecendo com o intelecto, mas também de um *receber sentindo*: assim, o ente é captado em seu valor e significado para o próprio ser; toma-se posição frente ao ente sentindo e querendo. O sentir condicionado e condicionador se acha entre o conhecer intelectual e o querer.

Assim, encontramos um tríplice desdobramento da vida espiritual para o exterior no conhecer intelectual, o sentir e o querer que ainda são *um enquanto* desenvolvimento do espírito e por seu condicionamento cambiante. Temos, por outro lado, uma tríplice vida interior: um ser consciente-dono do próprio ser por meio do conhecimento, sob a forma originária da memória, que é, ao mesmo tempo, a forma originária do conhecer, um sentir-se e um aderir-se voluntário ao próprio ser. O *ser interior* do espírito, o *sair para fora* e a *confrontação entre o interior e exterior* são as *direções básicas da vida espiritual*. A memória, em seu tríplice benefício, é ela mesma uma unidade trinitária e torna possível tanto a constituição do ser interior como o sair para o exterior. O sentir enquanto sentir-se, sentir o valor e a tomada de posição frente ao sentimento é, por sua vez, uma unidade trinitária.

Uma investigação mais profunda permitiria descobrir algo semelhante no que concerne ao conhecer e ao querer. Mas o amor é a grande unidade trinitária que contém tudo em si mesma e que une o mundo interior e o exterior.

Mas que classe de amor tem que ser, para que seja capaz disso? Trata-se do amor de si por parte do espírito, que foi o ponto de partida de santo Agostinho? Ele mesmo não ficou por aí. Considerou igualmente o espírito em sua relação com as coisas exteriores; sem esse campo também encontrou uma tríplice vida, mas nenhuma imagem autêntica da divindade, em razão da dependência a um elemento inferior.[119] Para ser uma imagem do eterno, o espírito deve orientar-se para o eterno: *captá-lo na fé*, conservá-lo na *memória*, e confirmar com a vontade amando-o; nisso vê santo Agostinho a trindade do homem interior.[120] Mas isso tampouco é ainda a imagem

---

[119] *De trinitate*, XI, 5.
[120] *Ibid.*, XIII, 20.

autêntica de Deus, visto que a fé é um algo temporal, é passageiro: será substituída, um dia, pela visão.[121] O que na alma é imagem da trindade deve ser algo permanente, que a alma imortal não poderia perder; é necessário, pois, buscá-lo no que é imortal nela.[122] Esse é o espírito que, pensando, conhece-se a si mesmo, depois de ter adquirido já antes certo conhecimento de si pelo benefício mais originário da memória, e, amando, aspira ao desfrute de si mesmo.[123] Parece que Agostinho percebe aqui uma imagem autêntica de Deus, mesmo que essa não seja, ainda, a imagem mais elevada. Pode parecer estranho que o amor de si mesmo seja valorizado tão altamente. Mas santo Agostinho já agregou, em uma passagem anterior, aquela em que se tratou desse assunto, que este deve ser o *justo* amor de si mesmo: devemos amar ao próximo como a nós mesmos por Deus, e a Deus, devemos amá-lo só por Ele mesmo.[124] Assim, o amor justo de si só pode compreender-se a partir do amor de Deus.

Chegaremos também a esse resultado, se pensamos no que dissemos sobre a essência do amor. Se o amor, em sua realização mais elevada, é entrega recíproca e união, então, para isso, é necessária uma pluralidade de pessoas. O "converter-se" na própria pessoa, a afirmação de si mesmo, que formam parte do transtornado amor de si, formam o mais contrário à essência divina, que é entrega de si mesmo. A única realização perfeita do amor, como já dissemos antes, é a própria vida divina, a entrega recíproca das pessoas divinas. Aqui, cada pessoa encontra na outra a si mesmo, e visto que sua vida como sua essência são uma, o amor recíproco é, ao mesmo tempo, amor de si, adesão à própria essência e à própria pessoa. O que se situa mais próximo do amor puro, que é Deus, no âmbito do criado, é a entrega de si das pessoas finitas a Deus. Sem dúvida, nenhum espírito finito pode englobar inteiramente o espírito divino. Mas Deus – e só Ele – engloba inteiramente todo espírito criado: o que se lhe entrega chega na união amorosa com Ele à suma perfeição do ser, a esse amor que é, simultaneamente, conhecimento, entrega do coração e ato livre. O amor está inteiramente voltado para Deus, mas, na união com o amor divino o espírito criado, engloba a si mesmo também conhecendo, aderindo livre e felizmente. A entrega de si a Deus é,

---

[121] *Ibid.*, XIV, 2.
[122] *Ibid.*, XIV, 3-4.
[123] *Ibid.*, XVI, 6.
[124] *Ibid.*, VIII, 8.

Imagem da Trindade na Criação 473

ao mesmo tempo, entrega a si como querido por Deus, e à criação inteira, ou seja, a toda essência espiritual unida a Deus.[125]

8. A Imagem Sobrenatural de Deus pela Habitação de Deus na Alma

Mas o homem não é capaz por si só e por sua própria natureza de semelhante entrega de amor. Se não pode chegar ao conhecimento e ao amor efetivamente realizado de outros homens, a não ser que eles mesmos se abram a ele, amando-o – porque tudo aquilo a que damos o nome de conhecimento e de amor dos homens não constitui mais que caminhos e graus preparatórios que levam a isso –, como chegará ao amor de Deus, que não vê, sem ser amado antes por Ele? Todo natural conhecimento de Deus que se eleva das criaturas não descobre certamente sua essência oculta. Apesar de toda a correspondência que deve unir a criatura e o Criador, esse conhecimento o capta sempre só como o totalmente outro. Isso poderia bastar já – na natureza não corrompida – para reconhecer que ao Criador deve um amor maior que a qualquer criatura. Mas, para entregar-se a Ele, amando-o, devemos aprender a conhecê-lo como amante. Assim, só Ele

---

[125] Heinrich Scholz, em sua tese extremamente penetrante, de um grande rigor filosófico e religioso, "*Eros und Caritas. Die platonische Liebe und die Liebe im Sinne des Christentums*" (Halle a. S., 1929), encontrou uma aporia na escritura: "Deus é amor" (p. 54). Dever-se-ia admitir, diz, em Deus, além do amor, pelo menos *outra* atitude espiritual, a saber, a cólera. Por conseguinte, ele interpreta de maneira diferente a palavra de João, dizendo que, em relação a Deus, deve-se precisar um amor que de nenhuma outra essência se poderia precisar. A dificuldade para Scholz provém de sua definição inicial do amor como um estado de ânimo. Segundo isso, ele tem que exigir para isso um sujeito. Em aberta oposição à filosofia e à teologia católicas clássicas, Scholz vê no *actus purus* – em Deus, que é o amor, a sabedoria, a própria bondade e tudo isso em um – uma "suma de qualidades sem sujeito". Esse resultado me parece que está fundado em que em Scholz a *lei da analogia* – a meu ver, a lei fundamental do pensamento teológico – não o leva em conta. Essa lei torna impossível a transposição das categorias do finito a Deus em um sentido totalmente sem mudança. Deus não possui nem estados de ânimo nem qualidades. O que lhe é atribuído deve ser compreendido como comparação. (Ver além disso sobre esse assunto o §9, 7 deste capítulo, trecho que trata da analogia do terreno e supraterreno.) E o que está separado nas criaturas é um em Deus. Não menos profunda é a oposição entre o método filosófico de Scholz e o que nós seguimos em nossas próprias investigações: ele define, sem dúvida e nitidamente, o que é uma ideia platônica, mas procede como se não houvesse ideias (no sentido de essencialidades). Assim, não há nenhuma possibilidade de medir os diferentes *conceitos* do amor, que foram, sem dúvida, postos à luz de uma maneira historicamente exata, com a "*ideia* do amor" considerada como seu fundamento objetivo, nem de constatar o que eles entenderam ou não desse dito fundamento.

474 Capítulo VII

pode abrir-se a nós. Em certa medida, leva isso a cabo o Verbo da revelação. E à aceitação crente da revelação divina pertence segundo seu sentido um dirigir-se a Deus, amando-o. Mas esse conhecimento não se aperfeiçoa senão quando Deus se dá Ele mesmo à alma, na vida da graça e da glória, quando a faz participar de seu ser de vida divina e a faz entrar nele.

A vida divina que se desenvolve na alma amante de Deus não pode ser outra senão a vida trinitária da divindade. Certamente, é o Deus trinitário a quem se entrega a alma. Ela se entrega à vontade de Deus Pai que, por assim dizer, gera de novo seu Filho nela. Une-se ao Filho e desejaria perder-se nele para que o Pai não visse já nada nela além do Filho. Sua vida se une ao Espírito Santo, transforma-se em uma efusão divina de amor. É evidente que essa imagem de Deus no espírito criado por meio da união amorosa, da graça e da glória, não é comparável a nenhuma imagem simplesmente natural. A palavra imagem já quase não é o termo adequado. Deve ser compreendida no sentido em que se diz que o Filho é imagem do Pai. Trata-se de uma autêntica filiação divina.

Visto que a alma acolhe em si mesma o espírito de Deus, merece o nome de "recipiente espiritual".[126] Mas a palavra "recipiente" não nos fornece mais que uma imagem bastante inexata para a classe de acolhida de que aqui se trata. Um recipiente espacial e seu conteúdo continuam sendo *distintos*; não se fundem em *um* ente e, quando são de novo separados, cada um volta a ser o que era antes da união (a menos que sejam matérias que se "compenetrem", mas, nesse caso, o recipiente seria "defeituoso"; enquanto é vulnerável, não vale como recipiente).

A união de uma matéria com sua forma – por exemplo, a união entre o corpo e a alma – é muito mais íntima. Aqui, a união (estar um no outro) não pode entender-se já segundo o espaço. E separados, um do outro, ambos já não são o que eram em sua união e tampouco o eram antes. Pois ambos constituem um único ente; o corpo deve à alma seu ser, e cabe ao ser da alma configurar-se no inteiro de um corpo. Na união da alma com o espírito divino, Deus e a alma não chegam a ser um *dessa* maneira: ou seja, não chegam a ser partes de *um* ente. O ser divino, pela união com o ser humano, não sofre nenhum aumento, nenhuma diminuição, nenhu-

---

[126] A ladainha lauretana dá à mãe de Deus o nome de *vas spirituale*. Mas o que se diz de sua alma é aplicável a toda alma humana, já que cada alma está determinada ao que Maria realizou da maneira mais perfeita possível.

ma classe de troca. Sem dúvida, essa união transforma profundamente a alma, e, por conseguinte, o homem inteiro. Conserva-se, contudo, em seu ser próprio; não se converte em parte do ser divino. E, no entanto, a essa união se pode chamar uma união ainda mais íntima e uma fusão em um sentido mais exato que a união de alma e de corpo. Pois a alma se configura no corpo como em um meio que lhe é estranho, em uma matéria que é distinta genericamente dela mesma. Mas Deus e a alma são *espírito* e se compenetram como só pode fazê-lo um espírito com outro espírito: em virtude da livre entrega pessoal recíproca, a divisão do ser se pressupõe, mas – apesar da distância infinita que existe entre o incriado e o criado – realiza-se uma comunidade essencial que torna possível um verdadeiro *penetrar* de um no outro.

9. Espírito e Alma

A natureza espiritual da alma é postulada para sua união com Deus (ou seja, para sua vida de graça e de glória). Eleva-se, assim, a um ser que a coloca ao lado dos espíritos puros. Mas o fato de que se trate de uma elevação distingue-a dos espíritos puros. Pois o ser dos espíritos puros consiste inteiramente em sua livre entrega a Deus e a seu serviço – como outra possibilidade, existe a recusa da entrega, como no caso dos espíritos maus. Mas a alma tem a dupla (ou tripla) tarefa: autoconfiguração como desenvolvimento de sua própria essência, formação do corpo e elevação por cima de si mesma na união com Deus.

A partir disso, compreendemos ainda melhor a já mencionada separação: corpo-alma-espírito. Enquanto forma do corpo, a alma ocupa o lugar intermediário entre o espírito e a matéria, que pertencem às formas das coisas corporais. Enquanto espírito, tem seu ser "em si" e pode, em liberdade pessoal, elevar-se acima de si e receber nela uma vida mais elevada. E não só irradia sua essência de maneira inconsciente e involuntária – em cada ser espiritual que pode também corresponder às criaturas inferiores –, mas, em sua atividade espiritual, sai de si em sua liberdade pessoal. Já insistimos antes em que essa união não deve ser interpretada como uma justaposição do espírito e da alma no homem. Trata-se de uma alma espiritual, que tem um múltiplo desenvolvimento do ser. Não se deve entender tampouco a separação no sentido em que se separa ou limita o "espírito" (= *mens*) e a sensibilidade como "parte" superior e inferior da alma, ou – ainda de um modo mais estrito – a parte superior, o espírito (= *intelecto*, *intellectus*) como faculdade de conhecimento frente à vontade. A alma é "espírito" (= *spiritus*) segundo sua essência mais profunda, que serve de fundamento subjacente à configuração de todas as suas "forças".

As cartas de são Paulo contêm passagens que, parece-nos, fazem alusão à separação da alma e do espírito, de que se trata aqui. Quando são Paulo fala da ressurreição dos mortos,[127] assim se expressa:

> Parece-se com um corpo animal (*corpus animale*, σῶμα ψυχικόν), ressuscita um corpo espiritual. Pois, se há um corpo animal, há também um corpo espiritual (*corpus spirituale*, σῶμα πνευματικόν), como diz a Escritura: *Adão, o primeiro homem, foi criado como um ser com vida*. O novo Adão, em troca, é espírito que dá vida (*anima vivens – spiritus vivificans*, πυξή σῶσα – πνεῦμα ζωοποιοῦν). E não apareceu primeiro o espiritual, mas o animal, e depois o espiritual.[128]

Em nosso contexto, não se trata da diferença entre "corpo anímico" e "espírito-corpo vivo", mas do que é fundamento dessa diferença: a "alma vivente" e o "espírito vivificante". Diz-se "vivente" a alma que tem em si mesma sua própria (natural) vida e que faz do corpo um corpo vivo. Mas não é, de nenhuma maneira, uma fonte que brota em borbotões, que produz vida a partir de si mesma como o "espírito vivificante" do novo Adão. Essa fonte dispensadora de vida ou vivificante é a alma de Cristo, porque leva em si a plenitude do espírito divino; porém não só por essa razão, como também porque, na ilimitada liberdade da pessoa divina de Cristo, pode dispor de sua plenitude de vida. Essa alma não está só, está imersa de uma maneira natural com o corpo vivo,[129] foi-lhe "dado poder" de começar e de terminar sua vida no corpo, e de recebê-la de novo; não só brotam dela "torrentes de água viva"[130] (assim como também de toda alma agraciada), mas *dispõe* de sua plenitude de vida também na repercussão nas outras

---

[127] 1 Cor 15, 35 e seg.
[128] *Ibid.*, 15, 44-46.
[129] Pode-se entender aqui duas coisas diferentes: 1. O *peso* do corpo sobre a alma pelo corpo material, que Cristo recebeu com sua natureza humana para sua vida *terrena*, mas de cuja natureza estava livre o ressuscitado. 2. A configuração de um corpo correspondente, que é próprio ao transfigurado.
[130] Jo 7, 38.

almas; inclusive, pode mandar nos espíritos criados: reclamar uma alma já separada do corpo inanimado, deitar fora espíritos maus do âmbito do domínio conquistado.

Aí se unem e se compenetram o laço natural no corpo que faz da alma a *alma* e a autoridade soberana da pessoa divina, autoridade situada muito acima de toda liberdade pessoal dos espíritos criados. Mas isso não seria possível se a alma do homem fosse somente "viva", como a alma dos animais, e se não fosse também, segundo sua natureza, um espírito formado pessoalmente, que está em estado de receber vida divina. E, por isso, cada alma humana pode chegar até o dono de seu corpo e de sua própria natureza.[131] Além disso, pode-se-lhe transmitir algo da autoridade soberana de Cristo sobre a plenitude espiritual (enquanto dom de graça – carisma – já nessa vida como sua recompensa na vida de glória). A separação entre seu ser "anímico" (= unido ao corpo) e seu ser "espiritual" (= voltado para Deus) atravessa a essência da própria alma. Por isso, a Palavra de Deus pode ser designada como mais penetrante que uma "espada de dois gumes", porque "penetra até a divisão da alma e do espírito".[132] Pensa-se aqui na palavra de Deus que julga, que descobre os pensamentos e as intenções mais secretas do coração e fundando-se na própria tendência da alma, que a põe a nu, realiza a separação: a elevação da alma que a livra da sujeição[133] natural ao corpo e de si mesma para o livre domínio de seu corpo e de si mesma e da vida divina da qual está plena.

Dessa plenitude se diz: [...] "Deus dá o espírito sem medida."[134] O espírito criado, a alma enquanto essência espiritual, tal como ela é segundo sua natureza, é limitada. Nesse sentido, o espírito se lhe dá "segundo uma medida". Mas o espírito de Deus é incomensurável e, quando se dá, não se limita à medida daquele a quem se oferece. Sem dúvida, o espírito finito tem uma força limitada de compreensão, e não pode receber nada de infinito. Mas, por meio do que se lhe transmite, sua força de compreensão se encontra fortalecida, e, assim, sua plenitude e sua elevação não encontram limites determinados por uma medida finita.

---

[131] O fato de que a "nova vida", enquanto vida de que se dispõe livremente, seja transmitida aos que recebem o Verbo divino, se funda sobre umas palavras do evangelho de João: que Ele nos deu o "poder" (ἐξουσία, potestas) de chegar a ser filhos de Deus (Jo 1, 12).
[132] Heb 4, 12.
[133] No primeiro dos dois significados diferentes (ver *supra*, nota 129).
[134] Jo 3, 34.

478 Capítulo VII

Descrever a transformação da alma por meio da recepção da vida divina, a transmissão de suas forças e de seu comportamento geral em toda sua extensão, é uma tarefa demasiado importante como para podê-lo empreender aqui rapidamente.[135]

10. A Tripla Forma Dinâmica da Alma. Corpo, Alma, Espírito

Convém lembrar, de novo, que o ser da alma humana não se reduz à sua vida espiritual. Se remontarmos à raiz do ser humano, encontraremos essa tripla orientação do desenvolvimento: configuração do corpo, configuração da alma, desenvolvimento da vida espiritual. Tudo isso é produzido pela forma dinâmica da alma, e dita forma é, no entanto, *una* em sua tripla ação formadora. Efetua a formação do corpo à maneira de uma alma vegetal e, no entanto, comporta-se inteiramente como alma humana; é um corpo humano, instrumento e campo de expressão de um espírito livre o que ela configura, e não uma elaboração vegetal. Vive em seu corpo e configura-se a si mesma à maneira de uma alma animal, e, no entanto, o faz de outra maneira muito diferente, pois toda sua vida sensível está unida ao espírito e é formada por ele. Eleva-se até uma vida espiritual que lhe permite colocar-se ao lado dos espíritos puros, e, no entanto, essa vida espiritual, por sua imersão na vida corporal sensível, é configurada de uma maneira particular. Assim, no homem, os dois âmbitos separados da criação estão ligados na unidade de uma essência, enquanto fora do homem se encontram unicamente em um contexto de eficiência e de sentido.

A tripla forma dinâmica da alma deve considerar-se como uma unidade trinitária, mas também o que ela configura, corpo-alma-espírito. Se tratamos de comparar essa unidade trinitária com a unidade divina, assim veremos na alma, enquanto elemento de fonte que se nutre de si mesma e se configura em corpo vivo e em espírito a imagem do Pai, no corpo vivo en-

---

[135] É uma imagem viva da vida interior da alma unida a Deus a que nos dá, em um quadro restrito, a obra *Das Ideal des geistlichem Lebens*, publicada por P. Odilo von Zurkinden, O.S.B. (Munique, 1936; o autor é um cartuxo anônimo a quem devemos o livro intitulado *Im Banne des Dreieinigen*). A mais rica ilustração no-la dão as obras místicas de todos os tempos. A obra de irmã Isidora, *Die Sieben Gaben des Heiligen Geistes*, Friburgo de Brisgovia, 1926, dá uma excelente contribuição para a exposição da transformação das forças anímicas sob a ação do Espírito Santo; ver também irmã Teresia Renata del Espírtu Santo, O.C.D., *Die siebenfache Gabe*, Friburgo de Brisgovia, 1936.

quanto expressão de uma essência nitidamente delimitada vemos a imagem do Verbo eterno, e na vida espiritual, a imagem do Espírito divino. Se, além disso, pensamos no fato de que pelo "corpo vivo" não se deve entender simplesmente uma massa física animada, mas a figura essencial "criada", e, se de uma maneira correspondente, entendemos a "alma" não simplesmente a forma essencial de um ser vivo corporal, mas toda vida-fonte originária, e se entendemos o "espírito" como o livre sair de si mesmo, então essa unidade trinitária se encontra já na própria alma. Nutre-se a partir de si mesma, chega a se formar em uma configuração bem limitada, e dela mesma sai para a vida espiritual. Seu ser trinitário imita assim a vida interior da divindade. Sua interna configuração em uma matéria que lhe é estranha no momento da formação do corpo vivo pode logo ser comparada com a encarnação do Verbo, seu sair de si mesmo para um mundo exterior, ao qual lhe dá sua marca, pode-se comparar com a missão do Espírito na criação.

Assim, a alma, com sua tripla forma dinâmica e o desenvolvimento existente podem ser considerados já naturalmente como imagem da divindade trinitária. Se depois se abre em sua interioridade mais profunda à corrente da vida divina, então ela mesma e por ela mesma o corpo vivo é formada na imagem do Filho de Deus, e saem dela "torrentes de água viva",[136] que têm como efeito a renovação da face da terra a partir do espírito. O espírito humano, que é inteiramente penetrado e dirigido pelo espírito divino, conhece na luz divina a figura originária da criação sob os véus que a desfiguram, e pode contribuir para sua renovação.

§10

Diferença da Imagem de Deus nas Criaturas Racionais (Anjos e Homens) e no Resto da Criação

A união da alma com a vida trinitária da divindade pressupõe a natureza espiritual da alma: ou seja, sua essência pessoal-espiritual. Pois o homem é pessoa, e não é somente algo que é capaz de sair espiritual de si mesmo inconsciente e involuntariamente, mas é capaz de uma vida espiritual livre e consciente; por isso, o espírito humano é já naturalmente

---

[136] Jo 7, 38.

uma imagem de Deus, em um sentido muito mais particular que todas as demais criaturas. Por isso, podemos compreender que santo Tomás só reconheça no espírito humano e nos anjos uma "imagem" de Deus. Não pudemos acompanhá-lo quando mostra que o resto da criação não é mais que uma *marca* (*vestigium*) do ser trinitário.[137] Acreditamos poder mostrar certa semelhança em toda a criação. Mas, certamente, convém fazer uma distinção entre a imitação mais próxima e mais distante; assim como Tomás designa essas duas classes de imitações pelos termos "imago" e "similitudo".[138] Fala de "similitudo" (semelhança) quando está presente uma concordância no gênero ou na qualidade, de "imago" (imagem), quando a espécie é comum. Em relação a Deus, não convém tomar ao pé da letra essas expressões, já que Deus não pertence a nenhuma espécie nem a nenhum gênero, e não possui qualidades, não pode haver em tudo isso uma concordância propriamente dita com ele. Mas tudo tem seu arquétipo na simples essência divina, e a imagem pode ser uma imitação mais ou menos próxima. Visto que as criaturas dotadas de razão se assemelham ao criador pelo que as distingue de todas as demais coisas, ou seja, pela espiritualidade pessoal, por isso pode-se falar aqui de uma *semelhança* que não corresponde senão a elas somente.

Todas as criaturas possuem uma estrutura trinitária enquanto estão constituídas em si mesmas, cheias de sentido e de força. Todas as elaborações ou formações independentes possuem o desdobramento existencial trinitário que chamamos corporal-anímico-espiritual.

Na natureza considerada como massa física, o triplo desdobramento existencial se reflete nos elementos sólido, líquido e gasoso. No âmbito do ser vivo, encontramos a expressão particular do triplo desdobramento no vegetal, animal e humano. No âmbito humano, tudo isso o encontramos resumido. Mas unicamente as pessoas espirituais têm em comum com Deus a pessoalidade. Só essas pessoas possuem uma vida espiritual-pessoal, e aí há algo que lembra dos procedimentos na divindade, uma fecundidade espiritual: quando o conhecimento chega à sua plenitude no Verbo, algo está, por assim dizer, brotando do espírito criador, algo assim como um fruto maduro. E quando o espírito considera essa elaboração, resulta uma adesão gozosa, que é "algo da espécie do amor".

---

[137] Ver a nota 1 do presente capítulo.
[138] *Summa theologica*, q. 93, a. 2 e 9.

Pode-se apresentar aqui uma objeção que concerne à totalidade da imagem de Deus na criação: podemos mostrar um trino e uno, e, nos espíritos criados, uma vida pessoal e espiritualmente fecunda, mas não podemos encontrar em nenhuma criatura uma pessoalidade tripla. O que captamos na criatura como imagem das pessoas divinas não são pessoas. Trata-se só de elementos diferentes no seio de *uma* pessoa (ou de uma elaboração impessoal), que se podem relacionar em especial com uma ou outra pessoa divina. A solução que consiste em buscar a tripla personalidade em uma pluralidade de pessoas espirituais (homem, mulher, criança) é rechaçada tanto por santo Agostinho como por santo Tomás.[139] Pois a imagem divina deve refletir-se em cada homem, é independente de que conceba a outros ou não. Além disso, a geração corporal é algo que o homem tem em comum com o animal e que o diferencia dos espíritos puros, de Deus e dos anjos. Por outro lado, isso só é válido, se consideramos a reprodução em sua forma animal e se não pensamos que no homem pode e deve haver uma coisa diferente: um ato livre e pessoal, a união corporal, que é a expressão da entrega anímica das pessoas livres que chegam a ser *um* no amor e cuja fecundidade, por consequência de sua vontade comum de gerar, não é exclusivamente corporal.[140] A união no amor tem por consequência uma acolhida espiritual do ser amado, e faz do amante uma "imagem" do amado. O fruto de tal união leva o selo do comum da essência. Tal geração é possível só em pessoas espirituais (e não nos seres vivos inferiores), e é inclusive possível enquanto *puramente* espiritual: na união de amor dos espíritos que se abrem inteiramente uns aos outros e são fecundos no decorrer de sua união essencial: pela atmosfera que, partindo deles, irradia em seu entorno, e, talvez, também pelas obras que levam a cabo em comum e pelas que "reproduzem" seu espírito. Poder-se-á dizer que toda comunidade de pessoas finitas tem seu arquétipo na Trindade divina; evidentemente, a imagem é infinitamente distante e imperfeita, como toda imagem finita do eterno. A imperfeição se manifesta aqui no fato de que o comum da essência é sempre só parcial, e que não é originária, mas tem por fundamento a essência própria originária das pessoas individuais. E também se manifesta no fato de que, em lugar da terceira pessoa, encontra-se uma pluralidade aberta de pessoas finitas. Assim como o ser divino, ao servir de arquétipo, aparece quebrado na imagem da criação em uma pluralidade de entes e uma diversidade de essências existenciais, também a imagem da Trinda-

---

[139] Augustinus, *De trinitate*, XI, 5-6; Tomás de Aquino, *Summa theologica*, I, q. 94, a. 6 ad 2.
[140] Ver o capítulo VIII, §3, 3.

de é uma imagem quebrada. A essência singular e a comunidade reproduzem o arquétipo de maneira diferente e se completam mutuamente em sua imitação. Além disso, a comunidade não é nenhuma rigorosa unidade trinitária.

Uma imagem mais perfeita que a das três divinas pessoas na comunidade criada é a que mencionamos antes: a habitação das pessoas divinas na alma individual no curso da vida de graça e de glória, já que se trata de uma vida real, unida à vida divina das três pessoas.

Uma autêntica vida comum, e uma vida de graça e de glória pressupõem uma entrega pessoal e constituem, por conseguinte, algo que faz com que os espíritos criados – anjos e homens – superem o resto da criação inteira.

§11

Diferença da Imagem de Deus nos Anjos e nos Homens

Depois do que dissemos anteriormente sobre os espíritos puros, seria possível, sem dúvida, elaborar como se distingue neles a imagem de Deus à diferença da imagem de Deus que têm os homens. A estrutura fundamental que é própria a toda οὐσία encontra-se também nos espíritos puros: cada um está fundado em si mesmo, possui sua própria essência e a desdobra no transcurso de sua vida com a força que lhes é própria.

Mas esse desdobramento não é nenhum processo temporal, no decorrer do qual esses espíritos puros alcançariam sua figura essencial nitidamente delimitada. *Têm* uma configuração essencial solidamente delimitada (seu "corpo-espírito"), mas sem configurá-la previamente. Sua "vida" é um livre sair espiritual de si mesmos. Pode-se falar, portanto, neles só de um ser corporal e espiritual, mas não de um ser anímico? Não possuem uma alma como fundo obscuro que impulsiona à configuração. Porém, enquanto possuem sua essência não só como algo delimitado e irradiam para o exterior, estão interiormente em movimento e podem fechar ou abrir sua "interioridade", é então possível falar a propósito deles de um triplo desdobramento do ser. Quanto a seu "ser espiritual", ou seja, a seu sair de si mesmos, designamos anteriormente com os três nomes seguintes: conhecimento, amor, serviço. Tal designação não se fez ainda no que concerne à imagem da Trindade.

No sentido da divisão agostiniana de espírito-amor-conhecimento, seria necessário unir amor e serviço (como efeito do amor). Se pensamos nas três direções fundamentais da vida humana da alma: receptividade, elaboração interior e resposta de comportamento dirigida para o exterior, então o conhecer corresponderia ao receber e o serviço, à resposta de comportamento, mas o amor serviria de intermediário entre os dois e participaria igualmente dos dois enquanto receptividade na interioridade mais profunda e como resposta proveniente dessa interioridade.

Mas deve-se considerar que isso não significa nos anjos a existência de uma ordem temporal: sua vida espiritual é unitária (e, portanto, mais próxima da vida divina); só se pode ver nessa unidade uma ordem objetiva. Seu espírito tem por natureza a força de receber uma espiritualidade estranha, de uni-la com sua própria interioridade, de abrir aos outros essa interioridade própria (nisto consiste o essencial de seu serviço). Mas em tudo isso o amor (enquanto entrega de si) constitui o elemento fundamental: abre o espírito criado à vida divina; deixa que esse espírito divino penetre inteiramente a essência própria, e permite ao espírito que irradie nos espíritos inferiores e que os englobe.

Em razão da pureza de sua entrega, a vida comunitária dos anjos constitui também uma imagem mais pura da vida divina em três pessoas: cada espírito celeste está unido pelo amor a um espírito superior (ainda que não diretamente ao próprio Deus), e, por essa união, torna-se fecundo, capaz de despertar a vida divina nos espíritos inferiores.

Finalmente, sua vida de glória representa uma participação da vida do Deus trinitário, tal como não é possível para nenhum homem durante a vida terrena (exceção feita, naturalmente, de Cristo, que uniu o estado de "peregrino na terra" ao de habitante do céu).

Os espíritos puros são como raios pelos quais a luz eterna se transmite à criação. A distância é maior e mais longo é o caminho que conduz às essências espirituais, imersas sob um véu material e semelhantes a uma fonte que brota da profundidade oculta. Mas, precisamente, essa obscuridade e esse caráter de fonte lhes conferem algo dessa profundidade insondável que caracteriza o ser divino. E, em seu desligamento, parecem postos mais fortemente em si mesmos que os espíritos puros inteiramente levados por Deus. Enfim, justamente por sua dependência da matéria, têm um estreito laço de união com Aquele que desceu à profundidade do ser terreno, com o Verbo que se fez carne. Descobrir algo dessa união cheia de mistério será nossa última tentativa.

VIII

Sentido e Fundamento do Ser Individual

Quando discutimos sobre o ser pessoal do homem, tocamos, com frequência, em outra questão que já encontramos em outros contextos e que devemos esclarecer agora se quisermos entender a essência do homem, seu lugar na ordem do mundo criado e sua relação com o ser divino; trata-se da questão do "ser individual" (da individualidade) do homem, que somente se deixa tratar no contexto de uma explicação do ser individual.

§ 1

Coisa Individual, Individualidade e Unidade (Ser Individual e Ser Uno)

Convém, primeiro, elaborar claramente o que se entende por ser individual, pois, o significado desse termo não é totalmente claro. Por "indivíduo" (= ser individual) designa-se ordinariamente o que Aristóteles chamou τόδε τί (um "isso aí"): uma coisa que não se pode já nomear pelo nome (visto que todos os nomes têm um sentido geral), de maneira que somente se pode assinalar mostrando-o com o dedo. Para expressar essa maneira de assinalar, Avicena escolheu o termo *signare* ou *designare*, tomado dele por santo Tomás.[1]

O τόδε τί, como tratamos de mostrar anteriormente, é o que para Aristóteles era a πρώτη οὐσία.[2] Certamente, há uma essência universal que se pode expressar conceitualmente – esse homem é "homem", e o ser homem é apreensível universalmente –, mas com

---

[1] Ver o profundo estudo sobre o problema da individualidade em Roland-Gosselin, *De ente et essentia*, Le Saulchoir, Kain (Bélgica), 1926, p. 51.
[2] Ver capítulo IV.

488 Capítulo VIII

isso não se acaba o que é. O que vai mais além disso constitui a propriedade única e imediata da coisa singular. Por isso, a própria individualidade é
designada como *"incomunicabilidade"*.[3]

A "essência universal" é o que uma coisa divide com outra. Mas,
qual é esse caráter que a coisa individual não pode dividir com nenhuma outra e que a faz uma *coisa individual*? Santo Tomás determina a
coisa individual como "princípio de individuação, [...] enquanto implica
incomunicabilidade".[4] A inseparabilidade interior equivale à unidade ou
ao ser-uno.[5] No entanto, a unidade transcendental corresponde ao ente
como tal, não somente à coisa individual, mas ao "universal". O que significa o termo "homem" – o "sentido" ou a "essencialidade" – é *uno*: não
está separado em si, mas está separado de todo outro traço dotado de sentido. Contudo, simplesmente, de todo ponto de vista, não é indivisível e,
por conseguinte, não é incomunicável.[6] É aquilo de que todos os homens
participam por seu ser homem. Por isso, a unidade transcendental não
basta para a determinação do ser individual. Basta a *unidade numérica*?
O que é uno numericamente opõe-se a muitos, e, ao mesmo tempo, está
constituído como pressuposto do que se compõe uma quantidade (= "um
muito"). Ao "muito" pertence um algo comum, que torna possível unir
"um e um e um...", para formar a unidade de uma quantidade. No caso
mais extremo, isso necessita somente ser a forma vazia comum de "algo".
Assim se pode resumir "número", "cor" e "poesia"[7] como "três objetos"
(no sentido amplo do termo "objeto"). Pode-se chamar-lhes, também, três
traços de sentido, visto que cada um deles possui um conteúdo determinado, mas, em relação ao conteúdo, não há nada em comum. Além disso,
cada um é numericamente um, mas não constitui, por essa razão, uma
coisa individual. Por isso, o ser individual não pode ser determinado de
uma maneira exaustiva por uma unidade numérica.

---

[3] Ver *Summa theologica*, I, q. 29, a. 3 ad. 4.
[4] *Op. cit.*, a. 4, corp. Santo Tomás de Aquino, *Suma de Teología*, I, Parte I, Madri, 1988, p.
327. Ver a esse respeito também Gredt, *Die aristotelisch-tomistische Philosophie I*, Friburgo
de Brisgovia, 1935, p. 80 seg.
[5] Ver a esse respeito, no precedente capítulo IV, o § 6.
[6] Ver capítulo 4, § 3, 2.
[7] É estranho ver como aqui a última edição alemã (ESGA 11/12, p. 396) põe *Gewicht* (peso)
em vez de *Gedicht* (poesia), e o faz sem advertir a mudança realizada; no entanto, na edição
anterior (ESW II, p. 43), lia-se *Gedicht*, e assim também aparece no manuscrito autógrafo
de Edith e também nas últimas provas que Edith revisou pessoalmente.

A contraposição mais extrema ao caso precedente, no que a forma vazia é o único elemento comum, apresenta-se quando muitas coisas não se distinguem de nenhuma maneira do ponto de vista do conteúdo: por exemplo, "três exemplares" de um mesmo livro ou de uma imagem reproduzida muitas vezes. Dizemos simplesmente que se trata de "o mesmo" quantas vezes se nos apresente. De fato, o ser individual parece deixar-se captar somente pela unidade numérica. E, ainda nesse caso, a unidade numérica e o ser individual não são simplesmente equivalentes. *Gredt* diz: a individualidade "é aquilo que na ordem corporal permite às essências da mesma espécie distinguirem-se umas das outras de uma maneira puramente numérica".[8] Quer assim dizer que o ser individual *fundamenta* a determinação numérica, por isso não coincide com ela. Além disso, no citado texto, *Gredt* também diz: "Não percebemos a diferença individual, visto que não podemos conceber de uma maneira essencial a essência individual como tal." Manifestamente, isso convém entender no sentido de que duas coisas individuais da mesma espécie são distintas uma da outra por sua essência, mas não podemos perceber essa diferença. Evidentemente, aqui se separa a "essência individual" e a "essência universal" (a determinação genérica e específica), como já o mencionamos anteriormente.[9] Mas isso dá a impressão de que é como se tivéssemos que aceitar uma diferença das essências individuais entre si do ponto de vista de seu conteúdo – e, portanto, ao mesmo tempo, uma determinação da essência individual por seu conteúdo que vai mais além da determinação universal da essência – mas trata-se de uma determinação que não poderíamos nem conceber nem designar por seu conteúdo, mas somente de uma maneira formal e vazia como fundamento da unidade numérica e, por conseguinte, de numerabilidade. No entanto, as coisas devem manifestar-se a nós como diferentes para que possamos reconhecer sua diferença e possibilidade de serem numeradas. "Diferenciamos [...] as coisas individuais materiais entre si por caracteres individuais causais que caem sob os sentidos, sobretudo pela figura, a posição no espaço e no tempo."[10]

---

[8] *Op. cit.*, I, p. 81.
[9] Ver o capítulo III, § 5.
[10] Gredt, *op. cit.*, I, p. 81.

490 Capítulo VIII

§ 2

Confrontação com a Doutrina Tomista sobre o Fundamento do Ser Individual

Diversas questões relacionam-se com o assunto que estamos tratando: 1) A propósito da diferença individual, se de fato se trata de algo contido – *pode* ou *deve* tratar-se disso? 2) Por que essa diferença está limitada ao *mundo material*? Não se podem tratar as duas questões separadamente, porque estão motivadas pela concepção tomista do fundamento do ser individual (o "princípio da individualidade") e, portanto, se lhes deve dar uma resposta comum.[11] (A questão consiste somente em saber se podemos fazer nossa essa resposta e se, em outra perspectiva, não será necessário tratar separadamente essas duas situações.)

1. O Ser Individual das Coisas Materiais

Vamos tratar, em primeiro lugar, de apresentar claramente essa solução tomista. A inseparabilidade ou indivisibilidade da coisa individual é – em contraposição à individualidade do universal – *simplesmente* indivisibilidade. O universal é somente *uno* segundo seu *sentido* e indivisível. Mas, em sua realização, divide-se enquanto se comunica:

> A essência universal do gênero divide-se nas coisas graças às diferenças específicas e assim é comunicada às diferentes espécies que lhe estão subordinadas. Igualmente, a essência específica está dividida pelas diferenças individuais e assim essa essência é comunicada às coisas particulares que lhe estão subordinadas.[12]

Mas a unidade da coisa individual quer dizer "tal estado do ente em que se recusa toda divisão e toda comunicação a elementos subordinados". Quando uma coisa é distinta numericamente de outras da mesma espécie,

---

[11] Ver a exposição penetrante e clara que se encontra em Gredt, *op. cit.*, I, p. 241 e seg.
[12] *Op. cit.*, I, p. 241.

essa diferença deve acrescentar "algo positivo à essência específica universal", e isso

> não pode resultar da essência específica como tal [...]. Quando a essência específica possui essa plenitude diretamente por ela própria e, em virtude dessa plenitude, é indivisível e não se comunica a elementos subordinados (o que, segundo a doutrina tomista, se dá nos anjos), então a essência é diretamente por si mesma distinta de toda outra, e não poderia dar lugar ao comum de muitos indivíduos segundo a espécie.[13]

Mas quando a espécie é divisível e comunicável, a indivisibilidade e a incomunicabilidade devem repousar sobre outro fundamento. E visto que o que determina a espécie é a forma, é necessário buscar ao lado da matéria a individualidade, "o princípio interno dessas coisas que as fazem individuais" (*principium individuationis formale*). Por isso, somente no mundo material existem coisas individuais da mesma espécie.

"Conforme os tomistas, o fundamento da individuação (fundamento radical: *principium individuationis radicale*) é a matéria determinada pela extensão (*materia signata quantitate*), isto é, a matéria diferenciada ou separada pela extensão."[14] Essa denominação não evoca a determinação efetiva da extensão da matéria "acabada": então se reduziria a individuação a uma índole contingente (*accidens*). No entanto, isso é possível porque: 1) As índoles somente devem seu ser singular à coisa a que elas correspondem. 2) As índoles de uma coisa – ainda sua extensão determinada, sua configuração, seu tamanho – mudam, ao passo que a coisa permanece a mesma.

Trata-se mais da relação da matéria com uma extensão que não é ainda determinada (*quantitas interminata*). A origem de uma coisa material pressupõe uma "preparação prévia da matéria" que a orienta a *esta* tal extensão determinada. "De onde a matéria está já diferenciada e separada da matéria restante, isto é, ela é designada como para ser dividida antes que a extensão esteja efetivamente presente, porque, em virtude de sua preparação anterior, a matéria relaciona-se com *esta* extensão determinada e a exige."[15] Assim, "a extensão exerce uma influência sobre a determi-

---

[13] *Op. cit.*, I, p. 242.
[14] *Ibid.*
[15] *Ibid.*, I, p. 243.

492 Capítulo VIII

nação da individuação [...], não segundo seu tamanho e sua configuração determinados, mas unicamente como diferenciada e distinta de outra extensão por sua posição."

2. A Estrutura Formal da Coisa
   (Matéria, Forma, Subsistência, Existência)

Na demonstração da doutrina que acabamos de expor, Gredt insiste neste ponto: "O fundamento da individuação das substâncias materiais deve ser algo interior a essas substâncias, que faz delas coisas individuais, multiplicando-as ao mesmo tempo no interior da própria espécie."[16]

Já indicamos anteriormente a razão pela qual não pode suceder com acréscimos de propriedades acidentais. Gredt designa "a matéria, a forma, a subsistência e a existência" (*materia et forma et subsistentia et existentia*) como elementos constituintes da própria coisa, tal como ela é em si (a "substância").[17] Se considerarmos a matéria e a forma como o *quid* da coisa, podemos encontrar nele a estrutura fundamental do ente como tal "algo que é". Para captar a estrutura fundamental e, portanto, também a doutrina da individuação, parece-me que a ideia seguinte é de importância decisiva: "Mas a subsistência e a existência devem ser excluídas, *a priori*, como fundamentos da individuação, visto que pressupõem a essência como essência individual. Efetivamente, somente uma essência individual pode subsistir, porque é e existe para si; mas não uma essência universal." Devemos examinar, agora, com muita atenção, essas duas proposições contidas na passagem citada sem outra justificação.

3. Subsistência e Autonomia Total
   (*Subsistentia et Suppositum = Hipóstase*)

Tratemos primeiro de esclarecer o que se entende por subsistência. Vem-nos a resposta de que a subsistência significa "uma dupla independência ou

---

[16] *Ibid.*, I, p. 244.
[17] *Ibid.*, I, p. 303.

autonomia da essência na existência". a) A independência com relação a um suporte com que se relacionaria a essência. b) A independência com relação a qualquer outra essência substancial com a qual a essência autônoma compartilharia sua existência, de tal modo que dependeria dela na existência, que somente juntamente com ela e não somente por si própria teria a existência.[18]

Por "suporte" não se deve entender aqui o que designamos pela expressão seguinte: a forma de "algo" ou do "objeto" que abrange a essência. Mas dever-se-ia entender aqui a palavra no sentido em que se chama ordinariamente a coisa o suporte de suas qualidades. Para nós o "ser suporte" identifica-se, principalmente, com a independência definida antes em a), com o fato de "subsistir ela mesma, isto é, de ser para si".[19] "Suporte", nessa acepção, não é o objeto no sentido mais amplo de "algo" ("algo" como forma vazia que delimita a tudo um conteúdo e também um elemento independente, por exemplo, uma qualidade), mas que se trata do objeto no sentido restrito, do objeto disposto em si próprio.

Certamente, devemos pensar no duplo sentido que se relaciona com nosso conceito de suporte: rigorosamente falando, o "objeto" é aquilo que suporta, a plenitude da essência é o que é suportado. Os dois são impossíveis, um sem o outro e, de toda maneira, somente do todo composto dos dois é que se pode dizer que "existe para si". Assim mesmo, somente do todo se pode afirmar que "se suporta a si próprio": mas essa afirmação não pode valer precisamente porque possui em sua estrutura algo que constitui o suporte propriamente dito.

A independência no primeiro sentido falta (segundo Gredt) tanto à matéria como à forma das coisas corporais (abstração feita da alma humana), porque uma sem a outra "não pode ser o suporte de acidentes nem seu próprio suporte".[20] A alma humana possui essa independência, "visto que, ainda separada do corpo, a alma suporta (*substat*) os acidentes espirituais e suporta-se a si própria, isto é, está por si própria (*substistit*)". Em razão da separabilidade do corpo vivo, a independência no segundo sentido (em b), também lhe pode ser atribuída; no entanto, a alma não é mais que "imperfeitamente independente", porque "ainda que possua seu ser para ela

---

[18] *Ibid.*, II, p. 114.
[19] *Ibid.*, II, p. 113.
[20] *Ibid.*, II, p. 113.

própria, entretanto, por sua natureza, está orientada a repartir seu ser com outro". É "completa como substância", mas "incompleta como espécie", visto que, segundo sua natureza, constitui uma forma comunicável à matéria, e participa o ser juntamente com a matéria. De outra maneira, à substância que é também completa como espécie corresponde "subsistir inteiramente" (*suppositum*, ὑπόστασις). Essa subsistência ou autonomia total por si é simplesmente incomunicável e na ordem do ser para si constitui o mais perfeito: é assim para si, de tal maneira tem o ser somente para si, que ela não poderia participar com outro, com o que tivesse em comum a existência. Por isso, define-se assim esse *suppositum*: a substância singular perfeita, isto é, incomunicável por si. O totalmente autônomo da natureza racional é chamado *"pessoa"*. *A subsistência como determinação mediante a qual se constitui em* suppositum *deve ser definida assim: aquilo que de uma maneira determinada a substância particular faz-se ente para si e incomunicável.* O *suppositum* absoluto relaciona-se com a essência, com a natureza, como o todo com suas partes determinadas. De onde o *suppositum* é *o que* é, a natureza é aquilo *pelo que* ela é, isso determinado conforme espécie. O *suppositum* é aquilo em *cuja* posse está a natureza, e a natureza é aquilo em que o *suppositum* está determinado especificamente. O *suppositum*, como *o que é*, é também o *que* realiza: a natureza é aquilo *pelo que* ela realiza.[21]

Nessa exposição, a maneira de se expressar é ainda um pouco diferente da nossa. Nós deveríamos dizer: o completamente autônomo é "algo que é"; e o *que* nessa composta expressão havíamos reservado para a plenitude essencial. Mas subsiste em si, fechado em si mesmo, porque está na forma do "objeto" (no sentido restrito da palavra: o que é dependente de si mesmo no grau superior: da "pessoa" que consideramos como a forma mais geral do "suporte", no duplo sentido de suporte da essência e de tudo composto pelo suporte e pelo que é suportado, forma e plenitude; eis aqui o que lhe confere sua *autonomia*. Objetivamente estamos de acordo inteiramente com Gredt quando chama a *subsistência* uma "perfeição positiva", visto que lhe atribui a independência, e a independência é uma perfeição.[22]

Explica, em seguida, como uma perfeição que encerra uma substância individual, um

---

[21] *Ibid.*, II, p. 114 e seg.
[22] *Ibid.*, II, p. 115 e seg.

> acabamento da substância individual que delimita na medida em que é essência e natureza. Pois é o que permite à natureza ser perfeitamente independente e, portanto, definitivamente acabada. Mas esse estar acabado não há que conceber somente de uma maneira negativa, no sentido de que nenhuma qualidade se agrega já à natureza, mas que se trata de uma perfeição que afirma, visto que esse perfeccionismo delimita a natureza de maneira que ela é capaz de receber enquanto suporte os acidentes e a existência, sem que estes cheguem a fundir-se com a natureza.[23]

Nós agregamos que o todo assim acabado – a "natureza" dependente de si mesma ou colocada em si mesma – está na possibilidade, por essa razão, de suportar as propriedades que vêm agregar-se à essência, visto que, nesse todo, o *suporte* da natureza ou da essência deve distinguir-se da essência ou da natureza. Por isso, a nosso ver, convém designar a subsistência como *objetivamente distinta* da "natureza que possui a subsistência", como "limite interno determinante da natureza".[24]

Assim como apoiamos a possibilidade de separar a natureza e o suporte da natureza, graças à doutrina da fé (de *uma* só essência e de *três* pessoas na divindade), assim acontece aqui em atenção à recepção da natureza humana pela pessoa divina de Cristo (que já mencionamos neste contexto). E se se diz que essa diferença é *modalmente* objetiva em diferença a uma simplesmente objetiva, assim corresponde manifestamente em razão da diferença que estabelecemos entre *conteúdo* e *forma vazia* do ente, que podem ser considerados como pertencentes os dois à "coisa", isto é, ao próprio ente.

4. Subsistência, Subsistente (Substância) e Essência Individual

É necessário examinar, agora, a questão da relação da subsistência com a coisa individual e com a diferença individual. Por essa razão, inserimos esta exposição sobre a subsistência. Gredt declara: "A subsistência é uma perfeição que vem agregar-se à substância individual."[25] Aqui, "substância" equivale a "essência", como resulta de sua argumentação:

---

[23] *Ibid.*, II, p. 117.
[24] *Ibid.*, II, p. 118.
[25] *Ibid.*, II, p. 116.

> O elemento subsistente, que é a essência existente para si, é o suporte dos acidentes; pois o subsistente é em si e por si mesmo, suporta-se a si mesmo e a tudo o que é nele. No entanto, a essência considerada como tal, não podemos concebê-la como o suporte dos acidentes. Pois a essência como tal, e também a essência particular, por exemplo, a humanidade, comporta-se como parte que confere a espécie que não subsiste por si mesma: encontra-se em um todo independente que existe para si próprio: a humanidade está no homem. De onde a essência como tal não é independente; não é de nenhuma maneira suporte de si própria e, portanto, não poderia receber como suporte os acidentes. Se ela [a essência] os recebesse, aceitá-los-ia como pertencentes a ela própria: os acidentes se fundiriam com a essência substancial. Assim, pela cor recebida, a humanidade se faria branca. Mas isso é falso, visto que os acidentes continuam sendo exteriores e são distintos objetivamente da essência. O subsistente, a essência que existe para si mesma, agrega então, por seu ser para si, pela subsistência, uma perfeição à substância particular, de maneira que a torna capaz de receber os acidentes como suporte.

Tratamos anteriormente de estabelecer o sentido próprio da substância = πρώτη οὐσία como o que é dependente de si, o que está fundado em si ou é independente. Mas, nesse caso, trata-se da coisa individual, que já está delimitada pela subsistência, a essência suportada por seu suporte próprio. Por isso, não podemos considerar a subsistência como algo que se agrega à substância particular, mas somente como algo que lhe pertence interiormente, como uma coisa separável de sua plenitude essencial como forma vazia objetiva que delimita tal plenitude.

Além disso, é importante o que aqui se considerou como "essência particular": "a parte determinante da espécie" da coisa individual, por exemplo, a humanidade desse homem. Segundo isso, cada coisa individual tem *sua* essência, mas a *mesma* que todas as outras de sua espécie. Evidentemente, ficou já esclarecido que não podemos admitir tal interpretação: vimos a essência de Sócrates no ser-Sócrates (em que está incluído é ser homem) e consideramo-la como diferente não somente numericamente, mas por uma propriedade particular da essência de todo homem. Contudo, examinaremos esse problema posteriormente, porque agora se trata de encontrar em que consiste o ser individual quando consideramos muitas coisas individuais idênticas da mesma espécie. Efetivamente, não recusamos de uma maneira geral a possibilidade de uma pluralidade de coisas individuais idênticas. Por

Sentido e Fundamento do Ser Individual   497

isso, preferimos tomar um exemplo de outra área: das simples coisas materiais. Podemos facilmente representar-nos dez pedras pequenas totalmente idênticas. Cada uma delas é uma coisa individual independente. Para nós não são distinguíveis senão por sua posição diferente no espaço, devida à sua natureza material. Pois o que é material[26] é extenso, preenche o espaço de tal modo que a mesma posição espacial não pode ser considerada por diferentes coisas, e que a mesma parte da matéria não pode preencher, ao mesmo tempo, muitas porções de espaço (de um tamanho correspondente).

5. A Matéria como Fundamento do Ser Individual. Objeções contra essa Concepção

Conforme a concepção tomista, a matéria não é somente um meio de separar as coisas individuais, isto é, o fundamento do conhecimento de seu ser individual, mas seu fundamento de ser:

> [...] Na matéria encontramos as condições que levam à individuação da substância. Não é especificamente determinante (como a forma), visto que constitui um fundamento subjacente comum inteiramente indeterminado. Não pressupõe tampouco a substância já individualizada (como a subsistência e a existência), porque ela é um constitutivo essencial dessa própria substância. Mas multiplica a forma e toda a substância de uma maneira puramente numérica, sem produzir nenhuma mudança específica, visto que torna distintas entre si as formas especificamente determinantes, não como tais, mas pura e simplesmente de acordo com seu fundamento subjacente: a forma é tal ou qual, unicamente porque se encontra em tal ou qual matéria. *Cada forma possui, em relação à matéria caracterizada pela extensão, uma relação transcendental que lhe é interior e que conserva, ainda quando está separada da matéria, como a alma humana.* Ao mesmo tempo, a matéria, como fundamento subjacente e incomunicável, impede qualquer multiplicação posterior: faz da substância algo incomunicável, isto é, faz dela uma coisa individual. Efetivamente, a coisa individual é o que é incomunicável a elementos subordinados. Não é

---

[26] Tomamos aqui "matéria" no sentido de "o que preenche um espaço".

tampouco possível que a substância obtida pela união de matéria e forma participe, por um lado, de um substrato mais extenso e que seja ela assim multiplicada como é participada e multiplicada a forma. Mas a matéria que diferencia e individualiza a substância corporal não é a matéria em si e para si. A matéria como tal é indeterminada e comum a todas as coisas corporais. Não poderia ser o fundamento da individualidade, *o fundamento da diferença numérica*. Trata-se mais aqui da *matéria determinada e dividida por sua disposição a ser extensa.* Entre todos os demais acidentes, somente a extensão distingue-se numericamente por sua essência de toda outra extensão da mesma espécie: pela posição, a ordem, o que lhe está justaposto. Em razão de sua essência, a extensão traduz-se em partes, que, por sua simples posição, já são distintas numericamente umas das outras. A extensão possui, então, por si própria, uma maneira de individualizar-se.[27] Por isso, ela é uma condição da individuação da substância como extensão transcendental fomentada (*ut conotata*), que caracteriza as partes materiais e que, durante a extensão dividida, separa essas partes umas das outras. Uma vez admitidas essas condições, a matéria serve como fundamento da individualidade. Pois, por sua essência (como último substrato), é incomunicável a toda outra matéria separada dela. É, então, também individualizada por si própria e apropriada para individualizar a forma e a substância.[28]

A essa demonstração, a nosso ver, estão ligadas as seguintes perguntas:

1. A matéria pode efetivamente realizar por si própria o que lhe é atribuído aqui?[29]
2. À forma corresponde unicamente a determinação específica e nada mais?[30]
3. O ser individual é necessário para a subsistência e a existência, como Gredt trata de demonstrá-lo?[31]

---

[27] Na nota (Gredt, *op. cit.*, I, p. 246), essa individuação da "extensão exigida" encontra-se distinta da extensão aderida fundada na individualidade da substância.
[28] *Op. cit.*, II, p. 244-246.
[29] Resposta: o § 2, 5 deste capítulo.
[30] Resposta: o § 2, 5 deste capítulo.
[31] Resposta: o § 2, 6 deste capítulo.

Para responder à primeira pergunta, não temos necessidade de examinar novamente a questão da matéria-prima, visto que, segundo Gredt, não é a matéria-prima informe a que constitui o fundamento da individuação (somente desempenha um papel nas exposições precedentes mais que como *ultimo suppositum*), mas a "matéria designada pela extensão indeterminada" ou "a matéria dividida e determinada pela orientação e a extensão". Portanto, o que é essa "designação" ou essa "orientação", senão uma primeira formação? O "estar separadamente", o ser espacial extenso, o ser divisível é a forma da matéria como tal, é o que distingue genericamente as coisas materiais (= que completam um espaço) dos espíritos (se se quiser caracterizá-los pelo que eles *são* e de nenhuma maneira pelo que *não* são, por exemplo, como não viventes, não conscientes etc.). Cada coisa material possui *sua própria* matéria, e a mesma está prefigurada em sua forma. Por isso, destacamos em Gredt as seguintes palavras: cada forma "tem uma relação transcendental interna com a matéria designada pela extensão".[32] Porém, não concluímos o seguinte: "a forma é tal ou qual, unicamente porque está em tal ou qual matéria", mas dizemos: a matéria é tal ou qual porque pertence a tal ou qual forma.

Certamente, devemos considerar aqui a relação entre "as matérias" como determinadas especificamente, mas não como unidades formais (conclusas em si) de partes do mundo ou da "natureza" espacial-corporal (no sentido dado a essa palavra quando se contrapõem uma a outro, "natureza" e "espírito") e as coisas materiais como unidades formais nas quais estão divididas e nas quais se "apresentam". *Cada matéria* – o ouro, o ferro etc. – *é um todo, mas* não é indivisível e, portanto, *não* é uma *coisa singular* nem um "indivíduo". À coisa singular pertence ser determinada especificamente e ser conclusa como unidade formal. Ambos os aspectos estão prefigurados em sua forma. Disse-se anteriormente[33] que a delimitação espacial exterior está determinada em grande parte por ações exteriores: um "pedaço da matéria" pode ser rasgado, cortado ou "dividido" de outra maneira. Então, surgem muitas coisas singulares da mesma determinação material e é do mesmo ou diferente tamanho ou figura. Mas a delimitação espacial não está fundada somente e simplesmente nos acontecimentos exteriores. Toda coisa material contém uma força diretriz e configuradora particular, cor-

---

[32] Ver o § 2, 5 deste capítulo.
[33] Ver o capítulo IV, § 4, 6.

respondente à sua própria determinação material. Se a teoria mencionada anteriormente, segundo a qual toda matéria está "propriamente" destinada a uma configuração cristalina, fosse astuta, então cada matéria, na ausência de influências que distorcem, "formar-se-ia" segundo a própria forma de cristal e dividir-se-ia de maneira correspondente. Um cristal é uma coisa individual (indivíduo) no pleno sentido da palavra; uma configuração que se compõe de uma quantidade de cristais ligados uns aos outros é um todo constituído por muitas coisas particulares; um cristal que se rompe em pedaços já não continua sendo a mesma coisa, mas é substituída por certo número de coisas novas que provêm "dele". O cristal individual, não dividido, é "inteiramente formado" de dentro em uma coisa individual. Os fragmentos que estão quebrados – assim como as partes não cristalizadas separadas no espaço – devem sua delimitação espacial e seu ser individual, por sua vez, a uma influência exterior: em parte somente, porque (assim como já ficou anotado) não é indiferente em relação a como estão constituídos em si próprios, mas há neles a possibilidade de se realizar em fragmentos e, além disso, o gênero e o modo de como pode suceder estão prefigurados em sua natureza material particular.

Com o dito até aqui devemos responder negativamente à questão de se a matéria informe é capaz de fundamentar o ser individual.[34] Somente a matéria formada pode fazê-lo, visto que o ser material (espacial) significa já um ser formado, um ser posto dentro de um gênero do ente de um conteúdo determinado: o gênero do ente extenso que completa o espaço e é divisível. Por essa sua natureza genérica, as matérias são a condição da possibilidade de sua divisão em coisas particulares. Mas a natureza genérica não é um fundamento suficiente para uma verdadeira divisão. A determinação específica que diferencia as matérias umas das outras constitui um passo a mais no caminho que conduz ao ser singular. A determinação genérica não é ainda uma forma. Ao que seria somente determinado por ela faltaria a medida da determinação, necessária para o ser real. A matéria determinada especificamente (por exemplo, ouro) não possui somente, por sua determinação específica, a possibilidade de ser dividida de qualquer maneira, mas está orientada para caminhos determinados de divisão e para uma limitada seleção de possíveis configurações espaciais limitadas. Mas a determinação específica não coincide ainda com a forma essencial. Somente

---

[34] Ver o § 2, 5 deste capítulo.

poderíamos colocá-las no mesmo plano se aceitássemos que: o todo de uma matéria especificamente determinada (por exemplo, "todo ouro") estivesse originalmente colocado no mundo como algo concluso em si próprio: se imaginássemos uma ordem na criação, segundo a qual os "elementos" chegassem imediatamente à existência em si conclusos e separados uns dos outros para penetrar em seguida – pelo "primeiro impulso do movimento" – no grande conjunto funcional, no que estariam divididos e entrariam em misturas e compostos e, assim constituiriam a diversidade das coisas corporais particulares conclusas em si próprias. Então não seria necessário atribuir uma forma própria às coisas individuais, tal como se apresentam na realidade. Em todo o material originário, único no tocante à forma, seria o grande "indivíduo" que levaria em si mesmo uma forma especificamente determinante. Mas essa forma não seria somente o fundamento da determinação específica como diferenciação em relação com outras matérias, mas também a "formação" do todo em partes com uma delimitação espacial e um contorno particular mediante sua própria ação e seu jogo comum com outras formas materiais. No entanto, tal interpretação suscita graves objeções. Primeiramente, cada parte de uma matéria conclusa em si mesma e que está separada espacialmente das outras possui *seu próprio ser*: desdobra sua essência específica em rendimentos que realiza e sofre em seu meio corporal imediato, talvez também sob a influência representante de uma criação que é dirigida pelo espírito, independentemente de seus "semelhantes", e tem aí seu próprio "destino". Mas o que está posto em si mesmo com seu ser e suas ações é uma *substancia* autêntica ou πρώτη οὐσία, que faz, sofre e se manifesta a partir de sua própria forma essencial. A isso se acrescenta que chegam coisas individuais à existência não somente como partes de uma matéria existente, mas também como quantidades materiais novas segundo sua determinação específica: observamos sem cessar o fato de que surgem matérias compostas a partir de matérias simples (elementos) por meio de combinação e dissolução, mistura e separação, e vice-versa. Não há nenhuma razão para admitir um *estado originário* em que todas as matérias possíveis simples e compostas (ou somente os elementos) estivessem já presentes e separadas umas as outras.

O que diz a Sagrada Escritura sobre o caos (*tohuwabohu*)[35] é mais favorável à interpretação segundo a qual a particularização das matérias e a

---

[35] Gên 1,2. Ver capítulo IV, §10, nota 246.

sequência ordenada dos seres que nascem e desparecem resultou de um estado de mistura ou amálgama que ainda não podia ter a formação completa das matérias. Muitas propriedades atribuídas pelo tomismo à "matéria-prima" poderiam igualmente convir a esse amálgama: teria a "possibilidade de chegar a ser qualquer coisa", isto é, de se formar em toda a diversidade do mundo corporal.

Não seria ainda inteiramente real, tampouco seria nada, mas um primeiro grau do mundo real. E em cada coisa real estaria contida uma parte da que, como "base", deveria ser formada mais tarde. No entanto, não se poderia afirmar que fosse algo totalmente indeterminado. Estariam contidas ali as matérias especificamente determinadas, porém só em uma união por meio de seus influxos recíprocos, que impediriam seu desenvolvimento. E, por outro lado, não se trata senão de um primeiro estado possível, cuja realidade efetiva não foi estabelecida e que pode deixar lugar a outros estados possíveis. Pode-se igualmente supor como possibilidade essencial que a Criação saiu da mão de Deus como mundo totalmente estruturado por coisas configuradas, certamente com a possibilidade de transformação, não como definitivamente acabado e imutável, já que então o devir e o passar, o movimento e a mudança seriam incompreensíveis: mas eles determinam o rosto do nosso mundo e neles consiste o "acontecer da natureza". Que nós representemos isso como um desenvolvimento progressivo do caos ao cosmos ou como uma mudança contínua de um cosmo originário, de qualquer maneira nos encontramos em presença, em um e em outro caso, de uma sucessão de formações; quer se pense como obras da criação separadas temporalmente quer reunidas em *um fiat* criador, isso deve ficar em julgamento. As matérias especificamente determinadas constituem o grau mais inferior do ente. São distintas umas das outras por suas formas específicas, mas, ao mesmo tempo, estão dotadas de forças diretrizes e configuradoras que as orientam a uma divisão em estruturas particulares de uma configuração espacial conclusa e própria da espécie. A divisão e a delimitação efetuam-se, como já se disse, não simplesmente como desdobramento a partir do interior, mas com a ajuda de influências exteriores. Constituem uma transformação no sentido em que as configurações parciais tomam o lugar do todo e o todo "desaparece" a fim de que possam surgir "a partir dele"; e cada estrutura novamente surgida tem *sua própria* forma, que encerra em si mesma o traço distintivo da espécie. O sentido do ser da matéria consiste em servir à construção de estruturas espaciais, em que o espírito cria-se um meio de expressão. As estruturas formadas constituem sua linguagem. A meta da formação é constituir "configurações expressivas". As influências exteriores podem agir no sentido desse fim, mas podem também obstaculizá-lo. As configurações finais às quais tende a formação podem exigir, para obter seu tamanho conforme a essência, uma divisão, mas também uma síntese de quantidades materiais originariamente presentes; efetivamente, o tamanho não é indiferente ao sentido de uma estrutura, mas é correspondentemente prefigurado, se não claramente, pelo menos pelos limites que indicam uma medida mínima ou máxima. Em alguns casos, as partes componentes mantêm-se no todo, constituído por elas como unidades independentes com uma forma própria (por exemplo, blocos de rochas em um grupo); em outros casos, chegam a ser partes dependentes do todo (como são as quantidades de água que um rio recebe de seus afluentes).

Acreditamos, agora, poder responder à questão sobre se à forma corresponde somente a determinação específica e nada mais.[36] As formas essenciais das coisas materiais não somente dão às coisas sua determinação específica, mas são forças configuradoras que atuam no sentido de sua determinação específica e, como tal, cada uma constitui um real particular. Tal forma age já em cada quantidade parcial da matéria conclusa no espaço. Mas a quantidade parcial ainda não formada no sentido de sua determinação específica somente é um grau de transição para as coisas individuais ou para as estruturas compostas de coisas individuais, nas quais as figuras finais encontram uma realização mais ou menos perfeita. A natureza genética da matéria como tal torna possível uma justaposição de coisas individuais idênticas (aqui, a igualdade não pode ser somente uma simples igualdade específica que não suprime a diferença da figura particular, ou, também, uma igualdade completa da figura, de modo que somente a quantidade material diferenciada espacialmente permanece ainda como um elemento que diferencia seu conteúdo).[37] No entanto, a natureza genética não é o que fundamenta o ser singular, mas o que é exigido pela forma.

Não é a forma essencial a que é "comunicável" a uma pluralidade de coisas individuais, mas a forma pura ou a essencialidade,[38] de que as coisas

---

[36] Ver o § 2, 5 deste capítulo.
[37] Por "figura" não se entende somente a figura espacial, mas toda a "particularidade" da estrutura ou formação, na medida em que chegou a "expressar-se".
[38] Ver o capítulo III, § 2, 3 e 10.

504 Capítulo VIII

"participam" por sua forma essencial. De nenhuma maneira se pode falar no mesmo sentido de uma "comunicação" da forma essencial à matéria que lhe pertence; de fato, assim como entendemos a relação da forma com a matéria nas coisas puramente materiais, assim, aqui, o termo "comunicação" está totalmente fora de lugar, visto que forma e matéria não podem existir independentemente uma da outra: o ser da forma é a configuração material; o devir da matéria coincide com a inserção configurada da forma no espaço. É certo que a matéria como tal não é de nenhuma maneira "comunicável"; não há em si nem sentido nem eficiência, nem algo *que* possa comunicar, nem a força para comunicá-lo: é o que recebe, o que participa e o que é divisível. Por conseguinte, é à forma da coisa que atribuímos o ser individual.[39] É algo que vem agregar-se a ela ou que lhe pertence interiormente, formando parte de sua estrutura? Ao considerar a forma essencial como incomunicável, consideramo-la já "em si" como um elemento singular. Mas o ser individual de uma coisa não se distingue em relação ao conteúdo da outra coisa: pertence à sua "forma vazia". Se duas coisas individuais devem ser diferenciáveis como esta ou aquela, devemos encontrar uma diferença muito além de seu ser individual. Nas coisas materiais iguais, tal diferença consiste em sua participação material distinta espacialmente de qualquer outra. Dever-se-á examinar se as coisas individuais de outro gênero serão substituíveis por outra coisa diferente. Mas, antes, convém investigar a relação do ser individual com a subsistência e a existência.

6. Subsistência, Ser Individual e Existência em Coisas Corpóreas Materiais e em Objetos Ideais

Conforme Gredt,[40] o ser individual pressupõe-se para a subsistência. Na nossa concepção, resulta evidente para as coisas corpóreas-materiais, já que atribuímos o ser individual à forma, mas a forma não poderia existir sem a matéria: seu sentido *é* a configuração da matéria. Igualmente o é para a

---

[39] Se o compreendo bem, é o que faz também Duns Scoto: considera como *principium individuationis* certa quantidade positiva do ente, que distingue a forma essencial individual da forma essencial geral. (Ver R. Messner, O.F.M., *Das Individualprinzip in skotistischer Schau*, na revista *Wissenschaft und Weisheit*, I, 1934, p. 8 e seg.)

[40] *Op. cit.*, II, p. 116.

relação do ser individual e a existência, visto que as formas essenciais das coisas materiais somente têm existência na matéria. Mas devemos ainda perguntar se a mesma relação é também válida quando os objetos subsistentes não são coisas materiais? Existem coisas subsistentes que não sejam coisas individuais? E, nas coisas individuais, que não dão lugar a nenhuma separação da forma e da matéria, convém ainda distinguir o ser individual da subsistência?

Em relação à primeira pergunta, penso naquilo que se chama "objetos ideais". "O triângulo" está contido em cada triângulo particular – é, pois, em todo caso, um objeto comunicável, e não uma coisa individual –, ainda, o triângulo inteiramente determinado cujo tamanho de ângulos e cuja longitude de lados são fixos parece ainda dar lugar a uma individuação: falemos de triângulos *congruentes* e podemos imaginar arbitrariamente uma infinidade de triângulos que não diferem mais que sua posição no espaço. "O *triângulo*" é um objeto subsistente? É uma estrutura sensível que é em si uma e distinta de toda outra, e tem, além disso, uma estrita legalidade de estrutura que faz dela o objeto de juízos verdadeiros (e com uma validade necessária). Mas falta-lhe a determinação completa que exige a subsistência. Pertence ao sentido de seu ser particular da estrutura de objetos independentes. E, aqui, por que não é um ente independente, nem um "objeto" no sentido restrito do termo? É independente o triângulo A B C com as longitudes a b e c e com os ângulos α, β e γ? Parece perfeitamente determinado, nada falta à sua estrutura interna e, entretanto, falta-lhe ainda uma terminação para poder "estar" ou subsistir. Segundo seu sentido, é um objeto extenso e, para isso, é necessária uma posição determinada no espaço. O triângulo determinado por sua posição espacial é um triângulo particular: é inteiramente determinado e incomunicável: isto é, que estruturas distintas numericamente não podem participar dele como participam na forma triangular A B C que é "individualizada" ali.[41]

O triângulo particular é algo independente? Ou seja, é de novo algo que está determinado segundo seu sentido, para contribuir à estrutura de uma realidade independente? Assim somos levados a examinar a relação entre os objetos geométricos e o mundo real. Seguramente, pertence ao sentido de ser das estruturas ou formações geométricas que tenham um significado para a

---

[41] No entanto, é possível que vários triângulos particulares ocupem a mesma posição e cheguem assim a ser não distinguíveis para nós (ver o § 2, 5 deste capítulo).

estrutura do mundo corpóreo, das coisas materiais. No entanto, esses objetos geométricos não tomam, de nenhuma maneira, parte das coisas como partes constitutivas: não são propriedades nem índoles das coisas, isto é, não coincidem com as formas espaciais das coisas, mas têm com as coisas uma relação parecida com a do arquétipo com a imagem. Já estabelecemos antes que não se encontram em absoluto na natureza estruturas geométricas puras, mas elas representam "limites", dos quais se aproximam mais ou menos com suas superfícies e suas linhas de delimitação. Essas estruturas geométricas constituem a "medida" segundo a qual se faz o mundo corporal.[42] Com isso, fica dito que são independentes em relação com as coisas, não possuem nenhum suporte material. São elas seu próprio suporte ou têm como suporte outra coisa material? Tem-se o costume de considerá-las como algo "de pensamento" e de dizer que se encontram "no espírito". Isso é exato se não se considera o de pensamento como gerado pelo espírito humano, mas como "inteligível", como o que o espírito pode compreender e que, portanto, pode penetrar nele. Por isso, não possuem o espírito humano por suporte pessoal como o pensar e o pensado no sentido de algo produzido pelo pensamento. Têm ao espírito de Deus como seu suporte pessoal? Têm-nos no sentido de que todo ser tem sua origem em Deus e se encontra mantido na existência por Ele, e em que particularmente todo "sentido" encontra no Logos sua morada. Mas assim como as coisas reais são criadas e conservadas por Deus e, no entanto, por *meio* da criação foram expostas e "colocadas em si" a partir do espírito divino e, igualmente, as estruturas de sentido, os arquétipos das coisas reais, de certa maneira, foram colocadas como conclusas em si a partir do espírito divino – mesmo que compreendidas nele – como uma "criação antes da criação". O espírito humano as encontra já antes e deve conformar-se com seu pensamento segundo sua legalidade; as coisas estão configuradas segundo elas e medidas segundo elas. Por isso, essas estruturas de sentido são consideradas por Hering como o "ente primeiro".[43] Encontram-se uma com a outra em uma ordem, de maneira que umas – "as comunicáveis" – contribuem à estrutura dos outros, o que, para eles, é a realização de seu próprio sentido; mas as estruturas individuais, inteiramente determinadas do ponto de vista de conteúdo, "não estão necessitadas", não dependem de nenhuma outra estrutura de sua espécie, são independentes de sua realização e, assim mesmo, são

---

[42] Ver Sab 11, 20: "[...] Tu o regulaste todo, com peso, número e medida."
[43] Ver o capítulo III, § 2.

independentes de que sejam ou não pensadas pelos homens. Mas não se pode afirmar que em si sejam independentes de todo o espírito pessoal; e isso, não unicamente pela relação que todo ente finito tem com o espírito do criador: além disso às estruturas ou formações particulares da geometria corresponde ainda uma dependência particular do espírito. Não são "reais" e não estão no espaço como estão no espaço as coisas reais. "Não estão aí" como algo que cai sob os sentidos ou que se manifesta por seus rendimentos; não agem nem completam tampouco o espaço, ainda que sejam extensos espacialmente e possuam uma posição no espaço. Delimitam uma porção de espaço, mas não a ocupam até o ponto que esta seja inacessível a outras estruturas.

Podem também dizer que não são senão "pensados" no espaço: nenhum lugar determinado lhes pertence, mas "qualquer" porção de espaço correspondente à sua determinação da extensão. Por isso, podemos dar-lhes tal ou qual posição e podemos concebê-los em movimento, mesmo que não se movam eles mesmos nem tampouco possam ser movidos "realmente", isto é, em relação com o acontecimento natural. Mas essas liberdades nos são dadas pela essência das estruturas ou formações geométricas, não poderíamos "tomá-las" se as estruturas geométricas não possuíssem essa índole.

A irrealidade dos objetos ideais faz igualmente de sua independência algo particular. Não são "subsistentes" como as "substâncias": eles não se "possuem" a si mesmos, não têm nenhum "poder" de ser para estender sua essência em um "estar aí" (ou existência) temporal. Seu ser não equivale de nenhuma maneira a um desdobramento de si mesmo; ao contrário, é um ser desdobrado. E as possibilidades que formam seu fundamento nele, ou seja, sua posição em diferentes lugares espaciais, sua divisão e sua composição (tal como se nos apresentam nas "construções" geométricas), não são as possibilidades para uma própria ação, mas possibilidades para que o espírito possa ocupar-se deles de uma maneira determinada, sem que, por isso, sejam "atacados".

E as possibilidades não somente significam algo para o espírito, mas também para as estruturas com as quais se ocupa. O triângulo A B C é um triângulo particular, tem uma extensão determinada e, por sua extensão, exige-se um lugar no espaço. Mas não está, de nenhuma maneira, "por natureza" no espaço, nem tampouco pode "fazer-se" com um lugar ou "manter-se" nele. Depende de que seja "colocado" no lugar correspondente, e isso não pode acontecer senão por mediação de um espírito pensante. A posição que o faz primeiramente por inteiro determinado e distinto de outros [triângulos] deve ser-lhe "reservada". Pode ser transferido de uma posição a outra e até a diversidade de sua posição não é eliminável: quando levamos a prova da congruência dos triângulos fazendo-os coincidir, assim colocamo-los na mesma posição; com isso, tornam-se indistinguíveis, mas não se pode afirmar que os dois triângulos foram um só.

Vamos tratar, agora, de determinar a relação do ser individual, da subsistência e da existência. Existem objetos individuais que são independentes no sentido de que estão determinados por completo do ponto de vista de seu conteúdo e não se aderem a um "suporte" (como as propriedades côisicas a uma coisa), e porque eles mesmos são suporte de uma essência e suporte de suas propriedades. No entanto, sua independência não é ilimitada, já que a particularidade de seu ser os faz depender, em certa medida, de um espírito pensante. Esse ser não é uma existência real. "Há" triângulos, mas não no mesmo sentido em que há pedras e homens. De onde o ser individual e a existência não coincidem necessariamente. Mas com a particularidade de seu ser relaciona-se também uma particularidade de sua existência individual. Cada um é ele mesmo, esse um e não outro; pode com outros semelhantes a ele achar-se em uma pluralidade. No entanto, a pluralidade de todas as estruturas individuais iguais não pode ser um número finito: é possível um número infinito desses triângulos – e não somente em um espaço infinito, mas já em uma porção finita de espaço, visto que não se "disputam" o espaço entre eles – e já que não há diferença para eles entre possibilidade e realidade, assim são tão numerosos como possíveis (idealmente), isto é, são tão numerosos como "se queira", trata-se de uma infinidade aberta.

Como se comportam a subsistência e o ser individual em tais estruturas? Chamamo-los "subsistentes", porque são conclusos em si mesmos, estão inteiramente determinados e delimitam ou "suportam" eles mesmos seu próprio *quid*; são "individuais", visto que cada um deles é isso unicamente e nenhuma outra coisa. Não é uma porque têm uma posição correspondente à sua extensão, mas porque isso é um, tem *sua* extensão, portanto depende de uma posição correspondente. A individualidade e a subsistência estão ambas ancoradas na mesma estrutura, isto é, em que é "algo" ou um "objeto" (no sentido restrito): o suporte de um *quid* e de uma essência. A subsistência é atribuída ao todo – ao suporte com que é suportado –, mas o ser individual corresponde já ao suporte em si mesmo e a tudo o que suporta ou que encerra em si: à essência assim como a todas as suas partes e a todas as índoles que se agregam. Assim, subsistência e ser individual têm um fundamento comum na estrutura formal do ente. Reclamam-se reciprocamente um ao outro, e, assim, nenhum deles pode ser designado "anterior" ao outro; um ser individual não tem por que ser necessariamente subsistente ou independente; mas, se não é subsistente, então tem que ser uma parte constituinte de uma realidade subsistente.

No que concerne à relação com a existência, vimos que há um ser individual e subsistente (no entanto, no sentido de algo mudado) a que não corresponde nenhuma existência (ser real). Mas o que é real é o individual e subsistente, ou seja, uma parte constitutiva de tal realidade, um todo que está constituído de coisas individuais independentes. Individualidade e independência podem ser designadas como o que é objetivamente anterior em relação à existência.

Além disso, aprendemos que é necessário distinguir o ser diferente e a possibilidade de diferenciação (= possibilidade de reconhecer o ser diferente) dos objetos individuais. A diferenciação repousa sobre seu suporte; a possibilidade de diferenciação repousa nas coisas materiais sobre sua participação da matéria, nas estruturas geométricas sobre sua posição; em ambos os casos, está fundada sobre a natureza espacial dos objetos.

7. O Ser Individual dos Espíritos Puros Criados

Ao considerar o ser-suporte como fundamento do ser individual, reduzimo-lo à estrutura formal do ente. Portanto, está liberado da natureza espacial dos gêneros determinados do ente. Também, o que não é espacial pode ser individual. Isso não é novo para nós, nem tampouco é estranho ao tomismo: este considera os espíritos puros como "substâncias", isto é, como individual, independente e real. Mas o tomismo deve buscar um fundamento do ser individual deles, diferente do das coisas materiais corpóreas e espaciais, porque, neste último caso, ele considerava a matéria como fundamento da diferenciação: os anjos são considerados como "formas puras"[44]

---

[44] Enquanto a palavra "matéria" não designa mais que "o que completa um espaço". Podemos subscrever isso. Mas encontramos nos anjos algo que deve ser tomado como *matéria* no sentido de indeterminação determinável. Por isso, não chamamos aos anjos formas puras, mas espíritos puros (ver o capítulo VII, § 5, 6).

que "são individualizadas por elas mesmas e não podem ser multiplicadas no seio da mesma espécie. Na ordem dessas formas espirituais puras, o número das espécies é idêntico ao das essências individuais".[45] Conforme nossa concepção, que faz uma distinção ainda no caso dos espíritos puros, entre a determinação específica e seu suporte – ou seja, neste caso, a pessoa – é precisamente esse suporte pessoal o fundamento do ser individual. E visto que, na "comunicação", ou melhor, na configuração da forma em uma matéria que completa o espaço, não vemos o fundamento do ser individual, mas o desdobrar conforme a essência de um gênero determinado de formas, por isso para nós com a "incomunicabilidade" das formas espirituais em uma matéria tal não está demonstrada a incomunicabilidade da determinação específica em uma pluralidade de essências individuais. Por outro lado, não é necessário considerar a "matéria espiritual" que reconhecemos nos espíritos puros como o que fundamenta a individuação da espécie, visto que forma e matéria são algo individual e aqui é inseparavelmente único.

Se é correto que não há anjos idênticos da mesma espécie, que cada um é diferente de outro não somente numericamente, mas também por um "modo de ser" irrepetível, assim isso deve ter um fundamento diferente. Gredt atribui aos espíritos puros "certa infinidade". São infinitos não simples, mas relativamente dentro de sua espécie. Daí que *uma só* essência individual complete, por assim dizê-lo, o âmbito inteiro de sua espécie [...].[46] Nessa "infinidade", podemos encontrar um fundamento ao fato de que não existem anjos idênticos da mesma espécie: não é "necessário" para chegar à espécie na configuração. Santo Tomás apoia-se, igualmente, nesse contexto, na ideia da *conservação da espécie*: visto que os espíritos puros são imortais, somente se necessita *uma* essência individual para a preservação da espécie; nas estruturas ou formações materiais, por causa de seu caráter transitório necessita-se de uma pluralidade.[47] Mas a impossibilidade de uma pluralidade de espíritos da mesma espécie não estaria demonstrada por esse fato. Voltaremos uma vez mais sobre essa relação da espécie e de particularidade.[48] Por enquanto, queremos prosseguir com mais detalhes na questão do ser individual considerando sua diferenciação.

---

[45] Gredt, *op. cit.*, I, p. 250.
[46] *Ibid.*
[47] *Summa theologica*, I, q. 47, a. 2, corp. [Santo Tomás de Aquino, *Suma de Teología*, I, *Parte I*, Madri, 1988, p. 469-470.]
[48] Ver também o capítulo IV, § 3, 2.

Dois espíritos puros são distintos um do outro, porque são pessoas e, como tais, constituem algo individual e independente. Mas, o que os faz diferenciáveis? O espaço aqui não pode ser considerado como meio de diferenciação. Poder-se-ia pensar no *tempo*. Existem estruturas ou formações temporais que somente se deixam diferenciar por sua posição no tempo, assim como as estruturas espaciais que somente se deixam diferenciar por sua posição espacial. Quando "a mesma" melodia é tocada duas vezes (supondo que esta se produz no mesmo lugar e de uma maneira absolutamente semelhante), encontramo-nos em presença de duas estruturas ou formações temporais que se separam pelo fato sucessivo de uma depois da outra. Se isso se produzisse ao mesmo tempo (o que não se pode realizar de maneira perfeita, mas pelo menos aproximadamente), então seriam indistinguíveis. Igualmente, dois espíritos absolutamente semelhantes (supondo que isso fosse possível) seriam distinguíveis se viessem à existência em momentos diferentes. Contudo, aqui se poderia considerar outra possibilidade que não existe nas estruturas temporais originárias: um retorno do mesmo espírito depois de uma interrupção da existência. Quando "a mesma melodia" é tocada de novo, então o que é considerado como o mesmo – a melodia como "figura temporal" – não como um individual, mas um "comunicável". Os processos, nos quais se realiza, estão numericamente separados, e não teria nenhum sentido dizer que retorna "a mesma" sequência de notas. À melodia corresponde em uma pessoa espiritual "o curso de sua vida" enquanto se desenvolve no tempo. Consideramos o curso da vida de um homem como algo único que não pode repetir-se. Mas essa concepção do mundo que vê em sua história um processo cíclico que se repete perpetuamente, e que admite também um retorno das almas – ainda quando se pode fazer muitas objeções por motivos da fé e da razão natural – põe-nos, entretanto, atentos a uma possibilidade que se funda na essência da pessoa como tal. A pessoa é um "suporte" distintamente de todo algo impessoal. Sua vida brota dela (pessoa) e é possível conceber que essa vida pudesse ter um fim sem que a mesma pessoa fosse reduzida a nada e que pudesse assim começar uma vida nova.[49]

Se se trata da mesma pessoa, em iguais cursos de vida separados temporalmente, ou melhor, de pessoas diferentes, para isso haveria a possibili-

---

[49] Sem dúvida, deveria atribuir-se-lhe certo modo de ser para a duração da interrupção da vida pessoal.

dade de uma distinção na mesma pessoa:[50] ela poderia encontrar-se na "vida nova" como o mesmo eu que houvesse já vivido uma vez, assim como nós nos "encontramos" depois de uma interrupção de nossa vida consciente. Porém, a mesma possibilidade encontra-se geralmente na distinção das pessoas; na particularidade da autoconsciência, que pertence ao ser-eu pessoal, está fundamentado: que cada pessoa pode ela própria diferenciar-se de todas as demais, mesmo que vivendo na mesma época ou em época diferente; ou já esteja constituído da mesma maneira ou diferente. Mas, para poder reconhecer pessoas estranhas como distintas numericamente, necessita-se de outro meio de diferenciação. Efetivamente, além da diversidade da determinação temporal, deve-se considerar a *diversidade de conteúdo* como o mais importante meio de diferenciação para as pessoas assim como para as coisas particulares.

Coisas iguais ou de um "parecido surpreendente", que somente as podemos reconhecer como distintas numericamente por sua posição no espaço e no tempo, dão-se de maneira mais rara em nossa experiência que as coisas que por sua *particularidade* são suficientemente distintas de todas as demais. A efetiva diversidade das coisas não é negada por ninguém. Às vezes até é afirmada sob esta forma muito nítida: que "em realidade" não há coisas totalmente idênticas, mas somente coisas semelhantes que não são distinguíveis. Por isso, entende-se por "indivíduo" em geral não somente uma coisa que é numericamente uma e diferente de todas as outras, mas também, e principalmente, uma coisa distinta de todas as demais por seu conteúdo. Mas ambas as classes de distinção, deve-se distingui-las claramente. Se uma plena igualdade não se encontrara em realidade, é, no entanto, concebível e nenhum obstáculo opõe-se à diferença numérica. No entanto, visto que a diferenciação numérica e a diversidade segundo o conteúdo têm um sentido diverso e são também para concebê-las como separadas na realidade, então seu fundamento existencial poderia ser também diferente.

Também santo Tomás distingue claramente a diferenciação numérica e a dessemelhança (= a diversidade segundo o conteúdo). Designa esta como uma diversidade conforme a forma (*formalis*), e aquela, como diversidade conforme a matéria (*materialis*). Naturalmente, nele deve-se entender por "forma" a forma essencial e não a forma vazia. Por isso, a diversidade formal equivale à diversidade específica. "Como queira que a matéria deve-se

---

[50] Fazemos aqui abstração da onisciência divina, para a qual é naturalmente sempre discernível o que não é discernível para nós.

à forma, a diversificação material deve-se à formal."[51] Por conseguinte, está fundamentado o que uma pluralidade de estruturas ou formações similares (para a conservação da espécie) somente se encontra nas coisas materiais e transitórias. A existência efetiva de uma pluralidade de coisas especificamente idênticas é assim concebível para seu fim, mas não se mostra a diferenciação numérica como tal em sua ancoragem na estrutura das coisas.

Tentamos tal demonstração e encontramos o ponto de origem do ser singular na estrutura formal dos objetos como tais: no fato de que o suporte que encerra sua essência como forma vazia é incomunicável. Isso é independente da diversidade do conteúdo dos gêneros do ente e, por conseguinte, vale para todos da mesma maneira. Ao contrário, a diversidade de conteúdo das coisas singulares não se fundamenta em sua estrutura formal. Por isso, pode estar fundamentada de maneira diferente nos diversos gêneros.

8. O Fundamento da Diversidade de Conteúdo nas Coisas Espaciais-Materiais

A variedade das índoles das coisas singulares materiais de igual determinação específica idêntica, relacionamo-la do ponto de vista causal com a diversidade das influências externas que atuam – com a ajuda da determinação específica – sobre o "destino" das coisas singulares e sobre cada configuração real delas. Quando santo Tomás afirma: "*individuum est de ratione materiae*", não somente quer dizer que o ser individual das coisas repousa sobre sua participação da matéria, mas também sua índole de conteúdo ao passo que esta não está fundada sobre a determinação específica que divide com todas as outras coisas individuais de sua espécie. Não é necessário falar outra vez aqui do ser individual. No que se refere à índole, devemos pensar que não podemos considerar uma matéria que não esteja especificamente determinada. Podemos dizer da coisa material singular que esta deve a determinação específica à sua forma; mas podemos dizer também que possui *esta* determinação específica, porque é "uma parte *desta* matéria". O que diferencia as partes particulares dessa matéria do ponto de

---

[51] Ver *Summa theologica*, I, q. 47, a. 2, corp. [Santo Tomás de Aquino, *Suma de Teología*, I, *Parte I*, Madri, 1988, p. 469.]

vista do conteúdo – dimensões, contornos, cores diferentes – é que a matéria como tal (conforme sua determinação genérica) é divisível, que pode experimentar múltiplas influências, diferentes de outras matérias segundo sua determinação específica (mas também da parte de espíritos), e que as partes separadas espacialmente estão sob diversos influxos. Não esqueçamos tampouco que a toda matéria são as próprias forças formadoras correspondentes à sua determinação específica, forças que orientam a matéria para uma configuração particular que lhe é própria e a capacitam para expressar um *sentido* que, graças às configurações das estruturas materiais que caem sob os sentidos, fala ao espírito capaz de compreensão. As influências externas podem liberar essas forças de formas internas, mas também podem opor-se a elas obstaculizando-as (na natureza "caída"). Do ponto de vista da "linguagem", a que estão destinadas as estruturas ou formações materiais, a variedade do conteúdo das estruturas especificamente idênticas está prefigurada de sentido e na determinação específica como possível. Não se deve considerar, pois, toda dessemelhança dentro de uma espécie como a alteração "acidental" devida às influências externas. As possibilidades de uma configuração variada estão desenhadas na determinação formal das matérias individuais e na ordem total do mundo material.

9. Relação entre Essência Específica e Essência Individual nos Seres Vivos Inferiores ao Homem

A possibilidade de distinguir *no interior* da coisa individual entre forma e matéria como fundamentos respectivos da índole específica e da índole particular da coisa individual começa para nós quando temos formas "supramateriais", isto é, tais que começam sua existência em uma matéria prévia e uma matéria determinada e configurando com essa matéria e outras matérias sobrepostas uma estrutura individual: assim é nos *seres vivos*. A particularidade específica recebe aqui uma marca diferente, segundo as matérias constitutivas, que "encontra" a forma individual. (Com isso, não se quer dizer que a configuração múltipla da particularidade específica dependa exclusivamente da diversidade das matérias constitutivas.) Já antes se falou de que está fundamentada outra classe de gênese e de configuração na particularidade genérica dos seres vivos diversamente das coisas inanimadas: Não encontramos aqui uma "decomposição" nem um "amontoamento" de quantidades materiais, mas uma configuração a partir de um centro vital, esta considerada como uma autoconfiguração e, além disso, uma procriação de essências individuais por meio de essências individuais. A totalidade específica não é aqui um todo material (relacionado parcialmente ou feito em pedaços), mas uma relação de origem. Com relação às estruturas materiais inanimadas, deve-se conceder uma importância maior à estrutura individual que à totalidade específica. Toda estrutura individual constitui uma unidade articulada provida de um sentido próprio e de um valor expressivo: não somente um grau de transição para as configurações finais propriamente ditas, que conhecemos nas quantidades materiais com relação às estruturas configuradas.

O ser é uma autoconfiguração como configuração de uma estrutura individual a partir de seu centro vital, não simples desdobramento da particularidade específica sob a ação de forças impactantes do exterior. A isso corresponde uma força conclusa e uma eficiência própria que surge dela e uma atividade própria. Mas cada essência individual tem também um significado importante *para* toda a totalidade específica. As essências individuais *incorporam* a espécie e a *conservam* por meio de um processo gerador; mas nelas a espécie experimenta uma *transformação* progressiva. Divide-se em "variedades específicas", nas quais é mais evidente para as estruturas materiais, que do ponto de vista da particularidade específica não constituem simplesmente "coincidências", realizações mais ou menos perfeitas conforme as circunstâncias externas que sejam favoráveis ou desfavoráveis (isso também se dá); expressam a particularidade específica a partir de muitos pontos de vista diferentes e podem ser considerados como "figuras finais" previstas nela e por ela. Aqui subsiste ainda a dupla possibilidade de que a espécie já conforme o surgir originário "apresenta-se" em "tribos" diferentes que não podem ser reduzidas umas às outras, ou que é necessário admitir uma única relação de derivação ou descendência que progressivamente se separa e se ramifica. Uma decisão não é possível por princípios puramente razoáveis nem pela experiência. Mas não se trata aqui de uma simples alternativa; ainda que tivéssemos que admitir originalmente variedades específicas particularizadas, não se poderia, no entanto, negar uma particularização e uma transformação progressivas. Essa transformação realiza-se *nas* essências particulares e *por* elas: pelos "destinos" que sofrem e que são muito importantes para sua configuração, e pelo vínculo de "disposições hereditárias" nas essências particulares, que chegam à existência pelo caminho da geração sexual.

516 Capítulo VIII

Mesmo que cada essência particular seja uma realidade independente (πρώτη οὐσία, ou substância), devemos, entretanto, considerar a totalidade de todas as essências singulares que se encontram em uma relação de procedência como um todo real submetido a leis vitais próprias (certamente não como um todo independente, visto que somente é real *nas* essências individuais e por isso não como "substância"). De acordo com isso, a essência individual é o suporte da particularidade específica e de seu desenvolvimento. Seu ser singular e sua configuração particular são membros de uma cadeia. Por isso, não podemos admitir sem reserva o *de ratione materiae*, isto é, a justificação da diversidade de conteúdo dentro de uma espécie pela matéria. As formas essenciais dos seres vivos são formas vivas, capazes de desenvolver-se e de transformar-se. Assim, elas seguem leis de confirmação próprias; as matérias constitutivas colaboram com o resultado final, porém estão a serviço de formas essenciais. Não vamos tão longe como para admitir nesse grau, para cada essência individual uma forma diferente de todas as demais por seu conteúdo. A propriedade específica imprime aqui necessariamente sua marca ou seu sinal em diferentes variedades *específicas* cujos suportes são as essências individuais; não necessita das essências individuais *únicas*: pelo contrário, a conservação das variedades específicas, uma vez expressas, constituem igualmente uma tarefa. Visto que a essência individual está submetida ao nascimento e à morte, deve necessariamente produzir essências individuais "semelhantes a ela mesma" para que não se perca a "figura". A conservação e o aperfeiçoamento devem caminhar juntos no desenvolvimento da propriedade específica, se seu sentido de ser deve realizar-se. Quanto à questão de saber se as circunstâncias e as condições externas conduzem à afirmação de que não há duas essências individuais absolutamente idênticas uma à outra, segundo sua índole efetiva, podemos deixá-la em suspenso. A riqueza da vida pode manifestar-se não somente na diversidade das diferentes configurações, mas também na plenitude crescente de estruturas idênticas.

10. Propriedade Específica, Peculiaridade e Ser Individual do Homem

O tomismo considera o homem como uma espécie de gênero de "seres vivos" e não faz nenhuma diferença entre plantas, animais e homens no que se refere ao fundamento do ser individual. Na realidade, a maior parte das

Sentido e Fundamento do Ser Individual   517

proposições precedentes aplica-se também diretamente aos homens: o ser homem como tal é a essência comum de todos os homens individuais, essência que permanece sempre e onde se queira idêntica; mas ao lado dessa essência, todo homem possui algo que o diferencia por seu conteúdo de todos os demais; nisso convém estabelecer de novo uma ramificação da humanidade em espécies particulares (raças, povos, tribos, estirpes, famílias), em grupos de essências individuais que, por sua relação genealógica e sua comum peculiaridade, estão unidos em si mesmos e separados de outros, as essências individuais são os suportes da peculiaridade específica e de sua configuração em espécie particular sob o concorrer das circunstâncias externas; a índole material da própria essência individual e do ambiente em que está inserida tem igualmente aqui um papel determinante. Mas ser individual e configuração particularizada têm também aqui somente o significado de um membro em uma cadeia?

Se pensássemos no duplo sentido da vida humana: que, por um lado, é uma vida representante da matéria semelhante à vida animal e à vida vegetal, e, por outro lado, uma vida espiritual-pessoal, interior, conclusa em si mesma e que, no entanto, eleva-se por sua vez acima dela própria, que abraça o mundo e que está aberta àqueles que vivem com ela e que se renova a partir de suas próprias fontes, enfim, determinada livremente pelo eu, então devemos perguntar se esse profundo corte que atravessa o ser humano não tem também um grande significado para o ser individual e a peculiaridade do homem.

Já ficou claro que o fato de que o ser individual do homem – como o de toda pessoa espiritual – distingue-se do ser individual de todas as coisas impessoais: a isso pertence que a vida brote a partir do eu e que se encomende ao eu pessoal de duas maneiras: para ser consciente de si mesma como vida particularizada em relação a toda outra vida e para configurá-la livremente. Mas constatamos também que o eu não deve ser concebido como um simples "eu puro"; que esse último somente é, por assim dizê-lo, a porta de entrada pela qual a vida da pessoa humana eleva-se desde a profundidade da alma à luz da consciência. O mais interior da alma, seu ser mais próprio e mais espiritual, não é um ser sem cor e sem configuração, mas um ser constituído singularmente: a alma o sente quando está "consigo mesma", "concentrada em si mesma". Não se deixa captar no sentido de que se pode designá-lo por um nome geral, tampouco é comparável a outro. Não se deixa tampouco dividir em propriedades e em características, visto que repousa mais profundamente que elas: é o "como" (ποῖον) da própria essência, que, por sua vez, imprime sua marca sobre cada característica e cada atitude do homem, e constitui o código da estrutura de seu caráter. Por meio dessas "expressões exteriores", a interioridade mais profunda da alma é também compreensível a partir do exterior. "Sentimos" o inefável de sua essência também em outros. É o que na intimidade mais profunda nos "atrai" ou nos "provoca repúdio". Podemos sentir-nos aqui tocados por algo conhecido. Mas minha "espécie" e a dos outros não se deixam separar em algo comum e em algo diferenciado. Nesse sentido, devemos confessar que a diferença essencial de indivíduo não é compreensível.

Pode haver entre os homens uma perfeita igualdade? Na ficção, o fenômeno do "duplo" tem seu papel, mas como algo que rompe os limites da natureza: como devaneio de uma imaginação enferma ou como uma visão infernal. Certamente, não é uma prova, indica que o próprio homem se sente como algo irrepetível. É possível trazer aqui justificações que, sem fazer esse fato necessariamente irrecusável, permitem, no entanto, compreender por que pode ser assim. Naturalmente, os homens podem parecer externamente tão iguais que se possa constantemente confundi-los (por exemplo, os gêmeos). Mas os que vivem em sua intimidade sabem distinguir muito bem. E eles mesmos encontram-se tão diferentes – ainda com o sentimento de estar unido um ao outro mais fortemente que a nenhuma outra pessoa no mundo – que apenas podem conceber que se possa confundi-los. O que importa aqui não é que, em realidade, a forma do nariz seja um pouco diferente ou que a cor dos olhos não seja completamente a mesma – a testemunha exterior pode assim encontrar algo e retê-lo como meio de distinção –, nem tampouco que uma capacidade determinada se manifeste mais fortemente em um que no outro: cada um se sente em sua essência mais interior como algo "próprio" e será igualmente considerado como tal por aqueles que o "captaram" realmente. É possível atribuir essa diferença da essência mais interior ao fato de que as almas habitam os corpos, compostos de uma matéria espacialmente diferenciada? Certamente não. Mas, afinal, o que nos autoriza a admitir como real tal diferença essencial, a que argumento racional podemos referir-nos para confiar-nos a nosso "sentimento"? Sobre esse ponto é necessário dizer primeiro que não se trata de um "sentimento" no sentido de um simples estado anímico que não tem significação posterior. O "sentir" de que falamos tem em si um valor de conhecimento, descobre-nos algo: algo para o que constitui uma via de acesso. É um "ato" espiritual, uma "percepção espiritual". O chamamos "sentir", porque é uma captação "escura", porque esse ato não tem a claridade nem a precisão da intuição intelectual perceptível conceitualmente, e porque é uma "percepção com o coração": o que é sentido dessa maneira dirige-se ao interior da alma e quer ser admitido ali. Falamos de "percepção", porque esse perceber tem algo em comum com a percepção sensível: o que nela seja captado um elemento único e real. Mas é algo espiritual que é captado e não é acessível aos sentidos, ainda que se manifeste por sinais que caem sob os sentidos (a expressão corporal do anímico). Esta percepção está, como a percepção sensível, submetida ao engano. Mas reusá-lo sistematicamente por essa razão seria igualmente irracional como a renúncia completa ao uso dos sentidos como meio de conhecimento sob o pretexto de que são "enganosos".[52] De onde, se sentíssemos nossa própria essência e a dos outros como assim constituídos e seu "assim" como um sentir "único", então esse sentimento leva em si mesmo sua própria justificação, como uma maneira particular de experiência originária. Parece que com a afirmação de que o "assim" seja um único, seja transpassar o marco de uma experiência individual e que seja uma proposição universal arriscada. Na realidade, o sentido dessa afirmação é que nenhum "assim" é idêntico a outro. Isso está fundamentado na estrutura formal da pessoa: na unicidade do eu consciente de si mesmo, como tal compreende ou abrange sua especificação essencial como seu "mais próprio" e atribui a outro qualquer eu uma unicidade e uma "particularidade" idênticas. Mas o conteúdo do "assim" não é concebível de maneira geral.

§ 3

Reflexões sobre o Sentido do Ser Individual Humano Fundado na Base de Sua Relação com o Ser Divino

Assim, fundamentando-nos na mais íntima consciência de si mesmo e na teoria que se deriva dela, a da forma universal do ser pessoal, cremos poder admitir a unicidade do mais interior de toda a alma humana, e, com isso, a

---

[52] Ver "o princípio de todos os princípios" de Husserl: "que toda intuição que se dá originariamente é uma fonte de direito de conhecimento..." (*Ideen zu einer reinen Phänomenologie und phanomenologischen Philosophie*, Halle, 1913, p. 43.)

520 Capítulo VIII

pessoa humana inteira, na medida em que é formada por essa interioridade. Vamos tratar, agora, de compreender o sentido desse fato. A possibilidade para ele se dá a partir da relação da alma com Deus.

1. A Vocação da Alma à Vida Eterna

Conhecemos a interioridade mais profunda da alma como a "morada de Deus". Por sua espiritualidade pura, é capaz de acolher em si o espírito de Deus; por sua personalidade livre, pode entregar-se de maneira como é necessário para essa recepção. A vocação à união com Deus é uma vocação à vida eterna. Já *naturalmente* a alma humana como estrutura puramente espiritual não é mortal.[53] Como espiritual e pessoal, é capaz, por outro lado, de um crescimento de vida sobrenatural, e a fé nos ensina que Deus *quer* oferecer-lhe a vida eterna, isto é, a participação eterna de sua própria vida. Assim, a alma individual com sua singularidade "única" não é efêmera, como se estivesse somente determinada a impregnar em si mesma a particularidade específica por uma duração passageira, e, no transcurso dessa duração, a transmiti-la aos "descendentes" a fim de que ela seja salvaguardada mais além da vida individual: a alma individual encontra-se determinada a uma vida eterna, e isso faz com que apareça compreensível que deve reproduzir a imagem de Deus de uma "maneira completamente pessoal". A Sagrada Escritura oferece-nos alguns pontos de apoio para tal interpretação. Assim, podemos entender no versículo do salmo "*Qui finxit sigillatim corda eorum*" ("o modelo de seus corações"),[54] que cada alma individual saiu das mãos de Deus e leva uma marca particular. E quando se diz na revelação de João[55] "Ao vencedor darei [...] uma pedra branca, na qual está escrito um nome novo que somente conhece quem o recebe", esse nome não devia ser um nome *próprio* no sentido pleno do termo, que expressa a essência mais íntima daquele que o recebe e lhe revela o mistério de seu ser escondido em Deus? Isso é um nome "novo" não para Deus, mas para o homem: na Terra levou outro nome; com

---

[53] Ela poderia, como tudo o que foi criado, ser aniquilada por Deus, mas não se trataria de um "fim natural".
[54] Sal 32, 15. [33, 15.]
[55] Ap 2, 17.

efeito, a língua humana não possui verdadeiros nomes próprios; designa as coisas e também as pessoas conforme certos caracteres concebíveis de uma maneira universal. Os homens "destacam" reunindo o maior número possível desses caracteres. Seu mais íntimo e próprio, a maioria das vezes, fica oculto a eles, se lhes oculta pelo caráter que recebe neles a natureza humana no curso de sua vida sob influência do mundo que o rodeia e, em especial, pelas relações recíprocas na "sociedade". O que os homens podem sentir em si e nos outros fica escuro e cheio de mistério, e é para eles algo "inefável". Mas, quando a vida terrena chega a seu fim e tudo o que era transitório se acaba, então cada alma humana se conhece "tal como é conhecida",[56] isto é, tal como é diante de Deus: como o que e para o que Deus a fez ao criá-la, de maneira totalmente pessoal, e o que ela chegou a ser na ordem da natureza e da graça, e a isso se deve agregar principalmente: em virtude de suas livres decisões.

Devemos refletir também no que significa o receber a Deus na interioridade mais profunda da alma. Certamente, o Deus onipresente está presente onde queira e sempre: nas criaturas inanimadas e nas criaturas privadas de razão que não podem acolhê-lo da mesma maneira que a alma. Está presente nas *moradas exteriores* da alma, nas quais ela mesma não constata nada da presença de Deus e está presente em sua interioridade, ainda quando ela está dentro se si. Assim, pois, não se pode dizer que Deus vem a um lugar onde não estava antes. O fato de que Deus seja acolhido pela alma significa mais que essa se abre livremente a Ele e que se entrega a essa união, de maneira que somente é possível entre pessoas espirituais. Trata-se de uma união de *amor*: Deus é o amor e a participação no ser divino, que garante a união, deve ser uma participação no amor. Deus é a plenitude do amor. Mas os espíritos criados não são capazes de receber em si toda a plenitude do amor divino e contribuir para a sua realização. Sua participação está proporcionada na medida de seu ser, e isso não significa somente uma "quantidade", mas também uma "qualidade": o amor leva a marca da singularidade pessoal. E isso permite, de novo, entender que Deus pode ter-se criado em cada alma humana uma morada "própria" a fim de que a plenitude do amor divino encontre na variedade das almas, constituídas de diversas maneiras, um espaço mais amplo para sua participação.

---

[56] 1Cor 13, 12.

2. Comparação entre a "Singularidade" dos Homens e dos Anjos

Pela aceitação de uma singularidade irrepetível em cada alma humana, assemelha-se o homem aos anjos? Cada homem deve ser definido para uma "própria espécie" e qual seria a relação dessa espécie com a humanidade?

À essência do homem como tal pertence a dupla natureza seguinte: ser uma pessoa espiritual e ser configurado corporalmente. Como espírito, pertence ao mesmo gênero do ente como os demais espíritos criados. Como configurada orgânica-corporal animicamente, toma parte do gênero dos seres vivos. Mas, visto que o ser espiritual e o ser orgânico-material-anímico não se apresentam nele separados e justapostos, mas que são *uno*, *é*, portanto, mais justo – me parece – falar de um gênero próprio. A vida espiritual do homem está constituída de maneira diferente da dos anjos, visto que brota da profundidade escondida da alma, da qual se produz igualmente a formação do corpo vivo. Os anjos não têm alma no sentido de um centro do ser que se desdobra no curso de um desenvolvimento temporal, configurando-se no corpo vivo material e em sua vida espiritual. Seu ser não tem outro sentido senão o desdobramento do que são eles (e não tem necessidade do devir) em uma vida de pura entrega a Deus: em conhecimento, amor e serviço. São essas as qualidades que lhes são comuns genericamente. A maneira *como* eles (os anjos) conhecem, amam e servem é o que os distingue uns dos outros: é aquilo no que desdobra sua "singularidade". Além disso, o conhecimento e o amor não estão separados, visto que, na visão de Deus, que é outra coisa além da união amorosa, a essência de Deus, que é amor, é conhecida no amor participado. Mas o fato de servir é o efeito do amor. E visto que o amor é diferente, segundo o modo pessoal, a vida espiritual inteira é igualmente diferente.

Falamos, antes, que em si a "comunicação" da dita singularidade a uma pluralidade de suportes pessoais não é totalmente inconcebível[57] (assim como entre os homens também é possível conceber os "duplos"). Mas, se já no que concerne aos homens, argumentos de valor nos fizeram recusar tal "individualização", no que refere aos anjos, um argumento suplementar vem ainda reforçar os precedentes. Este argumento já foi

---

[57] Ver o § 2, 6 deste capítulo.

mencionado antes: que um único anjo basta para realizar o desdobramento de toda a riqueza de sua espécie. O que isso significa pode ser explicado pela contraposição da humanidade. Já o homem singular não está em condições de desdobrar todas as possibilidades em sua vida, que estão fundadas em sua essência (entendida como essência singular). Sua força é de tal maneira limitada que deve compensar os rendimentos importantes obtidos em uma esfera com lacunas em outra. Por isso, podemos supor que, para cada um, a plenitude do ser na glória não levará somente à libertação de todas as impurezas da natureza corrompida, mas também ao desdobramento de todas as suas possibilidades não realizadas. Mas nem sequer, então, levará à completa perfeição da "essência do homem". Pertence à essência do homem ser um *membro* particular e realizar-se na *humanidade* como um todo, com todas as possibilidades fundamentadas nele: na humanidade em que os particulares são "membro a membro". Cada um deve encarnar a "natureza humana universal" para poder ser membro desse todo. Mas essa natureza não é mais que um marco que deve ser completado pela variedade das essências individuais que são membros do todo. Isso nos lembra, de certa maneira, a relação entre a cor e as espécies de cores, porque pertence também à essência das cores específicas ser *cor*, e à essência da cor, ser *uma* cor. E, no entanto, a relação é de novo uma relação completamente diferente, visto que a essência singular não é simplesmente uma particularização de outra mais universal relativa ao conteúdo, mas um membro de um todo que se realiza como *unidade de vida* e que somente pode desdobrar-se em relação com o todo, em seu lugar e com a cooperação dos outros membros. Aqui não somente interpretam seu papel as leis vitais da reprodução, da conservação, do cuidado e da distribuição do trabalho para procurar o necessário para a vida que é comum ao homem e aos outros seres vivos inferiores, mas também as leis da vida espiritual, segundo as quais, todas as produções do espírito humano se convertem em bens comuns da humanidade para servir de "alimento" às almas das gerações contemporâneas e seguintes, ou de regras de vida que possuem uma potência de orientação e uma força que as configura: por sua natureza espiritual, a humanidade está chamada a uma vida em comum que levanta os limites do tempo e do espaço, depois de haver crescido em um solo ligado ao tempo, ao espaço e à terra.

Ora, visto que a alma individual floresce no lugar preparado para ela – preparado para a evolução histórica de seu povo, de sua pequena pátria, de sua família – e porque a alma depois de seu desenvolvimento puro e completo deve ser entregue a uma coroa eterna e imperecível no lugar estabelecido, não é adequado conceber sua essência como uma "espécie", que se poderia "individualizar" em uma pluralidade de estruturas iguais. Decerto é possível que em uma coroa uma flor rara e escolhida está rodeada por florezinhas insignificantes quase totalmente semelhantes umas às outras, e delas, uma poderia ser facilmente substituída por outra. Certamente, na história da humanidade e também no pequeno círculo de nossa própria experiência da vida, distinguimos as personalidades "grandes", "fortes", "nitidamente marcadas", dos homens "ordinários", naqueles que podemos apenas descobrir diferenças essenciais. Mas já sabemos que tal ponto de vista não pode ser adotado senão em uma perspectiva superficial. Quando as tropas que marchavam em fila pelas ruas se dispersavam, então, cada homem que estava antes unido aos demais no mesmo passo, e talvez apenas consciente de si, volta a ser um pequeno mundo concluso em si. E se os curiosos à margem do caminho somente distinguiam uma massa indiferenciada, no entanto, para a mãe ou para a noiva, aquele que ela espera é o ser único ao qual nenhum outro é semelhante: o mistério de sua essência do qual o amor da mãe ou da noiva adivinha algo, somente o olhar de Deus que penetra tudo, diante do que as medidas humanas de "grande" e de "pequeno", de "importante" e de "sem valor" perdem todo seu significado. Com isso, não se quer negar que também haja no reino celestial "grandes" e "pequenos". As diferenças se organizam durante a vida terrena por meio dos talentos dados a cada um e pela maneira como ele administrou seu "talento".[58] Há mais ou menos a possibilidade de "chegar até si mesmo".[59] E o perigo de se perder também existe, pois tudo o que não chega até si mesmo tampouco encontra a Deus e não alcança a vida eterna. Ou, mais exatamente: aquele que não encontra a Deus não chega tampouco até si mesmo (ainda que esteja muito ocupado consigo próprio) nem à fonte da vida eterna que o espera em sua interioridade mais profunda.

Ao duplo sentido do termo "humanidade" – já aplicado para designar a natureza humana universal e, para designar o todo vivo – corresponde uma dupla relação de cada homem com a "humanidade": é a encarnação do "universal" e um membro do todo. Cada anjo é também a encarnação

---

[58] Cf. Mt 25, 14-30.
[59] Isso fica ilustrado no Apêndice I sobre "O Castelo interior".

de uma "natureza angélica" universal, mas não o é no mesmo sentido que o homem é membro de um todo. Certamente, podemos falar de um "mundo de anjos", no qual cada anjo representa um grau particular de ser espiritual-pessoal e constitui com todos os demais, por assim dizer, uma harmonia de múltiplos sons; é também o ponto de vista dos Doutores da Igreja (já o assinalamos anteriormente), que os anjos têm relações recíprocas uns com os outros e têm um significado uns para com os outros na medida em que um ilumina o outro. Mas nenhum anjo deve a outro sua natureza,[60] nenhum tem necessidade dos demais para desenvolvê-la; formam uma unidade enquanto constituem a "corte celestial" que rodeia o trono do Altíssimo.

O ser-membro humano é algo de que fazemos a experiência como realidade. Contudo, o indivíduo deve estar muito avançado em seu desenvolvimento para captar a humanidade como todo e conhecer as obrigações que tem em relação com ela. Primeiramente, ao despertar da razão, reconhece-se somente como membro de uma comunidade restrita (da família ou de outra comunidade de adoção ou de educação), e não poderá abranger as comunidades mais importantes (isto é, em relação a uma maior comunidade urbana, muito menos uma tribo, povo, raça, ou inclusive a humanidade toda), mas existem, no entanto, caminhos que lhe permitem fazer a experiência de sua realidade. No que concerne às comunidades mais limitadas às quais pertencemos, é particularmente importante, para compreender sua unidade conclusa e a situação de nosso ser como membro dessas comunidades, o contraste com outras com as quais travamos conhecimento e que nos chamam a atenção por sua *apreensão*. Por outro lado, se se trata de compreender a humanidade como totalidade que nos rodeia e nos sustenta, é importante a experiência do comum que, apesar de toda diversidade, nos une aos homens de todos os tempos e de todos os horizontes, assim como o enriquecimento e o complemento que podemos experimentar por esse contato com a humanidade diferente da nossa.

---

[60] O fato de que os anjos não procedem um do outro foi estabelecido por uma afirmação dogmática (Dz. 533 [1007]). Além disso, no que se refere à concepção dos anjos, a doutrina da fé permite uma grande liberdade: a doutrina da Igreja, expressa nas profissões de fé, unicamente afirma que é necessário considerar os anjos como espíritos puros criados por Deus (*op. cit.*, 428, 1783).

526 Capítulo VIII

3. Unidade de Gênero Humano. Cabeça e Corpo em um só Cristo

Essa experiência sempre fragmentável, frequentemente mal interpretada[61] ou totalmente incompreendida, recebe um fundamento sólido e uma clarificação de sentido pela doutrina da criação e da redenção, que remonta à origem de todos os homens antecedentes e situa o fim do desenvolvimento total da humanidade na comunhão sob *a única* cabeça divina e humana, em *um só*[62] "corpo místico" de Jesus Cristo. O fato da *queda* – ou seja, que todos os filhos de Adão separaram-se e vêm ao mundo com um coração "cujo sentido e pensamentos [...] estão inclinados ao mal desde sua juventude"[63] – seria totalmente inconcebível sem a suposição de que em "*um só* homem" "todos pecaram".[64] Convém aqui fazer várias distinções. Segundo a doutrina sobre as origens, a graça santificante foi concedida como um dom livre de Deus aos primeiros homens acima de sua natureza e estava igualmente reservada a seus descendentes. A privação da graça como castigo à desobediência para os culpados compreende-se sem outro comentário. O fato de que esse castigo devia igualmente aplicar-se aos descendentes pode dar lugar a especulações em vão sobre a justiça e a bondade de Deus; por isso, pode ainda se compreender em uma interpretação que se poderia considerar o homem singular como inteiramente dependente de si próprio: se se considera a graça como um dom livre que Deus fez a Adão e que quis oferecer também a seus descendentes, de certa maneira por amor a ele, poder-se-ia pensar que a perda do bem supremo devia ser tanto mais sensível a Adão, já que, por sua falta, esse bem era igualmente deixado a seus descendentes. É diferente já com a morte corporal que "pelo pecado introduziu-se no mundo" e "estendeu-se a todos os homens". Pois, com isso, no entanto, parece estar expressa uma alteração da natureza. Contudo, o dom da imortalidade e da ausência de sofrimento do corpo vivo não se considera como pertencente à estrutura do estado original, mas como algo que, com o estado de glória, devia ser primei-

---

[61] Daí os pontos de vista limitados do nacionalismo, do internacionalismo etc.

[62] Esta expressão de "corpo místico de Cristo" se fortaleceu no âmbito católico entre as guerras mundiais, época em que Edith escreve este grande trabalho filosófico, expressão que chegou a seu momento de apogeu e oficial na encíclica de Pio XII, *Mystici Corporis Christi* (AAS 35 [1943] 193-248) de 29 de junho de 1943, expressão que recebia um conteúdo teológico-eclesiológico importante.

[63] Gn. 8,21

[64] Rom 5,12.

ro merecido pela confirmação na colaboração com a graça. Quando se fala de uma "imortalidade de Adão", não é necessário, segundo santo Tomás, interpretá-la como "se Adão estivesse protegido desde seu interior contra toda influência exterior morta, como contra uma ferida por uma espada, mas porque ele está preservado disso, graças à Providência Divina".[65] Mas, se, por sua própria constituição, Adão não estava ao abrigo de toda ferida, no entanto, não levava em si próprio o germe da corrupção: se não tivesse morrido de uma "morte natural" e sem a queda, não se encontraria em sua descendência nenhuma "enfermidade hereditária", nenhuma "degeneração". É, por conseguinte, considerado como castigo, não é simplesmente uma supressão de dons e uma condenação à morte – ambos como algo que vem de fora e tem que padecê-lo –, mas também uma mudança da natureza e uma reprodução dessa natureza modificada. Isso supõe, por outro lado, que a natureza original intacta devia ser transmitida também por meio da reprodução. Aqui começa o enigma tão inquietante que já nos ocupou antes: que, por meio da geração, novas essências particulares nascem a partir do ser gerador e que, entretanto, cada uma depende totalmente de si própria e constitui, pode-se dizer, um primeiro começo. Se tal fato permanece já misterioso nos seres vivos inferiores, com maior razão quando se trata do homem, a cuja natureza pertence ter uma alma espiritual e que não recebe essa alma de seus antepassados, mas diretamente de Deus. Como feito de experiência, impõe-se que existem semelhanças entre antepassados e descendentes, que são o sinal de uma disposição hereditária. Igualmente, é evidente que a semelhança não se refere somente às particularidades corporais, mas que se estende também às particularidades anímicas. O fato de que o corpo deva sua marca à alma (na medida em que se trata da espécie essencial e não de uma derivação acidental desta) encontra-se igualmente justificado na concepção da alma como forma de corpo animado. Santo Tomás até atribui a caducidade do corpo à alterada relação entre o corpo e a alma, como consequência da queda do homem:

> Precisamente por essa razão nosso corpo é perecível (*corruptível*), porque não está totalmente submetido à alma; efetivamente, se estivesse totalmente submetido à alma, então da imortalidade da alma derramar-se-ia a imortalidade sobre o corpo, como sucederá depois da ressurreição [...].[66]

---

[65] *De veritate*, q. 24, a. 9, corp. (*Untersuchungen über di Wahrheit* II, p. 308).
[66] *De veritate*, q. 13. A. 3 ad 2. (*Ibid.*, I, p. 381).

528　Capítulo VIII

Portanto, parece, segundo essa concepção teológica e igualmente segundo o dogma da fé (se recordássemos a posição de Paulo que já mencionamos, admitida como prova para explicar o pecado original no catecismo), que é uma natureza corporal anímica que nos foi transmitida por nossos primeiros pais: uma natureza na qual "a carne" encontra-se em luta contra o espírito, o entendimento escurecido (em comparação com a natureza pura original), a vontade debilitada, o coração inclinado ao mal. Mas, apesar das consequências do pecado que se manifestam na alma dos descendentes, a raiz do mal parece estar do lado do corpo. Foi nos primeiros homens que se realizou a mudança da natureza. A vontade humana no ato livre pessoal separou-se da vontade divina e, como consequência, introduziu-se a alteração na natureza humana.

No entanto, "em nós, a corrupção realiza-se como em Adão, mas em uma ordem inversa; efetivamente, em Adão é a alma que leva ao corpo a corrupção e é a pessoa que comunica essa corrupção à natureza; mas em nós é o contrário".[67]

Esse texto significativo pode ser-nos de alguma ajuda para resolver a dificuldade? A natureza humana, que devia chegar a ser o bem comum de todo o gênero humano, havia sido confiada a Adão de certa maneira para que a conservasse. E, como "alma vivente", levava em si a força não somente para animar e dominar[68] o próprio corpo, mas, além disso, para constituir o sêmen do qual deveriam nascer novos indivíduos de sua espécie.

Encontramos um prelúdio e, de certa forma, um arquétipo da reprodução em que conta a narração da criação sobre a criação da mulher: Deus tira a "matéria" para ela do corpo do homem, mas é Ele mesmo quem sopra na alma. O que se deve dizer, senão que os dois devem ser *um* – "dois em *uma* só carne",[69] e, no entanto, são *dois*, cada um com uma alma particular dependente de si própria e conclusa em si? E não é essa a lei que rege também a reprodução? Esta forma e nutre a estrutura "de carne", que está determinada a receber em si a alma espiritual e em se fazer uma com ela. Assim, o homem novo está ligado a seus antepassados e, no entanto, está

---

[67] *Ibid.*, q. 2, a. 6 ad 5 (*Ibid.*, II, p. 358).
[68] Não se pode falar aqui de *configuração* do corpo animado pela alma senão em um sentido restrito, visto que convém pensar que os primeiros homens, desde o princípio de sua existência, estão totalmente desenvolvidos e não têm necessidade alguma de nenhum desenvolvimento.
[69] Gn 2, 24.

separado deles. Mas no que concerne a estas duas relações – a relação do homem e da mulher e a relação dos descendentes e de seus antepassados – é necessário examinar a fundo até que ponto desempenha seu papel o elemento anímico; e no segundo caso, ainda, como se reparte essa participação entre a alma da criatura recém-nascida e os progenitores. Independentemente de que, segundo nossa concepção da unidade completa da alma e do corpo, os processos corporais (se são verdadeiramente processos *corporais* e não puramente materiais) são, ao mesmo tempo, processos anímicos, a relação da mulher com o homem não deve, na realidade, ser concebida como uma relação simplesmente ou quase preferentemente corporal. Devia dar-se uma "ajuda"[70] a Adão para que "não estivesse só"; trata-se de duas expressões, nas quais primeiramente se deve pensar na relação anímica: "Deus criou o homem à sua imagem [...] Ele criou homem e mulher"[71] e lhes deu a bênção da fecundidade.[72] Criou-os à sua imagem como essência espiritual-pessoal. E, justamente por essa razão, era "não bom" que Adão se encontrasse só, visto que o sentido mais elevado do ser espiritual-pessoal é o amor recíproco e o ser uno de uma pluralidade de pessoas no amor? O Senhor deu a Adão "uma ajuda correspondente a ele":[73] uma companheira que lhe correspondia como uma mão correspondente à outra, que era quase totalmente igual a ele, e, no entanto, era, por um lado, um pouco diferente e capaz assim de uma atividade própria e o complementaria também, tanto do ponto de vista de seu ser corporal como do ponto de vista de seu ser anímico. Se pudéssemos agora conceber o fato de "estar em uma só carne" não somente como uma comunidade essencial da natureza corporal, mas, ao mesmo tempo, como um entrelaçamento de processos vitais que permite a uma unidade de ser/crescer a partir dos dois, então é possível uma unidade ainda mais íntima para as almas, visto que há na vida espiritual uma união que não tem seu semelhante no âmbito do ser corporal: a imagem criada do amor entre o Pai eterno e o Filho divino. Sem dúvida, as criaturas têm cada uma sua própria essência, não uma simples essência comum única como as pessoas divinas; mas as almas humanas podem, em virtude de sua espiritua-

---

[70] Gn 2, 18.
[71] Gn 1, 27.
[72] Gn 1, 28.
[73] Isso corresponde literalmente à expressão hebraica *"eser kenegdo"*, enquanto o *"adiutorium símile sibi"* (uma ajuda semelhante a ele) da Vulgata é uma expressão mais fraca.

lidade livre, abrir-se umas às outras e, em entrega de amor, uma pode acolher em si mesma a outra: jamais tão completamente como as almas podem estar em Deus, mas sim de uma maneira mais ou menos profunda. E esse receber não é simplesmente uma captação pelo conhecimento, que deixa o *objeto* a distância e que tem um pouco de significação para a interioridade da alma: trata-se de um receber na interioridade que nutre a alma e a ajuda em sua configuração. Assim, podemos interpretar a narração da criação no sentido de que a mulher foi colocada ao lado do homem a fim de que um ajude ao ser do outro a se realizar. Porém, a força da entrega não é somente a medida de ajuda que se dá, mas também do que se pode receber em sua alma e, por conseguinte, da elevação existencial que se pode experimentar. Se à essência da mulher corresponde uma força maior de entrega, assim, na união de amor, não somente ela dará mais, mas ela também receberá mais.

A fecundidade dos seres viventes, a força de gerar a partir de si mesmos indivíduos semelhantes, deve ser concebida como uma parte de sua semelhança divina: como uma imagem do *bonum effusivum sui*, da bondade de Deus que emana de si. Se o privilégio do homem com relação às criaturas inferiores é imitar a Deus como *espírito*, é necessário também que sua força geradora tenha uma origem no espírito: pode-se considerar como formando parte do sentido da ordem originária da criação o fato de que a união corporal deveria realizar-se como uma expressão e um efeito da união anímica e como a realização de uma comum vontade de geração unida à vontade divina do Criador; ao contrário, aparece uma vida instintiva, separada desse conjunto de sentido e feita independente, como uma consequência da queda e, por isso, da condicionada supressão da ordem originária:[74] a criança deve ser considerada como o fruto do dom recíproco, ainda que melhor como próprio *dom* encarnado. Cada um dos dois esposos ali recebe "em imagem" sua própria essência e a essência do outro como dom desse último. O dom é uma terceira pessoa, uma criatura independente e, como "criatura" no sentido pleno do termo, um dom de Deus. Pode-se aprofundar ainda mais sobre o que essa criatura recebe imediatamente de Deus no momento de seu nascimento e o que recebe por meio de seus pais? Recebe a estrutura que deve sua existência corporal à comum vontade procriadora, recebe também dali uma marca anímica que corresponde à vital singularidade

---

[74] Ver a esse respeito o que diz o livro de Tobias (6, 17-21 e 8, 4 e seg.). A respeito do matrimônio.

dos pais em sua atividade e à peculiaridade de seu ser-uno, ou seja, Deus lhes *dá*, na alma da criança, o dom correspondente, como deu ao homem a companheira correspondente? Não queremos pronunciar-nos sobre essa questão. Qualquer que seja, a segunda possibilidade parece convir muito melhor com a doutrina da Igreja sobre a criação direta de cada alma. O fato de que a nova criatura, desde o primeiro instante de sua existência no seio da mãe, tenha uma singularidade corporal-anímica que se parece com a dos pais e que, no entanto, constitui, por um lado, algo totalmente particular, pode compreender-se nas duas perspectivas.

Convém considerar, porém, além disso, que desde o princípio de sua existência, o próprio novo ser humano é suporte de seu ser – mesmo que não seja ainda um suporte livre-consciente – e que começa seu desenvolvimento. Toma o alimento, cresce e se configura. A alma tampouco deveria já desde esse momento receber impressões e começar sua configuração? Os peritos não estão de acordo sobre esse ponto; o bom sentido popular produzido pela existência considera como um fato estabelecido que o estado de ânimo da mãe entre a concepção e o nascimento é de uma importância determinante para o destino da criança. Não se poderia, no entanto, expressar como necessidade essencial nem essa proposição nem a contrária. O dogma não aborda diretamente essa questão, mas contém proposições que nos permitem tirar conclusões a esse respeito: se a Santíssima Virgem, no momento de sua concepção, pode ser isenta da mancha do pecado original, então é nesse momento que foi necessário situar a união da alma com o corpo e o princípio da existência humana.

E se o ser da alma é um ser duplo, configuração do corpo e "vida interior", podemos admitir, desde o princípio da concepção, uma vida interior e uma receptividade para impressões. Esse fato está confirmado pela doutrina da santificação de são João Batista no seio de sua mãe, depois do encontro de sua mãe com a Santíssima Virgem e pela narração de seu estremecimento de alegria nesse evento.[75] Mas, se existe uma receptividade anímica – mesmo que se trate de sua receptividade apática e ainda não de uma recepção claramente consciente –, assim as mais fortes influências naturais chegam cada vez da alma da mãe e por sua mediação. Assim como a entrega recíproca dos pais e sua comum vontade de gerar prepara a existência da criança e suas "ferramentas" para a existência, de igual maneira seu cresci-

---

[75] Lc 1, 41 e 44.

mento e sua configuração corporal-anímica pede uma entrega de amor da mãe diante do filho e a tarefa da maternidade. Encontramos o arquétipo disso no *"fíat!"* da Mãe de Deus.[76] É nesse arquétipo que está expressa a entrega de amor a Deus e à vontade divina, a vontade própria de gerar e a disposição de consagrar o corpo e a alma a serviço da maternidade. Não é impossível conceber a relação da Mãe de Deus com sua criança de outra maneira senão à maneira de um amor que se une a ele com toda a força da alma? Certamente, aqui, essa relação poderia apresentar-se de uma maneira diferente daquela que se encontra nas condições habituais, visto que essa alma de criança, desde o princípio de sua existência, estava esclarecida pela luz da razão e, de toda maneira, era capaz, por sua vez, de uma entrega e de uma acolhida livre e pessoal.

Mas o Filho do homem, que quis ser em tudo homem, exceto no pecado, não devia haver recebido do amor de sua mãe não somente a carne e o sangue para a configuração de seu corpo, mas também a nutrição da alma? Mais ainda, isso não devia constituir o sentido mais profundo da Imaculada Conceição, que a mãe tivesse que ser totalmente limpa, com a qual o mais puro em corpo e alma queria como filho seu parecer-se?

A maternidade de Maria é o arquétipo de toda a maternidade; como ela, toda mãe humana deveria ser mãe com toda sua alma, para fazer penetrar toda a riqueza de sua alma na de seu filho. Quanto mais recebeu ela em si da essência de seu esposo em uma entrega amorosa, tanto mais também, por sua mediação, a singularidade do Filho será determinada pela do pai.

Um papel mediador entre o pai e o filho subsiste igualmente na mãe frequentemente até uma época avançada da vida. O significado dominante da maternidade em relação à paternidade humana parece-me já expressa pelo fato de que Jesus nasceu de uma mãe humana, mas não quis ser gerado por nenhum pai humano: todos os acontecimentos de sua vida terrena têm um significado simbólico, visto que essa vida somente foi vivida por causa de nós. Tinha que nascer como homem para ser homem de corpo e alma. Mas, se a execução da vontade do Pai Celestial devia constituir seu alimento,[77] era necessário que sua mãe, cuja essência devia ser seu primeiro alimento, estivesse entregue com a força inteira de sua alma à vontade do pai Celestial.

---

[76] Lc 1, 38.
[77] Jn 4,34.

Agora acreditamos entender um pouco melhor que a origem do homem a partir de seus genitores humanos o faz semelhante a eles em seu corpo e em sua alma e que, no entanto, possa glorificar-se de ser diretamente um filho de Deus e de levar em sua alma uma própria marca divina que não se repete. Assim, chega-se, igualmente, a entender, até certo ponto, que a ruptura pela natureza humana devido à culpa de nossos primeiros pais pode manifestar-se de novo nos filhos. Mas como entender que "todos os homens pecaram" em *um só* homem?[78] No entanto, quer-se manifestar mais que o que todos nós, que descendemos do primeiro casal humano, levamos no mundo as consequências de sua queda como mal hereditário inato. Mas o fato de que a ação do primeiro pai seja atribuída a toda a humanidade, visto que é sua "cabeça", sem que haja uma participação pessoal da sua culpa, não se deixa admitir sem prejuízo para a liberdade e a responsabilidade do homem individual ou para a justiça coercitiva de Deus. Parece-me que a solução poderia achar-se no sentido de que Deus previu, no primeiro pecado, todos os pecados futuros, e, nos primeiros homens, viu-nos a todos, a nós que "estamos sob o pecado".[79] Aquele dentre nós que quisesse acusar nossos primeiros pais porque haviam atraído sobre nós o peso do pecado original, o Senhor poderia responder, como respondeu aos acusadores da mulher adúltera: "aquele dentre vós que não tiver pecado pode atirar-lhe a primeira pedra."[80] Não podemos desculpar-nos com o pretexto de que é mais difícil para nós, estando ligados ao pecado original, preservar a inocência diante do fracasso pessoal que é dos homens no estado original: se isso é mais difícil, não é, no entanto, impossível; tampouco há, depois da queda, necessidade de pecado. E, por outro lado: quem poderia atrever-se a afirmar de si mesmo que houvesse permanecido firme onde os primeiros homens sucumbiram? Assim, temos que afirmar que fomos todos condenados em Adão e Eva, porque o merecemos. Eles foram julgados para todos nós, visto que cada pecado pessoal é uma adesão às solicitudes da serpente, já que a queda se renova de geração em geração.

Mas o olhar do juiz divino percebia ao lado do primeiro casal humano e de todos aqueles que ele "representava" um segundo casal que não foi tocado por sua sentença: o *novo Adão* e a *nova Eva*, Cristo e Maria. Ele escutou seu

---

[78] Rom 5, 12.
[79] Rom 3, 9.
[80] Jn 8, 7.

"Fiat voluntas tua!" – Fíat mihi secundum verbum tuum![81] Cristo e Maria são os verdadeiros primeiros pais, os verdadeiros arquétipos da humanidade unida a Deus. É Cristo – e não Adão – quem é o "primeiro nascido" de Deus e a cabeça da humanidade. É o primogênito não só como é o Filho eterno de Deus, mas também – segundo o vejo – como pai dos eleitos, como Verbo feito homem, cujo caminho sobre a Terra e a glória encontravam-se desde toda a eternidade no plano de Deus. Cristo, o ressuscitado, o Rei da glória, é o arquétipo e a cabeça da humanidade; a configuração final, à qual está orientado todo ser humano e que lhe dá seu sentido. Se toda a criação estava prefigurada no Logos, então a humanidade estava representada ali em um sentido particular. Aí está, efetivamente, o sentido do ser humano: no fato de que o céu e a Terra, Deus e a criação desposam-se nele: o corpo humano está constituído das matérias da terra; está unificado e configurado pela alma que, como essência espiritual-pessoal, encontra-se mais perto de Deus que todas as estruturas ou formações impessoais e é capaz de se unir a Ele. Não se poderia conceber uma união mais estreita nem mais forte de naturezas separadas como a que se realizou em uma pessoa pela encarnação do Verbo. Por ela, a natureza humana – em primeiro lugar no próprio Cristo – está plena de vida divina, de uma maneira correspondente à vontade divina: em virtude de sua liberdade pessoal, pela qual Deus-homem dispõe de duas naturezas, pode deixar-se transbordar da vida divina à vida humana, mas pode também temer esse fluxo. Por esse fluxo Cristo faz-se, desde o primeiro instante de sua existência humana, um "espírito dispensador de vida". A "alma viva" do homem natural tem a força de dar uma configuração às matérias que estão colocadas à sua disposição para a estrutura de seu corpo e de manter e de animar essa unidade em sua configuração durante certo tempo: tem, ainda, seu "ser interior" e a capacidade de receber vida nova de fontes estranhas e experimentar por isso um crescimento, um fortalecimento e uma elevação de sua própria vida. *Não* tem a força a partir de si mesma – sem o socorro de matérias existentes – para configurar um corpo (um "corpo espiritual") como o Espírito Santo assumindo as figuras sensíveis nas quais apareceu aos homens (a pomba e as línguas de fogo), ou como os anjos assumindo um corpo humano que lhes permite manifestar-se sobre a Terra; não pode tampouco fornecer ao corpo terreno a inviolabilidade e a imortalidade que lhe são prometidas na vida de glória ou gerar por si mesma uma nova vida e comunicá-la a outros.

---

[81] Lc 1, 38.

Para tudo isso, é necessária uma força divina criadora. E é própria à alma de Cristo, porque superabunda nela em razão da divindade com a qual está unida. Por isso, correntes de água viva brotam da alma de Cristo sobre seu próprio corpo vivo – que por isso não manifestou as propriedades de seu corpo glorificado, porque a vontade do Senhor deteve de uma maneira admirável o efeito natural da união das duas naturezas, para tornar possível a paixão e a morte – [82] e sobre corpo e alma dos que experimentaram em si a maravilhosa força divina. A união das duas naturezas em Cristo é o fundamento da união dos outros homens com Deus. Por essa união, é Ele o mediador entre Deus e os homens, o "caminho" fora do qual ninguém pode ir ao Pai.[83] Deve-se entender isso somente em relação à justificação que foi realizada pelo Salvador e que levou aos homens caídos a Deus, ou seja, tem já uma significação, independentemente disso, para os homens antes da queda? A corrente principal da tradição teológica se limita à queda para justificar a Encarnação. O que se diz no Credo – ... *qui propter nos homines et propter nostram salutem descendit de coelis* – permitiria uma interpretação mais ampla.

A *doutrina da Igreja sobre a justificação*, tal como está resumida pelo Concílio de Trento, como resultado das controvérsias com as heresias do século XVI,[84] funda *a necessidade da justificação* sobre o fato de que:

> havendo perdido todos os homens a inocência na prevaricação de Adão [cf. Rom 5,12; 1Cor 15, 22], [...] até tal ponto eram escravos do pecado [cf. Rom 6, 20] e estavam sob o poder do diabo e da morte, que não só as nações pela força da natureza [can.], mas nem sequer os judeus pela própria letra da lei de Moisés podiam livrar-se ou levantar-se dela, ainda quando neles de nenhum modo estivesse extinto o livre arbítrio [can. 5], mesmo se atenuado em suas forças e inclinado.[85]

Por isso, "não teriam sido jamais justificados" se não houvessem sido regenerados em *Cristo*, visto que essa regeneração lhes é concedida pelo *mérito* de sua *paixão*, em virtude da graça que os faz justos.[86]

---

[82] Ver Tomás de Aquino, *Summa theologica*, III, q. 45, a. 2, corp. (Ed. da Associação Acadêmica Católica, t. 27, p. 243).

[83] Jn 14,6.

[84] Dz., 793 e seg. [1521 e seg.].

[85] *Op. cit.*, 793. [H. Denzinger – P. Hünermann, *O Magistério da Igreja. Enchiridion symbolorum...*, Barcelona, 1999, n. 1521, p. 487-488.]

[86] *Op. cit.*, 795.

536 Capítulo VIII

Portanto, a justificação consiste *não somente* na *remissão dos pecados*, mas é "a santificação e a *renovação* do homem interior pela livre aceitação da graça e dos dons que transformam o homem de injusto em justo e o inimigo em amigo, *ainda que se faça em esperança herdeira da vida eterna*" (Tito, III, 7).[87]

> A única causa formal é a justiça de Deus, não aquela com que ele é justo, mas aquela com que nos faça a nós justos [can. 10 e 11], isto é, aquela pela qual, dotados Dele, somos renovados no espírito de nossa mente [cf. Ef 4, 23] e não somente somos reputados, mas verdadeiramente nos chamamos e somos justos [cf. 1Jn 3, 1], ao receber em nós, cada um, sua própria justiça, conforme a medida em que o Espírito Santo a reparte a cada um como quer [cf. 1Cor 12, 11] e conforme a própria disposição e cooperação da cada um.[88]

> Porque, embora ninguém possa ser justo, senão aquele a quem se comunicam os méritos da paixão de nosso Senhor Jesus Cristo; isto, entretanto, nessa justificação do ímpio, faz-se ao tempo que, pelo mérito da mesma santíssima paixão, a caridade de Deus derrama-se por meio do Espírito Santo nos corações [cf. Rom 5, 5] daqueles que são justificados e fica neles inerente [can. 11]. Daí que, na mesma justificação, juntamente com a remissão dos pecados, recebe o homem as seguintes coisas que, ao mesmo tempo, infundem-se-lhe por Jesus Cristo, em quem é inserido: a fé, a esperança e a caridade.[89]

Desses textos, guardaremos o que concerne a nosso contexto: Jesus Cristo, por sua paixão e sua morte, expiou os pecados de todos os homens e satisfez a justiça divina. A natureza humana é o instrumento dessa reparação, visto que ela torna possível a paixão e a morte. Se a expiação tem um valor suficiente – ou melhor, um valor superabundante – porque é a obra de uma pessoa divina: assim a expiação é infinita, e assim como era infinita a ofensa feita a Deus: e não pode ser substituída por nenhuma ação humana, nem inclusive por todas as boas obras da humanidade inteira.

---

[87] *Op. cit.*, 799.
[88] *Op. cit.*, 799. [H. Denzinger – P. Hünermann, O *Magistério da Igreja. Enchiridion symbolorum...*, Barcelona, 1999, n. 1529, p. 491.]
[89] *Op. cit.*, 800. [H. Denzinger – P. Hünermann, O *Magistério da Igreja. Enchiridion symbolorum...*, Barcelona, 1999, n. 1530, p. 491.]

Mas, como entender que essa ação pode justificar os homens, libertá-los de sua culpa? É um livre dom da misericórdia divina? Certamente que sim. Deus não está obrigado a perdoar os pecados em nome dos méritos de Cristo. No entanto, não se trata *somente* de um dom: é necessário que os homens "que pelo pecado haviam-se afastado de Deus" e que, pela graça de Cristo que se apresenta *prevenindo*, incitando e ajudando, estão consagrados à conversão e à justificação:

> [...] se disponham à sua própria justificação, assentindo e cooperando livremente [can. 4 e 5] com a própria graça, de sorte que, ao tocar Deus o coração do homem pela iluminação do Espírito Santo, nem pode dizer-se que o próprio homem não faz nada em absoluto ao receber aquela inspiração, visto que pode também recusá-la; nem tampouco, sem a graça de Deus, pode mover-se, por sua livre vontade, a ser justo diante Dele...[90]

> Ora, dispõem-se para a própria justiça [can. 7 e 9] ao mesmo tempo que, excitados e ajudados pela divina graça, concebendo a fé pelo ouvido [cf. Rom 10, 17], movem-se livremente para Deus, crendo que é verdade o que foi divinamente revelado e prometido [can. 12-14] e, em primeiro lugar, que Deus, por meio de sua graça, justifica o ímpio, 'por meio da redenção que está em Jesus Cristo' [Rom 3, 24]; ao mesmo tempo que, entendendo que são pecadores, do temor da justiça divina, do que são proveitosamente sacudidos [can. 8], passam à consideração da divina misericórdia, renascem à esperança, confiando que Deus há de ser-lhes propício por causa de Cristo, e começam a amá-lo como fonte de toda justiça e, por conseguinte, se movem contra os pecados por algum ódio e aversão [can. 9], isto é, pelo arrependimento que é necessário ter antes do batismo [cf. Atos, 2, 38]; ao mesmo tempo que, enfim, se propõem a receber o batismo, começar nova vida e guardar os divinos mandamentos.[91]

Por conseguinte, se o pecador penetrar as intenções de Deus e fizer seus os sentimentos divinos (falando humanamente), então Deus poderá perceber

---

[90] *Op. cit.*, 797. [H. Denzinger – P. Hünermann, O *Magistério da Igreja. Enchiridion symbolorum...*, Barcelona, 1999, n. 1525, p. 489.]
[91] *Op. cit.*, 798. [H. Denzinger – P. Hünermann, O *Magistério da Igreja. Enchiridion symbolorum...*, Barcelona, 1999, n. 1529, p. 491.]

em Cristo cada pecador arrependido e aceitar a expiação de Cristo por todos os pecados. Mas convém explicar que nossa relação com Cristo é diferente daquela que nos une a Adão: poderíamos pecar sem a culpa de Adão, e cada um de nós poderia ter sucumbido em seu lugar, mas, sem Cristo, não poderíamos voltar a Deus, e nenhum de nós seria capaz de obter reparação em lugar de Cristo. É um impulso da graça, isto é, um ato divino de que nenhum homem é capaz (somente como instrumento da graça pode servir o homem), que no caminho para Deus chama-nos ao arrependimento, à penitência, à expiação e à união fiel com o Salvador. Devemos esta graça preparatória aos méritos de Cristo. E visto que esses méritos são superabundantes, também o é a misericórdia de Deus para com os pecadores: Cristo não pode somente, por uma chamada da graça, despertar-nos e livrar-nos do peso do pecado, mas pode fazer-nos *justos*, isto é, *santos*: encher-nos de vida divina e conduzir-nos ao Pai Celestial como filhos seus. Pela justificação, somos de novo filhos de Deus, tal como os homens o eram antes da queda.

Agora, continuamos perguntando: a quem deviam os primeiros homens sua qualidade de filhos de Deus? Essa qualidade era um dom de Deus e – como todo dom de Deus – era um dom da Trindade, e portanto, também do Filho. Mas foi dada aos homens independentemente da natureza humana de Cristo? Parece-me que não se poderia conciliar essa suposição com a ideia de "um Cristo, cabeça e corpo", que, na teologia de são Paulo, ocupa um lugar tão dominante e precisamente exerce em nossa época uma tão profunda influência. Se Cristo fosse "a cabeça" da humanidade redimida e se a vida da graça se derramasse Dele sobre todos os redimidos, então também os primeiros pais pertencem aos membros do corpo místico. E se fossem "redimidos", livrados do pecado *pela* paixão de Cristo, mas *antes* de sua realização temporal – segundo a doutrina da Igreja morreram na graça, ainda que fossem admitidos à bem-aventurança somente depois da morte de Cristo na cruz –, estavam já também em posse da graça do estado originário, como membros do corpo místico de Cristo antes da Encarnação. Mais ainda, talvez não seja demasiado ousado dizer que, em certo sentido, a criação do primeiro homem deve ser considerada já como um começo da encarnação de Cristo. Certamente que em Deus feito homem habita não somente toda a plenitude da divindade, mas também toda a plenitude da humanidade. Parece-me que tal é o sentido do corpo místico de Cristo: não há nada humano – fora do pecado – que não haja pertencido à unidade de vida desse corpo: ainda que o pecado se realize nos membros desse corpo, mesmo como algo que não vem da cabeça e faz deles membros mortos. A vida da graça derrama-se nos membros, porque estão já *por natureza,* unidos à cabeça, e são capazes – como essências espirituais e em virtude de seu livre abrir-se – de acolher em si sua vida divina.

A união da cabeça e dos membros possui um triplo fundamento: está fundada na *natureza,* na *liberdade* e na *graça.* Toda a humanidade é a humanidade de Cristo – ainda que esteja ligada também à pessoa do Verbo divino de uma maneira diferente como a natureza individual que recebeu ao nascer da Virgem – e a humanidade inicia sua existência no primeiro homem. Vamos tratar de entender a relação entre Adão e Cristo. O primeiro homem, como toda criatura, tem seu arquétipo no Verbo divino. É – como todo homem – como pessoa espiritual, uma imagem de Deus mais perfeita que todas as criaturas impessoais e é capaz de uma união pessoal com Deus. Está, além disso – assim como cada homem –, em uma relação particular com Cristo feito *homem*; mas sua relação *particular* com Cristo o distingue de todos os demais homens: deveria ser o *representante de Cristo* como cabeça da humanidade. Devemos admitir que nenhum homem posterior assemelhou-se tanto como Adão, por natureza, ao homem Jesus (não podemos incluir à Mãe de Deus nessa comparação, porque ela está ligada a seu Filho de uma maneira diferente e única).

O que distingue o homem-Cristo de todos os demais e faz dele a "cabeça" da humanidade não é somente que Ele foi isento de todo pecado, mas o que queremos expressar na frase seguinte: "toda a plenitude da humanidade" estava nele. Toda a essência específica da humanidade encontrava-se Nele plenamente realizada, e não somente em parte como nos outros homens. De sua plenitude recebemos todos: não somente "graça por graça",[92] mas também já nossa natureza a fim de que imitemos, cada um em sua singularidade, o arquétipo, da mesma maneira que cada membro de uma mesma viva unidade configurada encarna à sua maneira a essência do todo e que todos os membros reunidos constituem esse todo. Isso torna a figura do Salvador tal como os Evangelhos a traçaram com uma fidelidade simples, tão cheia de mistérios e inesgotável. Cristo é "totalmente homem", e, por essa razão precisamente, não é idêntico a nenhum outro homem. Não é compreensível enquanto "caráter" como Pedro ou Paulo. Por isso, toda tentativa de "aproximar-nos" do Senhor por um retrato de sua vida e por

---

[92] Jn 1, 16.

seu caráter à maneira de uma biografia moderna traduz-se em um empobrecimento, a fixação de um ponto de vista parcial, se não, além disso, uma desfiguração e falsificação. Assim, a plenitude da humanidade é real de uma dupla maneira: na pessoa de Cristo e no gênero humano; na pessoa de Cristo, está velada durante sua vida na Terra, mas está descoberta e radiante na glória do Cristo ressuscitado, sentado à direita do Pai.

Nele, toda a espécie humana estava realizada, não somente segundo uma parte como nos demais homens. Criou o homem segundo a imagem que quis ele mesmo realizar, em algum momento, em sua própria pessoa. Adão possuía em sua natureza intacta a imagem mais pura desse arquétipo e, além disso, estava dotado da força geradora necessária para gerar uma descendência que em sua totalidade devia realizar uma imagem mais completa. Nele, a divindade e a humanidade não estavam unidas em uma só pessoa como em Cristo. Mas estava unido a Cristo pela graça (como uma pessoa pode estar unida a outra) e elevado até a participação da vida divina. Nesse vínculo se encontram a livre descendência de Deus e a livre entrega do homem que se eleva livremente: visto que Adão possuía um conhecimento de Deus e das criaturas mais perfeito que os homens depois da queda e uma vontade ainda não debilitada, podemos, pois, representar-nos a primeira aceitação da graça nele como uma aceitação inteiramente consciente e livremente consentida (não como agora a aceitação da graça santificante no batismo das crianças; devemos em vez disso compará-la com a santificação dos espíritos puros criados). Podemos também admitir em Adão um conhecimento de Cristo como cabeça futura, ao mesmo tempo divina e humana, do gênero humano, e como Filho de Deus feito carne, e, por isso, podemos igualmente supor sua adesão à chamada da graça como união com o homem-Deus e seu consentimento voluntário à sua própria missão como pai originário que deve gerar a humanidade para Cristo e no nome de Cristo. Pelo contrário, o conhecimento do *Redentor* não se deve colocá-lo antes do "conhecimento do bem e do mal",[93] que, em primeiro lugar, relaciona-se com a queda, e é devido à revelação que está unida ao castigo depois da queda.[94]

Se pudermos reconhecer em Adão uma riqueza maior em dons naturais e em dons de graça que em todos os seus descendentes (exceção feita do

---

[93] Gn 3, 5.
[94] Cf. Gn 3, 15.

"Filho do homem" e de sua Mãe), no entanto, não podemos atribuir-lhe toda a plenitude como a Cristo: visto que só o homem-Deus ia trazer o que em Adão não havia feito senão começar.

O fato de que Adão teve necessidade de uma companheira para completá-lo e de que os dois estavam destinados a gerar uma raça de homens, aí está o sinal, parece-me, de que Adão sozinho não encarnava em si mesmo a plenitude da humanidade, mas devia encontrar sua realização na raça toda. Cristo não gera segundo a carne, porque é o Criador anterior a todo tempo, e o que dá plenitude no tempo. Se nasceu no tempo e como um descendente de Adão, à maneira de todo homem, no entanto, seu ser homem não é recebido como o de todos os filhos do homem: não foi "lançado na existência" como todos os demais, mas veio ao mundo porque o quis e quando quis, assim como morreu porque o quis e quando o quis. E todo ser humano antes e depois de sua vida terrena está subordinado a seu ser e é chamado por seu ser como causa final. Mas porque Deus, que nos "criou sem nós, não queria salvar-nos sem nós",[95] fez depender de nosso livre consentimento e de nossa livre cooperação não somente a aceitação da graça santificante em nós, mas também a encarnação do Salvador, do que flui a graça a nós. Essa cooperação consistiu, no Antigo Testamento, na espera repleta de fé do Messias prometido, no cuidado da descendência em razão dessa promessa e na preparação dos caminhos do Senhor pela observação fiel de seus mandamentos e o fervor desdobrado em seu serviço: tudo isso encontra seu coroamento e sua expressão mais perfeita no *fíat!* da Virgem, e sua continuação em toda ação destinada a estender o reino de Deus trabalhando por sua própria salvação assim como pela salvação dos demais. É, pois, pela ação combinada da natureza, da liberdade e da graça que se edificou o corpo vivo de Cristo. Cada homem particular é criado para ser um membro desse corpo vivo: por isso, já por natureza, nenhum é idêntico a outro – estas reflexões sobre o corpo místico foram introduzidas aqui para compreender o sentido do ser singular do homem –, mas cada um é uma variação da essência comum a todos, uma unidade própria de configuração e, ao mesmo tempo, uma parte de uma configuração total. Mas depende da essência humana que cada indivíduo e a raça inteira primeiramente possam desenvolver-se, em um tempo, naquilo que por sua natureza está determi-

---

[95] Santo Agostinho, Sermão 169, 11, 13: *"Qui ergo fecit te sine te, non te justificat sine te"* (PL, Migne, 38, col. 923).

nado; e que esse desenvolvimento esteja ligado à livre colaboração de cada indivíduo e à ação combinada de todos. A corrupção da natureza depois do pecado original é o fundamento de que um desenvolvimento puro e um atuar puro da vontade, conforme seu sentido, somente são possíveis pela graça da redenção. Essa graça abre, além disso, o caminho à realização à qual tende originariamente o ser humano natural: à participação da vida divina na livre entrega pessoal. A humanidade redimida e unida em Cristo e por Cristo é o templo em que mora a Divindade Trinitária.

Tratou-se aqui do corpo místico de Cristo no sentido restrito. É possível conceber esse corpo místico em seu sentido mais amplo. Santo Tomás chama Cristo – isto é, não somente segundo sua divindade, mas também segundo sua humanidade – a "cabeça dos anjos", porque os anjos e os homens estão orientados para um mesmo fim, ou seja, para o desfrute da glória divina, e constituem, assim, um só corpo vivo. Diz que Cristo é a cabeça desse corpo vivo, colocado por Deus Pai (conforme Ef 1, 20) não somente acima de todos os homens, mas acima das potências, dos principados, das virtudes e das dominações.[96] Podemos ir mais além ainda e entender sob o corpo místico a criação inteira: conforme a ordem natural, visto que tudo foi criado à imagem do Filho de Deus e visto que entrou por sua encarnação no conjunto da criação; segundo a ordem da graça, já que a graça da cabeça flui com profusão em todos os membros, não somente nos homens, mas também em todas as criaturas. Assim como na queda do homem, toda a natureza inferior ao homem foi também comprometida, igualmente deve ser também renovada com o homem pela redenção. No que concerne aos anjos, não se poderia falar de *redenção*, visto que não há para eles nenhum retorno depois da queda; entretanto, pode-se dizer que os anjos podem permanecer fiéis pela graça que Cristo lhes mereceu e a Ele lhe devem sua glória.

Sem menosprezar esse justificado sentido amplo, pode-se e deve-se, no entanto, falar da humanidade como corpo místico de Cristo, no sentido restrito. Pois a humanidade é a porta pela qual o Verbo de Deus entrou na criação, a natureza humana o recebeu e unicamente com os homens, não com a natureza inferior nem com os anjos, foi como se uniu à unidade de uma relação de procedência. Como cabeça da humanidade, que une em si o superior e o inferior, Cristo é a cabeça de toda a criação.

---

[96] *Suma theologica*, III, q. 8, a. 4, corp.

Apêndices

Apêndice I

O Castelo Interior

I. Análise da Obra de Santa Teresa

Já que usei[1] o termo *"Castelo interior"*[2] referindo-me à principal obra mística de nossa madre santa *Teresa de Jesus*, agora gostaria de dizer como minhas explicações sobre a estrutura da alma humana se conectam com essa obra da santa. O objetivo fundamental é nitidamente diferente. Em nosso contexto, temos que enfrentar a tentativa puramente teórica de indagar, na constituição graduada dos seres, as notas específicas do ser humano, na qual entra a definição da alma como centro de todo esse edifício físico-psíquico-espiritual que chamamos "homem". Mas não é possível oferecer um quadro preciso da alma – nem sequer de forma sumária e deficiente – sem chegar a falar do que compõe sua vida íntima. Para isso, as experiências fundamentais sobre as quais temos de nos basear são os testemunhos de grandes místicos da vida de oração. E, dessa forma, o *Castelo interior* é insuperável: seja pela riqueza da experiência interior da autora, que, quando escreve chega ao mais alto grau de vida mística; seja por sua extraordinária capacidade de expressar em termos inteligíveis suas vivências interiores, até

---

[1] Cf. *Ser finito e ser eterno*, capítulo 7, § 3, 3. Edith cita neste apêndice os textos teresianos segundo o quarto tomo da edição alemã do editor Pustet; nós reproduzimos as citações de Teresa segundo as edições espanholas atuais.

[2] Nas edições alemãs *O Castelo interior* de santa Teresa foi traduzido por *Seelenburg* (literalmente *Castelo da alma*). É a expressão que usa Edith como título desse escrito. Transcrevemo-lo segundo o título espanhol da obra teresiana.

tornar claro e evidente o inefável, e deixá-lo marcado com o selo da mais alta veracidade; seja pela força que faz compreender sua conexão interior e apresenta o conjunto em uma acabada obra de arte.

O objetivo da santa é religioso-prático. Ela recebeu de seus confessores o encargo de escrever suas experiências de oração. Cumpre-o, pensando que o escrito serviria unicamente às suas filhas, as carmelitas. Escreve, portanto, com o desejo de ajudá-las na oração e animá-las no caminho da perfeição. Também, com a esperança de tornar-lhes compreensível o que muitas delas, talvez, já haviam experimentado – pois a santa sabia que, em seus conventos, não eram raras as graças místicas –, e, desse modo, quer livrá-las das ânsias e confusões que ela mesma havia tido que combater por falta de um bom guia espiritual.

Fala com plena liberdade, como uma mãe às suas filhas. Intercala exortações. Incita-as a louvar a Deus pelas maravilhas que Ele opera nas almas. Com frequência, introduz reflexões ocasionais, para preveni-las contra certos perigos. Tudo isso corresponde a seu principal objetivo. Mas, para o leitor que se aproxima da obra com a intenção de estudar o profundo da alma, parecerão filigranas. E, no entanto, também ele se aproveitará disso.

Para a santa, não era possível dar a entender os acontecimentos que ocorrem no interior do homem, sem antes esclarecer-se a si mesma em que consiste exatamente esse mundo interior. Para isso, ocorreu-lhe a feliz imagem de um castelo com muitas moradas e aposentos. O *corpo*, descreve-o como o *muro que cerca* o castelo. Os sentidos e potências espirituais (memória, entendimento e vontade), às vezes como vassalos, às vezes como sentinelas, ou, então, simplesmente como moradores do castelo. A alma, com seus numerosos aposentos, se assemelha ao céu, no qual "há muitas moradas".[3] E, "se bem o consideramos, irmãs, não é outra coisa a alma do justo senão um paraíso onde, diz, Ele tem seus deleites".[4] As moradas, não se deve imaginá-las em fila, uma atrás da outra ... "mas coloquem os olhos no centro, que é a peça onde está o rei, e considerem como um palmito, que, para chegar ao que é de comer há muitas cascas que envolvem todo o saboroso. Assim, aqui, ao redor desta peça, estão muitas; em cima, o mesmo. Porque as coisas da alma sempre se hão de considerar com plenitude,

---

[3] Cf. Jo 14, 2. A santa não o expressa, mas, certamente, é possível que esse texto bíblico tenha levado-a a tomar essa imagem do castelo.
[4] 1 M. 1, 1.

amplitude e grandeza, pois não aumentam nada nela, que é capaz de muito mais do que poderemos considerar...".[5]

Fora do mundo das muralhas que rodeiam o castelo, estende-se o mundo exterior; na instância mais interior habita Deus. Entre esses dois (que, como é óbvio, não hão de se entender espacialmente), acham-se as seis moradas que circundam a mais interior (a sétima). Mas os moradores que andam por fora ou que param junto ao muro de perto não sabem nada do interior do castelo. Coisa essa realmente estranha; é uma situação patológica, que alguém não conheça sua própria casa. Mas, de fato, há muitas almas assim, "... tão doentes e ligadas a coisas exteriores que não há remédio nem parece que podem entrar em si; porque já se acostumaram a tratar sempre com os vermes e animais que estão em volta do castelo, que quase se tornaram como eles...".[6] Assim, essas almas desaprenderam a rezar. E, no entanto, "a porta para entrar nesse castelo é a oração e a meditação".[7] Pois, para que a oração mereça tal nome, é preciso tomar cuidado "com quem fala e o que pede e quem pede a quem".[8]

Por isso, a *primeira morada*, na qual se entra pela porta, é o *conhecimento de si mesmo*. Não se pode erguer os olhos a Deus sem ser conscientes da própria baixeza. O conhecimento de Deus e o conhecimento próprio se sustentam mutuamente. Mediante o próprio conhecimento, aproximamo-nos de Deus. Por isso, nunca é supérfluo, nem sequer quando se chegou às moradas internas.

Por outro lado, "... jamais acabamos de nos conhecer, se não procuramos conhecer a Deus; admirando sua grandeza, encontramos nossa baixeza; e admirando sua limpeza, veremos nossa sujeira; considerando sua humildade, veremos quão longe estamos de ser humildes".[9] E, como nessa primeira instância, a alma está ainda muito longe de Deus, ocorre que "nessas moradas primeiras ainda não chega quase nada a luz que sai do palácio onde está o Rei".[10] Ou melhor: a alma não pode ver a luz por "tantas coisas

---

[5] 1 M. 2, 8.
[6] 1 M. 1, 6. O editor [alemão] entende por esses animais as paixões e maus costumes da alma; já que se acham fora do castelo e daí penetram nas moradas exteriores, poderia tratar-se, melhor, de tentações que procedem do trato com o mundo.
[7] 1 M. 1, 7.
[8] 1 M. 1, 7.
[9] 1 M. 2, 9.
[10] 1 M. 2, 14.

más de cobras e víboras e coisas venenosas que entraram com ela".[11] A alma está ainda tão enredada nas coisas deste mundo que não pode refletir sobre si mesma, sem pensar, ao mesmo tempo, nas coisas que a têm submissa. Por isso, a luz se obscurece para ela. Não nota a presença de Deus, nem sequer quando fala com Ele, e rapidamente é empurrada para fora.

Diferentemente da primeira, a *segunda morada* se caracteriza porque aqui a alma já percebe certas *"chamadas de Deus"*. Não se trata de vozes interiores, que se fazem sentir na própria alma, mas de reclamos que lhe vêm de fora e que ela percebe como uma mensagem de Deus: como as palavras de um sermão, ou passagens de um livro que pareceriam ditas ou escritas precisamente para ela, doenças e outros "casos providenciais". A alma vive ainda em e com o mundo; mas essas chamadas penetram em seu interior e a convidam a entrar em si. (Surge a pergunta: que coisa pode mover esse homem totalmente "exteriorizado" a entrar pela porta da oração, quando ainda não percebe tais chamadas? A santa não nos explica. Suspeito que ela o ache óbvio para o homem, que, por sua educação religiosa, está já habituado a orar em certos momentos, e, por outro lado, está suficientemente instruído nas verdades da fé, para pensar em Deus quando reza.)

Nas *terceiras moradas*, encontram-se as almas que acolheram de coração as chamadas de Deus, e esforçam-se *constantemente em ordenar sua própria vida conforme a vontade divina*: guardam-se com cuidado de todo pecado, inclusive dos veniais; dedicam-se com regularidade à oração, às práticas de penitência e às boas obras. Quando são provadas com duras provas, estas servem para lhes demonstrar que ainda estão fortemente apegadas aos bens da terra. E se, por sua boa vontade, são frequentemente agraciadas com *consolações*, estas consistem ainda em sentimentos totalmente naturais: como *lágrimas* de arrependimento, devoções sensíveis na oração, satisfação pelas boas obras realizadas.

O exposto até aqui indica o caminho "natural" e "normal" da alma para si mesma e para Deus. Com isso, não se quer dizer que até esse ponto não entre em jogo o sobrenatural. Ao contrário, qualquer impulso que mova o homem a entrar em si mesmo e o encaminhe para Deus deve ser visto como efeito da graça, ainda quando proceda de fatos e motivos naturais. Mas o que até esse ponto a alma conhece de Deus e das próprias relações

---

[11] 1 M. 2, 14.

com Ele procede da fé, e a fé vem "do ouvido". Até aqui, a alma não experimentou nada da presença de Deus em seu interior. Só quando acontecer isso se poderá falar de graça "extraordinária" ou "mística". Isso começa nas *quartas moradas*.

Em vez dos *"contentamentos"* que "começam de nosso próprio natural e acabam em Deus"[12] – sentimentos que substancialmente não se diferenciam dos que nos deparam com as coisas terrenas –, sobrevêm "gostos" que "principiam em Deus e vêm à nossa natureza, e goza tanto com eles como gozam os que disse e até muito mais".[13] A santa os chama também *oração de quietude*, porque brotam sem nenhum esforço próprio.

Os contentamentos, procuramo-los "com os pensamentos, ajudando-nos com as criaturas na meditação e cansando o entendimento".[14] São ilustrados com o parecido com a água que "por muitos canos e artifício" e com grande ruído é levada até um reservatório. Há outra fonte (a alma na oração de quietude) à qual "chega a água de sua mesma origem, que é Deus, e, assim, quando Sua Majestade quer fazer à alma alguma graça sobrenatural, produz com grandíssima paz, quietude e suavidade do muito interior de nós mesmos, eu não sei até onde nem como... Nem aquele contentamento e deleite se sente como os terrenos no coração – digo em seu princípio, que depois o enche todo –, vai-se revertendo essa água por todas as moradas e potências, até chegar ao corpo; que por isso disse que começa em Deus e acaba em nós; que certamente, como verá quem o tiver provado, todo o homem exterior goza com esse gosto e suavidade".[15] É água que brota de uma recôndita profundidade, "do centro da alma".[16] A alma sente "uma fragrância... como se naquele fundão interior estivesse um braseiro ao qual se lançam cheirosos perfumes: nem se vê o brilho, nem onde está; mas o calor e a fumaça cheirosa penetra toda a alma...".[17]

"Calor" e "fragrância" são só imagens para refletir uma "coisa mais delicada". "Não é isso coisa de que se possa ter impressão, porque por diligências que façamos não o podemos adquirir, e nisso mesmo se vê não ser de nosso metal, mas daquele puríssimo ouro da sabedoria divina. Aqui não

---

[12] 4 M. 1, 4.
[13] 4 M. 1, 4.
[14] 4 M. 2, 3.
[15] 4 M. 2, 4.
[16] 4 M. 2, 5.
[17] 4 M. 2, 6.

estão as potências unidas (com Deus), em minha opinião, mas embebidas (nEle) e admirando como espantadas o que é aquilo."[18]

A preparação para a oração de quietude é "um *recolhimento* que também me parece sobrenatural, porque não é estar no escuro nem fechar os olhos, nem consiste em coisa exterior, visto que, sem querer, se faz isso, fechar os olhos e querer solidão; e sem artifício".[19] "... os sentidos e coisas exteriores, parece que vão perdendo cada vez mais seu direito, porque a alma vai recuperando o seu, que tinha perdido. Dizem que 'na alma se entra em si' e, outras vezes, que 'sobe sobre si'..."[20] Os sentidos e potências da alma "que são a gente desse castelo..." tinham ido para fora, mudando-se para um lugar estranho, inimigo do bem desse castelo.[21]

Transcorrem dias e anos, até que, por fim, vendo sua perdição, foram se aproximando do castelo sem conseguir aí entrar; já não são traidores, e rondam em torno, pois é coisa forte e difícil vencer esse seu costume de vagar fora de casa.

"Visto já o grande Rei, que está na morada desse castelo, sua boa vontade, por sua grande misericórdia, quer trazê-los de volta a Ele e, como bom pastor, com um silvo tão suave que ainda quase eles mesmos não ouvem, faz com que conheçam sua voz e que não andem tão perdidos, mas que voltem à sua morada, e tem tanta força esse silvo do pastor que abandonam as coisas exteriores em que estavam embevecidos, e colocam-se no castelo... Porque, para buscar a Deus no interior (que se acha melhor e mais em nosso proveito que nas criaturas...), é grande ajuda quando Deus dá essa graça."[22]

Não se pense que esse interiorizar-se se adquire com o entendimento, "procurando pensar em Deus dentro de si, nem pela imaginação, imaginando-o em si...; o que digo é de diferente maneira, e... algumas vezes, antes que se comece a pensar em Deus, já essa gente está no castelo, que não sei por onde nem como ouviu o silvo do pastor, que não foi pelos ouvidos – que não se ouve nada –; mas sente-se notavelmente um desânimo suave no interior, como verá quem passa por isso...".[23]

---

[18] 4 M. 2, 6.
[19] 4 M. 3, 1.
[20] 4 M. 3, 1-2.
[21] 4 M. 3, 2.
[22] 4 M. 3, 2-3.
[23] 4 M. 3, 3.

Como depende somente de Deus pôr uma alma nessa quietude quando ele quer e como quer, a santa avisa insistentemente que não se domina arbitrariamente a atividade do entendimento e da imaginação. As potências devem dedicar-se a Deus, com seu próprio esforço, enquanto possam atuar livremente. O contrário serviria só para procurar sequidão à alma, que se danaria a si mesma com seus próprios esforços, submergiriam na agitação a imaginação e o entendimento, descuidando "do mais substancial e agradável a Deus", ou seja, "que nos lembremos de sua honra e glória e nos esqueçamos de nós mesmos e de nosso proveito e prazer. Pois, como está esquecido de si o que com muito gosto e cuidado está, que não se ousa agitar, nem mesmo em seu entendimento e desejos que se agitam em desejar a maior glória de Deus, nem que não façam nada com a que tem?".[24]

"Quando Sua Majestade quer que o entendimento cesse, ocupa-o de outra maneira e dá uma luz ao conhecimento tanto sobre a que podemos alcançar (com nosso conhecimento natural), que o faz ficar absorto, e então, sem saber como, fica muito mais bem ensinado que nem com todas as nossas diligências para lhe lançar mais a perder..."[25] "O que entendo que mais convém que há de fazer a alma que quis o Senhor colocar nessa morada é... que sem nenhuma força nem ruído procure dominar o discorrer do entendimento, mas não suspendê-lo nem o pensamento..."[26]

O efeito dessa oração é "uma dilatação ou uma ampliação da alma assim como se a água que brota de uma fonte não tivesse corrente, mas que a mesma fonte estivesse moldada com uma coisa que, quanto mais água brotasse, maior se fizesse o edifício".[27]

Enquanto a alma na oração de quietude está "como em sonhos", "porque assim parece estar a alma como adormecida, que nem bem parece estar adormecida nem se sente desperta",[28] não acontece o mesmo nas *moradas quintas* ao entrar na *"oração de união"*: está "aqui, apesar de estarmos todas adormecidas, e bem adormecidas às coisas do mundo e a nós mesmas (porque, de fato, fica-se verdadeiramente como sem sentidos durante o pou-

---

[24] 4 M. 3, 6.
[25] 4 M. 3, 6.
[26] 4 M. 3, 7.
[27] 4 M. 3, 9.
[28] 5 M. 1, 3.

co tempo que dura,[29] aqui não poder de pensar, ainda que se queira), nem é mister suspender com artifícios os pensamentos até o amar – se o faz – não entende como, nem o que é o que ama nem o que quereria; enfim, como quem de todo ponto morreu para o mundo para viver mais em Deus".[30] O corpo está como sem vida; as potências da alma, em repouso. "Todo seu entendimento se quereria empregar em entender algo do que sente e, como não chegam suas forças para isso, fica-se espantado de maneira que, se não se perde do todo, não mexe com o pé nem com a mão, como aqui dizemos de uma pessoa que está tão desmaiada que nos parece estar morta."[31] "Aqui... não há imaginação nem memória nem entendimento que possa impedir esse bem."[32]

Nem sequer o demônio pode entrar para causar dano. "Porque está Sua Majestade tão junto e unido com a essência da alma, que não ousará chegar nem mesmo deve entender esse segredo. E está claro: pois dizem que não entende nosso pensamento, menos entenderá coisa tão secreta que ainda não a confia Deus em nosso pensamento... Assim, fica a alma com tão grandes vontades, por operar Deus nela sem que ninguém o atrapalhe, nem nós mesmos."[33]

Durante o breve espaço da união, a alma não compreende o que lhe ocorre, mas "fixa Deus em si mesma no interior daquela alma de maneira que, quando volta a si, de nenhuma maneira possa duvidar que esteve em Deus e Deus nela. Com tanta firmeza lhe fica essa verdade, que, ainda que passem anos sem voltar Deus a lhe fazer aquele favor, nem se esquece nem pode duvidar que esteve".[34] A alma jamais vê esse secreto mistério enquanto se realiza nela, mas "o vê depois claro; e não porque é visão, mas uma certeza que fica na alma, que só Deus lhe pode colocar".[35] A santa chegou assim, pelo caminho da própria experiência interior, a descobrir uma verdade de fé que ignorava até esse momento: "que Deus está em todas as coisas por presença e potência e essência",[36] e que isso é algo bem diferente da habitação divina por meio da graça.

---

[29] Cf. 5 M. 2, 7, diz a santa que nunca dura meia hora.
[30] 5 M. 1, 3-4.
[31] 5 M. 1, 4.
[32] 5 M. 1, 5.
[33] 5 M. 1, 5.
[34] 5 M. 1, 9.
[35] 5 M. 1, 10.
[36] Cf. Relação 54.

O Castelo Interior 553

Impossível querer entrar nesse "sótão"[37] pelo próprio esforço. "Sua Majestade nos há de colocar e entrar Ele no centro de nossa alma."[38] Mas a alma é capaz de realizar, com suas próprias forças, um trabalho preparativo.

Isso será explicado mediante a graciosa imagem do bicho da seda: como o óvulo pequeno e rígido, com o calor adquire vida e começa a se alimentar com as folhas da amoreira, e mesmo quando o bicho se torna maior e forte, e por si vai tirando a seda e construindo a casa em que morre para se transformar em uma linda e branca mariposa, assim se realiza a vida da alma, "quando com o calor do Espírito Santo se começa a aproveitar do auxílio geral que a todos nos dá Deus, e quando começa a se aproveitar dos remédios que deixou em sua Igreja".[39]

Esses meios são tanto "as confissões como [...] as boas lições e sermões, que são o remédio que uma alma que está morta em seu descuido e pecados e metida em ocasiões pode ter. Então começa a viver e vai-se sustentando com isso e com boas meditações, até que esteja crescida".[40] Depois, começa a alma a construir a casa em que deve morrer. "Essa casa daria a entender aqui que é Cristo",[41] segundo a palavra do Apóstolo: "Vós estais mortos, e vossa vida está escondida com Cristo em Deus. Quando Cristo, vossa vida, aparecer, apareceeis também vós com ele na Glória."[42]

Parecerá estranho que o próprio Deus seja nossa morada, e que nós sejamos capazes de edificá-la. Mas isso não devemos entender como se pudéssemos nós "tirar de Deus nem pôr".[43] Nós "podemos não tirar de Deus nem pôr, mas tirar de nós e pôr, como fazem esses vermes":[44] "tirando nosso amor próprio e nossa vontade, o estar presas a nenhuma coisa da terra, pondo obras de penitência, oração, mortificação, obediência, tudo o mais que sabeis";[45] "que não teremos acabado de fazer nisso tudo o que podemos, quando esse trabalhinho, que não é nada, junte Deus com sua grandeza e lhe dê tão grande valor, que o mesmo Senhor seja o prêmio dessa obra. E, assim como tem sido o que pôs o maior preço, assim quer juntar

---

[37] Cf. Cant. 2, 4.
[38] 5 M. 1, 13.
[39] 5 M. 2, 3.
[40] 5 M. 2, 3.
[41] 5 M. 2, 4.
[42] Col. 3, 3-4.
[43] 5 M. 2, 5.
[44] 5 M. 2, 5.
[45] 5 M. 2, 6.

nossos trabalhinhos com os grandes que sofreu Sua Majestade e que tudo seja uma coisa".[46]

E como do casulo do bicho da seda sai a pequena mariposa, assim ocorre com nossa alma: "Quando está nessa oração bem morto está para o mundo... e como sai daqui, de haver estado um pouquinho colocada na grandeza de Deus e tão junta com Ele... Eu lhes digo de verdade que a mesma alma não se conhece a si."[47] Desperta-se nela um irresistível desejo de louvar a Deus e de sofrer por Ele. Tem ânsias de penitências e solidão. Brotam-lhe "desejos grandíssimos... de que todos conheçam a Deus; e daqui lhe vem uma pena grande de ver que é ofendido".[48] E se bem "com não haver estado mais quieta e sossegada em (toda) sua vida", vive agora um estranho desassossego. Porque uma vez que tenha experimentado tal paz – especialmente se essa graça se lhe concede com frequência –, tudo o que vê na terra a descontenta. "Tudo se lhe faz pouco quanto pode fazer por Deus, segundo são seus desejos...; a ligação com devedores, ou amigos, ou fortuna (que nem lhe bastavam atos nem determinações nem querer afastar-se...) já se vê de maneira que lhe pesa estar obrigada... Tudo a cansa, porque provou já que o verdadeiro descanso não lhe podem dar as criaturas."[49]

Na união, Deus a marcou com seu selo. E "para que essa alma já se conheça como sua, Deus lhe dá o que tem, que é o que teve seu Filho nesta vida".[50] Isto é, o desejo de partir desta vida, por ninguém sentido tão intensamente como pelo Filho de Deus. E, ao mesmo tempo, o amor às almas e o desejo de salvá-las, que a ele ocasionaram sofrimentos tão insuportáveis, que, em sua comparação a morte e as penas que a precederam pareceram-lhe coisa de nada.

Esse desejo de fazer a vontade de Deus e trabalhar pela salvação das almas, inclusive pela própria, é o melhor fruto da união. E essa é também acessível àqueles "a quem o Senhor não dá coisas tão sobrenaturais";[51] a santa o garante para consolo dos mesmos: "Pois a verdadeira união se pode muito bem alcançar, com o favor de nosso Senhor, se nós nos esforçamos em procurá-la, com não ter vontade, mas ligada com o que pode à vontade

---

[46] 5 M. 2, 5.
[47] 5 M. 2, 7.
[48] 5 M. 2, 7.
[49] 5 M. 2, 8.
[50] 5 M. 2, 12-13.
[51] 5 M. 3, 3.

de Deus."[52] O mais valioso da "outra união presenteada" é "por proceder desta que agora digo e por não poder chegar a ela, se não é muito certa a união de estar resignada nossa vontade na de Deus".[53]

Para essa união da vontade com a de Deus, não é necessária "a suspensão das potências". Mas também aqui "lhes é necessário que morra o verme, e mais à nossa custa. Porque lá ajuda muito para morrer o ver-se em vida tão nova; aqui é mister que vivendo nesta, a matemos nós".[54] Estar de todo unidos com a vontade de Deus significa "ser perfeitos", e, para isso, "só essas duas coisas nos pede o Senhor: amor de Sua Majestade e do próximo: é no que devemos trabalhar. Guardando-as com perfeição, fazemos sua vontade, e assim estaremos unidos com Ele".[55] O sinal mais certo que há de que amamos a Deus é o amor do próximo; "porque é tão grande o que Sua Majestade nos tem, que como paga do que temos ao próximo fará que cresça o que temos a Sua Majestade por mil maneiras".[56] Além disso, "conforme é mau nosso natural, se não é nascendo de raiz do amor de Deus, não chegaremos a ter com perfeição o do próximo".[57]

Assim, existem claramente dois caminhos para a união com Deus, e, ao mesmo tempo, para a perfeição do amor: uma vida cansativa com o próprio esforço, certamente não sem a ajuda da graça; e o ser levados para o alto, com grande economia de trabalho pessoal, mas em cuja preparação e realização se lhe exige muitíssimo a vontade. Para as almas que Deus conduz pelo caminho das graças místicas, a oração de união é só preparação para um grau mais alto: o *casamento espiritual*, que tem lugar nas *sextas* moradas. Até aqui, "a união ainda não chega a casamento espiritual, mas como por aqui quando se hão de casar dois".[58] Ambos buscam o modo de conhecer-se e mostrar-se o amor que se têm. "Assim, aqui, (na oração da união), pressuposto que o acerto já está feito e que essa alma está muito bem informada quão bem lhe está e determinada a fazer em tudo a vontade de seu Esposo de todas quantas maneiras ela vir que lhe há de dar contentamento, e Sua Majestade, como quem bem entenderá se é assim, o está dela,

---

[52] 5 M. 3, 3.
[53] 5 M. 3, 3.
[54] 5 M. 3, 5.
[55] 5 M. 4, 7.
[56] 5 M. 4, 8.
[57] 5 M. 4, 9.
[58] 5 M. 4, 4.

e assim faz essa misericórdia, que quer que o entenda mais e que – como dizem – venham às vistas e juntá-la consigo... Mais como é tal este Esposo, só com aquela vista a deixa mais digna de que se venham a dar as mãos, como dizem; porque fica a alma tão apaixonada, que faz de sua parte o que pode para que não se desconcerte esse divino casamento."[59]

Mas tampouco a sexta morada é lugar de repouso para a alma. Sua aspiração visa à união estável e duradoura que se lhe concederá só na morada sétima, e ainda a alma é provada com os mais intensos sofrimentos externos e internos. Sobrevêm, pois, violentas tormentas interiores, que poderiam comparar-se unicamente com as provas dos condenados e às quais só Deus pode pôr fim. Isso ocorre certamente porque "o inoportuno só com uma palavra sua ou uma ocasião que acaso aconteceu deixa-o todo tão prontamente, que parece que não houve nuvem naquela alma... E como quem escapou de uma batalha perigosa, com o fato de ter conseguido a vitória, fica louvando a Nosso Senhor, que foi o que batalhou... e assim conhece claramente sua miséria e o pouquíssimo que podemos de nós mesmos se nos desamparasse o Senhor".[60]

Verdadeiramente, a alma "parece que já não precisa de consideração para entender isso, porque a experiência de passar por isso, tendo-se visto completamente inabilitada, a fazia entender nossa insignificância e quão miseráveis somos".[61] Entre os sofrimentos dessa etapa se acha também a incapacidade de fazer oração. A alma não encontra consolo nem em Deus nem nas criaturas. A única coisa que torna suportável essa situação "é entender nas obras de caridade exteriores, e esperar na misericórdia de Deus, que nunca falta aos que nEle esperam".[62]

Em meio a todos esses sofrimentos da alma, não se lhe oculta quão próxima está do Senhor. Ele se faz sentir mediante "uns impulsos tão delicados e sutis que procedem do muito interior da alma... Acontece bem diferente de tudo o que aqui podemos procurar e ainda dos gostos que ficam ditos, que, muitas vezes, estando a mesma pessoa descuidada e sem ter a memória em Deus, Sua Majestade a desperta, à maneira de um cometa que passa de repente, ou um trovão, ainda que não se ouça o barulho; mas

---

[59] 5 M. 4, 4.
[60] 6 M. 1, 10.
[61] 6 M. 1, 11.
[62] 6 M. 1, 13.

entende muito bem a alma que foi chamada por Deus, e tão entendido, que, algumas vezes, em especial nos princípios, a faz estremecer e ainda se queixar sem mesmo sentir dor. Sente ser ferida agradabilissimamente, mas não atina como nem quem a feriu; mas sabe que é coisa preciosa e jamais desejaria ser curada daquela ferida".[63] Ainda que entenda que "seu Esposo está presente", ele "não quer manifestar-se de maneira que deixe gozar-se, e é com muita dor, ainda que saborosa e suave". Dor da qual não desejaria ver-se jamais livre: "Muito mais a satisfaz que o embevecimento saboroso, que carece de dor, da oração de quietude."[64] Deus lhe dá a entender sua presença "com um sinal tão certo que não se pode duvidar, e um silvo tão penetrante para entender a alma que não o pode deixar de ouvir... Porque, falando o Esposo, que está na sétima morada, dessa maneira (que não é fala formal), todo mundo que está nas outras não ousa se mexer, nem sentidos, nem imaginação, nem potências".[65] "Aqui estão todos os sentidos e potências sem nenhum embevecimento" – livres – "olhando o que poderá ser, sem perturbar nada nem poder acrescentar aquela pena deleitosa nem deixá-la, a meu ver".[66]

"Também costuma Nosso Senhor ter outras maneiras de despertar a alma: que inoportunamente, estando rezando vocalmente e com descuido de coisa interior, parece quem vem uma inflamação deleitosa, como se de pronto viesse um odor tão grande que se comunicasse por todos os sentidos."[67] "Odor" é uma simples imagem. Serve "só para dar a sentir que está aí o Esposo".[68]

Um terceiro modo "que tem Deus de despertar a alma" são certas falas "de muitas maneiras: umas parece que vêm de fora, outras, do muito interior da alma, outras, do superior dela".[69] Em todas essas falas, é possível enganar-se, porque "podem ser de Deus, e também do demônio, e da própria imaginação".[70] O primeiro e mais verdadeiro sinal de que são de Deus "é o poderio e senhorio que trazem consigo, que é falando e operando".[71]

---

[63] 6 M. 2, 2.
[64] 6 M. 2, 2.
[65] 6 M. 2, 3.
[66] 6 M. 2, 5.
[67] 6 M. 2, 8.
[68] 6 M. 2, 8.
[69] 6 M. 3, 1.
[70] 6 M. 3, 4.
[71] 6 M. 3, 5.

558 Apêndice I

Assim, por exemplo, "está uma alma em toda a tribulação e alvoroço interior... e obscuridade do entendimento e sequidão", e "com uma palavra dessas que diga somente 'não tenhas pena', fica sossegada e sem nenhuma, e com grande luz".[72]

O segundo sinal para discernir a origem divina dessas palavras é "uma grande quietude que fica na alma, e recolhimento devoto e pacífico, e disposta para louvores de Deus".[73] O terceiro "é não saírem essas palavras da memória em muito, muito tempo, e algumas, jamais".[74] Daí que se essas falas se referem a coisas futuras, deriva delas uma "certeza grandíssima" de que se cumprirão ainda quando seu cumprimento tarde anos ou chegue a parecer impossível.

A alma tem plena certeza de que provêm de Deus as falas não percebidas com os sentidos ou com a imaginação, mas só com o entendimento. Essas vêm acompanhadas de uma clareza tal "que uma sílaba que falte do que entendeu, resolve...".[75] E, em segundo lugar, porque "não pensava muitas vezes no que se entendeu – digo que é inoportunamente e ainda algumas estando em conversação".[76] Em terceiro lugar, "porque um é como quem ouve, e o da imaginação é como quem vai compondo o que ele mesmo quer que lhe digam, pouco a pouco".[77] Em quarto lugar, "porque as palavras são muito diferentes, e com uma se compreende muito, o que nosso entendimento não poderia compor tão prontamente".[78] Em quinto lugar, "porque junto com as palavras, muitas vezes, por um modo que eu não saberei dizer, se dá a entender muito mais do que elas soam sem palavras".[79] Todas essas palavras interiores, de que aqui se trata, não podem menos do que ser ouvidas pela alma, "porque o mesmo Espírito que fala faz parar todos os outros pensamentos e advertir para o que se diz".[80]

Às vezes, a alma é "tocada" de forma tal por uma palavra de Deus, que cai em *êxtase*: "Parece que Sua Majestade do interior da alma faz crescer a centelha que já dissemos, movido de piedade de tê-la visto sofrer tanto tem-

---

[72] 6 M. 3, 5.
[73] 6 M. 3, 6.
[74] 6 M. 3, 7.
[75] 6 M. 3, 12.
[76] 6 M. 3, 13.
[77] 6 M. 3, 14.
[78] 6 M. 3, 15.
[79] 6 M. 3, 16.
[80] 6 M. 3, 18.

po por seu desejo, que, abrasada toda ela como uma ave fênix, fica renovada e, piedosamente se pode crer, perdoadas as suas culpas; e assim limpa, a junta consigo, sem entender ainda aqui ninguém senão eles dois, nem ainda a mesma alma entende de maneira que o possa depois dizer, ainda que não esteja sem sentido interior."[81]

A isso se soma uma especialíssima iluminação, tal "que a alma nunca esteve tão desperta para as coisas de Deus nem com tão grande luz e conhecimento de Sua Majestade".[82] E isso, apesar de "as potências estarem tão absortas que podemos dizer que estão mortas, e os sentidos, o mesmo. Como se pode entender que entende esse segredo? Eu não o sei, nem talvez criatura nenhuma, senão o próprio Criador".[83] Apesar de que, depois, não se saiba dizer nada dessas graças, "de tal maneira fica impresso na memória que nunca jamais se esquecem",[84] e "ficam umas verdades nessa alma tão fixas da grandeza de Deus, que, quando não tivesse fé que lhe diz quem é e que está obrigada a crer nisso por Deus, o adorasse daquele ponto por isso, como fez Jacob quando viu a escada".[85]

Ao mesmo tempo, no êxtase, vê a alma algo das maravilhas dessa espécie de "aposento de céu empíreo que devemos ter no interior de nossa alma".[86] Isso, no entanto, acontece só em uma aparição fugaz, porque a alma "está tão embebida em gozar de Deus, que lhe basta tão grande bem", e lhe ocorre que, quando "volta a si, com aquele representar-se as grandezas que viu..., não pode dizer nenhuma".[87] E já que ela pode, absolutamente imperturbada, engolfar-se na meditação do Senhor e do Reino, que ganhou como sua esposa, sem que Ele consinta "estorvo de ninguém, nem de potências nem sentidos, mas, imediatamente, manda fechar as portas das moradas"[88] "e ainda as do castelo e em volta",[89] deixando aberta só a morada em que Ele está para introduzir nela a alma.[90]

---

[81] 6 M. 4, 3.
[82] 6 M. 4, 3.
[83] 6 M. 4, 4.
[84] 6 M. 4, 5.
[85] 6 M. 4, 6.
[86] 6 M. 4, 8.
[87] 6 M. 4, 8.
[88] 6 M. 8, 9.
[89] 6 M. 4, 13.
[90] 6 M. 4, 9.

560 Apêndice I

De fato, as duas últimas moradas não estão rigorosamente separadas uma da outra. Contudo, "há coisas na última" que só aos que entram nela se lhes dão a conhecer.[91] O grande êxtase em que fica suspensa a atividade natural dos sentidos exteriores e interiores, assim como a das potências, em geral dura pouco. Mas ainda quando acabou tudo, "fica a vontade tão embebida e o entendimento tão alienado..., que parece que não é capaz de entender uma coisa que não seja para despertar a vontade de amar, e ela está bem desperta para isso e adormecida para resistir a se agarrar a nenhuma criatura". "E durar assim dia e ainda dias."[92]

Substancialmente, é como alguém com o êxtase, ainda que "no interior [da alma] se sinta muito diferente", é o que a santa chama *"voo do espírito"*, em que "muito rapidamente, algumas vezes, se sente um movimento tão acelerado da alma, que parece que é arrebatado o espírito com uma velocidade que dá muito medo, em especial no começo".[93] "Esse precipitado arrebatar o espírito é de tal maneira que verdadeiramente parece que sai do corpo, e, por outro lado, claro está que não fica essa pessoa morta; pelo menos ela não pode dizer se está no corpo ou se não, por alguns instantes. Parece-lhe que toda junta ficou em outra região muito diferente desta em que vivemos."[94] E aí "acontece que em um instante lhe ensinam tantas coisas juntas que em muitos anos que trabalhasse em ordená-las com sua imaginação e pensamento não pudesse de mil partes uma".[95]

A santa tenta explicar o que aqui ocorre à alma: "Muitas vezes pensei se, como o sol estando no céu, que seus raios têm tanta força que não se mudando daí, imediatamente chegam aqui, se a alma e o espírito, que são uma mesma coisa como é o sol e seus raios, podem, ficando em seu lugar, com a força do calor que vem do verdadeiro Sol de Justiça, alguma parte superior sair sobre si mesma."[96] O voo do espírito passa rapidamente, mas à alma fica uma grande vontade: "Conhecimento da grandeza de Deus..., próprio conhecimento e humildade de ver como coisa tão baixa em comparação com o Criador de tantas grandezas a ousou ofender nem ousa olhar para ela...; ter em muito pouco todas as coisas da terra, se não forem as

---

[91] 6 M. 4, 4.
[92] 6 M. 4, 14.
[93] 6 M. 5, 1.
[94] 6 M. 5, 7.
[95] 6 M. 5, 7.
[96] 6 M. 5, 9.

que pode aplicar para serviço de tão grande Deus."[97] Como efeito lhe nasce uma forte aspiração à morte e o desejo de se guardar da menor imperfeição.

Com boa vontade desejariam essas almas evitar todo trato com os homens. "Por outro lado, desejaria colocar-se na metade do mundo, para ver se podia ser parte para que uma alma louvasse mais a Deus."[98] Além disso, lhe "dá Nosso Senhor uns júbilos e oração estranha, que não sabe entender o que é... É, a meu ver, uma união grande das potências, mas que as deixa Nosso Senhor com liberdade para que gozem desse gozo, e aos sentidos, o mesmo, sem entender o que é o que gozam e como o gozam... É um gozo tão excessivo da alma que não desejaria gozá-lo sozinha, mas dizê-lo a todos para que a ajudassem a louvar Nosso Senhor, que aqui vai todo seu movimento".[99]

A almas elevadas a tão alto grau de contemplação torna-se depois difícil discorrer normalmente sobre a vida e paixão de Cristo. Mas a santa adverte insistentemente que esse tipo de meditação não deve considerar-se definitivamente superado, porque será necessária a ajuda do entendimento para acender a vontade.[100]

Todas as graças que se recebem na sexta morada servem só para avivar na alma seu desejo de sofrer, "porque, como vai conhecendo cada vez mais as grandezas de seu Deus e se vê estar tão ausente e afastada do gozar dele, cresce muito mais o desejo; porque também cresce o amar quanto mais se lhe descobre o que merece ser amado este grande Deus e Senhor".[101] Com frequência, pensando na demora da morte, sente-se como transpassada por "uma flecha de fogo... no muito fundo e íntimo da alma, onde esse raio que imediatamente passa, tudo quanto tenha dessa terra de nosso natural e o deixa feito pó".[102] A pena desse desejo leva realmente a alma até a margem da morte. E igualmente incorre "em perigo de morte... do muito excessivo gozo e deleite que é em tão grandíssimo extremo, que verdadeiramente parece que desfalece a alma, de sorte que não lhe falta mais que um pouquinho para sair do corpo".[103] É essa sua preparação imediata para chegar ao mais alto grau da vida de graça que pode alcançar-se na terra.

---

[97] 6 M. 5, 10.
[98] 6 M. 6, 3.
[99] 6 M. 6, 10.
[100] 6 M. 7, 7.
[101] 6 M. 11, 1.
[102] 6 M. 11, 2.
[103] 6 M. 11, 11.

"Quando Nosso Senhor se digna ter piedade do que sofre e sofreu por seu desejo, essa alma que já espiritualmente tomou por esposa, antes que se consuma o matrimônio espiritual, coloca-a em sua *morada, que é esta sétima.*"[104]

Acontece isso em uma visão intelectual, na qual "se lhe mostra a Santíssima Trindade, todas as três pessoas, [com uma inflamação que antes vem ao seu espírito à maneira de uma nuvem de grandíssima claridade, e essas Pessoas distintas],[105] e por uma comunicação admirável que se dá à alma, entende com grandíssima verdade serem todas as três Pessoas uma substância e um poder e um saber e um só Deus; de maneira que o que temos por fé, aí o entende a alma, podemos dizer, pela visão, ainda que não com a visão dos olhos do corpo nem da alma, porque não é visão imaginária. Aqui se lhe comunicam todas as três Pessoas, e lhe falam, e lhe dão a entender aquelas palavras que diz o Evangelho que disse o Senhor: que viriam Ele e o Pai e o Espírito Santo a morar com a alma que o ama e guarda seus mandamentos".[106]

Essa "divina Companhia" jamais abandona a alma; mas ela nem sempre a vê com a mesma clareza que a primeira vez; só Deus pode renovar essa clareza. A alma não deve estar constantemente submersa nessa contemplação, mas deve cumprir suas obrigações. Sim, cumpre-as "muito mais que antes, em tudo o que é serviço de Deus, e, faltando as ocupações, fica com aquela agradável companhia".[107] É como se o essencial da alma "por trabalhos e necessidade que tivesse, jamais se movesse daquele aposento",[108] e como se a própria alma estivesse dividida em duas, como em Marta e Maria juntas. E faz-se patente que "há diferença de alguma maneira – e muito conhecida – da alma ao espírito, ainda que seja só uma coisa. Conhece-se uma divisão tão delicada que, algumas vezes, parece obra de diferente maneira uma do outro, como o sabor (ou, então, o conhecimento)[109] que lhes quer dar o Senhor. Também me parece que a alma é coisa diferente das potências...".[110]

---

[104] 7 M. 1, 3.

[105] O colocado entre colchetes, que corresponde à citação teresiana, na tradução de Edith existe no manuscrito autógrafo, mas, no entanto, não aparece nas provas de imprensa, revisadas pela própria Edith nas duas edições publicadas. Nós conservamos essa citação mais completa de santa Teresa.

[106] 7 M. 1, 6. Jo. 14, 23.

[107] 7 M. 1, 9.

[108] 7 M. 1, 10.

[109] Saber ou sabor (cf. nota, 2, p. 271 [da edição alemã]).

[110] 7 M. 1, 11.

Na santa, *o matrimônio* esteve precedido de uma visão imaginária: "Se lhe representou o Senhor acabando de comunicar, com forma de grande resplendor e formosura e majestade, como depois de ressuscitado, e lhe disse que já era tempo que suas coisas tomassem ela por suas, e Ele teria cuidado das suas."[111] O próprio matrimônio tem lugar "no centro muito interior da alma, que deve ser onde está o próprio Deus... em tudo o que se disse até aqui, parece que vai por meio dos sentidos e potências, e esse aparecimento da Humanidade do Senhor assim devia ser; mas o que acontece na união do matrimônio espiritual é muito diferente: aparece o Senhor nesse centro da alma sem visão imaginária, mas intelectual, ainda que mais delicada que as ditas, como se mostrou aos Apóstolos sem entrar pela porta, quando lhes disse: *'Pax vobis'*.[112] É um segredo tão grande e uma graça tão elevada o que comunica Deus aí à alma em um instante, e o grandíssimo deleite que sente a alma, que não sei a que comparar, mas quer o Senhor manifestar-lhe naquele momento a glória que há no céu, por mais elevada maneira que por nenhuma visão nem gosto espiritual. Não se pode dizer mais de que – o quanto se pode entender – fica a alma, digo o espírito dessa alma, feito uma coisa com Deus; que, como é também espírito, quis Sua Majestade mostrar o amor que nos tem, em dar a entender a algumas pessoas onde chega, para que louvemos sua grandeza, porque de tal maneira quis juntar-se com a criatura, que assim como os que já não se podem afastar, não se quer afastar Ele dela".[113]

A corrente que se comunica à alma transborda do mais íntimo de si para as potências. "Entende-se claramente que há no interior... um sol do qual procede uma grande luz que se envia às potências, do interior da alma. Ela... não se muda daquele centro nem se lhe perde a paz."[114]

Contudo, essa paz não se deve entender como se a alma estivesse já "segura de sua salvação e de [não][115] tornar a cair".[116] Ela mesma não se tem por segura, mas anda "com muito mais temor que antes" e se guarda "de qualquer pequena ofensa a Deus".[117]

---

[111] 7 M. 2, 1.
[112] Lc. 24, 36.
[113] 7 M. 2, 3.
[114] 7 M. 2, 6.
[115] Edith acrescentou entre colchetes esse "não" para maior clareza do texto.
[116] 7 M. 2, 9.
[117] 7 M. 2, 9.

O primeiro efeito do matrimônio é "um esquecimento de si, que verdadeiramente parece já não é...; porque toda está de tal maneira que não se conhece nem se lembra que, para ela, deve haver céu; nem vida nem honra, porque toda está ocupada em procurar a de Deus, que parece que as palavras que lhe disse Sua Majestade fizeram efeito de obra, que foi que se olha por suas coisas, que Ele olharia para as suas".[118]

O segundo efeito é "um desejo de sofrer grande, mas não de maneira que a inquiete como costumava; porque é tão extremo o desejo que fica nessas almas de que se faça a vontade de Deus nelas, que tudo o que Sua Majestade faz têm como bem".[119] E se antes desejava a morte, "agora é tão grande o desejo que têm de servi-lo e que por elas seja louvado, e de aproveitar alguma alma se pudessem, que não só não desejam morrer, mas viver muitíssimos anos sofrendo grandíssimos trabalhos, para que pudesse que o Senhor fosse louvado por eles".[120]

Já não têm desejos "de presentes nem de gostos" espirituais. Vivem em "um desprendimento grande em tudo e desejo de estar sempre sozinhas ou ocupadas em coisa que seja proveito de alguma alma. Nem sequidões nem trabalhos interiores, mas com uma memória e ternura com Nosso Senhor, que nunca desejariam estar senão lhe dando louvores. E quando se descuidam, o próprio Senhor as desperta..., que se vê mais claramente que procede daquele impulso... do interior da alma".[121] É algo que "nem procede do pensamento, nem da memória, nem coisa que se possa entender que a alma fez nada de sua parte".[122] "Acontece com tanta tranquilidade e tão sem ruído tudo o que o Senhor aproveita aqui à alma e lhe ensina, que me parece é como na edificação do templo de Salomão, na qual não se devia ouvir nenhum ruído."[123] "Não há por que mexer nem buscar nada no entendimento, que o Senhor que o criou quer sossegá-lo aqui, e que por uma fenda estreita olhe o que acontece."[124]

Nesse ponto, os êxtases cessam quase totalmente. Isso é o que se deixa talvez entender, do que a santa vê como fim de todo esse caminho de graça:

---

[118] 7 M. 3, 2.
[119] 7 M. 3, 4.
[120] 7 M. 3, 6.
[121] 7 M. 3, 8.
[122] 7 M. 3, 8.
[123] 7 M. 3, 11.
[124] 7 M. 3, 11.

um fim que não consiste só na "divinização das almas", mas todas as graças devem servir "para fortalecer nossa fraqueza... para poder imitar Cristo no muito sofrer",[125] e trabalhar sem descanso pelo Reino de Deus. "Para isso é a oração...; a isso serve esse matrimônio espiritual: que nasçam sempre obras, obras."[126]

II. "As Moradas" à Luz da Filosofia Moderna

O reino da alma e o caminho por ela percorrido desde o "muro em torno" até o *centro interior* foi descrito, no possível, com as mesmas palavras da santa, porque dificilmente se poderiam encontrar outras melhores.

Será necessário agora pôr em relevo o que é – que *essa* imagem da alma tem em comum com a que antes nós mesmos descrevemos[127] (com critérios filosóficos), e o que tem de diferente. Antes de tudo, é comum a concepção da alma como um amplíssimo reino, a cuja posse deve chegar o proprietário, porque precisamente é próprio da natureza humana (melhor dizendo, da natureza *caída*) o perder-se no mundo exterior. Mas nesse perder-se devemos distinguir a entrega *objetiva*, como o faz a criança ou o artista em um gesto que chega até o "esquecimento de si", mas que não exclui em determinado momento um real retorno à própria interioridade, e – por outro lado – o *enredar-se* nas coisas do mundo, que faz brotar do desejo pecaminoso e que freia o "recolhimento", ou pode converter-se em origem de uma atividade errônea consigo mesmo.

Isso nos leva discretamente à diferença fundamental das duas concepções, que residem na diversidade dos pontos de vista. Para a santa é claro seu objetivo: desenhar o "castelo interior", casa de Deus, e tornar compreensível o que ela mesma experimentou: como o próprio Senhor chama a alma de seu extravio no mundo exterior, como o atrai cada vez mais a si mesma, até que finalmente Ele possa uni-la aqui no centro interior dela mesma.

Ficava absolutamente fora da perspectiva da santa indagar se a estrutura da alma tinha, além disso, sentido, prescindindo desse ser habitação

---

[125] 7 M. 4, 4.
[126] 7 M. 4, 6.
[127] Está-se referindo novamente ao seu escrito *Ser finito e ser eterno*, para o qual preparou este artigo como apêndice.

de Deus, e se, talvez, haveria outra "porta", diferente da oração. Às duas perguntas nós temos que responder, evidentemente, em sentido afirmativo. A alma humana, enquanto espírito e imagem do Espírito de Deus, tem a missão de apreender todas as coisas criadas conhecendo-as e amando-as e, assim, compreender a própria vocação e operar em consequência. Aos dois graus do mundo criado correspondem as "moradas" da alma: mas isso se deve entender a partir de uma profundidade diversa. E, se a morada mais interior está reservada para o Senhor da Criação, também é certo que só a partir da última profundidade da alma – ponto cêntrico do Criador –, pode-se conseguir uma imagem realmente adequada da Criação: não será uma imagem que englobe tudo, como corresponde a Deus, mas sim uma imagem sem deformações. Fica assim absolutamente consistente o que a santa expressou tão nitidamente: que entrar em si mesmo significa aproximar-se gradualmente de Deus.

Mas, ao mesmo tempo, significa a progressiva aquisição de uma posição cada vez mais nítida e objetiva frente ao mundo. Se para poder chegar a Deus é necessário liberar-se plenamente das ataduras pecaminosas que nos ligam às coisas do mundo, esse "subtrair-se" não é meta, mas caminho. A conclusão vem demonstrar que, no fim, restituem-se à alma todas as suas forças naturais para que possa trabalhar no serviço do Senhor.

Como espírito e como imagem do Espírito divino, a alma não só tem conhecimento do mundo externo, mas também de si mesma: é "consciente" de toda sua vida espiritual, e é capaz de refletir sobre si mesma, inclusive sem entrar pela porta da oração. Certamente deve-se pensar com que tipo de "eu" vem encontrar-se a alma e, consequentemente, por que outra porta pode entrar. Uma possibilidade de entrada em seu interior oferece o trato com outros homens. A experiência natural nos dá uma imagem disso e nos diz que também eles têm uma imagem de nós. E assim chegamos, de certo modo, a ver-nos a nós mesmos a *partir de fora*. É possível nisso constatar algumas apreciações corretas, mas raras vezes penetraremos mais no fundo de nosso interior; e a esse conhecimento estão vinculadas muitas causas de erro, que permanecem ocultas ao nosso olhar, até que Deus, com uma clara sacudida interior – com uma "chamada" interior – nos tira dos olhos a venda que a todo homem esconde em grande parte seu próprio mundo interior.

Outro impulso a reentrar em si mesmo se dá por pura experiência, no crescimento da pessoa durante o período de maturação, que vai desde a infância até a juventude. As sensíveis transformações interiores impulsionam por si mesmas a essa auto-observação. Mas com essa genuína e sadia aspiração a se conhecer, suscitada pelo descobrimento do "mundo interior", mistura-se, geralmente, um impulso excessivo à "autoafirmação". E isso se converte em uma nova fonte de ilusão que origina uma falsa "imagem" do próprio eu. A isso se acrescenta que, nesse período, começa a meditação de si mesmo baseada na imagem que os outros veem de fora, e, portanto, uma formação da alma a partir do exterior, que implica o encobrimento do próprio ser.

Finalmente, pensemos na investigação científica do "mundo interior", que se interessou por esse assunto do ser como de qualquer outro: resulta surpreendente que é o que ficou do reino da alma, desde que a "psicologia" de nosso tempo começou a seguir seu caminho independentemente de toda consideração religiosa ou teológica da alma: chegou-se assim, no século XIX, a uma "psicologia sem alma".[128] Tanto a "essência" da alma como suas "potências" foram descartadas como "conceitos mitológicos", e se quis levar em conta unicamente os "fenômenos psicológicos". Mas que tipos de "fenômenos" eram esses?

Não é possível reduzir a um quadro singelo e único a psicologia dos últimos três séculos, pois ocorreram simultaneamente constantes orientações diferentes. Contudo, a corrente principal, que surge do empirismo inglês, foi-se configurando cada vez mais como ciência natural, chegando a fazer de todos os sentimentos da alma o produto de simples sensações, como uma coisa espacial e material está feita de átomos: não só se lhe negou toda realidade permanente e durável, fundamento dos "fenômenos" mutáveis, ou seja, da vida que flui, mas se desconectaram do fluir da vida anímica o espírito, o sentido e a vida. É como se do "castelo interior" se conservassem só restos de muralha que apenas nos revelam a forma original, à maneira de um corpo sem alma, que já não é um verdadeiro corpo.

Diante do campo de ruínas, sente-se tentado a perguntar se, afinal das contas, a porta da oração não será a única entrada para o interior da alma. Realmente, a psicologia naturalística do século XIX, em suas concepções de fundo, hoje está já superada. O redescobrimento do espírito e o interesse por uma autêntica "ciência do espírito" contam certamente entre as maiores mudanças logradas no campo científico durante as últimas décadas.

---

[128] Convém lembrar aqui que Edith Stein abandonou os estudos de psicologia movida por certo fastio que lhe provocou essa *psicologia sem alma*.

568 Apêndice I

E não só recuperaram seus direitos a espiritualidade e o pleno sentido da vida anímica, mas também se descobriu seu fundamento real, embora haja ainda psicólogos – e inclusive, estranhamente, psicólogos católicos –, que sustentam não poder falar-se da alma em termos científicos.

Se voltamos o olhar aos pioneiros da nova ciência do espírito e da alma (refiro-me, antes de tudo, a *Dilthey*,[129] *Brentano*,[130] *Husserl*[131] e às suas escolas), não temos certamente a impressão de que suas obras mais importantes sejam escritos religiosos e que seus autores tenham "entrado pela porta da oração". Mas lembremos que Dilthey estava familiarizado com os problemas da teologia protestante, como o demonstra, por exemplo, seu *Jugendgeschichte Hegels*;[132] que Brentano era sacerdote católico, e que ainda depois de sua ruptura com a Igreja, até os últimos dias de sua vida, ocupou-se apaixonadamente com os problemas de Deus e da fé; que Husserl, enquanto discípulo de Brentano, sem ter estudado diretamente a teologia e filosofia medieval, conservava certa vinculação viva com a grande tradição da *philosophia perennis*; que ele, além disso, em sua luta filosófica, era consciente de ter uma "missão"[133] e que, no círculo de pessoas próximas, tanto no plano científico quanto no humano, promoveu um forte movimento na Igreja;[134] então, temos de pensar que não se trata de uma mera justaposição desses homens, mas de uma profunda e íntima conexão.

Especial menção merece nesse ponto a obra – tantas vezes citada – do fenomenólogo de Munique, *Pfänder*:[135] "A alma do homem. Ensaio de uma psicologia inteligível",[136] cuja concepção da alma concorda amplamente

---

[129] Wilhelm Dilthey (1833-1911), filósofo e historiador alemão; entre suas obras poderiam citar-se: *Einleitung in die Geisteswissenschaften (Introdução às ciências humanísticas)*, do ano de 1883; *Ideen über eine beschreibende und zergliedernde Psychologie (Conceitos sobre uma sociologia descritiva e analítica)*, de 1894.

[130] Franz Brentano (1838-1917).

[131] Edmund Husserl (1859-1938).

[132] *A história da juventude de Hegel.*

[133] A esse respeito é interessante o testemunho de Sor Adelgundis Jägerschmid, O.S.B., que assistiu Husserl em seus últimos dias. Husserl lhe disse: "A vida do homem não é mais que um caminhar para Deus. Eu tento alcançar esse fim sem provas teológicas, métodos ou ajudas, em outras palavras, alcançar Deus sem Deus. Como seja, eu tenho que eliminar Deus de meu pensamento científico para preparar o caminho para Deus àqueles que, diferentemente de você, não têm a segurança da fé por meio da Igreja." Citado em J. M. Österreicher, *Siete filósofos judíos encuentran a Cristo*, Madri, 1961, p. 136.

[134] Esse foi o caso pessoal de Edith Stein.

[135] Alexander Pfänder (1870-1941).

[136] [*Die Seele des Menschen. Versuch einer verstehenden Psychologie*] Halle, a. S. 1933.

com a nossa. Partindo de uma descrição dos movimentos da alma, Pfänder trata de compreender a vida da própria alma, descobrindo os impulsos fundamentais que a dominam. E esses impulsos fundamentais, tenta reconduzi-los a um impulso originário: à tendência da alma ao autodesenvolvimento, tendência baseada na própria essência da alma. Ele vê na alma um núcleo de vida que, partindo desse germe, deve desenvolver-se até ter forma plena. Pertence à própria essência da alma humana o que, para seu próprio desenvolvimento, seja necessário a livre atividade da pessoa. No entanto, a alma é "essencialmente criatura e não criadora de si. Não *se gera* a si mesma, mas unicamente pode *desenvolver-se*. No ponto mais profundo de si mesma, (perspectiva para trás) está ligada ao seu perene princípio criativo. A partir dele, pode procriar em plenitude, unicamente mantendo-se estável em contato com esse perene princípio criador".[137] A essência da alma se apresenta a si mesma como a chave para entender sua própria vida. Apenas cabe imaginar uma negação mais categórica da "psicologia sem alma".

A obra de Pfänder sobre a alma é evidentemente a conclusão de um contínuo trabalho de sua vida, e o resultado de um sério enfrentamento com as últimas perguntas. Por isso, resultam algumas coisas obscuras, precisamente nos pontos mais decisivos. Fica em plena sombra a relação entre alma e corpo. No máximo, fala-se disso como se se tratasse de duas substâncias unidas entre si; só em uma passagem se diz expressamente que permanece incerto se o "germe do corpo" e o "germe da alma" são distintos, ou se, no fundo, são um só germe.[138] O conceito de espírito se deixa de lado pelo pouco claro que resulta, e por isso não se faz nenhuma tentativa de indagar as relações entre alma e espírito. Por isso mesmo, resulta mais estranho poder chegar a uma completa compreensão da alma, de sua essência e sua vida, da alma humana como tal, e como individual. Encontramo-nos diante dos resíduos do velho racionalismo, que não admitia nenhum mistério, nem quer saber nada da fragmentação do saber humano e, por outro lado, acredita poder desvelar por completo o mistério das relações da alma com Deus. Ignora quanto deve à doutrina e à vida da fé, precisamente do mesmo modo que ele acredita no resultado de seu conhecimento natural.

Não é possível, nesse lugar, ultrapassar esses poucos apontamentos e insinuações. Seria necessário um trabalho específico para estudar a história

---

[137] *Ibid.*, p. 226.
[138] *Ibid.*, p. 340.

da psicologia com essa perspectiva: descobrir em cada estudioso e em sua época respectiva como se correlacionam suas posturas quanto à vida de fé e quanto à concepção da alma.

Quando se observa uma cegueira tão incompreensível em relação à realidade da alma, como a que encontramos na história da psicologia naturalística do século XIX, cabe pensar que a causa dessa cegueira e da incapacidade de chegar ao profundo da alma não reside simplesmente em uma obsessão em relação a alguns prejuízos metafísicos, mas em um inconsciente medo de se encontrar com Deus. Por outro lado, aí está o fato de que ninguém penetrou tão no fundo da alma como os homens que com ardente coração abarcaram o mundo, e que pela forte mão de Deus foram liberados de todas as ataduras e introduzidos dentro de si no mais íntimo de sua interioridade. Ao lado de nossa santa Madre *Teresa*, encontramos aqui, em primeira linha, santo *Agostinho*, tão profundamente próximo dela, como ela mesma o sentia.[139] Para esses mestres do próprio conhecimento e da descrição de si mesmos, as misteriosas profundidades da alma resultam claras: não só os fenômenos, a superfície movediça da vida da alma, são para eles inegáveis feitos de experiência, mas também as potências[140] que atuam sem mediações na vida consciente da alma, e inclusive a mesma essência da alma.

Mas também esse é um ponto em que constatamos uma concordância entre nossa exposição e o testemunho da santa: precisamente porque a alma é uma realidade espiritual-pessoal, seu ser mais íntimo e específico, sua essência da qual brotam suas potências e o desdobramento de sua vida, não só uma desconhecida X que nós admitimos para esclarecer os feitos espirituais que experimentamos, mas algo que pode iluminar-nos e deixar sentir ainda quando permaneça sempre misterioso.

O estranho caminho que, segundo a descrição da santa, recorre a alma em sua interiorização – desde o muro em volta até o centro mais íntimo – pode, talvez, tornar-se mais compreensível para nós mediante nossa distin-

---

[139] Nesse aspecto talvez pudessem mencionar-se: *V* 9, 7. Santa Teresa lembra e cita santo Agostinho especialmente no assunto da busca de Deus, que encontrou dentro de si mesmo: cf. C 28, 2 (Valladolid); 4 M. 3, 3.

[140] Se é correto admitir na vida psíquica evoluída duas potências (entendimento e vontade), ou, então, três (aceitando como terceira potência a memória ou o sentimento), são problemas que deixamos resolver em algum estudo sistemático sobre a alma, apontamos alguma ideia sobre esse problema em nossa obra *Ser finito e ser eterno*, México, 1994, p. 461 e seg.

ção entre *a alma e o eu*. O Eu aparece como um "ponto" móvel dentro do "espaço" da alma; onde quer que tome posição, aí se acende a luz da consciência e ilumina certo entorno: tanto no interior da alma quanto no mundo exterior objetivo para o qual o Eu está dirigido. Apesar de sua mobilidade, o Eu está sempre ligado àquele ponto central imóvel da alma no qual se sente em sua própria casa. Até esse ponto se sentirá chamado sempre (novamente se trata de um ponto que temos que levar mais além de quanto nos diz respeito o "Castelo interior"), não só é convocado aí às mais altas graças místicas dos esponsais espirituais com Deus, mas desde aqui pode tomar as decisões últimas a que é chamado o homem como pessoa livre.

O centro da alma é o lugar do qual se faz ouvir a voz da consciência, e o lugar da livre decisão pessoal. Por isso e porque a livre decisão da pessoa é condição requerida para a união amorosa com Deus, esse lugar das livres opções deve ser também o lugar da livre união com Deus. Isso explica por que santa Teresa (assim como outros mestres espirituais) via a entrega à vontade de Deus como o mais essencial na união: a entrega de nossa vontade é o que Deus nos pede a todos e todos podemos realizar. Ela é a medida de nossa santidade, e, ao mesmo tempo, a condição para a união mística que não está em nosso poder, mas que é livre presente de Deus. Mas daqui resulta também a possibilidade de viver desde o centro da alma e de realizar-se a si mesmo e a própria vida, sem ser agraciados com graças místicas.

Ainda a santa, como algo que ultrapassa sua competência, trata de explicar o fato de que ela acredita ver com plena clareza: que *espírito* e *alma* são uma só coisa, e, no entanto, se distinguem entre si. Por nossa parte, tentamos resolver esse enigma distinguindo, por um lado, a diferença de *conteúdo* entre *espírito e matéria* (que preenche o espaço), considerados como diferentes categorias do ser (onde a alma pertence ao lado do espírito, mas quanto à configuração espiritual, que à maneira das formas materiais entremeiam o espírito e a matéria); e, por outro lado, *a formal diferença do ser* entre *corpo, alma e espírito*: a alma é o oculto e informe, e o espírito é o livre que flui de dentro, a vida que se manifesta.[141]

Em correspondência com essas diferenças encontramos na *alma humana* diversos modos de ser: como forma do corpo, a alma toma forma em uma matéria que lhe é estranha e com isso sofre o obscurecimento e o agravo que consigo traz a vinculação à matéria pesada (a matéria no estado

---

[141] *Ibid.*, p. 234 e seg. e 261 e seg.; p. 386 e seg.

de queda).[142] Mas a alma, ao mesmo tempo, se realiza e se manifesta como ser pessoal-espiritual enquanto flui em vida livre e consciente e se eleva ao reino luminoso do espírito, sem que cesse de ser fonte secreta da vida. Essa fonte secreta é uma realidade espiritual, no sentido da distinção entre matéria e espírito, e, quanto mais profundamente a alma se submerge no espírito e mais firmemente se instala em seu centro, tanto mais livremente pode elevar-se sobre si mesma e liberar-se das ataduras materiais: até romper os laços que unem a alma e o corpo terreno – como acontece na morte, e, em certo sentido também no êxtase – e até a transformação da "alma vivente" no "espírito que dá a vida", que é capaz a partir de si mesmo de formar um "corpo espiritual".

---

[142] *Ibid.*, p. 202 e seg.

Apêndice II

A Filosofia Existencial[1]
de Martin Heidegger

Ser e Tempo

Não é possível dar ideia em poucas páginas da riqueza e da força das investigações, com frequência verdadeiramente iluminadoras, que estão contidas na grande imagem de Heidegger *Ser e Tempo*. Nos últimos dez anos, talvez nenhum outro livro tenha influído tanto como esse no pensamento filosófico atual,[2] ainda que, muitas vezes, tenhamos a impressão de que só se receberam as *palavras* de novo cunho, sem que se tenha reconhecido seu sentido radical e sua incompatibilidade com o restante do equipamento conceitual que se emprega, ao mesmo tempo despreocupadamente.[3]

---

[1] Em cada uma das duas coleções alemãs (ESW, VI, e ESGA 11/12) dá-se um título diferente (*"Existentialphilosophie"*: ESW e *"Existenzphilosophie"*: ESGA). Em relação ao título da última edição (ESGA) resulta algo estranho que sem nenhuma explicação dê essa leitura, pois o texto base de sua publicação são as provas de imprensa (com correções de Edith, e, portanto, texto original), e nessa impressão aparece claramente *"Existentialphilosophie"*. Edith, em seu manuscrito autógrafo, havia posto *"Existenzphilosophie"*, que é expressão mais usual; no entanto, também existe a outra expressão. Não sabemos a razão da mudança, se se deve a ela ou ao copista; o certo é que ela não corrigiu o texto impresso.

[2] Maximilian Beck (*Philosophische Hefte* 1, Berlin, 1928, p. 2) diz que nele "estão pensados até o final, da forma mais consequente, todos os problemas vivos da filosofia atual".

[3] Georg Feuerer, *Odnung zum Ewigen*, Regensburg, 1935, está determinado inteiramente por pensamentos de Heidegger, mas nunca menciona seu nome, e atribui indevidamente às suas expressões um sentido que dá a impressão de que tudo se pode pôr em consonância sem mais com as verdades cristãs fundamentais.

574 Apêndice II

Aqui só podemos tratar de reproduzir as linhas fundamentais, para, depois, tomar postura na medida em que isso seja possível.

A. Reprodução da Linha Argumentativa

O objetivo da obra é "explicar de novo a pergunta pelo sentido do ser".[4] A fixação desse objetivo se fundamenta, por um lado, com a *prioridade objetivo-científica* da pergunta pelo ser: "toda ontologia... permanece no fundo, cega e transtorna seu propósito mais próprio se não esclareceu antes o sentido do ser suficientemente e não concebeu esse esclarecimento como sua tarefa fundamental"[5] e, por outro lado, com a afirmação de que até agora não só se logrou uma solução satisfatória, mas nem sequer se explicou adequadamente a pergunta. Os importantes inícios de Platão[6] e Aristóteles[7] não puderam chegar ao seu objetivo, segundo Heidegger, porque toda a ontologia antiga viu *uma determinada forma de ser – o ser do que há – como o ser por antonomásia*. Em consequência, sempre se pressupôs o ser como o mais geral e óbvio, já não capaz nem necessitado de definição. Quanto ao restante, acrescenta Heidegger, todos se ativeram à ontologia antiga, e, por certo, não só durante toda a Idade Média, mas também nas tentativas mais influentes da Modernidade: Descartes e Kant.

Heidegger considera que, para obter resposta à pergunta pelo sentido do ser, deve-se perguntar ao ente, e não a um ente qualquer, mas ao ente *a cujo ser pertence perguntar pelo sentido do ser e certa compreensão provisória ("pré-ontológica") do ser*. Esse ente "que somos cada um de nós" recebe a denominação "*Dasein*",[8] "porque a determinação da essência desse ente não pode efetuar-se mediante a indicação de um *quid* dotado de conteúdo, mas sua essência reside, antes, em que cada um tem que ser seu ser como seu próprio ser".[9] Porque sua compreensão do ser se estende não só a seu próprio ser (ao qual se denomina *existência*), mas também ao ente que não é como o *Dasein*, "deve-se buscar a *ontologia fundamental*, da

---

[4] *Sein und Zeit*, [Halle a. d. S., 1927], prefácio, p. 1.
[5] *Id.*, Introdução, p. 11.
[6] Platão (428/427-347 a.C.).
[7] Aristóteles (384-321 a.C.).
[8] *Id.*, p. 17.
[9] *Id.*, p. 12.

qual hão de surgir todas as demais, na *analítica existencial do Dasein*".[10] Por isso, a primeira parte da obra se dedica à interpretação do *Dasein*: a primeira seção contém uma análise preparatória do *Dasein*; a segunda se propõe a mostrar como "sentido do ente ao qual denominamos *Dasein*... a *temporalidade*".[11] E porque ao ser desse ente pertence a compreensão do ser, é necessário "trazer à luz e conceber genuinamente"[12] o "*tempo como horizonte da compreensão do ser desde a temporalidade em qualidade de ser do Dasein que compreende o ser*".[13] Em uma terceira seção, se deveria tratar "tempo e ser", concretamente no sentido de que não só procede compreender o *Dasein* como temporal, mas que o *ser* como tal se deve "conceber a partir do tempo".[14] Parece que essa seção foi elaborada junto com as duas precedentes (remete-se com frequência a ela, indicando os parágrafos), mas não foi publicada. Igualmente, toda a segunda parte – uma "destruição da história da ontologia" (Kant – Descartes – Aristóteles) exigida como necessária fazendo referência à historicidade do *Dasein* e de sua compreensão do ser – só foi anunciada.[15]

1. *A Análise Preparatória do Dasein*

A *investigação preparatória* designa como pertencente ao ser *do Dasein* que seja *sempre e em cada caso meu* (ou seja, absolutamente irrepetível, não geral); que *as tenha consigo mesmo* e que esse seu ser ou sua *existência* seja *sua essência*. O pertencente à constituição desse ser se designa como "*existencial*". Os existenciais correspondem às categorias do "que há". Mas o *Dasein* não é algo que tenha, não é um "*que*", mas um "*quem*". Não "tem"

---

[10] *Id.*, p. 13.

[11] *Id.*, p. 17.

[12] Os editores alemães (ESW, VI, p. 70; e ESGA 11/12, p. 446), baseando-se nas primeiras provas de imprensa ou galeradas (p. 155), que foram revisadas e corrigidas por Edith puseram "*gemein*" ("comumente") em vez de "*genuin*" do texto de Heidegger; a Edith escapou esse erro da mecanografia ou da imprensa; no entanto, no texto autógrafo de Edith, aparece clara e corretamente "*genuin*" (p. 5).

[13] *Id.*, p. 17.

[14] *Id.*, p. 18.

[15] Cf. *id.*, p. 39 e seg. A obra posterior de Heidegger, *Kant und das Problem der Metaphysik*, Bonn, 1929, surgiu, como ele diz, "no contexto de uma primeira elaboração da segunda parte de *Ser e Tempo*". Dado que aí "se renunciou a uma interpretação progressiva da *Crítica da razão pura*", o livro sobre Kant aspirava a "proporcionar um complemento preparatório" (livro sobre Kant, p. VII).

possibilidades em qualidade de "propriedades", mas "é" suas possibilidades. Seu *autêntico ser* é seu ser *próprio de si mesmo*. As expressões "eu", "sujeito", "alma", "pessoa", assim como "homem" e "vida", se evitam porque ou significam uma coisificação do *Dasein* – designa-se como o erro da ontologia antiga e da dogmática cristã que colocaram o *Dasein* sob as categorias do que há – ou, então, não deixam claro a que se referem com um ser não côisico.

O *Dasein* se contempla de início como é *quotidianamente*. Pertence essencialmente a ele o *"ser-no-mundo"*, no qual se destacam várias coisas distintas: o "no mundo", o "quem" que é no mundo e o "ser-em". Por "mundo" não se deve compreender aí o todo dos objetos que há, tampouco determinado território do ente (por exemplo, a "natureza"); é precisamente *aquilo em que um Dasein vive*, e não se deve compreender a partir de nenhum outro lugar senão a partir do *Dasein*. O "ser-em" não tem *nada* a ver com *espacialidade*. É um existencial, algo pertencente ao modo de ser do *Dasein* como tal, independentemente da corporalidade espacial do corpo vivo. O "ser-no-mundo" está caracterizado como *"preocupar-se com algo ou por algo"* (nos múltiplos significados de "ocupar-se com algo", "realizar algo", "fazer-se com algo", "temer-se algo"). Também o conhecer é um tipo de preocupar-se. Falseia seu caráter originário se se interpreta como uma relação entre coisas que haja ("sujeito" e "objeto"). É um modo do ser-em, e não, por certo, o fundamental, mas uma *variação do ser em originário*. O originário é um *tratar* com as coisas, mas não vendo-as meramente como "algo que há", mas como "material" que cabe usar para algo (materiais, ferramentas, objetos de uso): como algo *"que está à mão"*. Tudo é compreendido como algo *"a fim de..."*; a vista que descobre esse a fim de é a *circunspecção*. Por outro lado, o comportamento teórico é um mero olhar no circunspecto. No tratar sem fricções com as coisas "que estão à mão", estas permanecem sem chamar a atenção, em um segundo plano, sem resistir-se. Só quando algo se revela como inutilizável, chama a atenção e passa ao primeiro plano como contraposto ao que se usa e não está "à mão". O inutilizável que passa ao primeiro plano desvela seu *ser algo que há*. Sua falta ou seu ser inutilizável se converte em uma *remissão* que conduz do individual ao *todo como material* e ao *mundo*. O preocupar-se acontece desde o princípio sobre a base de uma familiaridade com o mundo. O *Dasein* se compreende a si mesmo como ente no mundo e compreende a *significatividade* do mundo. Tudo o que há neste *é de certa maneira*, e "se deixa estar", ou seja, "se dá liberdade às coisas" quando não convidam diretamente ao ataque e à reconfiguração.

A Filosofia Existencial de Martin Heidegger   577

Toda coisa material tem no todo como material seu *lugar* e uma *região* à qual pertence: "está em seu lugar" ou "anda dando voltas". Essa é a *espacialidade*, que se conta entre as próprias coisas materiais; não se deve interpretá-la como se as coisas estivessem postas em um espaço já existente anteriormente com lugares indiferentes. Mas, graças à unidade do todo de ser de certa maneira, todos os lugares se reúnem para formar uma unidade. Também o *Dasein é espacial*. Mas sua espacialidade não significa que tenha um ponto no espaço objetivo nem um lugar como algo que está à mão. Está determinada por *"a-distanciamento"* e *"direcionamento"*. "A-distanciamento" (= supressão da distância) significa que o *Dasein* se traz o que está à mão à adequada proximidade. "Direcionamento" significa que tem direções no entorno (direita, esquerda, acima, abaixo etc.) e sai ao encontro de todo o espacial. Aí ainda não está destacado *"o espaço"* em um primeiro momento. O espaço não está "no" sujeito, nem o mundo está "nele" como algo que houvesse previamente. O espaço pertence ao mundo como algo que o coedifica. Em uma disposição do *Dasein* na qual renunciou à atitude originária do "preocupar-se" e ainda "contempla", o espaço pode ser destacado por si mesmo e ser visto como "espaço homogêneo puro".

O *quem* do *Dasein* não é uma substância que haja, mas uma *forma de existência*. "... A substância do homem não é o espírito como síntese de alma e corpo, mas a *existência*."[16] Ao *Dasein* pertence um *coexistir* com outros entes que também têm a forma de *Dasein*. Não é um encontrar-se com que há outros sujeitos que estão aí, mas um ser uns com outros que está pressuposto para um conhecer-se e compreender-se (empatia). À compreensão do ser do *Dasein* pertence o compreender outros. "Esse compreender é, como todo compreender, não uma novidade procedente de conhecer, mas um modo de ser existencial originário que torna possíveis conhecer e conhecimento."[17] Assim, o *Dasein* é de antemão *coexistir no mundo*. Seu sujeito – e o sujeito do *Dasein* quotidiano como tal – não é o si mesmo próprio, mas um *se*:[18] não é uma soma de sujeitos, tampouco gênero ou espécie, mas – assim como o *si mesmo* autêntico que é encoberto em um primeiro momento pelo se – um *existencial essencial*.

---

[16] *Sein und Zeit*, p. 117.
[17] *Id.*, p. 123.
[18] Aqui, e sempre que vai substantivado, "se" deve entender-se em sentido impessoal, pois traduz o termo alemão *"man"*, e não em sentido reflexivo (*"sich"* em alemão). [N.T.]

578 Apêndice II

Depois do esclarecimento do *"mundo"* e do *"quem"*, pode-se captar agora ainda melhor o *ser-em*. *Dasein* significa ser-*aí*, e isso corresponde, por um lado, a ser um aqui em relação a um aí: abertura para um mundo espacial. E mais: abertura "para ele mesmo". Essa abertura se utiliza como sentido da "doutrina do *lumen naturale* no homem": essa doutrina "não faz referência a outra coisa senão à estrutura existencial-ontológica desse ente que assegura em que ele é do modo consistente em ser seu aí. Que o *Dasein* está 'iluminado' significa que está esclarecido nele mesmo *como* ser no mundo, não por outro ente, mas de modo tal que ele mesmo *é* o claro".[19] A abertura não repousa em percepção reflexiva, mas é um existencial, algo pertencente ao *Dasein* como tal. Disposição afetiva e compreensão são co-originários no *Dasein. Disposição afetiva designa um estado interior do estado de ânimo.* O *Dasein* está sempre em algum "estado de ânimo" que não vem "de fora" nem "de dentro", mas é um modo do ser no mundo e torna patente seu *"estar lançado"*. O *Dasein* encontra-se sendo no mundo e com tal disposição afetiva. "O puro 'que ele é' se mostra, o de onde e até onde permanecem na obscuridade."[20] "Encontra-se": isso não significa senão que está aberto para si mesmo. Essa abertura é um dos sentidos do compreender. Por cima dele se acha um "entender de...", ou seja, uma possibilidade ou um poder fazer que lhe resulta transparente como pertencente a seu ser. "*Dasein* não é um ser do que há que como dom acrescentado possua, além disso, poder algo, mas é primariamente seu ser possível."[21] O compreender existencial é aquilo do que se derivam tanto o pensamento como a intuição. Compreendendo as próprias possibilidades, chega o compreender as possibilidades intramundanas que têm importância para o *Dasein*: este *projeta* constantemente seu ser sobre possibilidades. *Nesse* projetar *é* já desde o princípio aquilo que ainda não é, e, por certo, em virtude de seu ser que compreende.

O compreender pode desdobrar-se até converter-se em um *interpretar*, ou seja, um compreender *algo como algo*. Disso ainda não faz parte necessariamente a expressão linguística. Está pressuposto sempre um compreender breve, concretamente um compreender a partir de uma totalidade de significado; aí reside um *pro-pôr-se*, uma *pré-visão* e um *adiantar-se* em determinada direção.

---

[19] *Id.*, p. 133.
[20] *Id.*, p. 134.
[21] *Id.*, p. 143.

O ser que se abre a um *Dasein* tem um *sentido*. Está compreendido no próprio ente; o sentido não é "em si", mas é uma determinação existencial. Só o *Dasein* pode *ter sentido* ou ser um *sem sentido*. O que não é como o *Dasein* é *carente de sentido*, e ele só pode ser um *contrassenso*. O sentido está articulado na interpretação, e no compreender está aberto já como articulável. Ao separar de seu contexto algo que está à mão e lhe atribuir em si mesmo uma propriedade, a interpretação toma a forma de um *enunciado*. Este significa três coisas:

1. *demonstração* de um ente ou de algo do ente;
2. *determinação* do ente (predicação);
3. *comunicação* como deixar ver com.

Fundados no compreender, pertencentes ao ser do *Dasein* – à sua abertura e ao seu coestar – são a *fala* e o *ouvir*. O todo de significação compreendido é expresso em sua articulação pela fala. O falado para fora é a *linguagem* (a fala é sua base existencial). Aquilo *sobre o que* se fala é o ente.

No *Dasein* quotidiano do se, a fala degenerou em *verborreia*. Aqui já não há uma compreensão objetiva originária, mas, tanto no falar quanto no ouvir, uma compreensão verbal intervém. Não se compreende o ente, mas o falado como tal.

Apropriação originária do ente é a *visão*: na forma do compreender originário circunspecto-preocupado, do conhecer ou do deter-se meditativo. O ver curioso guarda com a visão a mesma relação que a verborreia com a fala. *Curiosidade* é a avidez de ver só por ver, não para comprender, sem se deter, sem permanência, e conduz à distração. A verborreia e a curiosidade guardam uma estreita relação: a verborreia determina o que se tem que ter lido e visto. A isso se acrescenta como terceiro caráter distintivo do decaimento a *ambiguidade*: já não se sabe o que está comprendido originariamente e o que de forma meramente imprópria. *Decair* é um modo de ser em que o *Dasein* não é o mesmo, nem está no assunto nem com os demais, mas se limita a acreditar perceber. "Esse *não ser* tem que ser concebido como o seguinte modo do *Dasein* em que este costuma permanecer. Por isso, não se deve conceber a condição de decaído do *Dasein* como "queda" a partir de um 'estado originário' mais puro e mais alto."[22]

---

[22] *Id.*, p. 176.

580 Apêndice II

A investigação realizada até agora mostrou com determinação a *existencialidade* e a *facticidade* como a constituição ontológica do *Dasein*. Existencialidade designa nesse contexto a peculiaridade do *Dasein* consistente em que pertence a seu ser um comportar-se para ele mesmo, em que "é levado diante dele mesmo e aberto para ele em seu *estar lançado*", enquanto facticidade designa o estar lançado como "o modo de ser de um ente que em cada caso *é* sua própria possibilidade, *de tal modo* que se compreende nelas e a partir delas (sobre as quais se projeta)". "O si mesmo é de saída e na maior parte dos casos, impropriamente, o si mesmo do se... De conformidade com isso, *a quotidianidade média do Dasein pode ser determinada como o ser no mundo decadente-aberto, lançado-projetante, para o que do que se trata em seu ser no mundo e no ser-com com outros é do mais próprio poder ser mesmo.*"[23] Vai-se agora tratar de apreender em sua *totalidade* a constituição ontológica assim exposta, de mostrar em sua mais íntima relação os traços individuais designados com os termos "existencialidade" e "facticidade". Para isso buscar-se-á o *estado básico em que se encontra* o *Dasein* em que essa relação possa fazer-se patente. Teria que ser "um estado compreendedor em que se encontra o *Dasein*", "em que este estivesse aberto para si mesmo de modo destacado".[24] Vai-se mostrar que a *angústia* cumpre essas condições. Enquanto o temor sempre está dirigido a algo ameaçador do mundo, a angústia nem sempre é medo de algo intramundano, mas do próprio ser no mundo. E mais, a angústia é o primeiro que torna visível o "mundo" como tal. É angústia diante do estar só no mundo (como "*solus ipse*"), ou seja, diante de um ser autêntico de que o *Dasein*, em seu decair, foge do mundo e do se. Precisamente a partir desse afastamento, cabe distinguir a angústia olhando para trás. Aquilo *por* que o *Dasein* se angustia é seu poder ser no mundo. O decair é um afastar-se das próprias possibilidades livres de ser para o ser no mundo e para o si mesmo do ser. Nas possibilidades, o *Dasein* "se antecipa a si mesmo" desde o princípio, e isso pertence ao estar lançado; seu antecipar-se se designa com o termo "preocupação" e é a base para todo preocupar-se com algo, por algo ou alguém, para todo desejar e querer, para toda tendência e impulso.

Segundo Heidegger, seria uma inversão da ordem do ser pretender conceber o ser do *Dasein* a partir da *realidade* e da *substancialidade*. Segundo

---

[23] *Id.*, p. 181.
[24] *Id.*, p. 182.

seu modo de ver as coisas, a tradição não entende por realidade outra coisa senão "o ser do ente (*res*) que há dentro do mundo...";[25] em uma consideração mais ampla, pode-se dizer que engloba os distintos modos de ser do ente intramundano. Dado que a compreensão do ser é algo que pertence ao *Dasein*, só há compreensão do ser quando há *Dasein*. Disso se deduz que o próprio ser, ainda que não o ente, é dependente do *Dasein*. Mas como *substância do homem* se reivindica sua *existência*, entendida *como* preocupação.

Se *verdade* e ser conservam uma relação tão estreita como a tradição supôs sempre desde Parmênides, também deve ser possível obter da análise do *Dasein* o sentido originário da verdade. A definição habitual da verdade como *adaequatio rei et intellectus*[26] não é capaz de mostrar igualdade ou semelhança alguma entre sujeito e objeto, ou entre conteúdo judicativo ideal e coisa, que justificasse falar de uma coincidência. O *enunciado mostra algo do objeto*: é objeto que se percebe ou do que se percebe algo e o objeto do que se enuncia algo são *o mesmo*. Verdade significa o mesmo que *ser verdadeiro*, e isso significa *ser descobridor* (ἀλήθεια – desocultamento). Assim, pois, compete originariamente ao *Dasein*. Só derivadamente cabe designar como verdade o *estar descoberto* do ente intramundano. A ambos subjaz o *estar aberto do Dasein: este é na verdade*. Mas, ao mesmo tempo, é – em seu decaimento – na falsidade, ou seja, está encoberto pela verborreia, pela curiosidade e pela ambiguidade.

O *enunciado* é de saída *mostrar* no ente, um mostrar que se origina a partir do compreender e interpretar. Mas, além de ter sido enunciado, se converte em algo que está à mão e em algo que há, e, como tal, é posto em relação com o que está à mão e com o que há sobre os que enuncia: assim se chega à coincidência entre conhecimento (= juízo) e ente (= *res*). A partir daí, cabe compreender a variante de que toda verdade tem que ser arrancada primeiro do ente, de que o estar descoberto – na qualidade de algo não habitual – exige confirmação frente ao estar encoberto. Assim, pois, *a verdade judicativa não é a mais originária*, mas é muito derivada. Em seu sentido originário, a verdade é um existencial. Por isso, *só há verdade na*

---

[25] *Id.*, p. 209.
[26] Segundo a denominada teoria da correspondência ou da adequação, os enunciados são verdadeiros quando coincidem ou se correspondem com os fatos do mundo. Nesse sentido, a verdade é a "coincidência de coisa e intelecto", "*Veritas intellectus est adaequatio intellectus et rei, secundum quod intellectus dicit esse quod est, vel non esse quod non est*" (Tomás de Aquino, *Contra Gentiles* I, 59; *De veritate* 11, 2).

medida em que há Dasein. Só poderia haver *verdades eternas* se houvesse *Dasein eterno*, e só se este estivesse demonstrado o estariam aquelas. Por outro lado, deve haver verdade, porquanto pertence ao *Dasein* irrevogavelmente. Temos que "pressupô-la" ao "pressupor-nos" a nós mesmos, ou seja, ao nos encontrarmos desde o princípio como lançados ao *Dasein*.

2. *Dasein e temporalidade*

A investigação preparatória do *Dasein* está terminada. Aspira a servir para abrir o *sentido de ser*. A fim de ser suficiente para isso, teria que haver captado o *Dasein em sua totalidade e autenticidade*. Retrospectivamente, propõe-se a pergunta de se com a determinação da existência do *Dasein* como preocupação já se logrou isso. Constata-se que ainda faltam coisas essenciais. Se do que se trata para o *Dasein* é de seu poder ser, é patente que a ele pertence que em cada caso ainda não é algo. Para que pudesse ser captado como todo, também teria que estar captado seu final, a *morte*, o que só é possível no ser para a morte. A fim de mostrar além da autenticidade do *Dasein*, deveria mostrar como esta se gera a si mesma, e isso acontece na *consciência*.[27] Só quando a autenticidade mostra o autêntico poder ser um todo do *Dasein* está garantida a analítica do ser originário do *Dasein*, e isso só é possível se se leva em conta a *temporalidade* e a *historicidade* do *Dasein*. Morte, consciência, temporalidade e historicidade do *Dasein* são, assim, pois, os objetos das seguintes investigações.

A autenticidade da *preocupação* como ser do *Dasein*, em que se antecipa a si mesmo e conforme a qual sempre *falta* ainda algo de seu ser, parece excluir um compreender o *Dasein* em sua totalidade. Deve-se mostrar, assim, pois, que a *morte é captável* e que, portanto, é *captável o Dasein como um todo*.

A experiência da morte de outros não é um autêntico experimentar a morte. Experimentamos seu já não ser no mundo, uma passagem do *Dasein* para algo que se aproxima do mero ser do que há, mas que não coincide com ele, pois não fica uma mera coisa corporal, tampouco algo meramente carente de vida, mas é possível também a partir de nós *ser-com* e preocupação pelo "defunto". E o cessar é só um cessar para nós; o moribundo não o

---

[27] Aqui e em continuação, "consciência" traduz "*Gewissen*", ou seja, consciência em sentido moral, não em sentido gnoseológico ou psicológico. [N.T.]

A Filosofia Existencial de Martin Heidegger   583

capta, *não experimentamos o morrer do outro*. Enquanto no ser-no-mundo é possível em boa medida representar a outros no sentido do preocupar-se, *ninguém pode morrer por outro*. *Como terminar do Dasein*, o próprio morrer é um *existencial*, e, se é que é experimentável, só pode sê-lo *como meu morrer*, e não a partir de outros.

O "faltar", que pertence ao ser do *Dasein* cessa com a morte, não é o faltar de algo que ainda não está à mão e que se acrescentará a algo já disponível de seu mesmo tipo (como uma dívida ainda por pagar). Não é a falta de maturação do fruto que se completa no amadurecer, e não é como o não estar terminado do caminho, que não está inteiro até que chega à meta. O terminar que reside no morrer não é tampouco um desaparecer (como o cessar da chuva). Não cabe concebê-lo a partir de nenhum outro lugar senão a partir do ser do próprio *Dasein*; ou seja, a partir da preocupação. O *morrer* não se pode equiparar nem ao destruir de algo só vivo nem ao "deixar de viver" como passagem da vida ao estar morto, mas é o *modo de ser* em que o *Dasein é* para a morte.[28]

"A interpretação existencial da morte precede toda a biologia e ontologia da vida. Mas essa interpretação é também a que funda todas as investigações biográfico-históricas e etnológico-psicológicas da morte... Por outro lado, a análise ontológica do ser para o final não prejulga nenhuma tomada de posição existencial para a morte. Quando se determina a morte como 'final' do *Dasein*, ou seja, do ser-no-mundo, com isso não se tomou nenhuma decisão ôntica acerca de se 'depois da morte' é possível ainda um ser distinto, mais alto ou mais baixo, sobre se o *Dasein* 'sobrevive' ou, inclusive, 'sobrevivendo', é 'imortal'. Sobre o 'mais além' e sua possibilidade se decide onticamente tão pouco como sobre o mais aquém... A análise da morte permanece meramente no 'mais aquém' na medida em que interpreta o fenômeno somente no sentido de que como possibilidade de ser do respectivo *Dasein está dentro deste*. Só quando a morte está concebida em sua essência ontológica plena tem sentido e justificação *perguntar* de forma metodologicamente segura *o que há depois da morte*."[29] O *ser-para-a-morte* está prefigurado na preocupação como antecipar-se a si mesmo. Pertence ao *Dasein* assim como originariamente o estar-lançado e tem sua manifestação mais clara na *angústia*, mas, na maior parte das ocasiões, está encoberto,

---

[28] *Id.*, p. 247.
[29] *Id.*, p. 247 e seg.

porque o *Dasein* está em fuga, no modo do decair no que há. O que *nos espera* é o *poder não existir*, o mais próprio poder ser desligado de todas as referências, mas não nos espera como algo que nos sai ao encontro a partir de fora, mas como poder ser próprio. A verborreia cotidiana do "se" faz disso um acontecimento que sai ao encontro do "se", diante do que, assim, pois, o si mesmo próprio pode sentir-se seguro em cada caso. Imprime na angústia o selo do temor do acontecimento ameaçador, e, portanto, o selo de algo a que não está permitido entregar-se; não deixa que surja a valentia de ter angústia diante da morte e encobre para o *Dasein* esse seu mais próprio e carente de referências poder ser. Ao atribuir à morte uma certeza meramente empírica (como fato geral de experiência), o "se" se encobre sua *certeza autêntica*, que pertence ao estar aberto do *Dasein*: a peculiar certeza de que *a morte é possível em qualquer momento*, por mais que esteja indeterminada no tempo. Com essa certeza *já está dada* uma espécie de totalidade do *Dasein*.

O *ser autêntico* para a morte não é um preocupado querer tornar disponível, não é um esperar a realização; mas, tem ante seus olhos o poder não ser como possibilidade pura para o que se *adianta* como para sua possibilidade *mais própria* que *ele mesmo* tem que assumir *desligado* de todas as referências, que por isso lhe desvela seu *ser autêntico* e, ao mesmo tempo, a inautenticidade do ser meio e o autêntico poder ser dos demais. Do estado da *angústia* em que se encontra surge para ele, ameaçadora, essa possibilidade. Pois bem, para a totalidade do ser para a morte, essa possibilidade tem significação, "porque o adiantar-se para a possibilidade não adiantável abre todas as possibilidades que lhe estão antepostas à sua totalidade"; por isso "reside nele a possibilidade de uma antecipação existencial do *inteiro Dasein*".[30]

O autêntico poder ser inteiro do *Dasein* que se anuncia no adiantar-se para a morte necessita de uma *atestação da autenticidade possível de seu ser* a partir do próprio *Dasein*. Tem-na na consciência. O *Dasein* tem que ser chamado a si mesmo a partir de seu estar perdido no "se". A voz da consciência tem o caráter de um *apelo*. O *apelo* é o próprio *Dasein*, saltando por cima do se, e isso *silenciosamente*. O *que apela* é também o *Dasein*, mas o apelo não é executado "por" mim, mas "vem sobre mim": o *Dasein* em sua angústia por seu próprio poder ser como preocupação é o

---

[30] *Id.*, p. 264.

A Filosofia Existencial de Martin Heidegger 585

que apela. O si mesmo é para o *Dasein* perdido no se mais alheio, e daí o *caráter de alheio* do apelo. "O apelo do si mesmo... não empurra para ele mesmo a um interior para que se feche ao 'mundo exterior'."[31] "O apelo remete ao *Dasein para diante de* seu poder ser." É o "apelo-para-trás-apelando-para-frente".[32] Não fala de coisas que se dão e não dá nada de que falar. Quando fala de *culpa*, esse ser culpável significa um existencial: *ser fundamento de um ser*. (Isso é fundamental para todo ter culpa e ter dívidas.) O *Dasein* como lançado à existência (ou seja, um ser como projeto) é fundamento de seu ser: está posto em mãos do ser como fundamento do poder ser. Porque nunca chega à altura de suas possibilidades, porque ao ser em *uma* não é as outras, sempre é essencialmente fundamento do não ser, e por isso sempre *culpável* (em um sentido que não está orientado para o mal, mas que está pressuposto para o bem e o mal). A correta compreensão da chamada da consciência é o *querer ter consciência*, querer atuar a partir do *poder ser livremente eleito*, e por isso *ser responsável*. "Mas todo atuar, faticamente e de forma necessária, 'não tem consciência', não só porque não evita contrair uma culpa moral fática, mas porque sobre o nulo fundamento de seu nulo projetar já se fez culpável diante dos outros em cada caso no *ser-com* com outros. O querer ter consciência se converte assim na assunção do essencial não ter consciência, só dentro do qual se dá a possibilidade existencial de ser 'bom'."[33] "A consciência se torna patente... como uma atestação pertencente ao ser do *Dasein*, na qual chama a esse mesmo diante de seu mais próprio poder ser." Quando a interpretação habitual da consciência como "boa" ou "má" faz imputar fatos para trás, ou adverte de fatos individuais para diante, incorre em uma má interpretação da chamada a partir da atitude quotidiana-preocupada diante do que há e o que está à mão, uma atitude essa que foge do ser autêntico. A *correta compreensão* da chamada da consciência é um *modo do Dasein* e concretamente de *sua abertura*. O correspondente estado em que alguém se encontra é o *desassossego*, a correspondente fala, o *silêncio* com o que o *Dasein* toma sobre si seu poder ser. O todo pode ser designado como "*resolução*", e isso significa um "modo destacado da abertura",[34] que significa o mesmo que a *verdade*

---

[31] *Id.*, p. 273.
[32] *Id.*, p. 280.
[33] *Id.*, p. 288.
[34] *Id.*, p. 297.

originária. Com isso, o *Dasein* não é desligado do ser no mundo, mas só então é *posto* propriamente *em sua situação*, só então capaz de *autêntico ser-com* e de autêntica preocupação por outros.

No ser inteiro desvelado pelo adiantar-se se mostra a *temporalidade do Dasein* pela qual estão afetadas todas as suas determinações fundamentais. "A resolução se converte propriamente no que pode ser, em qualidade de ser *compreensivo para o final*, ou seja, em qualidade de adiantar-se para a morte."[35] Estar resolvido significa estar desvelado e desvelar-se no próprio poder ser, ou seja, ser na verdade e apropriar-se o ter por verdadeiro no estar certo. Não é possível calcular de antemão a respectiva "situação", que tampouco está prefixada como algo que haja; a situação "só é aberta em um resolver-se livre, indeterminado, mas aberto à determinabilidade".[36] O ouvir a chamada da consciência significa com a retirada do *Dasein* para seu ser autêntico, ao mesmo tempo, a aceitação da mais própria possibilidade de ser da morte com a angústia e a indeterminação. Tornar visível esse ser autêntico não é fácil: é necessário ganhá-lo primeiro para a atitude encobridora quotidiana.

Com o termo "preocupação" designou-se o *todo estrutural do Dasein* (*facticidade* como estar lançado, existência como antecipar-se a si mesmo incluído o ser para o final, *decair*). A *unidade* desse todo se expressa no *si mesmo* ou *eu*: não cabe captá-lo como *res*, tampouco como *res cogitans*, não fala tampouco do eu, mas se expressa calando na preocupação, e no ser autêntico é "independente". Do sentido da preocupação, ou seja, do ser "de um ente para o que do que se trata é desse ser" faz parte que esse ente se compreende a si mesmo sendo. "O sentido do ser do *Dasein* não é algo distinto que se cerne livremente e fora dele mesmo, mas o próprio *Dasein* que se compreende."[37] O compreender-se é compreender o próprio poder ser, e isso é possível porque em seu ser o *Dasein advém a si mesmo*. Ao mesmo tempo, é *o que ele foi* e é *em algo presente*: futuro, sideidade (passado) e presenteidade são seu *fora de si* ou os *êxtases* de sua *temporalidade*. O *futuro* é o *primário*. *Dasein*, futuro, temporalidade se dão como *finitos*. O que significa frente a esse tempo originário o tempo sem fim está ainda por mostrar.

---

[35] *Id.*, p. 305.
[36] *Id.*, p. 307.
[37] *Id.*, p. 321.

Se o ser do *Dasein* é essencialmente temporal, deve ser possível mostrar a temporalidade em tudo o que pertence à sua constituição ontológica. O *compreender* como projetar está propriamente dirigido ao *futuro* para o qual se adianta. Por outro lado, o *compreender quotidiano* como preocupar-se só tem propriamente futuro na medida em que *está à espera daquilo com o que se preocupa*. O *instante* é o *presente autêntico* no qual o si mesmo se recolhe e na *resolução* abre sua situação. O compreender autêntico acolhe em si o *ter sido*, enquanto o preocupar-se vive no *esquecimento* do sido. A temporalidade do compreender inautêntico, no qual está fechado o si mesmo, é, por conseguinte, um estar à espera esquecendo-presencializando.

O *estado em que alguém se encontra* que desvela o *estar lançado* e pertence a todo compreender se funda *primariamente* no *ter sido*, ainda que esteja dirigido a algo vindouro: por exemplo, a angústia de modo autêntico, o temor de modo inautêntico como fuga diante do ter sido e a partir do presente perdido até o vindouro que sai ameaçador ao encontro. Ao ter sido que pertence ao estado da angústia em que alguém se encontra, é essencial levar o *Dasein* diante de sua "repetibilidade": a angústia "traz de volta ao puro 'que' do mais próprio e isolado *estar lançado*. Esse trazer de volta não tem o caráter do esquecimento elusivo, mas tampouco o de uma lembrança. Só que como há pouco reside já na angústia uma assunção repetidora da existência na resolução. Antes, pelo contrário, a angústia traz de volta ao estar lançado *como possível repetível*. E desse modo desvela *junto com isso* a possibilidade de um autêntico poder ser, que no repetir tem que voltar ao aí lançado".[38]

O *decair* tem sua *temporalidade* primariamente no *presente*, dado que a curiosidade trata de estar constantemente junto a algo; sua falta de permanência é a maior contraposição ao "instante" do ser autêntico.

À temporalidade pertencem sempre os três "êxtases", e estes não se devem conceber como um "estar uns junto aos outros".

"O ente que leva o título de *Dasein* está 'esclarecido',[39] e concretamente não só por meio de uma "força existente implantada", visto que "a temporalidade estática esclarece o aí originariamente".[40] Por meio dela torna-se possível a unidade de todas as estruturas existenciais. A partir

---

[38] *Id.*, p. 343.
[39] *Id.*, p. 350.
[40] *Id.*, p. 351.

588 Apêndice II

dela cabe compreender o ser no mundo, o sentido do ser do mundo e de seu transcender.

Modos do ser-no-mundo são o preocupar-se circunspecto e o compreender teórico. É característico da *temporalidade do preocupar-se circunspecto estar à espera* do para que de um todo de ser de certa maneira *presente* e, ao mesmo tempo, *retido*. O respectivo preocupar-se se inicia dentro de uma totalidade de ser de certa maneira. O originário compreender dessa totalidade se chama *circunvisão* e recebe sua "luz" do poder ser do *Dasein*. A *reflexão* prática das referências de ser de certa maneira do que está à mão é um presenciar possibilidades. Na transição ao *conhecer teórico* há não só um cessar da práxis – a teoria exige inclusive uma práxis própria – mas um *novo ver o que já há*: fora de suas referências e de seu lugar, em um lugar indiferente. É *tematizar* para que o que há possa chegar a ser livre como descoberto e possa sair ao encontro como objeto; um *presenciar destacado* que se funda na resolução – "na abertura do aí está aberto também o mundo"[41] – e em que o *Dasein* transcende o ente tematizado.

Ao *Dasein* pertencem os três êxtases e lhe pertence o ser no mundo, que é ele mesmo temporal. O *ser do Dasein* como lançado, preocupado, presencializador, igualmente como tematizador e objetivador, *pressupõe desde o princípio um mundo* no qual pode sair ao encontro algo que está à mão ou que há. Por outro lado, *sem Dasein não há tampouco mundo algum*. "O *Dasein* é, existindo, seu mundo."[42] O "sujeito", "como *Dasein* existente cujo ser se funda na temporalidade",[43] obriga a dizer: o mundo é mais "objetivo" que todo objeto possível.

A *temporalidade* do *Dasein* não é um tempo coordenado com o espaço. Mas a *espacialidade* do *Dasein* é temporal. O *Dasein* não está em um lugar no espaço, mas ocupa espaço (e, por certo, não só o que o corpo preenche; "o *Dasein*, porque é 'espiritual', e *só por isso*, pode ser espacial de um modo que resulta essencialmente impossível[44] a uma coisa corporal extensa").[45] Está orientado no espaço e é descobridor de região, desde onde

---

[41] *Id.*, p. 365.
[42] *Id.*, p. 364.
[43] *Id.*, p. 366.
[44] Os editores alemães (ESW, VI, p. 85; e ESGA 11/12, p. 446) cometem aqui um erro, pondo *"möglich"* ("possível"), pois nas primeiras provas de imprensa ou galeradas (p. 155), que foram revisadas e corrigidas por Edith, aparece *"unmöglich"* ("impossível") (p. 165), e, assim também no texto autógrafo de Edith (p. 38).
[45] *Id.*, p. 368.

e até onde está à espera de algo e onde algo se lhe faz presente. Sua temporalidade lhe torna possível o ocupar espaço. Na presencialização aproximante que dá preferência ao decair se esquece o aí, e aparece de saída só uma *coisa no espaço*.

O *Dasein na quotidianidade* tem sua peculiar temporalidade. É o *Dasein* tal e como é "na maior parte das ocasiões e de entrada"; transcorre "ontem como hoje, e igualmente também amanhã"; além disso, inclui um constante contar com o tempo. Quotidianidade significa, assim, pois, temporalidade, mas "porque esta possibilita o *ser* do *Dasein*, a suficiente delimitação conceitual da quotidianidade só se pode lograr no marco do estudo por princípio do sentido de ser como tal e de suas possíveis variantes".[46]

Porque é necessária a compreensão do ser para abrir o sentido do ser, e porque a compreensão do ser é algo que pertence à constituição ontológica do *Dasein*, a análise do *Dasein* se efetuou como preparação para a investigação do sentido do ser. Até agora essa análise determinou *o ser do Dasein como preocupação* e com isso como *ser para a morte*. No entanto para chegar a integridade se deve incluir, além disso, o *nascimento* e o *nexo entre o nascimento e morte*. Esse nexo não se deve conceber como uma sucessão de momentos-agora no tempo tais que cada um deles seja o único real. Com os três êxtases que são constantemente iguais aos reais, a temporalidade do *Dasein* mostra que ele não se inscreve primariamente no tempo: seu ser é estender-se, ao que copertencem sempre o nascimento e a morte e é *acontecer*. Esse acontecer que se segue pela temporalidade do *Dasein* é condição prévia da historiologia (= ciência da história). *Historicidade e ser no tempo se seguem ambos pela temporalidade originária*; por isso é secundária também a história no tempo.

No uso habitual da linguagem, "histórico" tem um quádruplo sentido; significa: 1) o que *aconteceu* (ou, então, o que agora já não é eficaz ou, então, o que ainda é eficaz); 2) aquilo de que algo *procede*; 3) *o todo do ente no tempo*, especialmente 4) *o ser do homem* ("espírito", "cultura"). Os quatro significados se reúnem na determinação: "História é o acontecer específico, que se dá no tempo, do *Dasein* existente, de tal modo que o acontecer que no ser uns com os outros 'aconteceu', e, ao mesmo tempo, foi 'transmitido' e continua atuando, está considerado em sentido enfático

---

[46] *Id.*, p. 372.

como história."[47] Mas *primariamente histórico* é o *Dasein* que não "aconteceu" (= que já não há), dado que nunca "houve"; *secundariamente* todo o *intramundano* de um *Dasein* sido (denomina-se o "histórico mundano"): por exemplo, o material que ainda há quando o mundo em que estava à mão já não existe.

O *Dasein existe em possibilidades recebidas da tradição* às quais está *lançado*, mas que ele toma *livremente* sobre si na *resolução* como *seu destino*. Com "destino" "designamos o acontecer originário do *Dasein* que reside na resolução autêntica, um acontecer em que se *entrega* livremente para a morte dele mesmo em uma possibilidade herdada e, no entanto, eleita".[48] "O destino, como superioridade de poder, impotente e que se oferece às contrariedades, do calado e disposto à angústia projetar-se a si mesmo para o próprio ser culpável, exige como condição ontológica de sua possibilidade a preocupação, ou seja, a temporalidade."[49]

"*Só o ente que é essencialmente futuro em seu ser, de tal modo que, livre para sua morte, se pode deixar lançar para trás livremente sobre seu aí fático destruindo-se ao chocar com ela, ou seja, só o ente que como futuro é tendo sido igual originariamente, pode, entregando-se a si mesmo a possibilidade herdada, assumir o próprio estar lançado e ser instantaneamente para 'seu tempo'. Só temporalidade autêntica que, ao mesmo tempo, seja finita torna possível algo assim como destino, ou seja, historicidade autêntica.*"[50]

"*Repetição é a transmissão expressa*, ou seja, o retrocesso a possibilidades do *Dasein* que foi aí."[51] Não faz voltar meramente algo real anterior. "Não se entrega ao passado nem aponta para um progresso. As duas coisas são indiferentes para a existência autêntica no instante."[52]

No *ser-com*-outros, o *Dasein* participa dos *destinos da comunidade*. Destino e destinos são ser para a morte. Portanto, *toda a história tem seu centro de gravidade no futuro*, o qual só encobre a historicidade inautêntica. O *que há intramundano* é historicamente não só na medida em que é no mundo, mas na medida em que *acontece algo com ele* (algo funda-

---

[47] *Sein und Zeit.*, p. 366.
[48] *Id.*, p. 384.
[49] *Id.*, p. 385.
[50] *Id.*, p. 385.
[51] *Id.*, p. 386.
[52] *Id.*, p. 386.

A Filosofia Existencial de Martin Heidegger 591

mentalmente distinto do acontecer natural). No *sentido inautêntico* do preocupar-se quotidiano o *Dasein* distraído reúne sua vida a partir desse acontecer individual. No *ser autêntico* da resolução vive em seu destino e na fidelidade ao próprio si mesmo.

Na historicidade essencial do *Dasein* a historiografia está fundada existencialmente. O tema desta não é o que acontece uma só vez nem algo geral que se cerne sobre isso, "mas a possibilidade que foi faticamente existente":[53] as possibilidades que repete o *Dasein* historicamente determinado ele mesmo que faz história. A tricotomia de Nietzsche, *monumental, antiquária e crítica*, é uma divisão necessária que corresponde aos três extases da temporalidade.[54]

O último capítulo quer mostrar que significação têm *temporalidade e intratemporalidade* para a *origem do conceito vulgar de tempo*. Antes de toda medição do tempo, *o Dasein conta com o tempo* (que "tem", "não tem", "perde" etc.). Encontra o tempo de entrada no que está à mão e no que há que lhe sai ao encontro intramundanamente e considera o próprio tempo como algo que há. De sua temporalidade deve derivar o *surgimento do conceito vulgar de tempo*.

O "preocupar-se" quotidiano se expressa sempre temporalmente como "então" que está à espera, "antes", que retém, "agora", que presencializa. Com isso *data* sempre um "então...", "antes, quando...", "agora que...". O *Dasein* irresoluto "perde" constantemente tempo e, por isso, nunca o "tem". O resolvido nunca perde tempo e sempre o tem. "Pois a temporalidade da resolução tem... o caráter do *instante*... A existência que é temporal desse modo tem 'constantemente' seu tempo *para* o que a situação exige dela."[55] Porque o *Dasein* existe *com outros* que compreendem o agora, então etc. do primeiro, por mais que o datem de outra forma, o tempo não se compreende como próprio, mas como *público*.

Na constituição fundamental do *Dasein* como *preocupação* está fundado necessariamente *um modo de contar o tempo*. "*O estar lançado* do *Dasein* é o fundamento de que haja tempo publicamente", o tempo "no que" há o que há e o que está à mão, o intratemporal. Porque à visão do

---

[53] *Id.*, p. 395.
[54] Em continuidade com a análise da historicidade se faz referência à sua conexão com a obra da vida de Wilhelm *Dilthey* (1833-1911), que se esforçou por fundamentar as ciências do espírito, e com as ideias do conde Yorck von Wartenburg (1835-1897).
[55] *Id.*, p. 410.

mundo à qual está lançado o *Dasein* pertence *luminosidade*, o "data" com acomodação ao dia e à noite ("é tempo de..."), calcula o tempo por dias e o *mede* atendendo à posição do sol. O tempo interpretado no preocupar-se é sempre "tempo de...", pertence à mundanidade do mundo e, por isso, se chama "tempo-mundo". É *datável, tenso e público. Ler o tempo* é sempre um dizer agora como expressão de algo que está presente. Na *medição do tempo* tem lugar uma publicação do tempo com ajuste à qual o tempo sai ao encontro em cada caso e em todo momento e para todo o mundo como "agora e agora e agora". É datado com ajuste a relações de medida espaciais, mas nem por isso se converte em espaço. Só em virtude da medição do tempo acedemos *ao* tempo e cada coisa acede a *seu* tempo. Essa medição *não é subjetiva nem objetiva*, porque torna possível mundo e ser do si mesmo. *Temporal* o é só o *Dasein*, por outro lado o que está à mão e o que há são "intratemporais".

O dito serve como base para mostrar o *surgimento do conceito vulgar de tempo*: com a abertura do mundo, o tempo está publicado e teve êxito a preocupação em consegui-lo. Ao contar *consigo* mesmo, o *Dasein* conta com tempo. Somos regidos pelo tempo mediante o uso do relógio, ao contar as posições dos ponteiros. Aí reside um presente reter o antes e um presenciar o mais tarde. O *tempo* que aí se mostra "é o *contado* que se mostra na sequência, que está à espera e é contador, do ponteiro caminhante".[56] Isso corresponde à definição *aristotélica* do *tempo* como *número do movimento*: mantém-se dentro da compreensão natural do ser, sem criar problema com ela. Quanto mais o preocupar-se se perde no material com que se preocupou em conseguir, tanto mais naturalmente conta com o tempo, sem prestar consideração ao próprio tempo, e o toma "como uma sequência de agoras que constantemente 'há' e simultaneamente passam e chegam", "como uma sucessão, como rio do agora...".[57] A esse tempo-mundo = tempo-agora falta a databilidade (= significatividade) da *temporalidade*: esta é o tempo *originário*. Porque o tempo é considerado como sequência de agoras que há, denomina-se "*imagem da eternidade*" (Platão). A tensão do tempo-mundo que se segue do estar estendida da temporalidade permanece encoberta. De que todo *agora* se capta simultaneamente como um *recém* e um *em seguida* resulta a consideração do tempo como um tempo

---

[56] *Id.*, p. 421.
[57] *Id.*, p. 422.

infinito. Isso se funda na *preocupação*, que foge da morte e afasta a vista do final. Fala-se do passar, mas não do surgir do tempo, porque não é possível ocultar-se a si mesmo a fugacidade do tempo: o *Dasein* a conhece "graças ao 'fugaz' saber de sua morte".[58]

Também na *irreversibilidade* do tempo se torna patente sua origem na temporalidade, que é primariamente futura.

Com base no *agora* compreendido vulgarmente, não cabe explicar o instante, e assim como há pouco o então e antes datável. Por outro lado, surge dele o *conceito tradicional da eternidade como um agora permanente*. Desde a *temporalidade originária a eternidade de Deus só se poderia compreender como tempo infinito*. Na conjunção de *tempo e alma* ou espírito em Aristóteles, santo Agostinho, Hegel, abre-se um acesso à *compreensão do Dasein como temporalidade*.

* * *

A análise do *Dasein* era o caminho para preparar a pergunta pelo sentido do ser. A diferença entre ser ao modo do *Dasein* e ser não ao modo do *Dasein* não foi esclarecida até agora, como há pouco o foi o fato de que a interpretação ontológica se orientou desde sempre pelo ser côisico e volta a cair uma e outra vez nele. Tudo estava encaminhado para mostrar a temporalidade como constituição fundamental do *Dasein*. A investigação termina assim com a pergunta: "Há um caminho que leve do *tempo* originário ao sentido do *ser*? Torna-se patente o próprio tempo como horizonte do ser?"[59]

B. Tomada de Postura

O objetivo de toda a obra não era outro senão expor corretamente a pergunta pelo sentido do ser. Pois bem, *é* a pergunta na qual termina precisamente a pergunta atrás da qual se ia, ou se expressa nela uma dúvida de se o caminho empreendido era o correto? Em todo caso, essa pergunta convida a lançar um olhar retrospectivo ao caminho e a examiná-lo de novo.

---

[58] *Id.*, p. 426.
[59] *Id.*, p. 438.

594   Apêndice II

Não será possível mencionar todas as dificuldades que já a breve indicação do conteúdo faz notar.[60] Para isso seria necessário um novo e volumoso livro. Vamos nos ater somente às linhas fundamentais da argumentação e a buscar uma resposta às seguintes perguntas:

1. O que é o "*Dasein*"?
2. É fiel a análise do *Dasein*?
3. É suficiente a análise do *Dasein* como base para expor adequadamente a pergunta pelo sentido do ser?

1. *O que É o Dasein?*

Não acreditamos que reste dúvida alguma de que sob o título de *Dasein* Heidegger quer captar o *ser do homem*. Também podemos dizer: "o homem", pois o *Dasein* é denominado com muita frequência um "ente", sem que ente como "algo que é" possa ser confrontado com o ser. Também se declara diretamente que a *essência* do homem é a *existência*. Isso não significa senão que se reivindica para o homem algo que segundo a *philosophia perennis* está reservado só a Deus: a coincidência de essência e ser. Contudo, não se coloca o homem claramente no lugar de Deus; por "*Dasein*" não se compreende o ser simplesmente, mas um especial modo de ser frente ao que estão outros modos de ser: o ser do que há e o ser algo que está à mão, também outra coisa mais, à qual ocasionalmente se alude de forma fugaz, mas que não se expõe com mais detalhe. O homem sim é concebido como

---

[60] Na indicação do conteúdo se ofereceu tudo com a máxima aproximação da exposição própria de Heidegger e na maior parte das ocasiões na linguagem cunhada por ele mesmo: com todas as obscuridades que lhe são inerentes. Para a discussão deve-se abandonar esse caminho, porque do contrário seria impossível chegar à clareza. Contra isso está a reparação de que "o sentido de quanto ensina Heidegger se converte em outro distinto quando se discute em uma linguagem distinta do que foi inventado *ex professo* com vistas a esse ensino" (Maximilian Beck, *Philosophische Hefte* I, p. 6). Mas se se quisesse parar diante dessa dificuldade seria preciso renunciar completamente a obter clareza sobre o sentido do livro e a assumir posição diante dele. Um exemplo do difícil que é acertar com esse sentido é o livro de Alfred Delp (1907-1945) *Tragische Existenz*, Herder, 1935, que em alguns pontos essenciais da exposição é totalmente desacertado. Assim, afirma-se (p. 53) que *Dasein* = *res*, enquanto Heidegger destacava com toda energia que *Dasein* não deve conceber-se como *res*. Na p. 54, afirma-se que o ser das coisas exteriores está inteiramente limitado ao ser próprio das coisas materiais. Parece que se passou por alto completamente que Heidegger distingue, por mais que não esclareça essa distinção, o "ser do que há" das coisas do "ser do que está à mão" do material como um modo de ser específico.

um pequeno Deus na medida em que o ser do homem se reivindica como um ser destacado em relação a qualquer outro e como o único ser do que cabe esperar esclarecimento sobre o sentido do ser. De Deus só se fala ocasionalmente em observações marginais e de forma excludente: o ser divino como algo que poderia ter algum tipo de importância para esclarecer o sentido do ser se deixa completamente de lado.

A eleição da expressão "*Dasein*" para o homem se fundamenta *positivamente* dizendo que pertence a seu ser, ser (*sein*) "aí" (*da*), ou seja, estar aberto para si mesmo e ser em um mundo em que sempre está "orientado" com referência a um "aí". A fundamentação negativa é que a definição essencial do homem tradicional e fixada dogmaticamente como "composto de substâncias, a anímica e a corporal",[61] que sempre é sugerida pelo substantivo "homem", devia ser excluída de antemão. Que o homem tem um corpo não se nega, só que aqui não é disso que se trata. Por outro lado, o modo em que se fala da "alma" apenas admite outro significado que o de que esta é uma palavra atrás da qual não há um sentido claro. Isso não se deve mal interpretar pensando que estamos aqui diante de uma concepção materialista. Ao contrário: manifesta-se com clareza que se concede prioridade ao "espírito" (por mais que esta seja uma palavra que tampouco se deveria usar).[62] Segundo parece, espera-se que a análise do *Dasein* nos dê a clareza à qual até agora não pôde chegar nenhuma "doutrina da alma".

O que fica do homem quando se prescinde de corpo e alma? Que cabe escrever ainda todo um volumoso livro sobre ele é talvez a melhor prova da separação de essência e existir no homem. Que Heidegger, afinal das contas, não se livra dessa separação, por mais que a negue, mostra o fato de que fala constantemente do "ser do *Dasein*", o qual não teria sentido se com "*Dasein*" não se fizesse referência a outra coisa senão ao ser do homem. Às vezes fala-se também de algo que pertence "essencialmente" ao *Dasein*. E, quando no "ser-no-mundo" que é apresentado como pertencente ao *Dasein* o "quem" é separado não só do "mundo", mas também do "ser-em", está-se expressando com isso que o termo "*Dasein*" se utiliza para coisas distintas que se copertencem interiormente, cada uma das quais não pode

---

[61] Dz. [H. Denzinger – C. Bannwart, *Enchiridion sumbolorum definitionum et declarationum de rebus fidei et morum*, Freiburg i. Br. 1928], 295 e 1783.
[62] Cf. o que está dito em Heidegger sobre a espacialidade do ser aí (ver A, 2, *Dasein* e Temporalidade e seg.).

ser sem a outra, mas não é o mesmo que ela. Assim, podemos dizer: "*Dasein*" designa em Heidegger ora o homem (significa então frequentemente "quem" ou "si mesmo"), ora o ser do homem (nesses casos passa a primeiro plano na maior parte das ocasiões a expressão "ser do *Dasein*"). Este ser em sua diferença de outros modos de ser é denominado "existência". Se pensamos na estrutura formal do ente que resultou de nossas investigações – "algo que é" –, ao "algo" corresponde o "quem" ou o "si mesmo", o *quid* foi expulso com alma e corpo, o "ser" se faz valer na existência. Por momentos, a análise se ocupa do si mesmo, mas preferentemente está dedicada ao ser.[63]

2. *É Fiel a Análise do Dasein?*

Em nenhum lugar se declara de modo expresso, mas provavelmente esteja permitido dar por suposto como algo óbvio que a análise realizada não eleva pretensão alguma de exaustividade. As determinações fundamentais do ser do homem – por exemplo, encontrar-se em certo estado, estar-lançado e compreender – hão de ser mantidas em uma generalidade muito indeterminada, já que não têm em conta a peculiaridade do ser corporal anímico. (O "encontrar-se em certo estado" me parece muito importante para averiguar o que é ser corporal e o que é ser anímico e como estão relacionados, mas, por outro lado, não é possível esclarecê-lo em seu sentido pleno se não se considera em seu desdobramento como ser corporal e anímico.) Pois bem, a incompletude não exclui que os resultados obtidos proporcionem genuíno conhecimento sobre o ser do homem. A colocação em relevo da constituição fundamental recém-mencionada e das variantes da mesma que vêm dadas pelos dois distintos modos do ser quotidiano e do ser autêntico merece ser considerada como magistral. Também é muito provável que se deva principalmente a ela o intenso e duradouro efeito do livro. Mas tirou-se todo partido dessa constituição fundamental diante de um esclarecimento do ser do homem que vai o mais longe possível? Não se detém a investiga-

---

[63] O próprio Heidegger não admitirá a diferença aqui expressa. Em seu livro sobre Kant trata de mostrar que o eu não é outra coisa senão o tempo originário. (Cf. o que segue, neste Apêndice, em "Kant e o Problema da Metafísica".) É equiparado também ao "eu penso". Aí se expressa que já não cabe distinguir entre o eu puro e seu ser (ou vida). Mas com isso considero que se entendeu mal o sentido mais próprio do eu, e que a forma de expressar-se do próprio Heidegger contradiz seu modo de ver as coisas.

ção em diversos pontos, de forma surpreendente, diante de referências que os resultados obtidos fazem claramente obrigatórias?

O ser do homem se caracteriza dizendo que "está lançado". Com isso, expressa-se preferentemente que o homem se encontra a si mesmo no existir sem saber como chegou a ele, que não é a partir de si mesmo nem por si mesmo, e que de seu próprio ser não lhe cabe esperar tampouco esclarecimento algum sobre de onde vem. Mas isso não elimina a pergunta sobre o "de onde". Por violentamente que se queira calá-la à força, ou proibi-la como carente de sentido, essa pergunta se eleva irremissivelmente uma e outra vez desde a acreditada peculiaridade do ser do homem e exige um ser que fundamente nele mesmo o ser do homem sem outro fundamento ulterior e que por sua vez esteja fundamentado em si mesmo, um Ser que arroje o "lançado". O estar lançado se desvela assim como criaturalidade.[64]

Muito convincente é a exposição do *Dasein quotidiano*: do ser-no-mundo, do tratar preocupado com as coisas, do ser-com-outros. Também se pode aceitar sem problema que a vida humana "de imediato e na maior parte das ocasiões", antes que o ser próprio e autêntico faça eclosão, é "co-vida" com outros e em formas transmitidas: uma ideia que já Max *Scheler*[65] destacou expressamente. No entanto, ficam suficientemente esclarecidos os fundamentos ontológicos desse fato com a distinção entre "si mesmo do se" e "si mesmo autêntico" e a designação de ambos como "existencial" ou "forma de existência"? O que devemos entender por "existencial" se expressou repetidamente: o que pertence à existência como tal. E por existência temos que pensar o ser de um ente para o que do que se trata em seu ser é de seu ser, ou seja, o ser do homem em sua pecualiaridade em relação a outros modos de ser. Por outro lado, a palavra "forma" fica por completo no terreno do pouco claro. E pelas investigações deste livro sabemos quão necessitada está de esclarecimento. Assim, da expressão "forma de existên-

---

[64] No livro sobre Kant (p. 226) Heidegger destaca que o "estar lançado" não só tem a vista posta no "chegar a *Dasein*", mas domina por completo o Dasein como tal. Contudo, o estar lançado designa *também* o chegar a *Dasein*. A respeito da questão estar lançado e criaturalidade, cf. no que segue, neste Apêndice, em "Kant e o Problema da Metafísica".

[65] Graças às lições ministradas por Max Scheler (1874-1928) em Göttingen como professor convidado foi como Edith Stein entrou em contato pela primeira vez com a filosofia da religião e com a Igreja católica, à qual Scheler havia aderido naquele momento. Stein foi influenciada, entre outras coisas, pela teoria dos valores de Scheler (*Der Formalismus in der Ethik und die materiale Wertethik*, 1913) e por sua filosofia da religião (*Vom Ewigen im Menschen*, 1921).

cia" não podemos obter nenhum esclarecimento sobre o sentido e a relação recíproca dos dois "si mesmo". Que à existência pertence um quem ou si mesmo é seguramente convincente. Mas o que distingue *este* "existencial" de outros (por exemplo do "ser-no-mundo" ou do "compreender")? E, por sua vez: que relação guardam entre si o "si mesmo do se" e o "si mesmo autêntico" *no plano do ser*? Não é claro que na constituição ontológica do homem ao "si mesmo" corresponde um papel inteiramente destacado, que não reparte com nenhum outro existencial? E Heidegger não se privou a si mesmo de antemão da possibilidade de proporcionar a necessária explicação desse papel destacado ao se negar a falar de "eu" ou "pessoa", em vez de indagar os possíveis significados dessas palavras? Com a vista posta no esclarecimento do sentido antes elaborada nos estará permitido atrever-nos a afirmar o seguinte: o que Heidegger quer reproduzir com o "si mesmo" é o *ser-pessoa* do homem. E o que faz com que o ser-pessoa se destaque em relação a tudo o mais que pertence ao ser do homem é que a pessoa é como tal portadora de todos os demais "existenciais".

Podem "si mesmo autêntico" e "se" ser reivindicados ambos em sentido pleno como pessoa? Parece-me que se estaria levando a "verborreia" demasiado a sério se se quisesse tributar ao "se" essa honra. Para ir ao fundo do assunto é necessário ver algo mais de perto a que faz referência propriamente o "se".

Na forma habitual de falar se emprega o "se" frequentemente no sentido em que acabo de utilizá-lo: "*se* estaria levando a verborreia demasiado a sério...." Para expressar essa ideia também se poderia dizer: "*quem* quisesse... *estaria levando....*" É um enunciado de universalidade indeterminada e caráter hipotético: ao "levar a sério", como conduta pessoal que é, pertence-lhe um portador pessoal, mas não está afirmado como fato e não se refere a uma pessoa determinada. O enunciado "*Se* usa a palavra habitualmente nesse sentido" constata um fato afirmando. Trata-se de novo de uma conduta pessoal: de uma série de casos particulares que constam empiricamente e que ainda cabe esperar, e de um círculo indeterminado que pode ser coafirmado com a peculiar certeza da experiência geral. Não rara vez o falante se designa a si mesmo e a seu interlocutor com "se"; por exemplo: "Poder-se-ia fazer um passeio domingo..." Aí pode ser que haja certo temor em expressar o "nós", que é ao que propriamente se faz referência, e com ele uma comunidade ainda não plenamente confessa, ou guardada em segredo; talvez haja também uma timidez que gostaria de encobrir frente a si mesmo e frente ao interlocutor a pretensão que reside na sugestão, a sensação do que a faz de que está indo mais longe do que propriamente lhe corresponde ou se lhe concede. Com isso estamos tocando já em algo que parece residir no "se" heideggeriano. O falante se sabe posto sob uma lei universal, ou, ao menos, sob uma regra de julgamento. Tem uma ideia do que "se pode" e do que "não se deve" fazer. E aí o "se" tem um sentido geral: designa um círculo indeterminado de pessoas ao qual o falante se sabe pertencente.

Podemos dizer em síntese que "se" significa:

1. um grupo determinado ou um círculo indeterminado de indivíduos, no caso extremo todas as pessoas para as quais algo rege como fato geral, ou que estão sob uma regra geral de conduta;
2. o indivíduo na medida em que está sob a lei geral ou se sabe como tal.

Cabe compreender com base nisso que o indivíduo fuja de seu próprio si mesmo para o "se" e descarregue nele sua responsabilidade? Atenhamo-nos a exemplos como os que dá o próprio Heidegger: o "se" prescreve o que "se" tem que ter lido. "Se" se refere aqui, duplamente, a quem prescreve e a quem se vê afetado pela prescrição. Os que "têm" que ter lido este ou aquele livro são os pertencentes a determinado estrato social dentro de certo âmbito cultural: os povos "selvagens" não necessitam fazê-lo; nossos campesinos, na medida em que continuem vivendo conforme seu estado e não reivindiquem educação urbana, tampouco, mas o "europeu culto" sim. Aí existe, além disso, todo tipo de graus: há coisas que se exige ao mesmo tempo do professor, do estudante e da senhora da boa sociedade, outras estão limitadas a um círculo de especialistas. Quem determina o que se tem que ler? Também pessoas pertencentes ao mesmo estrato, mas de nenhum modo todas as que reconhecem a exigência como vinculante para elas mesmas, mas uma pequena seleção formada pelos que "marcam a pauta". Acontece aqui algo parecido com o que ocorre em uma sociedade dotada de organização estatal: há "autoridades" e "súditos", só que não está estabelecido juridicamente, nem muito menos determinado e delimitado com exatidão, quem pertence às primeiras e quem aos segundos. Em todo caso, tanto em um quanto em outro sentido o "se" não é, atendendo a seu ser, algo que exista fora das pessoas individuais e junto a elas, nem tampouco um autêntico si mesmo; designa uma "comunidade" (em um sentido amplo dessa palavra, em que esta designa todo tipo de estruturas que surgem a partir de pessoas individuais como um todo que as engloba)[66] e os membros que pertencem a ela como tais. Os que "marcam a pauta" pertencem à comunidade ampla, mas, ao mesmo tempo, formam uma comunidade mais estreita entre eles.

O que pode significar dessa maneira a fuga ao "se"? Quem foge? De quê e para onde? O indivíduo foge – isso ouvimos – de seu mais próprio e autêntico ser, que é solitário e responsável, para a comunidade, e descarrega sua responsabilidade na comunidade, na mais bem estreita ou na mais bem ampla. Aí só cabe falar de uma "fuga", tomando esse termo em um sentido restrito, uma vez que o indivíduo tenha despertado para seu ser autêntico e para a consciência de sua responsabilidade. O primeiro *"Dasein"* em que o homem se encontra a si mesmo – "lançado" – não é de modo algum o solitário, mas o comunitário: o "ser-com". Atendendo a seu ser o homem é indivíduo e ser comunitário como originariamente, mas cronologicamente sua vida individual consciente começa mais tarde que a comunitária. Faz com os demais e imita o que vê os demais fazerem, é guiado por isso e encontra suporte nisso. E isso é totalmente correto, enquanto não se exija dele outra coisa. Precisa de uma chamada ao ser mais próprio e mais autêntico. Quando se percebe e se compreende essa chamada e não se lhe presta atenção, e só então, é quando começa a fuga do próprio ser e da própria responsabilidade. E só então o ser-com se converte em um ser "inautêntico"; talvez seria melhor ainda dizer: em um ser "não genuíno". O ser-com como tal não é não genuíno.[67] A pessoa está tão chamada a ser membro como a ser indivíduo, mas a fim de poder ser as duas coisas da forma tão peculiar dela, "desde o mais íntimo", tem que começar saindo do grupo de acompanhamento em que vive e tem que viver imediatamente. Seu ser mais próprio necessita da preparação pelo *ser-com* com outros, assim como, por sua vez, deve ser dirigente e fecundo para outros. É inevitável passar por alto isso quando não se quer aceitar a *evolução* como o traço essencial do ser do homem, e é *inevitável* prescindir da evolução quando se nega ao homem uma essência diferente de seu existir e cujo desdobramento no tempo seja seu existir.

---

[66] Não necessitamos incluir aqui a questão de se há também comunidades infra-humanas e supra-humanas.
[67] Há, sem dúvida, passagens de Heidegger que mostram que também ele conhece um ser-com *genuíno*, e inclusive que lhe atribui um grande peso, mas na delimitação do "si mesmo do se" em relação ao "si mesmo autêntico" não se lhe fez justiça.

A Filosofia Existencial de Martin Heidegger   601

Se se reconhece que o indivíduo necessita o suporte da comunidade – "absolutamente" até o despertar de seu ser mais próprio, e "em certo aspecto" (a saber, como membro) sempre – e que a uma comunidade pertencem espíritos *dirigentes*, que deixam sua marca nas formas de vida desta e as determinam, já não cabe conceber o "se" como uma forma decaída do si mesmo e como absolutamente nada mais. Não designa pessoa alguma no sentido próprio da palavra, mas uma pluralidade de pessoas que estão em uma comunidade e com seu existir se inserem nas formas dessa comunidade.

Com o despertar do indivíduo para sua vida própria começa sua responsabilidade. Pode-se falar de uma responsabilidade da comunidade, distinta da responsabilidade dos indivíduos. Mas a levam os membros da comunidade por esta última, e, por certo, em diferente medida: levam-na todos os que são capazes disso, ou seja, todos os que despertaram para a vida própria, mas os "guias" mais que todos os outros.[68]

Passemos à questão "do que se tem que ter lido". Não resta dúvida de que em uma comunidade há pessoas que estão mais capacitadas que outras para julgar o que pode contribuir para uma autêntica formação do espírito. Levam a esse respeito uma responsabilidade maior, e é inteiramente adequado que os menos capazes de juízo se deixem guiar por eles. Na apelação ao "se" há um resto de compreensão de que toda comunidade tem que preservar um tesouro de sabedoria herdada, a que o indivíduo não chega com seu pequeno âmbito de experiência e seu modesto círculo de intelecção própria e a que não poderia renunciar sem grandes danos. O "decair" reside em que os que "marcam a pauta" frequentemente não são de modo algum os que estão chamados a fazê-lo com base em seu conhecimento da matéria de que se trata, e em que emitem de forma irresponsável seu juízo sem estar chamados a isso; por outro lado, a massa se promete de forma irresponsável ao juízo de pessoas não chamadas a julgar e se deixa levar como em um andador no qual é exigível uma conduta independente e sob a própria responsabilidade. Assim, pois, "irresponsável" não faz referência aqui a que essas pessoas não tenham responsabilidade, mas a que fechem os olhos a ela e tratem de se enganar em relação. Estamos nesses casos diante de uma fuga do *Dasein* próprio e autêntico. Que a fuga seja possível é algo

---

[68] Cf. a esse respeito Edith Stein, *Individuum und Gemeinschaft* (*Husserls Jahrbuch f.* Phil. U. Phänomenolog. Forshung, Bd. V, 1922), p. 252 e seg. E *Eine Untersuchung über den Staat* (*id.*, Bd. VII, 1925), p. 20 e seg. [OC, t. II].

602   Apêndice II

que se funda no próprio ser do homem (também podemos dizer tranquilamente: na essência do homem): em que sua vida abrange uma pletora de modos de conduta possíveis e em que sua liberdade lhe permite subtrair-se ou entregar-se a eles por escolha, fixar sua localização aqui ou lá. Mas funda-se também na vinculação natural das pessoas entre si, no impulso a "colaborar" e a "fazer-se valer": no impulso dos "fortes" a forçar outros a que os sigam, no impulso dos "fracos" a se adaptarem e a garantirem seu lugar operando "ao gosto dos outros". Aí se expressa a preocupação pelo próprio poder ser em que, segundo Heidegger, consiste a "existência" de forma inteiramente própria. Mas primeiro necessita de mais esclarecimento a questão do "decair".

Nem a vida em comunidade como tal e o deixar-se guiar como tal são decaimento, mas fazer indiscriminadamente o que fazem os outros à custa da vida própria à qual se está chamado e não ouvindo o "apelo da consciência". Na medida em que o *Dasein* decaiu não há vida individual genuína nem vida comunitária genuína. Pois bem, fica muito curioso que Heidegger declare que o *Dasein* decaído não deve ser concebido como caído a partir de um estado originário mais puro e mais alto.[69] Que sentido pode ter falar de "decair" sem fazer referência a uma "queda"? (Acontece exatamente o mesmo com o "estar lançado" sem um "lançamento".) A fundamentação oferecida em adiantamento tem pouca força demonstrativa: *porque* o ser decaído (chama-se nem mais nem menos que "não ser") é o mais próximo modo do ser do *Dasein*, em que o *Dasein* se mantém na maior parte das ocasiões, não se deve interpretar, nos diz Heidegger, o ser decaído como queda. Se o ser médio e quotidiano do homem está caracterizado como decaído, isso só é possível se se contradistingue de um ser autêntico do que também temos que ter conhecimento. E, em comparação com o decaído, o ser autêntico é, *atendendo a seu ser*, mais originário. Também se expõe a questão de como se deve conceber a relação temporal. Em Heidegger a situação está obscurecida, toda vez que não leva em conta a diferença entre a eclosão em virtude da qual se passa de uma fase evolutiva anterior ao ser autêntico e a volta a partir de um estado de degeneração. Desde a imperfeição de uma fase evolutiva anterior é possível a subida a um ser mais perfeito na ordem natural. Mas de um estado degenerado não pode sair, conforme a ordem natural, um estado mais perfeito. Todo decair pressupõe uma queda

---

[69] Cf. *Sein und Zeit*, p. 176.

A Filosofia Existencial de Martin Heidegger 603

também em sentido temporal: não necessariamente no existir do indivíduo, mas sim como acontecimento histórico sob cujas repercussões está o indivíduo. Daí não cabe derivar o tipo específico de queda que conhecemos pela Revelação. Mas está-nos permitido dizer que a doutrina eclesiástica do pecado original é a solução do enigma resultante da exposição heideggeriana da existência decaída.

Pois bem, de onde procede o exigido conhecimento de um ser autêntico? A cada um se manifesta a voz de sua consciência. Essa voz apela para o *Dasein* que volte de seu estar perdido no ser-com decaído a seu ser autêntico. Segundo a interpretação de Heidegger o que chama deve ser também o *Dasein*. O fato de que eu tenha a sensação de que a chamada vem *sobre* mim, não *de* mim, se explica dizendo que o si mesmo autêntico é o mais alheio ao perdido no "se". Mas, que testemunho temos de que apesar das aparências o próprio chamado seja, ao mesmo tempo, o que chama? Até onde eu vejo, nenhum outro senão a atitude básica da qual parte a obra inteira e que a domina: que o *solus ipse* é o ser destacado em relação a qualquer outro, aquele de que se deve esperar todas as respostas sobre o ser, o último ao qual é possível retroceder e que já não tem nenhuma outra coisa atrás de si. Mas a investigação sem prejuízo desse *solus ipse* choca uma e outra vez com referências que atestam que não é o último: nem o ultimamente fundante, nem o ultimamente iluminante.

Não vamos continuar aprofundando agora a questão do apelo da consciência, mas permaneceremos na constatação de que há dois tipos de ser: o decaído e o autêntico, e, logo em seguida, perguntaremos em que consiste o ser autêntico. O modo do *Dasein* com que este responde ao apelo da consciência é a "resolução" como uma destacada "abertura" ou como "ser na verdade"; nela o homem toma sobre si seu ser autêntico, que é um "ser compreensivo para o final", um "adiantar-se para a morte".[70]

Dessa forma, chegamos ao traço essencial do *Dasein* sobre o qual, segundo parece evidente, Heidegger deu a maior ênfase. Que o *Dasein* sempre "se antecipa" a si mesmo, que em seu ser do que se trata para ele é de seu poder ser (assim o expressa o substantivo "preocupação"), que entre os três "êxtases" de sua temporalidade corresponde uma classe preferencial ao futuro, todas essas coisas são somente referências preparatórias à concepção fundamental: que o ser do homem tem sua possibilidade extrema na *morte*

---

[70] *Id.*, p. 305.

e que sua abertura, ou seja, sua compreensão do ser próprio encerra de antemão também essa possibilidade extrema. Por isso se concebe a angústia como o estado fundamental em que se encontra. Daí que uma resposta à pergunta central para nós, se a análise do *Dasein* é fiel, não seja possível sem um exame do que está dito sobre a morte.

Devemos expor antes de tudo a seguinte pergunta: o que *é a morte?* Heidegger responde: *o final do Dasein.* Acrescenta imediatamente que com isso não se tomou decisão alguma sobre a possibilidade de uma vida além da morte. No entanto, a análise da morte permanece – sempre segundo Heidegger – totalmente no "mais aquém": considera a morte, nos diz, somente na medida em que está no interior de cada *Dasein* em qualidade de possibilidade de ser do mesmo. Para Heidegger só terá sentido e justificação perguntar o que haja além da morte quando está concebida a essência ontológica plena da mesma.[71] Nesse modo de abordar a questão há muito que nos estranha. Se o sentido último do *Dasein* é ser "ser-para-a-morte", o sentido da morte teria que iluminar o sentido do *Dasein.* Mas como é possível isso, se da morte não cabe dizer senão que é o final do *Dasein?* Não é isso um círculo inteiramente carente de resultado?

Além disso: fica realmente aberta a possibilidade de uma vida além da morte se se interpreta esta última como o final do *Dasein?* Contudo, nesse ponto se toma o *Dasein* no significado de "ser-no-mundo". Poder-se-ia dizer assim, pois: é possível que o "ser-no-mundo" do homem termine sem que com isso o homem cesse de ser em outro sentido. Mas isso não seria compatível com o sentido da análise anterior, que ressaltou outros "existenciais" além do "ser no mundo", por exemplo o compreender, mas não como separáveis. Além disso: se algo do que resultou pertencer ao "ser do *Dasein*" pudesse persistir enquanto outra coisa cessasse – e, de não ser assim, como se poderia falar de "sobrevivência" –, já não se poderia falar de um final do *Dasein.*

Finalmente: poder-se-ia dizer que está concebida a essência ontológica da morte enquanto se deixasse sem decidir se a morte é o final do *Dasein* – e, a julgar por como utilizou Heidegger a expressão "*Dasein*" durante toda a investigação anterior, por "final do *Dasein*" teríamos que entender não só o final da vida terrena, mas o final do prório homem – ou a passagem de um modo de ser a outro? Não é esta a melhor questão decisiva para o sentido

---

[71] *Id.*, p. 247 (ver neste Apêndice, A, 2, "*Dasein* e Temporalidade").

da morte, e por isso, ao mesmo tempo, a questão decisiva para o sentido do *Dasein*? Se resultasse que da análise do *Dasein* não cabe obter resposta a essa questão, com isso ficaria mostrado precisamente que a análise do *Dasein* não está em condições de esclarecer o sentido da morte, e nesse caso não poderia dar suficiente esclarecimento sobre o sentido do *Dasein*.

De fato, Heidegger passa como por alto pela questão do que seja a morte, enquanto, por outro lado, ocupa-se detidamente da questão de como é experimentável.[72] Heidegger afirma que não é experimentável como morte o morrer de outros, mas só como "existencial", como pertencente ao próprio *Dasein*. (Dado que também o morrer é designado como "final do *Dasein*", não parece que se possa distinguir nitidamente entre morte e "morrer"). Indaguemos especificamente com essas questões: 1) Há uma experiência da própria morte? (Heidegger diz: sim!). 2) Há uma experiência da morte de outros? (Heidegger diz: não!). 3) Que relação guardam entre si?

Na interpretação de Heidegger morrer "é o modo de ser em que o *Dasein* é para sua morte",[73] e, portanto, não é o "perder a vida" como passagem da vida para estar morto, mas algo pertencente ao *Dasein* como tal, que contribui a estruturá-lo durante toda sua duração. Não damos aqui com uma nova ambiguidade: morte e morrer, por um lado, como final para o que se encaminha o *Dasein*, e, ao mesmo tempo, como esse próprio encaminhar-se? No primeiro sentido, a morte é sempre algo que ainda não se deu, no segundo, o próprio *Dasein* é um constante morrer. Ambos os significados possuem sua justificação, mas temos de ter claro qual temos presente cada vez que falamos da morte ou do morrer.

Tomemos agora a morte no sentido do que durante o existir sempre está ainda por chegar. Há uma experiência dela? Com toda certeza há, e se trata, por certo, de uma experiência na própria carne; morrer significa experimentar a morte na própria carne. Mas em um sentido totalmente literal, não traduzível, não faremos essa experiência até que morramos. Algo se antecipa já, no entanto, durante a vida. O que Heidegger denomina "morrer" – o "ser-para-a-morte" ou o "adiantar-se para a morte" – dá testemunho disso. Que Heidegger não tenha em conta, de modo algum, essa antecipação em relação ao morrer propriamente dito está relacionado com sua geral sobre-

---

[72] Isso equivale a substituir a pergunta pelo ser pela pergunta pela compreensão do ser (cf. mais adiante, entre outras, a seção "Kant e o Problema da Metafísica").
[73] *Id.*, p. 247.

valoração do futuro e sua desvaloração do presente. Por sua vez, isso está relacionado com o fato de que deixa inteiramente sem considerar o fenômeno do *cumprimento* ou da realização, fundamental para toda experiência. Deve-se distinguir aqui entre a angústia como o estado em que se encontra o homem que lhe desvela seu "ser-para-a-morte" e a "resolução" que toma sobre si esse "ser-para-a-morte". Na resolução, a angústia chegou à compreensão. A angústia como tal não se compreende a si mesma. Heidegger a interpreta, ao mesmo tempo, como angústia *diante* do próprio ser e como angústia *pelo* próprio ser. "Ser" significa aí o mesmo as duas vezes? Ou, mais corretamente: é o mesmo do ser aquilo *diante* do que alguém se angustia que aquilo *pelo* que alguém se angustia? Aquilo diante do que alguém se angustia é o poder não ser atestado precisamente pela angústia: esta é a experiência da *aniquilação de nosso ser*. Aquilo pelo que alguém se angustia, e, ao mesmo tempo, aquilo do que se trata para o homem em seu ser, é o ser como uma *plenitude que desejaria conservar e não deixar*, aquilo *do que não se fala em toda a análise heideggeriana do Dasein* e que, no entanto, é o que lhe proporcionaria fundamento sólido. Se *Dasein* fosse claramente não ser, não seria possível angústia alguma *diante* do poder não ser e *pelo* poder ser. Ambas as coisas são possíveis porque o ser humano é participação em uma plenitude à qual constantemente algo se lhe vai das mãos e que constantemente ganha algo: viver e morrer ao mesmo tempo. Frente a isso o morrer propriamente dito significa a perda da plenitude até o perfeito esvaziamento, e a morte, o vazio ou o próprio não ser. A questão é agora se da angústia surgiria a compreensão da possibilidade do próprio não ser, e, inclusive, o conhecimento da ineludibilidade da morte, se a angústia fosse o único por meio do qual antecipamos algo de nosso morrer propriamente dito. De um modo meramente intelectivo, do niilismo de nosso ser só cabe inferir a possibilidade do não ser, não a necessidade de um final que seja de esperar. E na sã "sensação vital" meramente natural, que é a compreensão do ser pré-teórica que pertence ao ser do homem como tal, a segurança de ser é tão forte, não obstante a angústia, que não se acreditaria na morte se não houvesse outras atestações. Mas há essas atestações, e, por certo, tão fortes que diante dela a segurança natural de ser resulta aniquilada. São, de pronto, estados próprios que se aproximam muito do morrer: a doença grave, especialmente quando traz consigo um repentino ou paulatino decaimento das forças, ou a ameaça direta com uma morte violenta. Aqui começa a experiência real do morrer, por mais que não chegue a termo se o perigo passa.

Na doença grave que faz ver o rosto da morte cessa todo "preocupar-se": todas as coisas deste mundo de e pelas que se esteve preocupado até esse momento perdem importância, até sua completa desaparição. Isso significa, ao mesmo tempo, um estar separado de todas as pessoas que continuam presas ao ativismo preocupado: já não se vive em seu mundo.[74] Em vez disso, pode dar-se outra preocupação distinta enquanto ainda não se tenha conhecido ou reconhecido a ineludibilidade da morte: a preocupação exclusiva pelo próprio corpo. Mas em algum momento cessa também ela (se é possível que alguém permaneça ligado à mesma, e, inclusive, se veja "surpreendido pela morte" nela), e então só fica como o último e o único importante pergunta: ser ou não ser? O ser de que se trata agora não é, com certeza, o "ser-no-mundo". Esse ser já terminou quando se olha a morte realmente nos olhos. A morte é o final da vida corporal e de tudo o que está relacionado com a vida corporal. Além disso, a morte é uma grande porta obscura: deve-se atravessá-la, mas o que há atrás dela? Esse "o que há atrás dela?" é a autêntica pergunta da morte que se experimenta no morrer. Há uma resposta à pergunta antes de ter atravessado a porta?

As pessoas que viram a morte nos olhos e depois voltaram à vida são uma exceção. A maioria das pessoas se veem postas frente ao fato da morte pelo morrer de outros. Heidegger afirma que não podemos experimentar a morte de outros, e não cabe dúvida de que não a experimentamos como a própria morte. E, no entanto, o morrer e a morte de outros são fundamentais para nosso saber dessas duas coisas, e, portanto, também para nossa compreensão do ser próprio e do ser do homem em geral. Não acreditaríamos no final de nossa vida, não compreenderíamos a angústia, e mais, em muitas pessoas a angústia nunca faria eclosão desnuda (ou seja, sem disfarce como temor disso ou daquilo) se não experimentássemos constantemente que outros morrem. Como crianças, experimentamos habitualmente a morte em um primeiro momento como já não estar no mundo. Pessoas que pertenceram a nosso entorno mais ou menos próximo ou distante desaparecem, e nos dizem que morreram. Enquanto não saibamos nada mais que isso não se desperta ainda a angústia e horror algum diante da morte.

---

[74] Heidegger mesmo mencionou em uma nota (p. 254) a novela curta de Leon Tolstoi *A morte de Ivan Ilich* (1886). Nela se põe à vista magistralmente não só o colapso do que se morre (ao que Heidegger faz referência), mas também o profundo abismo existente entre o moribundo e os vivos. Em *Guerra e paz*, (1868), acontece o mesmo, não com um realismo tão cru, mas talvez pondo em relevo o essencial de forma ainda mais nítida.

Sobre essa base pode surgir o que Heidegger denomina "morre": saber que todas as pessoas se irão algum dia do mundo em que vivemos, e que esse dia também nos chegará. É um fato de que não duvidamos. Mas não temos uma fé viva de experiência nele; não é um acontecimento abrangido por uma expectativa vital. Por isso nos deixa frios, não nos preocupa. Durante os primeiros anos da infância essa despreocupação é natural e sadia. Mas se se mantém ao chegar a maturidade, e talvez durante toda a vida, pode-se dizer que a vida não se vive de forma *autêntica*. Pois pertence à vida humana plena uma compreensão do ser que não feche os olhos diante do "porvir". Já uma criança reflexiva não ficará tranquila diante do fato da desaparição de pessoas de seu entorno, mas quererá saber o que significa "estar morto", e a explicação que se lhe dê o incitará a continuar cismando com a morte. Talvez baste já isso para fazer que se desequilibre a despreocupação do "morre". E, com toda certeza, a fará desequilibrar-se ver um morto. Já a participação em enterros pode atuar assim sobre uma criança sensível. A aparição do féretro nu por trás da retirada das flores que o cobriam, seu traslado para o túmulo e sua desaparição nesse produzem um estremecimento diante da inexorabilidade da separação, talvez também horror diante da desaparição da alma.

Se não houve uma educação religiosa que haja dado à morte um novo sentido fazendo referência à vida eterna, ver mortos provavelmente acrescente à interpretação da morte como já não estar no mundo sobretudo a interpretação de estar exânime, especialmente quando na concepção da pessoa viva a vitalidade domina em comparação com a expressão espiritual. Heidegger tem que prescindir dessa consideração da morte, pois o forçaria a levar em conta o corpo e a alma e suas relações recíprocas, coisa que foi excluída de antemão. Às pessoas sem preconceito a experiência da morte dessa forma fez com que elas expusessem em toda época a pergunta pelo *destino da alma*.

Essa pergunta tem que se despertar com tanta maior razão quando não só se vê o morto, mas se assiste ao *morrer*. A quem tenha sido alguma vez testemunha de uma agonia difícil se lhe tirará da cabeça, provavelmente para sempre, a inocuidade do "morre". É a violenta ruptura de uma unidade natural. E quando termina a agonia a pessoa que a experimentou ou na qual essa luta se desenvolveu já não existe. O que fica dela já não é "ela mesma". Onde está agora essa pessoa? Onde está o que fazia dela essa pessoa viva? Se não podemos dar resposta a essa pergunta, não estará aberto

A Filosofia Existencial de Martin Heidegger **609**

para nós o sentido pleno da morte. A fé conhece uma resposta. Mas há no campo de nossa experiência algo que confirme essa resposta? Sim, há. Heidegger diz com razão que ninguém pode morrer por outro. Pertence ao *Dasein*, e cada indivíduo tem *sua* morte assim como tem *seu Dasein*. Assim, o que se tem à vista em distintos leitos de morte não é de modo algum o mesmo. Não me refiro agora a que algumas vezes se dá uma luta ferrenha, e outras, um suave adormecer. Refiro-me a que por trás da luta da agonia, alguns mortos jazem diante de nós como vencedores: com majestosa calma e profunda paz. É tão forte a impressão produzida sobre os sobreviventes que a dor pela perda passa a um segundo plano por trás da grandeza do que aconteceu. Poderia o mero cessar da vida, a passagem do ser ao não ser, suscitar uma impressão como essa? E é pensável que o espírito que deixou no corpo essa marca já não exista?

Mas há um morrer em que acontece outra coisa mais, em que já antes que se produza a morte corporal desaparecem todas as marcas da luta e do sofrimento, em que o moribundo, de forma visível por quantos o rodeiam, se ilumina e se transfigura com uma nova vida, em que seus olhos olham uma luz inacessível para nós e que deixa seu resplendor no corpo exânime. Quem nunca tenha ouvido nada de uma vida superior, ou haja jogado fora de si a fé nela, deveria dar-se conta diante de um espetáculo como esse que tem que haver algo assim. E se lhe tornará acessível o sentido da morte como passagem da vida neste mundo e neste corpo a uma vida distinta, pelo violento desgarrar-se da existência natural.

A consideração da morte deveria aproximar-nos da compreensão do ser *autêntico*, a que se chama o homem para que volte a ele a partir do *Dasein* quotidiano: desvela-se como um ser com o qual o homem se coloca a si mesmo na ordenação a um ser de outro tipo e se desliga do ser quotidiano, em que constata que está no princípio. Damos assim, dentro do próprio *Dasein*, com três modos ou níveis do ser que – vendo-os a partir da fé – poderíamos conceber como vida natural, vida da graça e vida da glória. É claro: se em lugar da vida da glória se coloca o não ser, o lugar da vida da graça tem que passar a ser ocupado pelo ser para o final, o adiantar-se para o não ser. Agora, não obstante, deve-se examinar se já dentro do próprio *Dasein*– sem ter que esperar o morrer e a morte – se encontram referências a um ser "autêntico" (e isso significa: "mais pleno", não "mais vazio"). No próprio Heidegger, cabe detectar exposições incipientes para isso: voltas das quais se desprende com clareza que por ser autêntico se deve compreender além disso algo distinto do adiantar-se para a morte. À "resolução" pertence o compreender o próprio poder ser que permite à pessoa "projetar-se" a si mesma, e, ao mesmo tempo, um compreender a respectiva "situação" imprevisível e o que esta exige da pessoa. Viver "autenticamente" significa realizar as possibilidades mais próprias e cumprir as exigências do "instante", das condições da vida dadas em cada caso. Pois bem, como vamos compreender isso de outro modo senão no sentido da realização de uma *essência* ou de uma *peculiar modalidade co-dada* ao homem (ou seja, *com* a que é lançado ao existir), mas que para seu desdobramento necessita da livre cooperação do homem e lhe foi confiada para isso? Que outra coisa pode significar a captação do "instante" e da "situação" senão compreender uma *ordem* ou um *plano* que não projetou o próprio homem, mas em que está incluído e em que deve assumir seu papel? Tudo isso significa *vinculação do Dasein a um ser que não é o seu*, mas que é fundamento e objetivo para o seu. Ao mesmo tempo, significa *fazer saltar pelos ares a temporalidade*: o ativismo "preocupado" que não persevera em nada, mas que sempre se apressa para o vindouro, não faz justiça ao "instante". Aí se expressa que cada instante oferece uma plenitude que deseja ser esgotada. Muitas coisas se encerram nessa afirmação. Por um lado, que aqui "instante" não se deve entender no sentido de um mero "ponto do tempo", de um corte entre "tramas" do passado e do futuro. Designa o contato de algo temporal com algo que não é, por sua vez, temporal, mas que se adentra em sua temporalidade. O próprio Heidegger fala da interpretação do tempo como "imagem da eternidade", mas só para excluí-la. Do ponto de vista de uma doutrina do tempo que não conhece eternidade alguma e que declara que o ser como tal é temporal é impossível esclarecer a significação que Heidegger dá ao instante. "No instante" – e isso significa aqui, contudo: em um ponto do tempo – advém-nos algo que talvez nenhum outro instante voltará a nos oferecer. Para "esgotá-lo", ou seja, para acolhê-lo por inteiro no próprio ser, é preciso, por um lado, que nos "abramos" ou nos "entreguemos" a ele. É necessário, além disso, que não passemos de presa a outra coisa sem nos determos, mas que permaneçamos nele até que o tenhamos esgotado ou uma exigência mais peremptória nos force à renúncia. Pois bem, "permanecer até..." significa que nós, porque nosso ser é temporal, "necessitamos de tempo" para a apropriação do intemporal. Mas o fato de que possamos acolher em nosso ser algo intemporal, de que, apesar da fugacidade de nosso ser "conservemos" algo (o que Heidegger denomina "ser

A Filosofia Existencial de Martin Heidegger   611

tendo sido" é um conservar), demonstra que *nosso ser não é absolutamente temporal*, que não se esgota na temporalidade.

A relação entre a temporalidade de nosso ser e o intemporal que poderia acolher em si e realizar – segundo as possibilidades que ele encerra – não é uma conta exata. Nosso existir terreno não é suficiente para realizar todas as nossas possibilidades e para acolher tudo o que nos é oferecido. A decisão a favor de uma possibilidade e o prescindir de outras são caracterizados por Heidegger como o ser culpável que é inevitável e no qual temos que consentir sendo totalmente conscientes quando tomamos sobre nós nosso *Dasein* "resolvido". Heidegger omite distinguir esse ser culpável fundado em nossa finitude da falha evitável, e, portanto, pecaminosa, frente a uma exigência. Seguramente, incorre também em uma apresentação do "resolvido" demasiado idealizante quando afirma que o resolvido nunca "perde o tempo" e sempre "tem tempo" para o que o instante exige dele. Inclusive o santo que mais se aproxime desse ideal lamentará, às vezes, que lhe falta o tempo necessário para poder cumprir tudo o que se exige dele, e nem sempre estará em condições de encontrar com clareza a melhor possibilidade de várias entre as que pode eleger.[75] Encontrará repouso na confiança em que Deus preserve de um equívoco fatídico a quem tem boa vontade, e dirige seus erros involuntários a um bom fim. Mas precisamente está convencido de sua própria falibilidade e de que só Deus é o ilimitadamente "aberto".

A insuficiência de nosso ser temporal para o pleno desdobramento de nossa essência, para esgotar o que se nos oferece a fim de que o acolhamos em nosso ser e para sua posse "completa", é um indício de que o ser "autêntico" do que somos capazes na temporalidade – o ser "resolvido" desligado do "decaimento" da quotidianidade média e obediente à chamada da consciência – não é ainda, de modo algum, nosso ser ultimamente autêntico. Nesse contexto é de se lembrar uma frase de Nietzsche: "A dor diz: passa! Mas todo prazer quer eternidade, quer eternidade profunda, profunda."[76] Aqui não devemos tomar "prazer" num sentido restrito e baixo. Devemos pensar na profunda satisfação que se experimenta no cumprimento de um desejo. Heidegger não quer que a "preocupação" se entenda no sentido de

---

[75] É sabido que grandes tribulações de consciência podem ter por consequência o voto de fazer sempre o mais perfeito. No entanto, a própria Edith chegou a fazer em 1939 o voto de fazer o mais perfeito, cf. OC, t. I, p. 520.
[76] Friedrich Nietzsche, *Also sprach Zarathustra* (1885), libro IV, cap. "La canción ebria".

um estado de ânimo nem "no sentido de uma estimação da vida humana no plano da visão do mundo ou da ética",[77] "mas meramente como peculiaridade do ser do homem: que do que se trata para o homem em seu ser é de seu ser". Mas não parece que seja uma casualidade que tenha sido eleito para isso o substantivo "preocupação", nem que, por outro lado, em suas investigações não tenha espaço o que dá plenitude ao ser do homem: alegria, fortuna, amor. O *Dasein* está no esvaziado para um ir do nada ao nada. E, no entanto, só a plenitude torna propriamente inteligível por que "do que se trata para o homem é de seu ser". Esse ser *é* não só um ser que se estende no tempo e, portanto, está sempre "adiantado a si mesmo", o homem *aspira* ao sempre novo ser presenteado com o ser para poder esgotar o que o instante simultaneamente lhe dá e lhe tira. Não quer deixar o que lhe dá plenitude, e desejaria *ser* sem final e sem limites para possuí-lo inteiramente e sem fim. Alegria sem fim, fortuna sem sombras, amor sem limites, vida intensificada ao máximo sem debilitamento, obra pleníssima de força, simultaneamente a completa calma e o ver-se desligado de todas as tensões: essa é a *beatitude eterna*. *Desse ser é do que se trata para o homem* em seu *Dasein*. Lança mão da fé que se promete, porque essa promessa está em correspondência com sua mais profunda essência, porque só ela lhe abre o sentido de seu ser: será em *sentido pleno* quando está *em plena posse de sua essência*; para isso faz falta "abertura" em sentido duplo: como passagem de todas as possibilidades à realidade (a plenificação do ser) e – em sentido heideggeriano – como compreensão irrestrita do próprio ser e compreensão de todo o ser na medida mais extrema possível dentro dos limites do próprio ser finito; para ambas as coisas é necessário o "recolhimento" da extensão temporal na unidade à qual patentemente apontam Kierkegaard-Heidegger com o "instante": o modo de ser em que está anulada e superada a diferença de instante e duração e o finito alcançou o mais alto grau pelo alcançável de participação no eterno, algo intermediário entre tempo e eternidade que a filosofia cristã caracterizou como "evo" (*aevum*).[78] Por isso não há uma desfiguração da ideia do eterno mais profunda que a que se encerra na observação de Heidegger: "Se a eternidade de Deus se pudesse 'construir' filosoficamente só se poderia compreender como temporalidade mais origi-

---

[77] Cf. seu livro sobre Kant, p. 226.
[78] Cf. *Summa theologica*, I, q. 10, a. 5, corp.

nária e 'infinita'."[79] Para o ente que chegou à plena posse de seu ser do que "se trata" já não é "de" seu ser. E, ao contrário: na medida em que passa da rígida tensão da preocupação pela própria existência à serenidade e soltura da entrega esquecida de si ao ser eterno, nessa precisa medida, já seu ser temporal se enche do eterno. Assim, pois, preocupação e temporalidade não são de modo algum o sentido último do ser do homem, mas – em seu próprio testemunho – precisamente o que há de superar tudo o que seja possível para chegar ao cumprimento de seu sentido de ser.

É claro, então, que toda a doutrina do tempo oferecida em *Ser e Tempo* necessita de uma variação.[80] A temporalidade, com seus três "êxtases" e sua extensão, tem que experimentar o esclarecimento de seu sentido como o modo em que o finito obtém participação no eterno. A significação do *futuro*, tão fortemente destacada por Heidegger, deve ser feita compreensível em um sentido duplo: por um lado, segundo o faz Heidegger, como a *preocupação* pela conservação do próprio ser nascida da compreensão de sua fugacidade e niilismo; além disso, todavia, como *apontar para um cumprimento ainda não efetuado*, a uma transição da distração do ser temporal ao recolhimento do ser autêntico, singelo, cheio de eternidade. Junto a isso, deve-se fazer justiça ao *presente* em sua qualidade de *modo de ser do cumprimento* que – à maneira de um fugaz relampejo da luz eterna – nos abre a compreensão da plenificação do ser, e ao *passado* em sua qualidade de modo de ser que em meio à fugacidade de nosso ser nos proporciona a impressão da *constância*.

Como é natural, haveria muitíssimo mais a dizer da análise heideggeriana do ser. Mas chegamos o suficientemente longe para responder à pergunta de se é acertado: o é em certo sentido, porquanto descobre algo da constituição fundamental do ser do homem e desenha com grande nitidez determinado modo de ser do homem. Não acho para me referir ao modo de ser que ele denomina "*Dasein*" e apresenta como o ser do homem por antonomásia nenhuma expressão melhor que "ser não redimido". Não redimido está tanto o que ele considera ser decaído, quotidiano, quanto o que ele considera ser autêntico. Um é a fuga diante do ser autêntico, o

---

[79] *Sein und Zeit*, p. 427, nota 1. Cf. Frente a isso, a respeito da diferença entre eternidade verdadeira e aparente, Hedwig Conrad-Martius, *Die Zeit* (*Philosophischer Anzeiger*, II, Bonn, 1927), p. 147.
[80] Essa exigência não foi cumprida de modo algum com o aprofundamento na análise do tempo contido no livro sobre Kant.

eludir a questão: ser ou não-ser. O outro é a decisão pelo não ser e contra o ser, o rechaçamento do ser *verdadeiro*, autêntico. Com isso fica colocado claramente que o ser do homem está destorcido como tal, não obstante ter sido iluminado em suas últimas profundezas. A exposição não só apresenta lacunas e é incompleta – porque deseja captar o ser sem consideração da essência e porque se atém a um modo de ser específico – mas também falseia aquilo a que se atém, porquanto o retira do contexto do ser, a que pertence, e por isso não pode abrir seu verdadeiro sentido. O ser "quotidiano" está exposto de forma ambígua, porque, quando menos, sugere o mal-entendido de que a vida da comunidade está como tal "decaída" e de que ser autêntico significa o mesmo que ser solitário, enquanto tanto a vida solitária como a vida em comunidade têm sua forma autêntica e sua forma de decair. E a exposição do "ser autêntico" põe em lugar deste sua negação.

3. É Suficiente a Análise do Dasein como Base para Expor Adequadamente a Pergunta pelo Sentido do Ser?

Hedwig Conrad-Martius diz da forma de proceder de Heidegger que é "como se com enorme ímpeto de circunspecção cheia de sabedoria e tenacidade que não cede se fizesse arrombar uma porta não aberta durante longos períodos de tempo e já quase impossível de abrir, e imediatamente depois se voltasse a fechá-la, a trancá-la e a bloqueá-la de tal modo que parece impossível abri-la de novo".[81] Segundo essa autora, Heidegger "tem à mão, em sua concepção do eu humano elaborada com inimitável agudeza e energia filosóficas, a chave de uma doutrina do ser que – afugentando todos os espectros subjetivadores, relativizadores e idealizadores – podia fazer-nos voltar ao centro de um mundo cosmológico verdadeiro e sustentado em Deus". Sempre nas palavras de Conrad-Martius, Heidegger "reconhece o ser, imediatamente e primeiro, seus direitos inteiros e verdadeiros", ainda que só em um lugar: no eu. Determina *o ser do eu* dizendo que "entende do ser". Com isso, fica expedito o caminho para – sem se deixar confundir nem distrair pela questão "crítica" de como possa o eu conhecedor chegar mais além dele mesmo – esgotar essa compreensão do ser pertencente ao próprio ser do homem e, assim, captar não só o ser próprio, mas também o ser do

---

[81] H. Conrad-Martius, Heidegger's *Sein und Zeit* (*Philosophischer Anzeiger*, 1933), p. 185.

A Filosofia Existencial de Martin Heidegger **615**

mundo e o ser divino fundamentador de todo ser criado. Em vez disso o eu é lançado de volta a si mesmo. Heidegger fundamenta seu partir da análise do *Dasein* dizendo que só pode perguntar pelo sentido do ser um ente a cujo sentido pertença uma compreensão do ser. E porque o *"Dasein"* tem compreensão não só de seu próprio ser, mas também de ser de outro tipo, deve-se começar pela análise do *Dasein*. Pois bem, não se segue do princípio da fundamentação precisamente o contrário? Porque o homem tem compreensão não só de seu próprio ser, mas também de ser de outro tipo, por isso não está obrigado a recorrer a seu próprio ser como único caminho possível para o sentido do ser. Não resta dúvida de que se deva interrogar a própria compreensão do ser, e é recomendável partir do próprio ser porque com isso se desvenda a compreensão do ser em sua raiz e é possível deixar de um lado desde o princípio reparos críticos. Mas também existe perfeitamente a possibilidade de partir do ser côisico ou do primeiro ser. Não se obterá daí esclarecimento suficiente sobre o ser do homem, mas só referências a ele nas quais se deve indagar, e, ao contrário, também o ser do homem nos dá somente referências a ser de outro tipo, e temos que "interrogar" este último mesmo se quisermos compreendê-lo. Certamente, não "responderá" como responde uma pessoa. Uma coisa não tem compreensão do ser e não pode falar sobre seu ser. Mas é, e tem um *sentido* que se manifesta em seu aspecto exterior e através dele. E essa autorrevelação pertence ao sentido do ser côisico. Isso não pode admiti-lo Heidegger, porque não reconhece sentido algum que ainda que esteja referido ao compreender seja distinto dele, mas dissolve o sentido em compreender. (Voltaremos a discorrer sobre isso mais adiante.) Que desde o ser do homem não se chega à compreensão de outros modos de ser se não se olha por eles sem preconceitos o mostra a completa obscuridade na qual permanece em Heidegger o sentido do ser do que há e do ser do que está à mão. A isso se acrescenta que o ser do homem, devido ao fato de se ter tachado sua essencialidade e sua substancialidade, está destorcido precisamente no que reparte com o ser côisico.

Fica evidente que em Heidegger toda a investigação se sustenta já em determinada opinião preconcebida sobre o ser: não só naquela "compreensão do ser pré-ontológica" que pertence ao próprio ser do homem e sem a qual não é possível pergunta alguma pelo ser. Tampouco naquela ontologia genuína tal e como Heidegger mesmo diz tê-la compreendido: uma investigação que põe à vista no ser, com olhar não estreitado nem perturbado, para levá-lo que "fale" ele mesmo. Tudo está encaminhado de antemão a demonstrar a temporalidade do ser. Por isso se coloca uma barreira onde quer que se abra um olhar para o eterno, por isso não se permite que haja uma *essência* distinta do *Dasein* que se faça realidade no *Dasein*, um *sentido*, distinto do compreender, que se capte no compreender, umas "verdades eternas" independentes do conhecer humano: tudo isso faria saltar aos ares a temporalidade do ser, e isso não está permitido, por mais que *Dasein*, compreender e "descobrir" exijam para seu próprio esclarecimento algo independente deles mesmos e intemporal que penetre na temporalidade por meio deles e neles. Quando essas referências que resultam óbvias são sufocadas, a linguagem toma uma peculiar coloração irritadamente depreciativa: por exemplo, quando se caracterizam "as verdades eternas" como pertencentes "ao resto da teologia cristã que ficam dentro da problemática filosófica e ainda não foram expulsas radicalmente, nem de longe".[82] Irrompe aqui uma paixão anticristã que em geral está dominada, talvez uma luta contra o próprio ser cristão, de modo algum extinto. Esse preconceito se mostra também no modo como se trata a filosofia da Idade Média: em pequenas observações incidentais que fazem aparecer como supérfluo abordá-la seriamente como caminho errado em que se perdeu o correto perguntar pelo sentido do ser.[83] Não teria valido a pena indagar se nos esforços pela *analogia entis* vive a pergunta genuína pelo sentido do ser? Em uma consideração a fundo teria resultado claro que a tradição não entendia "ser", de modo algum, no sentido de "ser do que há" (ou seja, persistência côisica).[84] É assim mesmo muito chamativo como ao estudar o conceito de verdade se coloca como verdade no sentido da tradição singelamente a verdade judicativa, por mais que santo Tomás, na primeira *Quaestio de veritate*, ao responder à pergunta "O que é a verdade?" distinga um quádruplo sentido de verdade e não apresente de modo algum a verdade judicativa como a mais originária, ainda que seja a "primeira" vista por nós. Quando ele, com são Hilário,[85] caracteriza *o verdadeiro* como o "ser que se faz patente e se declara",[86] isso inclusive lembra muito a "verdade como estar

---

[82] *Sein und Zeit*, p. 229 e seg. Não é necessário voltar a expor aqui a questão da filosofia cristã, dado que se estude suficientemente em *Ser finito e ser eterno*, introdução, §4.

[83] Cf. "Prólogo", neste livro.

[84] Cf. Maximilian Beck, *Philosophische Hefte 1*, Berlin, 1928, p. 20.

[85] São Hilário de Poitiers (c. 315-367), bispo e doutor da Igreja; durante a disputa ariana um dos representantes mais destacados da doutrina trinitária da Igreja ocidental.

[86] *Quaestiones disputatae de veritate*, q. 1, a. 1, c.

A Filosofia Existencial de Martin Heidegger   617

descoberto". E onde está justificado falar da verdade como "existencial", se não é na Verdade Primeira? Só Deus é sem limitação "na verdade", enquanto o espírito humano, segundo o destaca o próprio Heidegger, é ao mesmo tempo "na verdade e na falsidade". Os críticos de *Ser e Tempo* viram como sua tarefa, na maior parte das ocasiões, indicar as raízes dessa filosofia nos espíritos que comandaram o último século (Kierkegaard,[87] Nietzsche,[88] Karl Marx,[89] Bergson,[90] Dilthey,[91] Simmel,[92] Husserl,[93] Scheler[94] e outros.)[95] Parece que lhes escapou que fortemente terminante foi a batalha com *Kant*. (O livro sobre Kant o colocou manifestamente.) E pouco menos importante é o constante olhar às perguntas originárias expostas pelos gregos e, em sua variação, na filosofia posterior. Valeria a pena examinar a fundo em uma investigação específica a relação de Heidegger com Aristóteles e a escolástica atendendo ao modo em que o primeiro cita e interpreta. Essa não pode ser aqui nossa tarefa.

---

[87] Sören Kierkegaard (Copenhague 1813 - Copenhague, 1855), filósofo e teórico dinamarquês, considerado o precursor do existencialismo.

[88] Friedrich Nietzsche (Röcken/Lützen, 1884 - Weimar, 1900), poeta e filósofo, com suas numerosas obras influenciou o pensar filosófico do século XX; especialmente temos que lembrar aqui os estudos de que Heidegger publicou, em dois tomos, com o título "Nietzsche" no ano de 1961. Edith, em sua autobiografia, cita o livro *Assim falou Zaratustra* (cf. OC, t. I, p. 252).

[89] Karl Marx (Tréveris, 1818 - Londres,1883), filósofo, economista e político, criador do materialismo histórico.

[90] Henri Bergson (Paris, 1859 - Paris, 1941), entre suas obras filosóficas dever-se-ia mencionar: *Essai sur les données immédiates de la conscience* (Ensaio sobre os dados imediatos da consciência), Paris, 1889; *Matière et mémoire* (Matéria e memória), Paris, 1896; *Le rire, essai sur la signification du comique* (O riso, ensaio sobre a significação do cômico), Paris, 1900; *L'évolution créatrice* (A evolução criadora), Paris, 1907; *L'énergie spirituelle* (A energia espiritual), Paris, 1919; *Les deux sources de la morale et de la religion* (As duas fontes da moral e da religião), Paris, 1932; *La pensée et le mouvant* (O pensamento e o movente), Paris, 1934 etc.

[91] Wilhelm Dilthey (1833-1911), cf. Apêndice I, nota 129.

[92] Georg Simmel (Berlim, 1858 - Estrasburgo, 1918), filósofo e sociólogo; entre suas numerosas obras podemos mencionar: *Einleitung in die Moralwissenschaft* (Introdução às ciências morais), 2 t., Berlim, 1892-1893; *Die Probleme der Geschichtsphilosophie* (Os problemas da história da filosofia), Leipzig, 1892; *Hautprobleme der Philosophie* (Problemas fundamentais da filosofia), Leipzig, 1910; *Philosophische Kultur* (Cultura filosófica), Leipzig, 1911; *Grundfragen de Soziologie* (Questões sobre a sociologia), Berlim, 1917 etc.

[93] Edmund Husserl (1859-1938).

[94] Max Scheler (1874-1928).

[95] Cf. *Philosophische Hefte*, editados por Maximilian Beck, n. 1 (julho de 1928), número especial sobre Heidegger, *Sein und Zeit*; Alfred Delp, *Tragische Existenz*, Freiburg, 1935, p. 193 e seg.

618   Apêndice II

Se lançamos um olhar em toda a obra, ficamos com a impressão de que se aspirava a fazer a tentativa de acreditar o ser do homem como o ultimamente fundamentante e de remeter a ele todos os outros modos de ser, mas que, no final, a exposição original tornou-se questionável. Será bom comparar as manifestações posteriores de Heidegger sobre a questão do ser a fim de comprovar se essa impressão se confirma.

Kant e o Problema da Metafísica[96]

Segundo indica o próprio Heidegger, esse livro aspira não só a lhe deixar manifesto o que disse Kant realmente, mas o que "queria dizer".[97] Pois bem, com isso se deseja mostrar simultaneamente que *Ser e Tempo* é uma "repetição da crítica da razão pura", ou seja, uma nova tentativa de uma fundamentação da metafísica mediante a qual se abra pela primeira vez as "possibilidades originais, até agora escondidas"[98] da intenção kantiana.

Não vamos investigar aqui se essa interpretação, que "necessariamente tem que empregar a violência",[99] reproduz Kant sem falseá-lo. A única coisa que pretendemos é encontrar um ulterior esclarecimento da pergunta em torno da qual gira *Ser e Tempo*: a pergunta pelo sentido do ser. A pergunta em que termina a primeira parte de *Ser e Tempo* – "Há um caminho que leve do *tempo* originário ao sentido do *ser*? Faz-se patente o próprio tempo como horizonte do ser?"[100] – pode ser caracterizada como o autêntico tema do livro sobre Kant. Toda a investigação está encaminhada a fazer com que surja uma resposta afirmativa a essa pergunta.

A metafísica recebida que Kant toma como ponto de partida amalgamou a pergunta pelo *ente como tal* com a pergunta pelo *ente no total* e pelo "mais destacado distrito do ente [...] desde o que se determina [...] o ente no total".[101] A pergunta pelo ente como tal é anterior objetivamente. No entanto, para "poder conceber o essencial estar determinado do ente pelo ser,

---

[96] *Kant und das Problem der Metaphysik*, Bonn, 1929.
[97] *Id.*, p. 193.
[98] *Id.*, p. 195.
[99] *Id.*, p. 193.
[100] *Sein und Zeit*, p. 438.
[101] *Kant und das Problem der Metaphysik*, p. 6.

A Filosofia Existencial de Martin Heidegger **619**

é necessário conceber previamente o ser como tal".[102] "Para que a pergunta: o que significa ser? encontre sua resposta", é necessário esclarecer *"de onde cabe sequer esperar originariamente a resposta"*.[103] Assim, mais originária que a pergunta pelo ente como tal e pelo ser como tal é a pergunta: *"De onde cabe sequer conceber algo assim como o ser...?"*[104] Assim nos vemos "empurrados a voltar à pergunta pela essência do compreender o ser em geral".[105] Para acreditar a possibilidade de um conhecimento do ente, a *fundamentação da metafísica* tem que ser "esclarecimento da essência de uma conduta para o ente", "na qual este se mostre nele mesmo...".[106] O *conhecimento ôntico* (= conhecimento de ente) é *possibilitado pelo conhecimento ontológico*, ou seja, uma *compreensão*, prévia à experiência, *da constituição ontológica do ente*. Porque pertence à essência da razão humana superar-se a si mesma para o ente, e porque essa constituição fundamental do espírito humano recebe o nome de "transcendência", a *ontologia fundamental* que tem que efetuar a fundamentação da metafísica é *filosofia transcendental*. A *transcendência* fica colocada com isso no *centro da investigação*: porque a metafísica como pergunta pelo ser reside na "natureza do homem"[107] a fundamentação da metafísica tem que desvelar na constituição ontológica do homem precisamente o que é fundamento de sua compreensão do ser. A ontologia fundamental é por isso "analítica do *Dasein*" e, destacadamente, de sua transcendência. Mas na transcendência se manifesta a *finitude do homem*. É o que torna possível todo conhecimento finito: um dirigir-se a... que *forma um horizonte* em virtude do qual (ou seja, dentro do qual) se torna possível que um objeto esteja como tal frente a um sujeito. "A transcendência torna acessível para um ser finito o ente que há nele mesmo."[108] "Na transcendência, o *Dasein* se manifesta a si mesmo como indigente da compreensão do ser... A transcendência é a mais íntima finitude, a finitude que serve de suporte ao *Dasein*."[109] O homem está "no meio do ente, e o está de tal modo que para ele [...] o ente que ele não é e o ente que ele mesmo é

---

[102] *Id.*, p. 213.
[103] *Id.*, p. 215.
[104] *Id.*, p. 215.
[105] *Id.*, p. 216.
[106] *Id.*, p. 9.
[107] *Id.*, p, 162.
[108] *Id.*, p. 113.
[109] *Id.*, p. 226.

620   Apêndice II

[...] se fez patente desde o princípio".[110] "*Obrigado a recorrer* ao ente que ele não é, no fundo *não* tem poder sobre o ente que ele mesmo é em cada caso." Com sua existência "acontece uma *irrupção* no todo do ente, de tal modo que só então o ente se faz patente nele mesmo, ou seja, *na qualidade de* ente, com uma amplitude distinta em cada caso, com distintos graus de clareza, em distintos graus de segurança. Essa excelência [...] de estar no meio do ente *à mercê dele como tal e em mãos de si mesmo na qualidade de ente*, alberga em si a precariedade de *estar necessitado* da compreensão do ser". O homem tem que poder "deixar ser" o ente, e para isso tem que "ter projetado o que lhe sai ao encontro fazendo referência a que é ente".[111] Existência (ou seja, o tipo de ser do homem) "é em si *finitude e, como tal, só é possível sobre a base da compreensão do ser. Algo como o ser só o há, e tem que havê-lo, aí onde finitude se tornou existente*".[112]

A ação mais originária do espírito finito é formar o horizonte no qual pode sair ao encontro o ente. É "oferecer complementar". Essa ação "gera o espetáculo do agora como tal"[113] que pertence a toda intuição do presente, e igualmente o já não agora do anteriormente ou antes que é unido com o agora e pressuposto para tudo reter. Intuição do presente e retenção do sido são inseparavelmente uma mesma coisa: a isso pertence como terceiro elemento a captação do presente e do sido como *o mesmo*: essa captação repousa em um "reconhecer", em um "adiantar-se explorando". Este "explora o horizonte de antemanutenção em geral" é "o originário *formar* este pré-responsabilizar-se, ou seja, o originário *formar* o futuro".[114]

Desse modo o que é formado como *horizonte do ente* é o *tempo*. O *formar o horizonte*, contudo, se reivindica como o *tempo originário*. "O tempo [...] é intuição tão pura que a partir de si mesmo performa o espetáculo da sucessão e o mantém fechado *como tal sobre si mesmo* como o aceitar formador. Essa intuição pura se concerne a si mesma com o intuito for-

---

[110] *Id.*, p. 218.
[111] *Id.*, p. 219.
[112] *Id.*, p. 219.
[113] *Id.*, p. 171.
[114] *Id.*, p. 178. O que aqui se estuda é a síntese pura kantiana nos três modos da apreensão, reprodução e recognição. (No texto evitei conscientemente as expressões kantianas.) Para a análise heideggeriana do tempo, que vai muito mais além de Kant, cf. as *Vorlesungen zur Phänomenologie des inneren Zeitbewuß tseins* de Hurrserl (anuário de Husserl [*Jahrbuch für Philosophie und phänomenologische Forschung*], IX, 1928; também foram publicadas em separata), que Heidegger editou não muito antes da aparição de seu livro sobre Kant.

A Filosofia Existencial de Martin Heidegger   621

mado nela [...] O tempo é, por sua essência, afeição pura de si mesmo."[115] "O tempo [...] não é uma afeição atuante que incide em um si mesmo que haja, mas, como autoafeição pura, forma a essência de algo assim como concernir-se a si mesmo. Pois bem, na medida em que pertence à essência do sujeito finito poder ser concernido como um si mesmo, o tempo forma como autoafeição pura a estrutura essencial da subjetividade [...] Como autoafeição pura, forma originariamente a simesmice finita de tal modo que o si mesmo pode ser algo assim como autoconsciência."[116] "A autoafeição pura da *estrutura transcendental primogênia do si mesmo finito* como tal."[117] O eu, assim como o próprio tempo, não está "no tempo". Mas disso não se segue que não seja temporal, mas "que se torna o *próprio tempo e só chega a ser possível* conforme sua essência mais própria *como o próprio tempo*".[118] O "estar e permanecer" do eu *não* quer caracterizá-lo como *substância*, mas pertence essencialmente ao deixar estar à frente que efetua esse eu. "Esses 'estante' e 'permanecente' *não* são enunciados *ônticos* sobre a imodificação do eu, mas [...] determinações *transcendentais* [...] O eu 'estante' se chama assim porque como 'eu penso', ou seja, 'eu represento', se põe diante de si coisas do tipo de estância e subsistência. Como eu forma o correlato da índole de subsistente como tal."[119] Mas dado que a obtenção pura do espetáculo puro do presente é a *essência do tempo*, o "eu estante e permanecente" é "o *eu no originário formar o tempo*, ou seja, como *tempo originário*". A "essência plena do tempo" abrange, por conseguinte, um duplo elemento: a "autoafeição pura" e o *que surge dela* e é percebido, por assim dizer, em si mesmo só na "cronologia" habitual.

O tempo originário é o fundamento último a que é remetida a compreensão que tem o homem do ser. Pois bem, a necessidade de recorrer à compreensão do ser se funda na *finitude* do homem. Por isso, a pergunta pela finitude em sua qualidade de *constituição fundamental do ser do homem* se converte na pergunta fundamental da fundamentação da metafísica. (Só *nesse* sentido se pode admitir a "antropologia" como "centro da filosofia".)[120]

---

[115] *Kant und das Problem der Metaphysik*, p. 180 e seg.
[116] *Id.*, p. 181.
[117] *Id.*, p. 183.
[118] *Id.*, p. 184.
[119] *Id.*, p. 185.
[120] *Id.*, p. 199 e seg e p. 210 e seg.

622   Apêndice II

Heidegger vê assim como tarefa essencial da ontologia fundamental "mostrar até que ponto o problema da finitude no homem e as investigações que vêm marcadas de antemão por esse problema pertencem necessariamente ao afrontamento da pergunta pelo ser [...] é necessário trazer à luz a relação essencial existente entre o ser como tal (não o ente) e a finitude no homem".[121] Vê-se essa relação essencial na circunstância de que a "constituição ontológica de todo ente [...] só resulta acessível no compreender, porquanto este tem o caráter de *projeto*".[122] Com a *transcendência* (ou o "ser no mundo") "*acontece* o [...] *projeto* do ser do ente[123] em geral".[124] Devido a que o *Dasein* é indigente da compreensão do ser, "é certo que pode ser algo assim como *Dasein*, pelo que já não se deve 'preocupar-se' com isso". A "indigência transcendental" "é a mais íntima finitude, a finitude que serve de suporte ao *Dasein*".[125] E *preocupação* é o nome da "*unidade estrutural* da transcendência do *Dasein* finita em si mesma".

Para a *crítica da preocupação*, e, portanto, de toda a analítica do *Dasein* como ontologia fundamental e fundamentação da metafísica, o próprio Heidegger proporcionou os pontos de vista: "Tem que mostrar que a *transcendência* do *Dasein* e, portanto, a compreensão do ser *não* é a finitude mais íntima no homem, depois, que a fundamentação da metafísica *não tem de nenhum modo* essa referência intimíssima à finitude do *Dasein*, e, finalmente, que a pergunta fundamental da fundamentação da metafísica *não* se encerra no problema da possibilidade interna da compreensão do ser."

Dado que esses três pontos de vista afetam o núcleo da filosofia da existência de Heidegger, vamos atrever-nos, imediatamente, a examiná-los. A primeira pergunta reza, pois, assim: é a *transcendência do Dasein, e, portanto, a compreensão do ser, a finitude mais íntima do homem?* Para poder responder a ela temos que ter clareza sobre o que é o mencionado com "transcendência", "compreensão do ser" e "finitude".

---

[121] *Id.*, p. 212.
[122] *Id.*, p. 223.
[123] Os editores alemães (ESW, VI, p. 120; e ESGA 11/12, p. 487), baseando-se nas primeiras provas de imprensa ou galeradas (p. 190), que foram revisadas e corrigidas por Edith puseram "*Entwurf des Seienden*" ("*projeto* do ente") em vez de "*Entwurf des Seins des Seienden*" ("*projeto* do ser do ente") do texto de Heidegger; a Edith escapou esse erro da mecanografia ou da imprensa; no entanto, no texto autógrafo de Edith (p. 120) aparece clara e corretamente como escreveu Heidegger.
[124] *Id.*, p. 225.
[125] *Id.*, p. 226.

O que se quer dizer com "transcendência" foi estudado detalhadamente.[126] Significa o mesmo que "ser no mundo", ou, o que provavelmente seja mais correto: fundamentador dele; o homem se encontra como ente no meio do ente, e o ente que ele mesmo é, assim como o outro ente, lhe é patente porque o homem forma em um dirigir-se originário um horizonte em que um ente lhe pode sair ao encontro. Esse "formar um horizonte" se deve pensar como *compreensão do ser*, e, por certo, como compreensivo projetar da constituição ontológica do ente. Assim, pois, transcendência e compreensão do ser coincidem.

Mas também devem coincidir com *"finitude"*. A que se faz referência com esse termo não é fácil averiguar. Excluem-se diferentes coisas que não *se* deve entender por finitude: 1) A finitude do homem *não* se deve determinar como *temporalidade*;[127] *tampouco* significa *imperfeição*: as imperfeições não fazem ver a essência da finitude, talvez só sejam suas "remotas consequências fáticas". 2) Finalmente, *não* deve ser interpretada como *criaturalidade*: "E se fosse possível, inclusive o impossível, acreditar racionalmente uma criaturalização do homem, com a caracterização do homem como um *ens creatum* só ficaria manifesto, por sua vez, o fato de sua finitude, mas não estaria mostrada a *essência* da mesma, nem determinada essa essência como *constituição fundamental do ser* do homem."[128] Estamos convencidos, com a tradição, de que "é possível o impossível", ou seja, que a criaturalidade é demonstrável com o entendimento, desde então, não a modalidade específica da criação tal e como a expõe o relato bíblico da Criação (não em vão falamos do *"mistério* da Criação" fazendo referência a esse processo histórico real), mas sim a necessidade de ser não *per se* e *a se*, mas *ab alio*, que se segue de que o homem seja "algo", mas "não tudo". Pois bem, não é esse precisamente o *autêntico sentido da finitude*? Heidegger toca nesse assunto quando ao final expõe a pergunta: "Cabe [...] desenvolver a *finitude* no *Dasein* sequer como *problema* sem uma *infinitude* 'pressuposta'?" Deve-se acrescentar imediatamente as ulteriores perguntas: "De que tipo é esse 'pressupor' no *Dasein*? O que significa a infinitude assim 'posta'?" Mas com essas perguntas está dirigindo o olhar precisamente

---

[126] Ver, neste Apêndice, B, "2. É Fiel a Análise do *Dasein*?", e *"Kant e o Problema da Metafísica"*.
[127] *Id.*, p. 229.
[128] *Id.*, p. 210.

624 Apêndice II

ao que como "compreensão pré-ontológica do ser" deu objetivo e direção a nossos esforços pelo sentido do ente no caminho percorrido até agora: *a finitude só se pode conceber em contraposição com a infinitude, ou seja, com a eterna plenitude do ser. A compreensão do ser por um espírito finito é como tal desde o princípio irrupção desde o finito até o eterno.*

Com isso respondemos já previamente mais que à pergunta, que era a primeira que se devia estudar, que versa sobre as relações existentes entre transcendência e finitude. Agora se deve levar a termo o pensamento começado. *Ens creatum* tem não só o significado de algo efetivamente criado, mas o de algo que, devido à sua finitude, está essencialmente condicionado pelo infinito. Aí se encerra, assim, pois, o *sentido da finitude: ser algo e não tudo.* Mas esse sentido da finitude encontra seu cumprimento não só no homem, mas em todo ente que não seja Deus. *Assim, a finitude como tal e a transcendência não se copertencem sem mais.* Transcendência significa o irromper desde a finitude que está dado a um ser *pessoal-espiritual,* e *como tal* conhecedor, em e com sua compreensão do ser. É verdade que Heidegger fala, às vezes, da finitude *específica* do homem, mas sem estudar nunca o que pretende ter entendido por ela. Para esclarecê-la, tive que ressaltar o que distingue o ser do homem do ser do ente não pessoal-espiritual e do ser dos espíritos puros finitos.

Passemos à segunda pergunta: *trata-se na fundamentação da metafísica intimissimamente da finitude do Dasein?* Heidegger não eliminou o sentido antigo da *Metaphysica generalis* como doutrina do "ente como tal", mas só destacou que é necessário para esclarecer o sentido do ser. Nisso estamos de acordo com ele. Continuando, deu um passo mais e afirmou que para compreender o sentido do ser deve-se investigar a compreensão que tem o homem do ser, e porque encontrou o fundamento da possibilidade da compreensão do ser na finitude do homem viu a tarefa de uma fundamentação da metafísica no estudo da finitude do homem. Contra isso cabe formular reparos de dois lados. *Do que se trata na metafísica é do sentido do ser como tal, não só do sentido do ser do homem.* No entanto, temos que *perguntar pelo sentido do ser à compreensão humana do ser,* ou seja, à nossa própria compreensão. E isso significa: temos que perguntar a que se refere quando fala do ser. E não cabe substituir essa pergunta por outra diferente, a que versa sobre como "acontece" algo assim como a compreensão do ser. Quem abandona a pergunta pelo sentido do ser que reside na própria compreensão do ser e tranquilamente "projeta" a "compreensão do ser" humana corre o risco de vedar-se a si mesmo o acesso ao sentido do ser, e, até onde

A Filosofia Existencial de Martin Heidegger **625**

vejo, Heidegger sucumbiu a esse risco. Disso falaremos mais adiante. Agora o segundo reparo: vimos que à finitude como tal não pertence a compreensão do ser, dado que há entes finitos que não possuem compreensão do ser. A compreensão do ser pertence ao que distingue o ser pessoal-espiritual de outro ser. Dentro dela seria necessário distinguir a compreensão *humana* do ser da que têm outros espíritos finitos, e toda compreensão do ser *finita* da *infinita* (divina). Pois bem, o que seja a *compreensão do ser como tal* não se pode averiguar sem esclarecer qual é o *sentido do ser*. Desse modo, *a pergunta fundamental de uma fundamentação da metafísica* é e continua sendo para nós *a pergunta pelo sentido do ser*. Que significação tem a compreensão humana do ser para o sentido do ser é importante, por um lado, para valorizar o papel que tem que desempenhar a finitude do homem na fundamentação da metafísica. Coincide, além disso, com a terceira pergunta que está ainda por estudar: *se a pergunta fundamental da fundamentação da metafísica se encerra no problema da possibilidade interna da compreensão do ser*. Nem porque tenhamos caracterizado a pergunta pelo sentido do ser como a pergunta fundamental eliminamos esse problema. Ambas as coisas conservam uma estreitíssima relação mútua: perguntar pelo sentido do ser significa pressupor que nós, os que perguntamos, temos uma compreensão do ser que é "possível". Indagar sobre a "possibilidade interna" dessa compreeensão do ser, ou seja, em sua essência, significa pressupor que o sentido do ser nos é acessível. Pois compreender não significa outra coisa senão ter acesso a um ser. No entanto, é possível expor a pergunta pelo sentido do ser sem perguntar, ao mesmo tempo, como se efetua a compreensão do ser, porque no compreender o sentido prestamos atenção ao sentido e não ao compreender. Por outro lado, não é possível investigar a compreensão do ser sem incluir também o sentido do ser. Pois desligado do sentido que lhe é acessível e compreender já não é compreender. Assim, pois, está-se, em todo caso, diante de um deslocamento do "fundamento" quando se reivindica como pergunta fundamental a pergunta pela compreensão do ser, e não a pergunta pelo sentido do ser. Seria possível, contudo, que com uma investigação fiel e suficiente da compreensão do ser se esclarecesse, ao mesmo tempo, o sentido do ser. É esse o caso de Heidegger?

Diz que o homem tem que *deixar ser* ao ente e que para isso tem que "haver projetado o que sai ao encontro fazendo referência ao que é ente".[129]

---

[129] *Id.*, p. 218 e seg.

Além disso: "Algo como o ser só há, e tem que haver, onde a finitude se tornou existente." Finalmente: "O ser do ente [...] só é compreensível [...] se o *Dasein* no fundo de sua essência *se mantém colocado dentro do nada*."[130] Para poder compreender a última frase temos que buscar esclarecimento sobre o que está mencionado com o "nada". Em uma passagem anterior,[131] designa-se o que "conhece" o conhecimento puro – o horizonte puro – como um "nada". E se diz disso: "Nada significa: não um ente, mas, no entanto, 'algo'." O que se intui na intuição pura (espaço e tempo) é denominado *ens imaginarium*, e essa expressão se esclarece como se segue: "O *ens imaginarium* pertence às formas possíveis do 'nada', ou seja, do que não é um ente no sentido do que há."[132]

A julgar por todos esses esclarecimentos o mencionado com nada não é o "nada absoluto". Mas como se fala de diversas formas do nada e essas não se estudam mais, continua sem ficar claro a que "algo" se faz referência em cada caso. Pois bem, se reunimos todas as passagens recém-aduzidas, e, além disso, temos presente o dito sobre o "tempo originário", dificilmente cabe outra interpretação senão a interpretação de que o mencionado aqui com o "nada" é a "constituição ontológica" do ente que é *projetada* pelo homem *compreendendo*, ou seja, o *próprio ser*.[133] Se isso é realmente o mencionado – e tudo indica nessa direção, no livro sobre Kant de modo ainda menos velado que em *Ser e Tempo* – com isso o *ente e o ser são arrancados um do outro de um modo que anula o sentido do ser*: quando caracterizamos uma coisa como (não em vão também Heidegger aceita o ser côisico, que ele denomina "ser do que há", como um tipo de ser), estamos considerando que *é ela mesma*, que tem um ser que lhe é próprio independente de nossa compreensão do ser. Heidegger destacou acertadamente que em *ser que* (essência, *essentia*), *ser que* (realidade, *existentia*) e *ser verdadeiro* "ser" significa em cada caso algo distinto, e que é necessário esclarecer a razão dessa excisão do ser e o sentido do ser como tal.[134] (Esta é, com efeito, a grande questão da *analogia entis*.) Mas, em todo caso, com o *ser* mencionamos sempre algo que é próprio do que é essencial, real

---

[130] *Id.*, p. 228. (Edith coloca parte do texto citado em itálico.)
[131] *Id.*, p. 114 e seg.
[132] *Id.*, p. 136.
[133] Sobre o significado do nada, cf. mais adiante, em "*O que É a Metafísica*"; sobre a questão do ser, a última nota deste apêndice.
[134] *Kant und das Problem der metaphysik*, p. 214.

ou verdadeiro, e não algo em que isso fica, por assim dizer, capturado por nossa compreensão do ser. E mais, inclusive nosso próprio ser é algo com o que "topamos". Heidegger trata de fazer justiça a isso denominando a compreensão humana do ser "intuição *sobrelevante*", "projeto *lançado*". Mas todos os seus esforços estão dirigidos a caracterizar o "projeto" como tal. O "estar lançado" (= finitude = estar necessitado de recorrer a outro ente) é posto como constituição fundamental do ser do homem, mas não recebe o esclarecimento de que é capaz e sem o qual não se pode abrir o sentido do ser e da compreensão do ser. Heidegger expressou a convicção de que Kant retrocedeu diante do resultado de sua crítica da razão pura. A isso faz seguir a notável pergunta: "... Não há ao final também em nós mesmos esforços [...] um oculto eludir algo que nós – e, por certo, não casualmente – já não vemos?" Considera possível inclusive que sua própria fundamentação da metafísica "se detenha diante do decisivo".[135] Com isso, alcançamos o ponto ao qual nos encaminhávamos. A filosofia existencial de Heidegger elude e se detém diante do que dá ao ser seu sentido e aquilo ao que aponta toda compreensão do ser: o "infinito", sem o qual não cabe captar nada "finito" nem o finito como tal. Que se trata de um eludir e se deter, não de um mero não ver, se depreende de que no começo, seguindo Kant, se pôs à frente um do outro "conhecimento finito" e correspondentemente "fenômeno" ou "objeto" ou "ente em si": "O título 'fenômeno' faz referência ao próprio ente como objeto de conhecimento finito. Dito com mais exatidão: *só para conhecimento finito há algo assim como objeto. Só o conhecimento finito está à mercê do já ente.*" Por outro lado, o conhecimento infinito "se faz patente no ente no deixá-lo surgir e o tem patente em todo momento 'só' como surgindo no deixá-lo surgir, ou seja, como *o que está aí tendo surgido*[136] [...] É o ente como *ente em si*, ou seja, não como objeto". "O ente no fenômeno é o mesmo ente que o ente em si [...]." Mas como "objeto" faz-se patente "conforme o modo e a amplitude do poder superar do que dispõe de um conhecimento finito",[137] e é próprio do conhecimento

---

[135] *Id.*, p. 235.

[136] Com seu neologismo "*Ent-stand*", que tratamos de traduzir por "o que está aí tendo surgido", Heidegger faz um jogo de palavras, contrapondo-o ao termo "*Gegenstand*" ("objeto" ou, decompondo a palavra alemã, "o que está aí contra, oposto, diante ou em frente") que emprega uma linha mais adiante. [N.T.]

[137] *Id.*, p. 28. Aí se passa por alto que o conhecimento infinito abrange também o conhecimento finito e o "objeto" tal e como aparece ao conhecimento finito.

finito "em sua qualidade de finito necessariamente ao mesmo tempo ocultar [...]".[138] No entanto, mais adiante essa contraposição se abandona. Já só se fala do conhecimento finito e do ente que o primeiro "deixa estar aí em frente". Mas desse modo o "ente em si" é deslocado pelo "objeto", e o edifício formal que o conhecimento finito "projeta" como tal para o "objeto" é reivindicado como o próprio ser.[139] Cabe justificar esse deslizamento dizendo que a razão humana, como finita que é, tem que circunscrever-se a si mesma dentro dos limites do finito e renunciar à "arrogância" de pretender captar e dizer algo *sobre o* "ente em si" e de uma razão "infinita"? Não é, melhor, o conhecimento dos próprios limites ao mesmo tempo necessariamente um superar esses limites? Conhecer-se a si mesmo como "finito" significa conhecer-se como "algo e não tudo", mas com isso se põe o olhar no "tudo", por mais que não seja "concebido", ou seja, compreendido e assimilado pelo conhecimento humano. A compreensão humana do ser só é possível como uma irrupção a partir do ser finito para o ser eterno. O ser finito como tal aspira a ser concebido a partir do eterno. Pois bem, dado que o espírito finito precisamente só pode ver cintilar o ser eterno, mas não concebê-lo, também o ser finito, inclusive seu próprio ser, continua sendo para ele algo não concebido, algo *magis ignotum quam notum*: a eterna perplexidade, o ἀεὶ ἀπορούμενον que nos saiu ao encontro como ponto de partida da metafísica em Aristóteles e em que se apagam os acordes da fundamentação heideggeriana da metafísica.

Se o livro sobre Kant foi escrito para encontrar uma resposta à pergunta em que terminava *Ser e Tempo* – se há um caminho que leve do tempo originário ao sentido do ser, se o tempo é o horizonte do ser – é patente que não alcançou seu objetivo. A ambiguidade do tempo, que deve ser simultaneamente intuição e intuído, "projetar" e "projetado", e igualmente os reflexos do que é caracterizado como "horizonte", é precisamente o que corta o caminho para o sentido do ser. E se, ao final de *Ser e Tempo* o caminho empreendido se havia feito questionável, o olhar retrospectivo ao mesmo a partir do livro sobre Kant o fez ainda mais questionável. E tampouco o publicado posteriormente alterou algo.

---

[138] *Id.*, p. 30.
[139] Cf. a esse respeito a última nota deste Apêndice.

Da Essência do Fundamento

Assim como o livro sobre Kant, também os dois pequenos escritos *Da essência do fundamento*[140] e *O que é a metafísica?*[141] parece que aspiram a esclarecer a grande obra precedente, rechaçar más interpretações que recebeu e elaborar com mais clareza alguns pontos que ficaram obscuros, para o que se desenha com traço mais firme e se prolonga linhas antes só anunciadas. Assim, no trabalho sobre a essência do fundamento se capta com mais nitidez[142] o ser no mundo sob a denominação de *transcendência*. De acordo com ele, transcender significa que o *Dasein supera* constantemente todo ente, também a si mesmo, na direção do "mundo", ou seja, não para o tudo do ente, nem para a totalidade dos homens, mas para um ser *no total*. Mundo está "essencialmente referido ao *Dasein*"[143] e *Dasein* "é, na essência de seu ser, *formador de mundo*".[144] Para esclarecer o conceito de mundo recorre-se aqui à linguagem das Sagradas Escrituras (epístolas paulinas e evangelho de são João), de santo Agostinho e de santo Tomás, de um modo que pode dar a impressão de que está superado e patente o apaixonamento anticristão de *Ser e Tempo*.[145] Também se certifica em notas que "mediante a interpretação ontológica do *Dasein* como ser no mundo [...] não se decidiu nada, positiva nem negativamente, sobre um possível ser para Deus"[146] e que o *Dasein* não deveria ser situado como o ente "propriamente dito": "Mas interpretação ontológica do ser em e a partir da transcendência do *Dasein* não significa derivação ôntica do ente que não é ao modo do *Dasein* a partir do ente *qua Dasein*."[147] No que diz respeito ao segundo, os críticos, na verdade, não deixaram o "ser do que há" e o "ser do que está à mão" na obscuridade em que permaneciam em Heidegger, mas os fixaram de um

---

[140] *Vom Wesen des Grundes*, no volume comemorativo dedicado a Husserl, Halle a. S. 1929, p. 71 e seg.

[141] *Was ist Metaphysik?* Trata-se da aula pública de tomada de posse que Heidegger ministrou em 24 de julho de 1929 no salão de atos da universidade de Friburgo de Brisgóvia, publicada em Cohen, Bonn, 1930.

[142] Ainda que sem persegui-lo tanto até os últimos fundamentos como no livro sobre Kant.

[143] *Vom Wesen des Grundes*, p. 96.

[144] *Id.*, p. 97.

[145] Talvez essa volta se explique pelo fato de que a obra dedicada à essência do fundamento surgiu na época marburguiana de Heidegger, em que ele exerceu uma forte influência sobre os teólogos protestantes e provavelmente também recebeu estímulos a partir desse lado.

[146] *Id.*, p. 98, nota 1.

[147] *Id.*, p. 100, nota 1.

630 Apêndice II

modo não pretendido por ele. E com uma interpretação totalmente fiel, e que fosse o suficientemente longe, do essencial "superar-se a si mesmo" se teria podido obter também uma visão do *Dasein* que como mínimo deixasse aberto um "ser para Deus". Mas de fato a interpretação não se efetuou desse modo em *Ser e Tempo* nem nesse trabalho posterior. E a interpretação que recebeu o *ser* no livro sobre Kant – de forma ainda mais patente que em *Ser e Tempo* – não deixa aberta possibilidade alguma para um ser independente em relação ao *Dasein*. Se, além disso, transcendência se interpreta como *liberdade* em virtude da qual o *Dasein* projeta mundo e possibilidades próprias, e em continuação da constatação da *finitude do Dasein* (atestada pelo fato de que estão limitadas aquelas de suas possibilidades que cabe adotar *realmente*) expõe-se a pergunta: "E não se manifesta aqui, definitivamente, a essência *finita* da liberdade como tal?",[148] com essa pergunta, provavelmente retórica, se voltou a fazer uma inferência que vai do ser do *Dasein* a *todo* ser pessoal e se negou a Deus: em todo caso ao Deus da doutrina da fé cristã, e também das demais religiões monoteístas. E que "*Dasein* [...] está *lançado* sob o ente [...] *como* livre poder ser", que "não está em poder dessa própria liberdade" se o *Dasein* "é, atendendo à possibilidade, um si mesmo e isso faticamente em correspondência em cada caso com sua liberdade [...]",[149] esse conhecimento não se converte aqui, como tampouco antes, no ponto de partida para adentrar-se em um lançador não lançado, para um infinitamente livre.

O que É a Metafísica?

A aula de tomada de posse de Friburgo, *O que é a metafísica?*, coloca no centro de sua atenção o *nada*. Isso não é chocante para o leitor do livro sobre Kant, por mais que possa tê-lo sido para ouvintes dessa exposição não preparados, posto que não em vão aí, já na investigação da compreensão do ser, tomou-se o "nada" como o "horizonte" que faz com que o ente seja acessível para o *Dasein*. Dado que, no entanto, o sentido do nada continuava sendo muito obscuro, vale a pena seguir as novas argumentações que lhe estão dedicadas.

---

[148] *Id.*, p. 104.
[149] *Id.*, p. 110.

A Filosofia Existencial de Martin Heidegger   631

Toda ciência *aponta* para o *ente*. A irrupção no todo do ente, uma irrupção que pertence à existência humana, parte do ente no que é e em como o é, e com isso ajuda "*a seu modo*[150] o ente pela primeira vez a chegar a ele mesmo".[151] "Ao que se dirige a referência ao mundo é *ao próprio ente, e a nada mais.*" E continuando esse "nada" que escapou do parecer com tanta facilidade se retoma surpreendentemente: "O que acontece com esse nada?"[152] O entendimento não pode decidir a respeito. O *nada não* se pode conceber como negação do todo do ente, porque "o nada é mais originário que o não e a negação".[153]

O "acontecer fundamental de nosso *Dasein*", que nos desvela o ente como todo, é o *estado em que alguém se encontra* ou o *estado de ânimo*, por exemplo, o autêntico aborrecimento (quando o que o aborrece não é isso ou aquilo, mas quando alguém "está aborrecido"). O estado de ânimo em que o homem é levado diante do *nada* é – como já sabemos – a angústia: porquanto o ente se nos vá das mãos e *nós nos vamos das mãos a nós mesmos*, a angústia torna patente o nada. Este se desvela na angústia *não como ente e não junto ao ente*: "sai ao encontro [...] formando *uma só coisa* com o ente no todo".[154] Este não é *anulado nem negado*, mas se torna *caduco*. O nada "não aponta a si, mas é essencialmente *rechaçante*. Mas a expulsão de si é como tal o remeter, que faz com que se nos escape das mãos, o ente *que se funde* no todo. Essa *remissão rechaçante* no todo ao ente que se nos escapa das mãos no todo, em qualidade da qual o nada comprime na angústia o *Dasein* rodeando-o, é a essência do nada: a *nadidade*. Não é um aniquilamento do ente nem surge de uma negação. O *próprio nada nadeia* [...]". Esse torna patente o ente "em sua plena *estranheza*, até esse momento oculta, como o *absolutamente outro* frente ao nada".[155] "Na noite clara do nada da angústia é quando surge a manifestabilidade *originária* do ente *como tal*: que *há o ente*, e *não nada* [...] A essência do nada originariamente nadeante reside nisso: *leva o Dasein pela primeiríssima vez diante do ente*

---

[150] As palavras "a seu modo" ("*in seiner Weise*") estão em itálico nessa passagem de Heidegger, mas não na citação do mesmo que faz Edith Stein. [N.T.]
[151] *Was ist Metaphysik*, p. 9.
[152] *Id.*, p. 10.
[153] *Id.*, p. 12.
[154] *Id.*, p. 18.
[155] Dá a impressão de que o nada está mencionado aqui em um sentido mais radical que no livro sobre Kant (cf. "Kant e o Problema da Metafísica"). Em correspondência com isso se desloca a relação de ser e nada.

632 Apêndice II

como tal."[156] "O nada é a possibilitação da patência do ente como tal para o *Dasein* humano. O primeiro do nada não é proporcionar o contraconceito em relação ao ente, mas pertence originariamente à essência do *próprio ser*. No *ser* do ente acontece o nadear do nada."[157]

Testemunho da "constante e estendida, ainda que dissimulada, manifestabilidade do nada em nosso *Dasein*" é a *negação*. Expressa-se no "dizer que não em cada caso por meio de um não", mas *não* é capaz de trazer do eu um *não*, já que "só pode negar quando lhe vem dado algo *negável*".[158] E isso só é possível quando "todo pensar como tal *olha* já diante do não... O não não surge devido à negação, mas a negação *se funda* sobre o não que surge do nadear do nada".[159] A negação não é tampouco a única conduta nadeante; sobre o não se funda também o atuar contra, depreciar, denegar, proibir, carecer. "O estar penetrado do *Dasein* pela conduta nadeante testemunha a constante e certamente obscurecida manifestabilidade do nada [...].[160] A angústia, retida habitualmente, que a torna patente se manifesta com a máxima segurança no *Dasein ousado*. "Mas isso acontece só a partir daquilo *a favor do que se esbanja*, para assim conservar a *última grandeza do Dasein*." A angústia dos ousados não se deve contrapor à alegria ou ao grato prazer do *Dasein* tranquilizado. "Está [...] em uma *aliança* secreta com a jovialidade e a suavidade da nostalgia criadora."

"O estar mantido do *Dasein* dentro do nada [...] converte o homem no *que ocupa o lugar* do nada. Tão *finitos* somos que precisamente não somos capazes de levar-nos originariamente ante o nada por própria decisão e vontade [...] O estar mantido do *Dasein* dentro do nada sobre a base da angústia oculta é o superar o ente no todo: a transcendência [...] Metafísica é o *perguntar* pelo ente *indo mais além*, a fim de recuperá-lo *como tal* e no *todo* para o conceber."[161] *A pergunta pelo nada abrange o todo da metafísica*: pois "ser e nada se copertencem [...], porque o próprio ser é finito por essência e só se torna patente na transcendência do *Dasein* mantido fora no *nada*".[162]

---

[156] *Id.*, p. 19.
[157] *Id.*, p. 20.
[158] *Id.*, p. 21.
[159] *Id.*, p. 22.
[160] *Id.*, p. 23.
[161] *Id.*, p. 24.
[162] *Id.*, p. 26.

A *metafísica antiga* entendia por "nada" no princípio *ex nihilo nihil fit*, a matéria não configurada, e admitia como só o formado. A *dogmática cristã* nega esse princípio e em vez dele afirma: *ex nihilo fit ens creatum* e entende por *nihil* a ausência do ente extradivino. "As perguntas[163] pelo ser e o nada como tais se omitem ambas. Mas isso tampouco preocupa de modo algum a dificuldade de que se Deus cria do nada precisamente Ele tem que poder relacionar-se *com* o nada. Mas se Deus é Deus *Ele* não pode conhecer o nada, se é que o 'absoluto' exclui de si toda niilidade."[164]

Em virtude da interpretação de Heidegger o princípio recebe "um sentido diferente, que afeta o *próprio problema do ser* e reza assim: *ex nihilo omne ens qua ens fit*. No não do *Dasein* cumpre pela primeira vez o ente no todo suas mais próprias possibilidades, ou seja, chega a si mesmo de modo finito".[165] Todo perguntar pelo ente repousa no nada: "Só porque o nada é patente no fundo do *Dasein* pode vir sobre nós a plena *estranheza* do ente."[166] A *metafísica* "é o *acontecer fundamental em* e como o *próprio Dasein*". Acontece mediante uma peculiar colocação da própria existência nas possibilidades fundamentais[167] do *Dasein* no todo. Para essa colocação é decisivo: por um lado, o dar espaço para o ente no todo, depois, o abandonar-se ao nada [...] e no fim o deixar que chegue até seu final o movimento oscilante desse estar suspenso, para que volte constantemente à *pergunta fundamental* da metafísica que força o próprio *nada*: por que há ente, *e não, melhor, nada*?" [168]

* * *

---

[163] Os editores alemães (ESW, VI, p. 132; e ESGA 11/12, p. 496), baseando-se nas primeiras provas de imprensa ou galeradas (p. 198), que foram revisadas e corrigidas por Edith puseram "*Die Frage*" (A pergunta") em vez de "*Die Fragen*" (As perguntas) do texto de Heidegger; a Edith escapou esse erro da mecanografia ou da imprensa; no entanto, no texto autógrafo de Edith aparece clara e corretamente "*Die Fragen*" (p. 147).

[164] *Id.*, p. 25.

[165] *Id.*, p. 26.

[166] *Id.*, p. 27.

[167] Os editores alemães (ESW, Vi, p. 132; e ESGA 11/12, p. 497), baseando-se nas primeiras provas de imprensa ou *galeradas* (p. 198), que foram revisadas e corrigidas por Edith, puseram "*die (Grund)möglichkeit*" ("a possibilidade"), isto é, no singular, em vez de "*die (Grund)möglichkeiten*" (as possibilidades) do texto de Heidegger: a Edith escapou esse erro da mecanografia ou da imprensa; mas nessa ocasião, no texto autógrafo de Edith aparece também no singular (p. 148).

[168] *Id.*, p. 28.

É claro: a exposição, que estava calculada para um público não dotado de formação especializada e queria mais estimular que instruir, renuncia ao rigor da obra científica. Faz relampejar faíscas, não dá clareza tranquila. Assim, é difícil tirar dela algo tangível. A forma de falar soa em algumas passagens diretamente mitológica: fala-se do nada quase como se fosse uma pessoa à qual tivesse que devolver os direitos de que a tinham privado. Lembra o "nada, o nada que, em outro tempo, era tudo".[169] Mas seria pouco fecundo ater-se precisamente a essas voltas obscuras.

Talvez a forma mais rápida de chegar a um esclarecimento seja partir das diferentes interpretações do princípio *ex nihilo nihil fit*. Entendeu realmente a metafísica antiga pelo nada do que nada se faz a matéria configurada? Nesse caso não teria podido estabelecer esse princípio, pois, segundo sua concepção, todo o "formado" foi "formado" a partir da matéria não dotada de forma. Distingue do absolutamento não ente (οὐχ ὄν) o não ente que, no entanto, é, de certo modo, a saber conforme a possibilidade (μὴ ὄν).[170] E isso é a matéria da qual todo ente em sentido "autêntico" é formado. Aquilo de que nada pode fazer-se não tem tampouco ser possível algum, é o "nada absoluto".

Em que sentido se deve compreender então o princípio: *ex nihilo fit ens creatum*? Tampouco aqui se entende por *nihil* a matéria conformável. A doutrina da Criação nega precisamente que haja uma matéria antes da Criação. Segundo Heidegger, a dogmática se refere com o nada à ausência de todo ente extradivino. Vamos deixar sem decidir se com isso fica esgotado o sentido do "nada". Em todo caso, de um nada assim entendido não pode devir algo no mesmo sentido que "de" uma matéria existente. Não se "tira" nada dele. "Criação" significa, antes, que tudo o que é criatura, e também seu ser procede do Criador. Assim, pois, o princípio só se pode entender no sentido de que o Criador, ao criar, não está condicionado por nenhuma outra coisa que seja, de que não há absolutamente nenhuma outra coisa que seja senão o Criador e a Criação. O que acontece, então, com a dificuldade de que Deus tem que se relacionar com o nada para criar do nada? Pode-se conceder que Deus tem que conhecer o nada para criar "algo". Mas esse conhecer não significa uma niilidade em sentido absoluto, já que todo conhecer como tal, também o do nada, é algo positivo. Deus

---

[169] Cf. Gên 1, 1-2.
[170] Cf. Aristóteles, *Metafísica*, A 1003 b e N 1089 a-b.

A Filosofia Existencial de Martin Heidegger **635**

conhece o nada como o contrário dEle mesmo, ou seja, como o *contrário do próprio ser*. E essa "ideia do nada" está pressuposta para a Criação, porque todo o *finito* é "algo e não nada", um ser cujo ser inclui não ser. É certo o que afirma Heidegger que a dogmática cristã não pergunta pelo ser nem pelo nada? É certo na medida em que a dogmática como tal não *pergunta* em absoluto, mas *ensina*.[171] Mas isso não significa que o sejam indiferentes o ser e o nada. Fala do ser, porquanto fala de Deus. E fala do nada em muitos contextos, por exemplo, quando fala da criação e entende pelo criado um ente cujo ser inclui um não ser. Cabe dizer, por isso, que "ser e nada" se copertencem,[172] mas não porque o *ser* seja *finito* por essência, mas porque o nada é o contrário do ser no sentido mais originário e mais autêntico e porque todo o finito está entre ser mais autêntico e o nada. Porque "tão *finitos* somos [...] que [...] não somos capazes de nos levar originariamente diante do nada por própria decisão e vontade", o tornar-se patente do nada em nosso próprio ser significa, ao mesmo tempo, a irrupção a partir desse nosso ser finito, nulo, até o ser infinito, puro, eterno.[173]

E assim a pergunta: "*Por que há ente, e não nada?*", a pergunta em que o ser do homem se expressa a si mesmo, se transforma na *pergunta pelo fundamento eterno do ser finito*.

---

[171] Dito mais exatamente: a dogmática pode perguntar se algo é ou não doutrina da fé, mas o que consta como dogma já não é questionável para a dogmática.

[172] Cf. anteriormente, neste Apêndice, em "O Que é Metafísica".

[173] O leitor dos escritos de Heidegger dificilmente pode chegar a uma impressão distinta da que sua filosofia existencial aponta ao destacar "a essencial e necessária finitude do ser e de todo ente". Frente a isso deve-se indicar uma notável manifestação oral em que Heidegger se opôs a essa concepção; sua retificação nos foi referida da seguinte forma: "O *conceito* do ser é finito, mas essa doutrina não diz nada sobre o caráter finito ou infinito do ente e do próprio ser. Todo ente que para captar ente necessita de um conceito de ser é finito, e se há um ser infinito este não necessita de conceito algum de ser para o conhecimento do ente. Nós, os homens, necessitamos da filosofia abstrata para trazer à luz o ente porque somos finitos, e nossa peculiaridade como seres finitos é mais, inclusive a essência dessa propriedade de ser finitos está fundada nessa necessidade de empregar o conceito de ser. Por outro lado, Deus, em sua qualidade de infinito, não está submetido a essa necessidade limitadora do conhecimento: *Deus não filosofa*. Mas o homem está definido precisamente pelo fato de que para se relacionar com o ente tem que conceber o ser servindo-se do conceito de ser." (Cf. o informe do R.P. Daniel Fauling, O.S.B., em *La Phénomenologie, Journées d'Études de la Société Thomiste*, I, Les Éditions du Cerf, Juvisy, 1932, p. 39.) Aqui se traça a nítida separação entre ser e compreensão do ser que lançávamos a menos nos escritos, e com ela se deixa aberta a possibilidade de um ser eterno. Dado que essa exposição só se apoia em uma manifestação oral, que carece de base nos escritos de Heidegger, aduz-se aqui só em nota. Por outro lado, procede de uma conversação que estava destinada a preparar um informe público sobre a fenomenologia de Heidegger. E por isso parece ter demasiado peso como para que fosse lícito calá-la.